# 王鹏运年谱长编

（上）

朱存红 撰

贵州出版集团
贵州人民出版社

图书在版编目（CIP）数据

王鹏运年谱长编 / 朱存红撰. -- 贵阳：贵州人民出版社，2023.10

ISBN 978-7-221-17380-5

Ⅰ.①王… Ⅱ.①朱… Ⅲ.①王鹏运（1849-1904）—年谱 Ⅳ.①K825.6

中国国家版本馆CIP数据核字(2023)第008162号

WANGPENGYUN NIANPU CHANGBIAN

王鹏运年谱长编（全二册）

朱存红　撰

| 出 版 人 | 朱文迅 |
|---|---|
| 责任编辑 | 黄 伟 |
| 装帧设计 | 温力民　高玉荣 |
| 责任印制 | 蔡继磊 |
| 出版发行 | 贵州出版集团　贵州人民出版社 |
| 地　　址 | 贵阳市观山湖区会展东路SOHO办公区A座 |
| 印　　刷 | 深圳市新联美术印刷有限公司 |
| 经　　销 | 全国新华书店 |
| 版　　次 | 2023年10月第1版 |
| 印　　次 | 2023年10月第1次印刷 |
| 开　　本 | 889毫米×1230毫米　1/32 |
| 印　　张 | 32.25 |
| 字　　数 | 800千字 |
| 书　　号 | ISBN 978-7-221-17380-5 |
| 定　　价 | 268.00元 |

如发现图书印装质量问题，请与印刷厂联系调换；版权所有，翻版必究；未经许可，不得转载。

教育部人文社会科学研究一般项目
（批准号:14YJA751038）

# 作者简介

朱存红,湖南涟源人。1973年生,1996年获湖南师范大学理学学士学位,2007年获贵州大学文学硕士学位,2011年获广西师范大学文学博士学位。现为铜仁学院文学与传媒学院教授。已出版专著《王鹏运研究》《王鹏运词集校笺》(与沈家庄先生合撰),发表《王鹏运词集"独缺甲稿"缘由考论》《王鹏运生平四考》等论文三十余篇。

# 目 录

## 上册

前 言 ………………………………………… (1)

凡 例 ………………………………………… (1)

谱 前 ………………………………………… (1)

    道光元年辛巳(1821) ………………………… (4)

    道光七年丁亥(1827) ………………………… (4)

    道光九年己丑(1829) ………………………… (5)

    道光十二年壬辰(1832) ……………………… (5)

    道光十三年癸巳(1833) ……………………… (5)

    道光十四年甲午(1834) ……………………… (6)

    道光十七年丁酉(1837) ……………………… (6)

    道光二十一年辛丑(1841) …………………… (6)

    道光二十二年壬寅(1842) …………………… (6)

    道光二十三年癸卯(1843) …………………… (7)

道光二十四年甲辰(1844) …………………… (8)
道光二十五年乙巳(1845) …………………… (9)
道光二十六年丙午(1846) …………………… (9)
道光二十七年丁未(1847) …………………… (11)

## 正　谱 …………………………………………… (12)

### 卷一 …………………………………………… (12)

道光二十九年己酉(1849),一岁 …………… (12)
道光三十年庚戌(1850),二岁 ……………… (14)
咸丰元年辛亥(1851),三岁 ………………… (15)
咸丰二年壬子(1852),四岁 ………………… (16)
咸丰三年癸丑(1853),五岁 ………………… (16)
咸丰四年甲寅(1854),六岁 ………………… (18)
咸丰五年乙卯(1855),七岁 ………………… (19)
咸丰六年丙辰(1856),八岁 ………………… (21)
咸丰七年丁巳(1857),九岁 ………………… (23)
咸丰八年戊午(1858),十岁 ………………… (25)
咸丰九年己未(1859),十一岁 ……………… (30)
咸丰十年庚申(1860),十二岁 ……………… (36)
咸丰十一年辛酉(1861),十三岁 …………… (40)
同治元年壬戌(1862),十四岁 ……………… (51)
同治二年癸亥(1863),十五岁 ……………… (63)
同治三年甲子(1864),十六岁 ……………… (68)
同治四年乙丑(1865),十七岁 ……………… (72)

| 目 录 |

同治五年丙寅(1866),十八岁 …………………… (76)

同治六年丁卯(1867),十九岁 …………………… (78)

同治七年戊辰(1868),二十岁 …………………… (80)

同治八年己巳(1869),二十一岁 ………………… (83)

同治九年庚午(1870),二十二岁 ………………… (85)

卷二 …………………………………………………… (88)

同治十年辛未(1871),二十三岁 ………………… (88)

同治十一年壬申(1872),二十四岁 ……………… (97)

同治十二年癸酉(1873),二十五岁 ……………… (99)

同治十三年甲戌(1874),二十六岁 ……………… (100)

光绪元年乙亥(1875),二十七岁 ………………… (101)

光绪二年丙子(1876),二十八岁 ………………… (103)

光绪三年丁丑(1877),二十九岁 ………………… (104)

光绪四年戊寅(1878),三十岁 …………………… (108)

光绪五年己卯(1879),三十一岁 ………………… (109)

光绪六年庚辰(1880),三十二岁 ………………… (114)

光绪七年辛巳(1881),三十三岁 ………………… (130)

光绪八年壬午(1882),三十四岁 ………………… (142)

光绪九年癸未(1883),三十五岁 ………………… (146)

光绪十年甲申(1884),三十六岁 ………………… (156)

光绪十一年乙酉(1885),三十七岁 ……………… (160)

光绪十二年丙戌(1886),三十八岁 ……………… (167)

光绪十三年丁亥(1887),三十九岁 ……………… (172)

光绪十四年戊子(1888),四十岁 ………………… (185)

· 3 ·

光绪十五年己丑(1889),四十一岁 …………… (196)
光绪十六年庚寅(1890),四十二岁 …………… (215)
光绪十七年辛卯(1891),四十三岁 …………… (223)
光绪十八年壬辰(1892),四十四岁 …………… (227)
光绪十九年癸巳(1893),四十五岁 …………… (250)

卷三 …………………………………………………… (274)
光绪二十年甲午(1894),四十六岁 …………… (274)
光绪二十一年乙未(1895),四十七岁 ………… (312)
光绪二十二年丙申(1896),四十八岁 ………… (395)
光绪二十三年丁酉(1897),四十九岁 ………… (421)
光绪二十四年戊戌(1898),五十岁 …………… (436)
光绪二十五年己亥(1899),五十一岁 ………… (508)
光绪二十六年庚子(1900),五十二岁 ………… (556)
光绪二十七年辛丑(1901),五十三岁 ………… (616)

## 下册

卷四 …………………………………………………… (637)
光绪二十八年壬寅(1902),五十四岁 ………… (637)
光绪二十九年癸卯(1903),五十五岁 ………… (654)
光绪三十年甲辰(1904),五十六岁 …………… (661)

谱后 …………………………………………………… (678)
光绪三十一年乙巳(1905) …………………… (678)
光绪三十二年丙午(1906) …………………… (681)

| 目 录 |

光绪三十三年丁未(1907) …………………… (684)

光绪三十四年戊申(1908) …………………… (688)

宣统元年己酉(1909) ………………………… (693)

宣统二年庚戌(1910) ………………………… (694)

宣统三年辛亥(1911) ………………………… (695)

民国元年壬子(1912) ………………………… (700)

民国二年癸丑(1913) ………………………… (700)

民国三年甲寅(1914) ………………………… (702)

民国四年乙卯(1915) ………………………… (704)

民国五年丙辰(1916) ………………………… (711)

民国六年丁巳(1917) ………………………… (714)

民国七年戊午(1918) ………………………… (717)

民国八年己未(1919) ………………………… (720)

民国九年庚申(1920) ………………………… (722)

民国十年辛酉(1921) ………………………… (722)

民国十一年壬戌(1922) ……………………… (723)

民国十二年癸亥(1923) ……………………… (726)

民国十三年甲子(1924) ……………………… (726)

民国十四年乙丑(1925) ……………………… (728)

民国十五年丙寅(1926) ……………………… (730)

民国十六年丁卯(1927) ……………………… (731)

民国十七年戊辰(1928) ……………………… (732)

民国十八年己巳(1929) ……………………… (732)

民国十九年庚午(1930) ……………………… (733)

民国二十年辛未(1931) ……………………………(736)
民国二十二年癸酉(1933) …………………………(739)
民国二十四年乙亥(1935) …………………………(742)
民国二十五年丙子(1936) …………………………(742)
民国三十年辛巳(1941) ……………………………(742)
民国三十一年壬午(1942) …………………………(743)
民国三十二年癸未(1943) …………………………(743)

# 附 录

附录一:王鹏运及其家族传记资料辑录 …………(744)
附录二:广西壮族自治区图书馆藏《词学丛书》
　　　　王鹏运批阅记录 ……………………………(765)
附录三:词话中有关王鹏运资料辑录 ………………(773)
附录四:笔记、旧刊、词史等有关王鹏运资料辑录……
　　　　………………………………………………(830)
附录五:王鹏运诗辑录 ………………………………(941)
附录六:王鹏运等联句和宋词辑录 …………………(956)

# 人物小传 ……………………………………………(969)

# 参考书目 ……………………………………………(993)

# 后　记 ………………………………………………(1004)

# 前　言

　　王鹏运(1849—1904),字幼霞,一作佑遐,自号半塘老人、半僧、鹜翁、半塘僧鹜等,广西临桂(今桂林市)人。同治九年(1870)举人,屡举进士不第,后任内阁中书,晋侍读,改官御史,转礼科掌印给事中。其在谏垣近十年,直声震天下,在中日甲午战争期间"三争和议",在戊戌变法前屡次替康有为代递奏折。作为"清季四大词人"之首的王鹏运,其词集有七稿九集,包括乙稿《袖墨集》《虫秋集》、丙稿《味梨集》、丁稿《鹜翁集》、戊稿《蜩知集》、己稿《校梦龛集》、庚稿《庚子秋词》《春蛰吟》、辛稿《南潜集》(今佚);晚年手定为《半塘定稿》二卷,又有朱祖谋补选《半塘剩稿》一卷。王鹏运不仅是晚清杰出词人,还开创词籍校勘之学,并精校精刻唐宋金元词籍数十种,辑成《四印斋所刻词》。作为晚清词坛的关键人物,王鹏运在端木埰等前辈词人的熏染指导下,卓然成为晚清词坛大家。后来他屡举词社,聚集了大批词人在其周围,且乐于奖掖后学,培养了大批词坛新人,特别是清季著名词人况周颐、文廷式、朱祖谋等,在学词道路上都得到过王鹏运的指点和提携。

当今学界对王鹏运其人其词的研究较热。据统计,大陆学者撰写的以王鹏运及其词作为主要研究对象的专著和硕士、博士论文计有九部,单篇论文逾百篇。港台学者对王鹏运及其词作的研究也取得了不少成果。纵观现有研究成果,我们发现学者们对王鹏运的生平思想、词学理论、词作的思想内容、词作的艺术特色、词籍校勘成就等诸方面都进行了较多研究,但是,多数研究者所使用的参考资料多为张正吾等编撰的《王鹏运研究资料》(漓江出版社1996年版),多不问及资料的原始出处;且《王鹏运研究资料》收录资料有限,有不少错误。以这样的资料作为依据进行王鹏运研究,得出的结论有时是不可靠的。故有必要重新核对该书所收资料,并在此基础上补充收集有关的新材料。

目前,王鹏运年谱有三种,分别为朱荫龙《王半塘先生年谱》(桂林图书馆藏稿本。以下简称《朱谱》)、刘映华《王鹏运年谱》(见《广西文史》2004年第1—4期。以下简称《刘谱》)、马兴荣《王鹏运年谱》[见《词学》第十六辑、第十八辑(2005年、2007年)。以下简称《马谱》]。三谱尚有诸多未完备之处,如《朱谱》为未完稿,收集资料有限;《刘谱》因作者年迈后始着手,体例未周,一定程度上实为资料汇集;《马谱》在二谱之后,有所充实,篇幅加大,如对王鹏运大多词作做了系年,但事件发生的时间等偶有不确切之处;等等。更为遗憾的是,三谱由于年代的限制,诸多新发现资料和王氏词作未被参考,故难以为当今研究王鹏运和晚清词学者提供更多的帮助。

因此,在近年新发现和收集的王鹏运词作和其他有关材料的基础上,撰成一部新的王鹏运年谱,以为当今王鹏运和晚清词学研究提供参考和借鉴,便成为目前非常迫切和重要的任务了。

笔者一直对王鹏运研究用力甚勤。自2008年开始撰写《王鹏运词集校笺》(沈家庄、朱存红校笺,上海古籍出版社2017年版),一直留心王鹏运有关资料的收集辨别。前此进入学者们研究视野的王鹏运词作有640余首,笔者新辑得王氏早期词作100余首,又新收集到王氏旧藏《词学丛书》上本人批语50余条,对王鹏运所写奏折等其他有关资料也进行了较多的收集整理,对王鹏运生平家世也有不少新的发现和辨正。如《国立北平图书馆馆刊》1934年第8卷第6号第6页所载、署名饴的《王半塘老人传略》一文,当为半塘之孙王序梅(字孝饴)撰。该文提供王鹏运晚年信息尤多,至关重要,但遗憾的是一直未进入研究者视野。笔者还出版过专著《王鹏运研究》(中国言实出版社,2014年版)。因为有上述前期基础工作,加上笔者与王鹏运后人联系紧密,得到不少支持和一些稀见资料,有望撰成一部资料更加丰富、有一定学术含量和较大参考价值的《王鹏运年谱长编》。

# 凡 例

○《王鹏运年谱长编》（后简称《长编》）之编撰，力图尽量占有国内外相关资料，十余年来于此用力最多。注重资料的排比爬梳，不妄下结论，力求严谨稳妥。

○作为词人年谱，《长编》首先体认谱主的词人身份，围绕其词的创作、社集唱和和交往等词学活动展开，旁及其政治活动、家庭生活等。

○《长编》主体分为谱前、正谱和谱后三部分。谱前主要是王鹏运出生之前其父王必达年谱简编，为避免重复，王必达生平事迹等后段放入正谱；正谱为谱主王鹏运年谱长编，依据其生平仕履及词学活动等分为四卷，在标准一致的前提下，各卷体量不等；谱后以朱祖谋为中心，以词人社集唱和为主线，简要交代王鹏运身后其词集刊刻的情况、对词坛的影响和其词友、词弟子如朱祖谋、况周颐等的结局。

○附录收录与王鹏运生平家世交游及词学活动等有关而又不便集中放置在谱文中的一些重要资料。一是王鹏运及其家族传记资料；二是广西壮族自治区图书馆藏《词学丛书》王鹏运眉批;三是词话中有关王鹏运的资料;四是笔记、旧刊、词史等文本中有关王鹏运资料;五是王鹏运诗作辑录;六是王鹏运等联句和宋词。有些资料附录于此,或者与体例不尽相符,但收集不易,且有裨于王鹏运研究,姑附于此。

○《长编》后另有人物小传。将与王鹏运交往的人物分为三类编排,一为与王鹏运以词唱酬诸人,二为未见唱和而有词学方面往来诸人,三为其他交游。王鹏运家族中人不列入人物小传。

○《长编》对王鹏运绝大部分词作、奏折和大部分诗作等都做了编年。尽量具体到月和日。不能系日者系于月,放于本月后;不能系月者系于季或年,放于本季或本年后;个别作品写作时间存疑,不强求确切。

○《长编》对王鹏运词作、诗作一般不引全文,词作均参考沈家庄、朱存红校笺《王鹏运词集校笺》,诗作则可参见本书附录五。为参阅方便并反映词人社集唱和全貌,与王鹏运一同社集唱和词作一般征引全文。王鹏运奏折尽量收集征引。其他未正式出版的文献征引从宽,已出版者从严。

○《长编》征引词作遵循常例,词有题序者书名号内写词牌名和题序,中间用分隔号隔开;无论题序长短,皆不加删节,因题序中包含的信息有时可供参考。无题序者则书名号内写词牌名,外用括号标注该词第一句。

○《长编》中史事系日大都参考郭廷以编著《近代中国史事日志》(中华书局1987年版),史事征引的多寡依与谱主的相关度酌定。

〇《长编》随文酌加案语,或商榷旧说,或辨别真伪,或提示重点。

〇《长编》中系年皆用阴历记之,知具体月日者并用阿拉伯数字括注阳历日期。阴阳历对照参考方诗铭、方小芬编著《中国史历日和中西历日对照表》(上海人民出版社2007年版)和郑鹤声编《近世中西史日对照表》(中华书局1981年版)等。

〇《长编》所引材料,凡改正误字处,该误字加圆括号,后以方括号标注改正;补缺字均加方括号;除人名和地名外,异体字及俗字皆直接改为现行规范字;人名与地名有异者,未做强行之统一。

〇《长编》之参考书目,不重要且引用次数较少者未列入。

# 谱　前

　　临桂王氏祖籍浙江山阴（今浙江绍兴），因先世宦游广西，贫不能归，遂定居桂林。关于王鹏运父祖以上的生平经历，大略见于端木埰撰《皇清诰授资政大夫甘肃安肃兵备道调补广东惠潮嘉兵备道临桂王公神道碑铭》(《养拙斋诗》附录，以下简称《临桂王公神道碑铭》)、朱荫龙撰《王半塘先生世德记》和王必达《养拙斋诗》等文献。王氏家族自始祖王云飞迁桂，至鹏运已历五世。王云飞之父名大绍。云飞以下其子王会、其孙王诚立二代因家贫，无力返乡应举，故未出仕，以游幕为生，至王必达一代始以临桂县籍应试，一门科第鼎盛。其中王必达中举后，以军功得以出仕，官至兵备道。

　　王鹏运高祖王云飞，名千骥，号西桥，浙江绍兴府山阴县人(《广西省阳朔县志》；朱荫龙《王半塘先生世德记》；赵平《词人王鹏运的归葬之谜》)，乾隆三十三年(1768)戊子举人，屡试礼闱不第，以大挑知县官江西袁州府同知、星子县（今江西庐山市）知县，数转官至广西，历任广西永福、博白、阳朔、昭平等县知县(王必名会试朱卷)，其中乾隆五十八年(1793)署阳朔县事

(《广西省阳朔县志》),嘉庆八年(1803)任广西昭平知县(《广西省昭平县志》),后于嘉庆十八年(1813)十月二十日卒于官,其后人贫不能归,遂家于临桂(今桂林市)。

王云飞在广西任职达数十年,为官清廉;在任上颇有作为,得到时人称赞。《广西省阳朔县志》(二)卷四"宦迹"载:"王千骥,号西桥,浙江山阴举人,乾隆五十八年署县事,操守清廉,抵任后,湖南辰苗滋事,调两广兵剿之。邑为水陆要冲,兵差过境,骚扰不堪,公为请于抚军。委员弹压,民困以纾。严于治贼,由是群小敛迹。时人称之。"王云飞雅好诗书,形诸吟咏。其曾孙王必达《养拙斋诗·酒泉集二》有《曾王父领浙省解官江西,移粤右,贫不能归,殁遂葬焉。平生诗稿达犹及见,后乃散佚。达出仕后亦不废诗,家祭日作长排略叙梗概六十韵》一诗,可证。

王云飞之子王会,号觐堂,娶妻冯氏,因家贫无资回原籍参加乡试,在两广任幕僚糊口,曾隐居绍兴若耶(王必达《题张梅生大令〈珠江侍钓图〉。南山诗人,大令之祖也》诗后注:先大父旧隐若耶溪,予未之能从也。见《养拙斋诗·豫章集二》),早卒。王会有子诚立、诚心、诚仁等五人。长子王诚立,娶妻何氏,生有四子,长子即必达。王诚立卒于同治十三年(1874)底(端木埰《临桂王公神道碑铭》),妻何氏为清初大学问家何焯之后,王必达外祖父之祖为何义门(王必达《中元祭外祖家感成二首》其一,见《养拙斋诗·箧余稿》)。

王必达(1821—1881),字质夫,号霞轩,道光元年辛巳(1821)四月初八日生于广西桂林盐道街燕怀堂故庐(旧址在今桂林市五美路),道光二十三年(1843)癸卯举人,殁于光绪七年辛巳（1881）十二月二十日，寿六十有一。原配向氏，继配刘氏、宁氏，均先必达卒；侧室关氏、徐氏（端木埰《临桂王公神道碑铭》）。

端木埰《临桂王公神道碑铭》云："（必达）生平笃于友爱，俸入所余，悉分兄弟。性好图史及古名臣书画，谓为陶淑性情之助。公退，手不释卷，哀集唐宋以来名迹，为卷册六百有余，人殆以万计。珍弄部分，有欧阳子之遗风焉。"且雅好作诗，颇有成就，《晚晴簃诗汇》收王必达诗后有评论云："（霞轩）诗从容冲淡，雅近中唐。""师友离合，行旅道路，靡不以诗纪之。"（朱荫龙《王半塘先生世德记》）王必达《养拙斋诗》计有七集十四卷，收诗二千一百〇二首。

必达弟必蕃，字子宣，二十岁即举道光二十六年（1846）乡试，可知其约生于道光七年（1827）。必达最称其"聪悟博综"。咸同间，递任安徽五河、宁国、建德等县知县。有诗集《桂隐诗存》一卷，附刻于《养拙斋诗》后。弟耀文，原名必敏，字芝生，号子逊，道光十四年（1834）甲午五月二十四日生。咸丰六年（1856）丙辰举人，咸丰十年（1860）庚申进士，任刑部贵州道主事（王耀文会试朱卷；《刘松徕主政与予弟子逊同庚申榜。是岁乞假聚于豫章，往还至乐。今乃题松徕〈海上群仙〉遗图，倍忆子逊不已》，见《养拙斋诗·豫章集三》；《毕东河先生惠书赐食，率报小诗。丙辰子逊弟座主也》，见《养拙斋诗·度陇集》）。弟必铺，字质溪，咸丰十一年（1861）辛酉补行壬子己未两科举人，同治四年（1865）任安徽南陵知县（《临桂县志》卷六）。

必达五子，依次为维翰、鹏海、鹏运、维豫、维禧。长子维翰，字仲培,同治甲戌(1874)进士,官户部郎中,以陵工推恩擢道员,分发河南,加按察使衔(端木埰《临桂王公神道碑铭》),官至河南中州粮盐道(《临桂县志》卷六;龙榆生《清季四大词人》),居汴梁,宦囊甚裕。次子鹏海,字柏铭,报捐知县,分发江西。约生于道光二十六年(1846),卒于光绪十九年(1893)初。三子即鹏运,详后。四子维琢,业儒。幼子维禧,一作维熙,字稚霞,一字辛峰。官两淮盐务。必达晚年,五子中唯维禧一人随侍左右(端木埰《临桂王公神道碑铭》)。维禧亦工文字(夏承焘《天风阁学词日记》一九三九年三月二十三日),其词仅存四首,见鹏运《鹜翁集》家刻本附录。生年不详,约卒于光绪二十五年(1899)六月。

## 道光元年辛巳(1821)
**四月初八日(5月9日),王必达生于广西桂林盐道街燕怀堂故庐(旧址在今桂林市五美路)。**

据端木埰《临桂王公神道碑铭》。又王必达墓碑镌文:"生于道光辛巳年四月初八日亥时。"

## 道光七年丁亥(1827)
**本年,必达弟必蕃生。**

据王鹏运《桂隐诗存》跋。必达弟必蕃,字子宣,二十岁即举道光二十六年(1846)乡试,可知其约生于道光七年。王必达最称其"聪悟博综"。

## 道光九年己丑(1829)
**本年,李慈铭生。**

平步青《掌山西道监察御史督理街道李君莼客传》:"今年夏,倭夷犯边,败问日至,知君者颇讶何以无所论劾。盖君戌削善病,至是独居深念,感愤扼腕,咯血益剧,遂以十一月二十四日竟卒,年六十有六。"李慈铭卒年为光绪二十年(1894),该年中日甲午战争爆发。上推六十六年,为道光九年。

## 道光十二年壬辰(1832)
**十一月二十九日(1833年1月19日),王闿运生。**

王代功《湘绮府君年谱》:"十一月二十九日午时,生于善化学宫巷内居宅。"

**本年,父必达十二岁,登桂林故城,已知山林之趣。**

王必达《养拙斋诗·豫章集三》有《读画》诗,诗后注云:"余十二龄,登容管故城。塾师问曰:'小子何志?'余指都峤山曰:'愿在此中。'尘俗蹉跎,山林佳趣,惟遇之水墨间。张椒云先生语余曰:'益人福寿,养人性情,盖莫如画。'知言哉!微尚一联尚非虚际。"

## 道光十三年癸巳(1833)
**春初,祖父诚立命父必达作《迎春赋》。**

《养拙斋诗·豫章集二》有《迎春》诗,其一后注云:"余十三龄时,严亲命作《迎春赋》。"

三月二十六日(5月15日)，必达堂弟必名生。

据《同治七年戊辰科会试同年齿录》及王必名会试朱卷。必达堂弟必名，字畏侯，号实卿。

## 道光十四年甲午(1834)
五月二十四日(6月30日)，必达弟耀文生。

据王耀文会试朱卷知，必达弟耀文，原名必敏，字芝生，号子逊，道光十四年五月二十四日生，咸丰十年(1860)进士。

## 道光十七年丁酉(1837)
本年，父必达入县学。

端木埰《临桂王公神道碑铭》云："年十七，入临桂县学，道光癸卯举于乡。"

《朱谱》："霞轩道光十七年丁酉入县学；道光二十三年癸卯乡试，第十八名举人。"

## 道光二十一年辛丑(1841)
本年，王拯举进士。

《清史稿·王拯传》："道光二十一年进士，授户部主事，充军机章京。"

## 道光二十二年壬寅(1842)
本年，王拯在京，日与朱琦、曾国藩等游宴。

据《曾国藩全集·日记(一)》。

## 道光二十三年癸卯(1843)

**七月二十三日(8月18日),父必达原配向氏卒,年二十五岁。**

据向氏墓碑镌文,向夫人生于嘉庆二十四年(1819)己卯六月二十一日戌时,殁于道光二十三年癸卯七月二十三日午时,年二十五。道光二十三年闰七月立碑。

**秋,父必达中乡试第十八名举人。**

端木埰《临桂王公神道碑铭》云:"年十七,入临桂县学,道光癸卯举于乡。"

《临桂县志》卷六《选举表四·道光二十三年癸卯科》:"王必达,举人,花翎二品衔,广东惠潮嘉道。"

《临桂县志》卷二十九《人物志二·先贤二》:"王必达,字质夫,道光二十三年癸卯举人。以军功保举,授江西建昌县知县,历官至督粮道,改授甘肃安肃道。两省皆军务孔棘,盘根错节。从容游刃,一时大府胡文忠、曾文正、左文襄、沈文肃、李文忠皆以为能。改广东惠潮嘉道。道卒。"

《广西通志稿·文化编·选举表·清代举人道光二十三年癸卯科》:"王必达,桂林府临桂,中式第一八名,《县志》作广东惠潮嘉道。苏汝谦同科。"

**冬,父必达北上入京应试,度岁于湖北小河溪。**

《养拙斋诗·北上后集》有《癸卯偕龙廉村师北上,度岁于小河溪。今复宿此感怀》诗。

**本年,冯煦生。**

《清史稿·冯煦传》:"闻国变,痛哭失声。越十有五年,卒,年八十五。"冯煦卒于民国十五年,上推八十五年,为道光二十三年。

## 道光二十四年甲辰(1844)

**正月,曾国藩有信致王拯。**

据《曾国藩全集·书信(一)》。

**春,父必达在京应会试,不第。在京期间曾就王拯以居。**

王拯《龙壁山房文集》卷第四《赠王质夫南归叙》云:"吾宗质夫赋鹿鸣来京师,就余同居一年,两试于礼部,以其所学宜得之而濒失,岂非时耶?而质夫弗为意。……且质夫与余姓同望,生同方,今又聘余姊氏息,为肺腑戚。"自道光二十三年王必达中举至道光三十年,清廷曾于道光二十四年、二十五年、二十七年及三十年举行进士试,据王鹏运生于道光二十九年,而王必达聘王拯之甥当在此前;必达居京城一年,两试于礼部,则可以肯定王必达参加了道光二十四年及二十五年的进士试。

《养拙斋诗·酒泉集四》有《忆昔词为春明花事作·延旺庙槐花》诗,诗题下自注云:"甲辰己巳两寓于此。"

**八月初九日(9月20日),缪荃孙生。**

《艺风老人年谱》:"道光二十四年甲辰八月九日癸卯亥时,荃孙生于江阴申港镇祖居西宅。"

缪禄保《四品卿衔学部候补参议翰林院编修缪府君行述》:"府君生于道光二十四年甲辰八月初九日,卒于己未年十一月初一日,寿七十有六岁。"

## 道光二十五年乙巳(1845)

**春,必达在京应会试,不第,南归,王拯赠以叙。**

详前道光二十四年谱。

**本年龙继栋生。韦业祥生。**

《粤西词见》引龙继栋《韦业祥小传》:"韦伯谦,余姑之长子,与余同道光乙巳生。"

## 道光二十六年丙午(1846)

**八月初八日(9月28日),袁昶生。**

袁梁肃等《太常袁公行略》:"公生于道光丙午年八月初八酉时,获年五十有四。"

**秋,必达弟必蕃举乡试。唐景崧父唐懋功举乡试。**

据《桂隐诗存》跋。详前道光七年谱。又《临桂县志》卷六《选举表四·道光二十六年丙午科》:"王必蕃,举人,安徽知县。"

《广西通志稿·文化编·选举表·清代举人道光二十六年丙午科》:"唐懋功,桂林府灌阳,中式第十名。"又唐景崧《得一山房诗集》跋:"先大夫……道光丙午举于乡。"

**本年,必达次子鹏海生。**

鹏运《喜迁莺》词序云:"叔兄柏铭服官江右,顷来书谓'于役匡番,闲日与水光山色为缘'。此往日舟车旧游地也。抚今思昔,怅触无端,倚此以寄。"鹏运叔兄即鹏海,可知鹏海有字号柏铭。又鹏运《唐多令·癸巳二月二十三日,为先上高兄啐经设奠于广惠寺，赋此以当哀诔。盖墨与泪俱下也》词结句作："地下若随先子去，休说我、鬓霜稠。"由"先子"一词可以肯定鹏运所谓"上高兄"为其同胞亲兄；又据词中小注云"癸未与兄别于汉上"可知所谓"上高兄"即鹏运次兄鹏海。由鹏运作词时间为癸巳（1893）二月，可推知鹏海当卒于光绪十九年（1893）初。又上词起处云："兄弟此生休。匆匆卅八秋。"按古人计算虚岁之例，逆推四十八年，则鹏海当生于道光二十六年（1846），年长鹏运三岁。唐景崧著《请缨日记》卷十载鹏运与唐景崧书云："仲兄居汴，伯兄居江西，宦况平平，粗能自给。"此"伯兄"疑"叔兄"之误，因先说仲兄再说伯兄于情理不合，且鹏运叔兄鹏海官江西，符合事实。

> **案**：必达五子，依次为维翰、鹏海、鹏运、维豫、维禧。长子维翰，字仲培，同治甲戌（1874）进士，官户部郎中，以陵工推恩擢道员，分发河南，加按察使衔（端木埰《临桂王公神道碑铭》），官至河南中州粮盐道（《临桂县志》卷六；龙榆生《清季四大词人》），居汴梁，宦囊甚裕。次子鹏海，字柏铭，报捐知县，分发江西。由必达长子维翰字仲培，居汴梁，又鹏运称其仲兄，可推知必达其实有长子早夭。详后考。

**本年，左绍佐生。**

傅岳棻《应山左笏卿先生墓碑》："夙有喘疾，丁卯八月，所患剧发，遂以不起，年八十有二。"案丁卯即民国十六年（1927），逆推八十二年为本年。

## 道光二十七年丁未(1847)

春,父必达在京,寓生生馆。当为在京应试。

《养拙斋诗·酒泉集四》有《忆昔词为春明花事作·生生馆芍药》诗,诗题下自注云:"丁未寓此。"

# 正 谱

## 卷 一

**道光二十九年己酉(1849),一岁**

**十一月十九日(1850年1月1日)卯时,王鹏运生于原广西临桂县(今桂林市区)盐道街燕怀堂故宅,为王必达第三子,生母刘氏为王拯外甥女。**

鹏运墓碑镌文:"道光二十九年己酉十一月十九日卯时生。"

朱荫龙《王半塘先生世德记》:"王氏,原籍浙江山阴,迁桂之祖讳云飞,三传至必达,始以临桂县籍应试,遂为临桂人。故宅在省垣盐道街燕怀堂。"

案:王氏燕怀堂故宅遗址在今桂林市五美路。端木埰《临桂王公神道碑铭》、朱荫龙《王半塘先生世德记》均称王必达有五子维翰、鹏海、鹏运、维豫、维禧。王必达墓碑镌文、《养拙斋诗》目录后署名同。可知鹏运为必达第三子。端木埰《临桂王公神道碑铭》及朱荫龙《王半塘先生世德记》云"长维翰",《刘谱》光绪九年(1883)谱亦云:"仲培,即长兄维翰。"而夏承焘《天风阁学词日记》一九三九年三月二十三日记鹏运侄女婿姚肇菘语云:"半塘行五。其仲兄名维翰,字仲培……弟辛峰行八,亦工文字。兄鹏海行三。"据鹏运之兄维翰字仲培,可推知鹏运尚有长兄和其他兄弟在幼年夭折,姚氏所云,正是把未长成者计算在内。鹏运词作及王序梅《王半塘老人传略》所称排行同此。如鹏运有未长成的长兄,则维翰行二,自然鹏海行三了。鹏运字幼霞,一作佑遐、幼遐,偶作佑霞,中年自号半塘老人,晚号半僧、鹜翁、半塘僧鹜等。人或省称半塘、半唐。别署四印生、吟皋、吟湘病叟、半塘居士、牖下陈人等,室名四印斋、袖墨寮、中年听雨庐、吟湘小室、酣睡轩、校梦龛等。又鹏运生日已入公历1850年,然今人以公历括注古人生卒年,当为简便计,以之对应帝王年号及干支纪年,如一定要括注鹏运生卒年为(1850—1904),则使人误以为鹏运享年仅55岁,且不合古人习惯,不如仍将其生卒年括注为(1849—1904),说到其具体生日时才指明。

**本年,父必达二十九岁,家居读书。**

《朱谱》:"是年,霞轩先生二十九岁,里居读书,务经世之学,时誉藉甚。"

**本年,朱琦归里,父必达求书数幅。**

《养拙斋诗·豫章集三》有《朱侍御伯韩师己酉归里门,觞于石天阁,求书数幅。浙省之难,以客卿循焉。用前韵,追赋其事》诗。

**本年,端木埰成优贡生,入都,时年三十四岁。**

陶湘编《昭代名人尺牍续集小传》卷十八:"道光己酉优贡。"

端木埰《碧瀣词自叙》:"道光戊申,江宁水灾……明年入都,同里蔡小石先生、何青士农部交游最密,亦多倡和。"

## 道光三十年庚戌(1850),二岁
**正月,道光帝去世,咸丰帝即位。**
**二月二十九日(4月11日),盛昱生。同日,沈曾植生。**

杨钟义《意园事略》:"(盛昱)生于道光庚戌年二月二十九日。"

王蘧常《沈寐叟年谱》光绪三十年谱:"二月二十九日酉时,公生于京师南横街寓次。"

**春,父必达在京城。可推知本年春闱,必达应试而不第。**

《养拙斋诗·酒泉集二》有《对酒忆庚戌春京师颐园之游》诗。又《养拙斋诗·酒泉集四》有《忆昔词为春明花事作·水月禅林楸花》诗,诗题下自注云:"庚戌寓此。"

**十月初一日(11月4日),太平军起事。**

据郭廷以编著《近代中国史事日志》。

**本年,父必达三十岁。祖母何太夫人卒。**

端木埰《临桂王公神道碑铭》:"君生有至性,年三十,母夫人卒,哀毁感行路;及赠公卒,痛绝复苏者再三。"

本年,王拯随赛尚阿征讨太平军,重至桂林。

　　据王拯《陈文恭公家书跋尾》。

本年,龙启瑞丁父忧回桂林。

　　《清史稿·龙启瑞传》:"三十年,丁父忧回籍。"

## 咸丰元年辛亥(1851),三岁

三月二十六日(4月27日),以邹鸣鹤(字锺泉)为广西巡抚。

　　据郭廷以《近代中国史事日志》。

父必达入广西巡抚邹鸣鹤幕府主文檄。

　　端木埰《临桂王公神道碑铭》:"粤寇起,无锡邹公锺泉抚粤西,辟主文檄,以劳叙知县。"

　　朱荫龙《王半塘先生世德记》:"宣宗(道光)季年,桂柳旱歉为灾,官吏阘茸,无以慰民望。群情汹汹,一夫夜呼,万人攘臂,燎原之势既成,太平天国诸先烈乃得随而利导之,发难金田。军兴之初,清兵屡北,士气民心之不振,殊无异今日。先生(指王必达)身居会垣,蒿目时艰,慨然有澄清之想。会无锡邹锺泉(鸣鹤)奉特旨抚桂,闻先生名,延入府中主文檄。帷幄运筹,力障决川,宿愿于是稍偿。——此先生托迹幕府,抑亦宦途发达之始也。"

　　《朱谱》:"无锡邹鸣鹤锺泉调抚广西,聘霞轩公卅一岁入幕,主书奏,多所建白。时洪秀全起事金田。"

六月,广西巡抚邹鸣鹤命龙启瑞总办广西团练。

　　《清史稿·龙启瑞传》:"咸丰元年六月,广西巡抚邹鸣鹤奏办广西团练,以启瑞总其事。二年七月,省城围解,以守城出力,以侍讲学士升用。"

八月初三日(8月29日),鹏运夫人曹氏生于江西。

　　曹氏墓碑镌文:"咸丰元年辛亥八月初三日申时生。"

## 咸丰二年壬子(1852),四岁
三月十八日(5月6日),太平军猛攻桂林,不下。

　　据郭廷以《近代中国史事日志》。

四月二十六日(6月13日),广西巡抚邹鸣鹤革职,以劳崇光代之。

　　据郭廷以《近代中国史事日志》。

　　《清史稿·劳崇光传》:"(咸丰二年),会云贵总督吴文镕疏称崇光有胆略血性,请重其事权,就擢巡抚。"

　　案:《朱谱》咸丰四年(1854)谱云"霞轩公在邹幕凡四年"显
　　　误,王必达当仍留在后任广西巡抚劳崇光幕中。

七月,因父必达守城有功,咸丰帝谕其拟选知县缺。

　　秦国经主编《清代官员履历档案全编》:"臣王必达,广西桂林府临桂县举人,原籍浙江,年三十三岁,由拣选知县在本省守城出力,咸丰二年七月十三日奉上谕:著不论双单月遇缺即选。钦此。"

　　端木埰《临桂王公神道碑铭》:"粤寇起,无锡邹公锺泉抚粤西,辟主文檄,以劳叙知县。"

## 咸丰三年癸丑(1853),五岁
二月二十日(3月29日),天王洪秀全入南京城,正式建都,改名天京。

　　据郭廷以《近代中国史事日志》。

春,叔必蕃在京应试。父必达未赴试,有诗怀之。

《养拙斋诗·箧余稿》有《楼城对月,忆子宣弟礼闱应制,兼忆刘子方》诗。

**四月,朱琦为鹏运叔祖王诚心(字正先)作《杉湖别墅记》。**

朱琦《杉湖别墅记》(《涵通楼师友文钞》)末云:"咸丰三年四月朱琦记。"

**秋,父必达有诗怀叔必蕃,其时必蕃赴安徽五河知县任。**

《养拙斋诗·箧余稿》有《与任铁裳夜坐藏书阁,怀子宣之皖江》诗五首,稍后又有《登楼忆弟》诗二首。

**十二月三十日(1854年1月28日)除夕,王拯派人送到叔必蕃信,父必达叠王拯诗韵赋诗四首。**

《养拙斋诗·箧余稿》有《除夕,定甫叔递到五河书,叠六叔原韵》诗四首。

**本年鹏运已能记事。**

鹏运《味梨集》中《声声慢·春雪书怀,和驾航京兆韵》词自注云:"三年癸丑,十年庚申,一春大雪,皆有寇警。"

**本年,龙启瑞与朱琦、唐岳整理师友文,汇刻成《涵通楼师友文钞》,凡十卷。**

据龙启瑞《经德堂文集》卷三《上梅伯言先生书一》。

**本年,关榕祚生。**

据《清代官员履历档案全编》。

**本年,陈廷焯生。张祥龄生。**

## 咸丰四年甲寅(1854),六岁

**春,父必达接叔必蕃书,喜极,赋诗二十四首回寄。**

《养拙斋诗·箧余稿》有《庐州陷后,喜得五河书,却寄》诗二十四首。

**五月初五日(5月31日)夜,父必达梦见其母,醒而纪以诗。**

《养拙斋诗·箧余稿》有《甲寅端阳节夜,梦慈亲如平时,既而涕泣请曰:"儿每见母,寤则梦耳。今朝侍侧,真耶幻耶?"意谓明明在吾母旁,殆非梦幻者。母颔之曰:"真与幻,未可知也。"闻言惧且悲,遂醒。于时檐溜声凄,啼鸟在树,已平旦矣。追维不孝,痛悼成篇》诗四首。

**七月十五日(8月8日)中元节,父必达赴其外祖家致祭,有诗纪事。**

《养拙斋诗·箧余稿》有《中元祭外祖家,感成二首》诗,其一自注云:"外祖之祖讳焯,学者称义门先生。"

**本年,父必达以知县保荐。初冬,北上入京谒选,沿途有诗纪行。途中在湖北樊城过年。**

据《养拙斋诗·北上集》。集中有《樊城度岁用东坡除夕常州韵》诗。

《朱谱》:"霞轩公三十四岁在邹幕凡四年,规画军事,调度乡团,勋劳卓著。是年,以知县保荐。初冬,北上谒选,道经兴安、全州、衡阳、岳州、荆、襄、汝、(颖)[颍]。时值新乱之后,疮痍满目,率以诗抒感,乱离之音,读之怃然。"

父必达《养拙斋诗》编年自本年冬始。

王必达《养拙斋诗》卷一《北上集》起甲寅冬,讫乙卯夏,凡诗一百五十七首。又其《豫章集三》有《冬夜阅藏帖并检旧诗》诗,自注云:"甲寅以前诗,失于山东道上,罕有存者。"其《箧余稿》卷首自记云:"甲寅九月以前所为诗,手录一巨卷,置行箧中。丙辰秋在齐河道上为胠箧者窃去,而诗稿之存于家者,其时付与山妻,乃病甚,又避乱至广州,遂殁于是,所为诗并他文尽失。"

**本年,丁立钧生。**

郑孝胥《清故沂州府知府丁公之碑》:"壬寅七月卒,年四十九。"

## 咸丰五年乙卯(1855),七岁

**正月二十四日(3月14日),父必达到京,住王拯家。在京期间必达参加了王拯组织的馆阁诸公诗歌唱和。**

据《养拙斋诗》。《养拙斋诗·过江集》有《正月二十四日正阳关早发,冻甚。因忆去年今日抵都》诗,作于下年。《养拙斋诗·北上集》有《定甫九叔招同馆阁诸公于野王村馆,续斜川集,拜渊明像》诗四首,又代同人作一首。

王拯《龙壁山房诗草》卷七(本年)有《二月五日社,效朱子为续斜川之集,拜渊明像。适从子质夫从粤中来。即和陶韵》《质夫来都,新咏斐然》等诗,卷八(下年)有《自颜其居"玉池西舫",用元纳新〈永光寺〉诗中语也。招集伯韩、霞舫、翰臣及从子霞轩为禊日之饮。迟申甫病不至》《霞轩重来京师,相聚数月,顷复之官建昌,再送一首》等诗。

  案:王必达妻子为王定甫之外甥女。因同姓王氏,故王必达呼王定甫为叔。《刘谱》云:"霞轩为王拯之犹子,其妻即王拯之甥。"王必达并非与王拯同宗,只是有了姻亲关系后才如此亲切称呼。

**三月二十八日(5月13日),父必达选任江西南康府建昌县知县。**

  秦国经《清代官员履历档案全编》:"臣王必达,广西桂林府临桂县举人,原籍浙江,年三十三岁,由拣选知县在本省守城出力,咸丰二年七月十三日奉上谕:著不论双单月遇缺即选,钦此。今签掣江西南康府建昌县知县缺,敬缮履历恭呈御览。谨奏。咸丰五年三月二十八日。"

  端木埰《临桂王公神道碑铭》:"咸丰五年谒选,得江西之建昌。"

**六月初四日(7月17日),王以敏生。**

  王乃征《王梦湘墓志铭》:"君生于咸丰乙卯年六月四日,春秋六十有七。"

**秋,父必达由京赴安徽五河探望任五河县令的必蕃,即往建昌。临行,王拯用《续斜川游》原韵赠诗,必达和之。沿途有诗。过开封,周春门拟为其改职内阁中书(后未果)。九月二十四日(11月3日),必达抵五河。**

  据《养拙斋诗·过江集》。集中本年有《由都赴五河视子宜,即之建昌。定甫叔用〈续斜川游〉原韵赠诗,谨叠韵奉和》

《九月二十四日入五河境》等诗,次年有《去秋过汴梁,周观察春门师为余改职中书。今春北上献此》诗。

**本年,鹏运已入家塾。**

《刘谱》:"鹏运在临桂燕怀堂,入家塾就读。灌阳唐懋功曾教读其家十年。"唐景崧《请缨日记》:"王氏在桂林曰燕怀堂,科第辈出,先大夫课读其家者十年,佑遐尤为乌衣佳子弟也。"

案:《刘谱》当是由其年龄推算,七岁入家塾。姑从之。但其时唐懋功尚未至王家课读。详后。

## 咸丰六年丙辰(1856),八岁

**正月十一日(2月16日),父必达自五河返京。**

据《养拙斋诗·过江集》。集中有《正月十一日自五河入都,子宣送至小溪赠别》诗。

**夏,父必达由京赴建昌知县任,王拯有诗赠行,必达和之。在京时,周春门赠以诗。七月二十五日(8月25日),复与必蕃别于五河。**

王拯《龙壁山房诗草》卷八有《霞轩重来京师,相聚数月,顷复之官建昌,再送一首》诗。《养拙斋诗·过江集》有《余仍出宰江右,定甫叔赠诗索和,夜阑依韵赋此》《与子宣重别于五河,用东坡陈州别子由韵。七月二十五日》等诗。《养拙斋诗·豫章集三》有《得王梦崧都转鄂垣书,因忆周春门夫子》诗,诗后注云:"他年检点春明纸,何似今朝晤对时。丙辰岁夫子在都赠句也。"

《朱谱》:"南下,经无锡,有《过故中丞锺泉师宅》诗。寄定甫五律二首。游惠山、虎邱。入浙,泛西湖。重九,偕宁仙槎登吴山。赴会稽,晤韦词臣。溯富春江,舟次桐庐度岁。"

**七月二十八日(8月28日),郑文焯生。**

孙雄《高密郑叔问先生别传》:"君生于咸丰六年丙辰七月二十八日,卒于共和七年戊午夏正二月二十六日,年六十有三。"

戴正诚《郑叔问先生年谱》咸丰六年谱:"七月二十八日,先生生于大梁节署,因名豫格。时先生父兰坡先生官河南巡抚。"

**秋,父必达早年诗稿失窃于道上。其时母刘氏病重,且避乱至广州,鹏运兄弟当随侍。**

王必达《养拙斋诗·箧余稿》卷首自记:"甲寅九月以前所为诗,手录一巨卷,置行箧中。丙辰秋在齐河道上为肟箧者窃去,而诗稿之存于家者,其时付与山妻,乃病甚,又避乱至广州,遂殁于是,所为诗并他文尽失。"

**秋,必达弟王耀文举乡试。**

据王耀文会试朱卷。《临桂县志》卷六《选举表四·咸丰六年丙辰补行辛亥乙卯两科》:"王耀文,举人。"

**十月二十日(11月17日),裴维侒生。**

据《清代朱卷集成》裴维侒朱卷。

**十一月二十六日(12月23日),文廷式生。**

汪叔子《文廷式集》附录《文廷式年表稿》:"十一月二十六日(公历十二月二十三日)辰时,生于广东潮州府。嫡出。行三。时祖父晟以惠州知府而署潮州府知府事。"

龙榆生《清季四大词人》:"廷式以咸丰六年丙辰(1856)十一月二十六日生(先生子永誉口述)。"

## 咸丰七年丁巳(1857),九岁

**父必达南下经江苏、浙江,春间抵江西建昌县任所。**

据《养拙斋诗·豫章集一》。

《朱谱》:"霞轩公三十七岁,春,抵江西建昌县任所。有与高伯足、李立之唱酬诗。"

**四月二十日(5月13日),母刘氏病殁于广州。**

《养拙斋诗·酒泉集四》有《四月二十日为刘夫人设祭》诗,作于光绪七年,诗云:"鼠姑风里泪还流,新折花枝作荐馐。二十八年寻故剑,一衣香染至今留。"

案:由上诗推知,父必达于母刘氏忌日设祭,由光绪七年(1881)上推二十八年为咸丰四年(1854),正是父必达北上进京谒选之年。夫妻未能再见。据上年谱可知鹏运母刘氏殁于本年,又鹏运《鹜翁集》中《疏影》词序有云:"谯君之殁,九年所矣,遗榇犹旅寄萧寺中。以讳辰与先夫人同日,前期设奠厝室。"据鹏运妻曹氏墓碑镌文,知曹氏殁于四月二十日,则母刘氏亦当殁于本日。

**七月二十一日(9月9日),朱祖谋生。**

夏孙桐《清故光禄大夫前礼部右侍郎朱公行状》:"辛未十一月廿二日卒于上海寄庐,距生咸丰丁巳七月廿一日,享年七十有五。"

**冬,父必达在建昌县令任上,组织民团抵御太平军进击,躬亲搏战,连战皆捷,得湖北巡抚胡林翼嘉许。**

端木埰《临桂王公神道碑铭》:"时贼已残鄂皖,据江宁,以九江绾毂江楚,守以悍酋。楚军攻之,久未下。公私馈运,文报上下,仅恃建昌一线路。贼瞰邑形胜,觊吞之扰楚军后路,纾九江急,分股来扑,兵食两绌。君激励民团,躬亲搏战,马毙于炮,矛不及身者尺,易马益进,连战皆捷,贼失势。九江复,鄂抚胡文忠公曰:建昌令力战,与有力焉。疏闻于朝,超擢知府,且驰书曾文正公称其才。李忠武公亦盛推之。"

《养拙斋诗·豫章集四》有《浔阳陆行至章门绝句十一首》,其五自注云:"乌石门在德安县北。丁巳冬,临江城克,贼扑九江,李忠武公拨劲旅五千防此。予宰建昌,距防百里,乃以乡兵击贼。"

王必达《忆建昌县旧事》(《养拙斋诗·酒泉集三》):"我昔治云居,湖山贼氛恶。练兵二千人,其人皆土著。军食无从支,筹画殷忧灼。秣励渐精强,腾骞起积弱。云中一战胜,夜夜犹传柝。迄乎浔城恢,吾圉快清廓。赤子尽归农,春风聊闭阁。止戈较张弧,岂非殊苦乐。何以宰官心,安居翻寂寞。念吾与此曹,两年卫疆索。成军阗鼓鼙,克敌纵杯勺。父兄悉自居,指臂信堪托。青郊重走马,杨柳深无幕。平沙营垒空,明月乌啼落。惓惓弗忘情,异哉真可噱。乃知韩起辈,为此一念错。不然释兵符,富贵仍高爵。菹醢固沈冤,英雄自束缚。所以赤松游,抗迹神仙托。"

《养拙斋诗》附录陈长吉《王安肃挽诗》自注云:"咸丰初,粤匪陷江右郡县,据浔阳。九年,公来宰建昌,地当冲要。激发士气,连战皆捷。获丑什百,尽心研讯。语僚佐曰:'此累累者,孰非赤子?吾辈受司牧之任,坐视其无罪而死于贼,又无罪而死于官,吾不忍也。'故胁从免死者甚众。胡文忠以事上闻,擢郡守。"

**案**:据《养拙斋诗》,父必达宰建昌县当始于咸丰七年。

**本年,夏孙桐生。**

据傅增湘《江阴夏闰庵先生墓志铭》、陈叔通《江阴夏先生墓志铭》。

## 咸丰八年戊午(1858),十岁

**正月初一日(2月14日),唐懋功有诗示景崧、景崇二子。**

唐懋功《得一山房诗集》卷上本年有《元日试笔示景崧、景崇两儿》诗。

**二月初五日(3月19日),康有为生于广东南海。**

据《康南海自编年谱》。

**四月,建昌有蝗患,捕之为疲。父必达祷于神,骤得西风雨而患解。**

《养拙斋诗·度陇集》有《车中口占》诗五首。其三自注云:"畿县有蝗。予戊午宰建昌,捕蝻惫甚。祷于神,骤得西风雨而患解。"又《养拙斋诗·酒泉集一》有《肃境有蝻,修祀事,赴两山口督捕。因忆宰建昌时亦有此患》诗二首。其一云:"昔时寅畏抱修河,四月蝗飞唤奈何。烈火焚山人尽奋,疾风飘雨害全瘥。西风暴雨,蝗患遂除虫灾历数穷边少,神助仍思默祷多。迎送霓旌应识我,只怜无补鬓空皤。"

**夏秋间,唐懋功有诗赠鹏运叔祖王诚心。此前不久唐懋功已至王家任塾师。**

唐懋功《赠王正先》诗二首(《得一山房诗集》卷上):"不管

干戈满路愁,杉湖堤畔狎闲鸥。绿阴黯黯通花径,赤日荒荒下竹楼。名士园林工位置,孤山梅鹤伴风流。繁华门第容高卧,清福先生几世修。""书画双钩满月廊,亭台消受水天凉。痴情爱物成孤趣,冷面逢人抱热肠。有子羁栖湘浦棹,何时吟醉辋川庄。年来箕踞辽东客,尘海相期结静航。"

  案:王诚心,当字正先,取诚心先正心之意。王诚仁,当字友山,取仁者乐山之意。鹏运祖父诚立,诚立弟诚心、诚仁。玩诗意,知诚心子为必昌,时在曾国藩幕府。咸丰九年冬唐懋功《王友山挽词》有云:两年宾主礼西东。可知,唐懋功已在本年上半年至王家任教。

**七月二十六日(9月3日),曾国藩在日记中首次提到王必达。**

  据《曾国藩全集·日记》。本日记云:"王必达,临桂举人,建昌令,霞轩。轩爽有精神。"

  案:二人当是初次见面。

**九月,龙启瑞卒。**

  《清史稿·龙启瑞传》:"(咸丰)八年九月,卒于官。"

**十一月初六日(12月10日),父必达至建昌城外曾国藩营久谈。时必达新任建昌知府。次日又至营久谈。**

  据《曾国藩全集·日记》。本日记云:"申刻,新任建昌守王霞轩来久谈。"次日记云:"前建昌府黄守没后,其印交存余处。是日张府经来,请交新任王太守接印。翻阅《明史·儒林传》。中饭后,王太守来久谈。"

  《养拙斋诗》附录陈长吉《王安肃挽诗》自注云:"十年署建昌府事,地方新复,招抚流亡。里巷驵黠之徒辄假名生事,引绳批根,破坏人产,甚至架以从逆,陷人于死。公廉得实,痛惩之。"

清邵子彝修、鲁琪光纂同治《建昌府志》云:"王必达,广西临桂县举人,八年十一月署任。"

**十一月初九日(12月13日),曾国藩进建昌城拜会王必达。**

据《曾国藩全集·日记》。本日记云:"饭后进城拜客。会王霞轩太守。粮台会雷西垣、张伴山、邓少卿。午正归。"

**十一月十九日(12月23日),曾国藩请王必达便饭。**

据《曾国藩全集·日记》。本日记云:"日中,请王太守霞轩便饭,灯时散。"

**十一月二十三日(12月27日),父必达至曾国藩营久谈。**

据《曾国藩全集·日记》。本日记云:"王霞轩太守来久谈。"

**十二月初四日(1859年1月7日),父必达等同曾国藩至当地李家观所藏书籍。**

据《曾国藩全集·日记》。本日记云:"早饭毕,至南城东乡上塘圩地方李家,观所藏书籍。李氏兄弟四人,长名甲芸,号翰芗。三甲英,号佩香。次已死,四外出。其父白手成家,富冠通邑。甲芸买书约数万卷,乱后不毁于贼,亦可喜也。约行四十五、六里,中途小憩一次。同往者为王霞轩太守,王少岩、黄印山两大令,黄冠北太守暨余营中雷西垣、李小泉、许仙屏、郭笙陔诸人。登其楼观所藏书,亦多佳本。吾邑尚无此巨室耳。夜宿李家。"

十二月初六日(1859年1月9日),父必达向曾国藩辞行,次日将往南丰。

据《曾国藩全集·日记》。本日记云:"王霞轩来辞行,将以明日往南丰,余告以用绅士之法,宜少予以名利而仍不说破,以养其廉耻。霞轩深以为然。"

十二月十六日(1859年1月19日),曾国藩在日记中提到必达堂弟必昌。是日,必达自南丰、广昌归来,与曾国藩畅谈。

据《曾国藩全集·日记》。本日记云:"未刻,王霞轩自南丰、广昌归来,畅叙。"

十二月十八日(1859年1月21日),父必达在曾国藩营,被邀请同席吃饭。

据《曾国藩全集·日记》。本日记云:"中饭酒席系南城令送次青者。王霞轩在营,邀来同席,申正散。"

十二月二十二日(1859年1月25日),父必达与曾国藩久谈。

据《曾国藩全集·日记》。本日记云:"早,清理文件。饭后会王霞轩太守,谈颇久。"

十二月二十五日(1859年1月28日),父必达等至曾国藩营久谈,并商定二十七日接曾国藩进城入府衙居住。

据《曾国藩全集·日记》。本日记云:"早起,清理文件。饭后王霞轩、王少岩来,久谈,接余进城,在于府署居住。定二十七日进城。"

十二月二十八日(1859年1月31日),曾国藩有信致胡林翼,信中盛称王必达的才干。

《曾国藩全集·书信(一)》录本日信云:

润帅宫保老前辈大人阁下：

十七、十九等日，连上三缄。二十二日接阳逻舟次惠书，舍弟温甫蒙详叙请恤，褒美溢量，合室衔感。

此间南路军事，南安失守，崇义、定南亦陷。萧浚川由宁都往援赣州，当在雩都度岁。连城之贼，闻亦尚有二三万人，若回窜宁都，则萧军与侍建昌老营中梗不通矣。北路军事，景德镇之贼颇尚坚悍，张、王、吴于十八日到附近地方驻营。十九日吴国佐先出队而败，阵亡百余人，军械十亡五六。王文瑞亦挫。张凯章尚未接仗，日内悬盼之至。

侍本拟正初启行赴湖口等处，与杨、彭、都、鲍联络一气。兹因南路紧急，萧军四顾无依，宁、建一带，千里空虚，又不能遽弃之而行。建昌府王霞轩太守系前任建昌知县，迪庵保升今职，尊处所奏也。精练明敏，有为之才，攀留颇殷，亦不能恝然舍去。马队事已入奏否？俟马将到日，侍必赴江边竭力教练。马队三千，费与步军万人等。侍前言北岸须三万人，合马队言之也。

肃此，敬请勋安。

**十二月二十九日（1859年2月1日），上午，曾国藩至王必达处拜会。晚上，必达请曾国藩等吃饭。**

据《曾国藩全集·日记》。本日记云："早，清理文件。饭后见客一次，与少泉久谈。旋出门拜客五家。王霞轩太守、雷西垣观察处均拜会，午正归。下半日阅祁春浦相国《䅇斋亭集》二卷。灯初，王太守请吃饭，二席，即在本公馆张筵，二更散。"

十二月，王闿运经建昌，至曾国藩军营，停留数日，有诗赠王必达。

据《曾国藩全集·日记》。

王闿运《建昌赠王署府必达》二首（《湘绮楼全集·湘绮楼诗》卷四）："客军资乳哺，常被主人嫌。醉尉能相侮，雄师气久燖。多君倾符竹，持笏候旌襜。复恐同寮怪，佯狂侧帽檐。""乱中公事少，山色满高斋。正有琴书趣，能消魂磊怀。诗成骑马出，客到与云偕。且莫悥时事，论文亦自佳。"

**本年，宋育仁生。**

萧月高《宋芸子先生传》："辛未，《通志》稿成，力瘁而卒，时年七十有四，私谥文康。"

## 咸丰九年己未（1859），十一岁

**正月初五日（2月7日）及次日，父必达至曾国藩处久谈。**

据《曾国藩全集·日记》。本日记云："早，清理文件。饭后见客五次，王霞轩太守谈颇久。"次日记云："中饭后剃头。王霞轩、黄冠北来，久谈。"

**正月初八日（2月10日），曾国藩拟于十一日自建昌拔营至湖口，经王必达等挽留，决定推迟至二十日。明后日，父必达至曾国藩处致谢及交谈。**

据《曾国藩全集·日记》。本日记云："早，清理文件。饭后拟十一日拔营至湖口，传朱品隆等来此，吩咐一切。旋王太守必达、王明府延长来此挽留，绅士黄家驹亦来攀留，遂改期于二十日起行。"

正月十九日(2月21日),曾国藩请王必达等吃饭。次日,曾国藩嘱咐必达办保甲以查奸细。

据《曾国藩全集·日记》。本日记云:"未正请客,王霞轩、王少岩、邓弥之、张子衡、何竟海五人,灯后散。"次日记云:"早,清理文件。饭后作《圣哲画像记》。见客三次。嘱建昌府王太守办保甲,以查奸细。"

**正月,父必达与李鸿章等以诗相唱和,诗中言及李鸿章曾晤必蕃于庐州。又有诗赠表弟何镜海。**

据《养拙斋诗·豫章集一》。集中有《少荃观察晤子宣弟于庐州,今示迎春和章,用原韵赋赠》《赠何镜海表弟》等诗。

李鸿章《和建昌王霞轩太守行春》(《李文忠公遗集》卷六):"千里来登王粲楼,春光有脚遍神州。荒城积雪梅花冷,平野东风菜甲柔。岁稔悬知兵事息,民苏合望使君留。昨宵同听昆仑捷,醉倒金尊乐唱酬。"

**几日来,曾国藩与众人次韵和何栻七律组诗。二月初二日(3月6日),父必达送和诗至曾国藩处。后又两和组诗韵。**

据《曾国藩全集·日记》。本日记云:"下半日,王霞轩太守来,亦送和诗。"

《养拙斋诗·豫章集一》有《次何廉舫太守感怀述事韵十六首呈曾枢帅师》等诗。

**二月十一日(3月15日),因得曾国藩激赏、延誉而心存感激,父必达至曾国藩处拜师。**

据《曾国藩全集·日记》。本日记云:"王霞轩、邓弥之来拜老师,王以予之激赏、到处延誉而相感,邓以予之两次奏捐指省道员而相感也,辞之不果。旋又见客四次,因余明日拔营,前来送行也。……中饭后,出外拜客辞行,在霞轩署内座谈,余俱亲拜。"

**二月十四日(3月18日),父必达随营送曾国藩至临川境内大路游。**

据《曾国藩全集·日记》。本日记云:"又行八里,出关至临川境大路游地方驻扎。王霞轩太守、少岩大令送至此山。"

**二月,父必达将卸建昌府知府任,又奉檄帮办郡事。**

据《养拙斋诗·豫章集一》。集中有《枢帅师移营抚州奉送出关,归郡再叠何濂舫太守原韵。时将卸篆,又奉檄帮办郡事》诗。

同治《建昌府志》云:"王必达,广西临桂县举人,八年十一月署任。张兴仁,浙江钱塘县进士,九年三月任。"

**三月十七日(4月19日),曾国藩有信致官文,附致王必达信。**

据《曾国藩全集·日记》。本日记云:"早,清理文件。饭后与子序围棋二局,写官中堂信一封,加王霞轩信一件。"

《曾国藩全集·书信(二)》本日致必达信云:

再,邓弥之损船一片,初九日奉朱批,着照所请奖励该部知道,不交部议,奉特旨允准,较部核者迅速矣。渠还湘一行,亦当即赴浙东。

沈幼丹奉檄履九江道本任,谕旨饬令开关征榷,亦不准尽征尽解,题目颇难着手,然上游湖、湘方扰,下游皖、吴未克,征榷不旺,自可随时奏报。诸关厘系,顺以布闻,余面罄。不宣。再颂霞轩仁弟日安。

**三月二十日(4月22日),父必达自建昌至抚州见曾国藩,久叙。次日又来久谈。又次日曾国藩请王必达便饭。**

据《曾国藩全集·日记》。本日记云:"是日王霞轩太守自建昌来,久叙。"次日记云:"中午后王霞轩来,久谈。"又次日记云:"未刻,请王霞轩太守便饭,在后楼上设席。"

**三月二十四日(4月26日),曾国藩至抚州城外拜会王必达,登舟小叙。**

据《曾国藩全集·日记》。本日记云:"至城外拜王霞轩,登舟小叙。"

**春,唐懋功有诗多首赠王诚心、诚仁兄弟。**

唐懋功《得一山房诗集》卷上本年有《赠王正先次唐小松韵》二首、《书王正先前悼亡诗后》五首、《咏古仙事戏赠王友山》四首、《仿游仙诗再赠友山》四首等诗。

**四月初一日(5月3日),曾国藩召饮晚霞楼,父必达承命赋诗。**

《曾国藩全集·书信(二)》四月初一日曾国藩复何栻信有云:"乃者寓居临川城北谢氏第宅,后有高楼,俯瞰双江,吐纳万象。顷与子序、霞轩、次青、少荃、仙屏诸君宴集其上,适读尊制《将进酒》六章,诸君即事奉和,用其体而不次其韵,亦日以敦迫。鄙人钝拙,尚未就也。"

《养拙斋诗·豫章集一》有《枢帅师召饮晚霞楼,承命赋诗。适濂舫太守寄〈将进酒〉六篇。未能效其体也》诗。

**六月,叔祖王诚心卒,享年六十岁。唐懋功有诗挽之。**

唐懋功《王正先挽词》六首(《得一山房诗集》卷上):

泠然香驭藕花风,薤露凄闻六月中。术岂惊人怜独信,文难寿世恨何穷。欧阳集古庐陵渺,摩诘耽吟辋水空。从此湖边亭榭冷,夜阑无客步深丛。

尘海浮踪六十年,逍遥原是地行仙。田荆合树花常映,窦桂分香子共连。破镜偶伤孤月梦,添香旋结小星缘。羽人阅到沧桑变,兴尽何妨返碧天。

天涯客路怕沈沦,回首驱车上计晨。顾我无金商解橐,济人有筏为通津。碎琴旧痛埋安道,**谓戴季葵大令**荷锸今悲瘗伯伦。太息衔恩山雀在,每缘啄粟一伤神。

缁帷重托傍吟坛,剪烛窗西泪未干。孔李通家叨倚玉,苏程中表怅摧兰。闺型已断犹长想,邻杵新停肯达观。莫怪豚儿同洒涕,旁峰也当丈人看。

洒落胸中廓有余,是何块垒未销除。痛呼五夜疑神旺,畅论千秋尚气舒。难忘旧情徐孺榻,最怜绝笔豫章书。白云惨淡悲游子,亲舍无人再倚闾。

晓钟敲罢梦茫茫,谶语偏教应悼亡。泉石一生仙世界,烟霞长夜鬼膏肓。生营马鬣君虽达,恸彻鸰原我亦伤。听到埙篪肠断处,拥灯痴坐读书堂。

**案**:味上诗其三可知,王诚心曾资助唐懋功进京应考。

**九月十二日(10月7日),曾国藩有信致官文,附致王必达信。**

《曾国藩全集·书信(二)》本日致必达信云:

再,国藩春初奏请图皖,谓皖北宜得三万人,皖南宜得二万人。目下萧、张未回,敝部仅及万人,只能会剿皖北,不克分任皖南,江西之北路不无可虑,幸江北陈逆各股与建德、池州等匪深仇有年,各不相谋,应无他虞。令弟气色未尽复元,昨嘱其好为将养。粮台在水次,诸事方便,可放心也。再问近安。

十月十七日(11月11日),曾国藩上《酌保攻克景德镇浮梁县城出力员弁折》,其中请求奖赏王必达堂弟必昌。

《曾国藩全集·奏稿》录上折后附保单有云:"候选府经历王必昌,请免选本班,以知县不论双单月尽先选用。"

约十二月初,叔祖王诚仁卒,享年五十五岁。唐懋功有诗挽之。后十二月二十二日(1860年1月14日),唐懋功又有怀王诚仁诗。

唐懋功《王友山挽词》四首(《得一山房诗集》卷上):

寒梅香雪惨离尘,东道相延少一人。兄是白头哀季弟,我缘青眼哭周亲。鹡联凤侣惭非偶,鸠借鹊巢知有因。何事罡风吹太速,管弦方集早回轮。

断肠声起夕阳收,天上人间黯黯愁。腹患河鱼刚六日,身骑云鹤已千秋。柏台惨淡追仙吏,**谓君居停季山廉访**。酒国苍凉失醉侯。五十五年如梦醒,竟教花甲岁难周。

身后何能便坦然,临危无语泪涓涓。芝兰遍种怜长日,鸿雁分飞怅暮年。婚嫁未偿游岳志,别离空剩挽车缘。岂因同气悲孤寂,携作蓬莱羽化仙。**与其兄正先相继辞世**。

两年宾主礼西东,马帐情深戚谊中。举爵不曾邀醉月,骖鸾忽已叹乘风。参苓无效难医命,蓬荜相依自愧穷。此后读书求斗酒,舜卿何处觅祁公。**大儿景崧,**

**君季婿也。**

唐懋功《小除前一日解馆,怆怀友山》(《得一山房诗集》卷上):

> 残年砚耕毕,庭梅冻初破。忽忆居停人,凄然弱一个。有兄六十余,酒肴捐余坐。惜无同怀亲,埙篪听倡和。微才素餐忝,勉策诸郎课。葱郁萃桃李,灌溉期远大。手泽慰生存,藉以宽吾过。

案:味上诗可知,其时王诚立年六十余,其弟诚心、诚仁相继过世。唐景崧为诚仁之婿。

**本年及下年,龙继栋与韦业祥居长沙。**

龙继栋《韦业祥小传》:"韦伯谦,余姑之长子,与余同道光乙巳生。咸丰己未庚申同侨长沙,始共研席。"

**本年,李葆恂生。**

陈三立《义州李君墓表》:"乙卯八月卒,春秋五十有七。"

**本年,王拯《茂陵秋雨词》四卷刊行。**

据王氏自序。


## 咸丰十年庚申(1860),十二岁

**二月十九日(3月11日),曾国藩写信给王必达。**

据《曾国藩全集·日记》。本日记云:"夜写王霞轩信一封,校《古文·序跋类》六篇。"

**闰三月初五日(4月25日),曾国藩上《遵议分析楚军克复景德镇浮梁县城出力各员折》,其中请求奖赏王必达堂弟必昌。后闰三月二十七日(5月17日)吏部核议认可。**

《曾国藩全集·奏稿》录上折后附分析单有云:"候选府经

历王必昌、安徽候补府经历县丞章寿麟。该员等干事明敏,临战坚定。王必昌请免选本班,以知县不论双单月尽先选用。章寿麟请免补本班,以知县仍归安徽补用。"

**春,唐懋功有诗寄怀王必达。**

唐懋功《奉怀王霞轩太守》八首(《得一山房诗集》卷上):

滕王阁下旧维舟,春雨潇潇散旅愁。过客途穷空寄迹,故人官贵正邀头。三千里外烽烟靖,二十年前缏纻投。此际升沈云路隔,思君欲作豫章游。

染衣三月柳如丝,准备春明射策时。亲舍白云同怅望,僧寮红烛与栖迟。金台选士高难上,瑶岛迷人秘莫窥。毕竟一鞭先著去,骅骝得路不能羁。

桂林南望买舟旋,携手居然李郭仙。跌宕风情花劝赏,悲凉客味酒争延。黄河浪险诙谐渡,赤日天空袒裼连。小鸟索居思往事,水程添入洞庭烟。

文场春梦未模糊,骤听官声动五湖。作令权时栖枳棘,爱民急务靖萑苻。龙蛇作阵心机定,豺虎当关胆气粗。莫道虚名邀上赏,论功原是武都虞。

皖江东去雪飞涛,忆弟看云首欲搔。薄宦应官劳听鼓,书生临敌壮麑旄。近闻群豕争奔突,可有双鱼慰郁陶。春草池塘诗梦远,关怀我亦忝同曹。

年来群季倩论文,黄卷青灯旧学勤。千载抗怀彭泽令,一生低首岳家军。父书徒读难成将,吾道虽迂或慰君。出处果能持大节,名山名世要平分。

隔面犹怜范叔寒,拳金挥赠拜恩宽。看花未遂游人计,贷粟权供寡母餐。故里近怜朋辈少,清风能谅宦途难。铭心为语东乡宰,一饭淮阴已感韩。

少陵野老称诗史,天宝兵戎感慨深。寂处山中多逸兴,相思江上动长吟。文章未敢忘君国,怀抱何当论古今。鹓凤虽忙鸥鹭逸,章江遥盼尺书临。

**春,必达弟王耀文举会试。**

据王耀文会试朱卷。又《临桂县志》卷六《选举表四·咸丰十年庚申会试恩科钟骏声榜》:"王耀文,进士,刑部主事。"

**六月二十四日(8月10日),实授曾国藩为两江总督,并命为钦差大臣,督办江南军务,所有大江南北水陆各军皆归节制。**

据郭廷以《近代中国史事日志》。

**八月初八日(9月22日),咸丰帝自圆明园北走热河,命吉林、黑龙江兵折往热河护驾。**

据郭廷以《近代中国史事日志》。

**八月二十九日(10月13日),英法联军控制北京。**

据郭廷以《近代中国史事日志》。

**九月初五日(10月18日),英军奉命焚圆明园。**

据郭廷以《近代中国史事日志》。

**九月十一日(10月24日),签订《中英北京条约》;十二日签订《中法北京条约》;十月初二日(11月14日),签订《中俄北京条约》。**

据郭廷以《近代中国史事日志》。

**十月初九日(11月21日),曾国藩接王必达信,即复。**

据《曾国藩全集·日记》。本日记云:"是夕接王霞轩信,内有诗四首。"又《养拙斋诗·豫章集一》有《登拟岘台怀涤生师》

诗四首。

《曾国藩全集·书信(三)》录本日复信云：

霞轩仁弟阁下：

前接惠缄，裁答少稽。顷间载奉赐书，猥以马齿虚增，远辱廑系，奖饰过情，至以为歉。

国藩初意本拟立重镇于宁国，东可以庇浙江，北可以规吴会，西可以图东坝、芜湖，与长江水师联络一气，不谓湘军尚未到齐而宁国已失，皖南甫经接防而徽州旋陷。受事五月，竟无一旅可入苏境，职分所在，且愧且愤；况复夷氛犯阙，銮舆北巡，正臣子负罪抱疚之时，岂敢言寿称庆？

此间日内粗安，鲍、张二十九、初四日两战后，未再开仗。左军前恐贼窜腹地，请其暂驻乐平，比饶、广两防渐稳，拟倩其即入婺源，会攻休、歙。渠新军不耐饥饿，请将月饷迅速筹解为荷。国藩日内出查岭防，途次黟县，手泐奉复。谦版尚留祁门老营，不及缴还。即候台安。

**十二月二十一日(1861年1月31日)，曾国藩复王必达信。**

《曾国藩全集·书信(三)》录本日复信云：

霞轩仁弟大人阁下：

叠接惠书，裁复稍稽。此间自十一月以来，轩然大波，危险迭见。较之徽、宁失陷之时，尤为洞心骇目。幸赖左季翁坚守景镇，雪琴坚守湖口，王道、顾都司坚守玉山，而羊栈与建德等处，亦屡获胜仗，风波稍平，人心渐定。鲍公进兵以后,雨雪泥泞,至今尚未开仗。但求左、鲍二军能将黄文金一股驱出皖境,而伪忠王一股不再窜信、玉、德兴等处,庶江西无北边之忧,皖军无后路之虞,斯为至幸!

粮台诸事,承阁下多方赞助,得以敷衍度岁,良深庆慰。兹又有琐事数端,另开一单,烦代为料理,有渎清神,感荷无既。顺请台安。诸维心照。

**本年**,父必达奉檄充江西总粮台提调。

端木埰《临桂王公神道碑铭》:"十年,摄建昌府事,总江西粮台。"

案:据《养拙斋诗》及《曾国藩全集·日记》等可知,王必达于咸丰八年十一月初署建昌知府,九年二月卸任,见前谱。

《养拙斋诗》附录陈长吉《王安肃挽诗》自注云:"曾文正驻师郡界,知公之贤且才,奏设总粮台于省垣,檄充提调,长吉与孙君家铎、蔡君体乾分司其事。文正统兵十数万,调取饷需无虚日。左侯奉命督师,未授浙抚以前,由湘招勇,络绎过境,亦由台中供给。库藏支绌,追呼竭蹶,常虞哗溃。"

## 咸丰十一年辛酉(1861),十三岁

**正月初六日(2月15日)**,曾国藩复彭玉麟信,附致王必达信。

《曾国藩全集·书信(三)》录本日致必达信云:

再,正月之饷,昨已专札调十二万。闻已有三万起解在途,合之得十五万。为数不为不多,而实不敷一月

满饷。现计每月须银十八万有奇,而左军在外,陈军在外,吴军在外,鲍军新添之二千四百在外,新调之蒋香泉、魏喻义、李金旸等军皆在外,实不知所以善其后。然今年春夏,江西、皖南必有无数大战,危波迭起,不得不多募多调,支撑半年。安庆克复,即有转机矣。祈为我婉求各署,同心护持,以保危局。至感!至祷!再候霞轩仁弟太守台安。

**正月十五日(2月24日),曾国藩复李鸿章信,信中言及去冬曾国藩曾托王必达"买袍褂料十付"。**

《曾国藩全集·书信(三)》录本日信有云:

去冬托王霞轩买袍褂料十付,除赏玉山诸将外,所存无几,请再买二十付,交委员搭解来营,或线绉江绸,或摹本缎,或大呢,皆须好者。近来营中将领眼眶大,下等衣料不足激发之也。

**二月二十六日(4月5日),曾国藩写信给王必达。**

据《曾国藩全集·日记》。本日记云:"早,出营,至修碉处。饭后围棋一局,旋写沅弟信、胡宫保信、朱云岩信、王霞轩信,习字一纸。"

《曾国藩全集·书信(三)》录本日复信云:

霞轩仁弟太守阁下:

连奉惠书,欣悉抚、建果已解围。如天之福,举觞共庆。

此次建昌围困二十余日,敝处未能拨一旅往援,亏损信义,寸心负疚。盖前此初五日与凯章议定,拨朱、唐带亲兵四千援建。适值婺源、清华非常警急,遂改以凯章、朱、唐力攻上溪、休宁,非图进取也,掣贼势以助左军也。后此,十六日定以鲍军晋省而援抚、建,则已在建患稍纾之日,特此间不知耳。鲍军于十九、二十拔行晋省,国藩闻省、抚两处平安,又经函商右翁中丞,请其酌量缓急。如省、抚可保万全,鲍军不必轻动,恐一动而鄱、都等县旋即沦陷云云,至今未接回信。请阁下再行禀商中丞及司道诸公,察看李秀成一股究竟有害于省城及瑞、临否。如窥伺省城、瑞、临,则鲍军仍遵十六日原议,由九江援剿腹地,若省城、瑞、临可保无虞,则鲍军犹当驻此,以保东、建、彭、鄱五县,一以助左公声援夹击伪侍王一股。省中计定,请中丞一面函商敝处,一面飞咨左、鲍。阁下亦专函迅报为祷!此复。顺候台安。

**三月初八日(4月17日),曾国藩复信毓科,推荐王必达署理南昌府事。**

《曾国藩全集·书信(三)》录本日复信有云:

省城防守事宜,眭章离省之后,阁下又留张襜园副戎之军,守兵似可敷衍。惟无人一力主持,毅然自任。李观察引疾不出。鄙意以王守必达署理南昌府事,其心思周到而精神强固,于军务亦尚熟悉。弟因四路交警,专为省会守城起见,非有所不足于许守也。即日另行备咨奉商。阁下如以为可,请即饬司速委。肃此奉商,即问台安。

**三月十四日(4月23日)，曾国藩复王必达信，言粮饷事。**

据《曾国藩全集·日记》。本日记云："早饭后清理文件。旋写朱云岩信、王霞轩信、沅弟信、鲍春霆信、李申夫信。"

《曾国藩全集·书信(三)》录本日复信云：

霞轩仁弟阁下：

十三日接初五日及初一、初三惠书，具悉一切。

自景镇既失，饷道已梗，此间众议谓宜速攻徽州，以通浙中之接济。遂派各军攻徽，人数近万，国藩亦自来休宁就近调度。初五进攻一次，因天雨小挫，伤亡二百人，叶光岳、胡玉元二营官阵亡。十二进攻一次，是夜贼匪焚村劫营。二十二营中惊溃者八营，完全无恙者十四营，伤亡比初五略少，而士气日减，贼氛太长，殊为可虑。目下休、祁、黟诸军不能言战，但可勉守。专盼左、鲍二军攻克景镇，或待安庆克复，舍弟移军来建，庶有转危为安之一日。

转运局之移，亦事势不得不尔。现已改设下隅阪，文书改于湖口吴营汇总专送，均另有公牍矣。省城有刘胜祥、张运桂两军，必可无虞。此间得以令鲍军放心攻镇，至慰！至幸！

祁台火药足敷月余之用，惟子弹、火绳甚少。转运局尚有存储，请催速解。饷项缺乏异常，二月间有公牍嘱粮署分任十万，赣署八万，此时赣路又梗，实深忧灼。顺问台祺。休宁城中。

**三月二十一日(4月30日),曾国藩复信毓科,再次推荐王必达署南昌府。**

《曾国藩全集·书信(三)》录本日复信有云:

阁下去年委钟署广信,委黄署建昌。二守保全两郡,收此奇效,老眼无花,钦佩之至。顷委蔡署九江,人地亦极相宜。惟抚州钟守不甚得力,临川马令尤浮滑,应请阁下另委能手署此两缺。若抚、建、广、浔四府得人,则省城安如泰山矣。省垣城守不可一日无备,前函商以王守必达署首府。渠充散粮台提调,于各营皆易联络,才能肆应,于守城亦有阅历,如此位置,似尚妥善。许守不谙军旅,饬司另委一缺可也。

**四月初六日(5月15日),曾国藩复信毓科,坚持让王必达署任南昌府。**

《曾国藩全集·书信(三)》录本日复信有云:

来示欲调秋浦回署府缺,不知是署首府,抑系吉安府?词意未甚明显。秋浦现充弟营务处,甫就熟悉,断难令其离开。弟营务处照例本应派司道大员。因各员均居要地,故未奏派,仅派候补府二人充营务处,必不可少。自去冬以来,军中危险万状,地方官视为畏途。秋浦犹能共历艰危者,须留在弟处,祈鉴亮。至来示所谓种种不宜者,似指王守霞轩言之。王守之长处短处,弟皆深知。即外间之訾议,弟亦略有所闻。人才难得,如王守之才,若稍加以凝静,必可练成好手。弟欲令其署任一次后,仍调来大营,俾尝艰苦。奖其长而诫其

短,庶几日臻深稳。即张、隋、姚三守在营稍久者,亦当
饬令回省,酌量署任,以均劳逸。

**五月初十日(6月17日),曾国藩复信李鸿章,谈及王必达粮饷
配给的问题。**

《曾国藩全集·书信(三)》录本日复信有云:

赣饷并解左军,自无不可。既属一体,又系劲旅,
瘠此以肥彼,可也,况并不肥乎?霞轩处当治书箴砭,
孙丞即日札其办理台务。诸惟心鉴,顺问台安。

**六月十九日(7月26日),曾国藩复王必达信。**

《曾国藩全集·书信(三)》录本日复信云:

霞轩仁兄太守阁下:

屡接惠书,以两月疮疾,久稽裁复。顷又得十二日
专差一缄,钞示初十、十一等日东西两路军报,至以
为慰。

此间自闻建昌之警,恐省城与浔文报不通,即经飞
调鲍军由浔登陆,直捣建昌。鲍公本拟由瑞昌登岸,舟
至武穴,始接敝檄,日内应已折回九江矣。五日以内又
羽檄连催三次,并札藩库济银四万解至九江、建昌交
鲍,不知何日接到。

皖北援贼大动,分两路窜扑太湖,冀抄桐城多军之
后,再掊安庆援师之背。下游亦望鲍军往援。敝处饬
鲍先剿建昌、安义,一恐省门震动,一恐养素吃亏也。
余不一一,顺问台安。

**七月初七日(8月12日),曾国藩有信给杨岳斌,附致王必达信。**

《曾国藩全集·书信(三)》录本日致必达信云:

正封函间,又接初一、二日惠书,知贼踪已至生米,省垣危急。前此咸丰六年,贼在生米、沙井、万寿宫、瑞河口等处连营,亦恰是六月之季七月之初。省中静镇以待,鲍军十一二日当可至省。到省后,队伍不宜过江,当循西山之麓扎于万寿宫等处,先剿生米以定人心,次攻奉、靖,以剪瑞贼之羽翼。请阁下禀知中丞,并请告鲍军门为荷!

四眼狗纠合各伪王恰于此旬扑犯怀、桐,胡帅调鲍军接安庆,本属要着,但章门尤急,此刻鲍公宜以全力保江省耳。再问霞轩仁弟台安。

**七月十七日(8月22日),咸丰帝病死热河。皇子载淳即位,即同治帝。**

据郭廷以《近代中国史事日志》。

**八月初一日(9月5日),曾国藩写信给王必达。**

据《曾国藩全集·日记》。本日记云:"中饭后,围棋一局,写李辅堂、王霞轩各信一。"

《曾国藩全集·书信(三)》录本日信云:

正封缄间,又接二十四、五日两次惠书,得悉省城暨抚郡正危疑震撼之际,忽闻鲍军二十四日之捷。军威一振,人心大定,曷胜庆慰。

此间于二十九日檄鲍军回援安庆,三十日又飞函止之。今闻此大捷,仍不能不调之回浔援皖。俟一、二日确闻南、新、丰、清四县肃清之信,即当飞催鲍军星驰北渡。其临川、崇仁等处倘未肃清,则请左军接办。写至此,接信知安庆于八月初一早克复**鲍军可不调矣**,系用地道轰开,无一名漏网者。请禀知各衙门,迅解银三、四万以清积欠,前所允许者也。再请霞轩仁弟刻安。

**九月初一日(10月4日),况周颐生。**

况周颐《蕙园词选序》云:"曩岁壬申,余年十二。"

《广西乡试朱卷·光绪五年己卯科》载况周颐履历:"咸丰十一年辛酉九月初一日吉时生。"

赵尊岳《蕙风词史》(《词学季刊》第一卷第四号)云:"九月一日为先生生日。尝刊小印曰,与欧阳文忠同生辰。"

案:冯开《况君墓志铭》云:"民国十五年七月十八日病殁上海,享年六十有八。"据此上推,则况氏生于清咸丰九年(1859)。龙榆生《清季四大词人》云:"周颐以咸丰九年己未(1859)九月初一日生(孟劬先生说)。"恐不确。当从况氏自言。

**九月初九日(10月12日),曾国藩复王必达信。**

据《曾国藩全集·日记》。本日记云:"早饭后围棋一局,清理文件。旋见客三次,写官帅信一、希庵信一、王霞轩信一、沅弟信一、汪瀚信一。"

《曾国藩全集·书信(三)》录本日复信云:

霞轩仁弟太守阁下:

顷奉惠书,具悉东路近状。湖坊、河口、铅山二十二、三之捷,此间已接到鲍公报。第不知广信、玉山究竟解围否,江境已肃清否。霆军疲乏而屡胜,队伍恐难整齐,殊悬念也。写至此,适接鲍公信,已由广信回省,将至江滨休息。江西业已肃清。此后左军驻防河口一带,屏障东北,腹地或可少安乎?

内河之船不克下江,是一极可虑之端。顷得黼堂兄信,将于湖口设转运局,以后或较顺手。现于安庆设立子药、枪炮等局,仿照江西规模,今冬当有头绪。明春以后,江西专解银钱,不解子药,则豫章之力少纾矣。

饷项目下大绌,昨不得已为丁漕减价之举,已函商中丞及司道。阁下为我遍告寅僚,妥为奉行。目下可济饥军,将来永惠花户,则至幸也。顺问近祉。

**秋,唐景崧及必达弟必镛举乡试。**

《临桂县志》卷六《选举表四·咸丰十一年辛酉补行壬子己未两科》:"王必镛,举人,安徽南陵知县。"

《广西通志稿·文化编·选举表·清代举人咸丰十一年辛酉补行壬子己未两科》:"唐景崧,桂林府灌阳,见《进士表》,中式解元,《题名录》误作桂林人。乙丑进士。王必镛,桂林府临桂,中式第六名,《县志》:安徽南陵知县。"

**十一月初二日(12月3日),曾国藩复王必达信。**

《曾国藩全集·书信(三)》录本日复信云:

霞轩仁弟阁下:

小春初旬,两辱贺笺,当即泐复。嗣接三函,并承远惠珍果,颂后皇之佳橘,把君子之清芬。报玖未遑,分甘滋愧。

敝处军饷,阁下与黼堂方伯悉心筹画,赶解五万,俾饥军得沾河润。前此鲍军赴援,又承诸君子款洽周旋,情文备至,曷胜纫感!

章兵裁撤,办理甚善。至所称乡团误害丁勇,不知系指何案？前此新淦民团杀害湘后营勇一百余人,未加惩办,至今耿耿。然兵勇稍纵,即生事端,亦未敢偶一左袒也。

鲍春霆一军已令进攻青阳,尚未到池。顷接禀报,离池三十里外,贼分数股来犯。当即飞饬进军。若青阳得手,便可规复宁国,藉图芜湖。

浙匪日形猖獗,萧山、绍兴相继失陷。若杭垣有事,金、衢一带蔓延尤甚。惟冀左寺堂扼定信郡门户,不令西犯,则大幸也。泐此。复颂台安。不尽所言。

**十一月初四日(12月5日),曾国藩复徐荇香信,附致王必达信。**

《曾国藩全集·书信(三)》录本日致必达信云:

再,初二日接专差信,续聆一切。

阁下办公勤慎,素可相信,今以属员奉行不力,致相波累。国藩屡致缄方伯,嘱其先惩一二,以儆其余,不谓此次两缺皆系首县。蔚之曾从事敝处,亦复不能相助为理,殊失所望也。

油烛等件,营中刻待需用,望即委员赶解。

**十一月十六日(12月17日),曾国藩上《克复休宁黟县及徽州府城三案并保折》,其中保举王必达简放江西知府。**

《曾国藩全集·奏稿》录上折后附保单有云:"江西补用知府王必达,请记名,遇有江西知府缺出,请旨简放。"

**十二月初六日**(1862年1月5日),曾国藩复王必达信。

《曾国藩全集·书信(三)》录本日复信云:

霞轩仁弟大人阁下:

接前月十七手书,一切均悉。

漕务大有起色,深以为慰。比来细思,江西牧令之苦,以流摊、交代二者为最。一次署任,终身受累,虽罢官亦无回籍之期,虽子孙亦有追赔之苦。鄙人欲奏请道、咸年间历任交代一概免算,从同治元年起,凡交代皆不准过三个月,扫除旧迹,咸与维新;道、咸间摊款一概豁免,同治初元以后,永禁流摊。俾牧令旷然无累,庶几争自濯磨,蒸蒸向上。拟请黼堂方伯查明交代之定例,禁摊之严旨,一一核定,再行入告。阁下领袖列郡,请查明交代任数最多者若干,摊款为数最巨者若干。便中示及,以凭核夺。总使牧令无不洁之身,而后有为善之乐。

鲍春霆进兵池州,闻青阳之贼弃城遁去,不知确否。严州踞匪分窜徽、歙南界,张樨园派队迎剿,曾获胜仗。恐其纠合大股乘间上犯,已饬徽营严密防守,并函商左帅相度婺、景情形,妥为布置,以固江右门户。左帅援浙,黼堂欲其出偏师以扼衢、常,留大队以守广、玉,所见极当。然左帅新奉督办浙江军务之命,鄙人亦奉旨兼辖。朝廷方以浙事为重,实属进退两难。泐此布复,即颂台安。不既。

**十二月十八日**(1862年1月17日),沈葆桢代毓科任江西巡抚。

据郭廷以《近代中国史事日志》。

《清史稿·沈葆桢传》:"曾国藩屡荐其才,十一年,诏赴安庆大营委用。未几,超擢江西巡抚,谕曰:'朕久闻沈葆桢德望冠时,才堪应变。以其家有老亲,择江西近省授以疆寄,便其迎养;且为曾经仕宦之区,将来树建殊勋,光荣门户,足承亲欢。如此体恤,如此委任,谅不再以养亲渎请。'葆桢奉诏,感泣赴官。"

**本年,父必达摄南昌府事,仍提调江西粮台,妥善安置从邻境来躲避战乱者。此时兵事稍定,道路稍安,祖父诚立及鹏运等当在本年前后被父必达派人接到江西任所。**

端木埰《临桂王公神道碑铭》云:"十一年,摄南昌府事。贼在近地,邻境辟贼者沓至,良莠莫辨。君择城外地处之,分别遣留,无一人失所。"

《养拙斋诗》附录陈长吉《王安肃挽诗》自注云:"十一年署南昌府事,提调粮台如故。"

《刘谱》:"霞轩公(41岁)摄南昌府事,为清军处理战俘。"

案:《刘谱》云为清军处理战俘误。

**本年,杭州清波门被太平军攻破,朱琦死于混战之中。**

《清史稿·朱琦传》:"十一年,粤匪犯杭州,总理团练局。守清波门,城陷,死之。"

## 同治元年壬戌(1862),十四岁
**正月十六日(2月14日),曾国藩复袁甲三信,附致王必达信。又复王必达新年贺信。**

《曾国藩全集·书信(四)》录本日致必达信云:

再,接腊月二十手书,并交代、摊捐两清折阅悉。

摊捐各款司详条分缕晰,顷已逐条批答。交代一事,亦经函商黼堂方伯妥为核议,并将丁漕永远章程一同议定。去岁新章疏漏尚多,当举行之初,期于疾雷掩至,不暇细分节目。欲期永久遵行,自当虑周藻密。阁下与各州县如有所见,不妨详悉示知,或即径告方伯。总期正、二月内一一议定,三月即可会奏,九月间再编出告示也。徽郡被围后,我兵屡获胜仗,二十六日又得大捷,除夕遂已解围。诸关属廑注,并以附陈。国藩再顿。

《曾国藩全集·书信(四)》录本日复必达新年贺信云:

霞轩仁弟大人阁下:

顷奉惠缄,备承祓饰。敬惟福集壬林,政同戍茂。扬仁从巽,布和煦于南昌;奏课书升,荷恩光于北阙。引詹吉霭,欣颂良多。

国藩师驻皖、江,节更岁籥。际同天之普庆,春满寰瀛;愿治日之舒长,烽销吴越。复贺年祺,顺颂升安。谨璧谦版,统希霭照。不宣。愚兄曾国藩顿首。

**三月十二日(4月10日),曾国藩复王必达信。**

《曾国藩全集·书信(四)》录本日复信云:

霞轩仁弟大人阁下:

日前张孝廉递到手书,嗣又叠奉惠言,一一均悉。即审黄堂校士,桃李罗门,至为驰企!

国藩屡窃非分,骤跻参政,以累辞节制四省未克如请,不便再渎。才力之短绌如此,时事之艰难如彼,相知如阁下,当亦代为忧惧,不宜更加奖饰也。

左军攻克遂安,已进常山、璞石,机势颇顺。另股贼由绩溪来围遂安,据生擒贼供,将由婺源、白沙关等处上犯德兴、乐平。石、太之贼窜至祁门、历口,祁防固极吃紧,休、歙亦为震动。幸东路经左部与凯军堵住,西路历口之贼闻大队甫至而即退,景镇得保无恙。江省边防不至决裂,至以为慰!

洋人传教一案,一时虽快人心,难保不别生枝节。其真正洋人与汉奸影射附托之辈,必须一一剖析,庶是非易辨而衅端可弭。近传冯敬亭《驭吏当议夷情议》一方,实为洞见垣方,附抄一览。于泰西交涉事件,不至动生疑骇也。专此泐复,即问台安。不具。愚兄曾国藩顿首。

**春夏间,授饶州知府,仍留省城,下年始赴任。**

端木埰《临桂王公神道碑铭》:"同治改元,授饶州守。"又后四月十三日曾国藩复沈葆桢信:"池、徽各属现有重兵,饶州防务尚松,霞轩似以留省为宜。该守若薰陶德教,不急炫长,当可渐跻于大方之域。"

**春夏间,唐懋功及子景崧会试落第,留滞京城,有诗赠王耀文等。**

唐懋功《得一山房诗集》卷下本年有《礼闱被放,留滞都门,赋呈刘琴舫、王子逊两秋曹》诗。

唐景崧《得一山房诗集》跋云:"辛酉挈景崧北上,下第羁京,穷苦憔悴中而未尝废吟。"

**四月初四日(5月2日),曾国藩复王必达信。**

《曾国藩全集·书信(四)》录本日复信云:

霞轩仁弟大人阁下：

叠接前月十一、十七等日手书，具悉一切。

前闻幼帅出省，当即飞缄劝止，书未达而已成行。幸左军屡次获胜，侍逆一股不致内犯江省，无中途遇贼之虞。此行训饬诸将，协和浙军，必大有裨也。

天主堂一案，据上海来信，如事出有因，尚可设法解说；万不得已，则令绅民赔修，亦可敷衍云云，自不致遽形决裂。

此间近事尚称顺手。北岸水陆各军连克巢县、含山、和州、铜城闸、雍家镇、裕溪口、西梁山，南岸陆路两军连克繁昌、鲁港、南陵、青阳、石埭、太平、泾县，计半月以来，凡得城池九处，要隘五处。然兵事利钝无常，正不敢以屡胜为喜。现令九弟由下游渡江，相机助剿南岸。若扬州、二浦力能支持，金陵援贼不致上犯，则庐城亦必速下，皖北可一律肃清矣。

湖州赵竹生忠贞盖世，固守至今。三月十三尚有信出城，举城军民群无贰志。顷饬鲍军进围宁国，令韦志俊一军傍城冲过，赴援湖州，又令李楚材一军由绩溪间道赴援。两军能否径达，殊未敢必，聊尽力所能为者而已。渤复，并问台安。不宣。愚兄曾国藩顿首。

**四月十三日（5月11日），曾国藩复沈葆桢信，建议王必达仍留省。**

《曾国藩全集·书信（四）》录本日复信云：

幼丹尊兄大人阁下：

初十日接弋阳惠书，敬悉一切。

数日不接左帅信，不知侍逆一股果全数遁去否。此间搜获伪文，则伪辅王杨七麻并未驻守宁国，当尚在徽、衢、严三府境内。江西边围之息，犹未已也。请阁下将诸军分别除守三城外，概令随同左帅学习战事，仍望大纛迅回省城。

欲求自强之术，似须另行选将募练新军。池、徽各属现有重兵，饶州防务尚松，霞轩似以留省为宜。该守若薰陶德教，不急炫长，当可渐跻于大方之域。属吏才品，弟不深知，一切均求主持。即问台安。

**五月十五日(6月11日)，曾国藩复王必达信。**

《曾国藩全集·书信(四)》录本日复信云：

霞轩仁弟大人阁下：

接三月二十七后来书四件，具聆一切。鳞函互答，荷记注之因时；心简荣膺，庆真除而志喜。引瞻吉霭，忭颂良殷。

芝阴尚非要缺，阁下在省日久，自宜仍留首篆以资熟手。前与幼帅函商，彼此意见相同。教堂一事，只得如此办理。现在洋人方败，和好或可不至决裂。

刘军已到，甚慰！闻蒋军头队于四月初一拔营，二队初五拔营，三队初八拔营，陆续由粤赴楚。候芗泉广东行粮领到，即可兼程前来。蒋军未到之先，但求三衢及闽界均获无事，则信防渐次稳固矣。

前月十五多军攻克庐州，狗逆挟万人出窜。延途追剿至寿州,不过六七百人。经苗练诱入城中,缚送胜营。

前月之杪,雪帅暨舍弟等军攻克太平、芜湖两城及东梁山、金柱关各隘,月初又攻破大胜关等垒,现已进扎雨花台,围逼金陵。惟中段空虚,尚属可虑,当添兵进守芜湖耳。复贺节喜,并颂荣祺。不宣。

**五月十九日(6月15日),曾国藩上《官军迭复江岸各城隘出力员弁六案请奖折》,其中保举王必达堂弟必昌任知州。**

《曾国藩全集·奏稿》录上折后附请保单一有云:"候选知县王必昌,请免选本班,以知州不论双单月遇缺尽先即选。"

**六月十六日(7月12日),曾国藩复沈葆桢信,信中提及王必达。**

《曾国藩全集·书信(四)》录本日复信云:

幼丹仁兄大人阁下:

十三日接初七日惠函,敬悉一切。

继果营之事,不能以一言之誉而招之,一言之毁而撤之,自是至论。即如尊指派令入浙学战。

赣局厘务,黼堂主分,筱泉主合。鄙意亦以分为便,将来与韶关厘局联络一气。现在黼、筱两牍均暂阁未批。不知念慈果履粮任否?子坚兼护之后别有后命否?俟尊处于各缺位置皆定,敝处厘务即批定矣。

江西盖藏本少,今年又薄有水灾,省城户口日增,势不能再办京米,请即主稿挈衔入告。轮船万不可用,近日常有火大炸裂、轮舟全焚之事。九洑洲不克,虽有米亦不能北上,况江西本极窘绌。待尊处会折拜发后,弟当奏拨漕折协济徽饷。盖欠饷太多,粤厘难恃,舍此无可设法耳。

刘青云一案,敝处未经挑斥之先,霞轩亦常有信来往,并未说及诈赃重情。甫经挑驳,霞轩便有手函,谓系诈赃酿命,与正详全不相符。甫经出详之案,便谓详外别有所谓情节者,本详概不足凭,作为废纸,此何说也?该府县于刘青云何所顾惜?若非刑幕受有贿嘱,岂肯枉法徇情,代为改重就轻?大抵一省刑幕自有藩篱,一幕错误被驳,则众幕出死力挽救,以必胜为期。此案初驳之际,敝处诸友即料群幕必怂恿首府,求中丞写信来争,恐因此伤和云云。岂知吾辈交契不因小案遽致差池,亦非群幕所能簸弄。弟既批臬署复详,且俟详到再酌,诸希涵鉴。

下游军事如常。闻金陵到援贼六七万,舍弟处尚未接仗。李世忠派兵由浦口南渡者,营垒被贼重围久困,殆难保全。看来金陵又成持久之局。多公劲旅终须入陕一行,朝廷意已坚决,自难更议。

首府留襄粮台一案,已批准矣。复请台安。

**七月初七日(8月2日),曾国藩复王必达信。**

《曾国藩全集·书信(四)》录本日复信云:

霞轩仁弟大人阁下:

前此叠接惠缄,久稽裁复。月初又承手翰,藉悉懋绩糈台,襄勤秋试,至以为慰。

宁郡已克,宁邑之贼亦遁。广德贼目(童)[洪]容海率众乞降,已令春霆酌留二千人。如能就我范围,皖南即可肃清。拟以霆军游击南岸,由东坝、溧阳、溧水、句容取远势盘旋而来,以会剿金陵之东北。惟地面太宽,设防甚难。既宜守徽守宁,又宜分防广德、东坝,又恐贼由宁邑横窜石、太、池州,则旌德一路亦不可不防。俟将防兵拨定,再调鲍军前进。

皖南无事。江西只防衢州一路,其婺源、景镇两处已缄商左帅拨兵驻守矣。复问台安。不宣。

**八月二十日(9月13日),曾国藩复王必达信。**

《曾国藩全集·书信(四)》录本日复信云:

霞轩仁弟大人阁下:

叠接月底、月初惠缄,具悉一切。即审勤宣棘院,秋霭芍林。修月功成,仰大雅扶轮之望;咏霓谱就,叶嘉宾鼓瑟之诗。引企清晖,良殷驰颂。

此间李希帅近丁内艰,袁午帅乞病求退。叠奉谕旨,命希帅接受钦差关防,仍署抚篆,并不准其回籍。而希帅归思甚迫,又久病未痊,必须离营静养,亦不便于强留,已自行具折陈情矣。皖北苗、捻诸务甫有头绪,不意生此波折。前因安庆距前敌太远,调度不能灵速,曾拟移驻芜湖及宁国等处,现当兼顾皖北,断难移营前进。

闻金陵续到援贼甚多,尚未开仗。如鲍军东坝一路不致阻滞,迅抵钟山,庶几易于得势。

外复刘星房都转一函,祈为寄交。复问台安,并颂秋禧。不一。

**九月二十日(11月11日),曾国藩复王必达信。**

《曾国藩全集·书信(五)》录本日复信云:

霞轩仁弟大人阁下:

接八、九月惠书三件并《闱墨题名录》,一一领悉。金陵急需,又经专派胡令解银二万、药二万,前此报解各件,亦已陆续在途,至以为慰。惟帐房一项,尤为缺乏。金陵营中士卒近多露立,顷以五千金于大通买布,散给各营,自行制造。此外亦皆纷纷请领,望谆催尽制尽解。各营棚杆尚多可用,往往领帐而不领杆。目下且专解帐棚,不必解杆,三数月后再请照旧办理。

鄙意久思在江省专练一军,以备缓急。前接幼帅函咨,饬韩进春募勇五千,此举自不可少。计五千人,月需二万八千金,加制造杂费,约共三万金。敝处愿匀分二万金,或全提漕折,或漕项一万、厘金一万,均指可靠之款。下欠一万,或截部漕,或提地丁,已函商幼帅酌办。

九舍弟营盘经忠逆四面围扑,历今匝月。贼中洋枪、洋炮、西瓜硼炮无一不备,又叠次开掘地道。十二日两处地道同时轰发,我军竭力抢险,毙贼颇多。十七日来信,坚守如前。

宁国县失守后,深恐该逆由徽入江,已函请左帅就近派援。并饬朱、唐两军坚守旌、徽两城,日来尚无警信,差堪告慰。复问台安。不宣。

**秋，必达堂弟必名举乡试，龙继栋举乡试。**

《临桂县志》卷六《选举表四·同治元年壬戌乡试恩科补行戊子正科》："王必名，举人。"

缪荃孙《前户部候补主事龙君墓志铭》："以同治壬戌举人，官户部额外主事。"

**十一月初四日（12月24日），曾国藩复王必达信。**

《曾国藩全集·书信（五）》录本日复信云：

霞轩仁弟大人阁下：

接九月二十九、十月二十手书，并知有令弟带来一书，久候未至，不知何处迟滞。迎提漕折之船暨何资深等解款陆续抵营，两月来饷项较旺，虽事机万紧，犹不至手张空拳。盖各处皆因此间危急，竭力赶解，意殊可感。

金陵解围后，宁国贼益猖獗，另股围攻旌德县城，深惧皖南决裂，扰及江西。十九、二十一等日朱云岩力战，击退旌德之贼，湖北调来援宁之何绍彩四营、吴廷华二营，均经赶到南陵，驻扎要区，以保粮路。鲍军稍可支持。乃金陵群逆陆续偷渡北岸，迭扑李世忠营盘，二十五日冲过九洑洲、江浦李部各营，上犯和、含等属，或报犹在新甸庙一带，或报和、含、巢县皆已失守，尚无确耗。惟北岸地面，下自和、含、巢县，上至鄂之黄州，千里空虚，无兵可拨。因思李中丞各军与苗练逼处，又碍于僧邸抚局，诸多未便，不如调之南来，藉弭苗党构衅之端，兼救沿江目前之急。已檄饬萧军门八营驰守庐州,毛观察七营驰守巢县,又抽调张树声五营由芜湖往守无为,留上海新勇吴长庆等四营暂守庐江,留唐中丞新勇欧阳胜美等二营协防庐州。诚恐贼踪飘忽,各处皆落后着,设有疏虞,何堪设想!大抵南岸决裂,则贻害江西;北岸决裂,则贻害湖北。今北岸已难救药,但求南岸藩篱不坏,犹不幸中之大幸耳。专泐,复问台安。

**十一月十七日(1863年1月6日),曾国藩复王必达信。**

《曾国藩全集·书信(五)》录本日复信云:

霞轩仁弟大人阁下:

初四泐复一缄,十三令弟到皖,接读手书,具悉一切。

窜踞巢县之贼,日来尚无动作。萧军门先带六成队伍十四日驰抵舒城,等齐后队及毛竹丹全部,会合进剿。北岸之事似可徐徐收拾。最可危者,旌德解围后,贼窜绩溪。唐桂生、王钤峰于初二日会克绩城,而旌西之贼由太平间道疾趋黟县,驻祁之良字两营往黟迎剿,致内地空虚,初七战败,为贼所乘,是日申刻祁门失守。国藩恐贼踪飘忽,若由景镇阑入江西,为害甚巨。适敝处奏调味根军门来皖,即咨请味帅迅带所部由萍乡驰赴袁州一带。万一贼果入江,即可迎头邀击。旋闻王、唐两军初十日已将祁门克服。该逆仍归太平、石埭。此次虽侥幸保全,惟逆氛太近,股数太众,仍多后虑。鲍军坚持如前。现派何绍彩扎板桥,王可陞扎黄麻渡,以通水陆运道。其新勇已到千五百人,俟陆续补齐缺额,或可转弱为强耳。

兹寄敝座师廖钰夫先生一函,祈阁下于粮台代筹三百金,专足送至福建省城为感。泐此奉恳,即问台安。

**十二月十七日**(1863年2月4日),**曾国藩复王必达信。**

《曾国藩全集·书信(五)》录本日复信云:

霞轩仁弟大人阁下:

两旬来叠接惠书,备聆一一。寄钰夫师银信,已承垫款汇寄,深以为荷。

萧、毛两军久到无为,九舍弟亦派刘南云三营来无为助剿。初十日萧军攻克运漕,拟即进攻铜城闸。毛军驻扎石冈埠,张树声五营留守州城,庐北、柘皋一带,亦有贼踪往来。此间调蒋部四营驻扎六安,如闻庐郡有警,移扎舒城,北岸似可支持。上月二十七金柱关水师夺贼船百余号,(傅)[偪]逆两次抬船过坝,均未得逞。春霆亦以是日在杨柳铺等处大捷,而粮路梗塞如故,殊深隐虑。旌德一军隔在石、太贼氛之外,势甚孤悬。曾令与泾军会太平,即由泾县移守青阳,旋以云岩禀请留旌,改派韦志俊往守青阳。而云岩接到前牍,拔赴祁门,但遵弃旌之言,未践赴泾之约。旋闻贼于初五入青境,复饬云岩赴池会合韦部,共剿青阳。此时池州兵力尚厚,而休、徽、祁三城均经守定,又有王沐一军来扎五城,恰补徽南之隙,或不致贻害江西。

奏调江军门一折,已蒙俞允。味根旧部攻剿莲塘股匪,遽难调回,拟以席观察赶募三千人先发,春初应可东来。

舍季弟病殁军次,良由鄙人德薄位尊,殃及手足。辱承函唁,感怆曷已!上月寄谕询及季弟赴金陵后,芜湖防兵是否尚厚,当以病故复陈,乃蒙破格,恩旨照臬司例优恤,哀感之下,益难为怀。顺以附告,并问台安。

**本年,端木埰返京。**

端木埰《碧瀁词》其《齐天乐·见枣》词后附注云:"槐街旧居,子禾总宪余屋也。自壬戌回京,文端师留居此屋十年。"

## 同治二年癸亥(1863),十五岁
**二月二十五日(4月12日),曾国藩复沈葆桢信,信中提及王必达。**

《曾国藩全集·书信(五)》录本日复信云:

幼丹尊兄大人阁下:

二十二日无为州途次,接奉十三日惠书,敬承一切。

弟以十六日自金陵转棹,周历两岸各城隘,地大兵单,处处不敷分布。本拟江北坚守四城五隘,以待希庵、味根两军之至;江南坚守五城**宣、无、泾、南、青**四隘以御侍、辅、堵、孝诸酋之窜,其拙谋已具于前此奉复函中。不料僧邸近复改图,意欲速剿苗党,寿、正、临、淮一带,又添一种波澜。而朱镇呈报堵、孝各酋,已集青阳,将由东、建以犯江西,不得已檄春霆回军,以截此股。能于青石境内驱之东归,斯为至幸。乞饬诸将加严湖口、景镇之防,以固江西之围。

川米约于五月可到,能得三四万石,则兵食略可接济矣。

吉云同年西行,薄致赆仪四百金,其眷属留寓江西,仍当不时周济。敬求告之霞轩,即日致送,先达鄱忱。国藩亦当迅函慰吉翁,并托霞轩照料也。顺问台安。

**三月初三日(4月20日),苏汝谦自叙其《雪波词》。**

苏汝谦自叙云:

余少不喜倚声,后游周稚圭中丞幕,得读其《金梁梦月词》,并见所选古词二十家,花朝月夕,时闻绪论。稍识此中门径,然未尝作也。辛亥逆泉陷永安,余佐荔江戎幕。吾友王君少鹤适随帅节来驻于此。君故精词,每侘傺不自得,有所作,强余属和。时大军顿于坚城之下,累月不能拔,杨柳之悲,采薇之感,情不自禁,因而效颦。偶一篇成,君辄许可,知吾友诱我也。未几,贼溃围出,屡蹶复起,东南震动。少鹤北去,余则流离转徙,奉老母避难村谷间。目击时事,则无路请缨;足茧荒山,则自伤狼狈。终日咄咄,常倚此事为性命。往往酒边灯畔,独弦哀歌,亦可悲矣。越岁丙辰春,奉慈舆北行,复与少鹤会京师,酒酣耳热,时一唱和。自抵新乐,久辍弗为,解任复来,稍稍有作,都不及十首。

自念此后尘俗日盛,兹事当废。因裒集旧作共若干首,而志其缘起如此,并寄少鹤为我订正焉。嗟夫!铜鼓楼中,风云已变;金梁桥上,霜月都迷。自稚圭先生退居林下,久不得消息。回忆军门清宴,拓戟高歌;承平风景,何可复再。恨不得向梦月词人面质之也。同治二年上巳日雪波词隐自叙。

**四月二十七日(6月13日),**曾国藩上《雨花台解围出力员弁请奖折》,其中请求奖赏王必达堂弟必昌。

《曾国藩全集·奏稿》录上折后附请奖单有云:"即选知州王必昌,请赏戴蓝翎。"

**五月初九日(6月24日),**曾国藩复王必达信。

《曾国藩全集·书信(五)》录本日复信云:

霞轩仁弟大人阁下:

五月七日接展惠缄,存注因时,谈张溢量。藉谂荣问庥畅,政祉绥愉,裕鹤廧于糈台,麦秋日至;捧龙纶于朵殿,槐夏天高。即事多欣,良殷抃颂。

此间军事颇有顺机,巢、和、含山均已克复,下游昆、新之捷,擒斩盈万,乘胜规取苏州,三路并进,现饬太湖水师东驶会剿,并檄鲍、刘诸军进攻二浦、九洑。沅弟昨将金陵南门外各贼石垒一律踹平。南岸徽郡肃清,我军并萃饶、景一带,必能驱贼东还,江右可期安谧,附以告慰。复颂节安。统希台照,不备。

**八月十九日(10月1日),**曾国藩复王必达信。

《曾国藩全集·书信(六)》录本日复信云:

霞轩仁弟大人阁下：

　　眴矣朱夏，忽焉素秋。接展惠缄，曷任纫戢！藉谂延祥鹿轂，剚福犀樽。征金粟之并生，糈台绩懋；占锡蕃于三接，朵殿恩隆。引睎吉晖，良殷抃颂。

　　国藩戎旃久厕，节候频更，但愿璧月常圆，全照大地山河之影；更盼银潢倒注，一洗尘寰兵甲之污。专泐，复颂节安。柢璧谦版，统希心照，不备。

**秋，父必达赴饶州知府任，有诗。在任上能为民请命，赈济灾民，兴办学校，恩威并施，饶境得以迅速安定，并得到时任江西巡抚沈葆桢手书嘉奖。**

王必达《赴饶州》诗四首（《养拙斋诗·豫章集二》）：

　　频年苦被簿书围，乍泛清江挹翠微。浩浩乾坤原不隘，悠悠云水更忘机。官箴最合书知止，辞句犹惭赋昨非。自觉虚舟甚容与，来帆风满迅如飞。

　　仙源路熟辨来时，鸿雁迎人岂有知**己未曾至郡**。计日况闻扶父老，此邦何术挽疮痍。十年雾雨沟中瘠，万灶风烟境上师。兵气渐消民气静，草生花落是心期。

　　明湖如镜橹声柔，云影天光豁远眸。差喜鱼龙安大壑，且陪鸥鹭过前洲。苍茫吴楚思高咏，浩渺沅湘忆旧游。为语南山须记取，待输片石送归舟。

　　缥缈孤山咫尺边，欲随渔唱出江天。麻源旧梦三冬雪，彭蠡新吟一棹烟。文采尚存清远迹，风流谁继仲淹贤。抗怀今昔难为治，敢信芝峰瑞草妍。

端木埰《临桂王公神道碑铭》："同治改元，授饶州守。饶兵潦相继,流殍载道,牛种并绝。君通牒大府,为民请命。巡抚沈文肃公阅其牍,曰:此郑侠《流民图》也。允所请,拨帑三千,给耕具,举振济,全活亿万,且惠及皖境接壤,民困略苏。君深维教养必相资,兴学校,给书院膏火。逾年,属邑多弦诵声。饶俗,德兴、乐平尤犷悍,睚眦仇杀。君严治之,威惠并行,民大悦。先是,勇船过水次市鱼,靳其直,渔人曹追之,勇毙以炮,反诬民劫船,论死。君廉得其实,置勇于法,人称神明。文肃手书嘉奖。"

《养拙斋诗》附录陈长吉《王安肃挽诗》自注云:"同治元年,简放饶州,适值水灾之后。公力请赈济,借发牛种,不假奸蠹之手,务使实惠及民。妥议章程,先行举办。沈文肃阅牍感泣,谓不减监门《流民图》。悉如所请,存活尤多。烽烟稍远,即筹膏火、拔寒俊。饶人至今称之。"

案:检《养拙斋诗·豫章集二》可知,上录《赴饶州》诗作于同治二年秋,为赴饶州任时所作。集中尚有同治元年《送冯学使试饶州》诗,亦可证上年必达尚未至饶。

**十月初六日(11月16日),曾国藩复王必达信。**

《曾国藩全集·书信(七)》录本日复信云:

霞轩仁弟大人阁下:

叠荷手书,备聆种切。

临淮局势尚固,惟蒙城被围太久,粮药俱罄。陈镇来援之师,初破圩垒数座,嗣后屡次猛进,均未得手。现有旨饬富帮办援蒙,已由洪家湾拔营前进,未知能否拯救。

青阳解围后,江、席皆以病卒太多,苦求休息;味根因事晋省,研香复求假旋,朱云岩病甚乞归,以喻吉三代领其众,辗转迟延,未克速进。顷古逆遣人乞降,愿献石、太、旌、广四城。二十八日云岩亲赴石埭受降,二十九太、旌之贼次第退出城池,惟广德事又中变,办理尚多棘手。鄙意苏、浙贼势渐衰,将来铤而走险,惟江西是一条生路。现虽全境肃清,不可无绸缪之备。曾与味根面商,俟克石、太后,请其移驻石门、洋塘一带,为江省北边坐镇之师。一有缓急,江、韩认饶州一路,段、王认景镇一路,庶几稍有把握。研香与味根龃龉,或令扎枧田街,或令扎建德,节经函商幼帅及小山方伯。顷得方伯来函,调席军南固赣防,位置恰当。将来江、席两军皆作江西游击之师,不知果敷调度否。

吉云同年到潼关后,已有信来,顷于寄多帅函内略为先容。其世兄附学尊斋,必有可成,深以为荷。外寄钰夫师一函,恳并二百金交票号带闽。复问台安。不一。

## 同治三年甲子(1864),十六岁
**四月十六日(5月21日)**,王拯因被劾吸食鸦片,降三级调用。

《同治朝实录》卷一百:"同治三年甲子四月十六日,丙戌。谕内阁:国家广开言路,整饬官常,惟期内外臣工,奉公守法,屏除私见。若身为大员,则平日束身立行,益当谨饬自爱,不授人以指摘之端。至被参人员,尤宜知止谤自修之义,痛自愧厉,岂可意图报复,讦人阴私。本年三月间,通政使司通政使王拯,曾以金壬滥列,请将侍郎崇纶、恒祺、董恂、薛焕,安徽巡抚乔松年,内阁侍读学士王维珍量加裁抑。除折内所称乔松年一节,业经寄谕曾国藩察看外,其所参崇纶、恒祺、王维珍等,事无指证。至薛焕巡抚任内被参各款,前此业经曾国藩查明覆奏,尚无实据。惟办理通商事务,颇为熟悉。而此次王拯折内,亦未能指实款迹,是以将折留中,暂缓查办。乃本月初九日,薛焕奏参王拯吸食鸦片烟,请加惩处等语。昨命议政王、军机大臣传旨询问王拯。据王拯呈称,从前因系治疾,曾经吸食有瘾,现在疾不复作,旧染亦即痛加屏绝。惟向来持躬弗谨,致被纠参,请旨即予惩办等语。职官吸食鸦片,例禁綦严。王拯从前虽因治病沾染,究属有干例禁,本应照变通新章,官员吸食者,即予罢斥,姑念王拯一经奉旨传询,即据实直陈,尚无欺饰,且系原参薛焕等之员,若竟予严惩,恐因事纠弹者,闻而缄口,言路将因此而塞。王拯著从宽实降三级调用,并毋庸在军机章京上行走,以示惩儆。薛焕被人参劾,不能扪心自反,辄将王拯吸食鸦片,列入弹章,显系意存报复,有为而为,非因公论列者可比,此风断不可长。薛焕著实降五级调用,以为逞私攻讦者戒,并著仍在总理各国事务衙门行走,以观后效。该二员当知朝廷格外之恩,感激奋勉,力赎前愆。现在大小臣工,沾染鸦片恶习者,恐尚不止王拯一人,亟应痛自改悔湔除锢习。倘仍前苟且偷安,一经发觉,定即照章严惩,断难再邀宽典。至讦人阴私,易开攻击之风,于政体大有关系。如此后再有犯者,亦必从严惩办,决不姑容。王拯折内所参董恂在顺天府府尹任内,向其所属月索薪米,遂为规例等语,著万青藜、卞宝第查明据实覆奏,毋许徇隐。"

**六月十五日(7月18日),曾国藩复王必达信。**

《曾国藩全集·书信(七)》录本日复信云:

霞轩仁弟阁下:

接初五日手书,饶境安谧,赈毕停捐,政履绥愉,至以为慰。

周军门为江西绅民所留,沈中丞亦有函咨见商,已咨饬铨营暂赴进贤驻守矣。崇、宜等县之贼,分股窜逼抚郡,该郡有普军质营守城,江军水师又有上顿渡之捷,抚城当益稳固。惟鄂中之贼已阑入英山县境,虽暂时退回罗田,旁窜商城,而摇足仍可入皖。皖北列城空虚,殊为可虑。幸苏军已克复长兴,此间咨请由长兴派兵接建平之防,腾出钧营北渡,以守桐、舒,未知何日得替耳。会剿金陵之议,李中丞请俟湖郡克复,肃清后路,并将炮队练熟,方可统师西迈,共破逆巢。诸承廑询,顺报一二。复问台安。国藩顿首。

**六月十六日(7月19日),太平天国都城天京失陷。**

据郭廷以《近代中国史事日志》。

**七月十四日(8月15日),曾国藩复王必达信,对必达提调江西粮台四年表示肯定,对出任知州表示祝贺。**

《曾国藩全集·书信(七)》录本日复信云:

霞轩仁弟大人阁下:

顷奉惠书,猥以金陵告克,远劳称贺,自惟碌碌,何功可言?阁下四载储胥,一麾典郡,久咏泽袍之什,刍峙频供;聿宜保障之勤,兰防载辑。引詹矞霭,企颂靡涯。

霆营改道宜黄,已作罢论,仍留抚郡,先剿许湾,当可迅殄寇氛。

鄙人抵江宁后,覆阅战地,知攻剿之綦难;周览名都,喜江山之如故。念疲氓之孔瘵,挽元气以何年?善后事宜,尚须次第经画。切盼双江顺轨,连圻一律澄清;更占四海无尘,万姓共安耕凿。专泐,复问台安。不备。国藩顿首。

**秋,祖父诚立至饶州,父必达夜迎之。**

王必达《大人来郡,夜迎至夏步口》(《养拙斋诗·豫章集二》):

扣舷凉夜出江浔,渔火茫茫露气侵。泛宅真为五湖长,望云乍慰两年心。舵楼人语风潮浅,野岸鸡鸣荻苇深。莫负时清还学古,好将诗礼试弹琴。

案:父必达自离南昌赴饶州任已一年余,故上诗有云"望云乍慰两年心"。此次当是祖父诚立携鹏运等自南昌乘船至饶州。

**秋,兄维翰及钟德祥举乡试。**

《临桂县志》卷六《选举表四·同治三年甲子补行辛(丑)[酉]》:"王维翰,举人。"

《广西通志稿·文化编·选举表·清代举人同治三年甲子补行辛酉科》:"王维翰,桂林府临桂,见《进士表》,中式第二五名。钟德祥,南宁府南宁,见《进士表》,中式第七名。"

《曾国藩全集·书信(七)》录本年十月二十六日(11月24日)曾国藩致刘良驹信有云:"二世兄赴省乡试,切盼捷音。王

· 71 ·

霞轩之少君秋闱已中,可胜欣慰。江南乡试之议,本欲借此招集流亡,而群士闻知,欢欣鼓舞,势难中辍。是以赶催贡院竣工,一面出奏,一面料理科场事宜。上下江学使现已录科,主考不日可到。"

**本年,太平天国被剿平,曾国藩将父必达功上奏,必达得赏花翎,擢监司,仍留江西听用。**

端木埰《临桂王公神道碑铭》:"粤寇平,曾公上君功,赏花翎,擢监司,仍留江西。"

《养拙斋诗》附录陈长吉《王安肃挽诗》自注云:"三年,复金陵,叙前功,赏花翎,晋监司。"

**本年,端木埰任内阁中书。**

《薇省词钞》卷九:"端木埰,江苏江宁人,同治三年由优贡生特用到阁。"

**本年,唐懋功自京归桂林。**

唐景崧《得一山房诗集》跋:"洎甲子归桂林,得诗乃稀。"

## 同治四年乙丑(1865),十七岁

**二月初五日(3月2日),曾国藩复王必达信。可知正月兄维翰曾在赴京应考途中拜访曾国藩并带到父必达信。**

《曾国藩全集·书信(七)》录本日复信云:

霞轩仁弟阁下:

新岁哲嗣公车过此,获瞻英度,接披手翰,藻饰为惭。旋以汇保一疏猥劳缄谢,非所敢承。就谂荣晋彖章,华飘翠羽,卜真除之在即,更吉语之频传,家庆国恩,企祝无量!

国藩赴鄂督剿之行虽经中止,而豫境捻踪尚无定向,鄂、皖连疆,皆其熟径,犹多后虑。侍、康诸酋踞扰漳、龙、闽、浙,官军前此小挫。比闻长左营在古田获一小胜,高、黄二军在漳州获一大胜,苏省又调松、勋等营、洋枪炮队由海道入闽援剿,或可共殄寇氛,不复为江西之患,斯幸甚耳!

昨岁秋冬之交小有旱灾,腊前春后连番雨雪,当可占丰年之庆也。复问台安,顺颂大喜。国藩顿首。

**四月,唐景崧举会试。韦业祥举会试,龙继栋落第,其时二人开始填词唱和。兄维翰落第。**

秦国经《清代官员履历档案全编》:"唐景崧,现年四十九岁,系广西灌阳县人,以廪生中式咸丰十一年辛酉科补行壬子己未两科本省乡试举人,同治四年乙丑科会试中式进士,改翰林院庶吉士,七年散馆,以主事用,签分吏部。"

《清史稿·唐景崧传》:"同治四年进士,选庶吉士,改吏部主事。"

《广西通志稿·文化编·选举表·清代举人咸丰十一年辛酉补行壬子己未两科》:"唐景崧,桂林府灌阳,见进士表,中式解元,题名录误作桂林人。乙丑进士。"

龙继栋《韦业祥小传》:"逮同治乙丑君成进士,余报罢。在都时,余居僧院。烛影含秋,君数相过,始唱酬为乐。"

**五月二十一日(6月14日),以刘坤一为江西巡抚。**

据郭廷以《近代中国史事日志》。

刘坤一《刘忠诚公奏疏》卷一有同治四年闰五月二十八日所上《谢补授江西巡抚恩折》。

《清史稿·刘坤一传》："四年，剿平思恩、南宁土匪，复永淳，擢江西巡抚。"

**六月初九日（7月31日），曾国藩复王必达信。**

《曾国藩全集·书信（七）》录本日复信云：

霞轩仁弟大人阁下：

临淮舟次接五月二十七日手书，猥以督师北征，吉词被饰，情眷悱恻，良用感纫。就谂政祉绥愉，兴居百适，至以为慰。

国藩精力日衰，实不堪再膺艰巨。而事会所乘，又不能不勉强任事。五月杪自金陵启程，本拟驻军徐州，及行至衰浦，闻山东已无贼踪，群逆萃于皖北，围攻雉河营盘。蒙、亳、颍、宿一片寇氛，安、庐、滁、泗亦虞震动。调派水陆诸军分道援剿，而自带亲兵各营驶驻临淮。顷接前敌军报，雉河已于初三解围，宿境贼圩亦经刘军门铭传连破数处。俟皖事略定，鄙人即仍驻彭城，以符初议。

自霆营金口溃变之后，江西、湖北、皖南各处索饷滋闹，变故迭生，未知底止。徽、休两军，将来绳之以法，不知尚有他变否。景、饶相距咫尺，殊为系念。复问台安。曾国藩顿首。

**夏末，王拯上疏乞归，得准。出都有日，门生余本初、吏部高同善等人于龙树寺为王拯饯行，王拯有诗。**

据王拯《龙壁山房诗草》卷十四《出都门有日,及门余素樵本初……会饯于龙树寺》诗。

**十月二十四日(12月11日),曾国藩复王必达信。**

《曾国藩全集·书信(七)》复信云:

霞轩仁弟阁下:

初间接展环章,欣悉台祉绥愉,饶、景安谧,至以为慰。

徽防各军哗饷一案,节次拿办弁勇多人,又分别在湘正法、解徐审讯,不久即可撤毕奏结。所欠之饷,年底可以全清。闻先撤之勇过饶境时,一路尚为安静,续遣之勇不知一律妥帖否?

国藩驻军临淮五十余日,八月初始抵徐郡。料简一切,诸称平顺。捻匪自雒河解围后,窜入豫境,分为两支。西支游绎南阳,系张总愚一股。东支由沈、项复犯颖州,系任柱、赖文光等股,人数多于张逆,经我军剿洗,败遁山东,图渡运河以北,窥伺登、莱、青完富之区。济宁潘军力与相持,贼乃回窜丰、沛。将由韩庄等处渡运,又为水陆诸军所扼,讫不得逞。九月二十九至十月初四,徐、济诸军迭次剿击获胜,遂窜河南。初九日归德周军败之于宁陵,十二日周家口刘军又败之于扶沟。皆系拦头迎击。一变向来尾追之局,足为少慰。惟逆踪飘忽异常,偶尔小挫,便已狂奔远遁,不能大加惩创。现筹大支游击之兵赴豫会剿,与此贼纵横追逐,未知果否有裨。复问台安。国藩顿首。

**本年,鹏运与曹氏结婚。时曹氏十五岁。**

鹏运《四印斋词卷·中年听雨词》中悼亡词《青山湿遍》有"二十三年断梦"句,当指二人结婚二十三年后曹氏去世。曹氏墓碑镌文:"咸丰元年辛亥八月初三日申时生,光绪十四年戊子四月二十日卯时终。"据曹氏卒年逆推二十三年,可知二人于本年结婚。

**本年,王拯自京到浙江嘉兴,与金眉生、陈荄裳泛舟鸳鸯湖。**

据郭嵩焘《金眉生〈烟雨寻鸥图卷〉序》。

**本年,父必达有诗上王拯。**

王必达《用前韵上定甫叔》(《养拙斋诗·豫章集二》):

崎岖三楚返轺车,簪珥劳深鬓欲华。戈止潢池天有悔,航浮绝域水无涯。忧时极谏风生草,退食闲吟月照花。还卜音声思内相,山中莫便老烟霞。


## 同治五年丙寅(1866),十八岁

**三月,彭銮报捐内阁中书后到阁行走。**

秦国经《清代官员履历档案全编》:"彭銮,现年五十五岁,系江西宁都州人,由拔贡生遵例报捐中书,同治五年三月到阁行走,十三年十二月补缺。"

**四月初三日(5月16日),曾国藩复王必达信。**

《曾国藩全集·书信(八)》录本日复信云:

霞轩仁弟阁下:

三月十七日接奉惠书,具承一切。就谂政祺清谧,循猷懋昭,至以为慰。

国藩自二月初旬移师北上,十九日抵济宁。捻酋张总愚突入东境,盘旋曹、郓、濮、范之间,潘琴轩、李幼泉两军互与角逐获胜。该逆窥伺运河,各防军尚能坚守。任、赖、牛、桂各逆自黄陂败遁后,屡为铭、树两军所麾,图与张逆合股,踵入曹郡。顷调诸军稍集,方图合剿而大创之,贼已闻风宵遁,悉数南趋。刘省三、周海舲于二十三、二十五、二十七等日追击于巨野、城武间,连获胜仗。贼走虞城、砀山一带,图归蒙、亳老巢。现令各军紧蹑合剿,未知有裨万一否。

令弟从事多年,诸臻妥叶。近因体中不适,请假调理,想不久可回营也。复颂台安,诸惟心鉴。国藩顿首。

**秋,刘坤一听信流言,罢王必达饶州知府。后采集到舆论对必达的高度评价,与其更加亲善,复其职。**

端木埰《临桂王公神道碑铭》:"新宁岘庄刘公继抚赣,入飞语罢君任。后采舆论,得君治状,乃更亲善。"

《刘谱》同治二年谱:"霞轩公(43岁)守饶任,以飞语罢任。刘坤一后采舆论,得公治状,乃更亲善。"

案:王必达以飞语罢任不在同治二年(1863)。刘坤一任江西巡抚在同治四年以后。《刘谱》误。据后十月初六日曾国藩复王必达信,可知前此必达罢任,曾氏开导慰问之。

**十月初六日(11月12日),曾国藩复王必达信。**

《曾国藩全集·书信(八)》录本日复信云:

霞轩仁弟阁下：

顷接惠书，具悉一切。

人生坎止流行，自关定数。阁下才猷素著，居官均有令问，但求无疚于心，其他毁誉是非，久之自有定论也。

此间军事，自鄙人抵周口后，一月之内群捻再窜山东，始则合股同窜，今则一股东趋曹州，一股西捻陕、洛，意在牵制。我师力难兼顾，已饬诸军分道跟剿，未审有济于事否。

国藩秋间病后，老态日增，实不足复膺艰巨。已奏请少荃宫保出驻徐州，舍沅弟出驻南阳，藉资伙助。知念附告。复问台安。诸惟心鉴，不宣。国藩顿首。

## 同治六年丁卯（1867），十九岁
约春初，父必达复为饶州守，元夕搬入郡署。祖父诚立等将至饶州。

王必达《上元日由学使署移入郡廨，因偶病晚出》（《养拙斋诗·豫章集二》）：

书轴琴弦家具移，葛洪倚徙尚多时。黄绅自笑排衙晚，华烛浑如纳卷迟。此地停云原作客，今宵明月正催诗。滨洲门外凌霄塔，稳稳风帆十幅吹。**老亲将至**

案：据诗意推知，王必达罢任后仍留饶州，而祖父诚立等归南昌。父必达复任后，祖父诚立等复至饶州。

五月十八日（6月19日），**曾习经生。**

曾靖圣《度支部右丞曾府君行状》："府君生同治丁卯五月十八日,以丙寅九月十八日卒于宣南郡馆,年六十。"

**五月,刘坤一上奏,对王必达有所褒奖。**

刘坤一《刘忠诚公奏疏》卷四《察看道府人员片·同治六年五月二十八日》云:

> 再臣前准军机大臣字寄同治六年三月二十七日奉上谕:江西督粮道段起、饶州府知府王必达,均著刘坤一悉心察看。如竟不能胜任,即行据实参奏,毋稍迁就。钦此。臣查段起,人尚勤敏,于江西军务不为无功,居官亦能尽心职守,业经因病开缺,应请毋庸置议。又王必达精明强干,遇事敢为。臣上年阅兵过饶,细访该员,操守亦洁。惟其急于见才,听断间有失慎。经臣严加规戒,该员自回任以来,深知感愧,其于一切案件,无不悉心研讯,务得其平。果能始终勤谨,不特堪以胜任,且为知府中出色之员。臣仍当随时察看,秉公举劾,断不敢稍存回护,以仰副圣主振饬吏治之至意。理合附片覆奏。伏乞圣鉴。谨奏。

**秋,王闿运收王必达信,有诗答之。**

王闿运《得王饶州必达书,寄酬一首》(《湘绮楼全集·湘绮楼诗》卷七):

> 伯绪矜早贵,元长恨宦迟。高才屈世宠,岂是荣台司。伊人裕远图,十载滞一麾。称多未为拙,反寒亦有宜。振策华京道,嗣音空谷期。要津众所习,三径子所思。娱园竹未歇,陈亭艺始滋。雍容簪组下,高咏自委

蛇。异趣固同适,室远匪道暌。倪忆濠鱼乐,无惭逢惠施。

**秋,缪荃孙在成都举乡试,十一月动身赴京应会试。**

据《艺风老人年谱》。

**十二月二十二日(1868年1月16日)以东捻剿平,赏大学士两江总督曾国藩、钦差大臣湖广总督李鸿章、直隶提督刘铭传、福建提督郭松林等云骑尉、骑都尉、轻车都尉世职有差。**

据郭廷以《近代中国史事日志》。

《清史稿·曾国藩传》:"(同治六年)以东捻平,加国藩云骑尉世职。"

## 同治七年戊辰(1868),二十岁

**三月初,继母宁恭人卒,父必达有悼亡诗数首。**

王必达《三月初八日作宁恭人新逝》(《养拙斋诗·豫章集二》):

黯黯江城暖未烘,河阳衰鬓欲飞蓬。可怜风雨凋零后,尚见桃花一树红。

前朝老柏偃虬枝,似有苍苍万古姿。雪苦霜辛滋味饱,伤心独秀岁寒时。**鸣山柏一株,数百年物也**

**案**:稍后有《三月二十二日作》《闽人赖小梧为余写真。是日适得顾见龙〈兰亭图〉、陆包山〈赤壁图〉,玩味之余,转增太息。距悼亡之期盖八十余日矣》等诗,均为悼亡之作。

**四月初二日(4月24日)，曾国藩复王必达信，言及必达因公被议。**

《曾国藩全集·书信(九)》录本日复信云：

霞轩仁弟阁下：

顷接惠书，猥以岁事相庆，即审宜春笃祜，台候绥愉为颂。

另单所示因公被议一节，据称有王廉访赣州任内前案可援。中丞留意贤良，当能仿照办理。

西捻游弋畿南，淮、湘各军赴直会剿，征饷如故，而运费日增。民困日深，而征求无已。旬月以来，阴寒苦雨，二麦且将大损，实堪焦虑。令弟雨轩已抵金陵，徐图位置。复问台安，诸维心鉴。不具。

**四月，王必达堂弟必名举会试。**

《临桂县志》卷六《选举表四·同治七年戊辰洪钧榜》："王必名，进士，湖南候补道。"又据《同治七年戊辰科会试同年齿录》。

**十二月十一日(1869年1月23日)，徐乃昌生。**

程演生《清授资政大夫江南盐法道金陵关监督南陵徐公行状》："公生于同治七年十二月十一日酉时，卒于共和癸未年正月二十八日申时，享年七十有六。"

**本年，父必达仍为饶州守。刘坤一上其治，得旨进京引见。在饶州知府任上，父必达曾为饶属余干县修忠敬书院作记。**

端木埰《临桂王公神道碑铭》："七年，刘公上其治，登记典，引见，交军机处记名。"

《养拙斋诗》附录陈长吉《王安肃挽诗》自注云："七年,诏督抚举人才,刘岘庄制府时犹抚江,首以公应。又以治绩卓异,登计典,部调开缺引见,诏枢密记名。"

王必达《忠敬书院记》(清区作霖、冯兰森修,曾福善纂同治《余干县志》卷十六《艺文志》一):

古者家有塾,党有庠,州有序,国有学。即一井之区,亦有讲学肄业之所。此书院所由昉也。盖育人才、崇实学、培风俗者,于是乎在。夫论秀书升,贤能必选于里;尊齿尚让,王道可观于乡。倘诗书礼乐之教不修,则德行道艺之真不出。惟俾之游息有地,敬业乐群,藉名师以启迪,得益友以切磨。斯相观而善,熏德而良,风气蒸蒸日上已。书院之设,所关不甚钜哉?忠敬书院者,饶属余邑东南之乡校也。慨自粤匪扰攘以来,通都大邑,僻壤穷乡,悉遭蹂躏,学校颓圮者什九。士人流离颠沛,不获安弦诵,常历有年所。兹幸盗贼荡平,生民莫乂,而余邑东南乡人士毅然以造创书院自任,洵欲为桑梓之地育人才、崇实学、培风俗也。于是劝捐储费,庀材鸠工,经营而区画焉。度其基址,相其阴阳,高其闳闼,峻其墙宇。建正室以祀先贤,广斋舍以居弟子,置产业以资廪饩,约条例以定规模。榜其厅曰杏桂书堂,忠敬书院之额,则永丰刘瞻岩先生所书也。综其颠末,布置咸宜。首事者极筹画之苦心矣。经始于皇上御极之三年,迄今告成,将书其事以寿诸石,而请予记。予甚嘉其留心世教、拔植士林也。余干为汉所置县,理学纯臣,代有伟人,若赵忠定、胡文敬,其最著者也。今书院以忠敬名,所谓高山仰止、景行行止是已。抑予更就忠敬之义而实求之。言思忠,事思敬,忠敬实枢机之要。事君忠,修己敬,忠敬又出处之符。而且道不外忠恕,举忠自可该恕;学必根诚敬,主敬乃可存诚。登斯堂入斯室者,体忠敬以宅心,本忠敬以居业,互相砥砺,争自濯磨,将文章不尚浮夸,践履必归敦笃。人才于以盛,实学于以彰,风俗于以厚。莫不尽明体达用之功,备修己治人之术。行见学问勋猷,远绍乎二公而后先辉映矣。诸生勉乎哉!是为记。

**本年,蒋春霖卒。**

**本年,徐珂生。**

## 同治八年己巳(1869),二十一岁

**春,父必达卸饶州府事,启程北上。**

据《养拙斋诗·豫章集二》。集中有本年春《开篆口占**时将卸篆**》《鄱阳陈明府遂生与余并荐入都。余先北上,赋此为别》《去饶州》《章门雨中作。时甫卸篆,将之京师》等诗。

《朱谱》:"霞轩公**四十九岁**卸饶州府事。春间赴南昌,转程北上。"

案:《朱谱》云春间赴南昌,转程北上,未知何据。

**四月二十日(5月30日),父必达经保定,拜见直隶总督曾国藩。**

据《曾国藩全集·日记》。本日记云:"申正三刻,将核批稿而王霞轩到,久坐,傍夕去。"

《养拙斋诗·豫章集三》有《将有金陵之行,先以诗上师相》诗,自注云:"己巳见师相于保阳。"

**五月十九日(6月28日),父必达在京引见,五月二十二日(7月1日)谢恩。六月初七日(7月15日)以在饶州赈荒被举荐,再引见。六月底出都回赣。**

《养拙斋诗·豫章集三》有《抵都门》《抵京寓延旺妙街地藏庵,余廿年前旧居也。五月十九日,快雨初晴,诣朝引见。感忆乙卯岁事》《乾清门外敬赋》《五月二十二日谢恩恭纪》《六月初七日复由部带领引见,叠前韵二首》《雨后宣武门谒客。行将出都》等诗。

《养拙斋诗·酒泉集四》有《忆昔词为春明花事作·延旺庙槐花》诗,诗题下自注云:"甲辰己巳两寓于此。"

**六月二十八日(8月5日),父必达南还经保定,拜见直隶总督曾国藩,久谈。次日,又久谈。**

据《曾国藩全集·日记》。本日记云:"早饭后清理文件。坐见之客三次,立见者一次,王霞轩谈最久。"次日记云:"申刻,王霞轩来,久谈大半时。"

《朱谱》:"秋初出都回赣。"

案:父必达六月二十八日已到保定,《朱谱》云秋初出都误。

**七月初二日(8月9日),曾国藩请王必达等喝酒。次日,必达至曾国藩处辞行,久谈。**

据《曾国藩全集·日记》。本日记云:"中饭,请王晓莲、王霞轩小酌,申初散。"次日记云:"早饭后清理文件。王晓莲、霞轩来辞行,久谈。"

十一月二十六日(12月28日),曾国藩收到王必达寄来《王少鹤诗集》《涵通楼文钞》。

据《曾国藩全集·日记》。本日记云:"王霞轩寄来《王少鹤诗集》一部、《涵通楼文钞》一部。略一翻阅。"

**本年,父必达权按察使,次年正月正式上任。**

端木埰《临桂王公神道碑铭》:"八年,权臬使,曾公檄督龃局。"

案:据王必达《养拙斋诗》,奉曾国藩檄督龃局在下二年。详后。

王必达《卸臬事,用去饶郡韵上中丞》其二(《养拙斋诗·豫章集三》):

咨询欣接上公贤,语重心长细细传。不尚严威仍义尽,欲回浇薄辄忧先。梅花香冷春初雪,**庚午正月受事**桂树阴浓雨后天。两岁刑官值兵戤,庚匦千里靖风烟。

《养拙斋诗》附录陈长吉《王安肃挽诗》自注云:"八年,摄臬事。"

## 同治九年庚午(1870),二十二岁

正月二十二日(2月21日),曾国藩收到王必达寄来王拯纂《归方评点史记合笔》,翻阅数篇。

据《曾国藩全集·日记》。本日记云:"王霞轩寄来王少鹤所纂《归方评点史记合笔》,翻阅数篇。……阅《归方评点史记》,二更五点睡。"

本年,从江西回桂林参加乡试。秋,中式第二十八名举人。同时,唐景崶中举。

《临桂县志》卷六《选举表四·同治九年庚午科》:"王鹏运,举人,内阁侍读,工科给事中。"

《广西通志稿·文化编·选举表·清代举人同治九年庚午科》:"考官陈振瀛,顺天宛平人,编修,癸亥进士。马相如,正蓝旗人,御史,壬戌进士。题目:子贡[曰]贫而无谄至可也,而好察迩言,民事不可缓也,学问至刍荛、得荛字。唐景崶,桂林府灌阳,见《进士表》,中式第一二名,《题名录》误作桂林人,今依《县志》改正。王鹏运,桂林府临桂,中式第二八名。《县志》作内阁侍读,工科给事中。"

秦国经《清代官员履历档案全编》:"王鹏运……同治九年庚午科举人,遵例报捐内阁中书。"

**八月初三日(8月29日),因前两江总督马新贻被刺,调曾国藩为两江总督,调李鸿章为直隶总督。**

据郭廷以《近代中国史事日志》。

**十一月底,父必达得叔必蕃书,寄以诗。**

王必达《得子宣弟书却寄》(《养拙斋诗·豫章集三》):

淮水春生记远游,章门微雪送轻舟。廿年作令仍强项,两地相思欲白头。愿奋鸿毛待风力,喜销蜃气隔江流。皖公山入慈亲梦,为报平安杖履遒。

**十二月,龙继栋进京应试,过江至南昌相见,父必达以诗题其诗集。**

《养拙斋诗·豫章集三》有《龙松琴公车过江。翰臣方伯嗣君也。步定甫叔题其诗集韵》诗。

**本年，文廷式初学填词，凡为数十阕。**

　　据钱仲联《文云阁先生年谱》。又文廷式《望江南》词序云："庚午初学词，凡数十阕。今仅记此二阕；虽不佳，姑存之以志岁月。"

# 卷 二

**同治十年辛未(1871),二十三岁**
**三月十四日(5月3日),曾国藩复吴云轩、王必达信。由信内可知父必达督盐局未久。**

《曾国藩全集·书信(十)》录本日复信云:

云轩尊兄、霞轩仁弟大人阁下:

月前复去两缄,计达台览。比维政祺懋介,动履增绥,至以为颂。

此间近状尚称安谧。春雨已透,麦收可望。上月皖境广德、建平一带土匪滋事,比经英帅派兵五营前往搜剿,敝处亦已派员往捕,藐兹小丑遂已鼠窜。现闻首匪关汶贵隐匿浙境孝丰山中,拟即派弁四出密拿,务求弋获,不使漏逸为患。

岘帅中丞出巡,已至赣属否?省会诸政甚赖诸君擘画,淮鹾疲滞,殊形棘手,未审迩来销数如何。或别有良策足以畅淮堵私,便中幸为示及一二。

徐孟卿观察前办鹾局,殚思竭力,颇有成效。人琴永隔,殊可悼惜。其嗣君仲嘉司马忻自都奔丧,来此投谒、哀毁逾恒。携其戚厉伯符方伯一函,述及家事甚为萧条,不可不急谋饔飧。渠欲于江右鹾务中求一差委,尚希垂怜世好,俯赐提挈。或于总局、分局择予较优之差,在贵局藉资臂助,而徐宅眷属不至流离失所,则嘉惠无穷矣。顺颂台安。不具。

端木埰《临桂王公神道碑铭》:"八年,权臬使,曾公檄督釐局。"

《养拙斋诗》附录陈长吉《王安肃挽诗》自注云:"十年,文正檄理淮盐局,是年再摄臬事,仍兼局务。"

《朱谱》同治九年谱:"秋卸臬节,赴金陵,谒曾国藩,文宴唱酬甚盛。随奉檄督釐局。"

案:《朱谱》系必达免任按察使于同治九年,又云先谒曾国藩,后督盐局,皆误。又再摄按察使当在下年。

**春,在京应进士试不第,后返江西南昌。唐景崇举进士。礼闱后之五月初一日(6月18日),张之洞与潘祖荫宴下第公车数十人于龙树寺。缪荃孙会试不第,五月出都返成都。**

《清史稿·唐景崇传》:"景崇,同治十年进士,授编修。"

鹏运《木兰花慢·龙树寺》词后小注云:"同治辛未,潘文勤宴下第公车四十二人于龙树寺,皆一时名胜也,说者以拟临朐相国万柳堂己未禊饮。"徐世昌辑《晚晴簃诗汇》有鹏运绝句四首,为夏孙桐装册题。诗题曰:"辛未礼闱后,张孝达制军与潘文勤公大会名士于龙树院,治觞选客手札七通,夏闰枝编修装册征题。"后据《艺风老人年谱》。

王闿运《湘绮楼日记》:"五月庚寅朔,晴。伯寅来,旋约饮龙树寺,与香涛同为主人。四方之士集者十七人。无锡秦谊亭名炳文善画。南海桂皓庭文灿。绩溪胡荄甫澍,子蓟之族也。吴许鹤巢赓飏。赵㧑叔云:戴子高属访余,必欲一见。元和陈培之倬。会稽李纯客慈铭、赵撝叔之谦。长山袁鹤丹启豸。洪洞董研樵文涣。遂溪陈乔生亦山。黄岩王子裳咏霓。钱唐张子余预。福山王莲生懿荣。南海谭叔裕宗浚,玉生翁之子也。瑞安孙仲容诒让,琴西子也。朝邑阎进甫迺兟,丹初之从子也。其父与余同居月余,而忘其字,寓内城西洼沿桂中堂祠堂。研樵曾与文卿同寓挂甲屯晋阳馆,余尚识之。亦山最熟。皓庭、纯客皆曾相见。王、张、孙不多语,孙年最少,亦廿四矣。胡、赵同寓果子巷,胡官户部,明当访之。伯寅各出一纸属书,意在得诗也。"王闿运《湘绮楼全集·湘绮楼诗》卷八有《五月朔日潘伯寅侍郎南房下直,同张香涛编修招陪耆彦十六人宴集龙树寺。酒罢赋赠潘张各一篇。张新从湖北提学满归,故有良使之称》诗。

李慈铭《越缦堂日记》五月初一日记云:"诣龙树寺赴伯寅、孝达之招,到者二十余人,名士群集,而吾乡之妄人天水生亦与焉。诸君多不欲,均茵伏。伯寅赋纸,属分纪以言,且请秦宜亭户部绘图。傍晚归。"李氏《白华绛柎阁诗》壬集有《潘伯寅侍郎张孝达编修招集龙树寺分纪以诗》诗。

刘禺生《世载堂杂忆》"龙树寺觞咏大会"条有云:"同治十年辛未,香涛湖北学政任满回京,与潘伯寅觞客于龙树寺……是日与会者,有无锡秦炳文,南海桂文灿,元和陈倬,绩溪胡树,会稽赵之谦、李慈铭、吴[许]赓飏,湘潭王闿运,遂溪陈乔森,黄岩王咏霓,钱唐张预,朝邑阎迺兟,南海谭宗浚,福山王懿荣,瑞安孙怡让,洪洞董文焕。由秦炳文绘图,王壬秋题诗,桂文灿作记。李纯客、赵撝叔,均未著一字。炳文题图云:时雨乍晴,青庐瑟瑟,纵论古今,竟日流连,归作此图,以纪鸿爪。"

许同莘《张文襄公年谱》同治十年谱:"五月初一日,与潘文勤觞客于龙树寺,到者十六人,秦谊亭作《雅集图》。"

五月,父必达免任江西按察使,六月卸任。

《养拙斋诗·豫章集三》有《移家候替,空署萧然。廉访俊君迟久未至》《卸臬事,用去饶郡韵上中丞》等诗。

六月初一日(7月18日),卸任广西学政杨少和向翁同龢称赞况周颐。

《翁同龢日记》本日记云:"杨太史少和自广西学政任满来见……又云秀才中有绩学者,况童子周仪年十岁,诗赋可观,成语属对极妙。"

约七月初,自南昌往金陵前,父必达有上曾国藩诗。途中有思亲诗。过星子县又有怀其曾祖王千骥诗。七月中旬晤时任建德县令必蕃,即别。至金陵,与曾国藩、何镜海等相见。

王必达《养拙斋诗·豫章集三》有《将有金陵之行,先以诗上师相》诗。又集中相关数诗转录如下:

《舟发章门,可晤两弟,倍思老亲》

回首云门紫翠巘,潇潇木叶送轻帆。十年契阔人将近,数子峥嵘气不凡。**安、昇、元诸侄皆渐长成**篱落黄花寻酒盏,池塘碧草话春衫。对床更结循陔念,早赋归来即至諴。**老亲所勖**

《过星子县,是曾王父旧治》

城郭尚依然,匡庐到眼前。循良竟后起,清白述当年。食德二千石,承家三百篇。君亲何以报,慨对旧山川。

《曾王父领浙省解宰星子县,其后仕于粤,不得归,迨余领解则为粤人矣,复筮仕而来星子道中,再赋此篇》

解组炎州贫不归,鉴湖怅望付斜晖。子孙竟占桐乡籍,松菊空扃栗里扉。南国尚余明德在,北山莫又素心违。臣家廉让中间住,何日风尘甘息机。

**案**:《朱谱》系上二诗于同治八年,误。

《东流县》

望望东流县,依依出境情。天开青嶂断,风静大川平。丰岁无淫潦,师船息战争。关心问邻邑,为治趁时清。**子宣宰建德,在东流南**

《晤子宣即别》

十载劳行役,重逢太瘦生。天涯才互慰,世事底相惊。澹泊心仍素,幽忧疾早成。章江间倚久,远望若为情。

《养拙斋诗·豫章集三》又有《金陵客舍赠镜海》《金陵晤李健斋,忠武公之嗣也。余受知忠武,而顾未一见,生平最异数云》《棋胜楼落成,陪师相饮宴》等诗。

**七月十九日(9月3日),父必达拜访曾国藩,与久谈。**

据《曾国藩全集·日记》。本日记云:"中饭后,王霞轩自江西来,坐最久,约谈一时有奇。"

**七月二十七日(9月11日),曾国藩请父必达等中饭。**

据《曾国藩全集·日记》。本日记云:"中饭请王霞轩等小宴,未初二刻登席,酉初散。"

**七月三十日(9月14日),父必达与曾国藩久谈。**

据《曾国藩全集·日记》。本日记云:"早饭后清理文件。其中如王霞轩、梅方伯两起坐最久。"

**七月末,父必达在金陵晤莫友芝。**

莫友芝《郘亭日记》:"王霞轩自江西来,始识之,其人开拓而安详,有用才也,现官廉访。"

**八月底九月初,父必达在南昌家中检书,有诗示鹏海、鹏运兄弟。**

王必达《检书示海运》(《养拙斋诗·豫章集三》):

满籝安用黄金多,青箱世守毋蹉跎。仕未能优学遽废,驰光廿载如奔梭。图书结习固难尽,偷闲半日恒摩挲。插架牙签罕精本,珠非大秦璧非和。倘与邺侯较贫富,一勺讵得凌沧波。丹黄果肯事评点,岁月亦足供销磨。蟫蠹睢盱莫令饱,豕鱼勘校奚愁讹。假年学易圣之志,宁论目眩头将皤。西风吹凉掩窗户,读律初罢仍委蛇。词章训诂任所适,百城之乐啸且歌。有味甘教老呫哔,无钱苦欲宏网罗。后生不学理则那,空疏岂望同白科。传家长物在何处,汝曹执业匪有他。

案:诗题中海运当指鹏海、鹏运兄弟,其时随侍在侧。《朱谱》系上诗于同治八年,误。

**九月,父必达有诗追悼朱琦。**

《养拙斋诗·豫章集三》有《朱侍御伯韩师己酉归里门,觞于石天阁,求书数幅。浙省之难,以客卿徇焉。用前韵,追赋其事》诗。

《朱谱》同治九年谱:"十一月,朱伯韩以客卿死杭州事,有诗悼之。"

《刘谱》同治九年谱:"十一月朱琦曾以客卿配扬州,霞轩以诗悼之。"

  案:朱琦卒于咸丰十一年(1861),诗为多年后追悼。《朱谱》显误,《刘谱》系年误。

**十月初十日(11月12日)左右,叔必蕃至南昌相聚,父必达有诗。必蕃留南昌过年。**

  《养拙斋诗·豫章集三》有《子宣弟至》诗。

  案:《朱谱》系于同治九年,误。

**十月十四日(11月26日),父必达招王闿运饮于南昌家中,令鹏运出陪。**

  《养拙斋诗·豫章集三》有《王壬秋孝廉来,示师相酬其徐州道中见赠之作。即步韵送之归里》诗。

  王闿运《湘绮楼日记》:"同治十年十月十三日,晴。早至江西省城。泊章江门,新建地滕王阁故址也。当余廿岁游南昌,初不自意能成立如此;及余卅岁重游,又不自意不富贵如此;今余卅岁三游,盖不自意老大如此。城郭旧游,已不复忆。……又觅故衣不得,独访霞轩……十四日,晴。霞轩招饮,命肩舁先还船,犒赏水手。作书谢竹庄。入城赴霞轩之约,镜海继至。霞轩第五子字又霞,今名鹏运,补御史,将出作监司矣。年廿余,知慕余庄子之学,因令出陪。"

  案:《朱谱》系于同治九年,误。王闿运《湘绮楼全集·湘绮楼词》有《梦芙蓉·题王太守〈戴笠图〉》词。玩词意,疑为此时为必达作,姑录于此。词云:"看谁持玉杖。是匡庐旧日,主人无恙。峡泉三叠,琴调破云浪。浩歌声自放。天风吹做凄荡。不尽吟情,有吴烟几点,摇曳白波上。戴笠寻诗有样。瘦损何妨,呼吸通天响。牯牛平望,夷语乱樵唱。洗空山水瘴。飞流溅瀑千丈。更莫闲游,只凭阑把酒,一醉吐空旷。"

**十月十五日(11月27日),曾国藩在金陵,夜读王必达所寄诗集等。**

据《曾国藩全集·日记》。本日记云:"司道先在下关登舟迎接。……夜阅唐义渠所寄之《湖南阳秋》、王霞轩所寄之《王少鹤诗》《杉湖十子诗》等书。二更四点睡。"

**十月二十一日(12月3日),李鸿章复王必达信。**

《李鸿章全集·信函(二)》录本日复信云:

霞轩仁兄年大人阁下:

顷奉九月间惠书,借聆一一。就审筹榷宣勤,兴居佳怡,至符臆颂。西盐销数近年渐形壅滞,自由邻私浸灌。得执事实力整顿,必可剔除积弊,力裕饷源。现议分拨炮船,先从水路下手,尤为扼要。严饬卡员认真稽核,必有实济也。此间绥谧如常,迩来筹办赈务,渐有端绪,拟即赴永定河查勘工程,顺道回省,料简积牍,开春再赴津坐镇,知念并及。专泐布复,敬颂台祺,顺璧芳版。不具。年愚弟李鸿章。

**十月二十八日(12月10日),曾国藩复王必达信。**

《曾国藩全集·书信(十)》录本日复信云:

霞轩仁弟大人阁下：

执别以来，瞬经三月。前接惠函，具悉壹是。只以出外巡阅，稍稽裁答。比维履祺休鬯，荩绩日隆，无任企抒。承示《莫愁湖宴会诗》二首，流连胜景，韵远情逸，雅与渔洋、初白为近，惟奖饰之词非所敢承耳。

国藩自八月十三日出省校阅诸营，先赴淮、徐，次至苏、沪。水陆各营均已蒇事，即由吴淞口驾驶轮船，本月十五日旋抵金陵。暮齿衰颓，愧无裨补，亦聊循行旧典而已。

程氏一案已获正凶。部复到后果可改题为奏，速正典刑，亦足以慰孝子之心而□莠民之胆。安仁缉私营勇不遵约束，以致激成事变。岘帅来函，以为不宜多赏，自是持平之道。

王子章大令柏理系诗人王子寿之弟，孝友勤慎，悃愊无华，学术向称渊雅，治事亦有条理，去岁丁艰归籍。今年再来江西，久未奉有差遣，艰窘殊甚。仆昨已致函岘帅，请其量予位置。但恐造次无容席之地，或由阁下先于盐局中酌派一事，给予薪水，禀商岘帅，俟别有优差，再行改换作乔木之迁可也。仆于岘翁处已称贺、周、朱、王四人，才虽有短长，要自信非妄举耳。复候台安，诸惟心鉴。不具。

**本年，唐懋功就养京城。**

唐景崧《得一山房诗集》跋："辛未就养都门。"

**本年，陈洵生。**

据刘斯翰《陈洵年谱简编》。

## 同治十一年壬申(1872),二十四岁

**元夕后数日,父必达与叔必蕃同舟赴金陵。**

王必达《子宣同舟赴金陵拈韵得三肴》诗二首(《养拙斋诗·豫章集四》):

廿载苍茫话故交,几人荣悴水中泡。时危往事惊磨涅,岁晚同心乐漆胶。天际翔鸿辞下泽,春来语燕构新巢。联床莫道吟怀恶,一片东风上柳梢。

春草池塘句细敲,清淮如席岁华抛。扁舟水阔重听雨,故里云深未结茅。佳境谁骑腰下鹤,沧波拟射眼中蛟。惭非公望头初白,平陂还占泰几爻。

**二月初四日(3月12日),大学士两江总督曾国藩卒于金陵,年六十二岁。**

据郭廷以《近代中国史事日志》。

黎庶昌《曾文正公年谱》:"二月初二日,公方阅案牍,握笔而病作,遂止,病旋已。初四日午后,公乃散步署西花圃,子纪泽从公。连呼足麻,扶掖回书房,端坐三刻乃薨。"

朱孔彰《曾文正公别传》:"同治十一年二月四日薨,春秋六十有二。"

**二月,父必达在金陵,有诗悼曾国藩,滞留月余。**

《养拙斋诗·豫章集四》有《秣陵客舍感事二十二韵》诗,诗为悼念曾国藩而作。

**七月,父必达复权江西按察使。**

端木埰《临桂王公神道碑铭》:"十一年,复权臬使。"

《养拙斋诗·豫章集四》有《壬申孟秋，重署臬事，至中秋节后得诗六首》诗。

**秋，父必达在南昌，汇装李鸿章手书为一卷，并赋诗寄李鸿章。**

《养拙斋诗·豫章集四》有《合肥伯相手书，汇装一卷，叠用赠诗原韵，寄呈天津行营》诗。

**本年，端木埰丁忧出京南归。**

端木埰《碧瀣词》《齐天乐》（一从洒遍西州泪）词序云："壬申奉讳，仓卒出京。"又其《齐天乐·见枣》词后附注云："槐街旧居，子禾总宪余屋也。自壬戌回京，文端师留居此屋十年。壬申奉讳南归，始别去。"

**本年，韦业祥视学贵州，有诗留别，唐懋功和之。**

唐懋功《得一山房诗集》卷下本年有《和韦伯谦编修视学黔中留别原韵》诗。

**本年，况周颐于其姐家得见《蓼园词选》，开始学填词。**

况氏《餐樱词自序》："余自壬申癸酉间即学填词，所作多性灵语。"

况氏《蓼园词选》序："曩岁壬申，余年十二，先未尝知词。偶往省姊氏，得是书案头，假归雒诵，诧为鸿宝，由是遂学为词。"

况氏《香东漫笔》："余女兄三，其仲适黄，名俊熙，字吁卿。吁卿之曾祖蓼园先生，有《词选》梓行，起玄真子《渔歌子》，讫周美成《六丑》，都二百二十四阕，并浑雅温丽，极合倚声消息。每阕有笺，征引赡博。余年十二，女兄于归，诒余是编，如获拱璧。心维口诵，辄仿为之，是余词之导师也。"

本年,文廷式在广州于菊坡精舍从番禺陈澧游,与贺县于式枚并推高第弟子。

据《文云阁先生年谱》。

## 同治十二年癸酉(1873),二十五岁

**正月初,父必达住盐局,有诗。**

《养拙斋诗·豫章集四》有《蹉廯逢春,再用文衡山人日草堂图韵》诗。

**正月二十六日(2月23日),梁启超生于广东新会。**

梁启超《三十自述》:"余生同治癸酉正月二十六日。"

丁文江等编《梁启超年谱长编》同治十二年谱:"正月二十六日,先生生于广东新会县能子乡之茶坑村。"

**正月,父必达往金陵。二月初十(3月8日),特简督粮道。次日乘轮船自金陵返江西,船触拦江矶沉没,漂流至安徽得脱。**

《养拙斋诗·豫章集四》有《皖垣晤质溪弟附洋舟旋江,舟毁,幸至皖》《自金陵附轮舟还江右,舟毁于拦江矶,得脱至皖》等诗。又集中《粮巡署中纪事四首》其一自注云:"二月初十日受简,十一日有拦江矶之厄。"

端木埰《临桂王公神道碑铭》:"十二年,特简督粮道。"

《养拙斋诗》附录陈长吉《王安肃挽诗》自注云:"十二年,简授粮储道。"

**三月十五日(4月11日),冒广生生。**

冒怀苏《冒鹤亭先生年谱》同治十二年谱:"农历三月十五日,先生生于广州都护街游氏秀文堂。"

八月初至九月中,父必达监试秋闱。

《养拙斋诗·豫章集四》有《八月初六夜闱中作》《闱中登搏秋阁。时方日出》《至清堂写榜》等诗。

**十二月十七日(1874年2月3日),祖父诚立生日,江西巡抚刘坤一等制序为寿。**

王必达《中丞与寅好制序为高堂寿》(《养拙斋诗·豫章集四》):

> 锦屏文字灿云霞,大府同人敢拜嘉。欣奉簪裾偕入座,幸闻诗礼勉承家。春回绮閤声喧鹊,此日迎春酒泛金卮艳拂花。捧檄廿年惭罔补,升平恩泽浩无涯。

## 同治十三年甲戌(1874),二十六岁

**四月初八日(5月23日),父必达生日,有诗五首。**

《养拙斋诗·豫章集四》有《甲戌四月初八日,拈得宽字,成七律五首是日为余桑蓬之日》诗。

**四月二十五日(6月9日),长兄维翰中进士,后官户部郎中。鹏运落第。唐懋功会试落第。缪荃孙落第,七月出京返里。**

端木埰《临桂王公神道碑铭》:"子五,长维翰,同治甲戌进士,官户部郎中,以陵工推恩擢道员,分发河南,加按察使衔。"

《临桂县志》卷六《选举表四·同治十三年甲戌陆润庠榜》:"王维翰,进士,归郎中本班,二品顶戴,河南盐粮道。"

龙榆生《清季四大词人》:"长维翰,字仲培,甲戌进士。官至河南中州粮盐道。次即鹏运。"

唐懋功《得一山房诗集》卷下本年有《入闱日示内》《美女吟。下第后作》等诗。

· 100 ·

后据《艺风老人年谱》。

**十二月初五日(1875年1月12日),同治帝去世。慈禧立醇亲王之子载湉,是为光绪帝。仍由慈安、慈禧垂帘听政。同日,以刘坤一署两江总督,刘秉璋署江西巡抚。**

据郭廷以《近代中国史事日志》。

**十二月,以内阁中书到阁行走。**

秦国经《清代官员履历档案全编》:"王鹏运……同治九年庚午科举人,遵例报捐内阁中书,十三年十二月到阁行走。"

况周颐《礼科掌印给事中王鹏运传》:"十三年,以内阁中书分发到阁行走,旋补授内阁中书。"

**十二月,彭銮补内阁中书缺。**

秦国经《清代官员履历档案全编》:"彭銮,现年五十五岁,系江西宁都州人,由拔贡生遵例报捐中书,同治五年三月到阁行走,十三年十二月补缺。"

**本年,祖父诚立卒,父必达丁忧扶柩返桂。**

端木埰《临桂王公神道碑铭》:"十二年,特简督粮道。明年,以忧归。"

《养拙斋诗》附录陈长吉《王安肃挽诗》自注云:"十三年,丁赠公忧,回籍。"

案:鹏运祖父诚立与父必达同在江西生活。

## 光绪元年乙亥(1875),二十七岁

**正月,父必达凭记忆录出咸丰四年九月以前所作部分诗,并作记。**

王必达《养拙斋诗·箧余稿》卷首自记云:

甲寅九月以前所为诗,手录一巨卷,置行箧中。丙

辰秋在齐河道上为肽筐者窃去,而诗稿之存于家者,其时付与山妻,乃病甚,又避乱至广州,遂殁于是,所为诗并他文尽失。迫官江右,兵事稍定,哀录散亡,间获数纸,复从默识中得此十数首,且有不记全篇者,姑录出以备删存。余诗学不深,名心尤浅,未欲以付梨枣也。甲戌夏有句云:"吟窗检点删余稿,梨枣何须次第刊。"固明言之矣。而日月如流,风木不宁,悲伤憔悴之身,无复庭闱之奉。屺岵之瞻,此生已矣。礼庐中偶览及此,回忆作诗之年与钞诗之地,如梦如幻,茫然怃然。人世间,石火电光耳。古人云:"诗卷长留天地间",亦寂寞千秋于身后。何与耶?必欲俾诸剞劂,则有吾之数子在。乙亥正月始安礼庐质夫自记。

**二月,成都立尊经书院。八月,缪荃孙拜张之洞门下,受命撰《书目答问》四卷。**

据《艺风老人年谱》。

**秋,邓鸿荃举乡试。同年,郑文焯举乡试,官内阁中书。**

《临桂县志》卷六《选举表四·光绪元年乙亥乡试恩科》:"邓鸿仪,举人,四川候补知府。"

《郑叔问先生年谱》光绪元年谱:"秋应顺天乡试恩科,中式第二百六十六名,保和殿覆试钦定一等第十三名。"

**本年,左宗棠受命出塞,准备进军新疆。**

《清史稿·左宗棠传》:"(光绪元年)军机大臣文祥独善宗棠议,遂决策出塞,不罢兵。授宗棠钦差大臣,督军事,金顺副之。"

本年,夏敬观生。

据章斗航《新建夏先生传》。

## 光绪二年丙子(1876),二十八岁
**四月二十五日(5月18日),缪荃孙、钟德祥、盛昱中进士。**

秦国经《清代官员履历档案全编》:"缪荃孙,现年六十一岁,系江苏江阴县人,寄籍四川华阳县,由监生中式举人,覆试后改归原籍,光绪丙子恩科进士,钦点翰林院庶吉士,丁丑散馆一等,授职编修。"又据《艺风老人年谱》。

《翁同龢日记》本日记云:"闻广西钟德祥者策甚好,字亦佳,而在二甲中段矣。"

杨钟义《意园事略》:"光绪二年丁丑科会试中式第一名进士,改翰林院庶吉士,庚辰散馆授职编修。"

《清史稿·盛昱传》:"光绪二年进士,既授编修,益历学,讨测经史、舆地及本朝掌故,皆能详其沿革。"

**八月,充国史馆校对官,旋补内阁中书缺。**

秦国经《清代官员履历档案全编》:"王鹏运……光绪二年八月,充国史馆校对,是月补缺。"

**九月初九日(10月25日),父必达新修故居成,有诗。**

《养拙斋诗·豫章集四》有《丙子重九,故园新葺。李松孙赋诗,叠韵作答。龙壁山房〈庚申集〉屡称达老,即松孙也。故第三首及之》诗。

朱荫龙《王半塘先生世德记》:"光绪二年,(王必达)于故居右侧,得临川李氏废园,葺而新之,擅湖山楼台之美。一时名士,

相共题襟,城中甲第,斯为胜境矣。"

**秋,于式枚举乡试。**

《广西通志稿·文化编·选举表·清代举人光绪二年丙子科》:"于式枚,平乐府贺县,见《进士表》,中式第五二名。"

**十一月二十三日(1877年1月7日),父必达服阕,自桂林出发入京。**

《养拙斋诗·北上后集》有《服阕入都。仲冬二十三日戒途,舆中作四首》诗。

谭志峰《王鹏运及其词》附录《王鹏运生平简表》本年记:"服满。冬,必达携鹏运、维豫经长沙、天津入都。"

案:鹏运于同治十三年十二月任内阁中书,本年八月充国史馆校对官,旋补缺。据《清史稿·礼志十二》:"官在职,非本生父母丧,虽期,犹从政,不奔丧。闻讣,易服为位而哭,私居持服,入公门治事仍常服。期丧者,期年不与朝、祭。服满,则于私居为位哭,除之。"则可信鹏运在祖父诚立丧期仍在京为官,更不可能随父必达一起行动。谭说误。

**十二月二十八日(1877年2月10日),父必达宿湘潭,有诗。**

《养拙斋诗·北上后集》本年底有《珠厂雪霁,行复雪,至湘潭》《湘潭梦中作十二月二十八夜》《舟指长沙》等诗。

## 光绪三年丁丑(1877),二十九岁

**正月初,父必达在长沙过年,杨翰招饮,王闿运赠以诗。后必达有和作。**

《养拙斋诗·北上后集》有《洞庭舟中寄酬。过长沙日,杨

海琴招饮,王壬秋赠诗。并柬曾劼刚、邓弥之。仍用十三覃。四十韵》等诗。

**春**,父必达经河北,有《河北绝句三十首》,其九怀叔必蕃。由诗意可知,其时必蕃已卒。

  王必达《河北绝句三十首》其九(《养拙斋诗·北上后集》):

    洺水垂杨塞上春,太行夕照马头尘。伤心满目山

  河在,不见同车促膝人。谓子宣弟

**春**,父必达北上经天津,谒李鸿章。

  《养拙斋诗·北上后集》有《天津谒李伯相,仍用己未春建昌郡赠诗原韵》诗。

**春**,父必达携鹏运、维豫等游京城慈仁寺。

  王必达《养拙斋诗·酒泉集二》有《夜读惜抱轩〈万寿寺松树歌〉,因忆丁丑春慈仁寺之游,用原韵寄示运豫两儿》诗。

**四月**,鹏运、郑文焯会试不第。

  《郑叔问先生年谱》光绪三年谱:"春应会试,荐卷不第,留京。"

**四月**,缪荃孙在京,散馆授职编修。

  据《艺风老人年谱》。

**五月**,父必达在京引见,得授甘肃安肃兵备道,六月初一日(7月11日)召对。七月即出都赴任,约十月抵肃州任所。

  据《养拙斋诗·度陇集》《养拙斋诗·酒泉集一》。《养拙斋诗·度陇集》有《蒙恩简授安肃道,六月初一日召对恭纪》诗。

  端木埰《临桂王公神道碑铭》:"光绪三年服阕,引见,授甘肃安肃道。"

王闿运《湘绮楼日记》:"光绪三年七月戊申甲寅朔,晴热。王霞轩放安肃道,巧宦闻之短气。"

《养拙斋诗》附录陈长吉《王安肃挽诗》自注云:"光绪三年服阕,备兵安肃。时伊犁未还,俄事孔棘。左侯奏疏谓彼此信义相持,垂诸久远者,理也;至争城争地,不以玉帛而以兵戎,彼此强弱之分,则在势而不在理。所谓势者,合天时人事言之,非仅直为壮、曲为老也。又谓就时势次第而言,先之以议论委婉而用机,次之以战阵坚忍而求胜。侯相公忠谋国,思深虑远。公身历其境,匡襄其间,创办屯田,藉供军食。讲求沟堰之制,教导耕凿之方,养蚕桑,禁莺粟,硕画勤劳,五年之间,心力交瘁。"

**九月,因办惠陵工程出力,以侍读待补。**

秦国经《清代官员履历档案全编》:"王鹏运……三年九月因恭办惠陵工程出力,保奏奉旨以侍读,遇缺即补,先换顶戴。"

**十二月初六日(1878年1月8日)家祭,父必达有诗。**

《养拙斋诗·酒泉集一》有《十二月初六日家祭诗二首》。

案:十二月初六日为必达母何太夫人生辰。

**本年,兄维翰以陵工推恩擢道员,分发河南,后为河南盐粮道,加按察使衔。**

端木埰《临桂王公神道碑铭》:"子五,长维翰,同治甲戌进士,官户部郎中,以陵工推恩擢道员,分发河南,加按察使衔。"

《临桂县志》卷六《选举表四·同治十三年甲戌陆润庠榜》:"王维翰,进士,归郎中本班,二品顶戴,河南盐粮道。"

龙榆生《清季四大词人》:"长维翰,字仲培,甲戌进士。官至河南中州粮盐道。次即鹏运。"

《马谱》本年谱:"兄维翰为河南粮道。"

案:《马谱》不确。鹏运于本年九月因陵工加恩以侍读候补先换顶戴,维翰当在同时由户部郎中擢道员分发河南,但当时并未授实职,任河南盐粮道当是后话。又《刘谱》光绪三年(1877)谱云:"霞轩公第五子维禧(一作熙)出生。"此据鹏运作于光绪二十三年丁酉(1897)替辛峰祝寿的《满江红·辛峰生日》一词。此词起处云:"二十年来,曾几度、寿君卮酒。"由光绪二十三年前推二十年为光绪三年,由此刘映华先生便认定辛峰生于光绪三年。按此论不确。首先,词中二十年不能认为是确数,也无法确定鹏运的计算方法是从辛峰出生算起,还是说自光绪三年分别之后二十年来很少在辛峰生日时见面;其次,光绪七年(1881)十二月王必达去世时,维禧随侍在侧,如维禧生于光绪三年,则当时仅四五岁,称随侍恐说不过去;再次,许玉瑑《齐天乐·子畴前辈赋南邻垂柳寄怀幼霞中州,暑雨连宵,弥念行旅,依韵和呈》词结句云:"且盼晴明,两星遥夜指。"作者自注云:"白居易诗:'定知此后天文里,柳宿光中添两星。'谓幼霞并及其弟辛峰也。"鹏运于光绪九年(1883)秋至开封,十年十月返京,则许玉瑑此词当作于十年夏。可见辛峰早已有名气传至京城先辈耳中。如辛峰生于光绪三年,则至光绪十年仅七八岁,无论如何文思敏捷,恐怕也没法当此赞誉。由上可知,辛峰生年待定,当早于本年。

**本年**,王国维生。

**光绪四年戊寅（1878），三十岁**
夏，肃州有蝗灾，父必达赴两山口督捕。

《养拙斋诗·酒泉集一》有《肃境有蝻，修祀事，赴两山口督捕。因忆宰建昌时亦有此患》诗二首。

**七月，捐免试俸。**

秦国经《清代官员履历档案全编》："王鹏运……四年七月捐免试俸。"

**七八月间，父必达有《肃州杂诗》二十首纪左宗棠新政。**

《养拙斋诗·酒泉集一》有《肃州杂诗近事，皆伯相新政》诗。

**十月初七日（11月1日），左宗棠生日，父必达有诗二首。**

《养拙斋诗·酒泉集一》有《十月初七日使相寿席》《再成一首》等诗。

**本年及下年，父必达在安肃道任上，常与左宗棠文酒之会。**

据《养拙斋诗·酒泉集一》。

《朱谱》："霞轩公五十八岁在安肃道任所。常与左文襄文酒之会。有忆龙翰臣方伯（已卒）酒泉集一，页十五忆定甫先生忆朱伯韩（已卒）先生三诗。又有诗寄孙琴西，乞为定甫文集序。公诗自度陇后，工力愈深，酒泉五集中，长篇大制，悲壮苍凉，多卓然可传之作。至当时边政得失，尤足藉以考证，非仅文词之工而已。"

**本年，龙继栋在京刊刻其父龙启瑞《经德堂文集》并作跋，并自刊诗集《槐庐诗学》。**

龙继栋《经德堂文集跋》有云："继栋少壮无成，不克收拾坠绪,频年南北奔走,靡有暇日。今幸于京师留滞有年,始克尽取家中遗稿校雠写定,首刻此《文集》六卷,诗词各稿次第梓行。……光绪四年六月。"又据《槐庐诗学》。

**本年,袁昶到京,与龙继栋、韦业祥等以诗相唱和。**

本年冬,袁昶《渐西村人初集》卷八有《槐庐前示尊甫翰臣先生〈经德堂集〉,校毕招饮,兼示新诗,牵勉奉和,并简韦君伯谦》《雪中简松岑院长用韩集〈寄崔二十六斯立〉韵,并呈谢梦渔给谏》等诗。

**本年,庄棫卒。**

## 光绪五年己卯(1879),三十一岁

**正月初一日(1月22日),父必达与左宗棠交谈,有诗。**

《养拙斋诗·酒泉集一》有《己卯元旦,侍相侯座,纪闻感述》诗。

**闰三月,复因惠陵工程出力,受赏戴花翎。**

秦国经《清代官员履历档案全编》:"王鹏运……五年闰五月复因恭办陵工出力保奏,奉旨赏戴花翎。"

案:本年闰三月。上《全编》作闰五月当为笔误。

**五月,左宗棠疏浚酒泉成,父必达陪同泛舟,有诗。**

《养拙斋诗·酒泉集一》有《相侯疏浚酒泉落成,奉陪泛舟》诗。

**夏,关内外有蝗虫,左宗棠督捕免灾,父必达纪以诗。**

《养拙斋诗·酒泉集一》有《关内外夏月有蝻,相侯督捕,不为灾,岁则大熟。用苏文忠次韵章传道喜雨之韵》诗。

秋初，左宗棠泛舟泉湖，作长诗示同人，父必达步韵和之。后至九叠其韵，多为怀人之作。

《养拙斋诗·酒泉集二》有《相侯泛舟泉湖，作诗示同人。谨步原韵》《叠用原韵呈相侯》《三叠前韵》《四叠前韵寄合肥伯相》《五叠前韵上雪琴彭侍郎》《六叠前韵忆曾文正公》《七叠前韵寄江西陈石逸大令石逸藏古今人书画至富，予养拙斋所藏弗及也》《八叠前韵此篇言肃州古今之略》《九叠前韵此篇言肃州回乱之平》诸诗。

约七月底八月初，父必达有诗，述其曾祖王千骥诗事。

王必达《曾王父领浙省解官江西，移粤右，贫不能归，殁遂葬焉。平生诗稿达犹及见，后乃散佚。达出仕后亦不废诗，家祭日作长排略叙梗概六十韵》(《养拙斋诗·酒泉集二》)：

诗是吾家事，苍茫慨杜陵。清门千古重，旧德百年承。儒素传毋替，嘉宾赋早登。观书萃邱索，为宰惕渊冰。秘监船停贺，贤王阁倚滕。瀑看庐阜挂，霞对楚天蒸。鹿洞经才授，龙川轼改凭。绿榕金籁响，紫桂玉轮澄。驯雉流行速，悬鱼节操兢。频调单父轸，愿杖剡溪藤。卓鲁循堪记，龚黄绩未征。怀从三径托，作付一囊乘。庄舄吟空苦，巫咸唤莫应。讴歌生邑竹，游钓失湖菱。栗里魂犹恋，桐乡意讵憎。芋魁艰入釜，稻颖漫连塍。往昔芬留箧，儿时味在灯。缤纷缃帙剩，璀灿墨痕凝。梨枣刊因窘，霆雷摄忽腾。名篇垂老想，杰构问谁能。数典珍前哲，挥毫愧代兴。祥夸飞鹭鹭，健企展鲲鹏。帖括工何益，荒芜病要惩。沿波惭俯仰，陟岳慕崚嶒。猛虎翻须绣，寒蛟每欲罾。有时摘艳卉，辄拟割吴绫。结习耽词翰，深交仗友朋。阴何叨受学，沈范许同升。京阙星霜历，章江几席凭。仪型绵岁月，规矩用高曾。只讶宗邦异，奚将薄宦矜。**予亦宰江右，则已非浙籍矣**力微还搏象，功小亦扬鹰。忆自逢崔魏，方知陋杞鄫。仙坛花簇锦，大壑水含凌。句爱涪翁写，文持皖律绳。曹刘雄足敌，籍湜弱无称。**谓昔遇曾文正公誓**切偏违墓，途修复荷簦。河源才士集，陇坂壮猷升。喜获追陪屡，新教唱和仍。天真除藻绘，雅奏屏呔噌。园撷蔬涵露，厨开酒类渑。近忧萦海国，远梦系觚棱。侍座聆崇论，书绅破积症。勋华钦两两，宴赏感层层。爽塏原齐驾，班扬并服膺。**谓今遇湘阴相国**眼尤青逮及，发奈白鬅髵。驹隙光余几，鸿冥计似应。林泉甘脱粟，闾巷暖粗缯。试结澄潭网，当缠碧峤縢。青箱休蚀蠹，白璧肯污蝇。越岭归洵美，稽山怆曷胜。灵旗飘上下，绝域奉尝烝。肸蠁临簪绂，馨香肃豆登。告虔炉篆袅，来格鼓声鼟。梅福终辞尉，崔侯不负丞。只思桑者乐，非谢弋人矰。啸傲容搔首，逍遥任曲肱。栖巢闲等鹤，退院静如僧。莫又尘劳绊，徒令喟叹增。孙谋陈祖武，述此示云礽。

**九月初九日（10月23日）重阳，左宗棠酒泉设宴，父必达有诗。**

《养拙斋诗·酒泉集二》有《湘阴相国重九日酒泉射禽设宴。用杜子美〈观打鱼歌〉韵》诗。

九月,父必达有诗寄鹏运。时弟维豫与鹏运同寓京城。

王必达《夜读惜抱轩〈万寿寺松树歌〉,因忆丁丑春慈仁寺之游,用原韵寄示运豫两儿》(《养拙斋诗·酒泉集二》):

少年腹上梦生松,凋零惧与凡材同。樗姿罔补顿衰朽,杨柳声悲羌笛中。桐城坛坫吾犹及,柏枧山房英彦集。韶华卅载驰长飚,凤城捧檄春仍入。前朝古刹携儿寻,海棠初开细雨湿。劫灰不到元七松,偃盖翘柯丈逾十。飕飀惊涌波涛回,阴寒怯踏莓苔立。僧壁纱笼相国文,翩翩笔势真凌云。却后姬传已多载,琳宫高唱不相闻。顾祠一角烟霞分,拜倒斯人罗典坟。**寺有寿阳相公诗。**(林亭)[亭林]先生祠在寺门内吁嗟诸老风流在,吟诗忽落萧关外。放眼坤维冰雪宽,回头帝里红尘隘。松梢白鹤忆余鸣,唤起虞杨话兴废。苍茫问故国,乔木非所无。岂似齐牛山,斧斤断根株。此树婆娑老京阙,我身飘荡栖江湖。夜凉乍展惜抱卷,荒闱月暗啼鼪鼯。雕虫之技非壮夫,舒宣得无陋且孤。秃翁著冠簪未脱,天涯且向砚田活。**原用两中字,未解何义,今用其一**秋,因屡举进士不第,感天涯沦落,有口占诗。

鹏运《四印斋词卷·袖墨词》中《长亭怨慢》词序有云:"亭皋木叶下纷纷,七见秋光老蓟门。多少天涯沦落意,未应秋士独消魂。此己卯口占句也。"

《朱谱》:"秋闱报罢,有诗云:亭皋木叶下纷纷,七见秋光老蓟门。多少天涯沦落意,未应秋士独销魂。盖自庚午乡举后,凡七试不第矣。**据《袖墨集·长亭怨慢》题注**"

《刘谱》:"鹏运官内阁中书。准备明年第二次考进士,有口占七绝一首。《袖墨词·长亭怨慢》题序:'亭皋木叶下纷纷,七见秋光老蓟门。多少天涯沦落意,未应秋士独消魂。此己卯口占句也。'"

  案:鹏运自同治九年(1870)中举后,进京应试,长期滞留京城(任内阁中书前时返江西),至此计算居京城已七年。又本年清廷未开会试。《朱谱》"秋闱报罢""七试不第"云云均不确。

**秋,况周颐举乡试,后官内阁中书。**

  《临桂县志》卷六《选举表四·光绪五年己(丑)[卯]》:"况周仪,举人,内阁中书。"又据龙榆生《清季四大词人》。

**十月初七日(11月20日),左宗棠寿辰,父必达有诗二首。**

  《养拙斋诗·酒泉集二》有《周渭臣军门自甘州来,祝相侯寿,赋诗。步原韵》《叠渭臣军门韵上相侯》等诗。

**十一月初十日(12月22日)左右,父必达有诗二首寄其季弟必镛,慰其持服归桂林。**

  王必达《秋怀寄质溪弟,时自皖持服还里》二首(《养拙斋诗·酒泉集二》):

独秀山南是敝庐,帘旌灯火慨成虚。三秋涕泪浮双桨,万里艰难报一书。堂上繐帏霜冷久,墓门新碣雪飘初。可怜我亦亲如子,怆念天涯等绝裾。

简书饥渴孝思违,有母吁嗟不得归。孤宦谁怜江水饮,远游空望岭云飞。生时落寞存环堵,死去悲凉见素衣。只读蓼莪堪泣血,尚凭何物报春晖。

案:味诗意,知必达、必镛为同父异母兄弟,其时必镛生母卒。

十二月初六日(1880年1月17日),父必达母何太夫人生辰,设祭,有诗。

《养拙斋诗·酒泉集二》有《十二月初六日,先妣太夫人生辰,设祭》诗。

## 光绪六年庚辰(1880),三十二岁

**正月初二日(2月11日)前后,父必达有诗寄在京的鹏运兄弟。**

王必达《忆嘉庆庚辰吾邑故事,寄京寓两儿》(《养拙斋诗·酒泉集三》):

> 山辉川媚是吾邦,蔚起人文钜笔扛。细数年光值周甲,谁为国士羡无双。云霄制策开丹陛,风雨阴符读夜窗。十上自惭非贾董,摘华望汝语琤瑽。

**正月初四日(2月13日),左宗棠设宴,后父必达有诗。**

《养拙斋诗·酒泉集三》有《正月初四日,相侯设宴,退而有作》诗。

**三月初九日(4月17日),父必达有诗,并寄鹏运。**

王必达《庚辰三月初九日作,寄五儿》(《养拙斋诗·酒泉集三》):

> 我昔试京华,冰霜七千里。车尘扑邸寓,惘惘迷听视。挟卷困呀唔,不知风日美。家塾幼摛文,气壮千人靡。奈何观国光,大敌如临垒。官烛炝低檐,赋谢日华比。启扃意弗餍,凤城步倚徙。广衢榆荚青,深院丁香紫。游观增感喟,忽若失所恃。历历旧萍踪,滔滔付流水。

暮岁阅升沉，拊心憾未已。庭槐植先哲，吾敢云有子。
惟汝朝已登，柱下近观史。讲习亲通儒，他山石借砥。
今晨万厦中，文应脱在纸。操觚有风气，安能异厥旨。
附和太随声，屯聚嗤蜂蚁。七载春明居，从容应惬理。
第撄百虑多，恐昧南车指。人定足胜天，既往吾犹耻。
边关春早融，花欲繁桃李。慨想古之人，声名非滥市。
晁董绝等伦，燕许谁继轨。况吾闻之师，文章一小技。
器识果非凡，乃堪称国士。殿前五色云，将为何人起。

**约本年春，龙继栋有《百字令》词题鹏运《宣南觅句图》，王汝纯亦和龙词韵题之。**

王汝纯《百字令·题王幼霞〈宣南觅句图〉，和龙松岑韵》：

竹篱槐牖，看此中留住、痴云闲月。退食开尊招旧雨，恐负芳晨佳节。不共棋麈，何烦烛跋，新制诗钟设。寸香断处，铿然雅韵清绝。　堪羡主客图成，淋漓淡墨，诗画俱高洁。走马长安容易倦，输此天机灵活。中鹄思精，骑驴兴逸，情味饶风雪。名联佳句，项斯曾听人说。

**案**：龙继栋词未见。

**春，鹏运开始学词。现存第一首词为《点绛唇》（帘卷黄昏）词。**

《刘谱》："鹏运开始填词。鹏运填词，实受端木埰之影响甚大。而端木埰填词，又以常州派张惠言为宗依。"

鹏运第一个词集刻本为乙稿《袖墨词》，自署编年为丙戌至己丑（1886—1889）。但所收词起于庚辰（1880），至于己丑，实为十年以内之词作。集中《大江东去》小序云："坡公生日，招同畴丈、粹甫、槐庐、伯谦、薇卿,设祀四印斋,敬赋。"此词又见于《王龙唱和词》,鹏运自题:"庚辰嘉平(十二月)十九,约同人拜坡公生日,敬赋。槐庐词长正拍并希赐和。佑遐王鹏运倚声。"故知自1880年起,鹏运已开始有词,其时不单觅句堂有文酒之会,即在四印斋亦约词人雅集。

  案:鹏运诸词集中词作大致依创作时间先后排列,而可以确知写作时间的最早词作为作于光绪六年十二月十九日的《大江东去》祝东坡生日一阕,根据季节前推可知鹏运现存第一首词作于本年春。后文鹏运词作均据沈家庄、朱存红校笺《王鹏运词集校笺》。鹏运词集有七稿九集,其早期词集版本较为复杂。其第一个词集刻本为《薇省同声集》本《袖墨词》,其创作时间段与《四印斋词卷》所收词作创作时间段一致,而《四印斋词卷》又分为《袖墨词》《梁苑集》《磨驴集》《中年听雨词》四部分。鹏运词集版本详拙文《王鹏运词集考》(《中国韵文学刊》2013年第4期)。

韦业祥、王汝纯等曾聚于龙继栋之觅句堂,以词分咏雨。春夏间,鹏运有《临江仙·待雨》《忆少年·赏雨》《踏莎行·苦雨》词三首,当为追和之作。

  《王龙唱和词》原稿序云:"觅句堂分咏三叠,槐庐词伯拍正,四印生鹏运书于袖墨寮。"

  况周颐编《粤西词见》录韦业祥词二首云:

    《鹊桥仙·觅句堂分咏。赏雨》

      御沟水活,天街酥润,一洗软红尘土。卷帘正对米家山,有多少、人家春树。 芭蕉叶上,梧桐树底,都是耐人听处。玉壶不待醉春醪,早沁却、秋心几许。

《鹊桥仙·苦雨》

潇潇欲晦,丝丝如织,酿做朝朝暮暮。玉楼人怯嫩寒添,却不道、饁耕正苦。 杜陵有客,羁栖茅屋,屋漏曾无干处。万间广厦兀撑肠,剩愁咏、长安今雨。

王汝纯《丑奴儿·待雨》(《醉芙诗余》):

旧云又压新云黑,风竹敲金。花睡闲林。收拾骄阳无处寻。 小亭几榻扪全润,帘幕沈沈。拥鼻微吟。一片秋心酿已深。

王汝纯《眼儿媚·赏雨》(《醉芙诗余》):

雷声隐隐递遥岑。顷刻沛甘霖。珠跳帘角,痕生池面,顿起繁音。 碧梧翠竹均沾湿,分润到花心。凉先秋至,轻飔嘘拂,晴透罗襟。

王汝纯《摊破浣溪沙·苦雨》(《醉芙诗余》):

阶前积水没青苔。天外痴云拨不开。淅淅潇潇听未了,洒庭槐。 江上几人迟远棹,登临何日上高台。曲巷泥深车辙断,少人来。

案:《醉芙诗余》上三词后注云:"右三阕,觅句堂同韦伯谦、龙松岑分赋。"

**四月二十五日(6月2日),赐黄思永、朱福诜、梁鼎芬、于式枚等进士及第出身有差。李慈铭、沈曾植、裴维侒举进士。鹏运春闱落第。**

据郭廷以《近代中国史事日志》。

《清史稿·于式枚传》:"光绪六年进士,以庶吉士散馆用兵部主事。"

平步青《掌山西道监察御史督理街道李君莼客传》:"庚午始举浙闱,五上春官,光绪庚辰始通籍。"

秦国经《清代官员履历档案全编》:"沈曾植,现年五十一岁,系浙江嘉兴县人,同治十二年癸酉科举人,光绪六年庚辰科进士。"

秦国经《清代官员履历档案全编》:"裴维侒……光绪元年乙亥恩科中式本省乡试举人,六年庚辰科会试中式进士,改翰林院庶吉士。"

况周颐《续眉庐丛话》云:"同邑王半塘侍御,光绪庚辰应礼部试,诗题《静对琴书百虑清》,得'清'字,乃末联用'离、尘'二字叶韵。卷经房荐,而堂批谓此卷拟中,三日复阅,诗末出韵,摈之可惜。半塘雅擅倚声,夙研宫律,四声阴阳,剖析精审,乃至作试帖诗而真庚混淆,讵非咄咄怪事耶。半塘尝曰:'进士者,器之贵重而华美者也。是有命焉,不可幸而致也。'"

**四月,左宗棠亲率后军自肃州出发入新疆。**

《清史稿·左宗棠传》:"六年四月,宗棠舆榇发肃州,五月,抵哈密。"

**六月十五日(7月21日),与龙继栋、王汝纯游南湖及天宁寺,归集龙氏觅句堂,同用《解语花》一调赋词,并约韦业祥同赋。次日,以事过积水潭,再用前调赋词。龙继栋有和作。**

鹏运词为《解语花·六月望日,同龙槐庐、王粹甫两农部游南泡子及天宁寺,归集觅句堂,同拈此解。并约韦伯谦太史同赋》《解语花·游南湖之次日,以事过积水潭。俪绿妃红,花事甚盛,再用前解,呈觅句堂》,俱见《四印斋词卷·袖墨词》。后首《王龙唱和词》原稿序作:"游南泡子之次日,独至积水潭。俪绿妃红,花事甚盛,再前调呈觅句堂。佑遐。"

龙继栋和词《解语花·和幼霞积水潭之作》(《王龙唱和词》原稿):

> 一奁翠镜,万笠香云,曾赚先生酒。胜游回首。凌波梦、消息问卿安否。别来太久。料知道、沈郎清瘦。孤负他、低唱红腔,劝醉双金斗。　一笑因君念旧。便相思昨夜,真个傫偬。佳期准有。西风意、总在雁前蝉后。新莲旧藕。休轻付愁漪恨薮。期更捱、几个黄昏,伴苑墙官柳。

王汝纯《解语花·松岑招同幼霞南淀观荷。同赋》(《醉芙诗余》):

> 重闉乍出,倦眼初开,联骑看花去。径平沙护。长堤绕、绿柳半遮来路。新蝉在树。清吟远、未秋先诉。茅舍低、一抹青山,隐向窗间露。　水佩风裳乱舞。看轻盈含笑,如共人语。采菱歌度。扁舟泛、渐入藕花深处。儒冠自误。空辜负农家田亩。斜照移、点破苍烟,惊起闲鸥鹭。

**七月,诏左宗棠入京。八月初,父必达有诗二首送之。**

《清史稿·左宗棠传》:"(光绪六年)七月,诏宗棠入都备顾问,以锦棠代之。"

《养拙斋诗·酒泉集三》有《相侯奉召入觐》诗二首。

秋，龙继栋有《齐天乐》秋日四咏词四首，王汝纯和之，鹏运与端木埰亦和之，鹏运有分咏秋蝉、秋蛩、秋燕、秋蝶、秋光、秋气、秋籁、秋阴等词八首，端木埰有同题词四首。见到端木埰和词后，鹏运有信致龙继栋。

王汝纯《齐天乐·和松岑秋日四咏》四首：

绿窗一半浓阴减，凄凄尚闻清啸。酷暑催残，新秋唤醒，凉意让伊先道。芦花似笑。正万树含烟，露零霜饱。撒却乔柯，别枝低过曳声好。　西风呜咽未已，又长空雨霁，首唱偏早。谱就清商，惊回断梦，谁识无穷幽抱。丹枫渐老。待旅雁归时，映江形倒。一曲幺弦，岁华看又了。**右蝉**

晚凉又听啾啾语，光阴暗中偷遣。短调吟风，繁音集雨，半落青苔苍藓。墙阴渐转。向豆架迁延，瓜棚依恋。寂寞深宵，一声声诉更谁见。　芳心惆怅未已，念霜寒露冷，何地能免。唱遍离亭，歌残别院，韵杂疏砧偏远。难平愤怨。便响彻层霄，问秋深浅。月落参横，碧云舒又卷。**右蛩**

一生用尽寻芳力，伶俜尚翻纤影。草地酣嬉，花天跌荡，春梦那堪回省。苍茫藓径。伴燕子蜂儿，度将昏暝。瘦损纤腰，醉红酣绿意都醒。　斜阳低挂旧柳，向秋容老圃，重认光景。锦翅消黄，香须褪粉，宛转犹回素颈。苔深甃井。对欹侧荒篱，几回闲凭。借宿花房，露华凉未冷。**右蝶**

一年又到辞巢候，前程向谁重数。掠水池塘，衔泥院落,犹记杏花春雨。徘徊旧宇。见枣熟鸡心,桐垂马乳。景物全非,冷云凉露竟如许。 浮踪如梦乍醒,念天涯寄迹,聚散谁与。翠幕香闺,乌衣故国,几度伤心来去。依依故侣。叹门巷斜阳,半翔归羽。别主情难,少留奚用遽。**右燕**

鹏运词俱见《四印斋词卷·袖墨词》。转录《薇省同声集·碧瀣词》内端木埰词四首如下:

### 《齐天乐·秋光》

碧天吹老金风色,氛昏一时收尽。暮霭催晴,朝曦减赫,秋在桐阴竹径。空青夜迥。更银汉无声,月明如镜。翠袖生寒,倚阑人怯露华冷。 柴门临水半启,恰稻华香送,秋稼千顷。红叶溪桥,黄华篱落,又是重阳节近。斜阳半岭。对极目澄鲜,更添游兴。为语幽人,更移烟外艇。

### 《齐天乐·秋气》

夜堂风露清于水,惊心又逢秋令。蒲柳凋零,蚕螀怨抑,写出无边凄紧。莲更渐永。喜书味重亲,小窗灯影。寂历松阴,满庭凉思鹤初警。 秋心无限感触,倚雕阑静对,明月孤炯。莽莽惊沙,萧萧落木,千里关河路迥。霜风送冷。最念取无衣,万家凄哽。悄不成暝,暗催宵梦醒。

### 《齐天乐·秋籁》

劲风初应清商律,三千大千吹满。乱叶敲窗,幽螀绕砌,顿把罗衣催换。新凉骤转。正莲漏更长,月轮天半。枨触秋怀,读书声里一灯荧。　闲阶添送爽气,听琤瑽檐铎,宫徵都变。戍鼓宵严,悲笳暮急,谱出征夫哀怨。天涯岁晚。想风雨关山,劳歌道远。漫倚金尊,画堂喧翠管。

**《齐天乐·秋阴》**

峭风吹敛斜阳色,疏林暗收残照。幂历生寒,低迷做暝,一径烟笼翠篠。归鸦恁早。看润护花魂,露香兰笑。也似春来,绿章频向上清告。　江湖秋水正阔,有溟蒙远影,鸿雁初到。酿作愁霖,催将落木,满目氛昏难扫。黄华瘦了,镇慵卷疏帘,翠楼人悄。付与莎边,暗蛩吟到晓。

案:龙继栋原词未见。如未注明,后引端木埰、许玉瑑、况周颐诸人词均据《薇省同声集》,该集含端木埰《碧瀣词》、许玉瑑《独弦词》、王鹏运《袖墨词》、况周颐《新莺词》。

《甲寅(东京)》一九一五年第一卷第八号《致龙松岑书四首》其二当作于此时。信云:

不见数日,得意事甚多,详为足下述之。以念千钱购珠玉、六一、小山、东坡、黄九、秦七、放翁、耆卿、梅溪、白石、东堂、长卿、后山、蒲江、补之各词集,皆琴川毛氏初印本也;又得上林张鹏展所撰《峤西诗钞》,则吾乡有明暨国朝诗也;又得见万红友《堆絮》《香胆》两词集,论律甚细,而词品不高,似不脱草堂习气,且绝少警拔语。凌次仲全集亦得见,目录后其门人张其锦一跋,详论词学源流,足以益人神志,每题下皆注明大官、小石诸调,亦是伟观,而玉律金科可与红友相表里,实倚声家不可少者,拟抄一部也。又子畴丈和四秋之吟,见其二首,皆绝佳。所耿耿者,日来未作一句耳,然胸中词味盎盎然也。今晨趋省归,当过谈。

九月二十五日(10月28日),同龙继栋、王汝纯及严六溪出游。龙继栋有词纪游。鹏运有和词《高阳台·奉和槐庐词伯城东纪游之作》。前此,多次与龙继栋、王汝纯等出游,已有《扫花游·丰台菊花零落,同槐庐、粹父泥饮丛祠,倚此索和》《翠楼吟·同槐庐、粹父,过圣安寺。寺在东湖柳林,旧有金世宗、章宗画象。古松二株,亦数百年物。今并不可得见。惟明指挥商喜画壁犹存,光怪夺目。王阮亭、高念东诸先生圣安僧舍联句,即此地也》等词。

鹏运词俱见《四印斋词卷·袖墨词》。《四印斋词卷》抄本《高阳台》词序作:"九月二十五日同槐庐、粹父及严六溪民部薄游城东万柳堂、夕照寺,出广渠门观武肃亲王祠墓架松。槐庐有词记游。倚此奉和。"

《王龙唱和词》原稿录龙继栋原词云:"剩秋忍放闲过了。莽云烟、向谁凭吊。纵辔揽秋情,但随处、僧茶村醥。恨来平楚半销凝,一洗尽、黄尘乌帽。人意觉苍凉,这凉意,争知道。 清游不必拘时好。对荒陇废台绝倒。侭听鲍家诗,谅应胜、新荷词好。祠垣石马卧秋氛,也知否、风霾瀛峤。日暮一痕愁,解趁归鸦早。"

案:龙词序云:"九月二十五日偕严鹿溪、王粹甫及王幼霞薄游城东隅之夕照寺、拈花寺、旧万柳堂,出广渠门至武肃亲王墓祠观架松之作,录以索和。槐庐第初稿。"此词未标词调,检万树《词律》,知其用张先《山亭宴》(宴亭永昼喧箫鼓)一体,词调为《山亭宴》。

十一月下旬起至岁末,录《摸鱼子·瑟轩前辈阅近作拜新月词,赠句云:"钓竿百尺缀珊瑚,不羡麒麟阁上图。欲取鳌鱼斫作脍,问君何处觅屠沽。"盖隐括词中语也。倚此奉答》《摸鱼子·瑟轩以长歌见酬,再用前解答之》《金缕曲·读勒少仲中丞〈香冢词〉,即用原解书后》词三首请龙继栋指正。其间彭銮读鹏运拜新月词,赠以绝句,鹏运答以词;彭銮答以长诗,鹏运再答以词。

鹏运词俱见《四印斋词卷·袖墨词》。《王龙唱和词》原稿《摸鱼子》前首末作:"录请槐庐词伯教正希即指疵,佑遐弟鹏运初稿。"

《金缕曲》词《四印斋词卷》抄本序作:"读勒少仲年丈《香冢词》,倚声以和。冢在城南江亭迤北婴武冢之西,封而不树。短碣题云:'浩浩劫,茫茫月,郁郁佳城,中幽碧血。碧亦有时尽,血亦有时灭。一缕幽魂无断绝。是耶非耶?化为蝴蝶。'"

《王龙唱和词》原稿末云:"近作二阕(指后二首)录请槐庐词长大雅并求和章。庚辰岁莫,弟鹏运呈草。"末有"吟皋词笔"印。

勒方锜《金缕曲·城南香冢,社中人瘗花处也。红芳梦断,碧草愁新,抚事怅怀,摅词志感》(《太素斋词》):

　　一片苔碑翠。叹芳华、消沉万古,夜台深闭。流水斜阳空写怨,多少红兰白芷。又何况、东园桃李。玉釜荒唐灵树杳,问蓬莱、谁是司香尉。怜旧赏,感尘世。

三生细忆添憔悴。最愁人,搴枝弄叶,影娥池里。锦帐蘅芜惊梦短,悄向风前洒泪。剩托意、哀歌山鬼。冷碧吹烟萝月暗,想啼鹃、唤得春魂起。归骑晚,酒重酹。

　　**案**:鹏运拜新月词已佚。

**十一月,父必达以诗送左宗棠北上。**

　　《养拙斋诗·酒泉集三》有《盐池驿送相侯北上》诗。

**十二月初,父必达忆养拙斋书画,有诗寄鹏运。鹏运著有《养拙斋书画录》。**

　　王必达《忆养拙斋书画,寄五儿六十韵》(《养拙斋诗·酒泉集三》):

　　　　凤负丹青癖,欢逢翰墨缘。古今夸在抱,尺寸侈垂编。窃信凭尤物,相携慰暮年。宁无充箸馔,不惜买山钱。钩等珊瑚蓄,铭如彝鼎镌。单车驰汉塞,插架置辽天。竟与瑰奇别,惟从寤寐牵。匡鄘初扫榻,徽歙屡来船。糠粃遮精粲,荆榛杂蕙荃。朋交争锦众,**潘凤岐大令**、**王子敷都转**狂喜得珠先。斋壁鸾绫洁,装池茧纸连。沈沈开卷轴,渐渐报戈铤。老守仍披豁,残黎止播迁。方知耽雅尚,亦可策安全。石载清波棹,尘飞紫陌鞯。琳琅堆大贾,声价动高鏖。解带缥缃进,升舆粉素缠。鉴真群累屏,悭意索资坚。上客论交乍,澄怀向我偏。**杨海琴观察**、**周荇农阁学**探囊陈炯炯,披褐访翩翩。共结西施网,频摇北舍鞭。穷幽翻率尔,获隽辄陶然。十鼓忻收镐,千金醉掷燕。弹筝瓜步憩,听笛秣陵眠。巨室藏皆佚,文房企若仙。珍虽搜瑟瑟,笥弗誉便便。归去寻梅尉,旁观诧米颠。百城骄坐拥,片玉忍轻捐。但欲酬黄绢,何曾问翠钿。担簦胫为折,启箧足重胼。威凤纷投羽,骊龙尽出渊。熙朝罗杰构,胜国佩诸贤。最契名流兴,还抽宋苑妍。心惊睹昭道,目夺认蓝田。濠濮鱼偕鸟,华严佛更仙。药红新咏后,蕉绿故居边。女史簪花贵,贫僧泼墨鲜。明明辨欣献,混混笑鼹元。**敬避本字**美景临筋焕,佳图秉烛悬。题诗供啸傲,留客尽俄延。同调数君子,倾情绝妙篇。神通兢韫椟,油污慎当筵。崇恺家矜富,卢杨姓斗前。有时餐沆瀣,直觉废蹄筌。**陈石逸（太）[大]令、黄玉坡太守、狄曼农、李芋仙、杨熙之、胡子眉四明府**忽浣三梁雪,聊烹六洞泉。随身栖草阁,底事泛瀛堧。京阙安琴剑,征夫剖席毡。宏裁喧日下,异彩彻星躔。肯遂分囷请,羞贻障篾愆。莫令成铸错,正好学参禅。盛赏犹能给,孤游倍自怜。绮霞挥手散,陇月举头圆。芸案晨空拂,兰釭夜对然。寅枃看又指,子舍盼应穿。李善书堪绎,官奴帖早传。词场终奋发,秘省且回旋。敢拟欧兼赵,闲评岳暨虔。蓟门愁里树,太华望中莲。寄语勤勘谱,销寒远擘笺。何人谈宝绘,过眼类云烟。**五儿著有《养拙斋书画录》**

**十二月初三日**(1881年1月2日),左宗棠上《甘肃气象更新请将王必达等各员奖叙片》。

片见《左文襄公全集》卷五十七,云:

再臣此次由哈密入关,径抵兰州,幸免停滞。沿途察看,民物安阜,较五年以前大有起色,耕垦日广,民食渐充,白面一斤值钱十文,杂粮市值递减,窖藏甚多。罂粟既禁,以其腴地改种草棉。向之衣不蔽体者,亦免号寒之苦。近更广植浙桑,关内外设立蚕织局,收买桑叶蚕茧,俾民之不知饲蚕缫丝者,均可获利。兰州织呢局结构宏厂,安设机器二十具,见开织者尚只十具,所成之呢渐见精致。中外师匠及本地艺徒率作兴事,日起有功。途中所见沟洫桥梁,靡不整饬,水利兴焉。道旁所种榆柳,业已成林,自嘉峪至省,除酾地沙碛外,拱把之树,接续不断。行过学塾,时闻诵声。士庶佥称承平时所未有也。窃念穷边兵燹之后,气象更新,嗣事复得同心之侣,将来赓其事而恢张之,边氓获福,岂有涯量?是则皇仁广被西陲,与天无极也。臣此次去陇较去闽时无回顾之虞,尤为私幸。按察使衔安肃道王必达、甘凉道铁珊于禁种罂粟一事,极为认真,捕治游勇,兴修水利,平治道路,栽植树株,均能尽心劝督。铁珊散布羊种,孳生蕃息,尤睹成效。肃州知州保昌勤卹民隐,有利必兴,均为难得。王必达可否赏给二品顶带,铁珊可否赏加按察使衔,保昌可否赏加知府衔,以偿前劳而策后效?出自天恩。此外蚕丝、织呢等局雇用中外师匠及办理局务华洋各员弁,有实在出力、著有成效者,应由刘锦棠、杨昌濬随时汇案,奏请奖叙,以示激劝,庶几人心竞奋、利无不兴矣。谨据实附陈,伏乞圣鉴训示施行。谨奏。

军机大臣奉旨,另有旨。钦此。

**十二月上旬，父必达忆存于江西的养拙斋书画，有诗寄次兄鹏海。**

王必达《"夜半微风打窗纸，不知是雪是梅花"，谢君绍烈所书，藏予养拙斋，现存江右。晨起见雪，偶忆及之。存于江右者，不止此也。寄三儿》（《养拙斋诗·酒泉集三》）：

梅花久断罗浮梦，只觉征衣飘雪重。侵晨飞白又横斜，关心佳句徘徊诵。昔人洒墨珍银钩，偶写闲情不写愁。夜半薰炉微拨火，纸窗竹屋想风流。寻诗远出萧关道，惆怅江南归不早。此时大雪满西山，家僮可向高斋扫。斋名养拙富缣缃，次乘才推王与梁。**梦楼、山舟**楼台人巧抽思丽，松石天真走笔狂。磊落沉雄夸钜幅，屈指云烟堆簇簇。我乏黄金贻子孙，好偕经籍时时读。半岁洪州未见书，挥毫遣兴渺愁予。北风塞雁飞彭蠡，定忆凌寒一老夫。

**十二月十九日**（1881年1月18日），**约端木埰、王汝纯、龙继栋、韦业祥、唐景崧等聚于四印斋，祝东坡生日，有词。**

鹏运词为《大江东去·坡公生日，招同畴丈、粹甫、槐庐、伯谦、薇卿，设祀四印斋，敬赋》，见《四印斋词卷·袖墨词》。《王龙唱和词》原稿序作："庚辰嘉平十九，约同人拜坡公生日，敬赋。"《四印斋词卷》抄本序作："嘉平十九日招同端木子畴年丈暨粹甫、槐庐、伯谦、薇卿诸君子拜东坡生日，敬赋。"词末云："槐庐词长正拍并希赐和。佑遐王鹏运倚声。"

龙榆生《跋槐庐词学》（《词学》第五辑，下同）云："槐庐与半塘老人同里闬，又于光绪初同往北京，应礼部试不售，留京任职,每以填词相唱和,弘度藏(又)[有]二氏唱和词稿一册,即作于光绪六年庚辰前后。"又《王龙唱和词册跋》云:"《王龙唱和词》六叶,临桂王幼遐鹏运、龙松琴继栋手稿。计有半塘词九首,槐庐词二首。惟《大江东去》一首,确定作于光绪六年庚辰。"

端木埰《水调歌头·庚辰嘉平十九,祝东坡先生生日,同幼霞阁读、伯谦内翰》:

> 皇宋有夫子,天与宰衡材。卓哉仁祖明圣,才为子孙培。况值元丰天子,每读先生文字,辄自叹奇才。尔日倪登用,韩范许同侪。　恨群小,争忌嫉,肆挤排。海南人去,从此南渡祸胚胎。已恨当时击掊,更有腐儒袭谬,身后毁犹来。异代执鞭慕,酾酒有余哀。

**本年,鹏运始患鼻疾。**

唐景崧《请缨日记》光绪十一年九月十七日录鹏运与唐景崧书云:"加以唇鼻之患,迄今五年,未尝见愈。盛夏差可,秋风渐厉,故态即萌。与药裹为缘者,已将二千日。"鹏运信约写于光绪十一年八月,逆推五年,知其患鼻疾始于本年。《刘谱》系下年误。

**本年,袁昶仍与龙继栋等以诗相唱和。**

本年,袁昶《渐西村人初集》卷九有《集槐庐斋中作。山谷道人生日》等诗。

**本年,郑文焯卜居苏州。**

戴正诚《郑叔问先生年谱》光绪六年谱:"赴苏州,卜居乔司空巷潘氏西园。时德清俞曲园先生樾居马医科巷春在堂。曲园于先生为父执,先生执礼晋谒……秋偕张宜人游武林,泛舟西湖。"

编年词:《点绛唇》(帘卷黄昏)、《满江红·春柳》《临江仙·待雨》《忆少年·赏雨》《踏莎行·苦雨》《解语花·六月望日,同龙槐庐、王粹甫两农部游南泡子及天宁寺,归集觅句堂,同拈此解。并约韦伯谦太史同赋》《解语花·游南湖之次日,以事过积水潭。俪绿妃红,花事甚盛,再用前解,呈觅句堂》《齐天乐·秋蝉》《齐天乐·秋蛩》《齐天乐·秋燕》《齐天乐·秋蝶》《齐天乐·秋光》《齐天乐·秋气》《齐天乐·秋籁》《齐天乐·秋阴》《扫花游·丰台菊花零落,同槐庐、粹父泥饮丛祠,倚此索和》《翠楼吟·同槐庐、粹父,过圣安寺。寺在东湖柳林,旧有金世宗、章宗画象。古松二株,亦数百年物。今并不可得见。惟明指挥商喜画壁犹存,光怪夺目。王阮亭、高念东诸先生圣安僧舍联句,即此地也》《高阳台·奉和槐庐词伯城东纪游之作》《浣溪沙·十一月二十一日》《摸鱼子·瑟轩前辈阅近作拜新月词,赠句云:"钓竿百尺缀珊瑚,不羡麒麟阁上图。欲取鳌鱼斫作脍,问君何处觅屠沽。"盖檃括词中语也。倚此奉答》《摸鱼子·瑟轩以长歌见酬,再用前解答之》《金缕曲·读勒少仲中丞〈香冢词〉,即用原解书后》《大江东去·坡公生日,招同畴丈、粹甫、槐庐、伯谦、薇卿,设祀四印斋,敬赋》。

## 光绪七年辛巳(1881),三十三岁
正月初七日(2月5日),端木埰苦寒,有《一萼红·人日苦寒和石帚调》词,鹏运和之。

鹏运词为《一萼红·和子畴年丈人日苦寒韵》,见《四印斋

词卷·袖墨词》。

端木埰《一萼红·人日苦寒和石帚调》：

> 喜春来。却寒威转冽，春气那曾回。瓶冻添莹，炉熏失暖，霜气还是皑皑。断桥外、栖鸦短树，带寒景、新绿杳难催。廿四番风，萧寥芳讯，何处探梅。　老去诗情更涩，怅飘萍踪迹，中酒襟怀。香醑斟椒，辛盘剪韭，行乐都付儿侪。又恰是、祥霙尚秘，想玉馔、犹是荐清斋。待到天心酿和，重醉金杯。

**正月，中俄和议成，左宗棠还京。**

罗正钧《左文襄公年谱》光绪七年谱："正月，中俄和议成，约还伊犁全境，设嘉峪关、吐鲁番两领事，余议悉定。己丑公至都。庚寅陛见，慰劳有加。壬辰诏入值军机，在总理各国事务衙门行走，管理兵部事务。"

《清史稿·左宗棠传》："明年正月，和议成，交还伊犁，防海军皆罢。"

**三月初七日（4月5日）清明思乡，用张炎词体赋《南浦》词。**

词为《南浦·辛巳清明用乐笑翁体。吾乡壶山桃花甚盛，山半勒"雷酒人之墓"五字，好事者为之也。年时上冢必出花下，故词中及之》，见《四印斋词卷·袖墨词》。

**春，刻姜夔、张炎《双白词》，李清照《漱玉词》成，有序跋。许玉瑑、端木埰等人有序。**

据《四印斋所刻词》。鹏运刻三家词序目云：

> 四印斋所刻词目：姜尧章《白石道人词集》三卷别集一卷；张叔夏《山中白云词》二卷补录二卷；李易安

《漱玉词》一卷附《事辑》一卷；戈顺卿《词林正韵》三卷附。

右词三家凡九卷，附《词韵》三卷。叙曰：夫《握兰》《金荃》，本源《骚》《辩》，元明以降，余音渐漓。缘情依性，咏叹长言。厥擅胜场，断推南宋。清苕烟月，故国河山，名士风流，王孙涕泪。白石白云，又其至也。至于柳絮才人，司言兆梦，虽在巾帼，谅为大家。何来谤书，玷及清节。理初论著，我心实获，殿以易安，意盖有在。嗟夫！词于文章，小小道耳；苟歧其途，迷不知方。宫商偶牾，犹曰绝学；雅郑无别，伊谁之愆？破觚为圆，看朱成碧。凿枘不入，跲踔何之？噫其慎矣！燕云初生，旧雨时至。酒边灯下，前唱后于。瓣香之虔，端属之子。欲广流播，并付剞劂。迦陵鸟声，众响斯备。奢摩它路，宗风可寻。古人有言：殷勤永嘉，希踪正始。三复斯篇，其庶几乎？戈氏订韵，晚出益工。跻之前贤，附庸靡怍。校雠崖略，赘尾具详。聊述鄙怀，望古遥集。光绪七年岁在重光大荒落余月临桂王鹏运幼霞甫。

许玉瑑《四印斋合刊双白词》序云：

自群雅音沦，《花间》实倚声之祖；大晟论定，《片玉》目协律为工。建炎而还，作者尤盛。竹斋竹屋，梅溪梅津；公谨以渔笛按腔，君特以梦窗名集。花庵有选，苹云竞歌。然好为纤秾者，不出乎秦柳；力矫靡曼者，自比于苏辛。求其并有中原，后先特立。尧章叔夏,实为正宗,此仇氏山邨、郑氏所南所由扬彼前旌、推为极轨也。幼霞同年得光禄之笔,乘马当之风,茹书取腴,餐秀在渌。洎来都下,跌宕琴尊,刻画官徵,时有新意,辄发奇弄。以吾乡戈顺卿先生《词林正韵》分别部居,最为精审。旧刻既毁,搜访为难。从赓飏乞得抄本付刊,嘉惠同志。又以毛氏丛刻暨诸家总集,繁简失均,折衷罕当,乃取尧章所著《白石道人歌曲》、叔夏《山中白云词》合刻成书,命曰《双白词》,属为弁首。窃谓尧章,淮左停骖,越中作客;其时天水未碧,晚霞正红;奏进铙歌,发明琴旨。从若士而语,岳云可披;载小红而归,夜雪犹泛。虽在逆旅,不啻飞仙。叔夏则旧日王孙,天涯残客,梦斗北去,耻逐乎鹭飞;水云南归,凄同乎鹤化。雅有袁唐之旧侣,苦无张范之可依。悴羽易沉,幺弦多感。岂知意内言外,惟主清新;宣戚导愉,必归深婉。彼以石帚自号,肖其坚洁;此以春水流誉,合乎清空。正不独疏影暗香,红情绿意,属以同调,遂足方轨。譬之璧月,秋皎而春华;例彼幽葩,蕙缬而兰佩。而且元珠在握,古尺自操;循是以求,导源之美成,分镳之达祖,亦可识矣。赓飏一隅自囿,四上未谙;敢抒荒言,谬附余论。亦谓九涂骋轨,或多泛交;万钱治庖,不如专嗜。辱承誊逯,聊以此为喤引云尔。吴县许赓飏。

**鹏运刻《白石道人词》跋云:**

　　白石道人集余所见凡四,汲古阁《六十家词》本衷辑最略，洪氏及陆氏二本皆诗词合刻。陆氏以陶南村写本付梓，独称完善，即为祠堂本所从出。辛巳岁首，合刻《双白词集》，此词即遵用陆本，而去其铙歌琴曲。以意主刻词，固非与陆异也。三月既望，刻工就峻，识其校勘之略如右。临桂王鹏运书于四印斋。

鹏运刻《山中白云词》跋云：

乐笑翁渊源家学，究心律吕，且值铜驼荆棘之时，吊古伤今，长歌当哭，《山中白云词》直与白石老仙方驾。论者谓词之姜张，诗之李杜，不诬也。尝欲合白石、白云为《双白词》之刻，顾《白石道人词集》传本尚夥，《山中白云词》虽一刻于龚翔麟，再刻于曹炳曾，皆迄未之见。客腊，端木子畴年丈从金陵故人家觅得抄本二卷，与《四库全书总目》及三朝《词综》所云卷数皆不合。虽首尾完善，而序跋缺如。不知据何本迻抄，中间字句以近今选本校之，亦多歧异。或亦旧传之别本也。抄本为词一百五十首，复广为搜辑，又得词一百七首，为补录二卷附后。不知于足本何如？然视白石词则三倍之矣。至订讹补缺，当再觅全集校雠，特欲为倚声家先睹之快，故不辞疏漏，遽付剞劂云。辛巳寒食日临桂王鹏运吟皋识。

端木埰《四印斋重刊漱玉词序》云：

蛾眉见疾，谣诼谓以善淫；骥足蹶云，驽骀诬其覂驾。有宋以降，无稽竞鸣。灯笼纤锦，潞国蒙馋；屏角簸钱，欧公受谤。青蝇玷璧，赤舌烧天。越在偏安，益煽腾说。礼法如朱子,而有帷薄秽污之闻;忠勇如岳王,而有受诏逗遛之谮。矧兹闺闼,讵免蜚言。易安以笔飞鸾鸷之才,际紫色蛙声之会,将杭作汴,剩水残山。公卿容头而过身,世事跋胡而疐尾,而乃锵洋文史,跌宕词华。颂舜历之灵长,仰尧天之巍荡。思渡淮水,志歼佛狸。风尘怀京洛之思,已增时忌,金帛止翰林之赐,益怒朝绅。宜乎飞短流长,变白为黑;诬义方之闺彦,为潦倒之夫娘。壶可为台,有类鹿马之指;启将作讼,何殊薏珠之冤。此义士之所拊心,贞媛之所扼腕者也。圣朝章志贞教,发潜阐幽;扫撼树之蚍蜉,荡含沙之魌蜮。凡在佔毕濡毫之彦,咸以彰善阐恶为心。是以黟山俞理初先生著《癸巳类稿》,既为昭雪于前,吾乡金伟军先生主戊申词坛,复用参稽于后。皆援志乘,尚论古人;事有据依,语殊凿空。吾友幼退阁读,家擅学林,人游艺圃;汲华刘井,擢秀谢庭。偶翻漱玉之词,深恫烁金之谬。将刊专集,藉雪厚诬。以仆同心,属为弁首。呜呼,察词于差,论古贵识。三至馋亟,终启投杼之疑;十香词淫,竟种焚椒之祸。所期哲士,力扫妄言,如吾子之用心,恨古人之不见。茗华琢玉,允光淑女之名;漆室巨幽,齐下贞姬之拜。光绪七年正月古黎阳端木埰子畴序。

**鹏运刻《漱玉词》跋云:**

　　右易安居士《漱玉词》一卷。按此词虽见于《宋史·艺文志》《直斋书录解题》,世已久无传本。古虞毛氏刻之《诗词杂俎》中者仅词十七首。《四库》所收即是本也。此刻以宋曾端伯《乐府雅词》所录二十三首为主，复旁搜宋人选本说部，又得二十七首，都为一集，而以俞理初孝廉《易安居士事辑》附焉。易安晚节，世多訾议，甚至目其词为不祥。得理初作，发潜阐幽，并是集亦为增重。独是闻见无多，搜罗恐尚未备，然即此五十首中，假托污蔑之作亦已屡见。昔端伯录六一翁词，凡属伪造者皆从刊削，为六一存真。此则金沙杂揉，使人自得于披拣之下，固理初之心亦犹之端伯之心云。光绪辛巳燕九日临桂王鹏运志于都门半截胡同寓斋。

鹏运《白石道人词别集》跋云："辛巳岁首合刻《双白词集》……三月既望，刻工就竣。"

鹏运《词林正韵》跋云："光绪辛巳三月，校刻《双白》《漱玉》三家词竟。"

案：如未注明，后引鹏运校刊词籍序跋均据《四印斋所刻词》。

**春，与韦业祥、龙继栋游龙树寺，有词。**

鹏运词为《声声慢·春日同伯谦、槐庐，憩古龙树院，俗呼龙爪槐，以树名也》，见《四印斋词卷·袖墨词》。

《养拙斋诗·酒泉集四》有《忆韦词臣同年》诗二首，其二自注云："哲嗣伯谦，才名籍甚，运子与游。"

**春，与端木埰结邻。**

鹏运有《淡黄柳·小庭垂柳，依依可怜。用石帚仙自度腔赋之,将倩旸谷山人作〈淡烟疏雨图〉也》词,见《四印斋词卷·袖墨词》。

鹏运《齐天乐·和畸丈四韵》词后附注:"龙蛇之岁,与畸丈结邻。庭柳依依,尝倩旸谷山人绘图征咏。"

**收次兄鹏海信。其时鹏海官江西。**

鹏运《喜迁莺》词序云:"叔兄柏铭服官江右,顷来书谓'于役匪番,闲日与水光山色为缘'。此往日舟车旧游地也。抚今思昔,怅触无端,倚此以寄。"

**四月十五日(5月12日),谢元麒招饮花之寺。**

鹏运词为《宴清都·四月望日,谢子石前辈招饮花之寺》,见《四印斋词卷·袖墨词》。

**四月,刻戈载《词林正韵》成。**

《词林正韵》牌记题:"光绪七年四月重梓。"刻《词林正韵》跋云:

光绪辛巳三月,校刊双白、漱玉三家词竟,许鹤巢前辈贻我是册,伏而读之,乃戈宝士《词林正韵》也。夫词为古乐府歌谣变体,晚唐北宋间特文人游戏之笔,被之伶伦,实由声而得韵。南渡后与诗并列,词之体始尊,词之真亦渐失。当其末造,词已有不能歌者,何论今日。故居今日而言词韵,实与律相辅。盖阴阳清浊,舍此更无从叶律,是以声亡而韵始严。此则戈氏著书微恉也。按词韵之最古者为《菉斐轩词韵》,秦敦夫太史刻之,而疑为元明之季谬托,又疑其专为北曲而设,信然。外此如文会堂、学宋斋诸家,多强作解事,未足据依。戈氏书最晚出,亦最精核,可谓前无古人矣。原板闻已毁于兵,而金科玉律,实为填词家所不可少。因附刊三家词后,以广其传。上距成书之期适甲子一周矣。临桂王鹏运佑遐识。

  案:据《词林正韵》吴嘉洤原序,原刻于道光元年岁在辛巳,至此重梓,正过六十年,所谓甲子一周也。

**四月,父必达读龙启瑞遗集,题以诗并寄龙继栋。**

《养拙斋诗·酒泉集四》有《读江西故方伯龙翰臣先生遗集,题寄松岑比部八十韵》诗。

**六月,父必达收到龙继栋、谢元麒合作书画团扇,记以诗。**

《养拙斋诗·酒泉集五》有《松岑主政、子石舍人合作书画团扇见贻》诗。

**夏,韦业祥出为直隶河间府知府,袁昶有诗送之。本年袁昶与龙继栋等仍有唱和。**

袁昶《渐西村人初集》卷十有《送韦伯谦出守河间》诗。

**七月十八日(8月12日),端木埰招游龙树寺,鹏运有《疏影·七月十八日,子畴年丈招游古龙树院》词,端木埰和以同调词。**

鹏运词见《四印斋词卷·袖墨词》。端木埰《疏影·和幼霞》词云:

  虚窗翠扑。正远风荐爽,云退空谷。浣却尘襟,相对忘言,清晖恣饮凉绿。斜阳潜入西山色,似朵朵、芙蓉青簇。倚画阑、把酒临风,待被旅愁千斛。　　回忆平生壮志,素心共诉与,无限怅触。一样蒹葭,何处伊人,秋声渐满林麓。尊前几许缠绵意,镇写入、新词珠玉。

只自惭、才尽江郎,怎和引商高曲。

**七月,候补侍读,加四品衔,并随带加三级。**

秦国经《清代官员履历档案全编》:"王鹏运……七年七月因国史馆本纪告成出力保奏,奉旨俟补侍读,后赏加四品衔,并随带加三级。"

**八月初,与端木埰同赋《金缕曲》词题洪云轩《垂钓图》。**

鹏运词为《贺新凉·题洪云轩前辈〈垂钓图〉照》,见《四印斋词卷·袖墨词》。

端木埰《金缕曲·洪云轩属题〈垂钓图〉》:

独对平江静。藉一竿、苔矶坐隐,绿杨幽境。岂为临渊兴羡久,凭把翠纶闲整。只自写、濠梁逸性。领取春风它日事,拂珊瑚、直上金鳌顶。争便许,老烟艇。

生平也托渔樵兴。还念取、榑桑碧处,沧溟万顷。龙伯而今凭怒少,都说海天澄镜。又争奈、吞舟还劲。安得磻溪人再起,剸长鲸、顿使寰瀛净。天下乐,为君庆。

**八月十五日(10月7日),端木埰赋《水调歌头》中秋词,鹏运和之。**

鹏运词为《水调歌头·中秋即事和畴丈》,见《四印斋词卷·袖墨词》。

端木埰《水调歌头·辛巳中秋即事》:

三五月明夜,秋色最清时。却教人意惆怅,向夕雨如丝。漫说浮云深处,安得浮云卷去,千里共清晖。有酒镇慵把,空对暝烟低。  到深夜,莹镜彩,透书帏。问天何故今夕,偏令月来迟。应厌人间弦管,特藉氛昏遮满,镇与俗相违。直待万缘寂,来慰素心期。

**八月,端木埰任内阁典籍。**

秦国经《清代官员履历档案全编》:"臣端木埰,江苏江宁府江宁县优贡生,年六十六岁,由前内阁中书题管典籍,告假开缺,嗣经销假到阁,光绪七年七月分签掣内阁典籍缺。敬缮履历恭呈御览。谨奏。光绪七年八月二十八日。"

**九月初三日(10月25日),请李慈铭题登州新出土汉隶昌阳六字拓本。**

李慈铭《越缦堂日记》本日记云:"又广西同年王舍人鹏运以登州新出土汉隶昌阳六字拓本乞题。"

**十一月初九日(12月29日),李慈铭为鹏运跋昌阳石拓本一通。**

《越缦堂日记》本日记云:"为临桂同年王右遐舍人跋昌阳石拓本一通。"次日记云:"即以今日言之,同乡有两王鹏运,一广西籍,官内阁中书;一顺天籍,官刑部主事,皆举人,皆祖籍会稽,同时为京官。"

**十一月,父必达从甘肃启程赴广东惠潮嘉道任。**

端木埰《临桂王公神道碑铭》:"光绪三年服阕,引见,授甘肃安肃道。时相国左侯方西出师,君当严关,总转饷,内培生民,外不匮供亿,前后五年。兵事葳,以劳赏加按察使衔。君以屯田为边备要务,而罂粟妨农特甚,深恶之。兴水利,修堤堰,严禁种罂粟,劾属邑奉行不力者二人。侯上其治,赏二品顶戴。伊犁既复,西边通商事起,肃当其冲,君条陈十三事,引据新旧条约,规画今昔情形,晰疑虑后。伯相合肥李公称其能。七年冬,移广东惠潮嘉道。君自官湟陇,竭蹷支拄,忘身忧国。自西商乘隙邀挟,语及洋务,未尝不叹息痛恨。朔漠一官,离家万里,边风塞云,感慨时艰,间发为诗歌,淋漓激昂,以子美夔州、东坡惠儋自况。及是移官近家,欣然就道。"

《养拙斋诗·酒泉集五》有《奉调补惠潮嘉道之命,恭纪天恩》《解安肃道任,留别士民僚友》诸诗。

《养拙斋诗》附录陈长吉《王安肃挽诗》自注云:"七年八月,调任惠潮(诓)[嘉]。公于十一月卸篆登程,腊月二十日故于平凉行次。"

**十二月二十日(1882年2月8日),父必达抵平凉,微疾遽卒。**

端木埰《临桂王公神道碑铭》:"顾自宰建昌以后,垂三十年,所值多盘错。急公爱民,不暇自摄养,受病已深。官事仔肩,以志帅气,未尝告劳,及稍弛易,遂不支,十二月二十日,行抵平凉,微疾遽卒。"又王必达墓碑镌文:"殁于光绪辛巳年十二月二十日酉时。"

案:《刘谱》作二十四日,误。

**编年词:**《一萼红·和子畴年丈人日苦寒韵》《一萼红·曩阅觅句堂所悬吴越忠懿王金涂铜塔拓本,槐庐属赋小词,因循未果。辛巳岁首,偶得钱梅溪所辑〈金涂塔考〉一册于海王村肆中,图识详明,诗歌美富。是不可无言也。依此索觅句堂诸子和》《唐多令·正月二十日入直口号》《齐天乐·畴丈出城南步月词属和,倚声奉答。"何地无月?何地无水竹?但少闲暇无事如吾两人耳。"味坡公言,弥觉增人怅惘》《浪淘沙·春寒绿野,花事尚稀。同许鹤巢前辈赋》《南浦·辛巳清明用乐笑翁体。吾乡壶山桃花甚盛,山半勒"雷酒人之墓"五字,好事者为之也。年时上冢必出花下,故词中及之》《声声慢·春日同伯谦、槐庐、憩古龙树院,俗呼龙爪槐,以树名也》《淡黄柳·小庭垂柳,依依可怜。用石帚仙自度腔赋之,将倩旸谷山人作〈淡烟疏雨图〉也》《探春慢·朋簪清暇,联袂寻春,杯酒论文,叠为宾主,亦索居之胜概也。索同游诸君子和》《喜迁莺·叔兄柏铭服官江右,顷来书谓"于役匪番,闲日与水光山色为缘"。此往日舟车旧游地也。抚今思昔,怅触无端,倚此以寄》《宴清都·四月望日,谢子石前辈招饮花之寺》《疏影·七月十八日,子畴年丈招游古龙树院》《贺新凉·题洪云轩前辈〈垂钓图〉照》《水调歌头·中秋即事和畴丈》《摸鱼子·秋容正好,养疴闭门,作此示同社诸君子》《满庭芳·篝灯夜坐,忽闻清歌,坠欢怅触,渺兮予怀也》《沁园春》(秋色佳哉)、《长亭怨慢·亭皋木叶下纷纷,七见秋光老蓟门。多少天涯沦落意,未应秋士独消魂。此己卯口占句也。容易秋风,又逢摇落,古所谓树犹如此者,岂欺我耶?用石帚仙自制腔,以写怀抱》《齐天乐·张芝孙同年转饷入都,喜晤有作》《浪淘沙·除夕戏用周晋仙明日新年韵》。以上《四印斋词卷·袖墨词》。

## 光绪八年壬午(1882),三十四岁

**正月,闻讣,丁父忧,停官奔丧。**离京前请端木埰为其父撰神道碑铭。

端木埰《临桂王公神道碑铭》:"方赴之闻也,埰往唁。鹏运星奔前夕,泣且拜于苫中,以状属为外墓之文。"

秦国经《清代官员履历档案全编》:"王鹏运……八年正月丁忧。"

**五月,彭銮补授内阁侍读。**

秦国经《清代官员履历档案全编》:"彭銮……八年京察一等,记名仍以同知用。是年五月补授侍读。"

**五月,孙楫补授广东雷州府知府。**

秦国经《清代官员履历档案全编》:"孙楫……十月经吏部带领引见。奉旨以知府用。八年三月选授广东雷州府知府,五月初五日经钦派大臣验放,初六日覆奏堪以补授。奉旨依议。"

孙楫《郘亭诗稿·回帆集》有《壬午三月,铨守雷州。五月初八日召见养心殿,恭纪》诗。

**七月十九日(9月1日),龙继栋招唐景崧等饮。其时,唐景崧拟上奏请缨赴云南边境效力。**

唐景崧《请缨日记》本日记云:"是日为龙松琴招饮,尽醉而归,剪烛抽毫,敬撰奏稿。"七月二十五日记云:"太夫人寿辰。晨携折入城送各堂官阅,未刻始回家叩祝。"

**七月底八月初,韦业祥卒,袁昶有诗挽之。**

袁昶《渐西村人初集》卷十一有《挽韦伯谦》诗,在其《中秋》诗前三首。

**八月初五日(9月16日),唐景崧奉谕往云南差遣,八月二十一日(10月2日)出都赴天津。**

秦国经《清代官员履历档案全编》:"唐景崧……光绪八年八月初五日奉旨发往云南交岑毓英差遣委用。"

唐景崧《请缨日记》本日记云:"八月初五日,内阁奉上谕,吏部候补主事唐景崧著发往云南,交岑毓英差遣委用。钦此。"八月二十一日记云:"八月二十一日出都赴天津。"

又郭廷以《近代中国史事日志》："命将吏部候补主事唐景崧发往云南,交岑毓英差遣委用。"

**九月十三日(10月24日),京中诸友为唐景崧饯行。九月二十日(10月31日)唐氏离京。**

唐景崧《请缨日记》本日记云:"九月十三日,胜春堂、余紫云践行,为赠一联四屏。其联用成语曰:称心一日足千古,高会百年能几何。同坐者为龙松琴、赵心笙、白子和、俞潞生、陈筱农、王粹甫。是日季弟出闱,得士十六人,大半南方绩学之士,亦来与宴。"九月二十日记云:"九月二十日出都,晚至通州登舟。此南征第一日也。"

《清史稿·唐景崧传》:"光绪八年,法越事起,自请出关招致刘永福,廷旨交岑毓英差序。景崧先至粤,谒曾国荃,赴其议,资之入越。"

**秋,扶柩经河南,旅宿朱仙镇,曾梦游岳庙。至汉口,与次兄鹏海会合。**

鹏运《满江红·朱仙镇岳庙题庙。有序》词序云:"光绪壬午秋日,旅宿朱仙,有神游祠庙之异。明年再经祠下,敬一瞻拜。栋云庭树,不啻重来,为生平梦境之最真者。道光辛丑,河决开封,时合镇皆沦巨浸,唯岳祠及东邻汉关壮缪侯祠轮奂巍然,至今无恙,亦神矣哉。"

鹏运《满江红·朱仙镇谒岳鄂王祠敬赋》词末自注:"道光季年,河决开封,举镇惟岳祠无恙。壬午扶护南归,曾梦游祠下。"

鹏运与冯恩江书云:"去秋与家兄会于汉南。"信写于下年春。详后光绪九年谱。

**秋,刘福姚举乡试,朱祖谋举乡试。**

《广西通志稿·文化编·选举表·清代举人光绪八年壬午科》:"刘福姚,桂林府临桂,见《进士表》,中式第二一名。"

陈三立《清故光禄大夫礼部右侍郎朱公墓志铭》:"举光绪壬午乡试。明年成二甲一名进士,改庶吉士,授编修。"

**十一月二十六日(1883年1月4日),龙继栋因云南报销案解任候质。稍后袁昶有诗怀之。**

《光绪朝实录》卷一百五十五:"光绪八年壬午十一月戊戌,谕内阁,麟书、潘祖荫奏查办云南报销一案,请将孙家穆革职审讯、潘英章革职严拏,并户部主事龙继栋解任传质各折片。户部主事孙家穆著先行革职审讯,云南永昌府知府潘英章叠经催提,延不到案,著即行革职,并著云南督抚及该员原籍湖南巡抚、沿途各督抚一体严拏送部归案审办,毋稍迟延。户部主事龙继栋著先行解任,听候传质。现月。"

唐景崧《请缨日记》本日记云:"十一月二十六日,陈作屏送二十元。阅邸抄,知龙松琴因云南报销案解任候质,心甚怃然。松琴为道光辛丑殿撰、江西布政使翰臣先生之子,一字槐庐,壬戌举人。高雅好学,工篆籀诗词,在京师有觅句堂。余与韦伯谦、王佑遐、侯东洲、谢子石时造庐为文字饮。伯谦同登乙丑会榜,官翰林,视学贵州,旋任河间府知府,少年美才,惜早卒。佑遐以举人官内阁侍读,工词,好金石文字,储书画甚富。东洲以举人官江苏知县,脱略不俗。子石由举人官中书,充军机章京,工绘事,水墨具五采。是皆桂林之秀,而咸好之尤。此外,则浙江袁爽秋、安徽俞潞生、山西王粹甫、顺天白子和,亦时与会。爽秋强记,工诗文,子和伉爽无欺,皆佳士也。回望京华,不料余今日独为海客。"

袁昶《渐西村人初集》卷十一《怀松岑》诗自注云:"时君缘事下吏对簿。"

**本年冬,鹏运在服中,居桂林,曾批阅《词学丛书》,无词作。**

广西壮族自治区图书馆藏王鹏运旧藏《词学丛书》末尾批云:"此卷乃壬午里居时所评阅,毫无见到处,亦复妄肆雌黄,少年孟浪一至于此。越十八年己亥元夕雨中书于都门酣睡轩。半僧。"

**本年,郑文焯从鄂人李廷璧讨论古音,自此工词而又工于律。**

《郑叔问先生年谱》光绪八年谱:"鄂人李复天廷璧精于琴律,得浦城祝凤喈秘传。先生从之讨论古音,大悟四上竟气之指,于乐纪多所发明。先生工词而又工于律自此始。"

**本年,谭献《箧中词》刊行。**

据冯煦《箧中词》序。序末云:"刻既竟,爰述其缘起如此。壬午秋七月金坛冯煦。"


## 光绪九年癸未(1883),三十五岁
**正月,在桂林守制,兄弟五人为父必达立墓碑。**

王必达墓碑镌文:"光绪九年正月二十四日建。"

**二月,龙继栋被革职审讯,在狱中有诗与袁昶相酬答。**

《光绪朝实录》卷一百五十九:"光绪九年癸未二月,又谕,麟书、张之万奏审办云南报销一案,请将司员革职,并请饬将革

员催解来京各折片。降调户部员外郎福趾、户部主事龙继栋,均著革职审讯。已革知府潘英章,上年十月由云南起解,现在尚未解到,实属迟延,著沿途各省督抚严催迅速解京,毋任逗遛。现月。"

袁昶《渐西村人初集》卷十二有《松岑狱中用苏文忠韵作诗见示,次韵答之》诗四首,其二自注云:"闻狱结,将遣戍。"

**春,有书及所录光绪七年词作寄广东番禺冯恩江。**

况周颐《蕙风词话》续编卷一《半塘杂文》:

> 半塘杂文存者绝少。检敝箧,得其寄番禺冯恩江永年手札旧稿。冯为半塘之戚,有《看山楼词》,故语多涉词。"十年阔别,万里相思。往在京华,得《寄南园二子诗钞》,尝置座隅,不时循诵,以当晤言。去秋与家兄会于汉南,又读《看山楼词》,不啻与故人烟语于匡番寒翠间,麈柄炉香,可仿佛接。尤倾倒者,在言情令引,少游晓风之词,小山苹云之唱,我朝唯纳兰公子,深入北宋堂奥。遗声坠绪,二百年后乃为足下拾得,是何神术,钦佩钦佩。侄潞迹金门,素衣缁尽。闲较倚声之作,谬邀同辈之知。既奖藉之有人,渐踊跃以从事。私心窃比,乃在南宋诸贤,然毕力奔赴,终弇弇于绝潢断涧间。于古人之所谓康庄亨衢者,不免有望洋向若之叹。天资人力,百不如人,奈何奈何。万氏持律太严,弊流于拘且杂,识者至訾为痴人说梦,未免过情。然使来者之有人,综群言于至当,俾倚声一道,不致流为句读不缉之诗,则筚路开基,红友实为初祖。不

审高明以为然否？往岁较刻姜、张诸词集，计邀青睐，祈加匡订。此外如周、辛、王、史诸家，皆世人所欲见，又绝无善本单行。本拟雠刊，并公同好。又拟辑录同人好词，为笙磬同音之刻。自罹大故，万事皆灰。加以病竖相缠，精力日苶，不识此志能否克遂。它日残喘稍苏，校刻先人遗书毕，当再鼓握铅之气。足下博闻强识，好学深思，其有关于诸集较切者，幸示一二。盼盼。归来百日，日与病邻。丧葬大事，都未尽心毫末。负惄高厚，尚复何言。饥能驱人，杜门未遂。涉淞渡湖，载入梁园。今冬明春，当返都下，壹是家兄当详述以闻，不再惋缕。白雪曲高，青云路阻。双江天末，瞻企为劳。附呈拙制，祈不吝金玉，启诱蒙陋。风便时锡好音。诸惟为道珍重不备。"又云："倚声凡昧，律吕尤疏。特以野人击壤，孺子濯缨，天机偶触，长谣斯发。深惭红友之持律，有愧碧山之门风。意迫指訾，遑恤颜厚。兹录辛巳所造，得若干阕就正。嗟夫！樗散空山，大匠不视；桐焦爨下，中郎赏音。得失何常，真赏有在。传曰：'子今不订吾文，后世谁知订吾文者。'谬附古谊，率辱雅裁，幸甚幸甚。"半塘故后，其生平著作与收藏均不复可问。即其奏稿存否，亦不可知。此手札亦吉光片羽矣。

案：《寄南园二子诗钞》，清许应鑅辑，同治十三年刻本，含清黎原超撰《侣樊草堂诗钞》二卷、冯永年撰《看山楼诗钞》二卷。鹏运与冯恩江信中有云"去秋与家兄会于汉南",所指"去秋"不能是光绪七年秋,因当时鹏运在京,知与冯信非光绪八年所写,谭志峰《王鹏运生平简表》断为去年夏误。云"归来百日",知此信写于桂林,又光绪九年秋鹏运已至开封,则此信当写于光绪九年居家时。《刘谱》云写于光绪二十九年更无据。

三月三十日(5月6日)立夏,王以敏与文廷式、汪兆铨、易顺鼎等游陶然亭,归饮,有联句词。

《洞仙歌·立夏日偕文道羲孝廉廷式、汪莘伯孝廉兆铨、易实甫郎中顺鼎游陶然亭,归饮钱郎秋菱宅,即席联句》(《檗坞词存》卷九):

红酣绿闹,是春归天气。道此际东风怨芳思。莘喜词翻延露,车走轻雷,香界敞、共饱伊蒲新味。湘软尘飞十丈,不信宣南,有此斜阳断魂地。实薄醉倚青衫,无限关河,空望彻、迷濛烟里。道倩璧月、今宵替人圆,待照泪干时,更筹花事。湘　实甫亦夺笔联云:愿此后、黄金铸东皇,莫尽把光阴,铸成鹃泪。酒酣以往,落纸如飞,旗鼓相当,各不少下。诚一时佳话也

四月初四日(5月10日),王以敏与文廷式、汪兆铨等人联句赋词至深夜。

《檗坞词存》卷九有诸人联句词数首,兹录如下:

《浣溪纱·道羲、莘伯至再联》

一片娇云恋晚阴。道伤春情绪惜花心。重隔帘残漏送沉沉。莘　风外珂声闻笑语,遴酒边绮梦怕追寻。樱红蕉绿又而今。湘

白裌春寒倦客情。**重**幸将芳信报蓉城。**道**云軿飞下步虚声。**遯** 何处吹箫眉子月，**湘**有人贴镜厴边星。几丝残梦不分明。**莘**

## 《金缕曲·同上》

梦影和云澹。**莘**趁今宵、乌巾白裌，笔花霏艳。**湘**片月三星谁省识，十万蛮笺书遍。**道**问愁与、春潮深浅。**遯**醉看海棠花似雪，倚华灯、有个人同倩。**湘**停玉笛，障歌扇。**道** 十年贳酒听鹂馆。**湘**忆当时、金迷纸醉，翠翘微颤。**莘**憔悴青衫人渐老，赖有种桃吟伴。**湘**但搔首、天河较远。**道**仙咏霓裳吾辈事，莫吹箫、愁损参差眼。拼共醉，曲江宴。**湘**

落月西山澹。**遯**敞屏风、紫云深处，几枝明艳。**莘**不用榆钱买离别，一日千花看遍。**湘**试回首、黎涡笑浅。我已江湖飘蓬久，梦魂飞、不到梨云倩。**道**谁更唱，白团扇。**湘** 游仙共醉鸥波馆。**遯**但省识、金杯劝酒，宫花低颤。**道**击钵高吟神鬼动，呼取长庚为伴。**湘**肯轻负、御沟流远。**莘**他日相思抛红豆，定垂杨、不隔天涯眼。灯烛久，记欢宴。**道**

王以敏《浣溪纱·纵横联句，星斗阑矣，众宾告归，余亦倦甚，莘伯复倚此调见示。伸纸立和，投笔而去。时浴佛前三日丑刻》：

马上徘徊玉笛声。天街月落有微星。看花载酒又今生。 闻说莺啼添晓忆，休教蝶梦搅春情。一龛归忏佛前灯。

**四月二十五日(5月31日),朱祖谋中二甲一名进士,郑文焯落第。**

陈三立《清故光禄大夫礼部右侍郎朱公墓志铭》:"举光绪壬午乡试。明年成二甲一名进士,改庶吉士,授编修。"

《郑叔问先生年谱》光绪九年谱:"春,晋京会试,荐卷不第,南归。"

郭廷以《近代中国史事日志》:"(本日),赐陈冕、寿耆、严修、汪凤藻等进士及第出身有差。"

**五月,唐景崧经广西巡抚倪文蔚奏请留于边营以资臂助。**

秦国经《清代官员履历档案全编》:"唐景崧……九年五月经原任广西巡抚倪文蔚奏请留于边营以资臂助,奉旨允准。"

**五月,龙继栋被发往军台效力赎罪,袁昶有诗送之。**

《光绪朝实录》卷一百六十三:"光绪九年癸未五月,谕内阁,前据御史陈启泰奏参太常寺卿周瑞清包揽云南报销,该省粮道崔尊彝、永昌府知府潘英章来京贿托;后据御史洪良品、给事中邓承修奏,以此案牵涉景廉、王文韶,先后降旨派惇亲王、阎敬铭、潘祖荫、张之万、麟书、翁同龢、薛允升会同查办;兹据惇亲王等奏,查明收受津贴及说事过钱各官吏,完缴赃款,仍分别从重定拟,请将失察之户部堂官及工部堂司各官、云南督抚,交部分别议处各折片,并将款目开单呈览。此案崔尊彝承办云南报销,潘英章辄为代托周瑞清,转属龙继栋向孙家穆说明津贴公费银八万两,司员书吏得受银数多寡不等。虽经该部覆核,所报均系应销之款,惟辗转贿托,数至盈千累万,官吏通同,朋分入己,情节较重,自应从严惩办。已革户部主事孙家穆,以主稿司员得银七千两之多，实属贪婪不职。已革太常寺卿周瑞清，虽无包揽报销及分赃情事，惟以三品大员，辄商同说合，过付银两，实属荒谬。孙家穆、周瑞清均著发往黑龙江效力赎罪。周瑞清据供母老丁单，著不准留养。已革户部员外郎福趾于贿办报销，先不知情，事后分用银四千两。已革知府潘英章，听从贿托，明知崔尊彝侵用公款，辄向借银一千七百余两。已革户部主事龙继栋，听从周瑞清说合过付，事后并得受酬谢银二百两。已革御史李郁华，虽未同办报销，惟身任风宪官，辄向各处探问报销诸事，致人疑畏，又甘为潘英章代买物件，因得余剩银四百两。福趾、潘英章、龙继栋、李郁华均著发往军台效力赎罪。降调户部主事崔澄寰、周颂，向孙家穆借用银两，现已归还。惟究系报销之款，崔澄寰、周颂均著即行革职。得赃之书吏褚世亨、张瀛、吴庆林、张兆鸿，均著杖一百，流三千里。已革云南粮道崔尊彝，侵用公款二万三千二百余两。虽已病故，仍著革职，著落该故员家属完缴。至此案牵涉景廉、王文韶一节，现经讯明潘英章、周瑞清及户部司员书吏，均称实无关说馈送及分用此款情事；详核号商账簿，亦无潘英章等馈送之款。惟现在军务已平，该省军需报销与年例报销，仍前并案办理，该尚书等未经查出，实属疏忽；且于司员孙家穆等并保列一等之员外郎福趾得赃，均无觉察，亦难辞咎。景廉、王文韶及户部堂官并失察书吏受赃之工部堂司各官，均著查取职名，交部分别议处。崔尊彝挪移官款至十万余两之多，该督抚毫无查考，复将该革员保列卓异；崔尊彝、潘英章贿办报销，事先未能觉察，发觉后又未将挪用银两查明实数具奏，均属咎有应得。刘长佑、岑毓英、杜瑞联，著交部分别照例议处。现月。"

袁昶《渐西村人初集》卷十二有《送松岑赴戍所》诗。

夏秋间,鹏运兄弟二人(或三人)同自家乡桂林出发,在汉阳鹏海沿长江而往江西,鹏运(或与兄维翰)北上经朱仙镇至开封。

鹏运《唐多令·癸巳二月二十三日,为先上高兄晬经设奠于广惠寺,赋此以当哀诔。盖墨与泪俱下也》词中小注云:"癸未与兄别于汉上,遂尔永诀。哀哉。"此词结句作:"地下若随先子去,休说我、鬓霜稠。"由"先子"一词可以肯定半塘所谓"上高兄"为其同胞亲兄;又据所云"癸未与兄别于汉上"可知所谓"上高兄"即半塘次兄鹏海,官江西。

鹏运《满江红·朱仙镇岳庙题庙。有序》词序云:"光绪壬午秋日,旅宿朱仙,有神游祠庙之异。明年再经祠下,敬一瞻拜。"

秋初至开封,独游城东废寺,有《三姝媚》词。又赋大梁秋感《浣溪沙》词十二首,于其后又自题《水龙吟》词。

诸词见《四印斋词卷·梁苑集》。

在开封常与李葆恂、管晏、黎承忠诸人以诗词相唱和,多题图之作。十月初九日(11月8日),黎承忠招同杨子经、管晏、李葆恂集张孟则借园,为展重阳之会。承忠诗先成,鹏运有和诗。

鹏运诗见上海图书馆藏《梁苑集》稿本,诗云:

倦客厌嚣尘,出门畏扬坺。壶觞集裙屐,愁颜为君破。短发帽频簪,秋残风力大。霜螯美共持,雨芽新入磨。临流一舒啸,涤尽烦襟涴。谁书奇石奇,群惊饿隶饿。骄阳忆悲游,病归百日卧。忽睹寒花妍,始讶新霜过。微生药裹余,复厕诗人座。瘦骨尚支离,豪情久摧

挫。笙璈发异响,闻歌噤莫和。催诗雨忽来,短辕愁坎坷。犹胜似乘船,骑马知章贺。**时有冒雨策蹇归者,故调之**

**十一月二十三日（12月22日）冬至,消寒社集,有七言古体一首。**

《长至日消寒第二集即事》（《梁苑集》稿本）：

阳回初奏云门鼓,朔风中人思墐户。主人不耐青毡寒,笑拆梅花荐尊俎。觥筹交错杂裙屐,诗酒连翩战龙虎。梁园自昔号才薮,李杜邹枚各凤举。后来何李复登坛,汉家赤帜森然树。我行访古向平台,文献凋零嗟踽踽。英英群彦一尊同,且复形骸忘尔汝。清吟何与外人事,不信巫咸真诅楚。由来为政尚弦歌,岂必鸣琴皆汪谱。放将诗胆大于天,好振新声叶韶頀。鲰生顾影自栖皇,岁晚天涯称倦旅。不堪愁病更侵寻,对食万钱悭下箸。枯肠未借酒杯浇,魂磊填胸诗窍阻。十年回首长安道,酒国诗城纷旁午。死丧口叹几人存,落落晨星吁可数。偶从海内结新知,未免临风伤旧雨。即今文宴暂追逐,累日云龙那足据。我言狂怪幸勿嗤,火速催诗如急羽。诗成摊卷向寥阔,定有退心契千古。

**本年底,滞留越岁。兄维翰以第三子瑞周过继于鹏运,改名为郇。**

光绪十一年《与唐景崧书》云："前年在汴,仲培家兄以其第三子名瑞周者为运嗣,年已十七,童心未化,复性不能读。"

案：鹏运育有一子一女,子早卒,以仲兄维翰子瑞周（后改名郾)为嗣,孙四人,序楫、序柯、序枫、序梅。致唐景崧信中云瑞周年已十七,或为写信之光绪十一年时,过继时年十五。待再考。

**本年,朱祖谋丁父忧,于开封与鹏运相遇,结为知交。**

朱祖谋《半塘定稿》序:"始予在汴梁纳交君,相得也。"其《彊邨弃稿》中《题李文石〈明湖秋泛图〉》《咏蚬。黎丈噴园命同作》《嘉禾呈饶使君》《佛青、唈公偕过薄饮,噴园丈亦至。次前韵》《汴州清明曲》诸诗当作于汴梁。

徐珂《近词丛话》:"朱古微少时,随宦汴梁,王幼霞以省其兄为河南粮道者至,遂相遇,古微乃纳交于幼霞,相得也。"

《词学季刊》创刊号张尔田《与榆生言彊村遗事书》:"古丈少长大梁,与半塘本旧识,方从黎噴园诸老致力于诗,不知词也。"

**编年词**:《满江红·朱仙镇岳庙题庙。有序》《三姝媚·独游城东废寺》《浣溪沙》(汴水微茫绕郭流)(拥鼻孤吟不自支)(画里家山苦未真)(未赋登楼已不堪)(珠履三千说信陵)(旧日梁王尚有台)(图画清明记上河)(一卷新词托瓣香)(往事宣房忆塞河)(浪蕊浮花竞弄姿)(吏隐宣南梦未差)(愁里天涯梦里身)、《水龙吟·自题〈大梁秋感词〉后》《一萼红·题孟则〈南溪夜泛图〉》《声声慢·红螺山人嘱题〈明湖秋泛图〉。时客大梁》《百字令·索陆紫英大令写〈移居图〉》。

**编年诗**:《吴养云〈归舟载石图〉》《题抱仙〈携琴访友图〉》《吴抱仙属题尊人〈归舟载石图〉》《洪省劬〈师古图〉》《十月九日黎献臣招同杨子经、傅莲舟、裘得秋、管敬伯、李文石集张孟则借园,为展重阳之会。献臣诗先成,依均奉和》《癸未消寒第一集咏毡帘风灯泥炉火砚各五律一首》《张密令〈归耕课读图〉》《长至日消寒第二集即事》《移居》《借园亭石歌》。

　　案：《吴抱仙属题尊人〈归舟载石图〉》一诗为前《吴养云〈归舟载石图〉》诗修改而来。

## 光绪十年甲申(1884)，三十六岁

正月初七日(2月3日)，仍在开封，赋《一萼红》词寄端木埰。

　　端木埰《一萼红》词序："先是甲申人日君尚留滞大梁，曾填此调奉怀。"

　　案：鹏运《一萼红》词已佚。

夏，端木埰赋《齐天乐》垂柳词寄鹏运，许玉瑑有和词。

　　许玉瑑《齐天乐·子畴前辈赋南邻垂柳寄怀幼霞中州，暑雨连宵，弥念行旅，依韵和呈》：

　　　　昔年庭院常相见，沉沉画帘笼翠。画里含情，墙头弄影，枨触无端分袂。才眠复起。想旖旎梁园，也应同此。忆否城南，有人撷笛枣檐底。　传闻津鼓渐动，甚河梁惜别，萍迹犹寄。绿暗偏凄，黄疏欲脱，便有凉秋滋味。斜阶注水。恐此后关河，更增愁思。且盼晴明，两星遥夜指。**白居易诗："定知此后天文里，柳宿光中添两星。"谓幼霞并及其弟辛峰也**

　　案：端木埰《齐天乐》垂柳词未见。

七月十七日(9月6日)，钟德祥奉旨赏加侍读衔，往潘鼎新营中随同办事。

　　唐景崧《请缨日记》九月初六日(10月24日)记云："九月

初六日闻同乡钟德祥西耘编修于七月十七日奉旨赏加侍读衔,著往潘鼎新营中随同办事。"

**七月,**盛昱任国子监祭酒。

杨钟义《意园事略》:"十年二月转左庶子,七月补授国子监祭酒。"

**八月,**为新安洪省劬题《吁天图》。

《梁苑集》稿本录题词云:

> 光绪十年八月,新安洪君省劬出示所藏母陆夫人《吁天图》,属为歌咏以纪其事。窃观近世妇人,至性多发于所生所天,于翁姑以孝闻者,独少概见。夫人侍姑某太夫人病,于危迫之际焚香吁天,请以身代,继复割臂和药以进,疾即已。呜呼!当夫人割臂时,宁知事之必济,而姑为一割以沽名哉?盖其大不得已之心,有不如是不忍即安者。而事亦卒赖之以济,此以知天之与人为善,而人定胜天之说为可凭也。至夫人事夫子以礼,周戚邻以恩,御患难以知,在他人有其一节足以称贤妇,于夫人皆为细行。宜乎汝舟仁丈乐为征之图咏,而省劬之家承先德于弗衰也。诗曰:明发不寐,有怀二人。继之曰:夙兴夜寐,无忝尔所生。省劬勉乎哉。苟能敬体夫人不得已之志,以求夫心之所安,则所谓无忝所生者,将放之四海而准矣。余不文,何足以光夫人之潜德?又迫于行役,匆匆不暇均语,乃推本夫人孝德之纯,以勖省劬。用附于临别赠言之义,省劬其不谬余言否?

**九月初八日(10月26日)，端木埰六十九岁生日，彭銮邀同人公宴，许玉瑑有寿词。**

许玉瑑《石湖仙·重九前一日，子畴前辈六十有九生辰，彭瑟轩前辈集同人公宴。谨依白石老仙寿石湖居士自制曲奉赠》：

> 西风如吼。正开遍黄花，同作重九。须识岁寒心，抱冬心、陵霜独秀。庚寅初度，早逼近、登高时候。樽酒。借晚香、奉以为寿。　趋班况随杖履，眷同岑、天涯聚首。紫蟹黄齑，俊味樽前都有。庚赋江关，庚楼宾友。尽君相就。加四豆。明年爵更多又。

**秋，在河南封丘破败书肆中购得抄本词一巨册。**

《四印斋所刻词》元詹玉《天游词》跋云："光绪甲申秋日，薄游淇上，道出封邱，于败肆中得抄本词一巨册，首尾断烂，不可属读，完善者唯《安陆词》及此耳。"

**秋，在开封与李葆恂、管晏、黎承忠诸人以诗词唱和甚多。**

诗词见《梁苑集》稿本。

**十月，服丧期满返京，复其职。端木埰、彭銮、许玉瑑皆有喜晤之作，鹏运赋词以答。十一月，委署内阁侍读。**

鹏运词为《齐天乐·甲申十月，服阕入都。畴丈、瑟公、鹤老诸前辈，皆有喜晤之作。感旧述怀，倚此奉答》，见《四印斋词卷·磨驴集》。

秦国经《清代官员履历档案全编》："王鹏运……十年十月服满起复，是年十一月委署侍读。"

**冬,有词及绝句三首题龙继栋《饮马长城图》。**

词为《金缕曲·题槐庐〈饮马长城图〉》,见《四印斋词卷·磨驴集》。

**冬,袁昶有诗寄龙继栋。**

袁昶《渐西村人初集》卷十三有《寄松岑》诗。

**本年,谢章铤《赌棋山庄词话》刊行。**

**编年词:**《踏莎行·题喟园〈听秋山馆图〉》《鹧鸪天·甲申寒食》《法曲献仙音·蒹葭媚晚,秋云易阴。城隅散步,有庄惠濠濮闲意。相视而笑者希矣。吊古怀人,浩然成咏》《金缕曲·赠李文石公子》《金缕曲·和文石韵》《金缕曲·叠韵答敬伯》《绮罗香·红螺山人属题姬英墓志》《露华·夹竹桃》《高阳台·"夜长谁是幽人伴,唯有蛩声与月明。"陆放翁句也。秋宵寂寞,以慢声写之》《祝英台近·光绪甲申秋,题奉箭九年丈先生,即请正拍。倚装促办声谱,荒唐。词中所述,则皆先生撰著也》,以上《四印斋词卷·梁苑集》。《齐天乐·甲申十月,服阕入都。畴丈、瑟公、鹤老诸前辈,皆有喜晤之作。感旧述怀,倚此奉答》《金缕曲·题槐庐〈饮马长城图〉》。

**编年诗:**《繁台春眺》《出郭口号》《次均献臣、孟则和刘南卿廉访感怀韵》《叠均柬得秋,即效其体》《东甫以康氏纳果砚见赠,作此谢之》《题献臣〈太行观雪图〉》《叠韵答献臣兼柬文石》《题阮霞青〈繁台感旧图〉。图为故河帅乔公作》。

## 光绪十一年乙酉(1885),三十七岁

正月初七日(2月21日),鹏运约端木埰出游,晚约端木埰、许玉瑑共饮,相约和姜夔词。端木埰有词。

端木埰《一萼红·乙酉人日幼霞阁读招作清游,遍历城西南诸刹,晚更招鹤巢共饮,同人相约和石帚调。先是甲申人日君尚留滞大梁,曾填此调奉怀。岁星既周,旧雨重聚,抚今思昔,快与感俱。仍填此志喜,即呈两君政和》:

> 忆年时。对金盘簇燕,良友隔天涯。燕树凄迷,嵩云迢递,缄札空写相思。那曾料、今年春好,把吟袂、刚及看梅期。佛火青边,夕阳红际,携手同归。　归去更劳投辖,又吟朋远迓,芳酒同持。新月当阶,华灯欲试,堪慰昨岁伤离。便堪傲、幽吟杜老,望西蜀、空寄草堂诗。快对尊前剧谈,忘却归迟。

案:鹏运开封作《一萼红》词已佚。和端木埰词亦未见,或未和。

正月底,许玉瑑赋水仙词,鹏运与端木埰、彭銮各有和作。

鹏运词为《徵招·鹤老以正月向尽,水仙未花,倚声速之。畴丈、瑟公亦各以水仙新词属和。用白石自制黄钟清角调奉答。几上寒香,正嫣然破萼也》,见《四印斋词卷·磨驴集》。

端木埰《洞仙歌·和瑟轩水仙》:

> 湘皋翠冷,正灵妃归去。遗下金钗照芳渚。抱仙根恰又,多谢华神,亲种出,一种珠明玉嫮。　盈盈涔浦外,罗袜凌波,堪与梅华共寒素。生性厌繁华,白石

清泉,刚留得、仙人同住。更问取、春风几时来,但冷月荒烟,悄然无语。

**二月,补内阁侍读缺。**

秦国经《清代官员履历档案全编》:"王鹏运……是年十一月委署侍读,十一年二月补缺。"

**三月,唐景崧季弟景葑在京病殁。**

唐景崧《请缨日记》本年三月记云:"三月在龙州,接京寓来电,惊闻季弟禹卿病殁,痛不可言。禹卿一字元颖,十五岁入学,十七岁中乡试,二十四岁入翰林,聪颖绝伦,跌宕有识,议论常出人意表。仲弟春卿同官翰林,二人怡怡读书,春卿专攻经史,禹卿则泛览群籍,讲求时事。余在都搜访越南情形,半得禹卿力也。有志无寿,仅分校顺天乡试一次,殁时仅三十二岁。癸未拟有集款兴屯之奏,未上,寄稿来营。附记于后。"

**四月,缪荃孙娶继室夏氏,为同乡夏孙桐之妹。**

据《艺风老人年谱》。

**七月二十五日(9月3日),唐景崧母寿,鹏运至唐宅为师母祝寿。**

唐景崧《请缨日记》本日记云:"七月二十五日,母寿。电信叩祝。将士制锦称觥为寿。"又据后引《请缨日记》九月十七日记。

**七月,大学士左宗棠卒于福州,享年七十四岁。**

据《左文襄公年谱》光绪十一年谱。

**八月,俸满截取,记名内用。**

秦国经《清代官员履历档案全编》:"王鹏运……是年八月

俸满截取，记名内用。"

**八月**，文悌补授河南开封府知府。

秦国经《清代官员履历档案全编》："文悌，现年三十九岁，系正黄旗满洲仲全佐领下人，由官学生捐纳笔帖式，同治三年十二月选补户部笔帖式。十一年因襄办典礼保奏，奉旨赏加六品衔。光绪五年京察一等，奉旨记名以理事同知通判用，是年闰三月题升主事。七年八月署掌井田科关防。八年四月署掌督催所关防。九年五月题升员外郎，是年九月调掌陕西司印钥。十年五月充帮办宝泉局监督，十二月题升郎中。十一年京察一等，奉旨记名以道府用。八月十八日奉旨补授河南开封府遗缺知府。"

**九月十七日**（10月24日），唐景崧接鹏运京中七月末来书。此前鹏运请同乡左幼鹤课读侄子瑞龙。约在此前后，为瑞龙书方正学撰《幼仪杂箴》"坐""揖""拜"部分。

唐景崧《请缨日记》本日记云：

九月十七日接王佑遐京中来书，娓娓千言，虽寻常酬应，而气息隽雅，爱而录之。书曰："别来四载，靡日不思。执事指麾旗鼓，威震殊俗，奏绩边庭。凡天下有血性男子，莫不仰望声威，思亲丰采而不可得。运何人，乃荷执事于训练余闲，远承垂注，迭赐手书，荣幸何极？自古豪杰之兴，未始不由人事。即如麾下，间关绝域之始，天时人事，未识何如。卒能出万死不顾一生之计，使黠者驯、强者詟。当其始事，在麾下固知其必然，旁观者莫不动心拚舌，然后叹向者觅句堂中，从容文酒,其相期许者,不过作数十篇绝好诗古文词,附昭代文人之列。其为知足下者,可谓微乎微者也。吾家右丞有言:'贱日岂殊众,贵来方悟稀。'其在素习且然,信乎知己之难言也。罢战安边,庙谟深远;然老貔当道,自足夺岛夷觊觎之心。来谕谓为国体计、为桑梓计,具服公忠伟抱,度越时贤,倾听下风,为之一王。周生霖阁部奉命临边,运欲从游,一以快壮游,一以习边事,所尤深愿者,可以藉亲丰度,敬拜军容,伸数年来积思之切。乃言之较晚,不克成行,其为怅惘,殊未可言喻。天涯翘首,握晤尚遥。麾下(掉)[踔]厉于长途,贱子委蛇于寮底。云泥之感,纵未敢言;参商之路,何时可并。运自客冬入都,闭门息景,游乐全非,回首旧欢,了不可续。不敢谓长安城里,绝少名贤,只以忧患之余,神形都索。即间一展卷,亦不知于意云何。意兴如斯,尚敢于酒国诗城,少为驰骋耶?春卿丈相去咫尺,往还尚稀,他可知矣。同署畴丈、鹤老皆老健如昔,爆直之暇,时一谈艺。同乡则近延左幼鹤课读犹子阿龙,朝夕聚首。子石见过时多。李子和先生公子文石名葆恂,少年英俊,博雅能文,为近年新交中畏友,不可不告君知之。朋友之乐止此。松琴缄札时通,月二三次,襟抱似尚宽阔。昨邮寄手书许氏《说文》,至为精美;欲肆力著书,规模已具者为《经史地理韵编》,造端宏大,观成自尚需时,前有书来,约运共为小词奉题执事《请缨图》,渠亦有《长城饮马图》拟求大笔。嗟乎!

同是图也,其境地相去为何如耶?又岂当年觅句堂促膝时所能逆睹者耶?而运从宦则无功,著书则无学,饥餐倦卧,年复一年;镜里尘容,渐非青鬓。不惟抱惭知己,思之亦极难为怀。加以唇鼻之患,迄今五年,未尝见愈。盛夏差可,秋风渐厉,故态即萌。与药裹为缘者,已将二千日。室人病体顽劣日甚,往时悠悠不识内助之谓何,近始知日用饮食之细,真有非内莫助者。弱息已长,尚未相攸。前年在汴,仲培家兄以其第三子名瑞周者为运嗣,年已十七,童心未化,复性不能读。人生只此哀乐,所处若斯,怀抱可想。足下知我,毋俟赘言也。故乡水患,为五百年来所无,桑梓松楸,关怀曷极?京门秋燥万分,棚阴帘底,尚嫌逭暑无方。翘首旌麾,日劳劳于瘴乡风雨间,何以耐此?二十五日,师母荣庆,春丈豫日称觞,酒歌竟夕。运以久病断酒,是夕亦为尽醉。当酒酣耳热时,又不禁南望蛮云,为君踶鞠也。是日得读执事电音,亦是一快。禹卿之变,痛骇良深。同侪中,学问官阶,俱为首出,中途遽折,不仅为执事伤弱一个而已。舍间弟侄辈应南北闱试共有五人,如能得一,则明岁春官之试,决不再为冯妇。人生即无他长,亦安能终生逐逐作逢时伎俩,与乳臭小儿较量得失也。仲兄居汴,伯兄居江西,宦况平平,粗能自给。长安薪桂,视昔倍蓰。但祝两家兄佳境日臻,或者乞米太仓,不饥臣朔耳。夜窗草此,凌杂无端,聊当昔年篝灯对语观可也。鹏运顿首。"余髫年聘王氏,为佑遐胞叔祖之女，未娶而夭。王氏在桂林曰燕怀堂，科第辈出，先大夫课读其家者十年，佑遐尤为乌衣佳子弟也。惜有鼻病，然盲左腐迁，名雄千古，况鼻也何害？将以此慰励佑遐。

后据鹏运手迹照片。末云："方正学《幼仪杂箴》为若孙四侄书。半塘老人。"

**秋，关榕祚举乡试。**

秦国经《清代官员履历档案全编》："关榕祚，现年五十岁，系广西临桂县人，由优贡生中式光绪十一年乙酉科本省乡试举人。"

《临桂县志》卷六《选举表四·光绪十一年乙酉》："关榕祚，举人。"

《广西通志稿·文化编·选举表·清代举人光绪十一年乙酉科》："关榕祚，桂林府临桂，见《进士表》，中式第二二名。"

**十月十八日（11月24日），唐景崧授福建台湾道兼按察使。**

秦国经《清代官员履历档案全编》："唐景崧……十一年五月十五日奉旨赏戴花翎，并交军机处记名，候旨简用。嗣因云南办理中越勘界事宜，七月二十日奉旨，著唐景崧随同办理。十月十八日奉旨补授福建台湾道兼按察使衔，复因前在越南督兵围攻宣光叠获胜仗，经原任云贵总督岑毓英、前两广总督张之洞奏请奖励。十三年十一月十四日奉旨赏加二品衔，并赏给霍伽春巴图鲁名号。十三年四月初九日到任。"

唐景崧《请缨日记》十月十九日记云："十月十九日香帅电报十八日上谕：福建台湾道兼按察使衔著唐景崧补授。钦此。"

《清史稿·唐景崧传》:"(光绪十一年)有旨罢战,遂入关。论宣光获胜功,赏花翎,赐号霍伽春巴图鲁,晋二品秩,除福建台湾道。"

**冬,缪荃孙与李慈铭、沈曾植、沈曾桐、施补华、朱福诜联消寒会,唱酬无虚日。**

据《艺风老人年谱》。

**本年,端木埰以思竹、忆松、悼柳、见枣为题赋《齐天乐》词四首,鹏运和之。**

鹏运词为《齐天乐·和畴丈四韵》,见《四印斋词卷·磨驴集》。

端木埰《齐天乐·忆松》:

小庭深院无尘梦,堂前四松交荫。黛影拿云,青阴漏月,满地霜华寒浸。涛声到枕。听子落空阶,幽人未寝。贤主多情,叩门相就更呼饮。 伤心当日胜友,到重来散尽,清泪交衽。任是虬姿,依然无恙,庑下梁春难贳。西州路稔。便洒泣羊昙,也成衰甚。待问山童,那堪门巷审。己酉秋杪,移居陆静轩年丈退圃,小屋三楹,庭列四松,清风寒月,幽静特甚。丈及雨生同年并二三同人每乘夜月相过,呼酒瀹茗,极一时之乐。踰年遽归,留滞南中,不至者五稔。丙辰再入,丈乔梓俱下世,酒人星散,别业已属它人,四松旧地遂无从过问矣。庚戌国恤,沈文忠公移居圃中,相与比屋,为题四松堂额。前年雨生嗣子健卿农部移居时犹及见之

端木埰《齐天乐·见枣》:

旧居重过添凄惋,斜阳半天将暮。直干捎云,寒柯压屋,为指幽人居处。秋光院宇。记朱实离离,饱餐朝

露。几载暌离,扶疏还幸更如故。 当年食贫奉母,忆安巢稳托,贤主欢聚。翠釜蒸来,璚糜和入,曾喜慈颜下箸。星霜易序。正风木衔哀,又伤琼树。故地重经,不堪零泪语。槐街旧居,子禾总宪余屋也。自壬戌回京,文端师留居此屋十年。壬申奉讳南归,始别去。庭有小枣,初仅细干,蒙茸荆榛间。友人傅用霖已操斧欲伐,仆护而存之。踰年腾上,遽成小树,直干挺然,独出檐际。文端师戏谓似主人孤直不倚。愧其言,不敢答也

案:端木埰原词另二首未见。

编年词:《鹧鸪天·乙酉元日用白石老仙韵》《徵招·鹤老以正月向尽,水仙未花,倚声速之。畴丈、瑟公亦各以水仙新词属和。用白石自制黄钟清角调奉答。几上寒香,正嫣然破萼也》《探芳信·春光渐老,独游悶村,抚今思昔,用草窗西泠春感韵,示万薇生。村盖文敏别墅也》《齐天乐·和畴丈四韵》(小长干里长干寺)(丁年记作东园客)(卜居穷巷东西住)(郁葱乔木韦平第)《齐天乐·寒月》《百字令·天宁寺塔铃,明万历三年静嫔王氏造》。

## 光绪十二年丙戌(1886),三十八岁

**春,与端木埰、彭銮、王汝纯于四印斋联句,成《齐天乐》词。**

词为《齐天乐·畴丈、瑟老、粹甫寓斋联句》,见《四印斋词卷·磨驴集》。

**四月,谢元麒、宋育仁、冯煦举会试,郑文焯落第。**

《临桂县志》卷六《选举表四》"光绪十二年丙戌赵以炯榜":"谢元麒,进士,归郎中本班,刑部郎中,军机章京。"

萧月高《宋芸子先生传》:"丙戌举进士。"

秦国经《清代官员履历档案全编》:"冯煦,现年六十一岁,系江苏金坛县人,由副贡生中式光绪八年本省乡试举人,十二年会试中式贡士,殿试一甲第三名进士,授职编修。"

魏家骅《清授光禄大夫建威将军赐进士及第兵部侍郎兼都察院右副都御史安徽巡抚兼理提督冯公行状》:"十二年丙戌,成一甲三名进士,授编修。"

《郑叔问先生年谱》光绪十二年谱:"晋京应会试,荐卷不第,南归,纳方氏为簉室。"

**五月初五日(6月6日),端木埰祭祀屈原,有《齐天乐》词。**

端木埰《齐天乐·丙戌端午,以角黍新茶祀屈子,敬赋》:

左徒风节千秋重,湘山悄焉高咏。玉琢精神,兰熏气质,众醉中间独醒。丹心自靖。与殷代三仁,后先辉映。若问同时,只应邹峄可相并。　离骚衣被万古,视风诗小雅,应许骖靳。香草儿时,鸿裁旷代,妙契偏从孤冷。清芬荐茗。料岩洁泉甘,定符真性。更展遗编,绿窗娱书静。

**夏,袁昶有诗寄怀龙继栋。**

袁昶《安般簃诗续钞》丙卷有《忆旧游二首寄松岑戍所》《又寄二首》等诗四首。

**七月初,雨后见月,李锡彤有词,鹏运和之。**

鹏运词为《绮罗香·和李芋亭舍人雨后见月》,见《四印斋词卷·磨驴集》。

《薇省同声集》本《袖墨词》附李锡彤原作:

宿雾笼烟,浓云醮水,拦住清光如许。空说圆灵,那照断魂凄楚。暗消磨、绿鬓朱颜,惹怅触、旧愁新绪。倩风姨、吹彻长空,纤纤弯印淡眉妩。　瑶台休怨梦渺,不是嫦娥,怎得私奔高处。桂殿兰宫,惟有众仙来去。好珍重、七宝前身,莫错认、九霄云路。更声声、落叶横飞,打窗惊又雨。

案:《全清词钞》录李词序作:"雨后见月有感。"

**八月十四日(9月11日)夜,有词柬万本敦兄弟约同游聚会。**

词为《水调歌头·八月十四夜柬薇生兄弟》,见《四印斋词卷·磨驴集》。

**八月十五日(9月12日)中秋夜无月,李锡彤有诗柬鹏运。**

李锡彤《中秋无月,病足闷坐,走笔成此,奉柬王幼霞阁长鹏运》(《庠声》1933年第16期):

金风萧瑟做微冷,浮云深锢嫦娥影。家家儿女开中庭,齐向檐前瓜果整。鲰生病足对短檠,斗室孤寂百感生。儿时情事浑如昨,少壮已迈华发盈。昨者橐笔晨入直,朝暾杲杲生初日。花砖步趋岂敢缓,吉莫为灾撄足疾。客言今岁露雨积,湿气中人疥疣集。呻吟莫笑不如葵,绳床趺坐聊偃息。颇疑造物以此相持赠,使君自持于不竞。不然日游望火鹜奔走,双足蹒跚怜君病。况复世途跬步皆网罗,翻云覆雨生风波。茧风一室任高卧,如子疏狂人奈何。闻言捧腹纵大笑,此夕佳游忆年少。灵岩山畔载酒过,急管繁弦聆水调。古来文士坎懔丛,矧余微末同秋虫。谢(琨)[鲲]折齿本情种,杜甫伤颜成酒雄。君不见韩吏部善高歌,侈言明月今宵多。三径浓阴莽盘互,琼楼玉宇终无那。何必梯云事攫分,纷纷挂眼真幺魔。长风吹彻太虚净,清光依旧来庭柯。

**八月二十一日(9月18日),为子王郇娶妇。端木埰有词贺之。**

李慈铭《越缦堂日记》本日记云:"庚午同年广西王鹏运舍人为子娶妇,送礼钱四千。"

端木埰《齐天乐·戏贺半塘老人纳妇吉》:

阿翁地位谈何易,居然一朝修证。并不痴聋,真能覆育,几日劬劳交迸。娱将暮景。看佳妇佳儿,玉兰辉映。好继清芬,添香红袖伴高咏。　书城相对万卷,比金籯燕翼,风味须胜。绿竹生孙,含饴待弄,从此老人名称。华堂昼静。更养洁南陔,阿婆无病。为祝来今,满家都顺境。

**十二月十九日(1887年1月12日),祁世长招集寓斋,祝苏轼生日,鹏运有词。**

鹏运词为《大江东去·坡公生日,祁子和年丈招集寓斋,设祀敬赋》,见《四印斋词卷·磨驴集》。

**本年,龙继栋从军台释回,主万全县讲院。**

缪荃孙《前户部候补主事龙君墓志铭》:"戌三年,予代君奏记李使相,君父执也。使相资君千金缴台费,得释回,主万全县讲院。"

《光绪朝实录》卷二百六:"光绪十一年乙酉夏四月甲申,谕内阁,兵部奏查办军台废员、开单请旨一折。本年正月初四日,因纪年开秩,特颁恩旨,命将军流以下人犯分晰减等。兹据兵部查明请旨,自应酌量办理,除军务获罪之张佩纶,奉旨后发遣之李春芳,未经查明下落之苏锦堂,未经咨报起解之许如龙、周星诒、谢洲、田福志、蒋大彰、贾文贵、李石秀、吕文经、何如璋并在途在营在籍在配脱逃之汪殿元、周策勋、索成、曾昭仕、解魁元、李正钧、许怀清、德馨、许志耀、奎英、边得胜、贺永铭、王勋、春庆、王得胜、富昌、李明哲、张九围、里善、黎定攀、邱瑞祥、李振海、张同芳、谭飞麟、吴兰生、兴福、周启昌、胜额图、荣升、杜振元、成福、张景堂、杜光凯、双全、哈达洪阿等,均毋庸查办,及龙继栋、潘英章、李郁华均不准宽减外,其沈仕元、常春、王辅清、黄得桂、董家祥、龙世清、永平、葆亨、王定安、阎文选、王贵荫、钟树贤、孟传金、富景、德禄、廖得胜、文裕、谢翼清,均著加恩释回。世第著加恩减免二年,双平著加恩减免四年,届期即行释回,以示朕法外施恩至意。"

案:光绪十一年四月龙继栋未得释回,时戍军台亦未满三年。释回或在本年五月三年期满时。袁昶《安般簃诗续钞》丙卷有《喜松岑放还至自塞上率成五首》,其二有自注云:"君留数日,将仍返主万全县书院。"诗作于光绪十二年秋冬间,可知龙继栋放还后曾一至京城,会见故旧。

编年词:《百字令·索郑椒农孝廉写〈寿花坐雨图〉》《齐天乐·畴丈、瑟老、粹甫寓斋联句》《绮罗香·和李芋亭舍人雨后见月》《百字令·七月九日立秋》《水调歌头·八月十四夜柬薇生兄弟》《摸鱼子·冻雨初晴,西山如画,殊叹清游之难必也》

《大江东去·坡公生日,祁子和年丈招集寓斋,设祀敬赋》。

## 光绪十三年丁亥(1887),三十九岁
三月十三日(4月6日),同端木埰、许玉瑑龙树寺补禊,归饮酒楼,同以《庆清朝》一调赋词,彭銮亦赋此调。

鹏运词为《庆清朝·丁亥展重三日,同畇丈、鹤老龙树寺补禊,归饮酒楼,同拈此解》,见《四印斋词卷·磨驴集》。《四印斋词卷》稿本附三人词作,附录如下:

端木埰《庆清朝·丁亥展重三日,同鹤巢、幼霞龙树寺补禊,归饮酒楼,同拈此解》

浅草铺茵,平波漾縠,翠痕新上帘衣。虚窗静俯,娱人多少清晖。恰正候过百六,雅游须莫负芳菲。披襟对,嫩红稚绿,一片生机。　休道永和禊事,便舞雩风浴,人对清沂。高情未让,素心如此应希。餐尽野香秀色,吟魂拚与蝶俱飞。斜阳去,更须留待,明月同归。

许玉瑑同作

荻笋才抽,芹泥正渍,澄潭缃水生波。平芜皱碧,中央小作盘涡。泛羽争传上巳,春人载酒几经过。凭阑久,暗寻芳意,试问谁多。　此地有台有榭,自莺初燕晚,唱到新荷。长堤迤逦,难得烟笠渔蓑。今日相看醒眼,留人直到夕阳趖。昏钟动,舞雩归也,还复婆娑。

彭銮《庆清朝·畇丈、鹤公、半塘展禊事于蒹葭簃上,各赋〈庆清朝〉一阕,偶思效颦,遂忘其为东施也》

红雨迷花,翠烟熏草,暮春春服初成。危楼共倚,

游情诗思俱清。我饱软红十斛,旧衫袂触酒痕青。东华路,惯听鱼钥,轻负鸥盟。 又是㵿裙时候,望家山迢递,倦旅魂惊。劳歌自惜,聊尔高调闲赓。敲枕唤回残梦,酒兵无力下愁城。消愁去,阑干高处,甚日同凭。

**本年春,郑文焯与易顺鼎、易顺豫、张祥龄、蒋文鸿等于苏州立吴社,联句唱酬,持续至年底。**

据《瘦碧词》。又易顺鼎《吴波鸥语》叙云:

> 言词于北宋必曰清真,于南宋必曰白石。顾清真以深美而好之者多,白石以骚雅而学之者盖寡。宋时方千里、杨泽民、陈允平辈,皆和清真词成一集,而《白石道人歌曲》无嗣音,岂非以神品超诣,如孤云野鹤,往来太空,意绝文外,诠遗象表者欤?余于清真词耆之不深,耆白石过清真远甚。然生平所作,多出入于东坡、稼轩、玉田、梦窗诸家,于白石洁净精微之诣,未有合也。今年春,与叔问、子苾、叔由举词社于吴,次湘自金陵至。四子皆耆白石深于余,探幽洞微,穷极幼眇。藩使署有西楼三楹,城堞缺处,可望灵岩上方诸山,视城外沙鸟风帆,皆自眉睫间过。叔问所居小园,命之以壶,才可数弓,然有石,有池,有桥,有篱,有栏,有梅、竹、桃、柳、棕榈、木樨、芙蓉、芳树杂华,有鱼,有鹤。数人者非啸于楼,即歌于园,蝶晚蝉初,花晚叶初,星晚露初,云晚月初,宾主杂坐,竹肉相娱。当是时,辄和白石词以为乐。或棹乌(蓬)[篷]六桂,载酒出金阊门,泛山塘,登虎丘。凭吊既倦,相伴于烟水之间,扣舷而歌,

歌已，洗盏更酌。吴中伧儿，浮吹鹢首，盛陈水嬉，日竞薰服之乐，以娈童佼女为采旄桂旗，樗蒲六博，效牧猪奴所为，闻吾歌者，群相指而笑之。当是时，亦和白石词以为乐。不水而尘，则在暝夜，有月无月，爝火一把，或荒荦草间，或槁立枫下，且行且吹笛，至于市犬竞吠，而高吟未罢。当是时，亦和白石词以为乐。城西南有石湖，范顺阳别业在焉，而白石风流赏心之地也。当夫画船尽归，明镜初拭，渔歌互起，沙鸥不惊，山水空冥，而其人已往，诵其词，绎其志，揽其迹，思其人。今日悲南渡，安知后日不悲今日邪？于是遥吟俯唱，发思古之幽情，低回留之而不能去，《暗香》《疏影》之曲，凡再和焉。至今墨痕，依依犹在僧壁也。事起四月，讫八月，而和词竟。期间余有钟、庐两皋之游，次湘又听鼓金陵，故所作皆少。至于刌律寻声，晨钞冥写，则叔问之功为多。嗟乎！天下虽大，同志良难，文章之事，尤多异轨，或是丹非素，或论甘忌辛，胜己则相倾，歧己则相伐。上下千古，纵横九州，如吾数人之喝于相应，可多得乎？诗曰："风雨如晦，鸡鸣不已。"斯固鄙怀殷殷，所愿与诸子共勉之者也。叔问者北海郑文焯，子苾者汉州张祥龄，次湘者成都蒋文鸿，叔由者余弟豫也。光绪十三年丁亥仲秋既望五日，常德易顺鼎叙。

《郑叔问先生年谱》光绪十二年谱："时易仲实易叔由昆季随其父笏山佩绅在苏州藩司任所，与先生及张子苾蒋次香文鸿诸公立吴社联吟，歌弦醉墨，颇极文宴之盛。"

春夏间,端木埰因新居庭柳如绘,拟请同人题咏为《第二柳图》。鹏运先赋《买陂塘》词一首。图成命题,再赋同调词一首。后秋间又与端木埰同赋词咏此柳。

词为《买陂塘·畴丈新居,庭柳如绘,拟倩同人题咏为〈第二柳图〉,盖续曩日结邻时事也。新柯旧植,抚景增怀,谬列王前,愿继高唱》《买陂塘·图成命题,再同前解》《淡黄柳·竹平安室稚柳,即所谓第二柳也。晴日上窗,瘦影如绘,畴丈以仙吕宫写之,余赋正平调近一阕》,俱见《四印斋词卷·磨驴集》。

**四月初九日(5月1日),唐景崧到福建台湾道任。**

秦国经《清代官员履历档案全编》:"唐景崧……十一年五月十五日奉旨赏戴花翎,并交军机处记名,候旨简用。嗣因云南办理中越勘界事宜,七月二十日奉旨,著唐景崧随同办理。十月十八日奉旨补授福建台湾道兼按察使衔,复因前在越南督兵围攻宣光叠获胜仗,经原任云贵总督岑毓英、前两广总督张之洞奏请奖励。十三年十一月十四日奉旨赏加二品衔,并赏给霍伽春巴图鲁名号。十三年四月初九日到任。"

**夏秋间,回忆觅句堂联吟旧事,伤离念远,睹图怀人,有词二首。秋间,又有词怀谢元麒。**

词为《忆旧游·曩与薇卿、伯谦诸君,联吟于槐庐之觅句堂,曾倩子石作图纪事,致乐也。今则槐庐谪居,薇卿远宦,伯谦、子石,先后归道山,所谓觅句堂者,已并入贵人邸第矣。门巷重经,琴尊已杳,赋寄薇卿、槐庐,想同此怀抱也》《扬州慢·〈桂山秋晓〉,谢子石比部笔也。图画依然,故人长往,怆怀今昔,情见乎词》《百字令·子石一病不起,软红尘里知音顿稀。秋灯夜

· 175 ·

雨,叹逝伤离,正昔人所谓"长歌之哀过于痛哭"者》,俱见《四印斋词卷·磨驴集》。

**七月初七日(8月25日),端木埰偶与彭銮论七夕牵牛织女事,赋《齐天乐》词。**

端木埰《齐天乐·前人有言牵牛象农事、织女象妇功,七月田功粗毕、女工正殷,天象亦寓民事也。六朝以来,多写作儿女情态,慢神甚矣。丁亥七夕,偶与瑟轩论此事,倚此纠之》:

> 一从齿雅陈民事,天工也垂星彩。稼始牵牛,衣成织女,光照银河两界。秋新候改。正嘉谷初登,授衣将届。春耜秋梭,岁功于此隐交代。　神灵焉有配偶,藉唐宫夜语,诬蔑真宰。附会星期,描模月夕,比作人间欢爱。机窗泪洒。又十万天钱,要偿婚债。绮语文人,忏除休更得。

**秋初,约同端木埰、许玉瑑、彭銮依调尽和姜夔自制曲,并拟将所得词作命名为《城南拜石词》。**

鹏运有《长亭怨慢·白石道人自制曲一卷,高亢清空,声出金石。丁亥秋日,约同畴丈、鹤公、瑟老,依调和之。他日词成,都为一集,命曰〈城南拜石词〉。城南云者,用韩孟联吟语也》词,见《四印斋词卷·磨驴集》。

鹏运《湘月·丁亥秋分之夕,畴丈招饮竹平安室,鹤公、瑟老皆即席有作。余赋〈念奴娇〉髙指声以侑》词后自注:"右拟白石道人自制曲,依本集次第为序。外此如令曲之《玉梅令》等、漫曲之《霓裳中序第一》等各阕,皆有腔无词,白石道人倚声为之者,不编入自制曲卷中,故未拟作。"

| 正 谱 卷二 |

许玉瑑《城南拜石词》稿本自序:"白石道人自制曲十三首。又《鬲溪梅令》《杏花天影》《醉吟商小品》《玉梅令》《霓裳中序第一》,虽非自制,而摘词定谱,实始尧章,一洗柔滑纤缛之习。每欲仿之,卒卒未果。今秋得《水云笛谱》,先成《霓裳中序第一》,因与宁都彭瑟轩、江宁端木子畴两前辈,临桂王幼霞鹏运同年相约同拟,诸君先后脱稿。比瑟翁出守,将次就道,乃屏除尘杂,并诸小令相继成吟。雅不敢与古人抗衡,然优孟登场,邯郸学步,尚不越尺寸。遂以编年之例,别为一卷,命曰《城南拜石词》。光绪丁亥十二月中浣玉瑑识。"

案:后编年词自《扬州慢·〈桂山秋晓〉,谢子石比部笔也。图画依然,故人长往,怆怀今昔,情见乎词》至《湘月·丁亥秋分之夕,畴丈招饮竹平安室,鹤公、瑟老皆即席有作。余赋〈念奴娇〉鬲指声以侑》十三首,均和姜夔自制曲,即所谓《城南拜石词》者。端木埰《碧瀣词》卷上内依次有《扬州慢》《长亭怨慢》《石湖仙》《暗香》《疏影》《惜红衣》《徵招》《秋宵吟》《凄凉犯》《翠楼吟》《湘月》诸作,许玉瑑有《城南拜石词》,当即同时社集唱和之作。

彭銮《薇省同声集》序:"丁亥秋,相约尽和白石自制曲,畴丈一夕得五六解;佑遐性懒,词不时成,罚以酒,又不能饮,梯突滑稽,每乱觞政。同人无如何,而乐即在其中。"

**八月初七日(9月23日)晚上,端木埰招饮于居所,鹏运与许玉瑑、彭銮皆即席赋词。**

鹏运有《湘月·丁亥秋分之夕,畴丈招饮竹平安室,鹤公、

177

瑟老皆即席有作。余赋〈念奴娇〉鬲指声以侑》词,见《四印斋词卷·磨驴集》。

案:许玉瑑、彭銮词未见。

**九月二十日(11月5日),同许玉瑑、彭銮于万氏园林摆酒赏菊,为端木埰祝寿。**

许玉瑑《角招·九月二十日同瑟轩前辈、幼霞同年就万氏园林置酒看菊,为子畴先生寿》:

为君寿。秋来剩有黄花,好佐尊酒。况闻清话旧。爱读楚骚,寻味蘁白。相期耐久。早暗结、天涯三友。别业探幽旖旎,驻三百六韶光,把壶觞消受。　携手。过墙试就。回阑倚遍,相对同餐秀。树疏红日漏。映得颜酡,翻嫌花瘦。新词待侑。问涩体、宫商谐否。比作壶天怪岫。愿常祝、石同坚,铿金奏。

案:许氏寿端木埰词还有《石湖仙·重九前一日,子畴前辈六十有九生辰,彭瑟轩前辈集同人公宴。谨依白石老仙寿石湖居士自制曲奉赠》词。可知端木埰生日为九月初八日。

**九月二十四日(11月9日),端木埰、许玉瑑下直后过访鹏运,三人凑钱饮于酒家。鹏运有词,后许玉瑑亦有词纪事。**

鹏运有《角招·九月廿四日,寒甚。畴丈、鹤公下直见过。醵饮酒家,即事成咏》词,见《四印斋词卷·磨驴集》。

许玉瑑《翠楼吟·九月二十四日,新寒特甚,偕畴翁、幼霞买醉酒楼,归而赋此》(《城南拜石词》稿本):

匝野回飙,空廊走叶,刁骚送到寒信。江河风水恶,料中泽、哀鸿含恨。浑流谁浚。看使节驰烟,高轩临郡。鱼山峻。断冰如砺,暗搔双鬓。　但论。吾党随班,傍凤池簪笔,似骖从靳。肃霜催贳酒,正低亚、青帘前引。同倾芳醖。便饱作鲈莼,温忘狐绲。长更迅。醒窥窗晓,薄冰成晕。

**九月二十八日(11月13日),校刻《稼轩词》成,作跋。**

跋云:

　　光绪丁亥九月,从杨凤阿同年假元大德信州书院十二卷本校毛刻一过。按毛本实出元刻,特体例既别、又并十二卷为四为不同耳。元本所缺三页,毛皆漏刻,又无端夺去《新荷叶》《朝中措》各一阕。尤可笑者,元本第六卷缺处,《丑奴儿近》后半适与《洞仙歌》(飞流万壑)一首相接,毛遂牵连书之,几似《丑奴儿近》有三叠,令人无从句读。又《鹊桥仙·寿词》"长贴在儿儿额上"句,校者妄书下"儿"字当作"孙",为顾涧薲、黄尧圃所嗤。毛刻于此正改作"儿孙",是以确知其出于此也。中间讹夺,触目皆是,然亦有元本讹夺而毛刻是正之处。顾跋谓元本夺页用汲古阁抄本校补,何以此本缺处又适与元刻相符?殊不可解。往年刻《双白》《漱玉词》成,即拟续刊苏辛二集,以无善本而止。今此本既已校正,闻凤阿家尚有宋椠《眉山乐府》,倘再假我以毕此志,其为益为何如耶!又《稼轩词》向以信州十二卷者为足本,莫子偲《经眼录》有跋,万载辛氏编刻《稼轩全集》云词五卷,较汲古阁本增多三十六阕。按毛本虽云四卷,实并十二为四,并非不足。其间缺漏亦只校元本共少十阕,不知辛氏所补云何。附志以俟知者。先冬三日半塘老人记。

**九月,与许玉瑑同观杨氏海源阁藏元本《稼轩长短句》。**

清杨绍和撰《楹书隅录》(清光绪二十年聊城海源阁刻本)卷五著录"元本《稼轩长短句》十二卷四册一函",末云:"光绪十三年九月,临桂王鹏运、吴许玉瑑同观并识。"

**九月,端木埰与彭銮游陶然亭,同用《霓裳中序第一》一调赋词。**

端木埰《霓裳中序第一·丁亥九月,偕瑟轩憩江亭。秋向尽矣,苍葭黄叶间,村氓皆熙熙敛获,身劳心闲。两人望而乐之,各填此解一阕》:

城南近韦曲。路入蒹葭青断续。休藉雅琴怨筑。天籁送声,何须丝竹。晴高润绿。看野人家在槃轴。斜阳外,一蹊乱叶,宛转到深谷。　芬馥。半篱黄菊。任野鹤闲云往复。溪边来去路熟。十亩闲桑,五斗收粟。素心来共宿。有快意新诗互读。清尊对,溪堂松下,夜气皎寒玉。

**是秋,社集唱和甚多。许玉瑑出示潘奕隽《水云笛谱》,鹏运题以《徵招》词,许氏自题《霓裳中序第一》词。鹏运又有和许玉瑑《秋宵吟》词及和端木埰《齐天乐》词。**

鹏运词为《徵招·〈水云笛谱〉,三松老人所制词也。附列工尺,可为歌曲。鹤公出示,为题此解》《秋宵吟·雾雨酿寒,秋光向尽。鹤公有词寄怀,倚调以和》《齐天乐·蟋蟀和畴丈》,俱见《四印斋词卷·磨驴集》。

许玉瑑《霓裳中序第一·〈水云笛谱〉,是潘榕皋先生所制词,以工尺度为歌曲者。水云其自号也。文孙顺之年丈近以刊本见贻,爰赋之》:

旗亭记旧曲。倚壁沉吟谁更续。苴帽客来按筑。又红怨翠颦,哀丝豪竹。新词潄渌。羡水云吟啸藏轴。玲珑犯,石泉陡落,点滴泻溪谷。　怅触。故山松菊。想几度琴尊往复。横塘归路梦熟。荻远含烟,柳老摇绿。旧游纷在瞩。更四上分明细读。翻新谱。梅边三弄,寄意岭头玉。

许玉瑑《秋宵吟·晓雾蒸雨,意将作寒。询之,是秋尽日也。拈此饯之,并寄山中诸子》:

雨含烟,雾作暝。准待西风催冷。秋将尽、剩岸柳萧疏,乱鸦栖并。动离情,绾逝影。暗掷流光谁省。寻残梦、比漏刻春宵,听钟还醒。　逭暑迎凉,记那日、梧飘坠井。向山门启,退直车闲,爽气个中领。霜角城头警。对烛而今,寒趣更永。为莼鲈、寄语鸥群,和雪和月击楫等。

**端木埰《齐天乐·蟋蟀》**:

透帘秋气凉于水,虚堂悄然人定。露白三更,灯青一穗,匼宇商声渐劲。空阶夜静。正青润桐阴,翠深苔径。听彻萧萧,豆华开处最清境。　幽人篱落半掩,爱金焱荐爽,银汉高耿。梦醒香衾,声挽落叶,明月中天悬镜。关山候冷。早砧杵千家,一时催应。伴我秋吟,更消莲漏永。

十月初十日(11月24日),**彭銮邀端木埰、许玉瑑下直后与鹏运一同小饮,四人有联句《扁舟寻旧约》词。**

词为《扁舟寻旧约·丁亥十月十日,瑟老邀同畇丈、鹤公下直小饮联句。逾月瑟老出守,欢事渐稀矣》,见《四印斋词卷·磨驴集》。

十月十五日(11月29日),**同端木埰、许玉瑑四印斋看月,三人有联句《步月》词。**

词为《步月·十月望日,同畇丈、鹤老四印斋看月联句》,见《四印斋词卷·磨驴集》。

十一月,**补授内阁侍读。**

秦国经《清代官员履历档案全编》:"王鹏运……十三年十一月补授侍读,是年充会典馆纂修官,旋充总纂官。"

十一月,**彭銮补授广西南宁府知府。**

秦国经《清代官员履历档案全编》:"彭銮……十二年十月奏派会典馆提调官。十二月初一日经吏部覆带引见,奉旨记名以道府用。十三年十一月十一日奉旨补授广西南宁府知府。"

十二月十九日(1888年1月31日),**与端木埰、许玉瑑、彭銮等人集四印斋拜东坡生日,并饯别彭銮出守南宁。鹏运有《百字令》词,端木埰有《齐天乐》词,许玉瑑有《扬州慢》词。**

鹏运词为《百字令·同人集寓斋拜坡公生日,即饯瑟老出守南宁》,见《四印斋词卷·磨驴集》。

端木埰《齐天乐·同鹤巢、幼霞集四印斋,饯瑟轩。倚此代柬》:

几年同傍薇垣值,风流快从觞咏。潭水桃华,幽山桂树,那更深情逸性。离怀骤警。况取次春风,一麾先秉。怕是它时,不胜怊怅此情景。 多君风义近古,有中台宝笈,招共删订。抉汉分章,承云奏雅,羊鹤还愁不竞。清言快领。趁明月犹圆,碧天澄镜。四印斋中,一尊相共请。

许玉瑑《扬州慢·瑟轩前辈出守南宁,取道归里。酒边话别,歌以赠行》:

三影同吟,一麾新拜,者番喜共杯倾。看长鞭著早,已五十功名。纵炎徼、箐深路杳,溯洄乡国,先听春声。更随车、甘泽弓衣,新绣诗成。 午衙放了,问而今、同调谁赓。到露润槐龙,霜肥稻蟹,应忆前盟。散直散车如旧,觥船泛、浅酌还醒。剩孤吟红药,年年忙送行旌。

**十二月下旬,许玉瑑有《玉梅令》词赠鹏运。**

许玉瑑《玉梅令·本意赠幼霞》:

冰姿玉孕,瘦骨横高岭。交三九、画成疏影。但雪深拥护,嫩萼未全舒,皋禽尚守,冻蜂已省。 移根近日,清晖相映。瑶台侣、问何持赠。愿将羹调鼎。解渴作琼浆,才独压、早春红杏。

**冬,作刻《山中白云词续补》序。**

《山中白云词续补》序云:

自余《双白词》刻出,仁和许君迈孙以此词尚非足本,为重翻龚刻。南中书贾复得曹氏旧板,整比印行。余刻最劣下,藉以订讹补缺,复为完书。特颠倒凌杂,殊失旧观耳。原本八卷,词二百九十六阕。《双白词》

所刻少四十阕,为续补附后。编次既失龚氏之旧,铅椠复逊许氏之精。然二本之出,实余刻为之嚆矢。虽率尔操觚,未始无功于乐笑翁也。陆氏《词旨》渊源俱在,龚氏《集序》考证为详,并为附入以资观览云。光绪丁亥冬日临桂王鹏运志。

**编年词**:《庆清朝·丁亥展重三日,同畴丈、鹤老龙树寺补禊,归饮酒楼,同拈此解》《买陂塘·畴丈新居,庭柳如绘,拟倩同人题咏为〈第二柳图〉,盖续曩日结邻时事也。新柯旧植,抚景增怀,谬列王前,愿继高唱》《买陂塘·图成命题,再同前解》《忆旧游·曩与薇卿、伯谦诸君,联吟于槐庐之觅句堂,曾倩子石作图纪事,致乐也。今则槐庐谪居,薇卿远宦,伯谦、子石,先后归道山,所谓觅句堂者,已并入贵人邸第矣。门巷重经,琴尊已杳,赋寄薇卿、槐庐,想同此怀抱也》《扬州慢·〈桂山秋晓〉,谢子石比部笔也。图画依然,故人长往,怆怀今昔,情见乎词》《长亭怨慢·白石道人自制曲一卷,高亢清空,声出金石。丁亥秋日,约同畴丈、鹤公、瑟老,依调和之。他日词成,都为一集,命曰〈城南拜石词〉。城南云者,用韩孟联吟语也》《淡黄柳·竹平安室稚柳,即所谓第二柳也。晴日上窗,瘦影如绘,畴丈以仙吕宫写之,余赋正平调近一阕》《石湖仙·姚景石年丈结社大梁,尝以九月八日为白石老仙寿。近见潘麐生〈香禅集〉,有戊午清明寿白石词,其日盖二月二十有二也。记俟好事者订正焉》《暗香·曩以沙壶赠鹤公,不之异也。偶阅近人〈瀛壖杂志〉,始知为上海瞿子冶所制月壶,倚此索鹤公和》《疏影·万葵生比部得晋太康砖,两侧有文曰:晋故夜令高平檀君窆,太康八年二月七日壬辰。说文:窀,坎中穴也。砖殆墓道中物。葵生属为考订,纪之以词。葵生又藏汉延光铜壶,故以汉铸晋陶名其居》《惜红衣·城阴积水清浅,兼葭弥望,人家三两,偃映丛薄间。霜天弄晴,光景奇绝。软红香土中,不易得也》《角招·九月廿四日,寒甚。畴丈、鹤公下直见过。醵饮酒家,即事成咏》《徵招·〈水云笛谱〉,三松老人所制词也。附列工尺,可为歌曲。鹤公出示,为题此解》《秋宵吟·雾雨酿寒,秋光向尽。鹤公有词寄怀,倚调以和》《凄凉犯·怀人夜永,秋声忽来。欹枕漫歌,惜少国工吹哑觱栗耳。此调起句七字不入韵,宋贤皆然。万红友于第四字注韵,戈宝士遂增陌字入觉药韵中,恐误》《翠楼吟·送郑椒农游闽粤》《湘月·丁亥秋分之夕,畴丈招饮竹平安室,鹤公、瑟老皆即席有作。余赋〈念奴娇〉阕指声以侑》《百字令·子石一病不起,软红尘里知音顿稀。秋灯夜雨,叹逝伤离,正昔人所谓"长歌之哀过于痛哭"者》《贺新凉·霜露既至,云物皆秋。独弦哀歌,用舒予怀。词成以示巢隐曰:此秋声也。为之击节》《齐天乐·蟋蟀和畴丈》《金缕曲·和薛小云前辈南湖秋宴词》《扁舟寻旧约·丁亥十月十日,瑟老邀同畴丈、鹤公下直小饮联句。逾月瑟老出守,欢事渐稀矣》《步月·十月望日,同畴丈、鹤老四印斋看月联句》《摸鱼子·次韵瑟老述怀》《百字令·同人集寓斋拜坡公生日,即饯瑟老出守南宁》。以上《四印斋词卷·磨驴集》。

## 光绪十四年戊子(1888),四十岁

正月十一日(2月22日),大雪,同端木埰登观音寺阁小饮,鹏运有词。许玉瑑因故未与会,后有和词。

鹏运词为《百字令·戊子正月十一日，雪。同畴丈登观音寺阁小饮，并示静天上人》，见《四印斋词卷·中年听雨词》。

许玉瑑《庆宫春·正月十一日大雪，幼霞书来，言畴翁载酒约同游观音院。予欲从未果。翌日以新词见示。爰赋是解，并呈畴翁》：

> 窗纸明添，屋山尖隐，碎琼乱舞空阔。春与寒鏖，翻飞不定，瘦篁横路欲折。剡溪谁泛，怕头白、江湖计拙。抛书凝眺，天末遥山，净无苔发。　辋川旧侣相关。许我同游，去寻禅悦。房开青豆，花霏宝树，想见诸天清绝。冷吟逾回，怕重叠、台阶更滑。休教童扫，留注春泉，更应活泼。

**正月十九日（3月1日），许玉瑑为鹏运刻《山中白云词续补》题签。**

《四印斋所刻词·山中白云词续补》末署："戊子燕九许玉瑑题。"

**初春，校刊《稼轩词》成，题三绝于后，并作后记。**

校刊《稼轩词》成，率题三绝于后：

> 晓风残月可人怜，婀娜新词竞管弦。何似三郎催羯鼓，凤醒余秒一时捐。
>
> 层楼风雨黯伤春，烟柳斜阳独怆神。多少江湖忧乐意，漫呼青兕作词人。
>
> 信州足本销沉久，汲古丛编亥豕多。今日雕镌拨云雾，庐山真面问如何。

——戊子初春临桂王鹏运幼霞书于四印斋。

刻《稼轩词》再记:"是刻既成,适同里况夔笙孝廉周仪来自蜀中,携有万载辛启泰编刻《稼轩全集》,其长短句四卷,悉仍毛刻。诗文四卷,词补遗一卷,则云自《永乐大典》抄出,补词共三十六阕,内唯《洞仙歌·寿叶丞相》一阕已见元刻。近又见明人李濂《评点稼轩词》,为万历间刻本,始知毛刻误处皆沿袭于此,安得尧圃所云毛抄旧本一为雠勘也。半塘再记。"

**二月十五日(3月27日),许玉瑑招端木埰、鹏运等游龙树寺,归饮酒家。许玉瑑、端木埰有词。**

许玉瑑《探芳信·花朝同畴翁、幼霞过龙树庵,登楼看山,归就酒家沽饮,并怀瑟翁》:

掩深幔。又侧帽抛书,茸裘讶暖。数二分春早,霏微正如霰。寻花九陌知何处,独有青山茜。叩禅关、一览平芜,阑干凭遍。　幽讨倩谁伴。奈今雨依然,旧欢弥眷。青蔼连天,东指暮帆远。乱愁仗有清尊祓,莫惜春宵短。待重三,近局壶觞再展。

端木埰《庆春宫·花朝日鹤老招游龙树寺,晚饮酒家。并招幼霞、芋亭》:

红孕庭柯,青含堤柳,北堂残雪都消。细数番风,商量春色,二分刚到花朝。雅人深致,趁佳日、良朋更邀。揭来旧侣,中仙词笔,太白吟豪。　虚窗静俯,平皋绕郭,西山苍翠堪招。耕凿熙熙,晴光冉冉,野田生菜初挑。古槐垂荫,又春色、新添嫩条。斜阳归去,更把清尊,香醉黄娇。

案:鹏运词未见。

二月，况周颐自四川入京，识同乡鹏运，获观古今名作，后以自作就正于端木埰、许玉瑑及鹏运三前辈，寝馈其间者五年。

况周颐《兰云菱梦楼笔记》："戊子二月，余自蜀入都，始识半塘。"

况周颐《餐樱词自序》："余自壬申癸酉间，即学填词，所作多性灵语，有今日万不能道者，而尖艳之讥，在所不免。己丑薄游京师，与半塘共晨夕，半塘于词夙尚体格，于余词多所规诫。又以所刻宋、元人词属为校雠，余自是得窥词学门径。所谓重拙大，所谓自然从追琢中出，积心领神会之，而体格为之一变。"

春，观光亭怀彭銮，有《清平乐》词，题刘淮焻《南征诗集》，有《高阳台》词。

词为《清平乐·观光亭有怀瑟老》《高阳台·刘星岑前辈寄示〈南征诗集〉。率题代柬。集其壬午之官镇远时纪程作也》，俱见《四印斋词卷·中年听雨词》。

春，作刻《东坡乐府》跋。

《东坡乐府》跋云：

右延祐云间本《东坡乐府》二卷。钱遵王《读书敏求记》："《东坡乐府》二卷，刻于延祐庚申。旧藏注释宋本穿凿芜陋，殊不足观，弃此留彼可也。"其说与叶序吻合。按《文献通考》："《注坡词》二卷。"陈氏曰仙溪傅幹撰，而黄尧翁跋即以毛钞中《戚氏》叙穆天子、西王母云云为宋本穿凿之证，或未尽然。光绪戊子春，凤阿同年闻余有缩刻《稼轩长短句》之役，复出此册假我，遂借钞合刻。中间字句间有讹夺与缺笔、敬避及不合六书字体者,悉仍其旧,略存影写之意。文忠诗文传刻极夥,倚声一集独少别本单行;且苏辛本属并称,而二书踪迹始并见于季沧苇《延令书目》中,继复同归黄氏士礼居、汪氏艺芸书舍。余复从杨氏海原阁假刻以行。三百年来,合并如故,洵乎艺林佳话。而凤阿善与人同之量,亦良足多矣。越月刊成,志其缘起如此。临桂王鹏运半塘识。

**春夏间,作刻《花外集》跋。**

《花外集》跋云:

右玉笥山人《花外集》一名《碧山乐府》一卷。碧山词頡颃双白,揖让二窗,实为南宋之杰。顾其集传本绝少,诸家谱录均未之及。鲍氏《知不足斋丛书》所刊为词六十有五,《御选历代诗余》云《碧山乐府》二卷,则此刻似非完书。光绪戊子春日覆刊元本苏辛词毕,复取鲍氏刻本重加校订,并增入戈顺卿校勘数则,付诸手民,以公同志。张皋文云:"碧山咏物,并有君国之忧。"周止庵云:"咏物最争托意隶事处以意贯串,浑化无痕,碧山胜场也。"年丈端木子畴先生释碧山《齐天乐·咏蝉》云:"详味词意,殆亦黍离之感,'宫魂'字点出命意。'乍咽''还移',慨播迁也。'西窗'三句,伤敌骑暂退,燕安如故。'镜暗'二句,残破满眼,而修容饰貌,侧媚依然,衰世臣主,全无心肝,千古一辙也。'铜仙'三句,宗器重宝,均被迁夺,泽不下究也。'病翼'二句,更是痛哭流涕,大声疾呼,言海岛栖流断不能久也。'余音'三句,遗臣孤愤,哀怨难论也。'漫想'二句,责诸臣到此尚安危利灾视若全盛也。"其论与张、周两先生适合,详录于后以资学者之隅反焉。临桂王鹏运识。

**初夏**,作刻《山中白云词续补》跋。又,许玉瑑作刻《东坡乐府》序。

刻《山中白云词续补》跋:

> 海宁吴子律**衡照**《莲子居词话》云:"张叔夏题曾心传藏温日观墨葡萄画卷词,《山中白云》失载。曾与叔夏交最深,集中故多寄赠之作。温号知归子,宋末僧也。词云:'想不劳添竹引龙须,断梗忽传芳。记珠悬润碧,飘摇秋影,曾印禅窗。诗外片云落寞,错认是花光。无色空尘眼,雾老烟荒。 一蒻静中生意,任前看冷淡,真味深长。有清风如许,吹断万红香。且休教、夜深人见,怕误他,看月上银床。凝眸久,却愁卷去,难博西凉。'系《甘州》调。叔夏亦工水仙,当时谓得赵子固潇洒之致。"按子律此则虽未详词所自出,然细审意境,实非叔夏莫办。余曩编《白云词补》,曾于《词源》钱良佑跋得《齐天乐》一阕,附刊卷末。今复录此以殿《续补》,亦墨缘快事也。戊子首夏半塘老人王鹏运再识。

许氏序末云:"光绪戊子初夏吴县许玉瑑。"

**四月二十日**(5月30日),夫人曹氏病殁,享年仅三十八岁。

> 曹氏墓碑镌文:"光绪十四年戊子四月二十日卯时终。"

六月二十四日(8月1日),端木埰、许玉瑑过访,同至咫村联句赋词。

词为《齐天乐·荷花生日,畴丈、巢翁见过,小憩咫村联句》,见《四印斋词卷·中年听雨词》。

八月十八日(9月23日),同端木埰、许玉瑑登陶然亭,有词。后况周颐有追和词。

鹏运词为《齐天乐·同畴丈、鹤老登陶然亭》,见《四印斋词卷·中年听雨词》。

端木埰《齐天乐·仲秋十八日,天宇澄霁,凉风飒然。偶访霞棣,值鹤老亦在。偕至江亭。景物清美。凭阑远眺,得意忘言。晚过酒家,即席拈此》:

> 碧天新爽来无际,清晖引人游眺。送雁风高,藏蝉荫减,写出秋容渐老。葭深路窅。笑薄笨驱来,稳如舟小。胜地重寻,雪泥仿佛认鸿爪。　凭阑时纵远目,爱西山霁景,依旧青绕。树老含苍,窗虚吸翠,秀色餐余都饱。重阳近了。问佳节登高,几人同调。为问欢场,那如闲处好。

况周颐《齐天乐·退丈出示同子畴、鹤巢两先生游陶然亭词,依调奉答,且订后约》(秦玮鸿《况周颐词集校注》):

> 已凉天气寻幽好,云山更谁俦侣。绿鬓华年,红尘倦客,禁得俊游都误。西风意苦。料一抹山眉,瘦如人否。只赤天涯,好秋孤负凤城住。　玉**作平**骢幽径惯识,问词仙甚日,重载尊俎。露蓼扶红,霜葭作**去声**碧,迟我翠云深处。凭阑吊古。爱无语斜晖,有情芳树。莫待重阳,满城风又雨。

九月十九日（10月23日），端木埰独游万柳堂，登文昌阁，有词。

端木埰《齐天乐·戊子九月十九日，独游万柳堂，登文昌阁，俯视涧道低萦，泉肩幽敞。虽荒烟蔓草、园林陈迹，了然可数。前游卤莽，未见及也。圣祖仁皇帝御题拈花禅寺额悬中殿大悲阁上，主僧龙法奉其八十四龄老母居寺中耕凿，睢盱不解应酬，殊可敬爱。即事纪怀》：

  御书楼畔东南去，高亭翼然孤迥。雉堞周环，鸥波俯鉴，约略园林蹊径。依然画境。想花屿支筇，柳潭攲艇。更喜琁题，倬云天藻尚辉映。　而今熙皞历久，爱山僧朴遫，还事温清。磴道同攀，云堂小憩，坐觉山光悦性。斜阳半岭。正落叶黄深，古松青冷。便有尘襟，也随秋气静。

秋，王汝纯约同端木埰登陶然亭，为延秋之酌，后光绪十八年四月鹏运有词追忆其事。

鹏运有《湘月·壬辰四月，粹父监仓招同子美驾部，看花法源寺，登陶然亭。子美有词纪游，致感存没，其言危苦。同忆戊子秋，粹父约畴丈于此，为延秋之酌。酒边念往，凄然于怀。倚调奉酬，所谓於邑难为声也》词，见《虫秋集》。

秋冬间，赋词二首自题四十岁画像，端木埰、况周颐等各有和词题其画像。后光绪二十一年春刘洭熤为题其画像，鹏运有《百字令》词答之。

鹏运词为《百字令·自题画像》《百字令·用〈江湖载酒集〉自题画像韵再题》，俱见《四印斋词卷·中年听雨词》。《百字令·星岑为题〈戴笠图〉，殷殷以事功相勖勉，倚调赋谢，并致愧辞》,见《味梨集》。

端木埰《百字令·和幼霞自题四十岁带笠小照》:

清标玉立,况门高通德,齿当强仕。翠荫庭槐绵世泽,鸣凤丹山万里。奉笔中台,分麾上路,指顾风云起。出其余绪,足当吾辈千亿。　漫惜哀乐中年,休论丝竹,文字堪娱戏。叹老嗟卑浑未合,片语为君介祉。吏部精勤,希文忧乐,好作它山砥。烟波带笠,功成徐遂初志。

况周颐《百字令·题王幼遐丈〈戴笠图〉,用竹垞自题画像韵》(秦玮鸿《况周颐词集校注》):

吟诗戴笠,算后来惟有、东坡居士。画里风流谁会得,秀水新城而已。鸾掖词仙,凤池香吏,潇洒今如此。未容高蹈,此图聊写怀耳。　休便西塞山前,斜风细雨,唱桃花流水。十丈软红浑不染,何必水村烟市。绿鬓朱颜,乌纱绛蜡,别有千秋事。山林小隐,计惟吾辈应是。

**十一月初一日(12月3日),况周颐、宋育仁分别拜见翁同龢。**

《翁同龢日记》本日记云:"广西况(仪周)[周仪]号夔生,己卯举,廿八岁,壬午世兄弟。其兄桂森,余壬戌本房,以教授终。来见,宋芸子来见。"

**冬,况周颐有词题鹏运《宣南觅句图》。**

况周颐《减字浣溪沙·题王幼遐丈〈宣南觅句图〉》(秦玮鸿《况周颐词集校注》):

画里前游梦里寻。当年刻烛翠堂深。那知人世有升沉。 燕子归来无恙否,风流云散恨难禁。锦笺犹在怕重吟。

**冬,况周颐于琉璃厂购得《花草粹编》。鹏运见之,极为欣赏。况氏录副本以赠,并附赠以词。**

况周颐《金缕曲·〈花草粹编〉,世鲜传本。戊子冬,得于厂肆。幼丈见之,亟为欣赏,因录副以赠,并塍以词》(秦玮鸿《况周颐词集校注》):

香露红薇盦。袅沉烟、翠帷深下,琅函静展。六十名家琴川刻,争似千葩奇绚。君莫笑、鲁鱼不免。**元刻多讹字**,如万俟作萬俟之类月上柳梢分明载,算奇冤、早为贞姬辨。淑真《生查子》之诬,《四库提要》辨之甚详,**此刻正作永叔**,益足破升庵、子晋辈謷说矣披姓字,快无限。 付胥冬末成春晚。喜人间、木难火齐,居然重见。鸾掖仙人吾同好,持赠此情深浅。便珍重、凭君千万。他日天涯音尘隔,抚香词、莫忘灯同剪。看异彩,动青案。

**冬,郑文焯刻行其《瘦碧词》两卷,收词始于光绪九年初秋,迄于光绪十四年夏。**

据《瘦碧词》及各叙。又《郑叔问先生年谱》光绪十四年谱:"冬刻行《瘦碧词》两卷。俞曲园先生、张子苾太史、易仲实先生、刘子雄中书、嚼梅先生等为之叙。"

案:郑文焯与张孟劬论词书(《词学季刊》第一卷第三号)有云:"世士尝谓训故考据之举有妨词章。余治经小学及墨家言二十余年,攻许学则著有《说文引群说故》二十七卷,今刻有《扬雄说诂》《六书转注旧艺》四卷,自谓发前人所未发。研经余日,未尝废文,独于词学,深鄙夷之。故本朝诸名家,悉未到眼一字。为词实自丙戌岁始,入手即爱白石骚雅;勤学十年,乃悟清真之高妙;进求花间,据宋刻制令曲,往往似张舍人;其哀艳不数小晏风流也。"郑氏自云为词实自丙戌岁(光绪十二年)始,或因记忆有误,或因此前作词较少(《瘦碧词》收其光绪十二年以前词作十九首)。

**本年,京察一等。**

秦国经《清代官员履历档案全编》:"王鹏运……十四年京察一等。"

**本年,端木埰编录《宋词赏心录》赠鹏运。**

《宋词赏心录》尾署:"幼霞仁棣清玩,端木埰。"陈匪石跋语称鹏运"签题戊子至日"。端木埰所辑《宋词赏心录》(卢前付梓时改题《宋词十九首》)目录如后:范仲淹《苏幕遮》(碧云天)、欧阳修《临江仙》(柳外轻雷池上雨)、苏轼《水调歌头》(明月几时有)、《念奴娇》(大江东去)、秦观《满庭芳》(山抹微云)、周邦彦《齐天乐》(绿芜凋尽台城路)、岳飞《小重山》(昨夜寒蛩不住鸣)、辛弃疾《百字令》(野棠花落)、陆游《沁园春》(孤鹤归飞)、李清照《凤凰台上忆吹箫》(香冷金猊)、姜夔《暗香》(旧时月色)、《疏影》(苔枝缀玉)、史达祖《寿楼春》(裁春衫寻芳)、高观国《金缕曲》(月冷霜袍拥)、吴文英《满江红》(云气楼台)、周密《玉京秋》(烟水阔)、陈允平《绮罗香》(雁宇苍寒)、王沂孙《齐天乐》(一襟余恨宫魂断)、张炎《高阳台》(接叶巢莺)。其中范仲淹、欧阳修、秦观、李清照、姜夔、王沂孙、张炎七人入选的八首词,已入张惠言《词选》。

**本年,康有为赴顺天乡试不第,并第一次向光绪帝上书要求变法,受阻未果,遂避居北京宣武门外南海会馆之汗漫舫,从事金石研究。**

据《康南海自编年谱》。

**编年词**:《百字令·戊子正月十一日,雪。同畴丈登观音寺阁小饮,并示静天上人》《清平乐·观光亭有怀瑟老》《高阳台·刘星岑前辈寄示〈南征诗集〉。率题代柬。集其壬午之官镇远时纪程作也》《齐天乐·荷花生日,畴丈、巢翁见过,小憩悒村联句》《齐天乐·同畴丈、鹤老登陶然亭》《百字令·自题画像》《百字令·用〈江湖载酒集〉自题画像韵再题》。

## 光绪十五年己丑(1889),四十一岁

**二月,因办光绪帝婚礼保奏加三品顶戴。**

秦国经《清代官员履历档案全编》:"王鹏运……十五年二月恭办大婚礼成出力保奏,请加三品顶戴,奉旨允准。"

**自上年四月妻子亡故后,郁郁不欢,常伤悼亡妻及自伤身世。春,有悼亡词多首。**

词为《高阳台·书旭庄舍人悼亡旧作后》《临江仙》(记得朝回花底日)、《蝶恋花》(隔院棠梨风叶乱)、《齐天乐·枕函夹袋,谯君遗制也。睹物怀人,我情曷极》,俱见《四印斋词卷·中年听雨词》。

**春,郑文焯在京应会试,仍不第。**

《郑叔问先生年谱》光绪十五年谱:"晋京应会试,与张子苾

太史、廖季平先生平僦居东城亮果厂李氏宅。仍荐卷不第。"四月,许玉瑑会试落第,作校补《断肠词》序。

《断肠词》许序云:

己丑四月,春闱被放,十上既穷,益无聊赖。适夔笙舍人以校补汲古阁未刊本宋朱淑真《断肠词》一卷刊成,属为之序。并旁搜他书所见淑真佚事以证升庵《词品》所论之诬。乃慨然曰:"风雨而思君子,顾颔而怀美人。风骚所讴,寓言八九。淑真一弱女子耳,数百年后犹为之顾惜名节,订讹匡谬,足使孤花之秀,坠蒂而余芳,幺弦之激,绕梁而犹响。抑何幸哉?"宋代闺秀,淑真易安,并称隽才,同被奇谤。而《漱玉》一编,既得卢抱孙诸君辩诬于先,又得幼霞同年重刊于后,《断肠词》则曙星孤悬,缺月空皎。《四库提要》论定以后,迄无继者,譬之姬姜,依然憔悴,虽有膏沐,尚沦风尘。乃白璧同完,新硎叠发,此难得者一也。顾水流不停,云散无迹,世罕善本,亦恝而置之耳。是本出自毛钞,著录甚富。兵燹以后,散在市廛。展转为常熟翁大农年丈所得。去冬假归案头,将乞幼霞补刊一二,以存其旧。夔笙乃欣赏不辍,眠餐并忘;检得此词,特任剞劂。依其篇第,存玉台之遗;广其搜罗,补白华之逸。此难得者二也。《断肠词》就《纪略》所著,原有十卷,至陈振孙《书录解题》仅存一卷。片玉易碎,单行良难。夔笙与幼霞居同里闬,近复合并,诚与《漱玉词》都为一编,流传艺苑。则二女同居,翔华表之鹤;百尺并峙,唳出谷之莺。红颜不老,青冢常留。此难得者三也。虽然,由显而晦,由屈而伸,无幸致之理,实赖有表章之人。藉非然者,投暗之珠,辄遭按剑;屡献之璞,终于坠渊。《漱玉》欤?《断肠》欤?虽洁比羊脂,啼尽鹃血,亦孰得而见也?况物论之颠倒哉!遂泚笔而序之如此。吴县许玉瑑。

**五月初五日(6月3日),况周颐作校补《断肠词》跋。**

《断肠词》跋云:

右校补汲古阁未刻本宋朱淑真《断肠词》一卷。词学莫盛于宋,易安淑真,尤为闺阁隽才,而皆受奇谤。国朝卢抱孙、俞理初、金伟军三先生,并为易安辩诬。吾乡王幼遐前辈**鹏运**刻《漱玉词》,即以理初先生《易安事辑》附焉。显微阐幽,庶几无憾。淑真《生查子》词,《钦定四库全书提要》辨之綦详,宋曾慥《乐府雅词》、明陈耀文《花草粹编》并作永叔。慥录欧词特慎,《雅词》序云:"当时或作艳曲,谬为公词,今悉删除。"此阕适在选中,其为欧词明甚。毛刻《断肠词》校雠不精,跋尾又袭升庵臆说,青蝇玷璧,不足以传贤媛。此本得自吴县许鹤巢前辈**玉瑑**,与杂俎本互有异同。订误补遗,得词三十一阕,钞付手民。书成与四印斋《漱玉词》合为一集,亦词林快事云。光绪己丑端阳临桂况周仪夔笙识于都门寓斋。

五月,端木埰委署内阁侍读。

端木埰《有不为斋集》卷六有《内阁故事,阅本章者十四人,以中书资深者序进,俗所谓委署侍读,非升阶也。已丑五月,埰轮值是役。蔼人猥以诗抵,推奖太过。报谢一章,兼以志愧》诗。

六月二十四日(7月21日),偶忆南湖旧游,雨中赋词书怀并寄龙继栋。

词为《南浦·荷华生日,偶忆南湖旧游,雨中书怀,兼寄槐庐》词,见《四印斋词卷·中年听雨词》。

六月二十八日(7月25日),同况周颐苇湾观荷,况氏有词,鹏运依韵和之。况氏觉意犹未尽,再赋一词。后许玉瑑亦追和前词韵。

鹏运词为《南浦·苇湾观荷用夔笙韵》,见《四印斋词卷·中年听雨词》。

况周颐《南浦·六月二十八日苇湾观荷,同幼遐前辈》(《蕙风词》卷上):

幽路入花天,闹红深、恰共中仙乘兴。花外小红亭,无人到、亭外绿阴千顷。疏烟澹日,木兰愁绝余香凝。惜起青黄憔悴叶,曾共裊婷窥影。　无边香色年年,算鸳鸯惯识,枝交蒂并。年少冶游心,飘零后、禁得万蝉凄哽。欢娱谩省。碧云日暮颇黎冷。十二回阑肠断处,依约凌波来凭。

况周颐《临江仙·前词意有未尽,再呈幼遐前辈》(《蕙风词》卷上):

199

正是撩人天气也,可怜云澹烟轻。闹红深处见娉婷。花光人影,分占十分清。　画里归来愁亦好,何须夜饮秦筝。他年记取小红亭。小红亭外,高柳万蝉声。

　　许玉瑑《南浦·雨中颇忆南河花事。他日夔笙以纪游之作见示,粉香脂腻,流连于一花一叶。幼霞和之,予亦继作》:

　　闲唱惜红衣,羡词仙、早动南河游兴。深入画图行,空蒙处、疑有濠梁千顷。红疏翠偃,粉痕和露余香凝。看遍新妆擎水出,似否镜中人影。　江湖经惯烟波,甚临流尚爱,瓜皮艇并。应忆旧盟鸥,松陵路、遥夜洞箫声哽。闲情暗省。卷波心醉荷筒冷。雪藕调冰申后约,还借北窗同凭。

　　崇彝《道咸以来朝野杂记》云:"天宁寺,在广安门外,石路之北,北魏古刹,其塔为隋代造,又有开皇经幢二,今恐无存,昔年寺中设花肆,尤以桂花、秋菊为有名。同、光间,为士夫招伶人宴饮之所,故《越缦堂日记》每每言及。尚有南河泡,在石路西南,方塘数亩,荷花甚茂,亦夏日逭暑地。王半塘词中有'他年记取小红亭,小红亭外,高柳万蝉鸣',即此地也。"

　　案:上崇彝所引词句应出自前引况周颐《临江仙》词。

**六月三十日(7月27日),与许玉瑑、况周颐小酌于义胜居酒楼,三人同赋词。**

　　鹏运词为《金缕曲·六月三十日,鹤公招同夔笙小集市楼》词,见《四印斋词卷·中年听雨词》。《四印斋词卷》抄本序末尚有"夔笙有词,倚调以和,并索鹤公同作"数句。

　　况周颐《金缕曲·六月三十义胜居小酌,同鹤巢、幼遐两前

辈》(秦玮鸿《况周颐词集校注》):

> 酒向旗亭买。晚凉天、银笺绛蜡,儵然世外。一自花风吹梦觉,吟弄苦无聊赖。谁信道、知音相待。香径红楼今已矣,莫高谈、怕有人憎骇。身世事,浅斟再。
>
> 软红尘里人如海。问纷纷、王卢几辈,韩苏几派。锦样文章罗样薄,别有浮云世态。那不向、词仙下拜。长愿花时同尊酒,更狂迂、结习都休改。聋叟听,也应快。

**指畇丈前辈**

**六月,作刻冯延巳《阳春集》跋。**

《阳春集》跋云:

> 右冯正中《阳春集》一卷。宋嘉祐戊戌陈世修辑。陈振孙《书录解题》云:《阳春集》一卷,崔公度跋称其家所藏最为详确。《尊前》《花间》往往谬其姓氏,近传永叔词亦多有之,皆失其真也。此本编于嘉祐,既去南唐不远,且与正中为戚属,其所编录自可依据,益见崔跋之不谬。《书录》又云:"风乍起"一阕,当是成幼文作,长沙本以置冯集中。此集适载此阕,殆即长沙本也。刻本久佚,从彭文勤传钞汲古阁未刻词录出,斠勘授梓,并补遗若干阕。未刻词前后有文勤朱书序目,兹附卷末,亦好古者搜罗之一助云。光绪十五年六月己卯临桂王鹏运跋。

**夏,作刻沈义父《乐府指迷》跋,作刻《东山寓声乐府》跋。**

刻沈义父《乐府指迷》跋云:

> 右宋沈义父《乐府指迷》一卷。按明人刻本乃合

玉田生《词源》下卷与陆友仁《词旨》为一书,非沈氏元本也。此卷附刻《花草粹编》,凡二十有八则。明代刻书往往意为删节,其为足本与否,非所敢知,以世罕流传,校刻以贻同志。至卷中得失,《四库提要》论之详矣。光绪己丑夏日半塘老人运识。

刻《东山寓声乐府》跋云：

右贺方回《东山寓声乐府》一卷。按《四库全书总目》载方回《庆湖遗老集》十卷,称其词胜于诗,此集则未经著录。《文献通考》引陈氏曰："以旧调填新词而易其名以别之,故曰'寓声',即周益公《近体乐府》、元遗山《新乐府》之类,所以别于古也。"此本由毛钞录出,阙佚二十余阕,据宋以来选本校之,仅补《小梅花》一阕,知是书残损久矣。至诸家谱录并云《东山寓声乐府》三卷,此合百六十九首为一,题曰《东山词》。毛氏传钞,每变原书体例,不独此集为然。兹改从旧名,若分卷则无由臆断,姑仍毛氏焉。末附补遗为况夔笙舍人编辑,斠雠掇拾,颇资其力,例得牵连书之。光绪己丑夏日临桂王鹏运跋。

**夏,作刻《漱玉词补遗》前言。**

《漱玉词补遗》前言云：

易安词刻辑于辛巳之春,所据之书无多,疏漏久知不免。己丑夏日,况夔笙舍人校刻《断肠词》,因以此集属为校补。计得词七首,间有互见他人之作,悉行附入。吉光片羽,虽界在疑似,亦足珍也。半塘老人记。

秋初,同许玉瑑、何维朴泛舟南湖,相约同用张炎词韵赋词。端木埰未与会,后有词记其事。立秋次日,何维朴再游南湖,有词,鹏运和之。

鹏运词为《南浦·同鹤公、诗孙泛舟南湖。约用张春水韵》《南浦·和诗孙前辈》,俱见《四印斋词卷·中年听雨词》。后词《四印斋词卷》抄本序作:"诗孙前辈见示立秋夜雨南湖再泛新词,倚调以和。"

何维朴《南浦·南泊观荷,用玉田韵,同幼遐》(叶恭绰编《全清词钞》第三十五卷):

  凉动雨余天,不多时,又是一番秋晓。鸿爪认前踪,苍苔上、惟有斜阳难扫。半篙烟水,十年也换沧桑小。说到家山君似我,负却池塘春草。 何如倒尽金尊,看窗前树色,云光了了。明镜照红妆,瑶台路、倘许世间人到。幽怀浩渺。醉歌惊起鸳鸯悄。翻羡溪童摇艇去,消受月明多少。

许玉瑑《南浦·诗孙叠以近作见示,再用前韵和之》:

  谁道笔非秋,写澄怀,绝似湘江天晓。磨出镜青铜,排新雁、空际浮云全扫。豪情宕往,侧身天地孤舟小。收拾灵均言外意,满地美人香草。 离离幽旨频搴,甚心情、眷恋微波不了。吴越话游踪,篷窗外、无限好山都到。江关浩渺。冷官门巷苔痕悄。秋雨如绳听不已,愁绝故人来少。

端木埰《齐天乐·幼霞、鹤巢、诗孙同泛南湖,联吟买醉,未尝召我也。事后更以词夸我,岂复可恕? 当待秋中,月满花香,更共觞我。倚此檄之》：

　　旧游如梦南湖路，华间也曾橇桿。桂楫偕游。松醪共醉，君辈今番吟眺。如何忘了。有善饭廉颇，也堪同调。一榻清风，恁般偏我已堪恼。　相夸还更示我，把联吟秀句，取次赉到。字里华香，行间酒气，险把衰翁熏倒。秋光正好。趁月晓风清，更偕华笑。补过心虔，买舟须要早。

何维朴《南浦·立秋次日，又观荷南泊》（叶恭绰编《全清词钞》第三十五卷）：

　　晨旭晕帘旌，快初晴、一笑刚逢吟侣。清绝藕丝乡，频番到，才觉秋光如许。风环水佩，盈盈欲托微波语。道是娇阳禁不惯，况又峭风吹雨。　怜花翻被花怜，甚年年长作，天涯倦旅。明镜点秋霜，青衫恨、一样飘零似汝。泛商刻羽。呕心欲把霓裳谱。却有垂杨能笑我，那得当年情绪。

**秋初，况周颐有《绿意》咏荷叶词，鹏运和之。前此，鹏运与况氏于南湖之游唱酬不已，况氏后又赋《莺啼序》长调。**

　　鹏运词为《绿意·咏一片荷叶，同夔笙舍人》，见《四印斋词卷·中年听雨词》。

　　况周颐《绿意·咏一片荷叶》（秦玮鸿《况周颐词集校注》）：

　　露痕玉泫，甚素秋未到，青黄相半。随分飘零，休怨纤纤，惟愿翠眉休换。凌波不尽田田影，向画舸、去尘凄断。倩瘦鸳、寄语红衣，珍重月寒烟晚。　憔悴文园易老，正惘怅往事，青鬓惊看。为惜沾泥，分付流波，争又乍舒还卷。归来彩笔题芳恨,也一任、翠帘天远。问恁时,低傍莲钩,万一黛鬘偷展。

况周颐《莺啼序·苇湾之游,与半唐老人一再酬和,意仍未尽,复拈此解。清游难得,不觉言之郑重也》(《蕙风词》卷上):

轻阴半湖翠罨,想临妆媚妩。镜奁远、一抹愁痕,闹红谁在深处。谩幽憩、银笺按拍,**指幼丈《高阳台》**凉蝉唤入花间去。甚香风、别样温柔,澹摇洲渚。 故故来迟,傍柳画舸,似凌波未许。翠堤外、人各天涯,曲阑应向凝伫。只娉婷、红衣倒影,记愁绝、中仙说与。露房擎、青子离离,为谁心苦。 菱花自小,苇叶长愁,紫萍是坠絮。问并作、几多红怨,画里回首,却又盈盈,未开刚吐。芳尘去后,蘅皋凄断,非花非雾情何极,锦鳞多、恨字难分付。凉云十里,鸳鸯不是催归,有人玉鞚愁驻。 逢花最惜,见说为花,便有花暗妒。向此际、揭天丝管,跕地帘栊,一任微波,鉴人幽愫。风裳水佩,罗衣纨扇,年年花好人暗老,望蓬山、肠断花知否。踏摇细桨声中,路入疏烟,似闻怨语。

**七月,与何维朴用《花外集》韵同作《声声慢》词,许玉瑑亦有作。又和何维朴《扫花游》苦雨词,许玉瑑亦有和作二首。**

鹏运词为《声声慢·用〈花外集〉韵》《扫花游·苦雨和诗孙》,俱见《四印斋词卷·中年听雨词》。

《薇省同声集》本《袖墨词》附何维朴《声声慢·用〈花外集〉韵》词:

凭茶破睡,仗酒浇闲,天涯亦有吾庐。落叶秋江,缘何雁少鱼疏。听风听雨不寐,似小舟、泊入菰蒲。傥真个,在碧湘城畔,此乐何如。　滴断檐声万点,快卷帘作画,把烛寻书。澹月窥人,轻轻离却蓬壶。狂来浩歌起舞,问深宵、更有谁欤。甚惆怅,料家山,秋到也无。

许玉瑑《声声慢·听雨用王碧山韵》:

苔深门掩,草长庭空,无端思动沧洲。点滴空阶,垂帘镇日扶头。寥天更无雁影,但暗萤、窥户还流。会心处,似琵琶掩抑,只诉深愁。　回忆中年客里,听津亭残柝,一向勾留。自去江关,悄然人海虚舟。而今倦游溯往,又依稀、红烛歌楼。盼新霁,要银蟾、来共素秋。

许玉瑑《扫花游·和诗孙雨窗作,并贻幼霞》二首:

舞雩祀肃,记福迓灵坛,润含原野。几番细洒。看东皋笠影,快腾秧马。抱瓮人间,底事天瓢尚把。倚荷榭。正一舸闹红,天末龙挂。　深巷泥没髁。奈乍扫苔衣,又欹瓜架。烟岚罢写。早池塘梦远,系怀遥夜。我亦怀人,郢曲何愁和寡。报归也。忆江南、杏花花下。

孟秋七月,讶候变梅黄,涨翻瓜蔓。洗车送晚。更催诗信息,蔽空云乱。引出愁根,似草如何净铲。梦堪恋。怕搅得梦醒,窗破珠溅。　驱睡冰簟卷。且滴听糟床,注看银练。坳堂寸浅。便濠梁笑指,百鸥回旋。仗有壶倾,醉把金尊泛满。去人远。望南邻、渺如河汉。

| 正 谱 卷二 |

八月初三日(8月28日),亡妻曹氏生日,赋《青山湿遍》词悼亡。

鹏运词为《青山湿遍·八月三日,谯君生朝也。岁月不居,人琴俱杳。纳兰容若往制此调,音节凄惋,金梁外史、龙壁山人皆拟之。伤心人同此怀抱也》,见《四印斋词卷·中年听雨词》。

纳兰性德《青衫湿遍·悼亡》(《通志堂词》):

青衫湿遍,凭伊慰我,忍便相忘。半月前头扶病,剪刀声、犹在银缸。忆生来、小胆怯空房。到而今、独伴梨花影,冷冥冥、尽意凄凉。愿指魂兮识路,教寻梦也回廊。　咫尺玉钩斜路,一般消受,蔓草残阳。判把长眠滴醒,和清泪、搅入椒浆。怕幽泉、还为我神伤。道书生、薄命宜将息,再休耽、怨粉愁香。料得重圆密誓,难禁寸裂柔肠。

周之琦《青衫湿遍·道光己丑夏五,余有骑省之戚,偶效纳兰容若词为此。虽非宋贤遗谱,音节有可述者》(《心日斋词》):

瑶簪堕也,谁知此恨,只在今生。怕说香心易折,又争堪、烬落残灯。忆兼旬、病枕惯惛腾。看宵来、一样恹恹睡,尚猜他、梦去还醒。泪急翻嫌错莫,魂消直恐分明。　回首并禽栖处,书帷镜槛,怜我怜卿。暂别常忧道远,况凄然、泉路深扃。有银笺、愁写瘗花铭。漫商量、身在情长在,纵无身、那便忘情。最苦梅霖夜怨,虚窗递入秋声。

王拯《青山湿遍·辛酉八月,归自滦阳,适遘施淑人丧。曩见纳兰容若此调,尝为金梁外史所谱,窃亦效颦,不知两君情况视我何如也》(《龙壁山房词》):

207

菱花破也,依然噩梦,潦草霜晨。不道西风倦羽,暮归来、并影鸾分。感黔娄、身世总难论。只青山、有约偕归处,待白头、长对如宾。禁得孤生暮景,重伤弱草轻尘。 痴绝石麟空祷,灵萱佩影,愁带三春。那识江潭摇落,又凄凉、殢萼含苹。赁东华、百故恨长贫。算从头、十六年间事,到今宵、一一凄神。断送瑶华倩影,支离未了残魂。

**八月初四日(8月29日),盛昱因病奏请开缺。**

杨钟义《意园事略》:"十五年八月初四日因病奏请开缺。"

**八月十一日(9月5日),端木埰过四印斋,况周颐亦至。鹏运盛情挽留,并招许玉瑑。四人把酒论文,竟夕欢聚。次日端木埰有词寄鹏运。**

端木埰《齐天乐·仲秋十一日,偶过四印斋,夔笙亦至。主人投辖挽留,并招鹤巢。把酒论文,竟夕欢聚。明日却寄一篇,用致感悃》:

主人好客浑成癖,倾谈顿教留住。胜日潇闲,良朋邂逅,取次壶觞啸侣。招邀致语。要不负秋光,嫩凉庭宇。深巷斜阳,一缄芳讯早飞去。 良宵风月大好,看欣然命驾,还载清酤。翠罍浮余,红牙拍遍,论到移宫换羽。芸香太古。愧好榻酣眠,俗尘相污。梦醒西窗,玉轮刚正午。

**案**:光绪十四年二月,况周颐自四川入京,识鹏运,而要到十四年冬才正式参与中书词人唱和。光绪十六年春夏间,况周颐已出京,故四中书词人齐聚尽欢于仲秋时节当在本年。

八月,冯煦作《阳春集》序。

《阳春集》冯序云:

往与成子潄泉有《唐五代词选》之刻,尝以未见吾家正中翁《阳春集》足本为憾。后二年,来京师,遇王子幼霞,出彭文勤家所藏汲古旧钞。借而读之,得未曾有。幼霞遂以是编授之劂氏,而属煦引其端。词虽导源李唐,然太白、乐天兴到之作,非其颛诣。逮于季叶,兹事始畅。温韦崛兴,专精令体。南唐起于江左,祖尚声律,二主倡于上,翁和于下,遂为词家渊丛。翁俯仰身世,所怀万端;缪悠其辞,若显若晦。揆之六义,比兴为多。若《三台令》《归国谣》《蝶恋花》诸作,其旨隐,其词微,类劳人思妇、羁臣屏子郁伊怆怳之所为,翁何致而然耶?周师南侵,国势岌岌,中主既昧本图汶,暗不自强;强邻又鹰瞵而鹗睨之,而务高拱,溺浮采。芒乎芴乎,不知其将及也。翁负其才略,不能有所匡救,危苦烦乱之中,郁不自达者,一于词发之。其忧生念乱,意内而言外,迹之唐五季之交,韩致尧之于诗,翁之于词,其义一也。世宣以靡曼目之,诬已。善乎刘融斋先生曰"流连光景,惆怅自怜,盖亦易飘飏于风雨者"。知翁哉!知翁哉!煦系出文昌左相,为翁族孙。既幸是编之得传于世,而幼霞甄采之勤为尤可感也。光绪己丑秋八月金坛冯煦。

八月,况周颐录校端木埰《碧瀣词》毕,题以《齐天乐》词。

况周颐《齐天乐·己丑秋仲,录校畴丈前辈〈碧瀣词〉,敬跋

一阕》(秦玮鸿《况周颐词集校注》):

我朝词学空前代,薇垣况称渊萃。镂玉雕琼,裁云缝月,提倡断推弹指。词宗继起。看平揖苏辛,指麾姜史。一曲阳春,莽苍尘海素心几。 惭余纤艳未涤,讵知音相待,规劝肫挚。名世文章,救时经济,期我丹山万里。**丈赠句意**云笺料理。要珍媲璠玙,佩同兰芷。古谊高风,景行奚啻此。

**九月二十四日(10月18日),嫁女。**

李慈铭《越缦堂日记》本日记云:"同乡内阁侍读王鹏运临桂籍嫁女,工部郎中蔡世杰杭人为弟娶妇,各送礼钱四千。"

**九月,作刻《梅溪词》跋。**

《梅溪词》跋云:

右史邦卿《梅溪词》一卷。陈氏《书录解题》云:"汴人史达祖邦卿撰,张约斋镃为作序,不详何人。"叶绍翁《四朝闻见录》云:"韩侂胄为平章,专倚省吏史达祖,韩败,黥焉。"或遂谓邦卿为侂胄吏,并引词中"陪节北行""一钱不值"等语实之。按陈氏去侂胄未远,邦卿果为其省吏,何必曲为之讳,猥云不详?即以词论,如《满江红》之"好领青山"、《齐天乐》之"郎潜白发",皆非胥吏所能假托。且约斋为手刃侂胄之人,何至与其吏唱酬复作序,倾倒如此?殆不然矣!堂吏非舆台,侂胄之奸视秦贾有间,邦卿即真为省掾,原不必深论,特古今同时同姓名者正自不乏,强为牵合,亦知人论世者所宜辨也。其集毛氏丛刻外绝少单行,爰为雠校,付之剞氏,其与诸选本字句异同,互有得失,悉为详载,不复标明所据之书,以省繁复。唯周氏稚圭、戈氏顺卿二选,辄好臆改以自伸其说。夫长调一阕,不过百许言,似此意为删润,再经数手,庐山真面必至不可复识,故两家选本参互处,特为标明,略示区别,俟知音者鉴定焉。光绪十五年九月临桂王鹏运识。

**九月,文廷式出都,南下至苏州,与郑文焯、王闿运、易顺鼎等游吟。**

汪叔子《文廷式年表稿》:"九月出都。时方草《西域释地》。南下至苏州,与郑文焯、王闿运、易顺鼎等游吟。又到南昌。旋往广州。"

**九月,孙楫授广西左江道。**

孙楫《邟亭诗稿·万园草》本年有《九月二十二日蒙恩授广西左江道,感赋》诗。

**秋夜,况周颐作《苏武慢·寒夜闻角》词,为鹏运所击赏。**

况周颐《苏武慢·寒夜闻角》(《蕙风词》卷上):

愁入云遥,寒禁霜重,红烛泪深人倦。情高转抑,思往难回,凄咽不成清变。风际断时,迢递天街,但闻更点。枉教人回首,少年丝竹,玉容歌管。 凭作出、百绪凄凉,凄凉惟有,花冷月闲庭院。珠帘绣幕,可有人听,听也可曾肠断。除却塞鸿,遮莫城乌,替人惊惯。料南枝明日,应减红香一半。

况周颐《水龙吟》词序有云:"己丑秋夜,赋角声《苏武慢》一阕,为半唐所击赏。"

《蕙风词话》卷二:"余少作《苏武慢·寒夜闻角》云:'凭作出、百绪凄凉,凄凉惟有,花冷月闲庭院。珠帘绣幕,可有人听,听也可曾肠断。'半塘翁最为击节。"

**十月,考取御史。十一月,奉旨记名以御史用。**

秦国经《清代官员履历档案全编》:"王鹏运……十五年二月恭办大婚礼成出力保奏,请加三品顶戴,奉旨允准,是年十月考取御史,引见,奉旨记名以御史用。"

李慈铭《越缦堂日记》十一月十二日记云:"邸钞:诏翰林院编修郑思贺、庞鸿书、王濂、张仲炘、杨崇伊、钟德祥、吴同甲、管廷献、裴维侒、王懿荣、熙麟、黄桂鋆、王培佑,检讨蒋式芬、王恩洅、杨福臻,吏部员外郎郝同篪、王效俞、钟颖叶、庆增,户部郎中李慈铭、丁之栻,员外郎袁昶、王汝济、曹榕,礼部郎中詹鸿谟,员外郎高蔚光,兵部员外郎胡蕙馨、曾树椿,刑部郎中张赓飏、陈邦瑞,员外郎曹志清、易俊、杨宜治、陈苇棠、冯锡仁、王联璧,内阁侍读王鹏运,俱记名以御史用。"

**十一月,再跋《东山寓声乐府》。**

《东山寓声乐府》跋云:"是刻成后,得梁溪侯氏《十家词》本校补阙佚若干字,其与毛钞字句互异处,并附注各阕之末。十一月庚申半塘老人。"

**十二月二十三日**(1890年1月13日)**小除夕,许玉瑑有词寄鹏运诸人。**

许玉瑑《玲珑四犯·小除夕独坐始有庐,依白石是解,柬幼霞诸君》:

缚草送穷,催花迎喜,更番年例重展。过从朋辈少,俯仰抛书卷。江湖又无去雁。忆春灯、旧时庭馆。巷冷车回,曲终人杳,谁与把椒盏。　鹣鹣并、巢俄换。写朋笺寄与,良会谁践。拥炉虚室小,漏滴鸣幽涧。山光瞰户仍依旧,只赢得、怀人心远。应约取髯翁,载舣船话晚。

**十二月二十四日**(1890年1月14日),**李慈铭将其日记中辨李清照事转交鹏运,以刻入《漱玉集》中**。

李慈铭《越缦堂日记》本日记云:"作书致周介夫,以王鹏运侍读欲取余日记中辨李易安事刻入《漱玉集》中,屡属同人及介夫来索。昨命僧喜录出,今日属介夫转致之。"

**十二月三十日**(1890年1月20日)**除夕,赋《临江仙》词。次日况周颐和其韵。至本年,鹏运一子一女均已婚配**。

鹏运词为《临江仙·己丑除夕》,见《四印斋词卷·中年听雨词》。

况周颐《临江仙·庚寅元日,和幼遐前辈己丑除夕韵》(秦玮鸿《况周颐词集校注》):

东阁官梅春事早,天涯略约吾乡。五云佳气郁相望。满衣宫露,花底紫霞觞。　看取青青双鬓影,未应壮志轻偿。赤麟丹凤各昂藏。蓬山回首,三十好年光。

**案**:鹏运《临江仙·己丑除夕》词有云:"已是向平婚嫁了,名山愿好谁偿。"此用东汉向长故事。《后汉书·逸民传》:"向长字子平,河内朝歌人也。隐居不仕,性尚中和,好通老、易。建武中,男女娶嫁既毕,敕断家事勿相关,当如我死也。于是遂肆意与同好北海禽庆俱游五岳名山,竟不知所终。"即言至此时鹏运子女已娶嫁毕。

前引光绪十一年(1885)鹏运与唐景崧书云:"弱息已长,尚未相攸。前年在汴,仲培家兄以其第三子名瑞周者为运嗣,年已十七,童心未化,复性不能读,人生只此哀乐,所处若斯,怀抱可想。足下知我,毋俟赘言也。"相攸,《诗·大雅·韩奕》:"为韩姞相攸,莫如韩乐。"朱熹《集传》:"相攸,择可嫁之所也。"后因以称择婿。

**十二月,冯煦任国史馆协修官、会典馆绘图处纂修官。**

秦国经《清代官员履历档案全编》:"冯煦……十五年十二月充国史馆协修官、会典馆绘图处纂修官。"

**冬,钟德祥以诗题鹏运藏陈圆圆小像。**

钟德祥《王幼霞索题陈圆圆小像》(雷达辑校《钟德祥集》):

大将何曾解用兵,最忘恩处是无情。玉颜漂泊冤亲尽,更与谁人托死生。

**编年词:**《高阳台·书旭庄舍人悼亡旧作后》《临江仙》(记得朝回花底日)、《蝶恋花》(隔院棠梨风叶乱)、《齐天乐·枕函夹袋,谯君遗制也。睹物怀人,我情曷极》《洞仙歌·得汴梁书却寄》《高阳台·十刹海荷花,为都人消夏胜处。近则画船歌酒,都入南湖。乔木苍烟,非复往时游事矣》《南浦·荷华生日,偶忆南湖旧游,雨中书怀,兼寄槐庐》《南浦·苇湾观荷用夔笙韵》《南浦·同鹤公、诗孙泛舟南湖。约用张春水韵》《南浦·和诗孙前辈》《清平乐》(露华拂槛)、《绿意·咏一片荷叶,同夔笙舍人》《金缕曲·寄瑟老思恩》《金缕曲·六月三十日,鹤公招同夔笙小集市楼》《踏莎行·题曹紫荃舍人词卷》《声声慢·用〈花外集〉韵》《扫花游·苦雨和诗孙》《风蝶令·翟梅岩明经为余编次旧作,有"词笔随年健"之评,戏用其语成咏》《青山湿遍·八月三日,谯君生朝也。岁月不居,人琴俱杳。纳兰容若往制此调,音节凄惋,金梁外史、龙壁山人皆拟之。伤心人同此怀抱也》《临江仙·己丑除夕》。以上《四印斋词卷·中年听雨词》。

案:本年夏秋间,鹏运诸人游南湖词甚多,后作同调词如《南浦》后三首已前移至一起,因后三首作词具体日期不能确考,姑依作者原次序排列。

## 光绪十六年庚寅(1890),四十二岁

**二月底闰二月初,钟德祥有诗寄鹏运。**

钟德祥《夜寄王半塘侍读》(《钟德祥集》):

王五醉何处,我方吟夜长。灯花向人吐,瓯茗发春香。玄默仙难识,慈悲佛未忘。北斋清醒坐,迟尔说荒唐。

**闰二月,彭銮作《薇省同声集》叙录。**

《薇省同声集》彭銮叙录云:

銮守邕州之明年,政暇闲事吟弄,顾穷山密箐,无可是正。京华文宴,思之黯然。幸旧日吟侣端木子畴前辈、许鹤巢比部、王佑遐阁读间有书来,每贻近作,兼多见忆之什。所以慰离群、联旧欢,意至渥也。回忆戊子入粤湘,上败舟,诸君投赠之珍丧失殆尽,对此倍加珍惜。暇日整比,都为一编,益以临桂况夔生舍人所为,命曰《薇省同声集》。况到官在銮转外后,佑遐以

同里后进,寄其词相矜诧。鋆与彼都人士游,亦时闻况舍人名。因并甄录,以志向往。省中文雅知名士不翅四君,即四君之所成就及所期许,亦不翅此选声订韵之末技。独念掖垣载笔垂二十年,与诸君子视草看花,无三日不聚。暇则命驾,互相过酒垆僧寺,载酒分题,其乐何极!丁亥秋相约尽和白石自制曲,畤丈一夕得五六解;佑遐性懒,词不时成,罚以酒,又不能饮,梯突滑稽,每乱觞政。同人无如何,而乐即在其中。当时妄拟此乐可长,乃自鋆出后,畤丈近以老疾决退,鹤巢转秋部,佑遐行擢台垣。一俯仰间,云集者星散。曩时踪迹,几不可复识。正不独鋆之束缚驰骤于蛮烟瘴雨中,望长安如在天上也。然则此选声订韵之微,其有关于吾曹之离合聚散,不綦重哉?录成邮京师,付之剞氏,略志其缘起如此。若诸君所诣闳者,当自得之,无烦娓缕云。光绪十六年闰二月识于邕州郡斋。

第一,碧瀣词上。

第二,碧瀣词下。

第三,独弦词。

第四,袖墨词。

第五,新莺词。

**四月,文廷式、关榕祚、王以敏举会试。郑文焯落第。**

《文芸阁先生年谱》光绪十六年谱:"四月,先生中式恩科贡士。"

汪叔子《文廷式年表稿》:"四月二十五日,传胪。得赐进士及第,授翰林院编修。"

秦国经《清代官员履历档案全编》:"关榕祚,现年五十四岁,系广西桂林府临桂县人,由优贡、举人中式光绪十六年庚寅恩科进士,签分吏部。"

《临桂县志》卷六《选举表四·光绪十六年庚寅会试恩科吴鲁榜》:"关榕祚,吏部郎中,山东道监察御史,云南曲靖知县。"

王乃徵《王梦湘墓志铭》:"年三十六,成进士,授编修。……君生于咸丰乙卯年六月四日,春秋六十有七。"

《郑叔问先生年谱》光绪十六年谱:"晋京应恩科会试,仍荐卷不第。"

**春夏间,况周颐出京,经苏州,纳桐娟。**

据《蕙风词史》(《词学季刊》第一卷第四号)。

**五月初二日(6月18日),以所藏李清照小像嘱郑孝胥题辞,又赠以所刻词十种。**

《郑孝胥日记》本日记云:"王幼遐前辈以易安小照属题,又赠所刻词十种。"

郑孝胥《为王幼霞阁长鹏运题易安居士小像》(《海藏楼诗集》):

南渡遗嫠流人伍,老去才名谁比数?歌辞激愤一世无,小朝廷人真愧汝。画图省识古词女,比似黄花瘦几许。赵侯赞之署德父,政和四年岁甲午。胡马未窥想宁处,归来堂中正媚妩。生小聪明喜自赌,金石图书斗记取。暮年作序戒好古,叙述乱离备凄苦。何来《云麓》与《苕溪》,未识绍兴老命妇。《建炎系录》尤莽卤,俞君编辑年可谱。行迹章章俨对簿,半塘老人**幼霞号**。刻乐府。殷勤轶篇手搜补,摹图征题更志语。表微事较好奇愈,荼蘼云巢今何所? **赵明诚蓄石名"云巢",又有荼蘼画卷,**皆传于世。惟有流传《漱玉词》,坐觉清晖照眉宇。

**六月初三日(7月19日)大雨,上直,有《瑞鹤仙》词纪事。**

词为《瑞鹤仙·六月三日大雨上直》,见《虫秋集》。

**六月,高燮曾补授河南道监察御史。**

秦国经《清代官员履历档案全编》:"高燮曾……十六年六月奉旨补授河南道监察御史。"

**七月,被人参劾,经查无实据。**

《光绪朝实录》卷二百八十七:"光绪十六年庚寅秋七月,又谕,有人奏,内阁侍读王鹏运狎邪已久,嗜好素深,看本草率,声名平常,并有与部书关说情事,请饬查办等语。著大学士确切查明,据实具奏。原折著钞给阅看,将此谕令知之。寻奏,查无实据,报闻。现月折包。"

文廷式《琴风余谭》(汪叔子编《文廷式集》)有云:"近时奏折中,有极似明人者。如丁文诚奏抽肉捐,起首句云,查四川民情,性喜吃肉。庞际云奏湖南捐输事,有云,慷他人之慨(此本俗间故为不通之语,不图以入奏疏也)。皆极俗俚。又刘恩溥之劾张荫桓云,该员既无骨头,又无血性。殷如璋之劾内阁侍读王某云,面目既有缺隘,声名又复平常,则措词尖刻,纯学明人流派也。李合肥保举一办赈谢某家福夹片,云一监生而有民胞物与之量,体国经野之才,亦可笑。若然,则大学士正当让渠作耳。"

八月十五日(9月28日)中秋,雨中抱病看姬人抱贤拜月,有《玉漏迟》词。

词为《玉漏迟·中秋,雨中扶病视姬人抱贤拜月》,见《虫秋集》。

案:抱贤当于此前不久来到鹏运身边。据王氏后人述,抱贤姓陈,扬州人,多才艺,通诗词。鹏运第五孙序梅(字孝饴)出生后过继给陈氏为孙,后王家后辈尊称陈氏为"五老祖"。1914年,陈氏因脑溢血在京兆地方(今北京市)去世,葬于京兆地方广西义地。

八月,梁启超始从康有为学。

《康南海自编年谱》光绪十六年谱:"八月,梁启超来学。"

《梁启超年谱长编》光绪十六年谱:"是年八月,始识康南海先生。"

九月,父必达《养拙斋诗》开雕。

《养拙斋诗》目录后记:"右七集十四卷二千一百二首。男维翰、鹏海、鹏运、鹏豫、维禧谨编次校刊。光绪十六年九月开,越十九年十一月成。"

秋,赋《摸鱼子》词答沈桐并寄文廷式,同人和作甚多,再用前调答之。

词为《摸鱼子·酬沈凤楼舍人,并柬道希》《摸鱼子·近赋"卷疏帘"一阕,同人属和甚盛。新寒病起,再用前解答之》,俱见《虫秋集》。

十月,况周颐暂客广州,赋《鹧鸪天》断句悼亡,后为鹏运所击节,谓情至语无逾此者。

《蕙风词话》卷四云:

蜀语可入词者，四月寒名"桐花冻"，七夕渍绿豆令芽生，名"巧芽"桐娟浙产，生长蜀中，为余言之，不忍忘也。曩岁庚寅，余客羊城，假方氏碧琳琅馆藏书移写。时距桐娟殂化，仅匝月耳。有《鹧鸪天》句云："殡宫风雨如年夜，薄幸萧郎尚校书。"半唐老人最为击节，谓情至语无逾此者，偶忆记之。

况周颐《粤西词见》张琮词小记云："忆庚寅冬，余客羊城。"冬，端木埰自叙其《碧瀣词》。鹏运作《碧瀣词》跋。

《碧瀣词》端木埰自叙云：

仆词不足刻也，且不可刻。道光戊申，江宁水灾，伟君金先生居采蘩桥，水汩其半扉，移居天禧寺之听松阁，去仆家数武。朝夕请业。杨君朴庵、许君仲常、钱君渐之、僧花雨及家兄西园、犹子锡暇常侍侧，闵先生穷愁，谋所以慰安之。适先生填秋影、秋声两词，仲常首属和，谓予曰："先生境困极，又一无所好。盍群和焉，联为词社，稍释老人劳愁？"众以为然。先生亦不忍拂群意，遂就所作名曰听松词社。自秋徂冬，各得词百首余。仆虽从事于斯，茫然不知词为何物。先生为约略指示，且告以先君子笃嗜为此，间与倡和，吟成亟毁之，家亦无片纸存稿，于古人酷好白石，以未见全集为憾，且极严词曲两戒之辨，每谓今人所作皆曲也，非词也。埰惴焉，惧辱家训，亟叩先生以词曲所以异。先生曰："其精微处，子亦心知之，而口不能言。子但多读宋词、严奉万谱以端其趋可矣。"家有知不足斋丛书，乃悉取碧山、草窗、蜕岩、君衡诸公集熟读之。一日仲常、朴庵论词,仆才言曰:"古人明于音律,故所为不稍苟,亦有自制曲调者。今人既不知乐,当师古人意而慎守之,未可求自便,阳奉而阴违也。"语闻于先生,颇韪之。明年入都,同里蔡小石先生、何青士农部交游最密,亦多倡和。既遭乱,栖秀州,藏书尽失。偶以青蚨三百得《词律》佳本,遂日事吟弄。从此因缘涉猎,或作或辍。甲申以后,与彭瑟轩太守多同日值,今比部许君鹤巢、阁读王君幼霞亦皆擅倚声,赓和益多。幼霞尤痂嗜拙词,见即怀之。戊子瑟轩出守南宁,谆属同人无弃此乐;寄书多附以近作,且寄清俸属哀刻。幼霞方有刊宋词之役,遽取所弃悉梓之。亟尼之,已无及。从此播恶丛垢,不可名言矣。初侍金先生,首熟碧山《齐天乐》一阕,吟讽既熟,作辄倚之。于诸名家又笃嗜碧山。诸君词皆有名,遂僭以碧瀣自张其编。露气之下被者为瀣,以是为碧山之唾余可也,为中仙之药转可也;若以为花外嗣音,则不敢也。光绪庚寅冬江宁端木埰自志。

**案**:金鳌,字伟君。《碧瀣词》多与鹏运等唱和之作,第二卷《碧瀣词下》录词 50 首,均为同调《齐天乐》词。

鹏运《碧瀣词》跋云:

光绪庚寅秋日,彭瑟轩前辈邮寄《薇省同声集》,属付梓人,并以年丈子畴先生词甄采无多,属加搜辑。因取箧中所藏,悉为编入。先生不欲以文人自见,矧在倚声。而此集又其倚声之百一,读者以为澧泉一酌可也。临桂王鹏运识。

**本年,续辑《内阁汉票签中书舍人题名》成。**

况周颐《薇省词钞》例言:"是选专录国朝内阁人词,编次悉依光绪十六年同邑王佑遐前辈**鹏运**续辑《内阁汉票签中书舍人题名》。"

**本年,况周颐曾回临桂省墓。**

况周颐《粤西词见》卷一冷昭词小记云:"灵均览揆之岁,余省墓里门。"

**本年,李慈铭补山西道监察御史。**

平步青《掌山西道监察御史督理街道李君莼客传》:"己丑试御史,庚寅补山西道监察御史,转掌山西道。"

**编年词:**《瑞鹤仙·六月三日大雨上直》《玉漏迟·中秋,雨中扶病视姬人抱贤拜月》《摸鱼子·酬沈凤楼舍人,并柬道希》《摸鱼子·近赋"卷疏帘"一阕,同人属和甚盛。新寒病起,再用前解答之》《太常引》(画阑秋气与云平)、《卜算子》(盼到月轮圆)、《摸鱼子·寒夜不寐,率意倚声,得〈摸鱼子〉后半,莫知词之所以然也。明日,畲泉倚是调见寄,且征和作,因足成之。同声之应,有如是夫》。

**案:**据上海图书馆藏《虫秋集》稿本,另据《半塘定稿》《剩稿》收词顺序,同时据词中季节时日,重新排定同调词前移者位置。然《摸鱼子·寒夜不寐,率意倚声,得〈摸鱼子〉后半,莫知词之所以然也。明日,畲泉倚是调见寄,且征和作,因足成之。同声之应,有如是夫》一首当置于光绪十六年或十七年仍不能判断,姑置于光绪十六年末。

## 光绪十七年辛卯(1891),四十三岁

**正月,续撰《皇朝谥法考》成并付印,时官内阁侍读,司谥议。**

鹏运《皇朝谥法考》续编跋云:"鲍子年世丈辑《谥法考》,成于同治甲子之冬。嗣是一续于丙寅,再补于己巳。徐沅青、翁海玶两前辈又有续补之作,迄光绪丁丑四月。然皆各自为书,篇幅畸零,寻检匪易。因与鲍印亭前辈考订商榷,取叠次续修,益以后之得谥者,至庚寅冬季止,重加排次,汇为续编,其体例书法悉遵原书之旧,以归画一。近年易名之典,视昔加严,即一品大僚之薨于位者,亦未尝轻畀。复申禁臣工奏请给谥。所以从事,实示彰劝,意深远矣。鹏运恭司谥议,四年于兹,仰窥朝廷顾籍殊施,逾不敢轻率从事。是编之辑,亦斯义也。至于随时缀辑,俾免缺略而昭慎重,则尤愿与后来者共勉焉。光绪十有七年岁在辛卯孟陬之月,临桂王鹏运谨识。"

案:《皇朝谥法考》,清鲍康撰,王鹏运续撰。

**正月,况周颐助鹏运校词,作《蚁术词选》跋。**

跋尾署:"光绪十七年辛卯正月丙子临桂况周仪夔笙识于夫容旧庐。"

**二月,易顺鼎、易顺豫兄弟至长沙,与程颂万等十余人结湘社于蜕园,以诗词相唱和。**

易顺豫《湘社集序》云:"顺豫少好乘,以二骑行,中实先生因亦得乘,为连句诗。而龙阳至长沙四日道,道短易至,中苦无流连,渡资迂三里,访伯璋、中蕃千家洲。一夕得百韵诗,湘社始萌芽矣。行七里至长沙,因莲父得居蜕园。子大余一日长,于故

交最亲,至不可一日不得见。居五日,伯璋自其乡来,湛侯、棠荪先后携酒蜕园,自是文宴无虚日。又天久雨,中实先生亦遂不复言归。然社稿集寸许,作者方未已也。"

**二月,孙楫授湖南按察使。**

孙楫《郝亭诗稿·骖鸾集》本年有《二月二十四日蒙恩擢授湖南按察使,恭纪》诗。

**春,刘福姚、魏铁三以所唱和《高阳台》词见示,和以同调词。又看花冯园,有《洞仙歌》词。**

鹏运词为《高阳台·伯崇、铁厂以唱和新词见示,倚调和之。老去风怀,不值酒边一笑也》《洞仙歌·冯园看花》,俱见《虫秋集》。

**伏日,邓鸿荃自湘中寄来苏汝谦《雪波词》,读毕作跋。**

鹏运《雪波词》跋云:

苏栩谷先生《雪波词》一卷,光绪辛卯伏日,邓雨人孝廉自湘中见寄。挥汗读一过,不觉两腋清风自生。吾乡词人无多,先辈如朱小岑,诸词见于志乘者,遗集皆不可得。先生受词学于金梁外史,又与家通政、龙方伯为云霞交。通政、方伯俱善长短句,宜其清空绝俗也。先生词颇近玉田、碧山,而琢句选词,尤与金梁为合。渊源所自,信不诬矣。半塘老人识。

案:邓鸿荃为鹏运妹婿。

**秋,赵炳麟举乡试。**

《广西通志稿·文化编·选举表·清代举人光绪十七年辛卯科》:"赵炳麟,桂林府全州,见《进士表》,中式第二二名。"

**十一月二十四日(12月24日),唐景崧补授福建台湾布政使。**

秦国经《清代官员履历档案全编》:"唐景崧……十七年四月署理布政使篆务,十一月二十四日奉旨补授福建台湾布政使,旋经具折谢恩并吁恳陛见。"又据《清史稿·唐景崧传》。

**十一月,况周颐暂客杭州,与谭献有过从。**

谭献《复堂日记》:"临桂况夔笙舍人周仪暂客杭州,闻声过从。锐意为倚声之学,与同官端木子畴、王幼遐、许(子)[玉]瑑唱和,刻《薇省同声集》,优入南渡诸家之室。夔笙网罗词家选本别集,箧衍盈数百家。"

案:上文见《复堂日记》辛亥年日记,后紧跟十一月十七日日记。

**十二月,宗韶以诗题鹏运《庭柳图》。**

宗韶《题王幼霞〈庭柳图〉》幼霞故居在半偈胡同,有手植柳,甚爱之。既而客大梁归,则已为俗人伐去矣。感叹之余,命工图之,征同人咏。因赋》(《四松草堂诗略》卷四):

王郎自是多情种,不爱繁花爱柳枝。想见风流当日事,晓风残月唱新词。**君工词**

江潭摇落感难成,过后思量倍有情。比似少陵憎怅惘,四松犹在锦官城。

隔墙犹见读书堂,浅绿轻黄梦渺茫。误煞重来新燕子,乌衣门巷剩斜阳。

诗人结习太情多,卅载回头奈老何。记得瞻云坊北路,画图谁为写婆娑。**予白庵故居垂柳一株,予十八岁时所植也,今三十年,久已作半天青矣**

**寒夜饮勒深之水芝仙馆,用壁上王拯词韵赋词,并索勒深之和。**

鹏运词为《长亭怨慢·寒夜饮水芝(支)[仙]馆,用壁上龙壁山人词韵,索省旃和》,见《虫秋集》。

王拯《长亭怨慢·寒夜水芝仙馆小饮戏拈》(《龙壁山房词》):

> 问何事、酒痕襟澹。灞岸归来,故衫重浣。金地琼筵,商歌零羽、几时换。朔风凄撼,屏背隐、烛花短。一醉破愁悭,系门外、五花霜糁。　销黯。又咸阳市里,残夜博卢人散。金螯背隐,蓦邻笛、一声肠断。恁联翩、骏马貂裘,只错听、玉人羌管。看并羽雕梁,许约青春闲伴。

**案**:王拯此词后接《金缕曲·送勒少仲同年出守南邕》词。

勒方锜,字悟九,号少仲。勒深之,字省旃,勒方锜之子。水芝仙馆当为勒深之家房舍。

**本年,京察一等。**

秦国经《清代官员履历档案全编》:"王鹏运……十七年京察一等。"

**本年,康有为始开讲堂于广州长兴里。**

据《康南海自编年谱》。

**编年词**:《高阳台·伯崇、铁厂以唱和新词见示,倚调和之。老去风怀,不值酒边一笑也》《洞仙歌·冯园看花》《洞仙歌·陶然亭壁上有女史题诗云:"眉黛春波一样青,流莺啼上夕阳亭。阿侬尽有伤心事,说与东风不忍听。"引伸其语为长短句,所谓"闲人言愁,我亦欲愁"也》《长亭怨慢·寒夜饮水芝仙馆,用壁上龙壁山人词韵,索省旃和》。

## 光绪十八年壬辰(1892),四十四岁

**正月十一日(2月9日),翁同龢过观音院问端木埰疾。**

《翁同龢日记》本日记云:"近观音院,问端木子畴疾,面肿,尚能食,兀坐一楼者数十日矣。其侄孙叔蕃,河南幕来,数语即退。……子畴,孝子也,江宁优贡。其妻,孝妇也。母在,孝妇侍母,子畴终身不入室。母亡,妻亦卒,遂不娶。馆于祁氏,文端以国士荐之。一介不取,工书,长词赋。曾辑《通鉴》中人君宜法者数十条手繕成册,余为进呈。"

**正月十五日(2月13日),端木埰卒。鹏运因营葬端木埰而负债。**

《冶麓山房丛书》收端木藩《端子畴侍读哀启略》云:"至今年元夕,诏不孝曰:'汝曾祖母二十一日殁,吾卒至是日,俾汝曹岁丰祭祀,得附我于末,吾愿足矣。'呜呼!孰知竟以是日亥时弃不孝而长逝哉!"

王孝饴《王半塘老人传略》:"尝闻老人因营葬江宁端木子畴先生,至典质衣物以偿债。"

**正月二十日(2月18日),况周颐在苏州,与张祥龄、郑文焯于柳宜桥酒楼联句和词。**

况周颐、张祥龄、郑文焯《喜迁莺·壬辰正月二十日,子苾、小坡柳宜桥酒楼联句,和梦窗韵》(秦玮鸿《况周颐词集校注》):

亭皋愁暮。市桥畔倦客,怕听吴橹。苾乌帽敧风,青帘飐雪,江燕似人栖旅。坡笛里去年花月,灯影谁家帘户。夔更携手,问隔邻莺燕,歌云闲否。苾　高处。

慵独倚、花影画阑,夜夜虚晴午。<sub>坡</sub>锦瑟华年,多情应悔,轻付寻常宫羽。<sub>夔</sub>未忍杜郎别泪,休梦谢池佳句。<sub>苾</sub>倦吟望,又春衫瘦尽,飘零金缕。<sub>坡</sub>

况周颐《香东漫笔》:"辛卯、壬辰间,余客吴门,与子苾、叔问,素心晨夕,冷咏闲醉,不知有人世升沉也。"

**春初,作《金缕曲》词,王汝纯有和作。邓鸿荃抵京,住鹏运家,见此词后依韵和之。**

鹏运词为《金缕曲·赠怀堂。被酒作》,见《虫秋集》。

王汝纯《贺新凉·壬辰春分后二日,幼霞谱此解属和。久无以应。春宵不寐,倚调戏答》(《醉芙诗余》):

客有多情者。叠花笺、贻予绮语,粉描脂画。钗挂臣冠罗袖拂,口角余香散麝。赠十斛、明珠无价。买得阿娇金屋贮,度春宵、省注寻芳假。又恐被,细君骂。

余年似酒那禁泻。记当时、枇杷门巷,翠尊频假。裙屐风流难再遇,一笑浮云散也。叹几度芳华空谢。香草美人饶寄托,卧萧斋、听雨蕉窗打。谁共我,注骚雅。

邓鸿荃《金缕曲·壬辰抵京,王幼霞侍御五兄,重馆予于中年听雨庐,兼以近作见示,依韵奉答》(《秋雁词》):

问客何为者。又春城、人家万树,置身图画。谣诼蛾眉遭妒久,尚自浓熏兰麝。空见说、明珠无价。送别河梁曾几日,叹年光、过眼如奔马。樽酒美,喜重把。

离怀万缕凭倾泻。笑依然、精庐听雨,缘真天假。怕见飞飞穿帘燕,去住总无聊也。只故故堂依王谢。剔尽孤檠愁不寐,数街前、几点寒更打。窗外雨,又沾洒。

**春初,况周颐客居苏州,作《锁窗寒》词思念在京城的鹏运。**

况周颐《锁窗寒·怀幼遐前辈京师,时客吴门》(秦玮鸿《况周颐词集校注》):

> 对酒相思,横琴独啸,素心人远。吴烟破柳,略约露槐春浅。料东华、玉骢倦归,茜窗也梦灯同剪。尽画船题翠,旗亭浮白,坠欢销黯。　莺唶。江南岸。忆惨绿韶年,软红旧馆。残衫瘦马,负了梅边青眼。**幼遐有花外梅边小印**待江亭、尊俎更携,别愁看取襟袖满。更关心、古寺春钟,白发词仙健。**指畹丈前辈**

**二月初十日(3月8日),翁同龢吊端木埰丧。**

《翁同龢日记》本日记云:"吊端木子畴,致赙五十金,其嗣孙某甚知礼。"

**二月,况周颐、刘福姚先后到京,准备应会试,夜过四印斋,与鹏运联句成《东风第一枝》词。后刘福姚高中状元。**

联句词为《东风第一枝·此壬辰二月,夔生、伯崇计偕到京,夜过四印斋,用邵复孺韵联句。旧作偶于箧中检得之,附录于此。伯崇是年果占东风第一,文字有祥,行为夔生祝也。时癸巳腊月廿二日雪中》,原见《味梨集》。此词用邵亨贞词韵。

录邵亨贞原词二首如下:

《东风第一枝·年来逆境驱驰,不知岁序之有游赏。忽忽春风,徒起浩叹。庚辰新正,与南金剪灯小酌,分题写怀。追念古人乐事,今无一在眼,时于文字中见其一二。遂各想像旧事为之。然心之所好,亦寂寞中一乐也。予得此调,南金得〈春从天上来〉》

> 舞馆簪蛾,谯门试角,疏灯时弄春影。晓檐铁马敲

229

晴,夜等锦鸿送冷。铜驼陌上,早官柳、轻黄笼暝。料小楼、一枕微醒,已被嫩寒欺醒。　花信阻、锁窗惯静。芳事杳、翠衾倦整。晚妆似怯梅钿,旧香尚凝篆鼎。朱门双掩,向斗鸭、阑干慵并。待灞桥、重暖新炉,拟约茜桃兰艇。

  《东风第一枝·春来兼旬,寒气不减旧腊。正月廿二日,曹云翁招饮。听雨西窗,南金偶道及前作,翁欣然命笔次韵,故又口占为谢》

乱雨敲窗,深灯晕壁,孤屏相对吟影。醉余梦蝶难寻,起来睡鸳较冷。东风急处,又卷得、残云催暝。奈暗愁、忽到梅边,夜半粉香熏醒。　门正掩、暮帘乍静。花未闹、小车预整。斗茶尚忆分曹,赋诗更联古鼎。春衫慵试,怕误了、金鞍相并。待小桃、开满前溪,且踏武陵渔艇。

春,有《祝英台近》词,王汝纯和之。

  王汝纯《祝英台近·和幼霞韵》(《醉芙诗余》):

柳酣眠,花睡觉,春懒更倾倒。轻暖轻寒,天气酿花好。几时草踏瀛洲,马蹄归去,开笑口、一舒幽抱。　诗肠扰。赢得写绿吟红,芳心倩谁晓。宠燕娇莺,欢惊近来少。非干老去伤春,春风多事,便老去、春情未了。

  案:鹏运原词未见。

四月,王汝纯邀鹏运与宗韶至法源寺看花,并登陶然亭。王汝纯有词纪游,忆及光绪十四年约端木埰同游之事,内心凄苦。鹏运倚调答之。

鹏运词为《湘月·壬辰四月,粹父监仓招同子美驾部,看花法源寺,登陶然亭。子美有词纪游,致感存没,其言危苦。同忆戊子秋,粹父约畴丈于此,为延秋之酌。酒边念往,凄然于怀。倚调奉酬,所谓於邑难为声也》,见《虫秋集》。

王汝纯《念奴娇·初夏,约美老、霞君看花,由法源寺至陶然亭,归饮市楼,次美老韵》(《醉芙诗余》):

> 晚春时节,过琳宫得见,余芳堪倖。万片红霞,风卷去、数朵尚留残景。曲径通幽,禅房花木,春老招提境。浮生如梦,不妨游衍乘兴。　此际却胜花时,绿阴幽草,多少繁英剩。更上江亭,开倦眼、北阙西山遥映。荻渚掀波,涛声在树,乌梦吹都醒。酒家何处,夕阳低挂帘影。

四月,鹏运嗜睡,和白朴《水龙吟》睡词韵以志赏心。此词经况周颐修改后定稿。后王汝纯有和作。

鹏运词为《水龙吟·平生嗜睡成癖,读〈天籁集〉睡词,深有契于予怀者。戏用原韵,以志赏心》,见《虫秋集》。

况周颐《餐樱庑词话删稿》"三先生睡词"条云:"畴昔文字订交,情逾昆季,春明薄宦,晨夕过从,犹忆睡词脱稿,一灯商榷,如在目前,其过拍'无情世故'、歇拍'倩花扶起'句,并余为之酌定。"

**案:**白朴《天籁集》卷上《水龙吟》词序云:"遗山先生有醉乡一词,仆饮量素悭,不知其趣,独闲居嗜睡有味,因为赋此。"鹏运词正和其韵。

王汝纯《水龙吟·幼霞嗜睡,和〈天籁集〉此解见示,子美嗜饮,戏和其韵。余兼二癖,爱用韵效颦》(《醉芙诗余》):

> 若非酒国甜乡,此身位置疑无地。蕉窗夜月,茅檐花影,稳人清寐。万事消除,千愁净扫,绿倾杯蚁。问三宜四印,两家偏嗜,何如我、饶兼味。 多少醉生梦死,压双峰、琐眉间翠。希夷大笑,伯伦不许,入吾裈里。枕上乾坤,壶中日月,宜酣宜睡。叹白云缥缈,温柔沈溺,有谁呼起。

**四月,况周颐以词题鹏运《庭柳图》。**

况周颐《南浦·题幼遐前辈〈庭柳图〉》(秦玮鸿《况周颐词集校注》):

> 芳草闭门深,甚轻阴,荡得帘栊如水。浑不为春忙,曲作平阑外、长是三暝三起。丝丝缕缕,抵今多少伤春泪。却作平笑伤春人自苦,春在等闲桃李。 天涯休怨凋零,便腰枝似旧,难消妩媚。烟雨黯龙池,闲莺燕、知否黛眉深意。千红万紫。有人沉醉长安市。输与词仙工懒慢,闲梦一庭烟翠。

**五月初一日(5月26日),赐刘福姚、赵启霖、屠寄、汤寿潜、张元济、蔡元培、朱家宝等进士及第出身有差。郑文焯会试不第。**

据郭廷以《近代中国史事日志》。

《临桂县志》卷六《选举表四·光绪十八年壬辰刘福姚榜》:"刘福姚,进士,殿试第一甲第一名,翰林院修撰,贵州、广东、河南主考。"

《郑叔问先生年谱》光绪十八年谱:"晋京应会试,荐卷不第。"

六月,与况周颐、邓鸿荃游陶然亭,相约用"登陶然孤亭"五字起句,各赋一词。

况周颐《寿楼春·游陶然亭,同幼遐前辈、雨人同年,相约用"登陶然孤亭"五字起句,各赋一阕》(秦玮鸿《况周颐词集校注》):

> 登陶然孤亭。问垂杨阅尽,多少豪英。我辈重来携酒,但闻黄莺。红日晚,西山横。似怨人、天涯飘零。记越角怀人,江南作客,幽梦此曾经。 垂竿叟,浑无营。共闲鸥占断,烟草前汀。一角高城残照,有人闲凭。**是日所见**吟未了,山钟清。隔暮云,相看忘情。怕香径归来,红尘暗萦诗鬓青。

案:鹏运、邓鸿荃词今未见。

**闰六月十一日(8月3日),李慈铭复鹏运信,建议将其先祖李光词与赵鼎、李纲、胡铨三人词合刻成《南宋四名臣词》。**

《四印斋所刻词》录其信云:

> 幼霞仁兄同年大人阁下:久苦俗冗,兼年老多病,未克相晤,甚念。前承雅属,为宋四贤词序。于风雅中激扬名教,甚盛事也。录录久未下笔,然稍暇必为之。顷辱手教,欲改为《炎兴三贤词》,以赵、李、胡三公同朝,合为一集。知人论世,益足令读者兴感。然鄙意炎兴二字究犯蜀汉年号,况高宗之中兴实不足言,以今日而目以炎兴,似亦未妥。先庄简公讳光,与忠定同朝至好,与赵忠简同年,后与胡忠简同在海外,往还甚密。集无刻本,弟于四库书钞得之。是从《永乐大典》掇拾

而成，弟久拟付刊，因无善本可校，脱误甚多。集中附词十三阕，虽苦太少，然与三公真一家眷属也。若并而刻之，名为《南宋四名臣词》，似较稳妥。未知尊意以为何如？阁下嗜古博搜，日以流通秘籍为事，此为功于古人不少。杭人许益斋**增**深于词学，今拟校刻浙西后六家词。中有项莲生《忆云词》，有甲乙而无丙丁，益斋春初寄书相询。弟蓄诗词甚少，尊藏有传本否？如可借钞以寄益斋，其人老矣，好事弥甚。倘有先庄简公集，更能假一阅，感幸尤多。余容晤谈。即请著安。不宣。年愚弟慈铭顿首。闰月十一日。

**夏夜，况周颐值中书省，校吴文英《梦窗词》，赋《玉漏迟》词呈鹏运。**

况周颐《玉漏迟·直庐夏夜校〈梦窗词〉，赋呈半塘前辈》（秦玮鸿《况周颐词集校注》）：

地严官事少。绿作平窗向晚，绛筹初报。点遍霜腴，薇露采毫深蘸。我有中仙俊侣，似君与、蕢州同调。谁解道。镂金无迹，个中清妙。　夜久漫拥青绫，爱静掩文章，点尘难到。殿阁南熏，**梦窗《凤池吟》**句更吟凤池新稿。一作平事词仙羡我，对青案、承平封诏。钟漏晓。班回御香长绕。

**夏，况周颐、邓鸿荃各以词题鹏运梅花诗画扇，均采其诗意成词。**

况周颐《鹧鸪天·为半塘题玉奴诗画便面，即采诗意成词》（秦玮鸿《况周颐词集校注》）：

十样山眉画不如。人生何用五车书。兰荃萧艾成今古,此恨倾城道得无。 歌且舞,醉难扶。梅兄矾弟笑相呼。芳心未解秋风怨,记取云屏识面初。

邓鸿荃《思佳客·为幼霞题玉奴诗画便面,即采诗意成词》(《秋雁词》):

解道罗胸富五车。怜才何事竟关渠。风尘别有知音在,踏遍槐黄总不如。 花影颤,墨痕腴。幽兰几叶写疏疏。凭君持取团圞意,珍重梅花带月锄。

案:鹏运原诗未见。

**七月初七日**(8月28日),作刻元邵亨贞《蚁术词选》跋。

跋云:"此词夔笙舍人刻于粤西,雠勘精审,时余方覆刻白兰谷《天籁集》,遂并此合刻之。复孺、兰谷二词,不在山村、蜕岩、伯雨诸贤下,而论元词者罕及之。书之显晦,岂真有时耶?壬辰七夕雨窗校毕记此。临桂王鹏运。"

《蚁术词选》目录后记:"案汪氏原刻所载目录,觇缕冗复,殊乖宋人编目体例,况本削之是也。兹特另编如右。是集每卷各标令慢,其第二卷《玲珑四犯》以下十六调皆慢体,而列令卷之末,且篇页视它卷惟倍。窃意原书似分五卷,汪刻并五为四,又不知令、慢之别,遂尔混淆,非原编失次也。又沈明臣一序,乃总序邵氏全集,不专为词选而作。其有关复孺生平者,况跋已详节之,不复录。卷中字句间有与况刻异处,皆据皕宋楼藏本校出,并附著于此。王鹏运再记。"

案:此后记所作时间失考,姑附于此。

**七月十六日**(9月6日)夜,与况周颐、邓鸿荃于宣武门西看月,分调赋词。邓鸿荃另有《踏莎行·秋夜和王五侍御韵》词和鹏

**运词韵**。

鹏运词为《烛影摇红·宣武城西看月,同夔笙、雨人作》,见《虫秋集》。

况周颐《玲珑四犯·七月十六夜,宣武门西步月,同幼遐前辈、雨人同年》(秦玮鸿《况周颐词集校注》):

秋色横空,算绿鬓天涯,霜讯禁惯。步入琉璃,一**作平**霎软红都换。如此俊侣良宵,忍付与、倦游心眼。尽梦云飞渡遥汉。羞逐凤鸾娇懒。　玉笙须按霓裳遍。更谁听、素娥幽怨。江湖旧话山河影,休问愁深浅。何处寂寞玉容,也怅望、南云断雁。拚**去声**立残清角,归去也,花阴转。

邓鸿荃《八声甘州·七月十六夜,偕幼霞侍御、夔笙舍人,城西踏月》(《秋雁词》):

卷纤云放出暮天晴,晴天浩无边。望重城一角,太行新扫,眉翠秋妍。一幅云林画本,消得酒肠宽。旧事休重省,凋去朱颜。　试问姮娥无语,只清辉照彻,万里河山。尽阴晴无准,长是向人圆。笑劳生、黄尘乌帽,剩宵来、一晌得安闲。前游记、三人对影,两个词仙。

案:鹏运此词置于《虫秋集》中光绪十九年二月词作之后,但由况、邓二人同作词序可知词作于七月十六日晚,而《虫秋集》收词止于光绪十九年七月十三日(《味梨集》中第一首词《鹧鸪天·癸巳七月十三日恭纪》)前,而邓鸿荃本年初始入京,则此词只能作于本年。

邓鸿荃《踏莎行·秋夜和王五侍御韵》(《秋雁词》)：

  酒淡停斟,花残慵睨。今宵人在愁城里。青青凤胫照无眠,坐听邻院笙歌起。　穿幔蟾圆,敲窗叶坠。故关那有鱼书至。吴钩郁作不平鸣,甚时才吐如虹气。

  案：上词约略同时,鹏运原词未见。

七月二十二日(9月12日),许增有信致谭献,示以鹏运信,鹏运信中谈及谭献。鹏运以所得原为许增所有的《湖上访僧图》题词一卷寄还许增。

  《复堂日记》本日记云："夕迈孙札来,示我王幼遐书,语及老夫。旧游怅惘。迈孙卅年前有《湖上访僧图》魏滋伯诸君题词一卷,失于祁门,流转至江西,为幼遐所收。近来与迈孙同声相思,乃以此卷题词寄南。迈孙欢跃以告。文字因缘,亦佳话也。"

七月下旬,况周颐以前七月十六夜宣武门西步月《玲珑四犯》词索和,钟德祥次韵答之。**此为钟第一次作词。况周颐招饮后,钟再叠前韵。**

  钟德祥《玲珑四犯·况夔笙舍人七月十六夜宣武门西步月,同半塘王君作此词,索和之。余固不喜倚声,夔笙强至再,乃次其韵,复集录于此,志耘翁四十年来开章第一作也》(《钟德祥集》)：

  瑶夜宣南,想市筑台金,尘梦醒惯。问月何来,热恼可将秋换。说甚夺凤栖鸡,恰好趁、霜雪洗眼。况朗吟有两闲汉。合与我成三懒。　十洲放眼人差遍。总河沙、豕虫恩怨。白银潢汉如悬水,知否今清浅。人间露且变霜,万事付、虚空过雁。共冷清清地,天似昼,看云转。

钟德祥《玲珑四犯·余既和夔笙此词,适赴招饮,步月还卧宝天㙒室,再叠前韵》(《钟德祥集》):

陶令刘伶,亦浊世沉埋,各醉醒惯。古振奇人,买酒可金貂换。我与尔对淋漓,且醉合、后村毒眼。古与今无极河汉。欲说觉惊筵懒。　重城月浸沙痕遍。甚萤痴、蟀吟螫怨。径逃人外将何处,十万山犹浅。无如避世此间,悉不问、输赢木雁。茗芋花阴卧,鸡几唱,身翻转。

七月,作刻白朴《天籁集》跋。

《天籁集》跋云:

右白仁甫《天籁集》二卷。按仁甫工度曲,明涵虚子评论元曲,品居第三,其词则未见著录,诸家选本亦均不载。国朝康熙中,六安杨氏希洛以曝书亭订本授梓,《四库全书提要》《御选历代诗余》复盛推之,名始大显。此本从皕宋楼藏书移钞,即杨刻也。仁甫词洵如《提要》所云,清隽婉逸,调适韵谐,足与张玉田相匹,乃沉晦数百年始得竹垞、希洛为之表襮,而别集孤本,流传绝尠。其由显而晦,又将二百年矣。杨刻卷首有仁甫小象,末附摭遗,为所制曲,兹刻皆未之及。卷中讹缺以无可校正,悉仍其旧云。光绪十八年七月壬辰临桂王鹏运识于吟湘小室。

| 正 谱 |

初秋,作刻《东山寓声乐府补钞》跋。

跋云:

> 右《东山寓声乐府补钞》一卷。按东山词传世者唯前刻汲古阁未刻词本,即所谓亦园侯氏本也。近读归安陆氏《皕宋楼藏书志》,知有王氏惠庵辑本,视前刻多百许阕,乃丐纯伯舍人钞得,为《补钞》一卷附后。唯屡经传写,讹阙至不可句读,与纯伯、夔笙校雠一再,略得十之五六,其仍不可通者,则空格或注"元作某字"于下,以俟好学深思者是之。方回北宋名家,其填词与少游、子野相上下。顾淮海、安陆完书俱在,独东山一集销沉剥蚀,仅而获存又复帝虎矣。乌使读者不能快然意满如此。世有惠庵祖本,愿受而卒业焉。光绪壬辰新秋临桂王鹏运识。

八月十五日(10 月 5 日)晚,钟德祥携月饼过访鹏运,探讨词律。此前不久,钟德祥曾数叠前《玲珑四犯》词韵,并向鹏运乞所刻词集及致谢,中秋夜又有叠韵词。

钟德祥《中秋夜,携月饼过王幼霞,请词家声病,讲论至惬,归寓赋识之》(《钟德祥集》):

> 词妙参禅在口头,与君说饼作中秋。归来槐柳和人静,卧听钟声月上楼。

钟德祥《玲珑四犯·幼霞同年既搜刻宋以来诸词集尝著录者无虑十数,多孤本,亦此学珠船也。幼霞意尝望余不肯填词,而夔笙近相劝至笃,于是始学焉。学不可无书,三叠前韵乞诸刻集》(《钟德祥集》):

· 239 ·

此事诗余,本乐府祥骚,赓续都惯。平调中声,不在羽宫移换。漫说剪水裁云,且养我、雪心电眼。待问途河上通汉。不敢柂慵篙懒。 闻君刻锓麻沙遍。想花间、断肠惆怨。自纵吟桀声奇调,泪唱低斟浅。欲呼大汉女郎,按拍人、筝莺笛雁。倩一痴堪借,吾绮语,君留转。

钟德祥《玲珑四犯·谢幼霞惠四印斋所刻词集,四叠前韵》（《钟德祥集》）：

几卷花间,贶我得遗音,珠律穿惯。减叶添花,可任剪刀偷换。休说鼓吹清真,佛亦有、本家禅眼。问后先江海河汉。勤尺岂容分懒。 兰荃珠玉都翻遍。类风人、雅材哀怨。琴言笙字难心授,抹风批月浅。无声处作叩弹,君悟我、花鹃月雁。愿学君脱手,丝菀结,珠千转。

钟德祥《玲珑四犯·壬辰中秋,南馆对月,五叠前韵》（《钟德祥集》）：

今夕何时,洗空色瑶青,闲处看惯。满足团圞,莫是与龙珠换。近对玉宇琼楼,此下有、九州望眼。那桂枝拥蔽银汉。遮莫使吴刚懒。 筝琶不是霓裳遍。各零星、酒淫歌怨。慢亭归鹤骖云下,回首蓬瀛浅。不如小住广寒,胜太白、醉登落雁。甚镜光圆缺,蟾不识、飚轮转。

中秋前后,登京城西郊旸台山绝顶遥望明十三陵,有词。八月十六日（10月6日）冒雨游西山卧佛、碧云诸寺,有词。

词为《念奴娇·登旸台山绝顶望明陵》《望江南·游卧佛寺,拈樾亭居士诗句题壁。盖情事适相符也》《鹧鸪天·十六日冒雨山行至卧佛、碧云诸寺》,俱见《虫秋集》。

**约八月底,赠钟德祥糖芋,钟有词报谢。**

钟德祥《江南好·谢幼霞惠糖芋》(《钟德祥集》):

蹲鸱子,风味蔗根香。宰相亦从僧领取,咸酸难与俗同尝。几瓣后山香。**近从幼霞问倚声法。宋人谓柳七何不填词去,盖讥焉。可同一笑**

**八月,高燮曾转掌广西道监察御史。**

秦国经《清代官员履历档案全编》:"高燮曾……十八年六月稽察西仓事务,八月转掌广西道监察御史。"

**九月初八日(10月28日),李慈铭得鹏运信,即复,谢其赠新刻白朴《天籁集》,并商刻四名臣词集事。**

《越缦堂日记》本日记云:"得王幼遐鹏运书,以新刻元人白太素朴《天籁词》为赠,即复谢,以命僧喜所录先庄简公词,并幼遐所录李忠定赵忠简胡忠简三家词还之。"

《四印斋所刻词》录其信云:

手示敬悉。承惠新刻白兰谷《天籁集》,平生未见书也。谢谢。四名臣词,先庄简公词小儿早已录出,因尚有误字,再校两过,重命缮录。顷尚有两阕未竟,容午后并原册送上。拙序亦当于明早奉缴耳。兄孜孜文献,此举尤足廉顽立懦,非仅声音感人。衰病久稽,无任皇恐。弟自痰厥后久未复元,前日有乡人强邀皖馆乐宴,下车时马惊,被蹶伤胫,幸无大碍。复请著安。

弟慈铭顿首。重九前二日。

**案**：据李氏日记，复鹏运信当在九月初八日，《四印斋所刻词》所录信末作"重九前二日"疑误。

**九月初九日（10月29日），钟德祥借鹏运所藏《词学丛书》选词。**

广西壮族自治区图书馆藏鹏运旧藏《词学丛书·乐府雅词》卷首钟德祥题云："壬辰重九耘翁借幼霞藏书，将择尤雅之作别集之。"

**九月，作刻《南宋四名臣词集》跋。**

跋云：

右《南宋四名臣词集》一卷。赵忠简、李庄简、忠定、胡忠简四公作也。初从夔笙舍人钞得得全居士、梁溪、澹庵三词，拟丐同年李越缦侍御序而刊之。侍御复出其先世庄简公词若干阕，遂并编录以为斯集。嗟乎！兹四公者，夫岂非所谓魁垒闳廓、儒者其人耶？其身系乎长消安危，其人又系乎用与不用、用之而不终用之也。于是则悲天运、悯人穷，当变风之时，自托乎小雅之才而词作焉。其思若怨悱而情弥哀，吁号幽明，剖通精诚，又不欲以为名也。于是则摧刚藏棱，蔽遏掩抑，所为整顿缔造之意，而送之以馨香芬芳之言与激昂怨慕不能自殊之音声，盖至今使人读焉而悲，绎焉而慨忾，真洞然大人也。故其词深微雄浑而情独多。鹏运窃尝持此旨以盱衡今古之词人，如四公者亦出而唱叹于其间，则必非闺襜屑越小可者所得侥托。故校勘四公词，都为一编，后有方雅君子之好之者，意可无疑于讽一而劝百,致与繁华流荡,同类而交讥,鄙人之区区也。光绪十八年九月临桂王鹏运跋。

**秋,醉后书《金缕曲》词于酒家壁,钟德祥和之。钟又有《风流子》词调鹏运,当作于稍后。**

鹏运词为《金缕曲·醉后书酒家壁》,见《虫秋集》。

钟德祥《金缕曲·和幼霞》(《钟德祥集》):

> 莫待成追悔。二十年、抟沙散雪,几枯沧海。影事前尘难检点,只有襟痕酒在。零落了、带苏巾苴。骆马回头柳枝去,那因缘、正赖霜刀耳。笑风絮,黏泥矣。
> 留髡一斗翻何事。感当时、蟠胸五岳,轮囷磊魄。谈梦箜篌吹恨笛,一样行云流水。更何待坐忘法喜。无可奈何花落去,一龛灯、弥勒差余似。亦无想,亦无意。

钟德祥《风流子·调半塘老人》(《钟德祥集》):

> 树檐风落索,重帘底、谁唱缕金裙。倘新词燕子,都来名士,旧场鲍老,能说销魂。笼灯去、醉呼花十八,聊当眼中人。况是今宵,月多尘少,蟹黄荐菊,蚁绿浮尊。 悲秋夫何极,搔头问仙泪,是否酸辛。何似右肩宋玉,左袖灵均。纵鸡儿锦舞,雀伶弦脆、烛移转电,霜滑流银。还是瓦盆特地,闲煞痴云。

**十月,傅潜授内阁典籍。**

秦国经《清代官员履历档案全编》:"臣傅潜,山东聊城县举人,年五十四岁,由现任内阁中书,今签掣内阁典籍缺。敬缮履历恭呈御览。谨奏。光绪十八年十月二十八日。"

**十一月初十日(12月28日),李慈铭复鹏运信,告知已收到校刻**

**四名臣词样本等情况。**

《四印斋所刻词》录其信云：

> 幼遐仁兄同年侍读阁下：顷奉手教并校刻四名臣词样本一册。敬悉。先庄简词当即命小儿谨取原本再校一过，并拙序明日奉上。读执事后序，激昂奋迅，能抉四公之深心，有功词学甚巨，非止字句警卓可传也。弟比因感寒身热，前月二十六日力疾赴觐，是日又被旨派监试现任笔帖式及绎汉官，八日方出，病益加重。容俟小愈趋谈。敬请著安。惟鉴不尽。弟慈铭顿首。十一月十日。

《越缦堂日记》本日记云："得王幼遐侍读书，以所刻《宋四名臣词》样本一册见示，并催余序文，即复。"

**十一月十二日**（12 月 30 日），**李慈铭遵鹏运嘱撰成《南宋四名臣词集》序，并写信给鹏运。**

序云：

> 同年临桂王子鹏运刻《南宋四名臣词》既成，属慈铭序之。慈铭作而叹曰："乌虖，王子之用心何其至哉！"词之为道，儒者所不屑言。然宋时名公巨人如韩、范、欧阳无不为之。降至南宋，其学益盛。四公者，居南北宋之间，未尝以词名。所为文章忠义奋发，振厉一世，而其立论皆和平中正，字字近情。与朋友言，尤往复三叹，不胜其气下而词敛。间为长短句，皆曲折如志，务尽其所欲言。即至尊俎从容，流连光景，若恐其思之不永而欢之不极，岂非所谓至人者？其气与天地

| 正　谱 |

自然流行，无所往而不称其物者乎？四公中得全居士之词最为艳发，似晏元献；三公多近东坡，而尤与后来朱子为似，虽处陀穷患难而浩然自得，无一怨尤不平之语，则非东坡所及焉。乌虖！天生四公于北宋之季，赵忠简、先庄简皆骎骎通显，忠定至执政，胡忠简稍后出，建炎之初亦已登第矣。是所以大有造于宋，以爱其祖宗者，佑及其子孙。使高宗能用之，举创极既亡之天下，一惟四公之所为，则金人且自守之不遑，岂止还两宫、复故土哉？而高宗区区于残破之半壁，惟恐失之，亡亲事仇。仅一亡秦老奸**岳倦翁《宝真斋法书赞》称桧为亡秦，今用其例**能中其欲。遂甘心于四公斥逐窜殛之不暇。虽以忠定之功业久著，再相数十日，一斥不复。其所昵者，亡秦以外，惟汪黄耳。是尚得谓有人心者乎？故北宋之亡，不于徽宗，而于高宗；南宋之不竞，不于亡秦，而于思陵也。不然，绍兴之初，其倚忠简不可谓不至矣。忠正德文之褒诏墨犹新，而吉阳之贬遽至；既致之死而犹逮捕子孙，欲灭其家。先庄简参政甫祺，与桧忿争，万里投荒，祸及诸子。澹庵一疏，屡濒九死，岂桧之凶焰能至是哉？盖高宗深恶恢复之说，惟恐二帝之得还而已。有窃位之惭，故于仇和议者即以为仇桧，于仇桧者即以为己不共之仇。故桧既死而先庄简与胡公久不牵复，至遇郊恩始稍还内地。其于忠定至不肯加以宣抚之号。其自言畏桧逆谋者，即其称臣于金之故智。忍其大辱以欺天下，以欺其父兄，然则高宗之罪不

· 245 ·

通于天哉？不然，桧乞骸之疏甫上，罢其父子易于反掌，其能制桧可知矣。故朱子谓庄简之祸，由于桧对高宗指为无人臣礼之一语，知借赵汾之狱欲尽诛诸正人者。高宗之隐衷而桧导之，桧既死，遂归其过于桧，而其事遂已。高宗之欲释憾于四公者，其毒至此。所幸梁溪早逝，而庄简诸公之得生还，不可谓非天意也。知人论世，学者之责。王子之刻四名臣词，固欲廉贪立懦，使人兴起。尤以见临安一隅歌舞湖山。后人读南宋诸家之词，贤者当知其谲谏主文，感伤时事；不贤者当知其导谀亡国，陷溺君心。兴观群怨之恉，庶有在焉。夫四公所传，固不在词，此编掇拾散亡，尤不过百一，而有关于南宋之国是之大，序而传之，此王子之志也夫。

《四印斋所刻词》录其信云：

委撰《南宋四名臣词》序，比日小极，兼以校订《宋史·艺文志》，纷纭数日。今日大风，掩关匆匆撰成，即命小儿录奉，伏希察正。此刻为功甚巨，故发明盛意，不觉词繁。至执事之深究词源，雅怀搜香，俱不暇及，体例宜然。亮蒙鉴察。至尊意欲并刻拙札数通，因近嗜痂，亦足征往复之谊。惟裁夺之。余容晤罄。不一一。敬请幼遐仁兄同年大人著安。弟慈铭顿首。十一月十二日三鼓作。

《越缦堂日记》本日记云："撰《南宋四名臣词序》，凡九百余言，别存稿。"

**十一月十六日**(1893年1月3日),李慈铭得鹏运复信。

《越缦堂日记》本日记云:"得王幼遐复书。"

**十一月二十二日**(1893年1月9日),况周颐序其《存悔词》。

《蕙风丛书》本《存悔词》序云:

> 余性嗜好倚声,是词为己卯以前作,固陋。无师友切磋,不自揣度,谬祸梨枣。戊子入都后,获睹古今名作,复就正子畴、鹤巢、幼遐三前辈,寝馈其间者五年,始决知前刻不足存,以少年微尚所寄,未忍概从弃置,择其稍能入格者十数阕,录附卷末,功候浅深不可强如是。后之视今,犹今视昔,庶有进焉。壬辰小寒后四日。

**十二月初五日**(1893年1月22日),送《南宋四名臣词》二十册给李慈铭。

《越缦堂日记》本日记云:"幼遐送来《南宋四名臣词》二十册,即作片致敦夫、介唐,送两册去。"

**十二月十七日**(1893年2月3日)立春,况周颐校勘毕宋朱雍《梅词》并作跋。

跋尾署:"光绪癸巳送春日校毕并记。玉梅词人。"

**十二月三十日**(1893年2月16日)除夕,作《桂隐诗存》跋。

跋云:

> 右《桂隐诗存》一卷,子宣叔父遗著。叔父甫及冠,举道光二十六年乡试解榜。闻之先安肃公,尝起坐叹述,最称叔父聪悟博综,当远到众,而黭黭用知县赴官安徽,非所好也。咸同间,递任五河、宁国、建德,悉

247

治。当皖南北流贼之冲,所至悾偬,斗战相断续,遂不复作诗。亦其胸中夙能网罗古今、浩渊繁赜之故,极知撰著乃大难也。居常诫鹏运,以谓凡今吾所欲言,皆古人已言,惟有多读书,以俟吾学识之所自至。呜呼!此吾叔父所由不欲时落笔而名之文也。罢官后,往往乃间作诗咏,已复弃去。兹所著录皆少作,盖仅而什藏者。因敬校先安肃公全集讫,将附刊焉。亦使吾子姓知叔父之所存盖不止此,此亦吾家法云。光绪壬辰除夕犹子鹏运谨识。

案:跋中其叔诫鹏运云云,关系鹏运其后的发展,意义重大。刊刻词集,博观约取,得众家之长,推陈出新,亦是创获,亦是至为难得之事。

**冬,钟德祥与鹏运夜话,示以诗。**

钟德祥《与王幼霞夜话示之》(《钟德祥集》):

三年一笑此连墙,鼠黠驼痴已两忘。帘静灯深无月到,树凉风定有花香。二桃谁解吟梁父,一凤何须问楚狂。我欲独行君未也,秋高还待说庚桑。

**本年,况周颐、邓鸿荃在京城助鹏运校勘《天籁集》《东山寓声乐府补钞》《南宋四名臣词集》等词集。**

《天籁集》目录末有"半塘老人手校"印。卷末:"临桂邓鸿仪雨人校。"

《东山寓声乐府补钞》卷末:"临桂况周仪夔笙校字。"

《南宋四名臣词集》卷末:"临桂况周仪夔笙、邓鸿仪逵臣同校。"

本年，邓鸿荃传补镶蓝旗觉罗学教习。

秦国经《清代官员履历档案全编》："邓鸿仪，现年五十一岁，系广西临桂县人，由附生中式光绪元年乙亥科举人，考取官学教习，十八年传补镶蓝旗觉罗学教习，期满引见以知县用。"

编年词：《金缕曲·赠怀堂。被酒作》《东风第一枝·此壬辰二月，夔生、伯崇计偕到京，夜过四印斋，用邵复孺韵联句。旧作偶于箧中检得之，附录于此。伯崇是年果占东风第一，文字有祥，行为夔生祝也。时癸巳腊月廿二日雪中》《采桑子》（阑干录曲闲凝伫）、《湘月·壬辰四月，粹父监仓招同子美驾部，看花法源寺，登陶然亭。子美有词纪游，致感存没，其言危苦。同忆戊子秋，粹父约畴丈于此，为延秋之酌。酒边念往，凄然于怀。倚调奉酬，所谓於邑难为声也》《水龙吟·平生嗜睡成癖，读〈天籁集〉睡词，深有契于予怀者。戏用原韵，以志赏心》《烛影摇红·宣武城西看月，同夔笙、雨人作》《鹧鸪天》（老去风怀强自支）、《念奴娇·登旸台山绝顶望明陵》《望江南·游卧佛寺，拈槭亭居士诗句题壁。盖情事适相符也》《鹧鸪天·十六日冒雨山行至卧佛、碧云诸寺》《金缕曲·醉后书酒家壁》。

案：《鹧鸪天·十六日冒雨山行至卧佛、碧云诸寺》一词当与《望江南·游卧佛寺，拈槭亭居士诗句题壁。盖情事适相符也》一词作于同时，故置于其后。该词录自刘映华《王鹏运词选注》，据刘映华《王鹏运年谱（续）》，知出于《半塘词录》，而《半塘词录》一书遍寻不见。笔者曾于2009年11月28日赴南宁拜访刘映华先生。先生时已85岁高龄，精神尚健旺，但记忆力已衰退，肯定了《半塘词录》一书的存在，但已回忆不起该书藏于何处，且其所有研究资料已分送他人。

## 光绪十九年癸巳（1893），四十五岁

正月十五日（3月3日）元宵节前夕，况周颐校勘毕《秋崖词》并作跋。

跋云："癸巳上元前夕斠毕。疏浑中有名句，不坠宋人风格。应酬率意之作亦较他家为少。置之六十家中，不在石林、后村下也。玉梅词人并记。"

正月十七日（3月5日），缪荃孙拜访鹏运。

据《艺风老人日记》。

正月二十二日（3月10日），与况周颐致信缪荃孙。

据《艺风老人日记》。

正月，缪荃孙服阕，起复到衙门。

据《艺风老人年谱》。

二月十七日（4月3日）寒食，赋《摸鱼子》词，因近闻叔兄鹏海死讯，故词意悲怆。后邓鸿荃一再和之。

鹏运词为《摸鱼子·癸巳熟食雨中》，见《虫秋集》。

邓鸿荃《摸鱼子·卢沟道中和王五侍御寒食雨中韵》（《秋雁词》）：

洒春郊、潇潇杏雨，情怀懒似中散。禁烟又送征程去，春老客游良倦。春莫怨。傍御柳东风，莫问桑干浅。真珠帘卷。看旭日峰黄，小风漪碧，双鬓掠轻燕。

重回首，一角高城不见。太行山色青遍。旧游说起

鸰原痛,玉笛鹤楼肠断。**幼霞言与令兄别在湖北舟中**如梦远。算带水簪山,一样舟无岸。春归已晚。祝花外中仙,餐霞炼液,莫遣鬓丝换。

《前调·再和佑遐,约魏铁三、刘伯崇同作》(《秋雁词》):

忆春城、灯前听雨,洒然人意疏散。踏青不到阳关路,今日冶游人倦。君莫怨。看勃勃生机,翠麦沿陂浅。纤尘不卷。对万叠春山,一弓桥影,几树闹莺燕。

卢沟月,回首十年重见。燕南游屐都遍。思家又是清明节。偏遣旅魂凄断。空望远。问甚处、斑骓更系垂杨岸。关河易晚。正茅店停骖,共谋一醉,裘向酒家换。

## 二月二十三日(4月5日),为次兄鹏海唪经设奠,有词哀悼。缪荃孙慰问鹏运。

词为《唐多令·癸巳二月二十三日,为先上高兄唪经设奠于广惠寺,赋此以当哀诔。盖墨与泪俱下也》,见《虫秋集》。后据《艺风老人日记》。

## 二月,作谢良琦《醉白堂文集》跋。

跋云:

右《醉白堂文集》四卷、《续集》一卷,全州谢仲韩先生作。先生胜国举人,入国朝,历官燕、吴、闽、越间,孤直不容于时,再起再踬,以丞倅终。其学以卫道行己、不欺其志为归。其文师法司马公、韩愈氏,而汪洋恣肆,凡所志所学、抑郁而不得见诸施为者,一于文焉发之,而不以摹拟剽窃为能事。粤西自永福吕月沧、临桂朱伯韩诸老先以文名嘉道间,说者遂谓桐城一派在吾粤西,而不知先生固开之先矣。前四卷先生手订本,皆毗陵以前作,续集为其孙泓曾所辑,则入闽以后作也。康熙初,曾一刻于南中,龚介眉、李研斋为之序,久佚无存。道光丁未,其族人肇松重刻之,亦寻毁于兵。余哀先生之学、之遇,深惧夫志业之郁于生前者,文字复磨灭于身后,因重锓之木,以永其传,庶吾乡承学之士有所观法,又以见先生之遭时抱道、且不免于馋口如此,为可慨也。光绪十九年二月临桂王鹏运识。

**三月初三日(4月18日),况周颐作刘因《樵庵词》跋。**

跋中有云:"癸巳上巳……玉梅词隐并记。"

**三月初五日(4月20日),与况周颐拜访缪荃孙。**

据《艺风老人日记》。

**三月二十三日(5月8日),作元刘秉忠《藏春乐府》跋。从跋中可知鹏运自本年初开始汇刻宋元名家词,《藏春乐府》为第一家。**

跋云:

藏春散人词世罕传刻,夔笙舍人假缪太史云自在龛抄本录副见贻,词并诗为六卷,明正德时刻。复于《元草堂诗余》补《木兰花慢·浑一后赋》《朝中措·书怀》二阕,盖原非足本也。逖与碧瀣翁论词,谓雄廓而不失伧楚,酝藉而不流于侧媚,周旋于法度之中,而声情识力常若有余于法度之外,庶为填词当行。目论者庶不薄填词为小道。藏春词境,雅与之合。碧瀣已矣,谁与共赏此奇者。质之夔笙，当同此慨叹也。癸巳岁首汇刻宋元名家词，萌始于此，书此以志岁月。三月廿三日扶病记于吟湘小室。半塘老人。

**案**：上跋据王鹏运辑《四印斋汇刻宋元三十一家词》，见《四印斋所刻词》附录，上海古籍出版社1989年影印本。后出《四印斋汇刻宋元三十一家词》诸家序跋均同。

**春日**，作元詹玉《天游词》跋。

跋云：

光绪甲申秋日，薄游淇上，道出封邱，于败肆中得抄本词一巨册，首尾断烂，不可属读，完善者唯《安陆词》及此耳。《安陆词》后题云："弘治丙辰春二月花朝前四日录于王氏馆。复翁。"此本不知是否同时所录，然皆传抄，非明本矣。癸巳春日校付手民，亦元词眉目也。吟湘病叟记。

**四月初四日（5月19日）**，作宋李好古《碎锦词》跋。在此前后，又作宋何梦桂《潜斋词》跋、宋欧良编《抚掌词》跋。

《碎锦词》跋云：

李好古《碎锦词》未见著录，宋以来选本亦无只字。近陶凫香侍郎纂《词综补遗》始登数阕，盖尘埋数百年矣。乡贯仕履皆无可考。皕宋楼所藏二本其一题云："乡贡免解进士。"岂终于场屋者耶？亦白石老仙之亚也。癸巳四月四日校毕记。是日沉阴欲雨，始雷。半塘老人。

凫香《词综补遗》录《碎锦词》在卷十二，其卷十五又载李好古字敏仲《谒金门》词云:"花过雨。又是一番红素。燕子归来愁不语。旧巢无觅处。 谁在玉关劳苦。谁在玉楼歌舞。若使胡尘吹得去。东风侯万户。"按:云李好古有《碎锦词》一卷,自署乡贡免解进士,今集中此词不载,当别是一人。附录于此,俟博识者考订之。半塘再记。

《潜斋词》跋云:

仪真刘伯山序《草窗词》,据草窗、白石与梦窗唱和年月,谓梦窗与草窗唱和时,其年当在八十上下,白石与梦窗唱和,亦在七十以外。今岩叟此集有和邵清溪词二阕,按岩叟咸淳乙丑进士第三人,邵清溪之生据《蚁术词选》考之为至大二年己酉《词选》卷二和赵文敏词自序云,生十年而公薨。文敏之殁为至正二年壬戌,逆而溯之,当生于是年距乙丑已四十五年。岩叟生年无考,其《摸鱼子》题云"和邵清溪自寿",清溪元作本集不载,不知作于何年,《词选》纪年之始为后至元二年己卯,是年清溪三十有一,自寿之词即作于二十内外,而岩叟又弱龄登第,是时亦年逾大耋矣。厥后清溪亦年至九十有二。何词人老寿之多耶?书之以备词坛佳话。半塘老人校讫记。

《抚掌词》跋云:

《抚掌词》卷前不署姓名,从《典雅词》传出,盖南渡人词也。欧良乃编集者之名。此本去"后学"二字,遂以当作者矣。末附效李长吉,此系乐府,固不得入词,原本所有,仍补入之。良南城人,官司户,见刘后村所作诗集序。咸丰癸丑五月廿三日午后据曝书亭钞本《典雅词》校过,饮香词隐劳葊卿记于沤喜亭池上。案皕宋楼藏本有此跋,据补"后学"字于首。所云《十二月宫乐词》此亦有之。余与劳本同不同未可知耳。半塘老人。

**四月初八日(5月23日),况周颐校勘毕《逍遥词》并作跋。**

《逍遥词》跋后署:"光绪癸巳灌佛日玉梅词隐校毕记。"

**四月二十八日(6月12日),缪荃孙拜访鹏运。**

据《艺风老人日记》。

**四月,作高登《东溪词》跋。**

跋云:

《宋名臣言行录》云:"胡铨贬新州,偶为词云:'欲驾巾车归去,有豺狼当辙。'张棣即迎桧意,奏铨怨望,于是送南海编管,流落几二十年。"按此词乃《好事近》歇拍,载《东溪集》中,盖彦先亦以发策忤桧,被谪事觕略同,棣遂牵合为澹庵作。从来馋慝之口,含沙射影,伎俩大率类此。可叹亦可笑也。去秋校刻《澹庵词》,深以失载此词为憾,读此方为释然。癸巳四月半唐老人。

**初夏,作宋袁去华《宣卿词》跋。在此前后,又作宋王炎《双溪诗余》跋。**

《宣卿词》跋云:

《皕宋楼藏书志》:袁去华字宣卿,江西奉新人,绍

·255·

兴乙丑进士，改官知石首县而卒。善为歌词，尝赋《定王台》见称于张安国，著有《适斋类稿》八卷。《书录解题》著录其词。四库未收。朱竹垞辑《词综》，搜罗甚富，而云只字未见，则流传之罕可知矣。癸巳初夏校付梓人，录陆氏按语于后，以资观览。吟湘病叟记。

《双溪诗余》跋云：

《古今词话》云："林外题词垂虹，传者以为仙。寿皇阅之，笑曰：'此闽人作耳。盖以老叶我，为闽音也。'"双溪此集以方音叶者，十居三四，其时取便歌喉，所谨严者在律而不在韵，故不甚以为嫌。毛稚黄尝主是说，而戈宝士力诋之，则以防下流之僭越，固两是也。纳兰侍卫云："韵本休文小学之书，以为诗韵已误今人，又为词韵，谬之谬也。"其理甚微，特难为躁心人道耳。又宝士著书动谓宋人失韵，余谓执韵以绳今之不知官调者则可，若以绳宋人似尚隔一尘也。半唐老人。

**五月初五日（6月18日），为查恩绥所藏《绿天草盦瀹茗图》题绝句三首。在此前后题图者还有钟德祥、傅潧、况周颐、王以敏、许玉瑑、缪荃孙、张祥龄、李葆恂等人。**

据敬华（上海）拍卖股份有限公司2005年春季拍卖会书画图片。诗云：

奇绝江南老画师，个中解着陆天随。春阴漠漠凉如水，漫向东风感鬓丝。

任城突兀酒楼高，万丈晴虹吸海涛。**刘藏春句却怪**

隔墙吟望久，不将饮兴付春醪。**庵在太白酒楼侧**

　　巾车邻巷过从密，心事萧寥共短檠。昨夜月明君忆否，荒斋风雨沸瓶笙。

　　诗后题云："荫阶老前辈大人属题，即请教正。癸巳五日半塘老人王鹏运初稿。"钤朱文"半唐老人"印。

五月十七日（6月30日），缪荃孙与况周颐同至鹏运处，看宋刻《花间集》五卷。

　　据《艺风老人日记》。

五月二十三日（7月6日），缪荃孙约鹏运与张鸣珂、唐景崇、况周颐、江标等小饮于江苏馆。

　　据《艺风老人日记》。

六月二十日（8月1日），缪荃孙拜访鹏运。

　　据《艺风老人日记》。

六月二十四日（8月5日），况周颐至缪荃孙处借《众香词》还《白石集》。鹏运还缪荃孙《苍梧词》等。

　　据《艺风老人日记》。

六月二十七日（8月8日），陆树藩招鹏运与况周颐、缪荃孙饮于景芬堂。

　　据《艺风老人日记》。

七月初五日（8月16日），约缪荃孙、张鸣珂、李慈铭、陆树藩、况周颐等于松筠庵小酌。

　　据《艺风老人日记》。《越缦堂日记》本日记云："午诣松筠庵赴王幼遐同年之饮，坐有张公束、缪筱珊诸君，况某中书者亦与坐。饮间余言及周编修事，筱珊谈之尤悉，以去年亦客楚中，亲见之也。余因戟手痛诋，以为人伦不齿，不有人诛，必有鬼责，亦取瑟而歌之意。然此辈非口舌所能为力耳。傍晚归。"

七月初九日（8月20日），缪荃孙访况周颐及鹏运，还况周颐《艺香词》《赌棋山庄词话》及《迦陵词》等，取回《江苏诗征》五册。鹏运赠缪荃孙谢良琦《醉白堂文集》两册。

  据《艺风老人日记》。

秋初，为张鸣珂《江天琴话图》作《水调歌头》词。

  鹏运词为《水调歌头·〈江天琴话图〉为公束同年作》，见《虫秋集》。

  张鸣珂《声声慢·钱塘叶生颂周维新年未弱冠，工小楷，谙琴旨，壬辰岁晤于西江节署，相从问字，执弟子礼甚恭，黔夫为作〈江天琴话图〉，纪一时萍合也。倚此题之》（《清名家词》本《寒松阁词》）：

    移篷坐雨，卷幔吟秋，空濛水天涵碧。小榭枕江，花外偶停游屐。阑干爪痕画遍，抱孤琴、知音难觅。麝炷袅、听泠泠弦语，替传心迹。　卅载关河倦羽，莫错认清狂、五陵佳客。楚尾吴头，相见似曾相识。鸥盟故乡未冷，梦西湖、扁舟蓑笠。乍酒醒，又征尘、吹上柳色。

  案：冯世定，字黔夫。

七月二十日（8月31日），缪荃孙录《花间集》跋交鹏运，鹏运见示明刻未分卷《通鉴纪事本末》。

  据《艺风老人日记》。

七月二十五日（9月5日），缪荃孙拜访鹏运。

据《艺风老人日记》。

**七月，擢江西道监察御史。有《鹧鸪天》词纪其事。况周颐移居宣武门外将军校场头条胡同，与鹏运同巷。**

秦国经《清代官员履历档案全编》："王鹏运……十五年二月恭办大婚礼成出力保奏，请加三品顶戴，奉旨允准，是年十月考取御史，引见，奉旨记名以御史用。十七年京察一等。十九年七月奉旨补授江西道监察御史。"

《味梨集》自跋："光绪癸巳七月，移官西台，夺我凤池，吟事渐废。"

词为《鹧鸪天·癸巳七月十三日恭纪》，见《味梨集》。

况周颐跋宋曹冠《燕喜词》："……癸巳七月半唐属斠。屧提生记。时移居宣武门外将军校场头条胡同，与半唐同巷。是月半唐擢谏垣。"

《谕折汇存》光绪癸巳七月十四日："皇上明日卯初至奉先殿、寿皇殿，行礼毕，还海。旨：荫生载衍著以七品笔帖式用；山西道监察御史员缺，著吴树棻补授；江西道监察御史员缺，著王鹏运补授，截取给事中。"

李慈铭《越缦堂日记》七月十五日记云："邸钞：编修吴树棻补山西道监察御史，内阁侍读王鹏运补江西道监察御史。"

**八月初三日（9月12日），缪荃孙上琉璃厂，晤鹏运与况周颐。**

据《艺风老人日记》。

**八月十一日（9月20日）晚，刘因《樵庵词》刻成后，况周颐复校并再作跋。**

跋尾署："癸巳中秋前四夕刻成覆斠再记。"

八月十四日(9月23日)秋分,监考秋闱,有《鹊桥仙》词。一同监考的孙楫有《浣溪沙》词征和作,鹏运当时未作答。

鹏运词为《鹊桥仙·八月十四日秋分,京兆试闱作》,见《味梨集》。孙楫《浣溪沙》词见后十月十五日附词。

八月十九日(9月28日),缪荃孙为四印斋刻《宋元三十一家词》作序。

序云:

国朝汇刻前人词者,以虞山毛氏为最富,江都秦氏为最精,他若长塘鲍氏、盐官蒋氏,亦尝探灵琛于故楮,采片玉于珍秘。倚声之士沾溉良多。吾友王子佑遐,明月入抱,惠风在襟。孕幽想夫流黄,激凉吹于空碧。古怀落落,雅诣类于虎贲;绮语玲玲,蝶不堕于马腹。曾偕端木子畴、许君鹤巢、况君夔笙刻《薇省联吟词》,固已裁云制霞,天工俪巧;刻葩斫卉,神匠自操矣。尝以南宋词人姜、张并举,暗香疏影,石帚以坚洁自矜;绿意红情,春水以清空流誉。洵足药粗豪之病,涤姝荡之疵。于是有《双白词》之刻。又以长公疏朗,稼轩沉雄,大德延祐之纪年,云间信州之传本,延平剑合,昆山璧双,流传于竹垞弇州,赏鉴于延令传是,固学人之圭臬,真词场之景庆。于是有苏辛词之刻。他如阳春领袖于南唐,庆湖负声于北宋;碧山之绵邈,梅溪之轶丽,中圭双秀,不殊怨悱之音,南渡四臣,各抱忠贞之性。天籁清隽,待竹垞而传,蚁术新艳,遇仪征而显,以及《词林正韵》《乐府指迷》,莫不录诸旧帙,付诸削氏,真词苑之津梁、雅歌之统会也。君又以天水一朝,人谙令慢,续骚抗雅,如日中天,降及金元,余风未泯,尺缣寸锦,易没于烟埃;碎璧零玑,终归于尘埌。遂乃名山剔宝,海舶征奇,螺损千丸,羊秃万颖。求书故府,逢宛委之佚编;散步冷摊,获羽陵之秘牒。传钞遍于吴越,雠校忘夫昏旦。宋自潘阆以下得二十四家,元自刘秉忠以下得七家。或丽若金膏,或清如水碧,或冷如礸雪,或奇若岩云。万户千门,五光十色,出机杼于众制,融情景于一家。复为之搜采逸篇,校订讹字。栖尘宝瑟,重调殆绝之弦;沉水古香,复扇未灰之焰。洵足使汲古逊其精,享帚输其富者矣。荃孙,冬心冷抱,秋士愁多,未谙律吕之声,粗识目录之学。奉兹环宝,叹为巨观。抉幽显晦,共知搜集之苦心;嚼徵含商,俾识源流于雅乐。癸巳八月江阴缪荃孙序于宣武城南诵韶览夷之室。

《艺风老人日记》本日记云:"撰《四印斋汇刻词序》。"

**九月初一日(10月10日),与恽毓鼎拜访缪荃孙。**

据《艺风老人日记》。

**九月初十日(10月19日),缪荃孙拜访况周颐及鹏运,后同过琉璃厂,并至义胜居小酌。**

据《艺风老人日记》。

**九月中旬,王汝纯邀鹏运、况周颐登西爽阁,分调赋词。**

鹏运词为《沁园春·展重阳日,粹甫招同夔笙登西爽阁》,见《味梨集》。

王汝纯《月上海棠·癸巳秋重阳后二日,偕王幼霞侍御、况夔生周仪舍人登西爽阁。同赋》(《醉芙诗余》):

  雁风吹断寒蝉影。万里霜天极高迥。把酒共登楼,尘梦倦怀都醒。无穷事,一醉陶然尽屏。 春华几日纷桃杏。又满眼、黄花绕畦町。皆向见人情,问冷艳、幽香谁领。东篱下,只有渊明记省。

况周颐《蝶恋花·八月二十二日,邃父招同文石、幼遐登西爽阁,子美因病不至》(《蕙风词》卷上):

  西北云高连睥睨。万里愁心,一抹遥山翠。谁向西风传恨字。秋光畅好人憔悴。 有酒盈尊须拚醉。感逝伤离,何况登临地。满目烟芜残照里。青青不尽平生意。

况周颐《餐樱庑随笔》云:

  金元已还,名人制曲,如《西厢记》《牡丹亭》之类,平仄互叶,几于句句有韵。付之歌喉,声情极致流美。溯其初哉肇祖,出于宋人填词。词韵平仄互叶,丁北宋已有之,姑举一以起例。贺方回《水调歌头》云:"南国本潇洒,六代浸豪奢。台城游冶,襞笺能赋属宫娃。云观登临清暇,璧月留连长夜,吟醉送年华。回首飞鸳瓦,却羡井中蛙。 访乌衣,寻白社,不容车。旧时王谢,堂前双燕过谁家。楼外河横斗挂,淮上潮平霜下,樯影落寒沙。商女蓬窗罅,犹唱后庭花。"蕙风旧作,间有合者。《蝶恋花·甲午展重阳日,邃父招同半唐登西爽阁,子美因病不至》刻入《锦钱词》云:"西北云高连晡睨。一抹修眉,望极遥山翠。谁向西风传恨字。诗人大抵伤憔悴。 有酒盈尊须拌醉。感逝伤离**端木子畴前辈,于数日前谢世**,何况登临地。恰好秋光图画里。黄花省识秋深未。"西爽阁在京师土地庙下斜街山西会馆,可望西山。

案:展重阳日一般指重阳节后的阴历九月十九日。展,即展期,延期在节日前后过节。况词惜阴堂本序作八月二十二日,在重阳之前。《餐樱庑随笔》作甲午展重阳日,另端木埰应卒于光绪十八年正月,见前。

**九月,王汝纯自序其《醉芙诗余》。**

据《醉芙诗余》光绪十九年京师刻本。序云:

余素不工词,喜阅古今词集,偶与筱芸纵谈词学,叹其致力之深,谱《满江红》一阕是正,筱芸甚为许可,自是迭相赓和。每拈一题,媵以四六小简,前喁后于,致足乐也。然作辍无常,久亦置之。龙子松岑,今之姜史也,与余同官户曹。公暇喜出游,每游必招余与韦伯谦、唐薇卿、王幼遐俱。凡近郊诸佛寺及名区胜地,皆遍历焉。归则饮于所寓之觅句堂,选调联吟,余亦继声,于是所作渐夥。岁月不居,人事变迁,今诸君子或回翔云路,或憔悴江湖,或悲深宿草,而筱芸困于吏事,不获时常晤对,所朝夕过从者,惟幼遐一人耳。偶有所作,即与商订,间一酬和。回忆曩日文酒燕游之乐,杳若山河,而余亦颓然老矣。因删存前后所作,都为一编,俾知余于词学稍有知解者,皆良友之赐也。光绪十

263

九年秋九月蒋谷老农自题。

**十月初三日（11月10日）**晨,作《樵歌拾遗》跋。

跋云：

希真词清隽谐婉,犹是北宋风度。《樵歌》三卷,求之屡年,苦不可得。此卷钞自知圣道斋所藏汲古阁未刻词本。先付梓人,它日当获全帙以慰饥渴。珠光剑气,必不终湮。书此以为左券。癸巳初冬三日晨起炳烛记。吟湘病叟。

**十月初六日（11月13日）**,缪荃孙拜访鹏运,鹏运借去缪荃孙陈刻本《读书志》。

据《艺风老人日记》。

**十月十五日（11月22日）**,与孙楫同监武试,有词答孙楫。

鹏运词为《摸鱼子·十月望日雪后,会经堂对月,呈驾航年丈。先是,同事秋闱,驾丈赋〈浣溪沙〉索和,无以应也。兹复入监武试,仍征前作,赋此报之》,见《味梨集》。

《味梨集》家刻本附孙楫原作《浣溪沙》：

夜雨浪浪耿客愁。平分月色上帘钩。蓦思明日是中秋。　半掩铜铺凉浸履,自然银烛晕生簟。不眠人在小琼楼。

**十月二十三日（11月30日）**,缪荃孙拜访鹏运。

据《艺风老人日记》。

**十一月初十日（12月17日）**,拜访缪荃孙。

据《艺风老人日记》。

**十一月十四日（12月21日）**冬至,作刻《花间集》跋。

跋云：

右《花间集》十卷，宋十行、行十七字本，现存聊城杨氏海源阁，卷首有传是楼徐氏、听雨楼查氏藏印。系用淳熙十一、十二等年册子纸印行。其纸背官衔略可辨识者曰"儒林郎观察支使措置酒务施""成忠郎监在城酒务贾""成□郎本州岛指使差监拜斛场吴""江夏县丞兼拜斛场温""□□郎本州岛指使差监大江渡潘""进□尉差监猪羊柜董""进义副尉本州岛指使监公使库范""鄂州司户参军戴""成义郎添差本州岛排岸差监本津关发收税刘""信义郎本州岛准备差使监公使库朱"。除"江夏县丞""鄂州司户参军"二官，余皆添差官。"监酒税"者二，"监拜斛场"者二，"监公使库"者二，"监大江渡"者一，"监猪羊柜"者一，"监本津关发收税"者一，凡十人。观察支使从八品，《宋职官志》云：幕职官。县丞，从八品。《宋志》云：诸路州军繁剧，今户二万以上增置司户参军，从九品。《文献通考》云：诸州置司户参军掌户籍、赋税、仓库交纳，儒林郎等阶。《宋志》云：儒林郎为观察、掌书记、支使、防团判官等文阶。今结衔与志合。成忠郎、进□尉**似是进义尉**、进义副尉皆武职阶。成义郎、信义郎均不见于《职官志》。《志》又云：监当官掌茶盐、酒税、场务、征输及冶铸之事。诸州军随事置官。建炎初诏：监当官阙，许转运使具名奏辟一次，以二年为任，实有六考方许阙升。烦剧去处，许添差一员，合选差文臣处，更不差武臣。淳熙二年诏：二万贯以下库，分选有才干存留一员指挥。诸班官、直亲、从亲事官，保义郎以下差充。建炎四年诏：每州以五员为额。今监场、监大江渡、监猪羊柜、监本津关发收税，皆在添差官之列，然已不止五员矣。鄂州酒务，《中兴系年表》云：绍兴十二年，右司鲍琚总领鄂州大军钱粮，先是琚奏岳飞军中利源，鄂州并公使激赏，备边回易十四库，岁次息钱一百六十万五千余缗。诏以鄂州七酒库隶田师中为军需，余令总所桩收。是鄂州酒务为最旺之所。公使库，《朝野杂记》云：公使库诸道监司以及州军边县与戎帅皆有之。然正赐不多，而著令许收遗利，以此州郡得以自恣，开抵当，卖熟药，无所不为，其实以助公使耳。余皆无考。册纸皆鄂州公文，此书其刻于鄂州乎？凤阿同年出以见示，如式影写，付工精刻并为考其崖略如右。光绪癸巳长至临桂王鹏运识于四印斋。

**十一月十九日（12 月 26 日），上《请另简步军统领以重捕务折》。**

折云：

为奏请特简大员以重捕务，恭折仰乞圣鉴事。窃臣伏见京师夏秋以来，盗风日炽，聚众伙劫，白昼强抢以及捉人勒赎之案，层见叠出。近虽风闻次第破获，然辇毂之下，令奸民披昌至此，实属骇人听闻。查步军统领督率步军营及巡捕五营，讥察巡缉是其专责。今大学士兼步军统领臣福锟，公忠体国，任事实心，其不辞劳怨，久为朝右所推。特该大学士所兼各衙门如户部、内务府、总理各国通商事务衙门及管理一切处所,皆系繁剧要差,事事资其裁决,即使才力兼人,当肆应纷如,难保不顾此失彼。而该营将弁等积疲成习,窥于其微。遂尔因循废弛,以为防范可不严,缉捕可不力,且因缘以为奸利,盗风之炽未始不由于此。此岂该大学士所及料哉! 现在天气渐寒,封印伊迩,正巡防吃紧之时。可否特旨另简有威重大员之职任稍简者,授以步军统领,并不令兼他职,俾得专心致志,随时随事认真督率,庶于捕务似不无裨益。又从前原任大学士臣文煜、英桂、恩承等皆补授大学士后即开去步军统领差使,虽例无大学士不得兼步军统领明文,殆奔走后先,非优礼阁臣之道耳。臣为慎重捕务起见,谨缮折具陈,伏乞皇上圣鉴。谨奏。"

  案:据广西师范大学图书馆藏《王鹏运奏折》抄本。如未注明,后录王鹏运奏折及附片均同。

**十一月二十二日**(12 月 29 日),**缪荃孙来访**。

  《艺风老人日记》本日记云:"诣况夔生、王幼霞谈。"

**十一月二十四日**(12 月 31 日),**缪荃孙来访**。

  《艺风老人日记》本日记云:"诣王佑遐、况夔生谈。"

**十一月**,父必达《**养拙斋诗**》刻成。

  《养拙斋诗》目录后记:"右七集十四卷二千一百二首。男维翰、鹏海、鹏运、鹏豫、维禧谨编次校刊。光绪十六年九月开,越十九年十一月成。"

**十二月十四日**(1894年1月20日)，**缪荃孙来访**。

《艺风老人日记》本日记云："诣况夔笙、王佑遐谈。"

**十二月十七日**(1894年1月23日)，上《**请查吉黑两案奏**》。

据《〈半塘言事〉选录》。奏云：

奏为官贪商横，疆臣审理失当，请饬查办，以安边圉，恭折仰乞圣鉴事。

窃臣恭阅邸抄，见吉林将军臣长顺奏结昌图府众商抗捐罢市一案，又黑龙江将军臣依克唐阿奏结绥化厅通判文杰商吏累控一案，两省官贪商横情形已可概见，使非秉公办理，何以饬纲纪而警奸贪。谨为我皇上分晰陈之。

长顺所奏罢市抗捐一案，始则闻有厘捐归官之事，而议罢市，继则见有厘捐归官之谕，而竟罢市。夫商情纵极奸横，断无因一纸空文遂尔藐法抗官之理。如所陈属实，则地方官吏平日之朘削无厌，临事之办理不善，不问可知。乃激成事端之后，置官吏之贪庸于不问，专归咎于奸商。我皇上矜慎庶狱所为，特允御史文郁之奏，饬部妥议也。臣愚以为，该将军所奏其附片皆实情也。盖欲甚奸商之罪，故不吝详陈也。其折内所称有遁词也，盖欲为官吏卸责，故不觉言之闪烁也。夫奸商固宜重惩，即遇赦不赦，亦不为苛虐。特罪商而不罪官，无以服奸商之心，则其横仍不能制之，是大不可也。若依克唐阿所奏审办通判文杰一案，始则以商吏累控奏参，迨至结案，于官则曰，仍回原任，于商则曰，各安生业,而委过于严缉不获之家丁。尤可骇者,屡称该员应得之款,夫所谓应得之款何款也?是可陈于黼座之前耶。且官果婪赃以病商,则宜治官以婪赃之罪;商果诬控以蔑官,则宜治商以诬控之罪。天下谁有两是之讼哉。倘所谓家丁奈顺者终不可得,则此案遂将如此了结耶。似此委曲调停,颟顸于事,官何所畏而不敢贪,商何所惩而重犯法。积弊相仍,日启商民轻视官长之心。此吉林罢市之案所为一发而不可收拾也。

查吉林、黑龙江二省为陪京藩辅重地,又密迩邻国,吏治正应亟讲,而东土商情与中土迥异,大抵皆殷实大户,为小民视听所属,遇事尤宜慎持大体,以靖嚣凌。汉臣曹参治齐,殷殷以狱市为托,诚以狱市不扰则吏静而民安,非细故也,臣愚拟请旨饬下将军臣定安,就近将两案实在情形确切查明,秉公办理。总期情法各得其平,官商两无所徇。俾奸商自知敛迹,则人心固而边围益安矣。臣愚昧之见是否有当,谨缮折具陈,伏乞皇上圣鉴。谨奏。

**十二月二十日(1894年1月26日)夜大雪,况周颐从鹏运处夜归,赋《烛影摇红》词。**

况周颐《烛影摇红·腊月二十夜大雪,归自四印斋作》(《蕙风词》卷上):

夜话高斋,碎琼随步归来晚。小窗烧烛对梅花,疏影如相款。赢得尘襟暂浣。甚清寒、天涯未惯。料量青鬓,几许霜华,角声休唤。　　风雪年年,旧吟春事成依黯。素娥深锁冻云低,幽恨凭谁管。不恨琼楼自远。

恨华年、无端暗换。怎生消受,明日旗亭,鹣鹣须典。

十二月二十二日(1894年1月28日)雪,偶于箧中检得光绪十八年二月况周颐、刘福姚到京参加会试,夜过四印斋,三人联句《东风第一枝》词。刘福姚该年果然高中,可谓文字有祥,鹏运也祈愿况周颐能高中。

词为《东风第一枝·此壬辰二月,夔生、伯崇计偕到京,夜过四印斋,用邵复孺韵联句。旧作偶于箧中检得之,附录于此。伯崇是年果占东风第一,文字有祥,行为夔生祝也。时癸巳腊月廿二日雪中》,见《味梨集》。

十二月二十六日(1894年2月1日),缪荃孙到况周颐处并晤鹏运。

据《艺风老人日记》。

十二月二十九日(1894年2月4日),鹏运送《宋元三十一家词》给缪荃孙。

据《艺风老人日记》。

十二月,缪荃孙撰《常州词录》。是年,缪荃孙刻《名家词》。

据《艺风老人年谱》。

十二月,钟德祥与鹏运晤谈,有诗。

钟德祥《与王幼霞前辈晤语短述》(《钟德祥集》):

怀抱冰霜冷不炎,伴人松古又棱廉。知谁胆落询温造,为是麟多去李严。老我只看如此发,愧君时许绝伦髯。区区正有同声语,耐得空山旧菜盐。

冬,作《汇刻宋元三十一家词》跋。

跋云：

右汇刻两宋名家词别集二十四家,元七家,家为一卷,共三十一卷。始事于癸巳正月,至腊月讫工。宋元士夫类擅倚声,然皆集外别行,附集以传者绝少。宋人汇刻如《百名家词》《典雅词》五十家、《复雅歌词》,世已久无足本。国初汲古阁《六十家词》之刻,有功词苑最巨。继之者唯长塘鲍氏、江都秦氏、锡山侯氏,此外无闻焉。余性嗜倚声,尤喜搜香宋元人词集。朋好知余癖嗜,多出所藏相示,十余年来集录殆逾百本。窃思聚之之难,且写本流传,字多讹缺,终恐仍归湮没。爰竭一岁之力,先择世不经见及刊本久亡之篇幅畸零者,斠雠诠次,付诸手民。其见于汲古诸刻者皆不录。不独为学者博识之助,亦借以抱残守阙,存十一于千百。筱珊太史序余此刻,所谓"抉幽显晦,共知搜讨之苦心"者,洵知言也。是役也,订讹补阙,夔笙中翰用力最勤,其以藏书假我者,则陆存斋观察,盛伯希司成,缪筱珊、黄仲弢两太史,杨凤阿阁读,刘槾仲舍人也。例得并书。光绪十九年冬日临桂王鹏运识。

附四印斋所刻词目：

苏文忠《东坡乐府》二卷**元延祐云间本**；辛忠敏《稼轩长短句》十二卷**元大德广信本**；姜尧章《白石道人词集》三卷《别集》一卷；张叔夏《山中白云词》二卷《补录》二卷《续补》一卷陆辅之《词旨》一卷；王圣与《花外

271

集》一名《碧山乐府》一卷;李易安《漱玉词》一卷附《事辑》一卷;戈顺卿《词林正韵》一卷《发凡》一卷附。右词六家二十五卷附刻六卷,最十八万七千一百二十五言。临桂王氏四印斋刻梓家塾。

冯正中《阳春集》一卷;贺方回《东山寓声乐府》一卷;史邦卿《梅溪词》一卷;朱淑真《断肠词》一卷**第一生修梅花馆校刊本**;沈义父《乐府指迷》一卷;右词别集南唐一家一卷宋三家三卷词话一卷,最四万四千七百二十九言。祝犁沔汉刻于京师。

贺方回《东山寓声乐府补钞》一卷;《南宋四名臣词集》一卷赵忠简《得全居士词》《李庄简词》 李忠定《梁溪词》 胡忠简《澹庵长短句》;白兰谷《天籁集》二卷;邵复孺《蚁术词选》四卷;右宋元词别集三家七卷总集一卷,最五万七千三百九十有四言。横艾执徐刻于京师。

赵崇祚《花间集》十卷**宋淳熙鄂州本**;《草堂诗余》二卷**天一阁传钞本**;周美成《清真集》二卷附《集外词》一卷**元巾箱本**;蔡伯坚《明秀集魏道明注》三卷**金籔残本**;右词总集二家十二卷别集二家六卷,最九万四千六百八十五言。刻始于尚章大荒骆,至游桃涒滩讫功。

**编年词**:《摸鱼子·癸巳熟食雨中》《唐多令·癸巳二月二十三日,为先上高兄㦂经设奠于广惠寺,赋此以当哀诔。盖墨与泪俱下也》《疏影》(秋云易夕)、《水调歌头·〈江天琴话图〉为公束同年作》,以上《虫秋集》。《鹧鸪天·癸巳七月十三日恭纪》《鹊桥仙·八月十四日秋分,京兆试闱作》《鹧鸪天》(似水闲愁拨不开)、《沁园春·展重阳日,梓甫招同夔笙登西爽阁》《摸鱼子·十月望日雪后,会经堂对月,呈驾航年丈。先是,同事秋闱,驾丈赋〈浣溪沙〉索和,无以应也。兹复入监武试,仍征前作,赋此报之》《鹧鸪天·拟花间》。

## 卷 三

**光绪二十年甲午(1894),四十六岁**
正月十六日(2月21日),与恽彦彬、况周颐等拜访缪荃孙。况周颐向缪荃孙借去《元公姬氏志》石拓本。

  据《艺风老人日记》。

正月十八日(2月23日),缪荃孙来访。

  据《艺风老人日记》。

正月二十日(2月25日),宋育仁拜会翁同龢,其时宋任英法参赞,将往上海。

  《翁同龢日记》本日记云:"宋芸子编修育仁来,伊充英法参赞,即日往上海,随龚君展轮矣,以所作《时务论》数万言见示。此人亦奇杰,惟改制度,用术数,恐能言而不能行耳。"

  萧月高《宋芸子先生传》:"甲午任英法义比使馆参赞官。"

二月十二日(3月18日),康有为与梁启超一同入京会试,后康因下车伤足南归。

  据《康南海自编年谱》。

  《梁启超年谱长编》光绪二十年谱:"是年二月入京,十月复还粤。"

二月十四日(3月20日),拜访缪荃孙。

  据《艺风老人日记》。

二月十八日(3月24日),徐乃昌往见翁同龢,并送所刻书。

《翁同龢日记》本日记云:"国学肄业南学中者徐乃昌来见,送所刻《积学斋丛书》四函,其人翩翩公子也。**徐仁山之胞侄。**"

**二月二十日(3月26日),**缪荃孙来访。

据《艺风老人日记》。

**二月二十六日(4月1日),**缪荃孙来访。

据《艺风老人日记》。

**三月十四日(4月19日),**刘福姚自贵州乡试正考官任返京后往见翁同龢。

《翁同龢日记》本日记云:"刘伯崇**福姚**贵州差旋来见。"

**三月二十九日(5月4日),**沈桐招鹏运及查恩绥、缪荃孙等小饮。

据《艺风老人日记》。

**三月,**鹏运索钟德祥和诗,钟和以四绝句。

钟德祥《王幼霞前辈索和诗,为依其体作四绝句》(《钟德祥集》):

怪绝蹲鸱道是羊,只饶君作芋头羹。**近得广右姜芋**云懒残枉拨牛通火,尔政何知有宰相。

合口胡椒御史臣,捣残斋白总余辛。姜牙敛手空惭愧,不似追飞逐老人。

徙宅刚消九九寒,**耘翁顷移居**鬼藏斋瓮待儒酸。算来田窦腥膻耳,昨日侯鲭已冷残。

荒斋突起一株松,何苦强横出碍空。休作涛声走雷电,蓬蒿平地不禁风。

**案:**鹏运原诗未见。

三月,大考翰林、詹事,文廷式被擢一等第一名,授翰林院侍读学士。

《文云阁先生年谱》光绪二十年谱:"三月大考翰詹,上亲擢先生一等第一名,升授翰林院侍读学士。"

**春夏间,陈锐入京应试,与张祥龄、郑文焯联句和柳永词。**

陈锐《竹马子》词序有云:"甲午应试都堂,曾与张子馥、郑叔问联句和柳七词,击钵分曹,致多欢赏。"

**四月十八日(5月21日),缪荃孙来访。**

据《艺风老人日记》。

**四月,张祥龄举会试,郑文焯应会试仍不第。**

秦国经《清代官员履历档案全编》:"臣张祥龄,四川汉州举人,年三十九岁,由甲午科三甲第十七名进士改庶吉士,乙未科散馆以知县即用。"

《郑叔问先生年谱》光绪二十年谱:"晋京应恩科会试,荐卷不第。"

**四月三十日(6月3日),缪荃孙拜访沈曾植、沈曾桐、徐乃昌及鹏运等人。**

据《艺风老人日记》。

**五月十三日(6月16日),与况周颐招缪荃孙、江标等饮于广和居。**

据《艺风老人日记》。

**五月,缪荃孙乞假省墓,不久出京往湖北修志。**

据《艺风老人年谱》。

六月二十一日(7月23日),王闿运接鹏运信,称鹏运为自命不凡人。

王闿运《湘绮楼日记》:"光绪二十年六月廿一日。阴晴。丙寅,大暑。……还有信,有王鹏运者,初不知为何人,云不见二十四年。徐乃知为霞轩之子,亦自命不凡人也。"

六月,与况周颐、张祥龄于四印斋连句和《珠玉词》一百三十八阕。六月二十四日(7月26日),鹏运为《和珠玉词》作序,况周颐集《珠玉词》句为《和珠玉词》题《浣溪沙》《临江仙》词二首。

鹏运《和珠玉词》序云:

> 龙集执徐之岁,夔笙至自吴中,为言客吴时与文君叔问、张君子苾和词连句之乐,且时时敦促继作,懒慢未遑也。今年六月,暑雨方盛,子苾介夔笙访余四印斋,出示近作,则与叔问连句《和小山词》也。子苾往复循诵,音节琅琅,与雨声相断续。遂约尽和《珠玉词》。顾子苾行且有日,乃毕力为之,阅五日而卒业,得词一百三十八首。当赓唱叠和,促迫匆遽,握管就短几疾书,汗雨下不止,坐客旁睨且笑。而余三人者,不惟忘暑,且若忘饥渴者。然是何也?子苾濒行,谋醵金付厥氏。词之工拙不足道,一时文字之乐,则良有足纪者。重累梨枣,为有说矣。刻成寄子苾吴中,傥为叔问诵之,其亦回首京华夜窗风雨否耶?益信夔笙向者之言不我欺也。光绪甲午荷花生日,半塘老人。

况周颐《浣溪沙》:

> 一曲新词酒一杯。小屏闲放画帘垂。劝君莫惜缕

金衣。 只有醉吟宽别恨,且留双泪说相思。旧欢前事入颦眉。

况周颐《临江仙》:

一霎秋风惊画扇,那堪飞绿纷纷。无情有意且休论。楼高目断,依约驻行云。 谁把钿筝移玉柱,不辞遍唱阳春。等闲离别易销魂。红笺小字,留赠意中人。

**六月,转掌江西道监察御史。**

秦国经《清代官员履历档案全编》:"王鹏运……二十年六月转掌江西道监察御史,是月奉旨稽察北新仓。"

**七月初七日(8月7日),冯煦为《和珠玉词》作序。**

冯煦《和珠玉词》序云:

或曰:词,衰世之作也。令莫盛于唐季,慢莫盛于宋季。衰乎否乎?是说也,蒙尝疑之。宋之为慢词者,美成首出,姜张而极。片玉所甄,率在大观、政和间,北宋之季也。白石、玉田连蹇不偶,黍离之歌,橘颂之章,比比有之,南宋之季也。慢为衰世之作,殆有征耶?小令则不然。温韦之深隐,南唐二主之凄咽,亦云衰矣。然而太白、乐天,实其初祖,开天元长,世虽多故,衰犹未也。至宋晏元献、欧阳永叔,则承平公辅也,元献所际视永叔弥隆,身丁清时,回翔台省,间有所触,为小令以自摅,与吾家阳春翁为近。上窥二主,其若远若近,若可知若不可知,几几有难为言者。然所诣则然,非世之衰否有以主张之也。半塘老人与子苾、夔笙,亦身丁清时,回翔台省,略同于元献。夏六月,于《珠玉》一编字模句规,五日而卒业,视元献不失累黍。党亦与蒙相符契,蕲以破或衰世之说耶。爰申此义于简端,半塘诸子当不河汉也。昔方千里和《清真》,今半塘诸子和《珠玉》,一令一慢,巍然两大,亦他日词家掌故耶。甲午七夕金坛冯煦。

**七月初九日(8月9日),翁同龢吊唁同乡许玉瑑父子。许当于前数日去世。**

《翁同龢日记》本日记云:"许鹤巢父子倾逝,今日开吊,赙以百五十金。**其子香树。奠十金。**"

**七月十七日(8月17日),上《倭夷肇衅请任亲贤以资勘定折》,附《朝鲜兵事情形片》《推广捐级片》《请罢长顺片》。**

折云:

奏为倭夷肇衅,请任亲贤以资勘定,恭折仰乞圣鉴事。窃惟倭夷肆虐,朝鲜战局已成。制胜之道,固在命将得人,运筹决策,寄任尤重。臣窃思恭亲王为国懿亲,曾直军机二十余年,当军务倥偬时,入秉庙谟,出参谋议,卒成勘定之勋。其谨重老成,为中外所共信,当亦久在圣明洞鉴之中,无俟微臣称述。第恐朝廷优礼懿亲,以该亲王年高有疾,体气渐衰,未忍再加倚任。然当此时事方艰,上廑宵旰,该亲王决无自耽安逸,不思报称之理。即以再入枢垣,朝夕承直,精力或有未逮;可否不时召对,询以御倭之策,抑或明降谕旨,所有海疆军务悉归恭亲王调度,于时事似不无裨益。臣为绥靖藩服起见,谨冒昧上陈,是否有当,伏乞皇上圣鉴训示。谨奏。

《〈半塘言事〉选录》录上折作《请任亲贤奏》，附三片。片一云：

再，臣窃维制胜之道所贵力争先着，而形势彼我尤不可忽。当倭夷窥伺之始，李鸿章狃于和议，着着落后，坐失事机，致令夷兵先据汉城，叶志超孤军坐困。往者已不可追，然及今图之，犹可一彰挞伐，伸我国威。谨就臣管窥所及，为皇上陈之。

现在，奉直两省派往朝鲜北路各营均已进抵平壤，距汉城尚五百里，中隔大同、临津两江，夏秋山水涨发，若有敌兵阻守，断非克期能渡。此时，惟须紧顾义州一带后路粮运，方可相机进兵。现闻大同、鸭绿两江口，各泊倭船两只，由大同进口即至平壤，由鸭绿江进口即至义州。若倭用船装兵，由大同登陆截我平壤之师，或由鸭绿登陆断我义州运道，则诸军腹背受敌，难保不为叶志超之续。

就中外大势而论，日本兵力、财力皆不足与中国相抗。然胜筹未授者，由于赴机太迟，令彼得先据汉城，反客为主，攻守之势彼易而我难。彼国兵商各船往来如织，而我兵船株守口内，既不敢迎击敌船，又不能护送兵械，仅恃一线陆路迤逦前进。进取之机彼速而我迟。朝鲜东西南三面皆海，如西面之鸭绿、大同、汉江、牙山及东面之釜山、元山等口，随处皆可登岸。倭如调兵前来，不过两日，兵已毕至。是非特鸭绿、大同可以牵掣我师，即东面之元山，可由永兴高原一带直趋平壤，由奉天之大(同)[东]沟等处均可载兵上岸，邀我后路。若分兵四应，则备多而力分，防守稍疏则蹈瑕而抵隙。设平壤一军更有意外之变，一时别无大队兵马可以调援，大沽、山海关等处必皆震动，大局甚为可虞。

此时欲通我粮道，断彼接济，保后路，固军心，非善用海军不可。其激厉之道，惟在申明赏罚。如林泰曾之私自驶回，方伯谦之临阵退缩，应请拿问治罪，并将海军提督丁汝昌严加处分，责令立功自赎。此后，海军各船平常在奉省、朝鲜一带往来巡绰，与陆军相应援，并须相机将鸭绿、大同口内倭船先行击退。庶平壤一军无后顾之患，可以专意进剿。

查日本水师船表，该国仅有铁甲船一号，甲只四寸，其余快船、运船十余只，皆非十分坚利。据西人评论，中国船坚炮远，及平日操练打靶，远过于日本，惟将弁未经战阵，遇敌胆怯。林泰曾、方伯谦其明验也。海军章程以学生为执事，由执事升管驾，本为失着。现在临事择将，事固甚难，或有谓宜暂雇洋将者，臣意亦窃不谓然。鼓励三军，振作士气，惟在李鸿章之激发天良，力图晚盖耳。其陆路尚应添募赴援，厚集兵力，进取永兴一路，并应分兵驻守，以防倭由元山抄截。如此布署既周，大军可克期前进。秋冬水涸，江口易渡，倭性柔脆，又不耐寒。又闻，该国财力已穷，若再用兵数月，势必不支。俟其穷蹙，水陆合势，奋力邀击，不难一鼓歼除。

赖圣明在上主持,定见历久不懈,全胜之谟,实在今日。非第保全藩属,恢复境土已也。臣愚昧之见,是否有当,谨附片具陈,伏乞圣鉴训示。谨奏。

片二云:

再,筹饷之道以捐输为最。现在奉旨停捐,无论部臣所议如何,臣何敢于实官花样,别议更端。

窃思军功钱粮加级准抵降罚私罪,比随带级为更优。可否请旨饬下户部,酌拟变通捐级章程,于官员常捐加级事例上,酌增实银数成,名为海防加级,一切降罚私罪俱准抵销,并随带升任。窃计此议如行,报销之员必多,且与停捐谕旨亦不相妨,于饷项似不无壤流之助。臣为筹饷起见,谨附片具陈,伏乞圣鉴训示。谨奏。

片三云:

再,吉林将军长顺贪鄙操切,于军务尤非所长。今年办理农安民变一案,措置诸多失宜。现在海疆用兵,吉林外拱朝鲜,内卫陪京,北接邻国,实为东方重镇,形势扼要之区,恐非该将军所能胜任。设有贻误,关系匪轻。臣冒昧拟请旨另简重威知兵爱民恤士之员,以资镇慑,于军务当有裨益。谨附片具陈,伏乞圣鉴。谨奏。

《光绪军机处事由档》光绪二十年七月十七日:"御史王鹏运奏请召见恭亲王询以御倭之策,片海运各船应在奉省朝鲜一带巡缉,片吉林将军长顺军务非其所长请另简威重知兵之员。"

《光绪朝实录》卷三百四十五:"光绪二十年甲午七月,又谕,御史王鹏运奏,请变通捐级章程充饷等语。著该部议奏。洋务。"

《翁同龢日记》本日记云:"看折……件。曾广钧、周承元、钟德祥、王鹏运、易俊、余联沅、褚成博连衔折。余谓曾折甚壮,欲用之,而同人谓海军两舰岂宜轻掷,遂止。"

**七月二十六日(8月26日),文廷式上折参北洋大臣李鸿章畏葸挟夷自重。**

《翁同龢日记》本日记云:"入则看折三件。户部代递裕绂折、取一条交议,捐输。余联沅折、参北洋贻误大局者六。文廷式折。参北洋片,请派李秉衡往津察看。复奏派李君赴津察看李相有无病状。"

《文云阁先生年谱》光绪二十年谱:"(七月)二十六日,先生上折参北洋大臣李鸿章畏葸挟夷自重片,请派李秉衡往天津察看。据《翁文恭公日记》及胡思敬《文廷式传》。"

**七月,给事中余联沅劾康有为惑世诬民、非圣无法,请焚《新学伪经考》并禁粤士从学。**

据《康南海自编年谱》。

**八月二十日(9月19日),况周颐作《薇省词钞》例言。**

《薇省词钞》例言末条:"周仪自戊子入都,以论词与幼遐前辈订交。是选商榷去取,幼丈之力居多。缪筱珊太史荃孙以《荆溪词》假我,卷中潘仙客瀛选龙二为光两先生词并资撰录。陈兰史前辈图持赠吴荭生先生葆晋《半舫馆词》,卓然名家,亦重可感也。例合并书。光绪二十年甲午中秋后五日识于京都宣武门外椿树上二条胡同寓斋。"

八月二十六日（9月25日），上《请直捣倭巢藉纾寇患折》，附《请电令云南兵将北上片》。

折云：

　　奏为寇氛甚恶，请直捣倭巢藉纾寇患，恭折仰祈圣鉴事。窃臣闻近日军情，我军水陆失利，贼锋已逼鸭绿江一带。是北洋诸军之不足恃，已可概见矣。现在新调各军未能猝集，桂祥等所统又属无多，若倭夷肆其凶焰，乘我兵力未厚，长驱而来，军情瞬息，后患不堪设想。臣日夜筹思，未有至计。惟用兵之始，风闻闽粤南澳镇总兵刘永福，奏请督率所部迳征日本，为捣穴攻心之计，事虽未行，海内壮之。臣愚以为及今若行此策，犹未晚也。倭虽凶狡，未有不自顾本根者，且度我断无越海远征之事，该国必不设备。若使楼船飞渡，入其国都，彼将不战自溃，否则闻警亦必回援，兵力既分，众志且懈，破之必矣。可否请旨电饬南洋大臣速派兵船，令该总兵克期渡海，一切假以便宜。粮运军需即由南洋接济，俾得一意进征，不致有所牵掣。臣料该总兵曾与外夷交绥，其伎俩素所洞悉，必应确有把握，可期成功。复藩封而摧丑虏，诚莫要于斯矣。臣愚昧之见，是否有当，谨恭折具陈，伏祈皇上圣鉴施行。谨奏。

片云：

　　再臣闻：滇军昔年与法人交战颇著声威，若得知兵大员统之而来，可期克敌。查巡抚衔督办云南矿务唐炯,起自行间,洊升巡抚,其谋略战绩,至今滇、黔、川、楚间尚有能道之者。越南之役,与徐延旭同拟大辟。其实平情而论,该员之罪不惟轻于徐延旭,亦且轻于潘鼎新。当时以振厉军心,不得不尔。我皇上亦洞悉其才可用,是以赦而不诛,且令督办矿务。现在将帅需人,可否电谕该员速募滇军数营,滇中宿将如蔡标、丁槐等者酌调数员统带北上。该员感朝廷不杀之恩,雪昔时对簿之辱,必能振作精神,勇赴事机。昔人所谓"使功不如使过"者,正此类也。第虑云南天远,恐缓不济急,然使星驰前来,约二月余亦可赶到。其时如业已罢兵,朝廷不过多一凯撒之费,所损无多;如兵事尚在未解,则诸军酣战之际,忽得新军以为后劲,亦兵家奇正相生之说。初未见为后时也,特及今为之,不容刻缓耳。臣管蠡所及,不敢以事涉迂远,缄默不言。谨附片具陈,伏乞圣鉴训示。谨奏。

《光绪军机处事由档》光绪二十年八月二十六日:"御史王鹏运奏请直捣倭巢,片请饬唐炯募勇北上。"

**八月,郑文焯游江淮间,晚自瓜步渡江,舟中与张祥龄连句和吴文英《莺啼序》词。**

词为《莺啼序·甲午仲秋,薄游江淮,瓜步晚渡,与子苾舟中连句和梦窗此曲》(《樵风乐府》卷三,又见《冷红词》卷三):

西阑乍过桂影,倦秋醒闭户。酒边泪、分付黄花,客燕何意来幕。棹歌远、吴山自碧,晴云望转淮南树。怅荒湾,残柳春前,枉作风絮。**叔问** 宝扇才疏,画帘十二，换纱烟縠雾。镜波晓、还照离妆，玉容空在纨素。绣帷寒、愁鬆雪腕，暗销尽、深盟红缕。理芳情，搓做柔丝，绾他闲鹭。**子苾** 桃根旧曲，醉耳重听，过江尚倦旅。叹十载、杜郎吟赏，又断魂处，翠黯红凄，矮篷眠雨。二分月色，琼箫吹破，多情赢得天涯老，更渔灯、趁唤瓜州渡。登临恨晚，荒萤乱点迷楼，照地一片焦土。

**叔问** 春风粉黛，晓日绫纨，剩寸萝片苎。笑拾得、才人余唾，几树官梅，客里狂吟，雪中低舞。扁舟此去，无情烟水。清歌何处催梦觉，感华年、分算成弦柱。隋堤鸦散斜阳，故国庭花，有人唱否。**子苾**

**九月十五日（10月13日），唐景崧署台湾巡抚。**

《翁同龢日记》本日记云："旨邵友濂署湖南巡抚，唐景崧署台湾巡抚。**两人互讦，故有是命。**"

《清史稿·唐景崧传》："二十年，代邵友濂为巡抚。"

**九月十八日（10月16日），上《请拆除山海关一段铁路以防倭人抢占使用折》，附《李鸿章于前敌各军禀报往往改易字句欺罔片》。**

折云：

为山海关设防宜固，预杜狡谋，恭折仰祈圣鉴事。窃维倭人败盟肇衅，侵占朝鲜，声言进扰陪京，内犯畿辅。在倭人蜂虿之毒，本不足为中国忧，然恐其变诈多端，狡焉思启，心殊叵测，难保无乘瑕抵隙，由间道以逞长驱直入之谋，则山海关之防有不得不力求周备者。臣谨据管见所及，为我皇上陈之。陈闻铁路开至关东，已将山海关关门东偏平为坦途,安放铁轨,火车来往,自为一路,关门虽设,与无关同。现在关外虽已调集大兵,而地面辽阔,防不胜防。臣恐其以海轮装运倭兵由牛庄、金州等处乘间登陆,以为牵制我兵进攻朝鲜之计。且恐其登陆后,强劫火车,驾驶内犯,一路毫无阻隔,殊切隐忧。臣以为铁路之设,便于转输,诚不可废。至于山海关为近畿保障,应将过关一段拆卸,将关城照旧修复。关内之车所运货物至关交卸,另用马车装载,由关放出,再用关外之车运往各处,进关货物亦于关外交卸,另用马车装载入关,再上火车。是于铁路火车毫无所妨,而山海关之防,依然严整,实足以增中国防御之备,戢彼族觊觎之谋。臣见皇上内派桂祥统带禁兵,外调吴大澂统带湘勇,均驻扎山海关一带,是山海关防务紧要早在圣明洞鉴之中。臣维用兵之道,其上伐谋,其次伐兵。应请旨饬下奉天将军会同吴大澂查明铁路过关之处,赶紧挖断,将关城刻日修复,他处如有倾坏,一并修筑完固,则倭人内犯之谋不战自戢,而于火车运道仍无妨碍。是否有当,伏乞皇上圣鉴。谨奏。

片云:

再自倭人开衅以来,前敌军情均由直隶督臣李鸿章电奏。臣闻其于前敌各军所有禀报往往改易增损字句,然后入告,欺罔情弊,恃以无从查对,莫由举发。臣查鸭绿江至京计程二千零数十里,若由驿六百里驰奏不过四五日即到。相应请旨谕准北洋帮办大臣宋庆专折奏事,由驿驰报,以为电报印证。不专恃李鸿章转电,庶其改易增损伎俩皆无可施。至驿站之设,原与转运相辅而行,今关外大军既有粮台,则修理驿站所费无几。虽不如电线之速,而可杜电报之蒙。凡大军前敌实情,得以详明上陈天听。是否有当,伏乞圣鉴。谨奏。

《光绪军机处事由档》光绪二十年九月十八日:"御史王鹏运奏请断山海关铁路以资防敌,片闻李鸿章于前敌军报往往改易字句。"

《翁同龢日记》本日记云:"辰正入,至枢直,看折二件,**安维峻劾移家之李文田、顾瑗、陆宝忠,置之。王鹏运折,断山海铁路,劾北洋改电报。**"

九月二十二日(10月20日),拜访缪荃孙。

据《艺风老人日记》。

九月二十三日(10月21日),缪荃孙来访。

据《艺风老人日记》。

九月二十九日(10月27日),与福建道监察御史安维峻合上《荐户部尚书崇绮片》。

片云:

再前户部尚书崇绮,操守洁,学问纯,才识高,经济裕。当此时事孔急,用人理财最关紧要,一时士论金谓该尚书若出当大任,不但裨益军国,且足风励世俗。该尚书前因告病开缺,近闻业经就痊。迹其忠直性成,勇于任事,早在圣明洞鉴之中。今倭夷猖獗,敢肆凭陵,乃我中国不共戴天之仇。政府诸臣处常有余，济变不足，甚或阳图守御，阴主和议，为苟且目前之计，徒以宵旰忧劳上贻圣主。臣读杜甫"独使至尊忧社稷"句，辄感愤填膺，痛哭不能自已。窃思该尚书受恩深重，目击时艰，谅难坐视。应请特旨召用，以慰众望。又前国子监祭酒宗室盛昱，学问优长，体用兼备，前亦因病在告。并请谕令销假当差，以图报称。臣为救时人才起见，谨附片具陈，伏乞圣鉴。谨奏。

**九月，缪荃孙复至京师。**

《艺风老人年谱》："九月，渡海至天津，复至京师。"

**九月，冯煦补授凤阳府知府。**

秦国经《清代官员履历档案全编》："冯煦……二十年京察一等，记名以道府用。三月大考二等，九月补授凤阳府知府。"

**十月初三日（10月31日），过访钟德祥，谈及战事。**

钟德祥《王幼霞侍御见过，东方事大棘，乃无人耶。甲午十月初三日》（《钟德祥集》）：

小园风日菊骚骚，熟炭生泉试白毫。客贻闽茶，曰银针白毫。瀹之，味清劲，品格出龙井上却似与君闲甚坐，胸中沧海如麏糟。

**十月初六日（11月3日），上《请颁内帑以励军心折》。**

折云：

奏为请颁内帑以励军心，恭折仰乞圣鉴事。臣伏读本月初五日谕旨令恭亲王督办军务。大军云集，需饷正殷，诚恐部臣一时难于凑集。伏思内帑必有存储，

289

与其多方筹拨,挹注无期,何如颁自内廷,饱腾立效。窃见此次用兵以来,曾蒙皇太后懿旨赏银二万两,嗣复钦奉懿旨颁给银三万两,俱出宫中节省项下。仰见慈恩高厚,不惜巨帑激励军心,薄海臣民同深感戴。现在军事已迫,如蒙立沛殊恩,凡在行间,定当感激驱驰,踊跃用命。并请明降谕旨,无论军民人等有能斩馘倭酋及倭兵首级来献者,分别等差,立予重赏。昔人不惜重金以募死士,正此类也。再恭亲王现已督师,此项饷银即令该亲王经理,不必发交北洋。即斩倭赏格亦由该亲王酌定数目,随时给发,庶无干没侵蚀之弊。臣为激励军心起见,谨缮折具陈,伏乞皇上圣鉴。再火药为军务要需,现值敌兵渐近,土匪奸细均不可不防。可否一并饬下恭亲王严密防守之处?伏候圣裁。又京存枪炮子药万不足供支应,应请特派专员迅赴天津,立令李鸿章将所存枪药全数刻日解京备用。谨奏。

《光绪军机处事由档》光绪二十年十月初六日:"御史王鹏运奏请内帑以励军心等。"

**十月初九日(11月6日)**,上《请派董福祥募兵练兵并由神机营军械库拨给装备折》,附《请饬八旗都统择能员训练以重防务(折)[片]》。

折云:

奏为倭氛日炽,都城亟应设防,请拣派宿将募练重兵,以资防守而固人心,恭折仰祈圣鉴事。窃维倭人内犯以来,都城人心惶惶,日甚一日。虽现奉明谕,各路统兵大员均归恭亲王节制,然恭亲王左右并无百战骁将,麾下亦无大枝劲兵,似非居中驭远、守卫京畿万全之策。臣以为练兵必先选将,内安然后外攘。查新疆乌鲁木齐提督董福祥,身经百战,名震俄夷,威名谋略实目前各路统兵大员所不及。朝廷择能而使,计必畀以重任。现在辇毂重地,并无劲兵驻守,人心浮动,职此之由。且风闻旅顺、金州一带,警报叠传,甚为危急,万一疏虞,直趋乐亭、大沽等处,进逼腹地,彼时再为设防,诚恐缓不济急。相应请旨特派提臣董福祥即日就近招募五千人,训练成军,以资防守。俟该提臣调到旧部将弁,分起统带,必成大枝劲旅。庶内足以杜奸宄之窃发,外足以当狡寇之猝乘。至于该军饷项,应请颁发内帑银二十万两,以便即日募练。嗣后再由户部筹拨的饷。其应用器械,并请饬下神机营于军械库内提给毛瑟枪三千杆,抬炮二百尊,笔码子药数十万颗。倘库中不敷提给,或需别项军械火器,亦恳恩准该提臣派人添办改造,作正开销。该提臣忠勇性成,深谙韬略,必能不负委任,巩固京畿。但使根本之地安如磐石,则近可无腹心之虞,远足收指臂之效矣。臣为保卫都城起见,谨急切缮折上陈,伏乞皇上圣鉴施行。谨奏。

片云:

再现在五城会办团防,招募勇丁,洵属先事预防至计。臣窃思兵无新旧,惟在训练有方。旧设之兵较新募尤易得力。伏查京师旗绿各营兵额十二万名之多,月支粮饷按籍可征,除老弱充数外,大约精壮亦居三分之一。近岁操练久疏,固由该管带大臣等营规懈弛,亦由饷项未充,该兵等须别计营生,不克专心肄习,非此项兵本概不可用也。拟恳饬下八旗都统分别拣择,合并成军。约计可用之兵至少亦有二三万名。予以数倍饷银,给以坚利器械,激以祖宗二百数十年豢养之恩,晓以与朝廷利害相切之义,该兵等上酬高厚,下恤身家,定当感发天良,踊跃用命。但此统带大臣决非贪庸所能胜任,须择廉敢有威望者为之,庶几实力操防,认真整顿,不至虚縻朦蔽,有名无实,似较团防尤为持久而可恃,军心亦易固结,缓可环卫近畿,急可捍御外侮。行之不变,非徒目前利益,禁旅古所重。臣为力筹防务起见,是否有当,谨附片具陈,伏乞圣鉴。谨奏。

《光绪军机处事由档》光绪二十年十月初九日:"御史王鹏运奏请派宿将募练京营,片请饬挑练旗营精壮。"

《光绪朝实录》卷三百五十一:"光绪二十年甲午冬十月,又谕,御史王鹏运奏,京师旗营兵额,按籍可征,除老弱外,精壮居三分之一。请饬八旗部统分别拣择,合并成军等语。八旗兵丁,世受国家豢养,其中精壮可用者,当不乏人,著派荣禄、刚毅查明各旗,除现已调练各兵外,无论食饷及闲散,堪以挑选操练者,实有若干人,先行覆奏。洋务。"

十月十三日(11月10日),上《请斥定安等奏》。

据《〈半塘言事〉选录》。奏云:

奏为陪京军政废弛,请申纪律以资拱卫,恭折仰祈圣鉴事。

窃维奉天为我天朝根本重地，陵寝所在，关系匪轻。现值逆倭肆扰，守御宜如何严密。伏查奉天所恃守卫者，惟宋庆一军、定安所练奉吉各军，又依克唐阿一军。据臣风闻，宋庆一军而外，余俱万不可恃。谨将实在情形为我皇上直陈之。

东三省练军大臣都统定安，老迈昏庸，举动须人扶掖，二三年来，并未亲阅操演，一切军政付之左右之人，平时诸多克扣。且当此军事孔急，正宜延揽人才，群策群力，乃该都统近数月以来，未尝接见一人，若置军事于不问。盛京将军裕禄，尤有筹防专责，亦属畏葸因循，毫无布置。盛字营总统丰陞阿为定安大将，其驻九连城时，倭逆扎桥渡河，正当其地，乃并不一问。倭兵渡河又不战即溃，致有九连城、凤凰城之失。吉字营总统福林布进军前敌时，以去倭太近为畏，涕泣求退。奉调起身，其军械无一整齐足用者，尤为骇人听闻。黑龙江将军依克唐阿，练兵数年，皆有名无实。恐或调防他处致有败露之虞，是以自请前敌，意在趋朦趋避。奉旨后两月方抵奉天，所部号称数千，实则不满数百。时闻左宝贵阵亡，始张皇招募，所募皆市井乞丐不足用之人。由奉天至辽阳百二十里，行八日方至。现称卫护永陵，实则藉词远遁。朝廷方倚该将军为重镇，凡自请投效之员悉发该营差委，几如人才之渊薮，东道之锁钥。乃孤恩溺职，步步逡巡，处处巧取，为中外所腾笑。

贻误军要,蒙蔽圣聪,与丰绅阿、福林布之失守地方,临阵退缩,同为罪浮于死。拟请旨将裕禄、定安分别罢斥,丰绅阿、福林布拿交刑部治罪,或即军前正法,以肃军纪,而作士气。昔发逆之变,杀何桂清等而转机立见;法越之役,杀常桂兰等而战事以奋。惩一警百,未始非宏济艰难,保全将帅之策。事在乾断。隐忍一日即受一日之害,不可为脂韦瞻徇诸大臣所摇夺。

又,臣风闻锡伯营领队大臣穆隆阿朴诚勇敢,昔年练兵东省彰著勋勤。现在东省将领乏人,可否发往之处,伏候圣裁。至宋军粮饷既仰给北洋,不独李鸿章出纳之吝,出于有心,深恐缓不济急。臣闻奉天金银库存款甚巨,金银器皿亦复甚多,万一疏虞,适以资敌。拟请饬下该管大臣,就近颁给,俾军先得资饱腾。其器皿之不适于用者,亦请一并充饷。昔发逆糜烂数省,惟湖南省城饷项充足,得以保全,尤成效之可睹者。臣为力筹边防起见,是否有当,谨专折具陈,伏乞皇上圣裁训示。谨奏。

《光绪军机处事由档》光绪二十年十月十三日:"御史王鹏运奏陪京军政废弛请申纪律。"

**十月十三日(11月10日)**,**缪荃孙来访**。

据《艺风老人日记》。

**十月二十二日(11月19日)**,上《为和议万不可行请立罢奸邪以坚战计事折》。

折云:

奏为和议万不可行,请立罢奸邪以坚战计而裨全局,恭折仰祈圣鉴事。窃臣恭读本月十九日谕旨:大学士额勒和布才欠开展、张之万年逾八旬,均著毋庸在军机大臣上行走,钦此。仰见我皇上慎任枢衡,英明果断,天威一振,何难扫荡倭氛。然臣窃谓:阻挠战局,依违和议,若军机大臣兵部尚书孙毓汶、吏部左侍郎徐用仪,其辜恩误国,罪更浮于额勒和布、张之万也。臣职司拾补,倘知而不言,言而不尽,有负圣明知遇之恩,同为罪不可逭。用敢不避斧钺,为我皇上直陈之。夫议和于未战之先或战而胜皆可也。战而败,败而求和,其辱与城下之盟等。且倭奴骄盈已极,即与数千万兵费未必饱其欲壑,势不至割削朝鲜不止。以祖宗二百年之藩服,一旦徇苟且目前之计,委之于人,不顾后患,臣不解孙毓汶、徐用仪之力主和议为何心。如谓多与兵费则可,若割地则不必与和,不知现在四面征调,所费已不訾,倘中道议和,皆虚掷夫饷项。若能以饵敌之金缯,饱我军之士马,安有不堪一战之理!又何必朘中国之脂膏,资敌人以强富也。则孙毓汶、徐用仪又何心?拟或强弱之势迥殊,我军断难取胜,如齐人所谓"五战不克,请举国以从"者,是又一说。然自用兵以来,敌情亦大可见矣。我军虽三战三北,元气并未受伤;彼军屡胜而骄,又今日攻旅顺之人,即前日攻九连城之人,罢于奔命,势将不支。现在新军渐次到齐,一时名将云集辇下,加以天寒冻合,海道将封,彼果悬军深入,必致退无所归,胜算我操,克敌正在今日。孙毓汶、徐用仪又何心？况倭奴素性无厌，诸夷环伺观衅。目前之诛求可应，继此之诛求可胜应耶？一国之诛求可应，各国之诛求可胜应耶？现在本朝属国仅有朝鲜，若此次不予力争，异日倘更有以割地要我者，将若之何？语曰："披枝伤心。"孙毓汶、徐用仪何不思之甚也！且孙毓汶、徐用仪愿和而不愿战，为势所必至，盖战而败固无所逃罪，战而胜亦无以自容。唯有和议速成，庶可保全禄位，其他利害皆有所不计。臣亦知主持和议不止孙毓汶、徐用仪二人，然二人者，居密勿之地，操钧衡之权，其言易入，其计易行。无论和议遽成，实足损国威而贻后患。即此论一出，人知倡自枢垣，即足夺将士勇往之气。此其所系尤关紧要。抑臣更有虑者：昔年镇南关之役，军威甫振而和，今又征调方集而和，恐他日别有调发，人将裹足不前。臣风闻此次谕起前台湾抚臣刘铭传，该抚电寄李鸿章有"终归于和，铭传可不出"之语，则刘铭传尸居余气，不足深责，其言则大可念也。臣拟请明降谕旨，立罢孙毓汶、徐用仪，并声明该尚书等阻挠战局、力持和议之罪，使天下晓然，知圣意主战而不主和，军气自然百倍。臣尤伏愿皇上，以坚忍之心，行严明之政。偾事如卫汝贵者，诛之勿赦；归诚如罕纳根者，用之勿疑。勿以旧劳贷败军之将，勿以偶败沮奋往之机。则不惟奉天、旅顺可保无虞，朝鲜亦不难克期恢复。俟倭奴力竭求成，然后俯如所请，庶不至多方要挟可以就我范围。即各国亦不敢效尤思逞，

· 296 ·

擅启兵端；而内地伏莽见国威方振，亦可潜遏乱萌。事关全局之大，不仅与倭奴争胜负。是在皇上宸断独操，不为奸庸瞻顾之论所摇夺耳。又大学士直隶总督李鸿章辜恩溺职，臣曾与御史安维峻联衔参劾，已达宸聪，如能外去跋扈自专之李鸿章，内罢朋奸罔上之孙毓汶、徐用仪，而谓倭寇不能平、我军不能胜者，臣虽死不受也。臣缕缕之愚，不胜战栗悚惶之至。谨昧死激切专折具陈，伏乞皇上圣鉴训示。谨奏。

《翁同龢日记》本日记云："上命阅两折，一端王，一王鹏运。"

**十月二十九日（11月26日），降瑾妃、珍妃为贵人。**

《翁同龢日记》本日记云："皇太后召见枢臣于仪鸾殿，先问旅顺事，次及宫闱事。谓瑾、珍二妃有祈请干预种种劣迹，即着缮旨降为贵人等因。鲁伯阳、玉铭、宜麟皆从中官乞请；河南抚裕宽欲营福州将军未果。内监永禄、常泰、高姓皆发，又一名忘之，皆西边人也。臣再三请缓办，圣意不谓然。是日上未在坐，因请问上知之否。谕云：皇帝意正尔。命即退，前后不及一刻也。"

《光绪朝实录》卷三百五十一："光绪二十年甲午十月，谕内阁，朕钦奉慈禧端佑康颐昭豫庄诚寿恭钦献崇熙皇太后懿旨，本朝家法严明，凡在宫闱，从不准干预朝政。瑾妃、珍妃承侍掖廷，向称淑慎，是以优加恩眷，洊陟崇封。乃近来习尚浮华，屡有乞请之事。皇帝深虑渐不可长，据实面陈。若不量予儆戒，恐左右近侍，藉为夤缘蒙蔽之阶，患有不可胜防者。瑾妃、珍妃均著降为贵人，以示薄惩而肃内政。现月。"

《文云阁先生年谱》光绪二十年谱:"(十月)二十九日,上谕降瑾妃、珍妃为贵人。"

汪叔子《文廷式年表稿》:"(十月)二十九日,西后降谕,贬瑾、珍二妃为贵人,谓有祈请干预种种劣迹云。"

十月,奏请将江浙漕粮一并由河运北上。

《光绪朝实录》卷三百五十一:"光绪二十年甲午冬十月,又谕,御史王鹏运奏,漕运关系甚重,请将江浙漕粮一并由河运北上,于寿张章邱一带设法过剥等语。著户部核议具奏。寻奏,江浙全漕米石,专恃运河挽运,办理恐无把握。过剥一节,尤属碍难。现拟以十成之三四交洋轮包运,以十成之五六改征折色。俟商定办法,再行详晰具奏。依议行。"

十月,缪荃孙出京,夏孙桐同行。

《艺风老人年谱》:"十月出都,闰枝同行。命志名先送眷属到鄂。"

十一月初八日(12月4日),因在中日甲午战争中一力主战,帝党主战派人物志锐降授副都统、乌里雅苏台参赞大臣。鹏运有《八声甘州》词送行。同时作《八声甘州》送别者还有盛昱、文廷式、沈曾植等。丁立钧绘《萧寺话别图》纪其事。

《翁同龢日记》本日记云:"慈谕周匝严厉,先论田贝电事,即以志锐充乌里雅苏台参赞大臣。"

吴庆坻《志将军传》:"中东之役,上疏画战守策累万言。德宗览奏嘉叹,召见便殿。公敷奏剀切,至于流涕。上为动容,寻诏赴热河练兵。未逾月,赏副都统衔,为乌里雅苏台参赞大臣,有旨毋庸来京。公闻命即行。"

《文云阁先生年谱》光绪二十年谱:"(十一月)初七,二妃之兄礼部右侍郎志伯愚赏副都统衔,出为乌里雅苏台参赞大臣,先生有《八声甘州》词送之。"

汪叔子《文廷式年表稿》:"(十一月)初八日,谕赏志锐副都统衔,出为乌里雅苏台参赞大臣,令驰驿前往。志锐旋登程赴任,廷式及盛昱、王鹏运等赋词送之。"

鹏运词为《八声甘州·送伯愚都护之任乌里雅苏台》,见《味梨集》。

《味梨集》家刻本附盛昱同作:

蓦横吹意外玉龙哀,乌里雅苏台。看黄沙氅幕,纵横万里,揽辔初来。莫但访碑荒碛,**同人属拓阙特(勒)[勤]碑**尔是勒铭才。直到乌梁海,蕃落重开。　六载碧山丹阙,几商量出处,拔我蒿莱。怆从今别后,万卷一身埋。约明春、自专一壑,我梦君、千骑雪皑皑。君梦我、一枝榔枥,扶上岩苔。

文廷式《八声甘州·送志伯愚侍郎赴乌里雅苏台参赞大臣之任》(《云起轩词钞》):

响惊飙越甲动边声,烽火彻甘泉。有六韬奇策,七擒将略,欲画凌烟。一枕薋腾短梦,梦醒却欣然。万里安西道,坐啸清边。　策马冻云阴里,谱胡笳一阕,凄断哀弦。看居庸关外,依旧草连天。更回首、淡烟乔木,问神州、今日是何年。还堪慰、男儿四十,不算华颠。

沈曾植《八声甘州·送伯愚之任乌里雅苏台》(《曼陀罗

· 299 ·

癞词》):

　　送萧萧征马向边州，都护出安西。正啼鸦噪晚，惊沙击面，烟树凄迷。灞上回头南望，鸧鹒夕云低。谁识阳关意，兀坐渔师。　揽辔而今焉向，黯兰生荪苦，天上相思。傻回风北遡，乐莫乐相知。莽千里、龙沙雁碛，借天山、砥锷拂鲸鲵。归须早、今年金印，斗大提携。

　　案：此事《文云阁先生年谱》《翁同龢日记》所载日期不一致，姑从日记。

**十一月十七日（12月13日），上折言勿为和议所误，仍宜修战备。**

　　《光绪军机处事由档》光绪二十年十一月十七日："御史王鹏运奏夷情叵测请严战备以伐狡谋。"

　　《翁同龢日记》本日记云："是日王鹏运折。言勿为和议所误，仍宜修战备。"

**十一月二十四日（12月20日），李慈铭卒，年六十六岁。**

　　平步青《掌山西道监察御史督理街道李君莼客传》："今年夏，倭夷犯边，败问日至，知君者颇讶何以无所论劾。盖君戌削善病，至是独居深念，感愤扼腕，咯血益剧，遂以十一月二十四日竟卒，年六十有六。"

**十一月三十日（12月26日），上《请罢李鸿章奏》，附《请拿李经芳片》《请禁抑勒借款片》。**

　　据《〈半塘言事〉选录》。奏云：

　　奏为督臣跋扈已甚，万难督师，请旨立予罪责，以维肘局而顺从人心,恭折仰乞圣鉴事。

窃臣伏读上谕,拿问旅顺失事诸将分别罪罚。天威一振,军事无难振兴。乃风闻近日军形仍未有转机者,则譬诸治疾,犹治其标而未拔其本也。今日根本腹心之疾,无有大于仍任用李鸿章督师者。

夫李鸿章跋扈不臣之罪,诸大夫、国人皆曰可杀。其力为保全者,特陛下左右三数人耳。该督抗旨通倭、丧师失律诸罪状,九卿科道已屡屡言之,无俟微臣觍缕。即以旅顺一役而论,姜桂题、徐邦道等,以客军驻防尚能与倭接仗,使淮军诸逃将肯为接应,何至失守?仍并未一矢加遗,纷纷逃溃。道路传言,谓李鸿章诫谕淮将有:可守则守,不可则退,切勿交战之语。是何心哉?即云传闻异词,以二十年经营之险要,二十年训练之淮军,岁费国家帑金百数十万,一旦望风奔窜,弃之如遗,李鸿章苟有人心,尚何面目对我皇上。乃洋洋如平时,于逃将并不严加罪责,复靦然为首先溃退之龚照玙乞恩留营,为将来开复地步,尚得谓李鸿章心目中有朝廷哉!

又,奉旨严催解部之卫汝贵,李鸿章任其往来天津,宿娼纵酒,绝不过问。其自旅顺逃归诸将领,闻旨潜寓李鸿章署中。李鸿章家赀眷属早已席卷回南,深堂奥室,正可为逋逃渊薮,而且为卫汝贵禀请病假,谓丁汝昌有经手事件未完。以罪在不赦之员,而以寻常循例之词为请。是皇上欲严刑峻法,振励军心,而李鸿章故为是倒行逆施,抗违严旨。臣微窥其意,必欲诸军效尤,见贼即溃,以实其平日之言而后快。是又可谓李鸿章心目中有朝廷哉!律以祖宗朝诛纳亲张广泗等之例,既百十李鸿章早已不知死所。而今日所以惩创该督者,仅止拔去三眼花翎,褫去黄马褂,极重至革职留任而止。犹欲以数行诏墨激发其已丧之天良,不知谁为陛下画策保全之者。其欺君误国之罪,实不亚于李鸿章也。臣私忧窃愤,深叹李鸿章之跋扈,无人臣礼,为向来史册之所无,而朝廷姑息养奸,明知故纵,亦向来史册之所未有。

臣尝读史,至国势安危呼吸之际,其事理彰灼,苟能顺群情,徇公论,无难转危为安。而一二任事之人,往往违众以趋于危乱,未尝不废(其)[书]三叹,而莫喻其所以然,不谓今日于臣身亲见之也。

皇上即以李鸿章立功先朝,议勋议旧,不无可原。然昔以杀贼之故尊宠之,今以畏贼之故斥责之,情法适得其平,刑赏依然忠厚,亦不得谓朝廷待李鸿章少恩。否则亦宜速夺兵柄,置之散地,俾尽余年。倘以败盟仅止倭奴,各国尚赖李鸿章调护。岂知岛酋之所以输忱效顺者,实我皇上威信所及,有以大服其心,岂李鸿章所能为力。又或以与外人交绥,无不终归于和之理,宜留李鸿章为异日讲和之用,不知能战而后能和。今以跋扈不臣之人横其间,指臂之使不灵,上下之情日阂,战不能胜,将何以和?是欲用李鸿章为和议地者,而和议适以用李鸿章败也。皇上独奈何爱一李鸿章,不为宗社生灵计哉。

现在两江督臣刘坤一已抵天津。皇上倘察其材力尚堪任使,请即以北洋大臣之任畀之,否亦宜速简重臣以持大局。事至今日,容忍李鸿章一日,即实受一日之害,不至大坏天下事不止。

臣亦知参劾李鸿章者,章满公车,至今日已为陈言。然臣再四思维,欲军事日起有功,实以罢斥李鸿章为第一要义。有不得不大声疾呼,冀一回圣明之听者。虽以狂愚见罪,不敢辞也。臣缕缕之忱,用敢不避斧钺,披沥上陈,伏乞皇上圣鉴施行。谨奏。

片一云:

再,臣风闻近日特简侍郎张荫桓、巡抚邵友濂为全权大臣,前往日本议和。乃倭逆以邵友濂抚台日曾得罪倭人,不欲令其前往,而请以李鸿章之子李经芳为全权大臣。闻信之下骇愕异常。若以情形而论,李鸿章正督师征倭,是为该逆仇敌,何至特请其子前往议和?由是推之,则平日人言啧啧,谓李鸿章父子通倭,至此更明白显露,不待智者而后知矣。若朝廷竟为所愚,果派令李经芳前往,则凡有利于倭者,必尽力成之,天下将大不可问。

臣愚窃谓此次倭奴肇衅,正天所以启佑我朝,使李鸿章父子奸迹败露,不致日久患深。皇上如能力奋天诛,转弱为强,正在今日。机不可失,时不再来。拟请旨立罢李鸿章兵柄,将李经芳革职,拿交刑部治以通倭助逆之罪。倭奴见朝廷处置得宜,且失其所恃,兵气即将自沮,不难一战成擒。事关国是安危之大,不敢以言出风闻,尚无实据,悚于上闻。谨附片具陈,伏乞圣鉴。谨奏。

片二云:

再,户部筹款新章,有劝谕各省官绅商民,凑集资本借给官用一条,原系一时权宜,须出本人情愿。承办官员宜如何仰体朝廷不得已之衷,妥为办理,庶几有益于国,无损于民。乃臣风闻山西劝办委员,办理诸多不善,按户按村抑勒苛派,下至零星小户,行贩、舆夫亦皆不免,并有羁押威逼情事。晋省如此,他省恐亦或有然,特该省距京较近,风闻较速耳。

现在海疆多事,正宜固结民心,以御外侮。且追呼勒索所得几何,不过为劣员中饱之资,而有失民和。所关至巨,相应请旨饬下山西巡抚,将办不善各员指名严参惩办。并请饬下各省督抚臣,体察民情,恪遵谕旨,严绝抑勒苛派等弊。总期饷项渐充,闾阎不扰。抑或民力实有未逮,即令仿照山东抚臣李秉衡办法,另筹的款,毋庸劝借绅商。是在各督抚臣力矢公忠,俾不失朝廷息借本意也。臣为慎重借款,严禁扰累起见,谨附片具陈,伏乞圣鉴。谨奏。

十二月初二日（12月28日），福建道监察御史安维峻上疏，有皇太后"遇事牵制"之语，命革职发遣军台。鹏运有《满江红》词送行。

词为《满江红·送安晓峰侍御谪戍军台》，见《味梨集》。

《翁同龢日记》本日记云："照常入，封奏七件，惟安维峻一件未下，比至小屋始发看，则请杀李鸿章，劾枢臣无状，而最悖谬者谓和议皇太后旨意，李连英左右之，并有皇太后归政久，若遇事牵制，何以对祖宗天下之语。入见，上震怒，饬拿交刑部议罪。诸臣亦力言宜加惩办。臣从容论说，以为究系言官，且彼亦称市井之言不足信，良久乃命革职发军台。"

《清史稿·安维峻传》："日韩衅起，时上虽亲政，遇事必请太后意旨，和战不能独决，及战屡败，世皆归咎李鸿章主款。于是维峻上言：'李鸿章平日挟外洋以自重，固不欲战，有言战者，动遭呵斥。淮军将领望风希旨，未见贼先退避，偶见贼即惊溃。我不能激励将士，决计一战，乃俯首听命于贼。然则此举非议和也，直纳款耳，不但误国，而且卖国。中外臣民，无不切齿痛恨。而又谓和议出自皇太后，太监李莲英实左右之，臣未敢深信。何者？皇太后既归政，若仍遇事牵制，将何以上对祖宗，下对天下臣民？至李莲英是何人斯，敢干政事乎？如果属实，律以祖宗法制，岂复可容？唯是朝廷受李鸿章恫喝，不及详审，而枢臣中或系私党，甘心左袒，或恐决裂，姑事调停。李鸿章事事挟制朝廷，抗违谕旨。唯冀皇上赫然震怒，明正其罪，布告天下，如是而将士有不奋兴、贼人有不破灭者，即请斩臣以正妄言之罪。'疏入，上谕：'军国要事，仰承懿训遵行，天下共谅。乃安维峻封奏，托诸传闻,竟有"皇太后遇事牵制"之语,妄言无忌,恐开离间之端。'命革职发军台。维峻以言获罪,直声震中外,人多荣之。访问者萃于门,饯送者塞于道,或赠以言,或资以赆,车马饮食,众皆为供应。抵戍所,都统以下皆敬以客礼,聘主讲抡才书院。"

《文云阁先生年谱》光绪二十年谱:"十二月秦安安小峰维峻御史奏劾直隶总督李少荃,先生实主其事。小峰以是获罪褫职戍军台,先生集银万余以送其行。"

汪叔子《文廷式年表稿》:"十二月初二日,御史安维峻疏劾枢臣无状,请斩李鸿章,谓和议乃皇太后旨意,而李莲英实左右之,并有皇太后归政久,若遇事牵制何以对祖宗天下之语。是疏之上,廷式实主其事。安以是得重遣,褫职戍军台。廷式集银万余,以送其行。"

十二月二十四日(1895年1月19日),上《奏息借扰民请旨寝罢折》,附《请将甘肃提督李培荣骄纵掊克各节查明严办片》《请催解黄仕林等予以严办片》《太仆寺少卿松安罔利营私请撤换片》等三片。

折云:

为息借扰民请旨寝罢,以靖闾阎,恭折仰祈圣鉴事。窃臣前因山西官吏于息借民财一事办理不善,曾经附片奏参。其时山西借款已有成效,本可成事不说,犹必仰渎宸聪者,诚恐他省或亦有然。拟请旨严行禁斥,庶不致相率效尤。乃近风闻江西办理此事,其苛虐正与山西相似。荒州僻县皆摊派至三四十万金,不惟抑勒在所不免,且有鞭扑禁押之事。由此类推,天下骚然,情状可想。方今兵单饷绌,强邻虎视,所恃以御外侮者,实以固结民心为首,而富强之术次之。我朝列祖列宗,赐蠲放振二百年无虚岁,偶一息借,何至遂失民心?独是迩来吏治贪污,相沿成习。其平日已不能承宣朝廷德意,今有息借之举,正可藉以遂其囊橐之私。其苛派抑勒等情,臣可决知不独山西、江西两省为然。特以扰累之重轻为办理善否之等差耳。臣愚窃意为此说者,必系讲求西法之人;不知岛人以市道为国,君民互相借贷习为固然。又其君民相近,无所谓吏胥之中饱。故可沛然行之而无难。若中国则而效之,适足为贪吏奸胥藉手之资,而政体民生两受其害,是亦西法不能行于中国之一端。臣伏读近日邸抄,皇上面诚疆臣有"严察州县,维系民心"之谕。又奉谕:大军经过地方,将一切差徭津贴以苏民困。仰见宵旰忧勤,无日不恫瘝在抱。息借一事,于饷项不过壤流之助,而扰累遍于天下,甚非计也。可否请旨饬下各省督抚臣将息借通行停止。其已积有成数者,即扫数报解;其畸零细数,即体察民力酌量存还。天下幸甚,生民幸甚。臣仰体朝廷爱育之心,虽见涉迂谬,不敢壅于上闻。谨专折具陈,伏乞皇上圣鉴。谨奏。

《光绪军机处事由档》光绪二十年十二月二十四日:"御史王鹏运奏息借商款扰民请停止。"

《光绪朝实录》卷三百五十七:"光绪二十年甲午十二月,御史王鹏运奏，恳借商款扰民，请予罢免。下户部议。洋务。"

片一云：

再臣风闻甘肃提督李培荣骄纵性成，专事掊克，罔恤兵艰，其自防所来京，往返皆乘坐四人大轿，见者骇然。其平日于纪律训练一概不讲，惟知扣饷营私。尤为骇异者，督办军务处发有勇丁皮衣银两，该提督仅制棉衣散给，复于勇丁名下坐扣饷银若干。闻现在该营勇丁每日仅给食米一斤，每月仅给制钱二百文。勇丁等不堪其苦，月前哗溃数百名，并乘机劫夺饷银三四千两。经通州知州获勇三名，斩首枭示。夫哗溃劫夺，斩枭诚是，然揆其致此之由，亦殊可悯念矣。现在海疆不靖，宵旰忧勤，原冀各路统兵大员激发天良，蔚成劲旅，以壮干城。若如该提督所为，使赴前敌，有不见贼即溃之理，将何以御外侮而振国威？相应请旨饬下督办军务处将该提督骄纵掊克各节确切查明，从严惩办，以儆效尤。臣为慎重军旅起见，谨附片具陈，伏乞圣鉴施行。谨奏。

片二云：

再已革总兵卫汝贵昨奉旨正法，各路将弁咸懔然于天威之不测，俾闻风而溃之习皆知所鉴戒。惟革员黄仕林、赵怀业、卫汝成等虽经严旨拿问，而北洋大臣李鸿章始则奏称查无下落，继则谓其兵溃潜匿，不肯即行拿解。诚不解是何居心。论者皆云该革员等自旅顺逃归，皆以李鸿章公署为逋逃渊薮。因谕旨严切，实纵之使归,故诿之江西、安徽诸抚臣,以卸其责。无抗违诏旨之非,而该革员等得以藉延残喘,计甚得也。现闻卫汝贵已服刑诛,前车不远,必至藏之惟恐不深。臣恐拿解无期,致严旨若弁髦,尚复成何事体! 相应请旨仍勒限李鸿章迅速查拿,不准诿之该二省抚臣,遂为了事。倘逾限无获,即予重处。庶李鸿章诿过纵奸之伎俩一无所施,而前敌各军益知儆惧矣。臣愚昧之见,谨附片具陈,伏乞圣鉴。谨奏。

片三云:

再太仆寺少卿松安嗜利无厌,时论所鄙,以钻营得充海军衙门帮总办,招揽权贿,物议沸腾。近复由督办军务处派管粮饷事务,闻其减平克扣,每万两短平至九百两之多,并有搀杂低银情事。各营需饷方急,往往藉词宕延不肯支放。似此罔利营私、劣迹素著之员,若再容留,必滋贻误。应请饬下海军衙门暨督办军务王大臣将该员两项要差先行撤去,仍澈底根究,如果克减属实,即行从严惩办,以儆效尤。谨附片纠参,伏乞圣鉴。谨奏。

《翁同龢日记》本日记云:"照常入。**封奏一件,王鹏运请停借华款,片参松安、李培荣及赵怀业三人未到。**"

**十二月,裴维侒补授福建道监察御史。**

秦国经《清代官员履历档案全编》:"裴维侒……二十年三月大考二等,仰蒙召见一次,是年十二月奉旨补授福建道监察御史。"

309

**冬,钟德祥为题王士祯画像。**

钟德祥《题王阮亭画像。为王侍御半塘》(《钟德祥集》):

雪霁跬步四印斋,斋头梅花粉炉火。中一画像一主人,掀髯如霜复来我。主人琅琊大道王,画像诗者老渔洋。渔洋作诗有何好,岂能击飓为虞唐。虽未为虞唐,四海又以康。西贡尚犹迤身毒,威畅何止南越裳。是时太平在文雅,鸾虎篇咏公鸣锵。只今去公几年岁,万牛沧江尔何计。食肉有人吾食藿,身与阎浮可相弃。帝臣果起龙武侯,台官不须虎安世。比日诸君将奈何,海啸鬼语人奔波。鹰鹯飞鸣亦非凤,凤有足节无悲歌。我酹渔洋金叵罗,单复戴笠神气和。想公慈仁古松下,书摊雅步归吟哦。英雄据鞍岂屑公,多公得与诗从容。四印老人奏夕烽,吾将安策吾殷峰。

**本年,又上《请令沿海侦探俄、倭动向片》。**

片云:

再近闻倭于其国中密筹战备,禁报馆不得漏言军事。辽南已撤之兵,复陆续调回,列营驻扎。揆其情状,颇有与俄人戎衣相见之机。蛮触相争,自可凭轼以观,两无偏袒。然辽南地反,实借俄为我争持。则今日俄国大局固与我大局相关,不可不察彼兵机,豫筹成算也。洋人宦游中国者,英、德为多,报馆亦多属英文,向多助英诋俄,其议论概存偏见。以今日情形而论,则中国于英未可推心,于俄尤不可逆诈。倭欲困我,故昵英;我欲抗倭,因亲俄,斯一定不移之理也。北洋于俄、倭情事,遏不上闻,暮气徧心,万难专恃。窃计洋情缓急,海疆督抚各有见闻,驻使在俄、日与彼外部周旋,尤更易得其要领。拟请旨密饬两江、闽浙、两广督臣,随时侦探俄、倭近日情形,并令驻俄使臣稽其征调之兵数,布置之形势,进退之机宜,随事密陈,以便采择。万一俄、倭开战,我欲安居局外,势恐有所不能。耳目广者算略多,先事图维,庶不致临时卤莽,再召兵祸。窃愿皇上与亲贤王大臣详密筹之。谨附片具陈,伏乞圣鉴。谨奏。

**本年,钟德祥借鹏运所藏《词学丛书》选词编《词学丛书选》成,有序。**

广西壮族自治区图书馆藏鹏运旧藏《词学丛书·乐府雅词》卷首钟德祥题云:"壬辰重九耘翁借幼霞藏书,将择尤雅之作别集之。"又雷达辑校《钟德祥集》收有作于本年《词学丛书选自序》一篇,末云:"仆今纂述竟此集,幼霞居连墙则专以问,幼霞脱可,夔生必无不可也,即不可,仆于是乃决知所可矣。南宁钟德祥序。"

**本年,龙继栋复原衔。**

缪荃孙《前户部候补主事龙君墓志铭》:"甲午,慈圣万寿,君以祝嘏还原衔。"

**编年词**:《鹧鸪天·甲午首春,初过碧茗馆,阅所藏旧院卞柳书画》《点绛唇》(侘傺无端)、《青玉案·晚兴。和驾航京兆》《八声甘州·送伯愚都护之任乌里雅苏台》《满江红·送安晓峰侍御谪戍军台》。

案:十一月初八日,志锐赏副都统衔,出为乌里雅苏台参赞大臣,被命即行。十二月初二日,御史安维峻奏劾直隶总督李鸿章被遣戍军台。则原《味梨集》中送志锐《八声甘州》词应移至送安维峻《满江红》词前。

## 光绪二十一年乙未(1895),四十七岁
上灯日,作《萧闲老人明秀集注》跋。

跋云:

右金蔡松年《萧闲老人明秀集魏道明注》三卷。按目共六卷,今仅存前半矣。是书向惟见于《直斋书录解题》,乾嘉间藏书家得金椠残本,递相影写,始显于世。元遗山《中州乐府》、王从之《滹南遗老集》皆于此注有微词,从之指摘尤夥。想当时固盛行也。金人撰述,流传最罕。此注虽穿凿冗复,皆在所不免,然于萧闲同时赓和诸人如陈沂、范季霑、梁兢、曹治、杜伯平、吴杰、田秀实、高廷凤、李彧、李舜臣、赵松石、陈唐佐、赵伯玉、许采、杨仲亨、赵愿恭、张子华辈,《中州集》俱未载。道明一一详其仕履始末,又遗闻轶事,零章断句,往往而有,足与刘祁《归潜志》并为金源文献之征。且萧闲词与吴激并称,时号吴蔡体,尤为风尚所宗。因校付手民,以永其传。盖自金源至今,越五百余年始再登梨枣也。独是屡经影写,字多形近之讹,与万莫生水部再三校雠,始可卒读。其引用诗文字句,与今本间有异同与可疑而无从校正者皆仍之。至引《礼

记》"畴昔之夜"作"宿昔",《文选·南都赋》"堤塍相辊"之"辊"作"箸",此类不乏,恐所本如是,一仍其旧焉。光绪二十一年乙未上灯日临桂王鹏运跋。

**正月十八日(2月12日),提督丁汝昌、总兵张文宣自尽,威海卫海军及刘公岛守军降,北洋舰队覆没。**

据郭廷以《近代中国史事日志》。《翁同龢日记》正月十四日记云:"早阅电,知刘公岛已失,水师覆没,愤闷难言。"待再考。

**正月十九日(2月13日),有词。词中多有对国事的感慨。**

词为《水龙吟·乙未燕九日作》,见《味梨集》。

案:清潘荣陛《帝京岁时纪胜·正月》"燕九"条:"白云观建于金,旧为太极宫,元改名曰长春宫。明正统间重修,改名白云观。出西便门一里。观中塑邱真人像,白皙无须眉。考元大宗师长春真人邱处机赴元太祖召,拳拳以止杀为戒。……真人生于宋绍兴戊辰正月十九日,故都人至正月十九日,致醑祠下,为燕九节。车马喧阗,游人络绎。"

**正月二十一日(2月15日),上《请设渔团奏》。**

据《〈半塘言事〉选录》。奏云:

奏为近畿海岸宜办渔团,以周防御,恭折仰乞圣鉴事。

窃臣伏查大沽、北塘迤东北曲折至山海关,迤西南曲折至盐山、庆云县境,皆直隶地界。除乐亭、滦河敌舰可以迳登,急须加兵扼守外,其余用划登岸之处,所在多有,逐节设防,无此兵力,亦无此兵法。惟有令沿海各州县举办渔团,内可以杜奸细而免为敌用,外可以便侦探而易知敌踪。

其办团之法,宜将沿海居民捕鱼为业者,先编保甲,户口人数令勿隐匿一名,计渔[船]而不计户。五船为一棚,置棚长;十船为一哨,置哨长;三十船为一队,置队长。皆由渔户公举,长官查看而分置焉。每州县所属岸口,无论队数多寡,分为两营,即以该营州县城守千把为之,或佐贰学官中有胆识者,亦可令充此选。有官守乃有责成也。拣选渔户壮丁,每月酌给口粮,哨长、队长稍加有差,营官酌给薪水,不必从丰。旗帜、器械均由官给发。州县操阅每月两次,技艺精熟者酌赏,以示鼓励,五日一小操,哨长阅之;十日一中操,营官阅之;十五日一大操,州县阅之。无事之日,听其照常捕鱼,并侦探敌人踪迹。如贼将扑岸,先行飞报,确实者,重赏之,其借名捕鱼或出海数日不归团者,必系为贼奸细,则重惩之。此渔团练法大概也。

惟州县划地分办,势不相联,须令大员总率之,又须分段拨劲军策应之,一旦有警,乃能如常山之首尾相应。

现在直隶总督专任北洋海口,自难兼办。王文韶帮办北洋事任稍简,正可督同直隶藩司办理此事。令选道府知兵之员,往沿海巡视布置,将北塘、大沽迤东北分为四段,迤西南分为两段。每段以道府知兵者一员充总办,而于董福祥、程文炳各营内抽派六营,会同该道府,每段一营,分段驻扎。有警则渔团分伏港汊,鼓角齐鸣,以为疑兵。倘有贼划阑入,枪炮击之,营兵则严厉以待,相机堵剿。大警则飞报董、程二军,加兵截剿。庶几面面周匝,节节灵通,畿辅沿海可无虞矣。盖港汊纵横之地,贼兵势不能大队深入,得渔团四面周防,可以杜贼偷渡。且贼入内地,亦必藉沿海渔户为之向导,今即为我用,庶不致弃以资敌。渔团虽非正兵,亦现在所不容稍缓者。刻距开冻尚约一月,及时举办,绰绰有余。

相应请旨饬下王文韶、陈宝箴,将沿海渔团妥定章程,从速办理。其经费或于近来所借洋款内拨给,或饬州县于应解地丁银内挪用,作正开销。并请于董福祥、程文炳两军内谕令挑选精锐各三营,以备拨派分防之用。是否有当,伏乞皇上圣鉴施行。谨奏。

《光绪军机处事由档》光绪二十一年正月二十一日:"字寄王。御史王鹏运奏请饬办近畿沿海渔团折。据称直隶沿海一带,可以用划登岸之处甚多,惟有令沿海各州县举办渔团之法。将北塘、大沽迤东北分为四段,迤西南分为两段,以道府知兵者一员充总办,而于董福祥、程文炳各营内抽派六营,会同分段驻扎等语。除董福祥、程文炳两军碍难抽调外,其所陈各节,王体察情形妥办。又有人奏,直隶在籍庶吉士王照办理宁河团练甚有纪律等。王确查如果团练得力,即饬直隶沿海地方一律仿办。原折片抄阅。""御史王鹏运奏片保已革道员李耀南。"

《光绪朝实录》卷三百六十："光绪二十一年乙未正月，又谕，御史王鹏运奏请饬办近畿沿海渔团一折。据称直隶沿海一带，可以用划登岸之处甚多，逐节设防，无此兵力，惟有令沿海各州县举办渔团。办团之法，先将渔户编为保甲，分置棚长、哨长、队长，每月酌给口粮，旗帜器械，由官给发。州县操阅，每月两次。将北塘、大沽迤东北分为四段，迤西南分为两段。以道府知兵者一员充总办，而于董福祥、程文炳各营内抽派六营，会同分段驻扎等语。除董福祥、程文炳两军碍难抽调外，其余所陈各节，著王文韶体察情形，妥为筹办。本日又有人奏，直隶在籍庶吉士王照办理宁河团练甚有纪律等语。著王文韶确切访查，如果此项团练实在得力，即饬直隶沿海地方一律仿照办理。原折片均著钞给阅看，将此谕令知之。洋务。"

二月十四日（3月10日），上《割地讲和万不可行折（即力争和议奏）》，附《请饬直隶顺天妥筹赈抚以苏民困片》。

折云：

奏为割地讲和万不可行，请旨寝罢以坚战局，恭折仰祈圣鉴事。窃自大学士李鸿章请训出京之后，外间人言啧啧，咸谓该大学士以割地之说请，已蒙俞允，臣闻信之下，不胜骇异。伏读本月初八日谕旨戒臣等风闻言事，必须详确查访，不得以传闻无据之词率尔陈奏。伏思中外交涉事件，当事类秘密不宣，况此事机重大，更属无从访查。必待详确著明，则已后时无及。事关国计安危呼吸之际，有不得不冒昧上陈，冀邀宸听者。夫战事至于今日，其为毫无把握，已可概见。外少折冲御侮之名将,内无运筹决策之良臣。以至宵旰忧劳,不得已而为割地议和之举,臣固知非圣心之所愿出。然我朝历来用兵,大抵皆先败而后胜。近之如法越之役与咸丰、同治间发、捻各逆,远之如高宗纯皇帝之十全武功,仁宗睿皇帝之征川、楚教匪,莫不始而挠败,继奏肤功。盖人材以历练而后出,兵气以鼓舞而后兴。方略具存,可复按也。特此次近在肘腋,又饷绌兵单,非往事所可拟耳。然事已至此,除力图振作,坚忍求胜之外,别无良策。如以割地议和为可期已乱,臣愚实未见其可也。本朝藩服刻已尽属他人,此时而言割地,则皆中国之疆土矣。今日倭人要求割地,即割地以行其成,其环而伺者,不止一倭,又材力富强皆百十倍于倭,见中朝易与如此,孰不从而生心为倭之续?且俄人今岁即当换约,法人换约亦在指顾,寻衅渝盟,事岂甚难?倘有更起兵端,以割地要我者,将若之何?与之,则地失不能复增;不与,则倭且不能抗,矧属西人日脧月削,伊于胡底?然此皆为朝廷事势言之,尚未即割地之民一深长思也。现在割地非战国时比,朝秦暮楚,犹为中国之民,今则沦于异域矣!以祖宗二百年殷勤教养,食毛践土、奉令承教之民一旦弃于腥膻之地,无论朝廷固有所不忍,即民心亦复谁甘?况我朝民气之固,为亘古所无。即如通商以来,外人以天主耶苏之说势胁利诱,凡可以惑吾民者,无不尽力为之,而良民未尝稍为所夺。此皆我朝教泽之深,有以固结其心于莫释。今忽诿而弃之,臣恐其为中国之民既不能,为外国之民必不甘。夫十室之邑,必有忠信,即必有豪强斩木揭竿,势有必至。将不独已割之民激之生变,即沿海沿边一带未割之地亦必闻而寒心。辍耒一呼,投袂向应,岂惟外与岛人为难,必且内与中国为仇。逮至中国之人转而相仇,其患尚堪思议哉!夫两患相形,则择其轻。主战虽无把握,尚有转败为胜之机;若割地求和,势将有一蹶不可复振者。臣闻李鸿章随带官员有其子李经方、道员马建忠,皆献媚岛夷,如恐不及。乱臣贼子,连轸而行,其可寒心不翅兵临城下。臣亦知割地之议如果属实,是朝廷筹策再四,非小臣之力所可挽回。然明知流弊所及,以为言之无益,遂隐忍不言,是为溺职。现在李鸿章甫到天津,闻十六日始放洋前往。倘能幡然变计,电谕该大学士寝罢割地之议,势犹可及止也。近日传闻营口、牛庄相继告失,兵事如此而犹请战而泥和,所论似近于迂。不知图目前一日之苟安,贻后日无穷之远患,实不如一意主战、百折不回,尚有转机之可冀矣。臣狂愚之见,是否有当,谨冒昧上陈,伏乞皇上圣鉴。谨奏。

片云:

再畿辅频年荒歉,民力困敝异常。虽仰荷皇仁连年蠲赈,民困稍苏,无如灾区太广,又为时太长,赈济势难遍给。风闻蓟州三河、顺义等地灾民有传食大户者,有以草根树皮为生者,啼饥号寒、冻饿而死者不可胜数。说者谓即使今年两秋丰稔,民力亦已不堪,况春雪频仍,麦秋已可概见。现在春抚将完,去麦秋尚有数月,深恐民食不继,仍无以生。可否仰恳饬下直隶总督、顺天府妥筹振抚以苏民困而广皇仁?谨附片具陈,伏乞圣鉴施行。谨奏。

《光绪朝实录》卷三百六十一:"光绪二十一年乙未二月,谕军机大臣等,御史王鹏运奏顺天府、蓟州三河、顺义等处,灾民困敝异常,现在春抚将完、麦秋尚远,深恐民食不继,无以为生,请饬妥筹赈抚等语。著孙家鼐、陈彝将被灾虚实轻重情形,确切查明,据实具奏。原片著钞给阅看,将此谕令知之。现月。"

文廷式《琴风余谭》:"临桂王幼霞御史争割地一疏,有云:闻李鸿章奏调随员,有伊子李经方及道员马建忠、罗丰禄诸人。乱臣贼子,狼狈为奸,其可寒心,不啻兵临城下。自谓警句,为余诵之。时论亦颇谓然(幼霞名鹏运,由内阁侍读迁御史。近颇能言,劾庆亲王一折尤为得要)。及庚子之乱,幼霞又劾大学士荣禄。折入,留中。幼霞遂乞假南归。"

**二月十六日(3月12日),梦见去世的妻儿,有词纪梦。**

词为《金缕曲·二月十六日纪梦》,见《味梨集》。

案:鹏运曾生子但早夭。鹏运《半塘僧鹜自序》云:"尝娶矣,壮而丧其偶;生子,又不育;尝读书、应举子试矣,而世所尊贵如进士者,卒不可得。"

**二月中旬,鹏运有诗赠钟德祥,钟次韵答之。**

钟德祥《次韵答半塘》(《钟德祥集》):

张说何如许散愁,薛宣那解识朱游。佞人誓欲擒山虎,大老依然重閣牛。水火南衙惟力视,眼铠东冶合谁收。明明宗泽种师道,可料延英只桧留。

忽见城头白项鸭,步舆三昧出承华。群公可似流禽鸟,平议何胜鼓吹蛙。不喜狄青铜具恶,好看王俭玉簪斜。冰开天暖玉雀笑,谁道风残高下花。

案:鹏运原诗未见。

**二月底或三月初,有《清平乐》词次钟德祥词韵。**

鹏运词为《清平乐·次园公韵》,见《味梨集》。

《味梨集》家刻本附钟德祥原作:

天涯芳草。孤负春深了。欲托遮姑南向鸟。为报白云知到。 此时尘土东华。当年笋蕨山家。究竟是非谁管,墙头开落风花。

案:园公当指钟德祥(字西耘)。据后《南浦》词况周颐词序作"和耘翁忆壶山桃花",《味梨集》家刻本作"附园公侍御和作"。

**三月初十日(4月4日)寒食,与钟德祥、况周颐集四印斋,忆及桂林壶山桃花,再用张炎《南浦》春水词韵赋词,钟德祥、况周颐有和作。前此曾与李树屏同用张炎《南浦》春水词韵咏春柳,此后又因同人和作较多,又题《鹧鸪天》词于后。**

鹏运词为《南浦·春柳。用乐笑翁春水韵,同李髯作》《南浦·寒食日忆壶山桃花,再用春水韵》《鹧鸪天·近作春柳词,同人属和盈轴,戏题一阕于后》,俱见《味梨集》。《薇省词钞》录后首《南浦》词序作:"寒食日忆壶山桃花,再用玉田春水韵。"词后注:"周仪按,吾邑东郭四望亭楹联春明作花明,三山日暖作

· 320 ·

四山云霁。先少吴世父撰句。亭稍北即壶山。"

《味梨集》家刻本附钟德祥和作：

　　　　十载别家山,又春归,怎奈燕晴莺晓。忽忽记当年,清明日、曾向壶山挂扫。纵横野饮,天边卧看归鸿小。那识长安还有路,只道世无(劳)[芳]草。　回头孤负桃花,这流光、都被尘沙送了。云锁万山青,提壶处、不识看花谁到。天遥水渺。西窗斜日啼鸦悄。管个青山真不易,莫笑主人来少。

《味梨集》家刻本附况周颐和作：

　　　　春事底匆匆,数番风,依约帘栊昏晓。风景说江亭,清明近、应是山眉都扫。斜阳古寺,十年孤负红英小。尘海繁华休重问,凄断玉骢芳草。　壶山山下吾家,料环溪、一带桃花放了。花外旧游踪,松楸路、魂梦几番愁到。边笳怨渺。暮寒何况天涯悄。无限芳菲无限恨,抛掷韶光多少。

案：《蕙风词》录上词序作：乙未熟食,用玉田春水韵,和耘
　　翁忆壶山桃花。是夕集四印斋,谈次及春明游事。

**三月十二日(4月6日),刘淮焮招鹏运与勒深之、况周颐等同游陶然亭,触景生情,忆及与端木埰、许玉瑑同游旧事。傅潜未如期参加游览,有《寿楼春》词寄怀。鹏运用其调赋词,并索同游者和,起句同用"嗟春来何迟"五字。**

　　鹏运词为《寿楼春·清明次日,星岑前辈招同省斾、夔生,寻春江亭,回忆曩从畤丈、鹤老游,春秋佳日,辄觞咏于此。感逝伤今,春光如梦,西州马策,腹痛不禁矣。是日舍泾期而不至,赋

〈寿楼春〉寄怀。即用其调,索同游诸君和》,见《味梨集》。

况周颐《寿楼春·乙未清明后一日,星岑前辈招同畲淦、半唐游江亭,畲淦期而不至,赋此调寄怀。半塘属和,余亦继声。起句同用"嗟春来何迟"五字》(《蕙风词》卷上):

嗟春来何迟。恰芳尘散麹,烟渚流澌。此际飘零词客,倦游何依。悲揽蕙、愁搴葳。似左徒、行吟江涯。恁锦瑟华年,青山故国,回首梦都迷。　登临地,芳菲时。几红牙按拍,白袷寻诗。底事尊前双泪,者回难持。埋香恨、今谁知。剩短碑、凄凉题辞。更不绾春愁,垂杨过篱三两枝。

**三月十六日(4月10日)**,缪荃孙发鹏运信,寄方、蒋词一册,托赵仲瀛带去。

据《艺风老人日记》。

**三月二十二日(4月16日)**,上《和议要挟已甚请回宸断折(即再争和议奏)》。当日呈慈禧太后,次日发下。

郭廷以《近代中国史事日志》:三月二十二日(4月16日),"御史王鹏运、给事中褚成博奏,勿割地议和"。

折云:

为和议要挟已甚,流弊太深,请回宸断而安危局,恭折仰祈圣鉴事。窃自李鸿章渡海以后,外间传说纷如,枢廷秘之又秘。风闻军机致李鸿章电音有"兵费不得过一万万两,地酌"之语。又闻割与台湾已有成议。夫割地之害,臣前折已详陈之。今日如割台湾与倭人,则滇越边境必入于法,雷琼、西藏必入于英,黑龙江、珲春必入于俄。日朘月削,披枝伤心,不出十余年,恐欲为小朝廷而不可得。更闻往年越南用兵之法国兵官现为该国总统,眈眈虎视,久存窥伺之心。并传说粤西边越之地,时有小轮船来往。倭事处置稍一失宜,势将接踵而起,此割地之不可不慎也。且自今以往,朝廷其遂安于萎苶,一任邻国之欺凌耶? 抑尚欲奋发有为,冀雪此耻也? 若云目前姑与议和,再徐图自强之策,此则庸臣误国之谭! 自中外交涉以来,皆为此说所误,以至今日当兵刃既交之际,尚不能力图振作,以奋国威,而欲于败兵之后为我皇上卧薪尝胆,臣敢决其无是事,亦断无是人。即皇上一旦力振乾纲,不为盈廷苟且偷安之说所误,而不訾巨款已付他人,如练兵筑台制器造船诸费,更从何出? 此犹即邦交安谧时言之,而邻国之借端要挟尚不在此数。《记》曰:"无三年之蓄,则国非其国。"得无深念之耶? 此又兵费之不可不慎者也。至于台湾既割之后,设绅民义不受割,抗不奉诏,该省孤悬海上,地广人强,使激厉众心,闭关自守,势必内之有负百姓,外之失信夷狄,进退失据,和战两难,又将何策以善其后? 是亦不可不深长思之者也。凡此流弊所及,愚昧如臣尚能知之,而一二谋国之大臣,竟悍然行之而不顾,岂知虑反出臣下哉! 特以当垂暮之年,处崇高之位,但得数年无事,便可荣宠毕生,故国势之安危强弱,皆非其所恤。伏乞皇上念缔造之艰难,求挽回之至计,严饬李鸿章,如兵费在万万两以内,又不致于割地,则姑与之行成。否则舍力战之外,更无他策。下哀痛责躬之明诏,罢偷安偾事之态臣,以亿万和戎之帑,为收召豪杰之资。中国虽云积弱,以人以地皆百十倍于倭,此而谓不堪一战者,臣虽死有所不受。若竟如倭所请,委曲与和,后患方殷,不堪设想。臣职司言路,目击时艰,自用兵以来,和战大局一再陈言,非不知天所难回,而犹冒渎不已者,实以世受国恩,不忍坐视时局颠危至于此极。且恐后之论者谓时局至此而大臣不虑远,言官不力争,为圣朝养士之玷。正不独上辜高厚,内愧神明已也。臣缕缕之愚,不胜激切惶惧之至。谨专折具陈,伏乞皇上圣鉴施行。谨奏。

《光绪军机处事由档》光绪二十一年三月二十二日:"御史王鹏运奏和议要挟已甚请回宸断。"

三月二十三日(4月17日),中日《马关条约》(中日新约)签字,**中国承认朝鲜独立,割辽东、台湾、澎湖,赔款二万万两,日人得在中国口岸从事工艺制造。**

据郭廷以《近代中国史事日志》。

三月二十五日(4月19日),**钟德祥有诗赠鹏运。**

钟德祥《赠王半塘侍御,时光绪二十一年岁在乙未三月二十五日也》(《钟德祥集》):

> 一灯坐对两独觉,投龟忽占山地剥。窘迫诘屈此何时,气涌不许矗五岳。回首当年炊粱滼,老丑不直五羊皮。风霜口吻雪肝胆,头白欲愧官之奇。

**春,聘李树屏为序楫、序柯两孙课师。**

《味梨集》自跋:"今年春,延蓟州李髯先生为序楫、序柯两孙课师。"

**春,有诗二首,宗韶和之。**

宗韶《和半塘韵二首》(《四松草堂诗略》卷四):

> 雍容坐镇不知愁,蛟鼍居然自在游。岂料盈庭同指鹿,有人隔海望牵牛。伤心玉垒休重往,雪涕星关指顾收。冻雪埋春春过半,敝貂犹为御寒留。

> 悲角悠扬儌戍鸦,匆匆兵火改年华。黠谋别有穿墉鼠,远略皆成坐井蛙。霸上新军偏黯澹,陈陶故径惯歧斜。浓云蔽日无时散,仰视长空眼欲花。

宗韶《叠韵二首录一》(《四松草堂诗略》卷四):

> 雪堆枯树夜飞鸦,不见春风桃李华。莫更殷勤养轩鹤,已教搜掘到私蛙。弁髦金马新恩异,荆棘铜驼古道斜。我亦贽郎能作赋,梦中冻笔懒生花。

案:鹏运原诗未见。

**春末,况周颐辑录成《薇省词钞》,鹏运为题《百字令》词一首。**

词为《百字令·夔生舍人辑录〈薇省词钞〉成,奉题一阕》,见《味梨集》。

**四月初六日(4月30日),广东举人梁启超、麦孟华、陈景华,湖南举人任锡纯及四川、奉天、江苏、湖北、江西、山东等省举人上书请拒中日和约(是日由都察院代递。粤湘呈文即4月22日所上者)。**

据郭廷以《近代中国史事日志》。

《梁启超年谱长编》光绪二十一年谱:"三月和议成,与南海联合各省公车上书陈时局。"

四月初七日（5月1日），广东举人康有为合十八省举人在京会商拒约自强。广东举人陈景华、徐绍桢、梁启超等及贵州、福建、江西、广西举人上书请更正和约（是日由都察院代递）。

据郭廷以《近代中国史事日志》。

四月初七日（5月1日），上《敌势不能持久缕析具陈折》，或称《倭人势难持久情形折》。当日呈慈禧太后，十三日（5月7日）发下。

折云：

为和局可危，谨将探闻倭人虚实，势难持久情形，恭折具陈，仰祈圣鉴事。窃臣自中倭用兵以来，和战大局，言之屡矣。近闻本月十五日前后将定盟约，当此危急存亡之秋，实有不得不痛切详陈，冀邀宸听者。夫以万国公法而论，两国争战，赔兵费者有之矣，未闻割地讲和者也；亦未闻既赔兵费复割土地，并将侵占之地据而弗退，如此之强横者也。西方各国城下之盟，亦不至是。倭人区区三岛，人民不过四千万人，赋税不过五千万两，国中空虚，全用纸币，国税愈增，国债愈众。其旧欠各国利债至四五千万，均有利息。去年启衅而后，铁路典美国，值一千万两纸币，典德国值八百万两，又假法国债金一千万两，以充饷糈，继因法人与荷兰构兵，不肯再假；俄国新君初立，绝无借助之意。当此之时，彼饷项告罄，其力已属不支，外强中干，故作声威以哃喝我国。若不实按其虚实，几疑强邻压境，无可如何矣。以上各条，臣博采群论，及探询久驻日本者而言，不得不为我皇上缕析陈之。倭国自明治维新以来，造枪炮，购兵轮，欲图强盛。然快枪及远，不过二三里而已，未若中国线枪抬炮之弹子众且远也；小炮多而大炮少，未若中国所购德国炮之锐且利也。至于兵轮只三十五支，除扶桑舰、浪速舰为二等船，此外自三等至七等不齐，率多破败朽弊。往年增选巡海快船数支，嗣将邮船会社改作兵船，以壮军威，如是而已。其陆军不过十三万余人，工兵长兵一万余人，其通国兵额三十六万八千余人，此皆儒农工贾，不能力战，仅备征调者。去岁倭人构衅，因自由党为金玉均报仇，而起大鸟圭介为自由党首，故先发难。自由党者，党会最众，计十三万人，自报奋勇，较征兵为精锐。此时死亡不少，佯为气壮，其心已寒。且倭人用兵，非水陆交攻不克致胜。离海少远，畏怯难进，断不敢深入内地。此时饷项已见支绌，民人咨怨，劳师于远，日久无功，求中国许和者，盖有日矣。臣察其国帑之贫乏，军士之疲劳，其势万难持久。目前整我各军，能取胜于彼，追逐无地，固属上策。即令彼此相持，以逸待劳，久之复归和局，彼必俯而就我，又何必既赔兵费又以膏腴肥沃之壤资敌耶？夫议和之举，原属行权，赔兵费以和之可也，割地以和之不可也。还我要害之地以和之可也，据我要害之地以和之不可也。割台湾以饲敌，倭人得之，有筹饷之地。与之旅顺，假之威海，则彼以旅顺修船坞，威海住驻兵轮，我国海军永不能立。金州、复州、盖平、营口等处归之，则彼得重屯陆兵，如虎生翼，直坐卧榻之内。倭奴狙诈狡狯，设小有龃龉，津沽北塘一带，离旅顺仅二百里，兵轮瞬息即到，防不及防，稍一疏虞，患生肘腋。即使倭人餍足不动，亦启戎心。泰西海外，大国六七，虎视而鹰睨，恐先发者得祸。今闻倭人得利，必将生心傥起而效尤，其患有更胜于倭寇者。以臣熟思而深计之，不和犹可以图存，受挟而和，危乱直在旦夕。割地之和，反不如不和之为得也。臣区区愚忠，不胜激切悚惶之至。是否有当，伏乞皇上圣鉴训示。谨奏。

《光绪军机处事由档》光绪二十一年四月初七日："御史王鹏运奏倭人势难持久情形。"

**四月初八日（5月2日）**，举人康有为等上书论战守之方及自强之道。江南、河南、浙江、湖北、山东、四川、顺天举人上书，请拒日约（是日由都察院代奏）。

据郭廷以《近代中国史事日志》。又据《康南海自编年谱》。

**四月初九日（5月3日）**，伊藤博文电李鸿章，换约期（5月8日）决不能缓。派道员联芳、伍廷芳往烟台办理换约事宜。山西、河南、四川举人上书请拒日约（是日由都察院代奏）。本日，鹏运有《唐多令》词，暗讽时事。

据郭廷以《近代中国史事日志》。

词为《唐多令·四月初九日作》，见《味梨集》。

**四月十一日（5月5日）**，直隶、河南、陕西、江西举人上书请绝和约（是日由都察院代奏）。康有为引见，授工部主事。

据郭廷以《近代中国史事日志》。

**四月十一日(5月5日),文廷式上《恳恩赏假回籍修墓折》。**

据汪叔子编《文廷式集》,折云:

> 日讲起居注官、翰林院侍读学士臣文廷式跪奏,为恳恩赏假回籍修墓,恭折仰祈圣鉴事:
>
> 窃臣自祖、父以来,久宦粤东,归葬萍乡。臣祖晟,咸丰九年在署嘉应直隶州任内殉难,蒙恩予恤,后归葬南昌。坟墓分隶两籍,涉境辽远。臣自己丑考取中书,供职京师,于今七年。癸巳冬间,江南试竣,蒙恩给假回籍,因急于复命,未敢稽延。去冬得接家信:因夏秋间雨水过多,南昌祖、父坟茔,均有冲损情形。近闻春间大雪尤甚。若不及早修理,更恐损坏日多。
>
> 为此寝馈难安,用敢冒昧陈请赏假三月,回籍修墓。事竣之后,赶即回京当差。蝼蚁之忱,伏惟鉴察。不胜悚惶之至。谨恭折具陈,伏乞皇上圣鉴。谨奏。

《翁同龢日记》四月十五日记云:"文芸阁来辞行,知昨日子初换约矣,并照会三件送交矣。伊藤先生不肯接办,论良久始接。此伍廷芳之电也。"

汪叔子《文廷式年表稿》:"(四月)十一日,奏请赏假回籍修墓。得旨:着赏假三个月回籍修墓。或曰:盖因廷式主战拒约,倡众力争,指斥权贵,不遗余力,西后议欲重谴,李鸿章衔之尤甚,欲中以奇祸。盛昱闻其谋,遂劝令少避。"

**四月十七日(5月11日),上《请令诸臣趁俄、法、德阻换约之机收回辽台折(即三争和议奏)》,或称《辽台有克复之机请饬枢译**

**各臣极力挽回折》。当日呈慈禧太后。

折云：

为辽、台有可复之机，请定庙算，责成枢译各臣极力挽回以系人心而维国脉，恭折仰祈圣鉴事。窃以民惟邦本，本固邦宁。强国得万众之欢心，故以战则胜，以攻则取；弱国与庶民同欲恶，则败犹可胜，危且可安。宋臣苏轼有言："人君之于民心，如鱼有水，如木有根，如饥渴之待饮食，得之则生，不得则死。"诚千古之至言，百代之龟鉴也。近日议和条约割辽、台以畀倭人，大臣争于上，庶僚争于下，台臣争于内，疆臣争于外，以及防边之将帅、上计之公车，泣血捫膺，合词呼吁，下至农工商贾之流，废业奔号，辍耕太息。而目不知书，无由写其情以控诉于黼座之前者，盖又不知其凡几也。时局如此之艰危，人心如此之愤郁，诚使辽、台无可复之机，无可奈何而弃之予敌，皇上犹有辞以谢天下也。乃辽、台有可复之机，岂可不极力争持，任当国之偷安而置之不问乎？近闻俄、法、德三国深恶倭之无厌，水师云集，环聚东瀛，或游弋于长崎、广岛之间，或驶泊于威海、烟台之外。俄不愿倭之得辽，法不愿倭之得台，响以先声，示之实力。倭迫于俄，已许以尽退辽南之地；台湾危疆懔懔，亦竟无片帆只舰敢加一矢之遗，此其为法所持，业已彰彰可见。日前天语赫然告倭人以展期换约，事机至顺，挽救非难；万众欢呼，交相额手。乃不逾日而反汗改图，克期换约，臣不解枢译诸大臣何所见而甘心犯各国之怒,弃垂成之功也。夫辽、台割而予倭,其害岂仅中于中国哉!倭据辽则塞俄东海之夷庚;倭得台则尽夺各国南洋之商利。我换约而贻百世之害,天下所共惜;我换约而并贻各国之害,则天下所共恶也。东洋强富孰愈西洋?倭一国可畏,彼俄、法、德以至于西班牙、荷兰各国独可侮乎?倭退辽而我弃之,是蔑祖宗之本根也。倭避台而我畀之,是绝天下之仰望也。主弃地之说者必曰:"议辽、台则撄倭怒,倭怒,将直犯京师。"不知倭既有退辽、台之言,固已撤金、复、海、盖之兵,次第归其本国。而诸国水师环伺,其势力加倭十倍。倭自保之不暇,何敢逞毒于我哉!或又曰:"倭为封豕、长蛇,俄、法亦鹰瞵虎视,西人诡诈,岂足深恃?"不知我已处无可如何之势,方惧彼之合心谋我、幸其互相钤制,助我争持,岂可甘屈服于负我之国而专猜疑于助我之国?揆今日俄、法情形,其助我者,诚即所以自谋;顾关系东方全局,断断无噬我之念。若一任诸臣之处心积虑,自启猜嫌,则是绝其助我而迫其噬我也。助我可却,噬我恐无术以却矣。三国阻批约,而我不应;三国阻换约,而我又不应。日本何亲?三国何仇?枢译之臣之拂人好恶,用心颠倒,乃至此哉!中国之人心失于内,各国之邦交睽于外。倒行逆施,伊于胡底?内忧外患,相迫而来。一日苟安,其可得乎?夫圣人不能为时,时者难得而易失。幸有此可乘机会,所望皇上神谋密运,饬诸臣推心三国,深究洋情,因所好而图我之利,因所恶而救我之害。开诚布公,同忧共患,辽、台之复,企踵可待。若更由此而慎密图之,虽赔费亦可减,虽条约亦可改。多算者胜,无算者败。顾诸臣之应付何如耳。事机之来,间不容发。伏祈宸断,切责诸臣极力挽回。为国家收将散之人心,为宗社图百年之至计。无仅以苟且偷生为念,天下幸甚。臣为大局转圜起见,谨恭折具陈,伏乞皇上圣鉴训示施行。谨奏。

《光绪军机处事由档》光绪二十一年四月十七日:"御史王鹏运奏辽台有克复之机,请饬枢译各臣极力挽回。"

四月二十四日(5月18日),上《李鸿章父子不可假以事权折》,附《还辽赔款巨大事关国家大计片》。

折云:

为时局忧危,请权位置以安宗社,恭折仰祈圣鉴事。窃自议和既定以后,外间纷纷传说,谓李鸿章当复任北洋大臣,其子李经方谋为北洋帮办。言虽风影,未必无因。伏思自中倭肇衅以来,为战为和,百无一是。威棱既损,根本复摇。推缘偾事之由,实因李鸿章骄蹇跋扈,蔑视朝廷,以致全胜之局败坏至于不可收拾,而其子李经方实赞成之。是李鸿章父子不独为皇上之罪人,亦为天地祖宗之所不佑。特今隐忍议和,未便加之罪责。独是李鸿章现在假期将满,未知所以位置之者,正复何如?夫大臣黜陟,朝廷自有权衡,岂小臣所敢预闻。然事关宗社安危之大,有不得不披沥直陈者。语曰:"前事不忘,后事之师。"李鸿章之总师干则丧师失律,为全权则割地媚夷。此而欲其收效桑榆,力图晚盖,臣敢决其为必无之事。且不止此也。李鸿章位既高,权既重,又自知平日所为,为覆载所不容,人神所共愤。处持此安归之势,一旦为鄙夫之患失,其无所不至,思之可为寒心。《易》曰:"几者动之微,吉凶之先见者也。"李鸿章尾大不掉情形,何止几微之兆?自古权奸负国,史册灿陈,何一非驾驭失宜,自贻伊戚?臣伏读本月十七日朱谕,我君臣当坚苦一心,力图自强之策。臣愚以为今日欲图自强,实自诛李鸿章父子始。纵使不加显戮,其尚堪假之事权以贻后患耶?臣岭表孤微,获以言事陛下,当此主辱臣死之日,尚何敢有所顾藉,怀情不尽,含默自容?谨不避斧钺,昧死上陈,伏乞皇上圣鉴。谨奏。

片云:

再臣风闻倭人为俄所持,退出辽南侵占各地,有再加兵费一万万两之说。夫二万万两兵费已为五州万国向来所未有,臣闻户部筹借此款分六十年归清,本利滋生,已积至七万万两始能卒事。若再加一万万两,是百年不能清偿。国家纵极治安,岂能百年无事,能不自为计耶?臣伏读朱谕宣示和议缘由,何敢再为争执?惟此事在原约之外,且倭人既已有所顾忌,何难与之善为说词,岂必更加巨款始可了事?事关国计之大,谨附片具陈,伏乞圣鉴。谨奏。

《光绪军机处事由档》光绪二十一年四月二十四日:"御史王鹏运奏李鸿章父子不可假以事权,片倭还辽南不可更加巨款。"

**四月二十五日(5月19日)**,赐骆成骧、齐耀琳、赵炳麟、李瑞清、康有为、瑞澂等进士及第出身有差。章华举进士。郑文焯会试落第。

据郭廷以《近代中国史事日志》。

郑沅《章君蔓仙墓志铭》:"中癸巳顺天举人,乙未成进士,改翰林院庶吉士。"

《郑叔问先生年谱》光绪二十一年谱:"晋京应会试,荐卷不第。张子苾太史是年散馆选陕西榆林府怀远知县,先生赋《踏莎行》词四阕相送。"

**四月二十六日(5月20日)**,命署台湾巡抚布政使唐景崧开缺来京,所有台湾大小文武各员即令陆续内渡。严旨命李鸿章饬李经方迅速前往台湾,不得畏难辞避。

据郭廷以《近代中国史事日志》。

《翁同龢日记》本日记云:"见起二刻。电旨撤台官内渡。"

《清史稿·唐景崧传》:"割台议起,主事邱逢甲建议自主,台民争赞之。乃建'民国',设议院,推景崧为总统。和议成,抗疏援赎辽先例,请免割,不报,命内渡。台民愤,乃决自主,制蓝旗,上印绶于景崧,鼓吹前导,绅民数千人诣抚署。景崧朝服出,望阙谢罪,旋北面受任,大哭而入。电告中外,有'遥奉正朔,永作屏籓'语,置内部、外部、军部以下各大臣。"

**四月二十七日(5月21日)**,台湾绅民决定成立独立民主国,建元"永清",即通告各国。

据郭廷以《近代中国史事日志》。

《翁同龢日记》五月初四日(5月27日)记云:"奉明发一道。电报则唐署抚竟为台民拥戴为自主之国总统。噫,奇矣!"

**四月,况周颐移寓校场五条胡同,助鹏运校词。**

况周颐《清平乐》(词仙去后)词序云:"自戊子迄乙未,余客都门。同半塘校宋元词,最如千家,即《四印斋所刻词》也。"

况周颐《水龙吟·己丑秋夜,赋角声〈苏武慢〉一阕,为半唐所击赏。乙未四月,移寓校场五条胡同,地偏,宵警呜呜达曙,凄彻心脾。漫拈此解,颇不逮前作,而词愈悲,亦天时人事为之也》(《蕙风词》卷上):

声声只在街南,夜深不管人憔悴。凄凉和并,更长漏短,縠人无寐。灯烬花残,香消篆冷,悄然惊起。出帘栊试望,半珪残月,更堪在,烟林外。　愁入阵云天末,费商音、无端凄戾。鬓丝搔短,壮怀空付,龙沙万里。莫谩伤心,家山更在,杜鹃声里。有啼乌见我,空阶独立,下青衫泪。

**四月,文廷式赋《祝英台近》词感春,写甲午之战失败后之感慨,鹏运次其韵。稍后文廷式请假南归(是秋入都销假),鹏运赋《木兰花慢》词送之。**

鹏运词为《祝英台近·次韵道希感春》《木兰花慢·送道希学士乞假南还》,俱见《味梨集》。

《味梨集》家刻本附文廷式原作:

翦鲛绡,传燕语,黯黯碧云暮。愁望春归,春到更无绪。园林红紫千千,任教狼藉,更休怨、连朝风雨。

谢桥路。十载重约钿车,惊心旧游误。玉佩尘生,此恨奈何许。倚楼极目天涯,天涯尽处,算只有、蒙蒙飞絮。

《分春馆词话》卷三第四七条:"王鹏运《祝英台近·次韵道希感春》一词,写甲午之战失败后之感慨,表达哀怨怅望之情,然语句之凄厉则又类草窗。词云:(词略)。可谓沉着秾厚。'燕妒'句,当写主和派之倾轧正人,'春去',写事势之无法挽回。收数句,与陈亮《水龙吟》'恨芳菲世界,游人未赏,都付与,莺和燕'相近。"

《文云阁先生年谱》光绪二十一年谱:"李鸿章恨先生甚,欲中以奇祸。盛伯熙知其谋,劝先生少避,先生遂有乞假南归之意矣。本年春,先生有《祝英台近》感春词寄慨时事,王幼霞和之。……四月乞假出都,回籍修墓。将归,沈子培有《渡江云》《永遇乐》二词赠先生,先生有《八归》词答之。又有《三姝媚》词答和王幼霞春柳词及送行之作。"

四月,有《玉漏迟》词题蒋春霖《水云词》。

词为《玉漏迟·题蒋鹿潭〈水云词〉》,见《味梨集》。

四月,读周发春落花词,觉富有生气,与李树屏相约各作一词,禁用飘零衰飒语意。后况周颐和之且赋柳絮词索和。与李树屏同和之。

鹏运词为《东风第一枝·读周青原落花词,生气远出,不落前人窠臼。与李髯约各拟一解,仍禁用飘零衰飒语意。绾红萦绿,自愧不如髯也,轶群定应突过》《东风第一枝·近与李髯赋落花词,禁用飘零衰飒语,夔笙和之,复广其意,赋柳絮索和,好勇过我,出奇无穷,倚调奉酬,仍索李髯同作》,俱见《味梨集》。

况周颐《东风第一枝·落花。同半塘赋,禁用衰飒语》(秦玮鸿《况周颐词集校注》):

> 絮外风柔,苔边蝶瘦,峭寒催送红雨。绣帘新绿扶将,彩幡剩香恋取。檀痕粉印,遍隔岁、东风来处。乍叶底、惊见残英,还胜半开娇妩。　凭遍了、玉阑细数。飘上了、锦茵更舞。画楼十二深深,燕归定衔到否。飞红万点,怕都是、相思凭据。问眼前、锦片天涯,可似武陵溪路。

《味梨集》家刻本附李树屏同作:

> 栋雪楼台,梨云院宇,春心摇荡无主。泥人特地缠绵,倚树偶教小住。行踪落落,且漫笑、癫狂如许。一任取、燕掠莺捎,未肯遽相依附。　吹乍起、暗穿绣户。散又聚、乱萦花漵。枉将离绪怜侬,政尔倦飞念汝。东风得意,莫更向、天街争路。待化作、点水萍圆,日日伴他鸳侣。

**四月,赋《踏莎行》词戏题李树屏《燕燕集》。**

词为《踏莎行·戏题〈燕燕集〉,为李髯作》,见《味梨集》。

**四月,与况周颐用周邦彦《大酺》词韵联句咏瓶中芍药。后况氏又照此独赋一首。**

联句词为《大酺·咏瓶中芍药,用清真韵,同夔笙联句》,见《味梨集》。

况周颐《大酺·咏瓶中芍药,用清真韵》(秦玮鸿《况周颐词集校注》）：

　　　　倩曲屏遮，重帘下，春在藏娇金屋。泉香珠粉沁，怯蜂须微逗，蝶翎轻触。玉晕霞明，绡融雪茜，花市红分篮竹。盈盈谁持赠，恰相逢一笑，篆温醪熟。乍香絮飞残，落英飘尽，殿春能独。　倾城来不速。悄相伴、尘事慵车毂。念有限、将离情味，没骨风流，费天涯惜春心目。寂寞刘郎谱，愁更听、梦扬州曲。尽标格、论香国。深夜须拚去声，吟瘦灯花红菽。玉阶记笼绛烛。

**四月，赋《兰陵王》词为钟德祥题照。**

　　词为《兰陵王·为西耘端公题照》，见《味梨集》。

**四月，得缪荃孙湖北书及寄赠蒋春霖、方履篯词集，赋《八声甘州》词致谢。**

　　词为《八声甘州·得筱珊鄂中书，并寄赠蒋鹿潭、方彦闻词刻。赋此以谢》，见《味梨集》。

**四月，梦亡妻曹氏为岳母赋《高阳台》词题《秋宵待月图》，即用原调赋词纪事。**

　　词为《高阳台·梦亡室谯君为外姑赋〈高阳台〉词，题〈秋宵待月图〉。谯君素不工词，梦境迷离，殊不可晓。即倚原调纪之。虫韵，犹是梦中为君捉刀句也》，见《味梨集》。

**四月，关榕祚将远行，赋《声声慢》词留别，鹏运即次原韵送行。又魏械将赴海外，过鹏运辞行并出示近作万柳堂纪游词，鹏运赋同调《摸鱼子》词赠别。**

　　词为《声声慢·六生将赋远游，倚声留别，即次原韵送行。伤离念远，忧来无端，不觉音之沉顿也》《摸鱼子·铁三有海外之行,过我言别,并示近作万柳堂纪游词,倚调奉答,即以赠行》,俱见《味梨集》。

四月底五月初,文廷式南归途中赋《三姝媚》词寄鹏运,鹏运用原韵赋词答之,乃至七用其韵赋词。王以敏、况周颐、张祥龄、李树屏、沈曾植、丁立钧、刘福姚等均有和作。后邓鸿荃、郑文焯亦有和作。

鹏运词为《三姝媚·道希南归,途次赋词见寄,倚调答之,即用原韵》《三姝媚·叠韵。示子苾,并柬梦湘、夔笙》《三姝媚·满目烟尘,欲归不得,三用道希韵以写怀抱。猿惊鹤怨,思之黯然》《三姝媚·江亭闻鸠,四用道希韵》《三姝媚·题〈红桥旧游图〉,五用道希韵》《三姝媚·李髯、梦湘、子苾、子培、叔衡、夔笙、伯崇皆和道希韵见贻。吟事之盛,为十年来所未有。六用前韵答之》《三姝媚·倒用道希韵,柬叔衡》,俱见《味梨集》。

《味梨集》家刻本附文廷式原作:

> 莺啼春思苦。看湖山纷纷,尚余歌舞。折柳千条,殢酒痕犹沁,锦襟题句。倚遍危阑,淡暮色、飘残香絮。似绣园林,一霎鹃声,便成今古。　当日花骢连步。共游冶春城,踏青归路。夜半承明,听漏声疑在,万花深处。可奈东风,吹不散、浓雾凄雾。记取灵和旧恨,清商自谱。

案:《云起轩词钞》录此词序作:"王幼霞侍御见示《春柳词》,未及奉和,又有送行之作。赋此阕答之。"对看词作略有异文。

王以敏《三姝媚·送文芸阁学士同年出都,次王幼霞侍御

韵》(《檗坞词存》卷三):

  骄骢催客苦。遍高林昏鸦,欲栖仍舞。素泪江山,忍俊游轻换,怨春词句。漫翦云衣,愁入手、搓成风絮。拜表通天,输与铜驼,阅人终古。  应记花砖迟步。唱杏雨江南,软红霏路。典尽朝衫,倩老渔归觅,酒家眠处。怕望长安,悲海蜃、重楼吹雾。袖取霜天铁笛,危栏细谱。

**况周颐《三姝媚·和半塘韵》**(秦玮鸿《况周颐词集校注》):

  啼鹃声自苦。却红楼依然,玉容歌舞。百计留春,恁遗愁还伏,酒边词句。燕燕莺莺,休更惜、天涯花絮。此恨能消,除是西山,翠蠼终古。  芳草盈盈随步。恰一碧无情,梦中乡路。断送韶光,莫画阑真在,更无人处。廿四番风,回首忆、非花非雾。一霎城笳吹出,明妃旧谱。

**张祥龄《三姝媚·和王幼霞,用文道羲韵》**(宋桂梅编《张祥龄集》):

  眉弯春恨苦。念风前纤腰,对花慵舞。枉费依依,□□□赢得,几篇诗句。做不成花,但解弄、盈盈飞絮。休问雷塘,一片斜阳,暮鸦终古。  长记红英随步。自隔断章台,相思无路。悔识缠绵,□半生幽恨,泪痕无处。□到而今,憔悴损、笼烟笼雾。更听高楼哀曲,谁家按谱。

  **案**:原文脱数字,据词谱补以空格。

**邓鸿荃《三姝媚·和尧生荷叶用半塘韵》**(《秋雁词》):

炎天人未苦。爱游鳞东西,绿轩红舞。清影凌波,倩瘦鸳邀客,酒边题句。蘸著浮萍,浑忘了、前尘飞絮。尽意招凉,千顷漪清,一湾香古。　江上娉婷微步。看万柄风摇,引莲舟路。玉露晨稀,认几星珠点,翠盘涡处。梦醒观荷,**半塘有苇湾观荷词**怆旧侣、散如烟雾。说与盟鸥应讶,红衣换谱。

邓鸿荃《三姝媚·和尧生用半塘韵,咏日本美人相》(《秋雁词》):

撩人情绪苦。隔蓬莱三山,镜中鸾舞。照眼鬐云,料塝乡琼岛,旧曾题句。乐浪名姝,休认作、露花风絮。慧性谁知,荞麦工愁,**日本谚云:信州好荞麦,情郎好颜色。不食麦犹可,迟郎愁煞我。**艳歌怀古。　不见盈盈娇步。想展上双趺,日光山路。小影唐妆,伴玉闺人悄,画屏幽处。掩映琼轩,还道是、樱花笼雾。入手词仙微笑,红箫旋谱。

郑文焯《三姝媚·王幼霞御史赋春柳词,道羲侍讲出都时有和作,尝为人书扇。余见而和之》(《比竹余音》卷一):

春归鹈鴂苦。挽丝丝东风,小腰愁舞。梦老长安,问永丰坊半,更谁留句。翠浪分堤,空千里、澹烟吹絮。须信高眠,靖节门前,五株千古。　还记吴皋游步。怎系住青骢,乱花歧路。故国繁华,但锦沟流恨,旧莺啼处。落月重逢,应共惜、一衾红雾。莫倚西江残笛,琼枝再谱。

**五月初,张祥龄示读其同郑文焯登北固楼用吴文英《莺啼序》荷**

花韵联句近作,触动鹏运愁绪。鹏运用原韵赋词以答。后张祥龄和之,鹏运再用前韵和之。鹏运又有《莺啼序·江亭感旧,用梦窗春晚韵》词,张祥龄和之。

鹏运词为《莺啼序·子苾示读同叔问孝廉登北固楼用梦窗荷花韵联句近作,沉郁悲凉,触我愁思,仍用原韵奉答》《莺啼序·子苾和作,凄然有离鸾之感。再用前韵奉酬,亦同声之应也》《莺啼序·江亭感旧,用梦窗春晚韵》,俱见《味梨集》。

《味梨集》家刻本附郑文焯、张祥龄联句原作:

西风又闻鹤唳,动秋声在水。海东日、照满津亭,浪花飞作云蕊。戍笳引、楼船瞑合,荒谯夜火城乌坠。叹南游,孤旅沧波,久断归思。**叔问** 关塞音书,数驰急羽,感新愁帝子。笑仙术、空说乘槎,采芝人久未至。莽中原、貔貅万帐,问何日、龙旗东指。且衔杯,狂噢茱萸,解人深意。**子苾** 登临罢酒,北顾仓皇,念枕戈不寐。霜月悄、几回起舞,到此惊见,第一江山,费人清泪。神京杳杳,非烟非雾,鸡声残梦催哀角,搅回肠、一夜成憔悴。冥鸿自远,重携倦客扁舟,泛愁镜波天里。

**叔问** 磷磷野烧,逼射甘泉,照万松失翠。暂小觅、林亭同憩,侧帽行吟,断岸祠荒,乱鸦风起。金焦两点,檐牙浮碧。空梁归尽辽海燕,绕危阑、休向曛黄倚。伤心大树飘零,更恋遗弓,恨题满纸。**时闻左提督阵亡。子苾**

案:郑文焯《冷红词》卷三有《莺啼序·甲午仲秋,薄游江淮,瓜步晚渡,与子苾舟中连句和梦窗此曲》《莺啼序·登北固楼感事再和文英》二首,又见《樵风乐府》卷三。

后首即上词,二者略有异文。

张祥龄《莺啼序·梦窗本意。半唐咏事之作,沉郁苍老,爱而和之》(宋桂梅编《张祥龄集》):

> 棂纱玉蟾照眼,弄清晖透户。梦醒早、何处高唐,楚山云冷朝暮。帕罗怨、红冰浣粉,鹃啼血染千山树。正兰桡,波暖横塘,柳丝飘絮。　回首吴云,画桥系马,蹴珠尘拥雾。短笺寄、班扇题香,旧恩长保纨素。倚薰笼、双鸳罢绣,折秋藕、搓成千缕。卷帘栊,低问班行,早羞鹓鹭。　皋庑落拓,水国淹留,旧巢认燕旅。试再访、旧时坊陌,废池空垒,宝瓮苔荒,雁烟蛩雨。幽兰泣露,寒螀啼月,银筝肠断乌栖曲,恨潮回、不过阊胥渡。琼枝玉蕊,无端雨横风狂,锦绣委弃抔土。　壶催画箭,烛短铜荷,理乱愁似苎。拥绣被、香残脐麝,管蠹笺尘,凤纸愁书,蝶衣怜舞。探梅讯柳,银瓶深井,仙乡消息音信断,谱离鸾、弦涩如胶柱。年年乌鹊填河,彩袖盈盈,那人见否。

**五月初,与况周颐联句咏绿阴,用周密《采绿吟》词韵。此调《词律》不载,二人曾商其格律。后况周颐又用其体赋词。**

联句词为《采绿吟·绿阴。联句用蘋洲韵。此调〈词律〉不载,〈拾遗〉于过片次句"丝"字断句注"韵",几无文理。鄙意"脆"字仄叶,与〈渡江云〉换头正合。因与夔笙赋此,以谂知者。叶氏〈天籁轩词谱〉:"前段歇拍'寄谁'字误,为'谁寄',宜更。"妄生枝节也》,见《味梨集》。

况周颐《采绿吟·乙未五月,梦湘、子苾、半塘,两集江亭联

· 343 ·

句,乐甚。余以姬人病,不克赴。用草窗韵,赋词志恨。换头第二句"脆"字断句,侧叶,从半塘说》(秦玮鸿《况周颐词集校注》):

> 胜日愁中度,梦想玉勒城西。江亭纵目,垂杨入画,芳草宜诗。药炉消恨缕,争知我、渐疏砚匣琉璃。问西山,斜阳外,含情无语笑谁。　阑槛倚晴空,南薰转、同声琴筑清脆。占断俊游天,记画扇罗衣。待重寻、吟事尊前,沧州怨、多恐不堪题。还怜取,人瘦镜中,眉翠敛微。

**五月初十日(6月2日),李经方与台湾总督桦山资纪会于基隆口外,签订台湾交接文据。梁启超晤翁同龢。**

据郭廷以《近代中国史事日志》。然《翁同龢日记》闰五月初十日(7月2日)记云:"康之弟子梁启超来,未见。**卓如**。"待考。

**五月十一日(6月3日),康有为上书请变法。**

据郭廷以《近代中国史事日志》。

**五月十三日(6月5日)夜对月,用张孝祥《踏莎行》词原韵赋词。**

鹏运词为《踏莎行·五月十三夜对月,偶读〈于湖集〉,有是日"月色大佳,戏作"一调,依韵赋此。光景长新,古人不见,未知今夕怀抱,视公何如矣》,见《味梨集》。

张孝祥《踏莎行·五月十三日夜,月甚佳,戏作》:

> 藕叶池塘,榕阴庭院。年时好月今宵见。云鬟玉臂共清寒,冰绡雾縠谁裁剪。　扑粉香绵,侵尘宝扇。遥知掩抑成凄怨。去程何许是归程,离觞为我深深劝。

**五月十八日**(6月10日),鹏运寄示王以敏五月初作用吴文英《莺啼序》荷花韵词,王以敏和之。

王以敏《莺啼序·移家上谷,问渡潞河,予以事未同行,走送复归,意殊惘惘,适幼遐用梦窗长调寄示,泚笔和答。乙未五月中浣八日也》(《檗坞词存》卷三):

> 长堤塔铃自语,送风幡飐水。棹讴歇、野柝催宵,烛燼低结凉蕊。甚枕藉、孤篷梦短,山城笛晓绳河坠。看啼鸦,分掠苹洲,也诉离思。　京洛春衣,纻衫又换,叹经年客子。障愁眼、一发燕山,捷烽何日北至。绕沙塘、笼鞭信马,漫云外、槐星频指。袅垂杨,万缕搓金,那知人意。　归来听雨,独理渔蓑,倩湿萤照寐。惊秀句、壮披剑胆,怨沁花骨,似卷鲸波,织绡成泪。旧游甚处,红尘拂面,元都燕麦和苔绿,感衰桃、久替刘郎悴。逢君恨晚,何堪酒肆光阴,更消蜀鹃声里。　登高纵目,万叶迷烟,况乱峰锁翠。念楚客、哀时有赋,坐老无家,待叩东皇,刺天蜂起。吴笺闷写,肠随帆转,慈帏白发梳未满,料船唇、亲为思见倚。愁心剩托飞鸿,皓月关河,镜空片纸。

**五月二十七日**(6月19日),校读周邦彦《清真集》一过。

刘乾《王鹏运手校四印斋精抄本〈清真集〉》(《文物》1983年第1期)一文称该抄本全书分两部分:《清真集》书名下盖"鹏运校读"白文长方印;《清真集外词》下朱笔署"四印斋读本"。全书末尾有朱书二行:"光绪乙未五月廿七日校读一过。"朱书校改均出王鹏运亲笔。中华人民共和国成立前得于开封市博雅堂书肆。

**五月三十日（6月22日），命唐景崧休致回籍。**

据郭廷以《近代中国史事日志》。

**五月，怡贞落第游粤，鹏运作《蓦山溪》送之。**

词为《蓦山溪·怡贞下第游粤，作此送之》，见《味梨集》。

**五月，过观音院追悼端木埰，用周密《徵招》九日怀杨守斋韵赋词以悼。**

词为《徵招·过观音院追悼畴丈，用草窗九日怀杨守斋韵》，见《味梨集》。

**五月，代康有为上《请修京城街道折》，奉旨允行。**

《康南海自编年谱》：五月，"以京城街道芜秽，请修街道，附片上焉。既不达，交王幼霞觅人上之。奉旨允行，交工部会同八旗及顺天府街道厅会议。卒以具文覆奏，惟御史陈璧后行之，仅修宣武门一段焉"。

**五月，王以敏将出都，用吴文英《莺啼序》词韵赋词纪事，并留别鹏运及况周颐、张祥龄、王铁珊诸人。南归途中，王以敏又有《西河》词寄鹏运及张祥龄。**

王以敏《莺啼序·出宣武门西南三里许，有楚南义庄，亡室陈宜人权厝于此。乙未夏五，予将出都，独来展别。野冢累累，杂以荆蔓，苔碣欲卧，纸灰不温。距清明携经儿霞女同来又三月矣。尘海流光，劳过负蚓，未及长眠人久旅忘归也。徘徊凄断，返寓挑灯以梦窗长句写之，兼呈王幼遐侍御、况夔笙舍人、张子苾明府、王伯唐驾部》（《檗坞词存》卷三）：

颓垣不霜坠粉，黯残阳扣户。隔西弄、惊起花尨，错认中酒归暮。野棠傍、枯碑笑客,伤心不是相思树。剩穿林,孤燕犹衔,谢庭飞絮。　贱日齐眉,茹苦自慰,似娥晖掩雾。几回祝、春宴鸣珂,怨词凄断鱼素。倚宫袍、渍珠浣袖,忍重叠、空箱金缕。旧钗盟,输与明湖,渚边双鹭。　飘蓬渐老,折柳还催,百年信过旅。念故里、返魂无路,玉骨轻裹,十笏栖苔,九秋霾雨。当时密语,他生同穴,紫苹兰香径依苏小,踏云波、絮月西泠渡。今朝满眼,罗裙纸蝶争飞,泪蜡也化灰土。　天涯独客,梦冷稠桑,况访萝觅苎。便乞取、坤灵回扇,证到韦箫,顾影先惭,少年歌舞。徘徊驻马,椒浆重奠,青鸾追跨知有日,料杨稊、都已抽成柱。凭风谁问灵旗,入抱三雏,夜台聚否。

王以敏《西河·涿州道中寄幼遐、子宓,用美成韵》(《檗坞词存》卷三):

歌舞地。昆仑影事谁记。珠温玉软大千春,塞笳暗起。凿天倒看绛河霞,莺花飘泪无际。酒楼月,休醉倚。九州索朽难系。冤禽砌海几曾干,况他燕垒。梦中错认汉旌旗,将军亲度辽水。　故园雪蕻又上市。似多情、窥宋东里。睡醒怅然身世。问山鸪劝客,何年归对。斑竹黄陵荒祠里。**吾乡蕻菜,味极美,何子贞先辈携种入都,今处处有之,呼为子贞菜。白仙谓敏为唐李文山后身,末三韵意本此**

**五月底闰五月初,用吴文英《西子妆慢》词韵答陈璃。**

词为《西子妆慢·用梦窗韵答六笙》,见《味梨集》。

五月底闰五月初,刘焞熘以新作《摸鱼子》词见示,鹏运依调赋词答之。又于十刹海酒楼题壁,和刘焞熘以《水调歌头》词。

鹏运词为《摸鱼子·星岑见示酒边新作,依调酬之》《水调歌头·十刹海酒楼题壁,和星岑》,俱见《味梨集》。

闰五月初二日(6月24日),上《续约事大请简重臣赴津会议折》,附《倭俄恐有战事请饬先事图维片》。

《光绪军机处事由档》光绪二十一年闰五月初二日:"御史王鹏运奏续约事大请简重臣赴津会议,片倭俄恐有战事请饬先事图维。"

案:原折、片均未见。

闰五月初八日(6月30日),上《撤兵宜杜奸谋由折》,附《劾盛宣怀片》。

折云:

奏为撤兵关系全局,请并留各军以杜奸谋,恭折仰祈圣鉴事。窃臣近日风闻北洋裁撤防军,现已定议:湘黔诸军全数遣撤,惟留淮之聂士成、吴宏洛、章高元、贾起胜诸军,与胡燏棻新招之定武军分扎津榆要隘。事由李鸿章主持,王文韶赞成,刘坤一依违其间,无所可否,不日即联衔陈奏。臣闻之不胜骇异。无论现在和约尚未全定,辽南亦未退还,且倭人尚于海城添兵,威海增筑炮台,祸心叵测,正当严备非常,固无遽尔撤兵之理;即以饷项支绌,冗兵太多,亦只宜汰弱留强,慎拣军实,俾得兵归实用。今各军尽撤,淮军独留,臣实不解其何心。将谓各军皆不足恃,而淮军独可倚任耶?

查自与倭接仗以来,各军尚有一矢之遗,淮军除聂士成外,无一不望风奔溃。现在刑部囚系候决之龚照玙、叶志超等,何一非淮军宿将?其足恃与否,视诸军为何如?且淮军之溃,其故非独不能力战也,请以当日情事揆之:淮军简练有素,饷足械精,何至不足一当倭奴。特以李鸿章有"可守则守,不可则退"一言,是以前敌诸将相率倒戈,竟敢置朝廷安危于不顾。故淮军之不能与敌战者,其患犹浅;淮军之不敢与敌战者,其患更深。盖自李鸿章授任北洋垂三十年,所部淮军知有李鸿章而不知有朝廷,已非一日矣。自来勋臣,功高不赏,每足致意外之虞;李鸿章任兼将相,独握兵权,复无可与为牵制参抗之人,设有奸人煽惑其间,乘间勾结外援,胁持国柄,试问朝廷此时竟何恃以御之?如谓不令李鸿章回任北洋,虽用淮军亦可无虑。不知此次淮军逃溃之余,自知声实尽丧,惟恃李鸿章声势以为固,即使不绾兵符,度淮军亦必乐为之死。迩日王文韶署任北洋,淮军诸将视之蔑如,积威之势,可不为寒心乎?自去岁用兵后,李鸿章负罪既重,自知决不容于天下后世之公议,是以交通敌国,恫喝朝廷,将来倒行逆施,诚不敢保其必无此事。即使如臣所云皆为过虑,而当此强敌踞境,狡焉思启之际,乃以军国之安危、兵机之成败,尽付与万不足恃之淮军,此在略有知识之人皆知其不可。臣愚诚不解刘坤一、王文韶为柱石重臣,当干城巨任,何以一味唯诺,竟为李鸿章所迫胁,为此同声之和,甘负朝廷也!就今日时势而论,惟有尽撤诸军之骄惰不任战者,而精择将领中知兵敢战如甘军之董福祥、豫军之马玉昆、宋得胜,湘军之魏光焘、李光久、余虎恩,黔军之丁槐等,各营与聂士成一军交相训练,动之以忠义,齐之以赏罚,士心未始不可振,勍旅未始不可成。若专用淮人而黜各军,实足灰天下义愤之气,遂强臣自卫之私,于大局所关非浅。况朝廷当新败之后,自强之策,实自此始,正未可贸焉以从事也。臣愚拟请旨饬下军机大臣、督办军务处王大臣及刘坤一、王文韶等,妥商留防遣撤事宜,毋存偏见,毋涉私心,毋昧敌情,毋懈士气,毋忘远虑,毋堕狡谋,则朝廷幸甚,天下幸甚。臣愚妄之见,是否有当,谨专折具陈,伏乞皇上圣鉴训示。谨奏。

《〈半塘言事〉选录》录上折作《争撤留湘淮各军奏》,附《劾盛宣怀片》。片云:

再,此次议撤各军,闻系津海关道盛宣怀倡议,多备招商轮船装运以希该督意旨。该道诡谲贪污,士论所不齿。此次军兴,阳与李鸿章立异,而阴左右之。从前该督生辰、嫁女,馈献皆盈万,收罗珍宝,一市为空。去冬,军务正紧,犹致送节礼,金酒器重二百余两,督辕巡捕官见之,皆为之太息。其管电局也,承办陕甘电线,私自挪用局中存料而开报银四十万两,计干没二十余万。其办新疆各处电线亦然。其任东海关也,克扣防营军饷,月七百余两,泰安船经费月六百余两,于胶州私设税关分口，岁收银万余两。山东民人岁赴珲春、海参崴工作者万余人，该道私收护照经费，每人钱五千六百文，计岁收四、五万串。种种贪利营私，剥公肥己，以故家至巨富。招商局股分十八万，电报局股分二十四万，人所共知也。至其招权纳贿，任意妄为，如朝鲜电局委员李毓森，以与朝鲜王争坐滋事。该道受其金沙三百两、参六十枝，为之隐瞒包庇。与上海招商局沈能虎朋比为奸，私受其商局股票三百张。该道之妾刁氏身死，沈能虎为之特放海琛轮船，冒雪送柩。

又，买粤东有夫之妇刘氏为妾，经本夫在粤控告有案，重贿消弭。似此劣踪，枚数难终。该道在津年久，党羽最多，易滋隐饰。应请特派山东抚臣李秉衡严密访查，照律惩办，以警巨蠹而肃官方。谨附片具陈，伏乞圣鉴。谨奏。

《光绪军机处事由档》光绪二十一年闰五月初八日："御史王鹏运奏撤兵宜杜奸谋，片津海关道盛宣怀贪利营私。"

《光绪朝实录》卷三百六十九："光绪二十一年乙未闰五月戊申，谕军机大臣等，有人奏津海关道盛宣怀，此次撤军系该道倡议，屡次馈送李鸿章，数皆盈万。承办电线干没钜款。任东海关道时，克扣防军饷项、私设税关、私收护照、招权纳贿、任意妄为，与上海招商局员沈能虎朋比为奸。又买粤东有夫之妇刘氏为妾。请饬查办等语。著李秉衡按照所奏各节确切查明，据实具奏，毋稍徇隐。原片著钞给阅看，将此谕令知之。现月。"

夏纬明《王鹏运奏稿之发见》："光绪二十一年五月初八日

'劾盛宣怀附片',是时盛任津海关道,贪污营私,承办电信、轮船,勾结外商,损公肥己,因此奏请查办。"

  案:广西师范大学图书馆抄本《王鹏运奏折》目录及正文均作闰五月,《光绪朝实录》同,从之。疑《〈半塘言事〉选录》及夏纬明《王鹏运奏稿之发见》误。

闰五月,用周邦彦《西河》词韵赋词,送岑春煊归乡。又用吴文英《解连环》别石帚韵赋词饯别叔梅。后同人小集西爽阁,再用前吴文英词韵赋词。

  词为《西河·用清真韵。送云阶囧卿归里》《解连环·用梦窗别石帚韵。饯叔梅》《解连环·同人小集西爽阁,再用梦窗韵》,俱见《味梨集》。

闰五月,用吴文英《莺啼序》丰乐楼词韵,为查恩绥纪查贞妇李氏事。

  词为《莺啼序·用梦窗丰乐楼韵,纪查贞妇李氏女事,为荫阶前辈作》,见《味梨集》。

闰五月,有《梦芙蓉》词寄怀王以敏,后王以敏答以同调词。

  鹏运词为《梦芙蓉·数日不出,不知梦湘已行。送人之苦,莫甚于今年。而于梦湘,尤怏悒不已。黯然赋此,情溢于词》,见《味梨集》。

  王以敏《梦芙蓉·答幼遐见忆之作》(《檗坞词存》卷三):

    江亭诗梦悄。共裁笺曲槛,晚风荷闹。百年骚泪,弹入怨琴调。玉关游未了。行秋真被秋恼。自隔西台,羡冰心月朗,威凤九天啸。　还又三中句好。招手凉云,有信宾鸿到。万林凋绿,双鬓若为老。短歌君莫笑。呼龙蹴破烟晓。烂醉高楼,怕承平追忆,当日两年少。

闰五月,孙楫感叹时光易逝,鹏运赋《紫玉箫》词慰之。孙楫又写杜甫"罢琴惆怅月照席"句意为图,并用姜夔《侧犯》芍药韵赋词索和,鹏运用同调周邦彦词韵题其图。后鹏运再用周邦彦《侧犯》词韵赋词。

词为《紫玉箫·驾老有朝云之感,赋此慰之》《侧犯·驾老朝云之感,写少陵"罢琴惆怅月照席"句意为图,用石帚芍药韵赋词索和。倚调奉题,用〈清真集〉韵》《侧犯·畏热不出,经旬闭门。盘花旋竹,如在空山中。再用清真韵赋此,亦自适其适也》,俱见《味梨集》。

闰五月底六月初,为丁立诚用吴文英《霜叶飞》词韵赋词题其《风木庵图》。

词为《霜叶飞·用梦窗韵题〈风木庵图〉,为丁修甫舍人作。庵,其尊人竹舟、松生两先生庐墓处也》,见《味梨集》。

六月初五日(7月26日),刘炘熼以新作见示,鹏运依调赋《台城路》词答之。

词为《台城路·熏风南来,残暑自退,星岑前辈适以新作见示,依调奉酬。时乙未六月五日》,见《味梨集》。

六月十一日(8月1日),上《枢臣不职请立罢斥折》,附《广东盗案情形片》。

折云:

为枢臣不职请立予罢斥以清政本,恭折仰祈圣鉴事。窃近日孙毓汶病请开缺,皇上特允所请,莫不仰赞圣明，以为升平可冀，何也？害马未去，则骐骥不前；污秽既除，则良苗自植，理之常也。今日政府之所谓害马与污秽者，孙毓汶外，则为侍郎徐用仪。该侍郎贪庸奸愿、误国行私诸罪状，臣近与给事中洪良品等已联衔据实纠参，毋庸再渎宸听。迩复风闻该侍郎前次请假之由，因擅割云南边地与电改借款扣数二事，为同官所诘责。乃该侍郎不知引咎，反与口角忿争，几于声彻殿陛。临当召对之际，竟敢托疾拂衣而去，次日始具奏请假，此事外间传闻甚确。宸居密迩，度不能不微达圣聪。迨数日后，经同官和解，又复腼颜销假。似此逞忿护前，贪恋禄位，昔人所讥老而无耻者，臣于徐用仪见之矣。该侍郎品望不重于朝端，功绩未登于册府，特以僝直军机，年劳序进，并不知感激天恩，力图报效。当初任枢臣之始，则把持权势，引用私人。及东事既起，惟知附和孙毓汶，迎合李鸿章，以便其献媚洋人之故智，故此次和议之坏，固坏于李鸿章、孙毓汶之狼狈为奸，亦实坏于徐用仪之迎合附和。现在时事艰难，正赖政府得人，庶可徐图补救，若孙毓汶虽罢，而徐用仪仍居枢要，势必内为孙毓汶之传法沙门，外为李鸿章之暗中线索。寅恭之雅不闻，掣肘之形时见，有妨时局，为患方长。相应请旨将侍郎徐用仪立予罢斥，以为为臣不忠之大戒。夫群臣之进退，皇上与枢臣议之；若枢臣之进退，则在宸衷之独断。自来权臣窃柄，去之最难。其巧佞足以动人主之矜怜；其诡谲足以杜同僚之非议。

非圣明洞烛其奸,则用舍鲜不为所惑。臣职司拾补,于人政之大,例得再三力争。初非有憾于该侍郎,必欲去之而后快也。臣愚昧之见,是否有当,谨专折具陈,伏乞皇上圣鉴。谨奏。

《翁同龢日记》本日记云:"晴,微凉。入时事已下,留王鹏运封奏未下。先召臣至养心殿,谕今日有弹章,数语即出。入至小屋,则传谕徐某不必上。**是日吏部有引见**。见起时宣示,此奏则专劾徐用仪比附孙某,与李相表里,兼及借款忿争事,谓同僚和解,觍颜再出,无耻之甚云云。邸及李相力争,谓此人实无劣迹,余亦为申辩。而上怒未回,令其姑迟数日不入直,静候十五日请懿旨也。唯唯而退。"

《康南海自编年谱》:"时孙毓汶虽去,而徐用仪犹在政府,事事阻挠,恭邸、常熟皆欲去之,欲其自引病,叠经言官奏劾,徐犹恋栈。六月九日草折,觅戴少怀庶子劾之,戴逡巡不敢上,乃与王幼霞御史鹏运言之,王新入台敢言,十四日上焉。"

《〈半塘言事〉选录》录本日附片云:

再,臣风闻广东近年盗风猖獗,日甚一日,实骇听闻。南海县设有报案局,自光绪十四年起至十八年止,共报案一千三百余起。一县如此,合省可知。三年前如此,近日更可知。省城西关为绅富聚处之区,日晡后即比户严扃,守望盈路,行人稍有携持,不敢出于其途。而府前街藩司前,皆人烟稠密处所,白日行劫亦不能免。其村镇墟落百十成群,连日连劫之事,尤所时有闻。群盗出没皆兵械精良,俨然行阵。尤骇听闻者,群盗皆以劣绅为窝主，劣绅又恃奸捕为耳目，消息灵通，极难破获。

据臣所闻，如南海县之张乔芬，番禺县之韩昌晋，皆劣迹昭著，路人皆知。张乔芬有致友弥缝窝贼手书，为人所得，石印传观，其胆大如此。地方官以案关重大，惮于发端，遂尔隐忍坐视，以致案愈酿而愈多，人日积而日众。设一旦不可收拾，如昔年金田之祸，驯至匪难。刚毅在粤有年，此等情形当所洞悉。皇上如果召问，该大臣想亦不能讳饰也。往年于荫霖官广东臬司，果于杀戮，盗风顿衰。近年捕务废弛，而因日肆，若非大加惩创，万不能止。应请旨饬下该督抚臣设法严拿，重购眼线，务获渠魁如张乔芬、韩昌晋等，传闻果实，亦即从严惩治，以靖盗源。臣非敢望人为郅都鹰特，除暴正以安良，杀数十群小不逞之徒，而善良以安，隐患亦除，亦何惮而不为也。谨附片具陈，伏乞圣鉴。谨奏。

**六月十一日（8月1日），钟德祥被革职发往军台效力赎罪。**

《光绪军机处事由档》光绪二十一年六月十一日："已革御史钟德祥发往军台效力赎罪；吏部尚书徐桐等奏钟德祥收受赃款审明定拟。"

《光绪朝实录》卷三百七十："光绪二十一年乙未六月庚午朔。庚辰，谕内阁，徐桐等奏，审明风宪官收受赃款按律定拟一折。已革御史钟德祥，身居言路，宜如何砥砺名节，乃竟收受赃款，实属有玷台官。钟德祥著照所拟，发往军台效力赎罪。现月。"

六月十六日(8月6日),命徐用仪退出军机处并毋庸在总理各国事务衙门行走(8月1日御史王鹏运劾其附和孙毓汶,迎合李鸿章。折为康有为草)。

据郭廷以《近代中国史事日志》。

《翁同龢日记》本日记云:"命徐用仪退出军机处并总理衙门。"

《光绪军机处事由档》光绪二十一年六月十五日:"发下御史王鹏运奏枢臣不职请立予罢斥。"

六月十九日(8月9日),上《考试御史请慎保送折》,附《慎旌奖广东善堂事片》。

折云:

奏为考试御史请慎保送,以杜取巧,恭折仰祈圣鉴事。窃臣伏查向来部属记名御史,皆系按班传补,即枢要如军机章京领班,亦只是引见时特旨注销记名,各衙门堂官从未有擅行奏留之事,所以重言职,杜取巧也。乃近来趋避之术日工,堂官则意存见好,司员则惟计身图。苟于私计不利,迁转有妨,即百计营求留署当差,托词为署中不可少之人,经手有未完之事,纷纷奏留。枢垣、译署两处尤(其)[甚]。窃思近日无处不人浮于事,何至接替无人?且其人或简放外任,或别有事故开缺,初未闻署中乏任使之员,公事有废弛之叹。其非因事需才,实系择官而仕,已可概见。现正吏部行文各衙门保送司员考试御史,可否请旨严饬各该堂官于保送司员时,如察其为署中必不可少之员,即著毋庸保送,不得于记名后，纷纷奏请注销及暂缓传补。即枢垣、译署亦不得率行奏留。并请饬下吏部永为定例。夫仕宦波靡，至今日为已极，但能少一趋避之路，即可杜一奔竞之端。然臣之所请，特防其末，使操用人之柄者，能逐类以求，力绝请托，则培士气，养廉耻，即于是乎在，初非甚难事也。臣愚昧之见，是否有当，谨缮折具陈，伏乞皇上圣鉴施行。谨奏。

《光绪军机处事由档》光绪二十一年六月十九日："御史王鹏运奏保送御史宜杜取巧，片广东绅士潘赞清声名甚劣请收回成命。"

《光绪朝实录》卷三百七十一："光绪二十一年乙未六月，又谕，御史王鹏运奏，考试御史请慎保送一折。各衙门保送考试御史记名人员，有兼军机章京、总理各国事务衙门章京者，如果办事得力，原准随时奏留。诚以此两项差使均系重要，与各部院办事司员不同。惟该御史既有此奏，嗣后各部院保送御史，于奉旨记名后，概不得瞻徇情面，率行奏留。至兼充军机处、总理各国事务衙门人员，各该堂官亦须详加考察，苟非必不可少之员，即毋庸奏请留差，以杜流弊。现月。"

片云：

再臣近阅邸钞：广东抚臣马丕瑶奏保爱育堂首事道员职衔潘赞清，请加三品卿衔，奉旨允准。粤东人士闻之莫不骇怪，啧有烦言。伏查爱育堂设立之始，积资创办共数十家。潘赞清入堂最后，复借善堂为名，交结官府，营私谋利，无所不为，以致同人皆避其锋，不敢复入,外论哗然。且该绅屡次被人控告,南海县皆有案可稽。其尤著者,曾占一米行之地,结讼数年始解。又有强掠民女为妾之事。秽声流闻,遍于道路。以贪鄙无行之人而予以至贵难得之赏,其何以大服人心?倘谓善举宜酬,查粤东善堂不一,何以只保爱育堂?即爱育堂亦众善积资,何以只保潘赞清?近日粤东巨儒如陈澧者,奏请奖励不过赏给五品卿衔,今以一市侩而加至三品,何以劝士?且卿贰何官,乃以市侩得之,名器之谓何?夫朝廷赏一人,以劝善也,若以为怪,何赏之为?且臣闻爱育堂初立之时,即声明不邀誉、不乞恩,今潘赞清乃腼颜受之,是何心哉!相应请旨收回成命,抑或饬下礼部,如何议给该善堂旌奖之处。伏候圣裁。谨附片具陈,伏乞圣鉴。谨奏。

《康南海自编年谱》:"是时粤抚马丕瑶受刚毅意,保奏市侩潘赞清为三品卿,得旨赏给之,草折交王幼霞附片上之。刚毅曾受其重金,力为保护,不能去也。"

**案**:广西师范大学图书馆藏《王鹏运奏折》抄本系《慎旌奖广东善堂事片》于九月十二日,疑误。此据《光绪军机处事由档》。

六月,同张祥龄、况周颐苇湾观荷,用吴文英《梦芙蓉》词韵赋词。

词为《梦芙蓉·同子苾、夔笙苇湾观荷,用梦窗韵》,见《味梨集》。

约六月,龙继栋至京,鹏运多次致信邀约相聚。龙旋归南京主尊经书院。

缪荃孙《前户部候补主事龙君墓志铭》:"乙未书成,赍两江咨牍赴阙呈进。值济宁病免,无人为君言者。君乃浩然归,旋主江宁之尊经书院。"

《甲寅(东京)》一九一五年第一卷第八号载鹏运《致龙松岑书四首》,其中二首当写于此时。二信云:

> 前日失迓甚歉。天假之缘,于凤鹤声中,得此良见,似不可不多聚数次。今日当屏除一切,敬候台驾过谭。芸芝、夔生皆在咫尺,可相约共谋一醉。晚间便可于敝斋下榻,昼短夜长,剪烛抵掌,亦纷纷扰扰中一快心事也。足下倘有意乎?

> 日前报谒知否?数日不见,思君欲渴,转不若天涯相望之忘情晤对也。粹甫日来探消息,拟约至晋馆小楼一饮。其楼绝佳,似不可不一登眺,鄙人目之为长安第一楼也。直幅一纸,奉求大笔,不论作何体皆可,务祈拨冗为之。行尚有日耶?《醉白堂集》两部敬上,《和珠玉词》一册,求教之。

**七月,康有为作《味梨集》初刻本序。**

序云:

> 为文辞者,尊诗而卑词,是谬论也。四五七言、长短句,其体同肇始于三百篇。墨子称"歌诗三百,舞诗三百,弦诗三百",故三百篇皆入乐之章也。乐章以咏叹淫佚、感移人心为要眇,故其为声高下急曼曲折,亦以长短为宜。三百篇之声既亡,于是汉之《将进酒》

《艾如张》《上之回》，亦以长短句为章。六朝时，汉《铙歌鼓吹曲》既废，于是《清波》《白鸠》《子夜》《乌栖》之曲，亦以长短句为章。中唐时，六朝之曲废，于是合律绝句《黄河远上》曼声之调出。爰暨晚唐，合三五七言古律，增加附益，肉好眇曼，音节泠泠，俯仰进退，皆中乎桑林之舞、经首之会。暨宋人，益变化作新声，曼曼如垂丝，飘飘如游云；划绝如斫剑，拗折如裂帛，幽幽如洞谷。龙吟凤啸，莺啭猿啼，体态万变，实合诗、骚、乐府、绝句而一协于律，盖集辞之大成，文之有滋味者也。古诗朴，律体雅，词曲冶，如忠、质、文之异尚，而郁郁彬彬，孔子从文。以词视诗，如以周视夏，周为胜也。或讥其体艳冶靡曼，盖词袮律绝而祖乐府，以风、骚为祖所自出，与雅、颂分宗别谱。然雅颂远裔为《铙歌鼓吹》，皆用长短句，则亦同祖黄帝也。吾尝游词之世界，幽嫮灵眇，水云曲曲，灯火重重，林谷奥郁，山海苍琅，波涛相撞；天龙神鬼，洲岛渺茫。吐滂沛于寸心，既华严以芬芳，忽感入于神思，彻八极乎彷徨。信哀乐之移人，欲揽涕乎大荒；惟情深而文明者，能依声而厉长。桂林王侍御佑遐，所谓情深而文明者耶？争和议而逐鹰鹯，非其义深君父耶？叹日月而惜别离，非情深朋好耶？温厚敦柔之至，而为咏叹淫佚之辞。其为稼轩之飞动耶？其为游扬跌荡之美成耶？其为草窗、白石之芳馨耶？但闻裂帛，听幽涛，紫濑涓涓，古琴瑟瑟。它日游王子之故乡，泛訾洲之烟雨，宿风洞之岚翠，天晴豁开，万壑涌秀。忽而云雾半冥，一峰青青，有人独立其上，苍茫问天，其必情深而文明者哉！光绪二十一年七月，南海康有为长素父记。

**案**：《味梨集》初刻本收鹏运词90首，止于光绪二十一年八月，有康有为序。后用原版续刻32首，收词至光绪二十一年九月，去康序。

**七月，裴维侒转掌福建道监察御史。**

秦国经《清代官员履历档案全编》："裴维侒……二十一年闰五月奉派稽查旧太仓事务，是年七月转掌福建道监察御史。"

**八月初四日（9月22日），引见，奉旨照例用。**

秦国经《清代官员履历档案全编》："王鹏运……二十一年六月俸满截取，八月初四日吏部带领引见，奉旨著照例用。"

**八月十五日（10月3日），张仲炘有词寄鹏运。**

张仲炘《月华清》词序云："乙未中秋，曾谱是调柬半唐，今忽忽两年矣。浮云万变，悲从中来。半唐复倚之索和，诚如来札所云'圆缺频惊，悲欢无据，正不独岁月如流之足感也'。怆然赋此。"

**八月二十四日（10月12日），康有为将离京南下，强学会同人饯别之，康氏即席赋诗。**

《康有为全集》第十二集有康有为《割台行成后，与陈次亮郎中炽、沈乙盦刑部曾植、丁叔衡编修立钧、王幼霞侍御鹏运、袁慰庭观察世凯、沈子封编修曾桐、文道希学士廷式、张巽之编修孝谦、徐菊人编修世昌、张君立刑部权、杨叔峤中书锐同开强学会于京师，以为政党嚆矢，士夫云从。御史褚成博与大学士徐桐恶而议劾。有夜走告劝解散者。是时袁、徐先出天津练兵,同志夜饯观剧,适演十二金牌召还岳武穆事,举座咸唏嘘,李玉坡大理至泣下。即席赋此呈诸公。未几余亦告归,留门人梁启超任之》诗:

山河已割国抢攘,忧国诸公欲自强。复社东林开大会,甘陵北部预飞章。鸿飞冥冥天将黑,龙战沉沉血又黄。一(典)[曲]唏嘘挥涕别,金牌召岳最堪伤。南还,与张孝达督部、黄漱兰侍郎及其子仲弢编修、梁星海太常、黄公度观察再开强学会。海内士夫,若屠梅君侍御、陈伯潜阁学、顾渔溪通政先生咸应焉。卒被御史杨崇伊所劾而封禁。附记于此。

《康有为自编年谱》:"先是六月创报,吾独自捐款为之,后陈次亮、张君立皆来相助,而每期二金,积久甚多,至八月节尽典衣给之,得次亮助盘费乃能行。二十四日同会诸子公饯唱戏,极盛会也。是日合肥自愿捐金二千入会,与会诸子摈之,议论纷纭,杨崇伊参劾之,衅遂始于此。张孝谦又邀褚成博、张仲炘二人入会,二人台中最气焰纵横者,盖会事甫盛,而衰败即萌焉。"

案:饯别对象为徐、袁二人还是康有为,康氏诗与年谱所云不一。因康有为也即将离京,或者当时有同饯三人之意。

**八月底,张祥龄授陕西榆林府怀远县知县。**

秦国经《清代官员履历档案全编》:"臣张祥龄,四川汉州举人,年三十九岁,由甲午科三甲第十七名进士改庶吉士,乙未科散馆以知县即用。今签掣陕西榆林府怀远县知县缺。敬缮履历恭呈御览。谨奏。光绪二十一年八月二十八日。"

八月前后，康有为、陈炽、沈曾植、袁世凯、张孝谦、文廷式、杨锐、徐世昌、丁立钧、王鹏运立"强学会"，梁启超为书记（正式开办约在十一月间）。

据郭廷以《近代中国史事日志》。

《文云阁先生年谱》光绪二十一年谱："七月，先生与陈次亮炽郎中、丁叔衡立钧编修、王幼霞侍御、袁慰廷世凯观察、张巽之孝谦编修、徐菊人世昌编修、张君立权刑部、杨叔峤中书、沈子培刑部、子封编修开强学会于京师。"

梁启超《三十自述》："其年七月，京师强学会开。发起之者，为南海先生。赞之者为郎中陈炽、郎中沈曾植、编修张孝谦、浙江温处道袁世凯等。余被委为会中书记员。不三月为言官所劾，会封禁。而余居会所数月，会中于译出西书购置颇备，得以余日尽览之，而后益斐然有述作之志。其年始交谭复生、杨叔峤、吴季清、铁樵子发父子。"

《梁启超年谱长编》光绪二十一年谱："参与创办强学会。"

**九月初一日（10月18日），康有为离北京南下（以大学士徐桐等欲劾之）。**

据郭廷以《近代中国史事日志》。

《康有为自编年谱》："张［孝谦］既怀嫌，乃因报之，有谣言从而扇之，于是大学士徐桐、御史褚成博皆欲劾奏，沈子培、陈次亮皆来告，促即行，乃留卓如办事，而以八月二十九日出京。"

**九月初八日（10月25日），缪荃孙接鹏运信，鹏运寄来《萧闲集》。**

据《艺风老人日记》。

九月初九日(10月26日),同张祥龄、王以敏、王铁珊天宁寺登高,用吴文英《霜花腴》词韵赋词。时张祥龄将赴陕西榆林府怀远知县任。

词为《霜花腴·重九日同子苾、梦湘、伯唐,天宁寺登高,用梦窗韵。时子苾将之官榆塞》,见《味梨集》。

九月初十日(10月27日),缪荃孙和鹏运所寄《八声甘州》词。

据《艺风老人日记》。

案:鹏运原词应即前作于本年四月的《八声甘州·得筱珊鄂中书,并寄赠蒋鹿潭、方彦闻词刻。赋此以谢》。

九月二十日(11月6日),与文廷式、张祥龄、成昌、王以敏集四印斋,用张炎《齐天乐》过鉴曲渔舍会饮词韵联句。后又与文廷式、成昌、王以敏集四印斋,饯别张祥龄,用辛弃疾《沁园春》(有美人兮)词韵联句;与王以敏、文廷式、张祥龄、成昌用辛弃疾《沁园春》(甲子相高)词韵联句;与王以敏、文廷式、成昌用司马昂父《最高楼》词韵联句。

联句词为《齐天乐·乙未九月二十日集四印斋,用张叔夏过鉴曲渔舍会饮韵联句》《沁园春·用稼轩韵。集四印斋,饯张子苾,联句》《沁园春》(满眼关河)、《最高楼·联句。用司马昂父韵》,俱见《味梨集》。

九月下旬,作《一斛珠》词,李树屏和之。

鹏运词为《一斛珠》(雨饕风虐),见《味梨集》。

《味梨集》家刻本附李树屏和作:

霜风肆虐。支离瘦骨偏先觉。怪他愁至如相约。诉尽琴心,弦涩意难托。　君苗笔砚甘焚却。浮名耻占蜗牛角。客怀休怨闺情薄。未到寒衣,多恐雁程错。

**九月下旬,得况周颐金陵书,赋《徵招》词并书扇面寄之。**

鹏运词为《徵招·得夔生白门书,却寄》,见《味梨集》。

况周颐《选巷丛谈》附鹏运《徵招》词,序云:"得夔笙秣陵书,赋此代柬。此阕乙未九月书便面寄金陵。"

**九月下旬,张祥龄走后二日,鹏运觉天寒而怀人,赋《烛影摇红》词以寄。**

词为《烛影摇红·子苾行二日,霜风顿紧,凄然欲寒,命酒怀人,谱此以寄》,见《味梨集》。

**九月下旬,作《望江南》组词十五首,皆咏颐和园中故实。后又赋《浣溪沙·拟续小游仙四首》。**

《望江南》词序云:"诗家小游仙,昔人拟之,九奏中新音,八珍中异味,词则不少概见。暇日冥想,率成十有五阕,东坡所谓想当然者,妄言妄听,无事周郎之顾误也。"

李梦符《春冰室野乘》"都门词事汇录"之"半塘老人《游仙词》"条:"佑遐《味梨集》中有《望江南》小游仙词十五首,皆咏颐和园故实,录之以当诗史。"

**九月下旬,约李树屏同赋《兰陵王》赏菊词。**

词为《兰陵王·小庭蓺菊百盎。新霜已过,晚花犹妍。约李髯同拈此解,以赏馨逸》,见《味梨集》。

**约九月下旬,赋《百字令》词为朱益藩题照。文廷式亦曾题此照。**

鹏运词为《百字令·为艾卿洗马题照》,见《味梨集》。

文廷式《虞美人·题朱艾卿洗马同年小像》(《云起轩

词钞》）：

> 临风玉树青春里。省可青春意。画堂端笏奉安舆。不是张梨周枣、赋闲居。　华芝生柱皋禽唉。便有朱霞思。男儿好好画凌烟。才称风流张绪、想当年。

**九月，自跋《味梨集》。**

跋云：

> 光绪癸巳七月，移官西台，夺我凤池，吟事渐废。去年得四词，而小令居其三，懒慢可知已。今年春，延蓟州李鬐先生为序楫、序柯两孙课师。文字之益，旁及老夫。乃复稍稍为之。三四月之交，忧愤所触，间为长歌以自抒写，而同人唱酬投赠之作其来纷如，吟兴愈不可遏，几成日课。然不审律，不琢句，期于尽意而止。非不求工，盖实不能工也。秋风浡至，候虫有声，渐不复作。适得影写元巾箱大字本《清真集》，拟仿刊入所刻词中，恐工之未善也，试刻拙作一通以为之式。嗟乎！当沉顿幽忧之际，不得已而托之倚声，又无端而付之梓，可谓极无聊之致矣。蒙庄有言："楂梨橘柚，味各不同，而皆适于口。"然梨之为味也，外甜而心酸，此则区区名集之意云。乙未九月半塘老人自记。

**九月，王以敏送张祥龄赴官怀远，有词。**

王以敏《新雁过妆楼·送子苾之官怀远》（《檗坞词存》卷三）：

> 万叶霜肥。边笳急、笼鞭带得秋归。酒香尘浣，还检昔日征衣。梦醒长风吹海立，故关匹马看斜晖。黯

吟魂,黑河问渡,何处芳菲。 三中风流未邀,趁放衙永日,鬓影琴徽。紫台吊古,谁惜远嫁明妃。西乌夜寒睡足,再休忆长安华屋飞。杯须把,怅际天烽火,同心又违。

**秋,郑文焯等举鸥隐词社于苏州城西艺圃,郑氏用史达祖《秋霁》词韵赋词纪事。**

郑文焯《秋霁·城西艺圃,为明贤姜如农别墅。咸丰庚申之变,邻女殉池中以数百计。池莲纯白多异种,花时极游赏之盛。乙未秋期,举词社于此,因和梅谿韵,赋成是解》(《冷红词》卷四):

残雨空园,剩水佩风裳,暗写愁色。未了琴尊,已凉亭馆,病余感秋无力。坠红信息。废池何恨成凝碧。怅故国。千里、暮云江上倦游客。 还念旧社,醉墨题襟,十年飘零,清事都寂。晚香丛鸥边梦续,疏狂花也笑头白。一语问花应解得。又断魂处,待赋卅六芳陂,载秋单舸,冷枫江驿。

**九月,高燮曾补授吏科给事中。**

秦国经《清代官员履历档案全编》:"高燮曾……二十一年二月巡视西城事务,九月补授吏科给事中。"

**十月十八日(12月4日),上《请申饬王文韶奏》。**

据《〈半塘言事〉选录》。奏云:

奏为疆臣瞻徇因循,恐堕覆辙,请严谕申斥痛除旧习,以图补救,恭折仰乞圣鉴事。

窃惟大学士李鸿章任北洋大臣有年,任用私人,妨贤病国,东事一起,丧师失地,天下大局坐坏于三五小人之手,而无可如何。皇上惩后惩前,特简王文韶于众疆吏之中,俾司重寄。命下之日,即严饬其认真整顿,厘剔弊端。乃受事以来,业经数月,虽于地方官乃各局员小有更动,而巨奸大蠹依然盘踞要津。请以营务言之,李鸿章所用淮将,除聂士成尚称朴勇,余皆习气至深,贪狡难信。而至王文韶接任后,未闻于旧置将弁大予更张。天津镇总兵吴育仁残虐克扣,不协舆情。而该督仅予调任,调停其事。定武军在天津庸劣不堪,洋人资为笑柄,而该督置若罔闻。从前李鸿章在任,凡各营统领及营哨官每次谒见,例受门包银四十八两八钱及三十三两三钱不等,以故钻营成习。无一有耻之将,遂无一得力之军。乃臣风闻,近日此习尚未尽除。似此瞻徇因循,何以仰副朝廷整军经武之意。

天津所设水师学堂,当为将来修复海军枢纽,事关重大。而总办道员伍廷芳犹是李鸿章私党。更有道员闽人罗丰禄者,秉性阴狡,暗中把持,现尽引闽厂学生。凡曾在刘公岛投降日本者,相率来学堂中,希图复用。将来海军重整,必仍此溃军降虏充塞其中,败坏伊于胡底。该员现随李鸿章在京议约,专一交通播弄,任意诪张。此辈不除,他日为祸非浅。

至于经国要图,洋务为急。现招商、电报各局依然贪污狡猾之天津海关道盛宣怀总持其事,欲去积弊,其道何由。其尤甚者,唐山铁路总办道员吴懋升,本市侩匪徒,现尚充当英商汇丰洋行买办。监司大员身兼贱役,殊骇听闻。

夫以上各员,一皆李鸿章所用私人,其倚若腹心,固无足怪。乃王文韶奉旨力除积弊之重臣,而于此素非亲识众著贪劣数人,何一味包容掩覆,不敢一事纠弹。从前署任时曾对人言,有为人看印之语,今事权在握,而瞻徇若此,何以副朝廷,何以谢天下。该督前任湖南巡抚声名尚好,今暮气日甚,世故太深。伏乞皇上明赐训饬,勉其力图振作,痛改前非,将臣所论各节实心察办,以仰副我皇上实事求是之意。臣为补救起见,是否有当,伏乞皇上圣鉴训示施行。谨奏。

《光绪军机处事由档》光绪二十一年十月十八日:"字寄王。王鹏运奏疆臣瞻徇因循,请严谕申饬一折。据称该督所用文武各员,皆李鸿章私人,积习甚深等语,该督务当振刷精神,力求整顿,所属各员如实有贪污积习,即勿避嫌怨,据实严参。原折抄阅。"

《光绪朝实录》卷三百七十八:"光绪二十一年乙未十月,谕军机大臣等,本日据御史王鹏运奏,疆臣瞻徇因循请严谕申饬,痛除积习一折。王文韶自简行直隶总督以来,办理北洋防务及地方事宜,尚属周妥。惟据该御史奏称该督所用文武各员,皆李鸿章旧用私人,积习甚深,恐致贻误等语,嗣后该督务当振刷精神,力求整顿,于所属各员,详加察看。如实有贪污狡猾积习,即著勿避嫌怨,据实严参惩办,用副朝廷委任至意。原折著钞给阅看,将此谕令知之。现月。"

十月十九日(12月5日)晚,刘家立、家荫招饮于广和居,鹏运与郑孝胥、沈曾植、沈曾桐、杨锐等在座。

《郑孝胥日记》本日记云:"夜,赴刘建伯、樾仲之招于广和居,晤二沈及王幼霞、杨叔峤等。"

十一月初三日(12月18日),郑孝胥为题《忆远图》。

《郑孝胥日记》本日记云:"为王幼霞题《忆远图》册五律一首。"

郑孝胥《赠王幼霞前辈鹏运,即题其〈忆远图〉册》(《海藏楼诗集》):

> 朝士衰风雅,嵌崎老半塘。封章函涕泪,乐府积悲凉。画本秋心稿,残碑翠墨装。此中从遣日,祇禁说行藏。

十一月初四日(12月19日),与沈曾桐至郑孝胥处谈话,后三人及沈曾植、丁立钧等饮于广和居。

《郑孝胥日记》本日记云:"沈子封、王幼霞来谈,遂同至广和居饮,子培、叔衡皆至。幼霞言,如常熟以南洋诸岛宜使君往,则鹏运当疏请之。"

十一月十二日(12月27日),志锐之妹瑾、珍二贵人复妃号。

《翁同龢日记》十月二十日(12月6日)记云:"本月十五日敬事房传知礼部,珍、瑾二妃俱奉懿旨先复位号。"本日记云:"是日上诣皇太后前问安,瑾、珍二妃行受册宝礼,紫光阁选秀女。五人。……文芸阁来长谈。"

《文云阁先生年谱》光绪二十一年谱:"十一月,瑾、珍二贵人复妃号。"

汪叔子《文廷式年表稿》:"十一月十二日,傍晚,往谒翁同龢,长谈。按是日晨间,瑾、珍二妃行受册宝礼,复妃位号。"**十一月十七日(1896年1月1日),上《外患日深请讲求商务以维大局折》**。

折云:

> 奏为外患日深,人心渐异,请速讲求商务以维大局,恭折仰乞圣鉴事。臣尝考论我朝今日之国势,版图之广,人民之众,号令之行,盖千古未有之盛也。乃自海上通商以来,利权尽失,属邦多弃,持至强之资,处至弱之实,此千古未有之奇也。今深究彼族所以日炽之端,与中国所以受病之故,无他,皆在于商务之讲与不讲而已。自古立国,未有不富而能强者。况今日之天下固一通商之天下。各国藉商务之盛以凭陵于中国,中国坐商务之弛以受辱于各国,举彼之所以得计者,知我之所以失计明矣。窃观中国自有洋务至于今日,徒袭虚名,全无实际,官商风气尤为隔绝。朝廷虽有恤商保民之意,而各省官吏之扰商病民,相习成风,毫无忌惮。目下通商口岸,所号为英商、德商者,大半皆华商之托名。盖华商不胜官吏之扰害,辄纳银于洋商,受其牌照,以为护符,则可以免官吏之虐。故近年之洋商非徒擅运货售货之利,即此出牌照以租华商,岁获之款已不可算。似此情形,直是趣我商民渐归异族。人心之变,实为大患。今又准日本内地通商,日人与我同洲,性情嗜欲尤为相近,且包藏祸心,其所以煽诱商民必更

甚于泰西诸国。不过数年,立见中国众商又将趋托日商之庇。将来内地厘税涓滴难收,犹为细故;一旦变局,欲使薄海人民同仇敌忾,岂可得哉!窃谓为今之计,惟有急饬内外大小臣工,合力讲求护商便民之策。臣之愚见,宜先办者惟有二事:一曰设立商务局,一曰整顿招商局。其法,应饬于沿海各省会城各设商务局一所,责令督抚专政,局中派提调一员,必择精敏朴勤、不染官场习气者,驻局办事,将该省各项商业悉令公举董事一人,随时来局,将该业商况和利病情形与提调妥商补救整顿之法,禀督抚而行之。事关重大者,督抚即行具奏请旨办理。务使官商之气毫无隔阂,天下商民晓然知国家护商之意。此设立商务局之大略也。招商局开办多年,并无起色,徒为盛宣怀等垄断罔利之业,就中情弊愈深。委之此等专务肥己之徒,求其力顾大局,终不可得。应请特派督办招商局大员一人驻局办事,将招商之务分为闽广、三江、两湖、四川四大股,每股各令公举殷实公正之商董一二人,专办而行之;别置提调一员,专管局中一切章程,务使商务与轮船合为一气。此整顿招商局之大略也。二局既兴,则商情自达,商令自举。臣闻各国论中国商人最善经营,其所以不振者,皆由国家不为提倡,听其自相争夺,是以商务日败。今果明降谕旨,使内外大小臣工合力考究,或于京师亦立一商务公所,使天下言商务者,果有良策,皆可以上达圣聪。则从此风气日开,利权可期渐复,人心不至外向,既可以消患,又可以致强。证之东西各洲,其谋国之术无急于此。臣伏愿我皇上将臣此奏饬交总理衙门及南北洋通商大臣,切实妥议,期在必行。并请限期覆奏,以示不容延缓。臣为维持大局起见,是否有当,伏乞皇上圣鉴训示。谨奏。光绪二十一年十一月十七日。

**总理衙门议覆王鹏运条陈商务由:**

臣奕(诓)[劻]等跪奏为尊旨议奏事。光绪二十一年十一月十七日军机处交片御史王鹏运奏讲求商务一折,军机大臣面奉谕旨:著总理各国事务衙门议奏。钦此。臣等查该御史所陈无非欲官商一气,力顾利权,此《周官》保富之法,行之今日,尤为切要。如所称"沿海各省会应各设商务局一所,责令督抚专政,局中派提调一员,驻局办事,将该省各项商业悉令公举董事一人随时来局,将该省商况利病情形与提调妥商补救整顿之法,奉督抚而行之。事关重大者,督抚即具奏"一节,查通商为致富之原,必令上下相维,始见推求利弊。泰西各国以富强为首务,或专设商部大臣,其他公司商会,随地经营,不遗余力。中国各省商行自为风气,间有公所、会馆,章程不一,地方官吏更不关痛痒。公事则派捐,讼事则拖累。商之视官政猛如虎,其能收上下相维之益乎?自立约互市以来,洋商运货只完正、子两税,华商则逢关纳税,遇卡抽厘,于是不肖华商贿买牌照,假托洋商之名,洋商出售报单,坐收华商之利,流弊遂不可究清。要之,欧美各洲商民之捐,名目繁多,如田房捐、存款捐、进项捐、印花捐,较中国厘金加重倍蓰。即香港、新稼坡诸岛,何莫不然?此皆华商习闻习见者也。至于洋商仅完正、(半)[子]两税便可畅行无阻,权利较华商为优。然华商食毛践土,当能仰体国家立约通商之故,不应自然生成,何以假冒牌照之风年来愈炽?良由官商隔阂,官既不恤商艰,商复何知官法?该御史请于各省设立商务局,俾得维护华商,渐收利权,诚为专务之急。惟请派专员作为提调,以官府之体而亲圜阓,终难透辟;不如官为设局,一切仍听商办,以联其情。拟饬下各督抚于省会设立商务局,由各商公举一殷实稳练、素有声望之绅商,派充局董,驻局办事。将该省物产行情,综其损益逐细讲求。其与洋商关涉者,丝茶为大宗,近则织布、纺纱、制糖、造纸、自来火、洋胰子诸业,考其利病,何者可以敌洋商,何者可以广销路。如能实有见地,确有把握,准其径禀督抚,为之提倡。再由各府州县于水陆通衢设立通商公所,各举分董,以联指臂。所有各该处物产价值涨落,市面消长盈虚,即由各分董按季具报省局,汇总造册,仿照总税务司贸易总册式样,年终由督抚咨送臣衙门,以备参考。其华商互相贸贩不与洋商相涉之货,亦应按照市价公平交易,不准任意抬高或故为跌价,以累同业。设经局董查确,应即明为告诫,若复怙恶,即由局董禀官,将该行店劣迹榜示通衢,以儆效尤。该局所遇有禀官之事，无论大小衙门均不得勒索规费。各局所地方长吏，月或一二至，轻车减从，实心咨访。盖必有恤商之诚乃能行护商之政，非徒藉势位之尊耳。各省果能实力奉行，商情可期踊跃，商利可冀扩充。即华洋交涉亦可得其要领矣。又如原奏所称"招商局开办多年，并无起色。请特派督办招商局大员一人驻局办事，将招商之务分为闽广、三江、两湖、四川四大股，每股各令公举殷实公正之商董一二人专办该股一切商务，由各商董议定办法，禀督抚而行之。别置提调一员专管局中一切章程"一节，查招商局为南北洋轮船总汇，同治十一年前，北洋大臣李鸿章奏明设局，商为承办，官为维持。自光绪二年买并旗昌船栈后，官帑积付一百九十万八千两，逮今拨还，现已不存官款，尚非并无起色。即就每年完税为论，各省关所收招商局船税岁约三百余万；搭载水脚自开局至今几逾万万。若无局船，则此利尽属洋商。是该局收回利权实明效大验。更能力祛中饱，切实经理，则为整顿之法实分两端：一在局之弊，一在船之弊。查该局所以能自立者，实赖官为维持，故虽怡和、太古多方排挤，该局犹能支柱，盖岁运苏浙漕米又带免二成税课，皆该局独擅之利，其于江西、两浙漕米则代买代运尤操奇赢。若概属之局中，不由一二人专利，则公积愈增，此在局之弊所应整顿者也。各船买办半由夤缘而得。每船货脚，究有舱口簿可查；而搭客则以多报少，影射隐瞒，难为究办。外洋轮船贵在船主,事无巨细,悉听船主指挥,每搭客登舟则验票,船至中途则查票,登岸则缴票,此皆大副专责,而船主总其成,不致挤杂朦混。招商局船主但管驾驶,船中一切买办主之,故长江买办之缺为最肥美,此在船之弊所应整顿者也。凡奸积弊临,以贵而无位之督办,公私未澈,呼应不灵,徒拥虚名,恐无实际。该属向隶南北洋辖理,以局船起卸口岸均有关道可以稽查,而受成于南北洋较为切近。光绪七年,李鸿章议覆王先谦一疏,查明该局缴清官款,不过商本盈亏,与官无涉。并非一缴公帑,官即不应过问,听其浸无钤制,盖豫节之矣。拟请饬下南北洋大臣将招商局历年积弊,认真整顿。该局总办及掣票登帐管理船头司事与夫江海各船买办能否得人,经办之事有无自私自利为商股所指摘,并申明旧章,每年给算由津沪两关道稽核该局岁刊告白。设被商股诋驳有据,则津沪两关道亦应任咎。至于每船到岸如何稽查客载,应饬各关道委员经理,无分昼夜与税关船头官公同查验,以杜弊混。其未设关道之地如江南下关,安徽大通、安庆,湖北武穴等处,由南洋大臣檄委地方官办理,按月径禀南北商署存查。能否如该御史所陈,分闽广、两湖、三江、四川为四大股,应由南北洋大臣体察情形酌办。该局船曾驰赴旧金山、檀香山、新稼坡诸岛,道远费煤,船小载轻,为利无几,现求扩充之法,宜就中国各口岸有可为该局增益以敌洋商者,统由南北洋大臣随时规画,请旨遵行。至通商事务,向由臣衙门办理。该御史请在京师设立商务公所，与臣衙门无甚表异，自应毋庸置议，所有臣等遵旨议奏缘由，谨缮折具陈，候皇上圣鉴训示。谨奏。

光绪二十一年十二月二十四日奉朱批。依议。钦此。

《光绪朝实录》卷三百八十："光绪二十一年乙未十一月，御史王鹏运奏，请讲求商务。下总理各国事务衙门议。寻奏，商务局应设立，然当由绅商主其事；招商局应整顿，然当由南北洋大臣总其成。至京师设商务公所，请毋庸议。从之。折包。"

案：上折与朱荫龙《王半塘先生关于商务之建白》所引多异文。郭廷以《近代中国史事日志》云："十月十七日（12月3日），御史王鹏运奏，请讲求商务。"疑误。

**十二月初三日（1896年1月17日），上《弹劾谭钟麟折》，附《请将盗窃瓷库之要犯捕拿到案片》。**

折云：

为疆臣笃老昏瞀，措置乖方，请饬查办以安海疆，恭折仰祈圣鉴事。窃臣风闻两广总督谭钟麟自履任以来，措置诸多未协。查广东地滨大海，为南洋重镇，夙称难治。近复盗风日炽，匪党潜滋。若以老迈昏庸之员滥膺疆寄，设有疏虞，关系匪浅。谨就臣见闻所及，为皇上缕晰陈之。洋务为当今之急。广东旧设有水师学堂及枪炮厂，经营十余年，颇有成功。乃该督于到任后，锐意裁撤，虽经当事力争，始得暂留，而每年发款不及一万两，遂令枪弹所出无几。武备废弛，必酿外侮内讧之祸。今年九月,土匪谋攻省城,聚集多人,军械炸药无所不备。经香港洋员电知,该督置之不理,逮营员请兵截缉,该督尚斥其勿为洋人所愚。至十一日匪党千余搭港轮抵省举事,洋员再行急电该督,始仓皇布置,致令大股及头目等尽行逃逸,仅获余匪四十三人,正法三人,余俱释放。该头目等至今未获,亦遂作为罢论。事关谋逆,全省几震,乃知而不备,备而不严。且如此巨案,并不奏闻,昏谬可想。又革绅刘学洵为广东巨蠹,曾经该省绅士数十人联名呈控,复被纠参,经该督查办奏革,后刘学洵以重金关说,求免根究。该督遂一味偏袒,扬言该革绅忠实可靠,粤人浮动,忌其多财,凭空诬蔑。必令呈内联名各绅全行到案,与刘学洵对质,若有一人不到,即属情虚。预为开复该革绅地步,是非颠倒,暗无天日,莫此为甚。署顺德协副将梁洪盛为该督同乡,今年三月令其招湘勇三千名,梁洪盛徇庇营勇,酿成事端,在省城大东门外校场伤毙良民二十余人。该督知而不究。广东安勇最为出力,北江一带拿办盗案全恃此军,该督徇庇乡人,大裁安勇,改募湘军,以致捕务废弛,盗风益肆。该督到任不及一年,业已谬妄多端,视平日如出两人。推原其故,实以该督年老昏耄,午后即不能接见僚属,办事亦属糊涂。外间传言以为其文书案件皆由子侄幕友经理,该督并不能周知。如八月间,该督阍人强骗民女为妾,以致该父母哄至督署大堂,阖署哗然。而该督并无觉察,亦昏瞀之明验也。粤地如此其紧要,该督如此其昏瞆,若久于其位,贻误必不可胜言。设一旦酿成巨案,不惟非该督之福,亦恐非朝廷与地方之福。臣职司纠劾,既有所闻,何敢安于缄默?可否请旨立予罢斥,抑或饬下邻省督抚臣确切察明之处,伏候圣裁。臣为绥靖海疆起见,谨专折具陈,伏乞皇上圣鉴施行。谨奏。

夏纬明《王鹏运奏稿之发见》:"光绪二十一年五月初八日'劾盛宣怀附片',是时盛任津海关道,贪污营私,承办电信、轮船,勾结外商,损公肥己,因此奏请查办。同年十二月初二日'劾谭钟麟奏',以谭任两广总督,昏瞆无用,措置乖方,奏请罢斥。"

案:夏文上折日作十二月初二日,疑误。

片云:

再臣风闻盗窃瓷库一案上内要犯崇古山房铺夥樊姓,携赃远飏,迄未拿获,外间人言啧啧。以该铺为总管内务府大臣立山所开,咸谓该大臣有知情庇纵情弊。窃思立山身为大臣,即开设市肆与小民争利,不知大体,容或有之。若纵令铺夥销赃,恐不至是。惟樊姓既为该大臣铺夥,必非来历不明之人。现在樊姓踪迹与所买瓷库运贩何处,该大臣亦不知。案关盗窃上珍,又须处决多命,法宜切实根究。而二品大员致招销赃庇盗之疑,亦于体统有关。拟请旨饬下该大臣立山将樊姓指拿到案,以成信谳而息浮言之处。谨附片具陈,伏乞圣鉴。谨奏。

| 正 谱 |

《光绪军机处事由档》光绪二十一年十二月初三日:"御史王鹏运奏参总督谭钟麟,片瓷库盗犯樊姓请饬内务府大臣立山指拏。"

《光绪朝实录》卷三百八十一:"光绪二十一年乙未十二月,又谕,御史王鹏运奏,盗窃瓷库案内要犯崇古山房铺夥樊姓,携赃远扬,迄今未获,外间传说该铺为总管内务府大臣立山所开。樊姓踪迹,与所买库瓷运贩何处,该大臣不容不知。请饬指拏到案,以成信谳等语。著立山明白回奏。寻奏,该铺不知何人所开,铺夥远扬,更难确指。报闻。现月折包。"

十二月二十五日(1896年2月8日),上《请广矿务铸银圆奏》。

《清史稿·食货志五》:"三品之制,首金,次银。光绪中叶,英金磅岁腾长,每磅自华银四两一钱六分五厘增至八两有奇。御史王鹏运、通政司参议杨宜治尝建议积金仿铸。"

据《〈半塘言事〉选录》。奏云:

奏为制钱日少,产铜日稀,民用大绌,请明谕天下开办矿务,鼓铸银圆,以塞漏卮而维大局,恭折仰乞圣鉴事。

窃近日以来,京师钱价日贵,银价日贱,咸归咎于私铸之充斥,银号之把持,而不知皆非也。迩来东南各省纹银每两仅易制钱千二百文,洋钱每元仅换制钱八百余文,银贱钱贵有甚于京师者,盖其间有大漏卮焉,不可不亟思补救也。当光绪十一、二年间,越事初定,即有倭人串同内地奸商以银易钱,装运出口,以致各省钱价陡长,银价愈低,于时乃有鼓铸制钞之议。滇南产

·381·

铜日少,遂不得不购买洋铜。倭商购去中国制钱,将其中金银提出已敷购钱资本。及购铜议起,复以净铜售诸中国,本一而息三倍之,天下之利孰有大于是者?此皆由中国商人不通化学。当闭关绝市之时,尚可无虞外泄。通商以来,若固守成规,不思变计,则旁有大盗,其觊觎而盘剥之也,亦固其宜。此次倭索偿款,多至二万三千余万两,彼以一万万两购钱出口,可买尽中国制钱。以我之矛陷我之盾,则现钱立竭。铜产不多,官力不可挽回,民间不能不用,其必至于溃败决裂,穷而思乱明矣。各省禁钱出口,独未查禁轮船,外洋不用中国铜钱,其运钱出口何为者?应请旨饬下总署通行各口税务司,严查充公,不得丝毫徇纵,此节流之法也。

然税司习气,恒刻待华商,而宽待洋商。利之所在,人所必趋,虽法禁綦严,仍将百计偷漏。非筹变通之法,决不足以支危局而开利源。其策有二,请为皇上缕晰陈之。

一曰铸银圆。九州作贡,三品兼权,周初九府,(众力)[泉刀]始专以铜钱济用,迄今民用繁而铜矿少,加以外人盘剥,流弊已深。乾隆时,美洲银矿大开,皆运至中国、印度,现银日多而不自铸银钱,以利民用,此何说也。况比年来,中国(贡)[黄]金出口由三百万增至二千余万两,如不自铸金钱,则国宝全空,终受外人挟制。应请旨饬下户部,购买极大机器,鼓铸金、银、铜三品之钱。金钱轻重略仿英镑;大小银钱,用鄂粤铸成之式。铸成后,颁发各省,谕天下一体通行。各省亦一律鼓铸,以资利用。仍特派大臣总理其事。唯救急之法,则宜先铸银钱。明春则价必大涨,度购器运京,设厂建局,约需一年。广东铸银局机器甚大,每日可铸银钱七万余圆,铜钱九万余串。应请饬下户部,先拨银三百万两,专铸大小银钱,运京备用。通行各省筹款运粤铸钱,俟机器到京,厂屋齐备,即由京局办理。此变通之法一也。

二曰开矿政。中国五金各矿藏地下者,可不胜数,徒以封禁,大利不开。比年西士考察及中国士人所知者,如川藏之金矿,江西、湖南之铜矿、金矿,云南、两广之五金各矿,奉、吉之金矿,河南之煤、铁矿,皆以官吏贪图省事,不愿开采。小民本小力微,无由上达。藏金银于地下,而怀宝啼饥,甚无谓也。应请特谕天下,凡有矿之地,一律准民招商集股,呈请开采。地方官吏认真保护,不得阻扰。俟矿利既丰,然后按十分取一,酌抽税课,一切盈绌,官不与闻。如产微,即行裁撤。认真办理,则一切把持壅遏诸弊,一扫而空。期以十年,矿产全开,民生自富,而国用犹有不足,国势犹有不强者,未之有也。此变通之法二也。

夫穷则变,变则通,通则久,苟非时势所迫,人谁不欲习故安常,坐享无事之福。无如民穷国匮,财用不足,尚有日本及西洋各国,虎视眈眈。倒持太阿之柄,不筹一救弊之法,何以安我蒸黎,保固疆圉。唯希宸断采纳,迅赐施行,天下幸甚。谨缮折上陈,伏乞皇上圣鉴。谨奏。

顺德麦仲华曼宣辑《皇朝经世文新编》卷八引此折及处理结果云:

奏为制钱日少、产铜日稀、民用大绌,请明谕天下开办矿务鼓铸银圆,以塞漏而维大局恭折仰祈圣鉴事。窃近日以来,京师钱价日贵,银价日贱,咸归咎于私铸之充斥、银号之把持,而不知皆非也。迩来东南各省纹银,每两仅易制钱千二百文,洋钱每圆仅换制钱八百余文。银贱钱贵有甚于京师者,盖其间有大漏焉,不可不亟思补救也。当光绪十一二年间,越事初定,即有倭人串同内地奸商,以银易钱,装运出口,以致各省钱价陡长,银价愈低,于时乃有鼓铸钱制之议。滇南产铜日少,遂不得不购买洋铜。倭商购去中国制钱,将其中金银提出,已敷购钱资本。及购铜议起,复以净铜售诸中国,本一而息三倍之。天下之利,孰有大于是者?此皆由中国商人不通化学,当闭关绝市之时,尚可无虞外泄。通商以来,若固守成规,不思变计,则旁有大盗,其觊觎而盘剥之也,亦固其宜。此次倭索偿款多至二万三千余万,彼以一万万两购钱出口,可买尽中国制钱。以我之矛,陷我之盾,则制钱立竭。铜产不多,官力无可挽回,民间不能不用,其必至于溃败决裂,穷而思乱明矣。各省禁钱出口,独未查禁轮船。外洋不用中国铜钱,其运钱出口何为者?应请旨饬下总署通行各口税务司,严查充公,不得丝毫徇纵。此节流之法也。然税司习气,恒刻待华商而宽待洋商。利之所在,人所必趋。虽法禁綦严,仍将百计偷漏。非筹变通之法,决不足以支危局而开利源。其策有二,请为皇上缕悉陈之。一曰铸银圆。九州作贡,三品兼权。周初九府,泉刀始专以铜钱济用。迄今民用繁而铜矿少,加以外人盘剥,流弊已深。乾隆时,美洲银矿大开,皆运至中国。现银日多,而不自铸银钱以利民用,此何说也?况比年来,中国黄金出口由三百万增至二千余万两。如不自铸金钱,则国宝全空,终受外人挟制。应请旨饬下户部购买极大机器鼓铸金银铜三品之钱,金钱轻重略仿英镑大小,银钱用鄂粤铸成之式。铸成后颁发各省,谕天下一体通行,各省亦一律鼓铸以资利用,仍特派大臣总理其事。惟救急之法,则宜先铸银钱。明春钱价必大涨,度购机运京,建厂设局,约需一年。广东铸银局机器甚大,每日可铸银钱七万余圆,铜钱九万余串。应请饬下户部,先拨银三百万两,专铸大小银钱运京备用,通行各省筹款运粤铸钱。俟机器到京,厂屋齐备,即由京局办理。此变通之法一也。二曰开矿政。中国五金各矿藏地下者,不可胜数。徒以封禁,大利不开。比年西士考察及中国土人所知者,如川藏之金矿、铜矿,江西、湖南之铜矿、金矿、煤矿,云南、两广之五金各矿,奉、吉之金矿,山西、河南之煤铁矿,皆以官吏贪图省事,不愿开采;小民本小力微,无由上达。藏金银于地下,而怀宝啼饥，甚无谓也。应请特谕天下，凡有矿之地，一律准民招商集股，呈请开采，地方官吏认真保护，不得阻挠。俟矿利既丰，然后按十分取一，酌抽税课，一切赢绌，官不与闻。如矿产微，即行裁撤。认真办理，则把持壅遏诸弊一扫而空。期以十年，矿产全开，民生自富，而国用犹有不足、国势犹有不强者，未之有也。此变通之法二也。夫穷则变，变则通，通则久，苟非时势所迫，人谁不欲习故安常，坐享无事之福。无如民穷国匮，财用不足，尚有日本及西洋各国虎视眈眈。倒持太阿之柄，不筹一救弊之法，何以安我蒸黎，保固疆宇。惟希宸断采纳，迅赐施行，天下幸甚。谨缮折上陈，伏乞皇上圣鉴。谨奏。

**议覆王御史开办矿务鼓铸银圆折：**

户部奏为遵旨会议具奏，恭折仰祈圣鉴事。光绪二十一年十二月十五日，准军机处片，交本日御史王鹏运奏制钱日少、产铜日稀、请禁止轮船运钱出口，并开办矿务、鼓铸银圆以维大局一折。钦奉谕旨，著户部、总理各国事务衙门议奏。钦此。钦遵并抄录原奏，知照前来查原奏，内称近来京师钱价日贵、银价日贱，咸归咎于私铸之充斥、银号之把持，而不知皆非也。其间有漏卮，不可不亟思补救。当光绪十一二年间，越事初定，即有倭人串同内地奸商，以银易钱，装运出口，以致各省钱价陡长，银价愈低，于是乃有鼓铸制钱之议。滇南产铜日少，遂不得不购买洋铜。倭商购去中国制钱，将其中金银提出,已敷购钱资本。及购铜议起,以净铜售诸中国,本一而息三倍之。天下之利孰大于是?此次倭索偿款多至二万三千余万,彼以一万万两购钱出口,可买尽中国制钱。各省禁钱出口,独未查禁轮船。外洋不用中国铜钱,其运钱何为者?应请旨饬下总署通行各口税务司,严查充公,不得徇纵。此节流之法也。然利之所在,人所必趋。虽法禁綦严,仍将百计偷漏。非筹变通之法,不足以支危局而开利源。其策有二。一曰铸银圆。九州作贡,三品兼权。周初九府,泉刀始专以铜钱济用。迄今民用繁而铜矿少,加以外国人盘剥,流弊已深。乾隆时,美洲银矿大开,皆运至中国。现银日多,而不自铸银钱,此何说也?比年来,中国黄金出口由三百万增至二千余万。如不自铸金钱,则国宝全空,终受外人挟制。应请旨饬下户部购买极大机器鼓铸金银铜三品之钱,金钱仿英磅大小,银钱用鄂粤铸成之式。铸成后颁发各省,谕天下一体通行,各省亦一律鼓铸以资利用,仍特派大臣总理其事。惟救急之法,则宜先铸银钱。明春钱价必大涨,度购机运京,建厂设局,约需一年。广东铸银局机器甚大,每日可铸银钱七万余圆,铜钱九万余串。应请饬下户部,先拨银三百万两,专铸大小银钱运京备用,通行各省筹款运粤铸钱。俟机器到京,厂屋齐备,即由京局办理。一曰开矿政。中国五金各矿藏地下者,不可胜数。徒以封禁,大利不开。比年西士考察及中国土人所知者,如川藏之金矿、铜矿，江西、湖南之金矿、铜矿、煤矿，云南、两广之五金各矿，山西、河南之煤铁矿，奉、吉之金矿，皆以官吏贪图省事，不愿开采；小民本少力微，无由上达。应请特谕天下，凡有矿之地，一律准民招商集股，呈请开采，地方官吏认真保护，不得阻扰。俟矿利既丰，然后拨十分取一，酌抽税课，一切赢绌，官不与闻。期以十年，矿产全开，民生自富各等语。臣等窃维，理财之要，兴利与除弊，不外因时以制宜。自通商互市以来，中国金银流出外洋者，岁以数千万，固不徒制钱一端为然也。即以制钱论，洋商输运出口，原难保其必无，而矿务未兴，鼓铸应需铜铅，仍从外洋购取，是其流不能节、源不能开，国计民生所由、日以蹙也。当此时局艰难、度支告匮，自宜取天地自然之利、收国家自有之权，设法变通，诚为当务之急。

该御史原奏内称各省禁钱出口、独未查禁轮船、应请通行各海口税务司严查充公、不得徇纵一节，总理各国事务衙门查咸丰八年议订《通商章程善后条约》第五款内载，铜钱不准运出外国，惟通商中国各口准其以此口运至彼口。照现定章程遵行，该商赴关报明数目若干、运往何口，或令本商及同商二人联名具呈保单，抑或听监督饬令另交结实信据，方准给照别口，监督于执照上注明收到字样、加盖印信，从给照之日起，限六个月缴销。若过期不缴销执照，即将其钱货原本照数罚缴入官，其进出口均免纳税。至载船无论浅满均纳

正谱 卷三

船钞等语。是查禁轮船载运铜钱、本有成约。该御史所奏奸商偷运如此之多,究由何关出口辗转出洋,未据声叙,应由臣衙门转饬各关道监督、会同税司申明约章,切实办理。各该关出口铜钱岁约几何,是否概有保单执照,其无单照之钱各该关曾否查出罚办,应令各该关监督税司详查声复,以后务当照约办理,毋或疏虞。倘扦手人等徇情容隐、被别口查出,即治以应得之咎。该御史所请禁钱出口,并行各海口严查不得徇纵,自系严杜铜源外溢、为维持圜法要计,核与约章相符,自应照准。又据奏称,非筹变通之法,不足以支危局而开利源,其策有二,曰铸银圆、曰开矿政各节。户部查银圆之铸、创自外洋,近则督臣张之洞购置机器、设局开办于粤东,现复试办于湖北,江浙粤闽流通甚便,嗣后奏请仿照成法、推行各省,则有御史易俊、陈其璋两折,均经臣部议、准奏请咨令沿海沿江各省用意经营,并声明务须考核成色、流通行使、尤以选派局员为第一要义,已通行遵照各在案。今该御史王鹏运请谕天下一体通行、各省一律鼓铸,与臣部先后议覆各折奏意见相同,惟原奏内称先铸银圆、豫防钱价大涨,请饬下臣部先拨银三百万两,由粤局专铸大小银钱运京备用,俟购买机器到京、厂屋齐备,即由京局办理等语。查臣部上年议覆御史陈其璋折内,亦有以京城开铸、工匠生疏,不如仍就广东、湖北两省已成之局、加增成本、竭力扩充,此外沿海沿江各省亦可自行设局,如购器设厂、一时未能

389

应手,则酌拨成本附粤鄂两局分铸。现在各省尚未奏咨声覆,如粤局成本果能凑集增加,各省畛域不分,又复力筹附铸,则成本较前倍巨,自无庸再拨库储。应俟粤省及沿海沿江各省奏咨到日,再由臣部妥议办理。至开办矿政,识时务者莫不以此为言。惟必统利害以兼筹、联商民为一气,始能兴办。上年九月,臣部议覆漕运总督松椿折内,业已按照原奏开到省分,咨行各督抚将军都统大臣详细查明,如境内有可开采之处,确有把握,准其奏明开办,现在亦未奏咨到部。今该御史王鹏运请准民招商、集股开采,地方官吏认真保护、不得阻扰,矿务既丰、酌抽税课,一切赢绌、官不与闻等语。既于公帑无亏,尤与国课有益,自应照准。惟股分能否凑集、有无弊混,应由臣部再行咨令各产矿省分,厘定章程,切实奏明报部。如有奸商侵蚀股款及藉众滋生事端,仍责令地方有司从严惩办。地方官吏亦不得藉端勒索,致干严参。以上各条,臣等只知其利之可兴,而不能必其弊之悉去。应请特颁谕旨,饬下各省将军督抚及海关监督,转饬税务司一体遵照,实力奉行,不得视为故常,仍前空言搪塞。所有臣等遵旨会议具奏各缘由,理合恭折具陈,伏乞皇上圣鉴。再此折系户部会同总理各国事务衙门办理。合[并]声明。谨奏。

《光绪军机处事由档》光绪二十一年十二月二十五日:"御史王鹏运奏请禁止轮船运钱出口并开办矿务兴铸银元等,片汇丰借款亏耗太多请妥议。"

《光绪朝实录》卷三百八十二:"光绪二十一年乙未十二月辛卯,又谕,本日御史王鹏运奏,制钱日少、产铜日稀,请禁止轮船运钱出口,并开办矿务鼓铸银圆以维大局一折。著户部、总理各国事务衙门议奏。寻议,该御史所请禁钱出口,自系维持圜法至计,核与约章相符,自应照准。至鼓铸银圆,前经议准,令沿海沿江各省用意经营,应俟各省奏咨到日,再行妥议筹办。矿政尤裨国课,亦应照准。惟有无弊混,应再咨令产矿省分厘定章程,奏明报部。从之。折包。"

案:《〈半塘言事〉选录》上折日作十二月二十五日,可从。据《光绪朝实录》所载十二月干支推算,亦同。

**十二月二十八日(1896 年 2 月 11 日),郑孝胥有信致鹏运。**

《郑孝胥日记》本日记云:"作书与叔衡、子培、幼遐,闻信局已歇。"

**冬,御史杨崇伊具奏参劾,强学会遭封禁。又文廷式约鹏运为艳词,暗咏时事。**

《文云阁先生年谱》光绪二十一年谱:"是冬,御史杨崇洢具奏劾,强学会竟遭封禁。时朝野局势又一变,渐讳言新政。……又为消寒会,约王幼霞为艳词,托体风怀,暗咏时事《云起轩词》手稿附录王鹏运《高阳台》词题云:乙冬消寒,道希约作艳词,因循未果。"

汪叔子《文廷式年表稿》:"岁暮,有《冬夜绝句》组诗,乃续上年同题之作也。又为消寒会,约王鹏运为艳词,托体风怀,暗咏时事。"

叶昌炽《缘督庐日记抄》十二月初七日(1896 年 1 月 21 日)记云:"闻强学书局为杨莘伯所劾,奉旨封禁,到台第一疏也。"

《翁同龢日记》十二月十四日(1896年1月28日)记云:"沈子封来,南城因封禁强学会,众汹汹有烦言。"

**本年,宋育仁自海外归,上理财四事。**

萧月高《宋芸子先生传》:"乙未归,上理财四事。"

编年词:《水龙吟·乙未燕九日作》《金缕曲·二月十六日纪梦》《声声慢·春雪书怀,和驾航京兆韵》《清平乐·梦中得小词,醒而录存之,不知于意云何也》《清平乐·次园公韵》《南浦·春柳。用乐笑翁春水韵,同李髯作》《南浦·寒食日忆壶山桃花,再用春水韵》《虞美人》(春衣欲试寒犹重)、《寿楼春·清明次日,星岑前辈招同省斿、夔生,寻春江亭,回忆曩从畴丈、鹤老游,春秋佳日,辄觞咏于此。感逝伤今,春光如梦,西州马策,腹痛不禁矣。是日畲洴期而不至,赋〈寿楼春〉寄怀。即用其调,索同游诸君和》《百字令·星岑为题〈戴笠图〉,殷殷以事功相勖勉,倚调赋谢,并致愧辞》《鹧鸪天·近作春柳词,同人属和盈轴,戏题一阕于后》《百字令·夔生舍人辑录〈薇省词钞〉成,奉题一阕》《浣溪沙·和李髯》(国色盈盈欲斗妍)(记得排云侍上清)、《唐多令·四月初九日作》《思佳客·嘲樊老》《台城路·过甘石桥南园林感赋》《木兰花慢·送道希学士乞假南还》《玉漏迟》(望中春草草)、《玉漏迟·题蒋鹿潭〈水云词〉》《点绛唇·饯春》《南乡子》(烂醉复奚疑)、《东风第一枝·读周青原落花词,生气远出,不落前人窠臼。与李髯约各拟一解,仍禁用飘零衰飒语意。绾红紫绿,自愧不如髯也,轶群定应突过》《清平乐》(秃襟窄袖)、《摸鱼子·太常仙蝶来过,赋此以志》《踏莎行·戏题〈燕燕集〉,为李髯作》《大酺·咏瓶中芍药,用清真韵,同夔笙联句》《兰陵王·为西耘端公题照》《东风第一枝·近与李髯赋落花词,禁用飘零衰飒语,夔笙和之,复广其意,赋柳絮索和,好勇过我,出奇无穷,倚调奉酬,仍索李髯同作》《八声甘州·得筱珊鄂中书,并寄赠蒋鹿潭、方彦闻词刻。赋此以谢》《高阳台·梦亡室谯君为外姑赋〈高阳台〉词,题〈秋宵待月图〉。谯君素不工词,梦境迷离,殊不可晓。即倚原调纪之。虫韵,犹是梦中为君捉刀句也》《声声慢·六生将赋远游,倚声留别,即次原韵送行。伤离念远,忧来无端,不觉音之沉顿也》《定风波》(鹧鸪声中醉不辞)、《摸鱼子·铁三有海外之行,过我言别,并示近作万柳堂纪游词,倚调奉答,即以赠行》《三姝媚·道希南归,途次赋词见寄,倚调答之,即用原韵》《三姝媚·叠韵。示子苾,并柬梦湘、夔笙》《三姝媚·满目烟尘,欲归不得,三用道希韵以写怀抱。猿惊鹤怨,思之黯然》《三姝媚·江亭闻鸠,四用道希韵》《三姝媚·题〈红桥旧游图〉,五用道希韵》《三姝媚·李髯、梦湘、子苾、子培、叔衡、夔笙、伯崇皆和道希韵见贻。吟事之盛,为十年来所未有。六用前韵答之》《莺啼序·子苾示读同叔问孝廉登北固楼用梦窗荷花韵联句近作,沉郁悲凉,触我愁思,仍用原韵奉答》《采绿吟·绿阴。联句用苹洲韵。此调〈词律〉不载,〈拾遗〉于过片次句"丝"字断句注"韵",几无文理。鄙意"脆"字仄叶,与〈渡江云〉换头正合。因与夔笙赋此,以谂知者。叶氏〈天籁轩词谱〉:"前段歇拍'寄谁'字误,为'谁寄',宜更。"妄生枝节也》《定风波·有寄》《金缕曲·和伯崇》《踏莎行·五月十三夜对月,偶读〈于湖集〉,有是日"月色大佳,戏作"一调,依韵赋此。光景长新,古人不见,未知今夕怀抱,视公何如矣》《望江南》(前夕醉)、《鹧鸪天·偶欲为词,率成五十五字。索解人不得也》《莺啼序·子苾和作,凄然有离鸾之感。再用前韵奉酬,亦同声之应也》《莺啼序·江亭感旧,用梦窗春晚韵》《三姝媚·倒用道希韵,柬叔衡》《八声甘州·芳菲已歇,欢事去心,浊酒孤吟,凄然念远,不识一声河满,视此何如耳》《南乡子》(斜月半胧明)、《蓦山溪·怡贞下第游粤,作此送之》《徵招·叔衡米市寓斋,旧为许海秋我园,符南樵尝于此撰录〈熙朝雅颂集〉。琴尊高致,得叔衡为之继,林亭不寂寞矣。近叔衡隐有归志,题此以泥其行,且为异日志西京坊巷之一助》《徵招·过观音院追悼畴丈,用草窗九日怀杨守斋韵》《西子妆慢·用梦窗韵答六笙》《摸鱼子·星岑见示酒边新作,依调酬之》《水调歌头·十刹海酒楼题壁,和星岑》《蓦山溪》(流云试雨)、《西河·用清真韵。送云阶囧卿归里》《解连环·用梦窗别石帚韵。饯叔梅》《解连环·同人小集西爽阁,再用梦窗韵》《洞仙歌·晓起》《莺啼序·用梦窗丰乐楼韵,纪查贞妇李氏女事,为荫阶前辈作》《感皇恩·用放翁韵》《感皇恩·再用前韵》《梦芙蓉·数日不出,不知梦湘已行。送人之苦,莫甚于今年。而于梦湘,尤怏悒不已。黯然赋此,情溢于词》《紫玉箫·驾老有朝云之感,赋此慰之》《卜算子》(凉意透疏襟)《清平乐》(马缨过了)《风中柳·用樵庵韵》《侧犯·驾老朝云之感,写少陵"罢琴惆怅月照席"句意为图,用石帚芍药韵赋词索和。倚调奉题,用〈清真集〉韵》《侧犯·畏热不出,经旬闭门。盘花旋竹,如在空山中。再用清真韵赋此,亦自适其适也》《霜叶飞·用梦窗韵题〈风木庵图〉,为丁修甫舍人作。庵,其尊人竹舟、松生两先生庐墓处也》《一萼红·

碧山人远,好音忽来,旧约空乖,幽忧未已。慢声写抱,亦无聊之极思也》《台城路·熏风南来,残暑自退,星岑前辈适以新作见示,依调奉酬。时乙未六月五日》《梦芙蓉·同子苾、夔笙苇湾观荷,用梦窗韵》《南乡子》(云意欲藏山)、《霜花腴·重九日同子苾、梦湘、伯唐,天宁寺登高,用梦窗韵。时子苾将之官榆塞》《齐天乐·乙未九月二十日集四印斋,用张叔夏过鉴曲渔舍会饮韵联句》《沁园春·用稼轩韵。集四印斋,饯张子苾,联句》《沁园春》(满眼关河)、《最高楼·联句。用司马昂父韵》《一斛珠》(雨饕风虐)、《点绛唇》(种豆为萁)、《徵招·得夔生白门书,却寄》《烛影摇红·子苾行二日,霜风顿紧,凄然欲寒,命酒怀人,谱此以寄》《望江南·诗家小游仙,昔人拟之,九奏中新音,八珍中异味,词则不少概见。暇日冥想,率成十有五阕,东坡所谓想当然者,妄言妄听,无事周郎之顾误也》(排云立)(山径转)(云木杪)(金阙秘)(新涨落)(多少事)(壶中静)(烟柳外)(屏山曲)(阑干侧)(琉璃壁)(云水畔)(仙路迥)(骖鸾路)(游仙乐)、《兰陵王·小庭蓺菊百盆。新霜已过,晚花犹妍。约李髯同拈此解,以赏馨逸》《一丛花·长夜薄病,短梦频回,窗月邻鸡,清寒入骨。用东坡病起韵》《浣溪沙·拟续小游仙四首》(离垢天空万象清)(闻道东风百六时)(亭俯澄漪带落霞)(水作旋螺树作龙)、《百字令·为艾卿洗马题照》。以上《味梨集》。

## 光绪二十二年丙申(1896),四十八岁
正月,宗韶以诗题鹏运《秋窗忆远图》。

宗韶《题〈秋窗忆远图〉。为王佑遐侍御作图为儿子卓荦画》

(《四松草堂诗略》卷四)：

>　　故人寄书札，中有总持碑。古事存陈迹，**况夔生以江总碑拓本寄装于册首联吟忆绮词。去岁幼遐、夔生、子苾三君联句和《珠玉词》**百三十八首，五日毕之闲庭初月冷，遥天新雁悲。此际吟湘**王别号客**，那得不相思。

**二月十七日（3月30日），以翰林院侍读学士文廷式遇事生风，语多狂妄，命革职永不叙用，并驱逐回籍（御史杨崇伊劾其于松筠庵广集同类，议论时政，并与太监文姓结为兄弟。按文姓太监即闻得兴）。**

据郭廷以《近代中国史事日志》。

《翁同龢日记》本日记云："昨杨崇伊参文廷式折呈慈览，今发下，谕将文廷式革职永不叙用，驱逐回籍。……闻昨日有内监寇万才者戮于市，或曰盗库，或曰上封事，未得其详。杨弹文与内监文姓结为兄弟，又主使安维峻言事，安发遣，敛银万余送行。"

《文云阁先生年谱》光绪二十二年谱："二月十七日上谕内阁，御史杨崇伊奏词臣不孚众望，请立予罢斥一折，据称翰林院侍读学士文廷式遇事生风，常于松筠庵广集同类，互相标榜，议论时政，联名执奏，并有与太监文姓结为兄弟情事等语。文廷式与内监往来，虽无实据，事出有因。且该员于每次召见时，语多狂妄，其平日不知谨慎已可概见。文廷式著即革职，永不叙用，并驱逐回籍，不准在京逗留。此系从轻办理，在廷臣工务当共知儆戒，毋得自蹈愆尤。"

**二月，缪荃孙挈家至江宁，主钟山书院。**

据《艺风老人年谱》。

**三月初二日（4月14日）**，太后偕帝莅圆明园（太后拟重修圆明园，以土药厘金全数提归圆明园工程处，并将本年奉宸苑之十五万两，另借十五万两，归圆明园工程）。

据郭廷以《近代中国史事日志》。

《翁同龢日记》三月初一日记云："是日本部值日，敬、张两公皆在，商建衙署事，立君亦来，云将修建圆明园，懿旨将土药厘金全数提归颐和园工程处，并须将本年奉宸苑之十五万，又借十五万，共卅万归圆明园工程。昨日本传慈圣偕上同诣圆明园，以雪中止，改传初二日。"

**三月十三日（4月25日）**，上疏谏帝后驻跸颐和园。同日，作刻周邦彦《清真集》跋。

《翁同龢日记》本日记云："晴朗。电三，封奏一。外折少，而封奏所指园庭事，上持之不下，邸与余等力争数刻，乃同具一奏片申言之，然事未可知也。巳初二刻始散，到方略馆不得憩。"三月十五日记云："阴晴错，暖。卯正见起，四电，旨如之。于前日御史折旷然无所诘也，邸请示，则云以后还宫须略早也。如天之福，维系不小。巳初散。"

《清史稿·李鸿藻传》："其在枢府，独守正持大体。御史王鹏运谏止修颐和园，几获重谴，鸿藻力解之，得免。德宗间日一往颐和园侍起居，时留驻跸。言官有言其不便者，太后大怒，欲黜之，鸿藻谓如此必失天下臣民之望，乃止。"

黄尚毅《杨叔峤先生事略》："三十以后，留心掌故之学，感愤时事，不肯托诸空文，而代人作奏议独多。不备举，举其关系天下者。甲午乙未,中日战后,孝钦复幸颐和园,内监寇良才上书谏,被杀,朝士无敢言者。先生乃激励侍御王鹏运,并代作书上之,语颇切直。"

况周颐《礼科掌印给事中王鹏运传》有云:

二十二年春,上奉皇太后驻跸颐和园,鹏运上疏曰:窃自今年入春以来,皇上恭奉皇太后驻跸颐和园,诚以听政之暇,皇上得以朝夕承欢,而事机之来,皇太后便于随时训迪。圣慈圣孝,信两得也。况御园驻跸,祖宗本有成宪,如臣梼昧,尚复何言。然悁悁之忱,以为皇太后园庭驻跸,顺时颐养,以迓祥和,诚天下臣民所至愿,若皇上六飞临驻,揣时度势,有不得不稍从缓图者,谨为我皇上敬陈之。自和议既成之后,财匮民离,敌骄国辱,久在圣明洞鉴之中,无俟微臣赘述。恭读去年四月朱谕,我君臣当坚苦一心,力图自强之策。至哉王言。今日非力持坚苦之操,难策富强之效。圣言及此,真天下之福也。昔齐顷公败于鞌,归而吊死问疾,七年不饮酒食肉,而浚阳之田以归。夫饮酒食肉,何碍于政。史臣特举人所至近易忽之处,以状其日不暇给之忱。是以风声所树,不必战胜攻取,邻国畏沮之心自生。实效先声,理固相因而至。夫人情不远,援古可以知今,而环伺綦严,反观能无滋惧。臣非不知我皇上宵衣旰食,在宫在园,同此励精图治。然宸衷之艰苦,左右知之,海内臣民不能尽悉也。在廷知之,异域旅人不能尽见也。恐或以温清之晨昏,为宸游之逸豫,其何以作四方观听之新,杜外人觊觎之渐哉。臣又闻皇上前次还宫,乙夜始入禁门,不独披星戴月,圣躬无乃过劳,而出警入跸之谓何,亦非慎重乘舆之道。又今之颐和园,与圆明园情形迥异,其时承平百年,各署入直之庐,百官待漏之所,规模大备,相习忘劳,今则芜废已逾三十年,一切办公处所,悉皆草创,俱未缮完。大臣虽仅有憩息之区,小臣之跼蹐官门、露立待旦者,不知凡几。而缀衣趣马,先后奔走于风露泥淖之中,更无论矣。体群臣为九经之一,亦愿皇上垂鉴及之也。又近读邸钞,立山奉命管理圆明园,皇上两次还宫,皆至园少坐,外间讹传,遂疑有修复之举。臣愚以为值此时艰,断不至以有限之金钱,兴无益之土木。且借贷业已不赀,更何从得此巨款。此不足为圣明虑,然臣因之窃有进者。当同治改元之始,御园甫经兵燹,兴葺非难,乃竟听其芜废,岂惮劳惜费哉。盖欲使深宫不自暇逸之心,昭示于薄海内外。是以数年之内,海宇敉平,武功克蒇。前事具在,圣谟孔彰,伏愿皇上念时局之艰难,体垂帘之德意,颐和园驻跸,请暂缓数年。俟富强有基,经营就绪,然后长承色笑,侍养湖山。盖能先天下之忧而忧,自能后天下之乐而乐,其所谓以天下养者,不且比隆虞帝哉。疏入,上欲加严谴,王大臣陈论至再,意稍解。徐曰:朕亦何意督过言官,重圣慈或不怿耳。枢臣于鹏运折内夹片附奏,略谓鹏运虽冒昧渎奏,亦忠爱微忱,臣等公同阅看,尚无悖谬字样,可否吁恩免究。意在声叙宽典之邀，出自臣下乞请也。疏留中。即日车驾恭诣请安，面奉懿旨：御史职司言事，余何责焉。王大臣奉谕旨，此后如再有人妄奏尝试，即将王鹏运一并治罪。著即传谕知悉。

况周颐《兰云菱梦楼笔记》云：

半唐谏驻跸颐和园事，时余远在蜀东，未闻其详。及晤半唐扬州，乃备悉始末。先是，内廷即逆料言官必有陈奏者。越日而张侍御**仲炘**上封事，枢臣咸相趋动色，曰："来矣。"及启视非是，则额手称庆，盖侍御亦以直谏名也。不三日而半唐之疏上。时恭邸、高阳相国同直，相国谓恭邸："此事大臣不言，而外廷小臣言之，吾曹滋愧矣。此人不可予处分。少迟入对，唯王善言保全之"恭邸亦谓然，而顾难其词。及入对，上欲加严谴，恭邸以相国言，婉切陈论。上曰："寇某何为而杀也？**内监寇某以妄奏正法，所奏即此事**恭邸复奏："寇某内臣，不应干外事。所奏无当否，皆有罪。御史谏官，讵可一例而论。"上意稍解，徐曰："朕亦何意督过言官，重圣慈或不怿耳。汝曹好为之地，但此后不准渠等再说此事耳。"于是枢臣于原折内夹片附奏，略谓该给事中冒昧渎奏，亦属忠爱微忱，臣等公同阅看，尚无悖谬字样，可否吁恩免究云云。意在声叙宽典之邀出自臣下乞请也。疏留中，旋车驾恭诣请安，面奉懿旨："御史职司言事，余何责焉。"王大臣面奉谕旨："此后如再有人妄言及此，傥幸尝试，即将王鹏运一并治罪。王大臣钦遵传谕知悉。"盖自是不闻驻跸颐和园,圣驾还宫亦较早矣。此事诤臣之忠谏、贤王之维持、圣孝之纯诚、慈仁之宏育,明良际遇,旷代罕有。余读半唐折稿,见其和平恺款出自肺腑至诚,非婞直沽名者比,宜其见谅于圣明也。**半唐允录此折稿寄余常州。别后,半唐匆匆之镇江,之杭州、苏州,遭两广会馆之变,竟不果寄。**

况周颐《餐樱庑随笔》云:

曩岁在甲辰,撰《兰云菱梦楼笔记》**时客常州**,记王半塘侍御谏园居事甚悉,其折稿当时匆匆一读,以未经录存为惜。比由沤尹辗转乞借得之,亟录如左,并笔记亦节述焉。"掌江西道监察御史王鹏运奏:为时事多艰,园居侍养,请暂缓数年,恭折仰祈圣鉴事:窃自今年入春以来,皇上恭奉皇太后驻跸颐和园,诚以听政之暇,皇上得以朝夕承欢。而事机之来,皇太后便于随时训迪,圣慈圣孝,信两得也。况御园驻跸,祖宗本有成宪,如臣梼昧,尚复何言?然甿甿之忱,以为皇太后园廷驻跸,顺时颐养,以迓祥和,诚天下臣民所至愿。若皇上六飞临驻,揣时度势,有不得不稍从缓图者。臣职在进言,苟有所知,何敢安于容默,谨为我皇上敬陈之。自和议既成之后,财匮民离,敌骄国辱,固久在圣明洞鉴之中,无俟微臣赘述。恭读去年四月朱谕:'我君臣当坚苦一心,力图自强之策。'至哉王言,今日非力持坚苦之操,难策富强之效。圣言及此,真天下之福也。昔齐顷公之败于鞌也,归而吊死问疾,七年不饮酒食肉，而渑阳之田以归。夫饮酒食肉，诚何碍于政？史臣特举人所至近易忽之处，以状其日不暇给之忱。是以风声所树，不必战胜攻取，邻国畏沮之心自生。实效先声，理固相因而至。夫人情不远，援古可以知今。而环伺綦严，返观能无滋惧。臣非不知我皇上宵衣旰食，在宫在园，同此励精图治。然宸衷之艰苦，左右知之，海内臣民不能尽悉也；在廷知之，异域旅人不能尽见也。恐或以温清之晨昏，误以为宸游之逸豫，其何以作四方观听之新，杜外人觊觎之渐也哉？臣又闻前次皇上还宫，乙夜始入禁门，不独披星戴月，圣躬无乃过劳。而出警入跸之谓何，亦非慎重乘舆之道。又今之颐和园，与圆明园情形迥异。其时承平百年，各署入直之庐，与百官待漏之所，规模大备，相习忘劳。今则芜废已逾三十年，一切办公处所，悉皆草创，俱未缮完。大臣虽仅有憩息之区，小臣之踟蹰宫门，露立待旦者，不知凡几。而缀衣趣马后先奔走于风露泥淖之中，更无论矣。体群臣为九经之一，亦愿皇上垂鉴之也。又近读邸抄，立山奉命管理圆明园，皇上两次还宫，皆至园少坐。外间讹传，遂疑有修复之举。臣愚以为值此时艰，断不致以有限之金钱，兴无益之土木。且借贷业已不赀，更何从得此巨款，此不足为圣明虑。然臣因之窃有进者：当同治改元之始，其时御园甫经兵燹，兴葺匪难，乃竟听其芜废者，岂惮劳惜费哉？盖欲使深宫不自暇逸之心，昭示于薄海内外，是以数年之内，海宇敉平，武功克藏。

前事具在，圣谟孔彰。伏愿皇上念时局之艰难，体垂帘之德意，颐和园驻跸，请暂缓数年。俟富强有基，经营就绪，然后长承色笑，侍养湖山，盖能先天下之忧而忧，自能后天下之乐而乐。其所谓以天下养者，不且比隆虞帝哉？臣愚昧之见，是否有当。"云云。光绪二十二年三月十三日。《笔记》云：半塘谏驻跸颐和园事，时余远在蜀东，未闻其详。及晤半塘扬州，乃备悉始末。先是，内廷即逆料言官必有陈奏者。越日而张侍御**仲炘**上封事，枢臣咸相趋动色，曰："来矣。"及启视非是，则额手称庆，盖侍御亦以直谏名也。不三日而半塘之疏上。时恭邸、高阳相国同直，相国谓恭邸："此事大臣不言，而外廷小臣言之，吾曹滋愧矣。此人不可予处分。少迟入对，唯王善言保全之。"**蕙风曰：半塘乃得力于高阳，绝奇，亦天良发见，不能自已耳**恭邸亦谓然，而顾难其词。及入对，上欲加严谴，恭邸以相国言，婉切陈论。上曰："寇某何为而杀也？"**内监寇某，以妄奏正法，所奏即此事**恭邸复奏："寇某内臣，不应干外事。所奏无当否，皆有辜。御史谏官，讵可一例而论。"上意稍解，徐曰："朕亦何意督过言官，重圣慈或不怿耳。汝曹好为之地，但此后不准渠等再说此事耳。"于是枢臣于原折内夹片附奏，略谓"该御史冒昧渎奏，亦属忠爱微忱，臣等公同阅看，尚无悖谬字样，可否吁恩免究"云云。意在声叙宽典之邀，出自臣下乞请也。疏留中，旋车驾恭诣请安，面奉懿旨："御史职司言事，余何责焉。"王大

403

臣面奉谕旨："此后如再有人妄言及此，倘幸尝试，即将王鹏运一并治罪。王大臣钦遵传谕知悉。"盖自是不闻驻跸颐和园，圣驾还宫亦较早矣。半塘允录此折稿寄余常州。别后，半塘匆匆之镇江，之杭州、苏州，遭两广会馆之变，竟不果寄《笔记》**止此**。余甚欲得此折稿，十一年于兹矣。秋阴积雨，沤尹携来共读，俯仰陈迹，销魂黯然。

**案**：《刘谱》系于下年，误。

**跋云**：

右影元巾箱本《清真集》二卷附《集外词》一卷。案美成词传世者以汲古毛氏《片玉词》为最著，近仁和丁氏《西泠词萃》所刻即汲古本。此本二卷，百二十七阕，为余家所藏，末有盟鸥主人志语，盖明钞元本也。编次体例与《片玉词》迥别，而调名字句亦多不同。陈振孙《书录解题》云："《清真集》二卷、《后集》一卷。"又毛子晋《片玉词》跋："美成词一名《清真集》，一名《美成长短句》，皆不满百阕。"与此均不合。久欲刊行，以旧钞剥蚀过甚无本可校而止。去年从孙驾航京兆丈假得元刻庐陵陈元龙《片玉词》注本，编次体例与钞本正同，特分卷与题号异耳。爰据陈注校订，依式影写，付诸手民。其集中所无而见于毛刻者共五十四阕，为《集外词》一卷附后。毛本强序、陈注、刘序钞本不载，今皆补入。美成集又名《片玉词》，据序即刘必钦改题也。光绪丙申春三月十有三日临桂王鹏运鹜翁记。

三月二十八日(5月10日),依韵和冯延巳《鹊踏枝》词十四首,《鹜翁集》录其十,《半塘定稿》录六首。

《人间词话删稿》"半塘和冯词"条:"《半塘丁稿》中和冯正中《鹊踏枝》十阕,乃鹜翁词之最精者。'望远愁多休纵目'等阕,郁伊惝恍,令人不能为怀。《定稿》只存六阕,殊为未允也。"

**三月,梁启超离京赴上海。春,梁氏结识鹏运。**

梁启超《三十自述》:"三月,去京师,至上海,始交公度。"

中国国家图书馆藏《半唐填词定稿》二卷《剩稿》一卷梁启超原藏本,卷前象上方有梁氏《浣溪沙》题词一首云:

《浣溪沙》题蜕庵旧藏半塘词:廿九年前识此翁。校场抹角小胡同。几回问字费邮筒。 一卷杀青谁并读,两行题墨态犹浓。双涛情话又朦胧。乙丑五月八日。

启超

**三月,鹏运为鹿泉书《虫秋词》《味梨集》词各九首成一手卷。**

三月,鹏运为鹿泉书《味梨集》及《虫秋词》词各九首,成手卷一幅,即《半塘手书词卷》。该手卷存于桂林风景文物整理委员会。鹏运自跋云:"鹿泉先生出佳纸,命书拙制,率录应教。风尘满目,恐於邑又难为声也,掷笔怅然。丙申三月,半僧鹏运并识。"

**春,赋《百字令》词抒发思乡之情,词中提及故乡的杉湖别墅,并将请丁立钧作《湖楼归意图》。**

词为《百字令·杉湖别墅,先世小筑也。其地面山临湖,有临水看山楼、石天阁、竹深留客处、蔬香老圃诸胜。朱濂甫先生作记,见〈涵通楼师友文钞〉中。天涯久住,颇动故园之思,黯然赋此。将倩恒斋丁丈作〈湖楼归意图〉也》,见《鸳翁集》。

> 案:鹏运作于本年底《木兰花慢》词序有云:"今年春日,颇动故园之思,尝倩恒斋丁丈绘《湖楼归意图》,并赋词寄兴。"可知上词作于春天。

**春,王以敏为题《秋窗忆远图》。文廷式、沈曾植、黄绍箕等亦曾题此图。**

王以敏《摸鱼儿·王幼遐侍御得况夔生舍人金陵书,有江总持残碑拓本之寄,因绘〈秋窗忆远图〉索题。为赋此解。丙申》(《檗坞词存》卷三):

> 几何时、琼枝璧月,青山六代同老。雁飞不管兴亡恨,还带秣陵书到。金薤倒。认滴滴南朝、泪墨中心绕。怀人梦晓。甚咏药期门,剜苔萧寺,不是旧时抱。
> 
> 西台笔,避客工焚谏草。愁添霜鬓多了。而今仆射人才众,那得擘笺同调。吟望悄。是一幅前身、杜牧悲秋稿。苍烟古峤。待共检行滕,碑寻处士,披笠看残照。**摄山旧有明征士僧绍碑**

文廷式《鹧鸪天·王幼霞御史得其友人由江南拓寄江总残碑,因作〈秋窗忆远图〉属题,为赋此阕》(《云起轩词钞》):

> 璧满花秾世已更。读碑犹记擘笺名。屋梁月落怀人梦,易水霜寒变徵声。 家国恨,古今情。镜中白发可怜生。君知六代匆匆否,今夕沙边有雁惊。

沈曾植《水龙吟·夔笙拓江总碑残字,半塘得之,因为〈秋窗忆远图〉征题》(《曼陀罗龛词》):

> 白头江令还家,吴天极目迷残照。归心何处,桐阴

井识,柳前门到。家国苍凉,人天悲愤,江山凭吊。付残碑翠墨,怀人千里,图画里、西风悄。 太息骚人潦倒。总一例、雨啼烟啸。暮年词赋,暮秋行旅,昔愁今抱。如此江山,数行雁落,一钩月皎。感余怀天末,芳馨脉脉,引幽兰操。**时久未得仲弢消息**

黄绍箕《题王幼霞〈秋窗忆远图〉》(《鲜庵遗稿》):

凉蟾窥户天欲霜,草木黄落雁南翔。所思远道不可见,尺素中有球琳琅。南朝令仆儿戏耳,文字翩翩差可喜。缺碑盘木昔所嗟,丹青不渝今复尔。去年将车钟阜侧,过江名士多于鲫。酒酣说剑无留行,念君萧条扫破墨。**去年秋,余侍家大人至金陵,时节庵主钟山讲,筱珊、芸子、季道、礼卿、伯严皆会焉**严飔飒飒违清尊,芰荷落尽风漪痕。青山一发江南路,我亦凄神虞道园。

**春,看花崇效寺,阅寺中所藏青松红杏卷题名,叹逝伤离,作《夜飞鹊》词。后王以敏有和作。**

词为《夜飞鹊·看花崇效寺,阅青松红杏卷题名,叹逝伤离,感而有作》,见《鹜翁集》。

**案**:桂林博物馆藏此词鹏运书赠况周颐手稿,多异文,序作:"同人召集枣花寺,阅青松红杏卷旧日题名,叹逝伤离,有感而作。"词后注云:"今年作词不多,得廿一二,亦尚有一二可观者。此则新作也。夔丈知音,尤知我,请视此作成有几分。此处并请送筱珊、松琴两先生一吟订之。亦可□□憀情绪矣。鹜翁倚声。"后有陈运彰题记云:"半唐翁词笺。此半唐先生丙申岁词,已收入《鹜翁集》中,校此颇多订正处,固当以刻本为胜,此其初稿也。运彰。"

王以敏《桂枝香·幼遐自崇效寺买春归,赋〈夜飞鹊〉词属和。怅触前尘,为填此解》(《檗坞词存》卷三):

秋林枣熟。又啅雀坠枝,穿过茅屋。帘外茶烟散未,一僧归独。来时错认看花约,遍香台、冷红凄绿。照人差幸,西山雨霁,晚霞新沐。　自故侣、飘蓬转烛。问已老春蚕,孤绪谁续。还见芳郊细马,倚阑吹竹。乡心官味无人晓,任经幢、铃语风触。断魂输与,百年松杏,旧题盈幅。

**春,王以敏赋《减兰》十五阕,其七言及鹏运。**

王以敏《减兰》十五阕其七(《檗坞词存》卷三):

清灯读画。坐久绳床香篆在。侧帽风流。减字偷声又几秋。　安生已矣。**安晓峰同年今日尚留真御史。**细雨杉湖。莫为西风赋遂初。**杉湖,王幼遐侍御读书处**

**夏初,照相后,请姜筠绘图,先赋《卜算子》词。**

词为《卜算子·影照小像,倩颖生作图,先之以词》,见《鹜翁集》。

**四月下旬,妻子去世已九年,仍暂厝京城寺中,曾往祭奠。忆及数年前旧句,续谱成词。**

词为《疏影·谯君之殁,九年所矣,遗榇犹旅寄萧寺中。以讳辰与先夫人同日,前期设奠厝室。癸巳初夏,尝得嫁得黔娄三语,哀甚未能成章,偶忆旧句,续谱此词,不知涕泗之何从也》,见《鹜翁集》。

案:鹏运妻曹氏殁于九年前之四月二十日,此词当作于此日稍后。

**五月初三日(6月13日),宋育仁向翁同龢辞行,将往四川办矿务、商务。**

《翁同龢日记》本日记云:"宋芸子编修来辞行,归四川办矿务、商务。诫其勿以钦使自居,勿擅绅董权利。"

**六月中旬,赋《浣溪沙》词题丁立钧所画马。**

词为《浣溪沙·题丁兵备丈画马》,见《鹜翁集》。

**六月二十日(7月30日),缪荃孙致鹏运信,并赠词四册。**

据《艺风老人日记》。

**六月二十八日(8月7日)立秋,苇湾观荷,与沈曾植分赋《红情》《绿意》。后李树屏和之,鹏运又答以《小重山令》词。**

鹏运词为《红情·苇湾观荷,与乙庵分赋〈红情〉〈绿意〉》《小重山令·酬李髯见和苇湾之作》,俱见《鹜翁集》。

《鹜翁集》家刻本附沈曾植同作《绿意》:

艳霞停镜。遣碧筒传酿,莲台翻令。风约生衣,香浣轻纱,依旧涉江风景。鬓丝已逐哀蝉化,梦不到、鹭凉鸥静。任无边、水佩风裳,倦眼迷离愁省。 艇子踏波去好,昔游似梦里、山河心影。薏苦难甘,丝抅还连,不转妙香根性。西来秋色看如此,料前度、雨声催听。付沙禽、漫画纷纷,又近夕阳烟暝。

《曼陀罗㝛词》录上词调作《疏影》,正文同此。

上海图书馆藏沈曾植《与陈衍书》附词:"《绿意·苇湾观荷简半塘。是日立秋节也》:'淡霞垂镜。遣碧筒劝酒,连盘征令。

风约生衣,凉抱轻罗,依旧涉江风景。鬓丝已逐衰蝉化,梦不到、鹭凉沤静。任无边、水珮风裳,倦眼迷离难醒。　艇子打波去好,昔游如梦了、凄断心影。薏苦难甘,丝拗还连,不转妙香根性。西来秋色今如此,料前度、雨声须听。付沙禽、漫画纷纷,又近夕阳烟暝。'《红情·半塘补此调,仆亦继声》:'苇间风绪。有亭亭青盖,为人起舞。欲采还休,郑重花身奈何许。几度窥妆瘦减,又还是、碧云天暮。念解佩、何处江皋,离合感交甫。　凝伫。堤前路。尽水静香圆,叶深鱼聚。冰弦漫抚。一叶惊秋蓦回顾。三十六陂南北,纨扇上、断烟零雨。鼓枻远、重骋望,延缘谁语。'录丙申旧词,奉为石遗仁兄一笑。东湖庵主。"

**六月,高燮曾转兵科掌印给事中。**

秦国经《清代官员履历档案全编》:"高燮曾……二十二年五月巡视北城事务,六月转掌兵科掌印给事中。"

**七月初四日(8月12日),赋《高阳台》词寄文廷式,沈曾植次韵和之。九月初九日(10月15日)文廷式收到二人词作,后亦次其韵。**

鹏运词为《高阳台》(罗袜侵尘),见《鹜翁集》。

沈曾植《高阳台》(《曼陀罗寱词》):

借月湔愁,笺天诉梦,碧城十二星期。拥髻归来,夜阑露细风微。中庭种树成红豆,那寒心、鹦鹉先知。拚酬他,扇底秋心,弦上秋思。　当年对影闻声地,剩花溅泪萼,柳袅愁丝。罗带同心,有情天亦怜痴。荒唐梦峡归云晚,甚神娥、犹妒腰肢。祝芳风,莫冒飞花,莫斗纤眉。

文廷式《高阳台·次韵半塘、乙庵见寄之作》(《云起轩词钞》):

> 灵鹊填河,惊乌绕树,秋来一样心期。帘额风轻,金炉篆袅香微。云楼雾幕参差起,黯瑶情、未许人知。写银笺,四角中央,难寄离思。　凄凉茂草褰衣处,尽江河日暮,泪下连丝。猛拍阑干,凭他蝶醒莺痴。重阳萧索青芜国,**来信云七夕前三日,得信在重阳日。故有此句。**恁霜寒、篱菊能支。莫教人,划尽琼华,留映新眉。

《文云阁先生年谱》光绪二十二年谱:"七月,王幼霞有《高阳台》词寄先生,沈子培和之。**按王词题云:乙冬消寒,道希约作艳词,因循未果。秋风容易,触绪怀人,作此寄之。**盖今年也。……九月重阳,有《点绛唇》词,又有《高阳台》词次韵答王幼霞**俱见《云起轩词》手稿**,借艳词以感事。不久幼霞、子培亦先后出都,盖深慨时事之不可为也。"

**七月初四日(8月12日),沈曾植赠以《摸鱼子》词,词中有琼楼玉宇之语。鹏运依调赋词答之,并寄黄绍箕。**

鹏运词为《摸鱼子·乙庵赠词,有琼楼玉宇之语。依调奉答,并寄仲弢》,见《鹜翁集》。

案:沈曾植原词未见。

**七月初五日(8月13日),积水潭雨中泛舟,与杨锐同赋词。**

鹏运词为《念奴娇·北湖雨泛,同叔峤》,见《鹜翁集》。

**七月初五日(8月13日),作《鹧鸪天》(笑里重簪金步摇)词咏史,实为风议时事。**

上词见《鹜翁集》。李梦符《春冰室野乘》九〇"都门词事汇录"(三)"《鹧鸪天》咏史"条:"黄门《半塘词》中,多以《鹧鸪天》咏史之作,实皆风议时事之什也,定稿中仅留五首。其一、笑里重簪金步摇……此当指丙申、丁酉间事,沤翁曾为述其大略,惜忘之矣。"

案:上词下片有云:"笺十色,烛三条。东风从此得愁苗。"据胡仔《苕溪渔隐丛话后集》卷二十一引《复斋漫录》:"《杜阳杂编》言:'舒元舆举进士,既试,脂炬人皆自将。'以余考之,唐制如此耳。故《广记》云:'唐制,举人试日,既暮,许烧烛三条。'"可知鹏运此词实抒其未中进士之憾。

**七月初五日(8月13日),况周颐于南京收鹏运信,信中云将离京。十五日(8月23日)夜况周颐伤时念远,作《齐天乐》词,并寄湖北之梁鼎芬。况氏秋夜赋《忆旧游·秋夜怀半塘京师》词寄以问讯鹏运,九月初鹏运依调和之以代书信。**

况周颐《齐天乐·丙申七夕前二日,半塘书来,云将出都,似甚憔悴者。宇宙悠悠,半塘将何之。十五夜,月明如昼。伤时念远,怃然有作,并寄节庵鄂中》(秦玮鸿《况周颐词集校注》):

月明也恁伤心色,翻怜昨宵风雨。雁外凉多,虫边梦少,病骨不作平堪延伫。飘零最苦。算金粉江南,是人愁处。短鬓频搔,素娥知我甚情绪。　　怀人长是怅望,底徘徊去意,芳讯难据。落日舳棱,清霜斥埭,此际销魂禁否。君须寄语。尽憔悴而今,后期休误。唱彻阳关,断云飞不度。

鹏运词为《忆旧游·夔生寄词问讯,依调代柬》,见《鹜翁

·412·

集》。况周颐《选巷丛谈》附鹏运《忆旧游》词,序云:"夔笙寄词问讯,依调代柬。此阕丙申九月寄金陵。"

况周颐《忆旧游·秋夜怀半塘京师》(秦玮鸿《况周颐词集校注》):

> 记冲寒侧帽,隔雨飘灯,同巷相过。苦恨催归去,是回阑那角,花影斜趖。茂陵不胜清怨,弹泪向谁多。更笛里浮云,尊前逝水,遗恨铜驼。　骊歌。甚无谓,恁草草分携,如此关河。北雁传消息,也安排琴剑,一棹烟波。客途未应如我,吟事莫蹉跎。正匝地虫声,霜天惨碧愁素娥。

**七月初六日(8月14日),桂念祖以《齐天乐》词题鹏运词集。鹏运依调答之,并将词示成昌。**

鹏运词为《齐天乐·伯华惠题拙集,依调奉酬,并示子苾》,见《鹜翁集》。

**七月初七日(8月15日),同人十人集于天宁寺饯别丁立钧,照像留念。鹏运题以词。**

词为《十拍子·同人集天宁寺饯叔衡,用泰西法照像。是集会者十人,照成,命曰〈晋寺题襟图〉。系之以词》,见《鹜翁集》。

徐世昌《退耕堂集》卷二有《七月七日偕王幼霞、杨叔峤、陈松山、吴子修、沈子培、沈子封、阎鹤泉、鹿乔笙宴天宁寺,饯丁叔衡前辈出守沂州二首》诗。

《翁同龢日记》四月十八日(5月30日)记云:"丁叔衡立钧,**新放沂州府**。来见,沈子封来同坐。"七月二十九日(9月6日)记云:"丁生叔衡立钧,沂州府。来辞行。生意甚厚,虑我不支。我笑谢之,此中空洞不逆亿也。"

**九月初,作《减字木兰花》词感慨时事,沈曾植有和作。**

鹏运词为《减字木兰花》(婆娑醉舞),见《鹜翁集》。

《分春馆词话》卷三第四八条:"王鹏运《三姝媚》词,……其《减兰》词云:'婆娑醉舞。呵壁无灵天不语。独上荒台。秋色苍然自远来。 古人不见。满目荆榛文字贱。莫莫休休。日凿终为浑沌忧。'其所感亦大矣。"

沈曾植《减字木兰花·和王半塘侍御》(《曼陀罗寱词》):

郎当罢舞。作佛几时还解语。戏马荒台。送客清秋旅雁来。 百闻一见。冻谷说瓜秦士贱。岁晚车休。鹏鹙相期秉烛游。

**九月初九日(10月15日)重阳,赋《八声甘州》词寄王以敏并怀文廷式、张祥龄。后王以敏有和作。**

鹏运词为《八声甘州·九日柬梦湘,有怀道希、子苾》,见《鹜翁集》。

王以敏《八声甘州·和幼遐九日有怀之作》(《檗坞词存》卷三):

但年涯草草付吟笺,他乡若为秋。数题襟旧侣,霜凄榆塞,**子苾之怀远**云冷昭邱。**芸阁之萍乡**欲采黄花寄远,花肯为人留。满地江湖梦,剩几闲鸥。 十载长安席帽,向玉河窥影,尘面先羞。甚骚人多感,分与隔年愁。看横飞、刺天鸾鹄,算归鸿、无翼接双眸。琴心碎、托关山月,流照西楼。

**九月十九日（10月25日）**展重阳日，况周颐在南京，作《粤西词见》叙录。

叙录云：

粤西诗总集有上林张先生**鹏展**《峤西诗钞》、福州梁抚部**章钜**《三管英灵集》，词独缺如。地偏尘远，词境也。顾作者仅邪，抑不好名，不喜标榜，作亦不传也。地又卑湿，零笺散楮，不十数年辄蠹朽不可收拾，幸而获存，什佰之一耳。是编就我所见，哀而存之，而又襭其菁蕚，以少为贵。它日辑嘉道以来诗续梁氏著录，以此附焉。光绪丙申展重阳日，临桂况周仪葵孙自识于江宁水西门内古糯米巷寓庐。

**九月，龙继栋有信来，信中提及况周颐近作词中"春便归休，侬定归何处"之句。鹏运赋《南乡子》词为二人解嘲。**

鹏运词为《南乡子·槐庐书来，举似夔笙近词"春便归休，侬定归何处"之句，若不胜其凄咽者。谱此为二君解嘲》，见《鹜翁集》。

况周颐《蝶恋花》（秦玮鸿《况周颐词集校注》）：

门掩残春风又雨。著意寻春，商略年时误。吹咽琼箫侬自苦。销魂第一流莺语。　满地梨花啼杜宇。春便归休，侬定归何处。万种春愁谁与诉。画船横遍桃根渡。

**十一月十七日（12月21日）**冬至，况周颐作《粤西词见》跋。

跋云：

右《粤西词见》二卷。二十四人，词不及二百首。

综论国朝吾粤词人,朱小岑先生倡之于前,龙王苏三先生继起而振兴之。一二作者,类能捭脱窠臼,各抒性情。造诣所独得,流传虽罕,派别具存。今半唐王前辈**鹏运**大昌词学,所著《袖墨》《味梨》等集,微尚亦不甚相远,殆不期然而然邪?嗟虖!世路荆棘,风雅弁髦,区区选声订均之末技,深山穷谷之音,夫孰过而问者?是编刻成,以贻半唐,亦曰伤心人别有怀抱也。光绪丙申长至日玉梅词人况周仪跋于凭霄阁。

**十一月,上《请将捐纳实官一项全数停止折》,附《请将江北漕粮改归海运片》。**

《光绪朝实录》卷三百九十七:"光绪二十二年丙申十一月丁未,谕内阁,御史王鹏运奏请将捐纳实官一项全数停止,并请将江北漕粮改归海运各折片。著该部议奏。现月。"

**十二月,季弟维禧自汴梁来京,出示所作和稼轩词数十篇。鹏运读之喜不自禁,即用辛弃疾《贺新凉》词韵赋词索和。维禧将赴任淮南盐官,因等待朝见留京过年。鹏运后又依辛弃疾《木兰花慢》词韵赋思乡词索维禧和。**

鹏运词为《贺新凉·辛峰至自汴梁,出示所作和稼轩词数十篇,读之喜不自禁。即用稼轩韵,题此索和。辛峰将就盐官于淮南,以觐事渐留度岁。离合之感,虽不能无慨于中,而风雪联床,歌声相答,此乐亦平生得未曾有也》《木兰花慢·今年春日,颇动故园之思,尝倩恒斋丁丈绘〈湖楼归意图〉,并赋词寄兴。既而归不可遂,而恒斋出守,画亦不可得。顷阅辛峰词,有用稼轩翠微楼韵题杉湖别墅一阕,林容水态,模绘逼真,益令人枨触不已。故乡风讯,咄咄逼人。南望清漓,正不独一邱一壑,系人怀抱。依韵属和,辛峰其知我悲也》,俱见《鹜翁集》。

《鹜翁集》家刻本附维禧和作二首,其一《贺新凉》:

往事从头说。记年时、天涯挥手,恨牵萧葛。万里横吹羌笛冷,恻恻麻衣冲雪。问谁恤、孤儿毫发。滴尽永思堂下泪,怅饥来、负却杉湖月。望水木,空明瑟。

十年几度伤离别。黯销魂、沙平水远,冻云皴合。肮脏风尘青鬓改,暗里销磨侠骨。乍夜雨、联床清绝。底事文章矜气节,看铮铮、冷面真如铁。听凤管,石天裂。

其二《木兰花慢》:

天南揩客眼,且对酒、说家山。盼一曲清漓,四围彩嶂,依约云间。秋霜暗惊信早,甚鱼龙吹浪幻层阑。莫笑雨婚烟嫁,望中谁整螺鬟。　江山。休更等闲看。脉脉恋清欢。乍夜气浮空,愁心千叠,梦绕乡关。山中故人健否,漫出门西笑望长安。寂寞岭梅开处,春风珍重余寒。

**十二月三十日(1897年2月1日)除夕,与弟维禧各戏为祭词之《沁园春》词,鹏运又有《沁园春》词代词答。鹏运赋《一萼红》词咏唐花,维禧和之。同维禧守岁作《满庭芳》词。**

鹏运词为《沁园春·岛佛祭诗,艳传千古。八百年来,未有为词修祀事者。今年辛峰来京度岁,倡酬之乐,雅擅一时。因于除夕陈词以祭,谱此迎神,而以送神之曲属吾弟焉》《沁园春·代词答》《一萼红·唐花》《满庭芳·除夕同辛峰守岁作》,俱见《鹜翁集》。

《鹜翁集》家刻本附维禧和作二首,其一《沁园春》:

举酒送君,对此茫茫,君去何之。叹斜阳烟柳,几人遭此,晓风残月,忏尔魂兮。望里关河,吟边心事,商略闲愁剩铸诗。含情久,乍寒催腊鼓,惊听还疑。　春光似透南枝。好收拾风怀强自支。甚江湖梦醒,未消绮语,屏山路阻,愁织清词。莫向金尊,漫敲檀板,知否歌喉要入时。欢逢处,认楼头花萼,风信何其。

其二《一萼红》:

倚斜阳。正苔痕皴碧,浓艳乍成行。巧赌销金,香怜炷麝,翻成别样韶光。任桃李、春城烂漫,竟纷华一例谩凝妆。莫更关心,梅花开落,寂寞含章。　收拾吟边冷眼,尽暮寒骚屑,嗅取繁香。绮叠楼台,银铺灯火,也知不为春忙。镇凝想、维摩方丈,快天风、一霎散芬芳。指点画阑深处,珍重凭将。

**冬,作刻《草堂诗余》跋。**

跋云:

右《草堂诗余》二卷,明嘉靖戊戌刻本。按近人论词以字数多寡分长中短调,谓始于草堂,颇为识者所訾。此本钞自四明天一阁,分类编列与毛、闵诸刻本体例迥殊,始知以字数为次者,乃明人羼乱之本,非本然也。末附词话,虽征引未能博洽,亦颇足资发明,唯题号凌杂,注解芜陋,是其一病。以足征草堂真本,且世少流传,遂附入所刻词中。原钞讹夺,几不可读,与李髯校雠再四,方付手民。刻成后,王遂父监仓又为审定姓名之阙误者,差为完善也矣。其《秋霁》一阕,题为陈后主作。万红友《词律》云:"陈后主于数百年前先为此调,而句读多学浩然,岂非奇事?"因削之云。光绪丙申冬日修板事峻,识其大略如此。临桂王鹏运记。

**冬,康有为在广州,有诗寄赠鹏运。**

康有为《寄赠王幼霞侍御幼霞名鹏运,临桂人,清直能文章,填词为光绪朝第一,时欲修圆明园,幼霞抗疏争,几被戮,幸翁常熟为请得免。然后为荣禄所卖,误劾常熟。常熟以救幼霞语我,吾告幼霞,后幼霞卒劾荣禄引去。附注于此》(《康有为全集》第十二集):

修罗龙战几何时,王母重开善见池。金翅食龙四海水,女床栖凤万年枝。焰摩欢乐非非想,博望幽忧故故疑。大醉钧天无一语,王郎拔剑我兴悲。此诗作于丙申,然"金翅食龙四海水"一语,竟成戊戌、庚子之谶。

**本年,缪荃孙校刊《常州词录》毕。**

据《艺风老人年谱》。

**本年,郑文焯《冷红词》刊行。**

《郑叔问先生年谱》光绪二十二年谱:"沈砚传孝廉为刊行《冷红词》,陈伯弢先生锐为之叙。是岁又刻《绝妙好词校录》一卷附《冷红词》后。"

编年词:《鹊踏枝·冯正中〈鹊踏枝〉十四阕,郁伊惝怳,义兼比兴,蒙嗜诵焉。春日端居,依次属和,就韵成词,无关寄托,而章句尤为凌杂。忆云生云:"不为无益之事,何以遣有涯之生。"三复前言,我怀如揭矣。时光绪丙申三月二十八日。录十》(落蕊残阳红片片)(斜日危阑凝伫久)(谱到阳关声欲裂)

(风荡春云罗样薄)(漫说目成心便许)(昼日恹恹惊夜短)(望远愁多休纵目)(谁遣春韶随水去)(对酒肯教欢意尽)(几见花飞能上树)、《百字令·杉湖别墅,先世小筑也。其地面山临湖,有临水看山楼、石天阁、竹深留客处、蔬香老圃诸胜。朱濂甫先生作记,见〈涵通楼师友文钞〉中。天涯久住,颇动故园之思,黯然赋此。将倩恒斋丁丈作〈湖楼归意图〉也》《夜飞鹊·看花崇效寺,阅青松红杏卷题名,叹逝伤离,感而有作》《卜算子·影照小像,倩颖生作图,先之以词》《霓裳中序第一·古铜爵钗,为樊老作》《徵招·德甫改官白下,作〈燕台赠别〉〈金陵揽胜〉二图见意,濒行索题,为赋是解》《疏影·谯君之殁,九年所矣,遗榇犹旅寄萧寺中。以讳辰与先夫人同日,前期设奠厝室。癸巳初夏,尝得嫁得黔娄三语,哀甚未能成章,偶忆旧句,续谱此词,不知涕泗之何从也》《阮郎归·拟浣花》《浣溪沙·题丁兵备丈画马》《红情·苇湾观荷,与乙庵分赋〈红情〉〈绿意〉》《高阳台》(罗袜侵尘)、《摸鱼子·乙庵赠词,有琼楼玉宇之语。依调奉答,并寄仲弢》《念奴娇·北湖雨泛,同叔峤》《小重山令·酬李髯见和苇湾之作》《虞美人》(扶头兀兀长如醉)、《鹧鸪天》(笑里重簪金步摇)、《齐天乐·伯华惠题拙集,依调奉酬,并示子蕃》《十拍子·同人集天宁寺饯叔衡,用泰西法照像。是集会者十人,照成,命曰〈晋寺题襟图〉。系之以词》《踏莎行》(荷净波凉)、《谒金门》(凉恁早)、《忆旧游·夔生寄词问讯,依调代柬》《减字木兰花》(婆娑醉舞)、《八声甘州·九日柬梦湘,有怀道希、子苾》《南乡子·槐庐书来,举似夔笙近词"春便归休,侬定归何处"之句,若不胜其凄咽者。谱此为二君解嘲》《点绛唇》(一夕西风)、

《贺新凉·辛峰至自汴梁,出示所作和稼轩词数十篇,读之喜不自禁。即用稼轩韵,题此索和。辛峰将就盐官于淮南,以觐事渐留度岁。离合之感,虽不能无慨于中,而风雪联床,歌声相答,此乐亦平生得未曾有也》《木兰花慢·今年春日,颇动故园之思,尝倩恒斋丁丈绘〈湖楼归意图〉,并赋词寄兴。既而归不可遂,而恒斋出守,画亦不可得。顷阅辛峰词,有用稼轩翠微楼韵题杉湖别墅一阕,林容水态,模绘逼真,益令人怅触不已。故乡风讯,咄咄逼人。南望清漓,正不独一邱一壑,系人怀抱。依韵属和,辛峰其知我悲也》《沁园春·岛佛祭诗,艳传千古。八百年来,未有为词修祀事者。今年辛峰来京度岁,倡酬之乐,雅擅一时。因于除夕陈词以祭,谱此迎神,而以送神之曲属吾弟焉》《沁园春·代词答》《一萼红·唐花》《满庭芳·除夕同辛峰守岁作》。

## 光绪二十三年丁酉(1897),四十九岁
**正月初二日(2月3日)立春,有《摸鱼子》词。**

词为《摸鱼子·丁酉正月二日立春》,见《鹜翁集》。

**正月初十日(2月11日),康有为到桂林,后与唐景崧、岑春煊等议开圣学会。**

《康南海自编年谱》:"正月十日到桂林,再寓风洞……与唐薇卿、岑云阶议开圣学会,史淳之拨善后局万金,游子岱布政捐千金,蔡仲岐按察希绅激昂高义主持之,乃为草章程序文行之,假广仁善堂供孔子。行礼日,士夫云集,威仪甚盛。"

《康南海先生诗集》卷三有《丁酉元夕,前台湾总统唐薇卿中丞夜宴观剧,出除夕诗见示。即席次韵奉和》诗。

正月十九日(2月20日)前后维禧生日,鹏运作《满江红》词贺之,词中足见兄弟情深。

词为《满江红·辛峰生日》,见《鹜翁集》。

**正月,况周颐编《粤西词见》二卷刻于扬州。**

《粤西词见》牌记云:"光绪丁酉正月扬州苏唱街聚文斋李姓刻字店印行。"况氏《兰云菱梦楼笔记》云:"《粤西词见》二卷,丙申刻于金陵。"疑记忆有误。

**春,与李葆恂同游崇效寺。**

李葆恂《田伏侯太守招同诸君崇效寺看牡丹,衰病到迟,主客尽去,独坐成咏。忆光绪丁酉偕王幼霞侍御看花此寺,恰此日,故卒章及之》:

客去亦已久,独游谁与同。相看如胜侣,小立逆香风。色岂依僧浅,娇疑向日融。无嫌煞风景,啜茗夕阳中。

记与半塘叟,同游恰此晨。几丛仍故种,何处复斯人。得句留花片,半塘有《唐多令》一阕题名拂壁尘。芳菲看欲歇,凄恻并沾巾。

案:此据徐世昌《晚晴簃诗汇》卷一百八十。鹏运《唐多令》词未见。

**春,朱祖谋始为词,《高阳台·残雪》为其开端。后张仲炘有和作。**

张尔田《与榆生言彊村遗事书》(《词学季刊》创刊号)云:

古丈学词,王半塘实启之。古丈少长大梁,与半塘本旧识,方从黎蒪园诸老致力于诗,不知词也。半塘官给谏时,言官有一聚会,在嵩云庵,专为刺探风闻而设。半塘亦拉古丈入会,会友多谈词者,古丈见猎心喜,亦试填小令数阕,半塘见之,以为可学。

龙沐勋《彊邨本事词》(《词学季刊》第一卷第三号)有云:

《高阳台》"残雪"云:"飘树烟零,封阶粉退,余寒犹冱苔文。画意无多,寻常埋没芳尘。斜阳著意相怜惜,是愁心、不耐温存。且销他,一额凉蟾,来伴深尊。

东阑步玉人归否,剩篝香半炧,衾绣孤温。依约檐声,隔帘滴到黄昏。朝来便化春潮去,问何人、省识冰魂。谢东风,不当花看,为划愁根。"先生是时与江阴夏闰枝(孙桐)丈同官京朝,夏公实始诱为倚声之学,此阕其开端也。先生方在会典馆,以考差事有所抑郁,故有"谢东风不当花看"之语。

案:《彊邨词序》后朱祖谋自记云:"予素不解倚声。岁丙申,重至京师;半塘翁时举词社,强邀同作。"据朱氏第一首词作于本年春,则入社时间当在本年春后,至京或在上年。朱说不确。又《彊邨集外词》第一首为《买陂塘·题夏悔生同年〈山塘秋泛图〉》,词末注云:"夏孙桐云:古微四十始为词,此乃最初之第一首。"或者二词约略同时。

张仲炘《高阳台·和沤尹残雪词均》(《瞻园词》卷一):

禁日长烘,随风碎搅,飘零竹粉松文。一点清愁,不堪诉与红尘。梅花莫又吹横笛,梦缟衣、倩影空存。忍思量,前夜围炉,昨日芳尊。　铜瓶多谢还收取,怅梁园人去,纸帐谁温。静掩朱门,能消几度黄昏。飞琼也有重来约,早玉阶、冷透诗魂。但微余,冰屑星星,薄润花根。

**春夏间,为程颂万《十发庵横览图》作《金缕曲》词。约略同时,程颂万为鹏运《秋窗忆远图》题七绝三首及《徵招》词。**

鹏运词为《金缕曲·〈十发庵横览图〉,为子大通守作》,见《鹜翁集》。

程颂万《题王幼霞御史〈秋窗忆远图〉三首。况夔笙舍人于金陵栖霞寺搜江总残碑二段,拓寄侍御,唐人诗所谓"若到栖霞寺,先看江总碑"是也。六朝碑拓,南胜于北,而南碑尤不易靓。兹之摩刻当在北宋间。幼霞装册为图,倩同人张之》(《楚望阁诗集》卷十):

东风散发过天涯,二月长安不见花。忽忽此身无处著,六朝残梦帝王家。

震旦痴人复几多,茫茫海水蘸空波。江东乐府无人唱,剩有残碑蚀鬼萝。

况生落拓王郎老,蓟北江东黯鬓容。一抹残霞数株柳,好春焉得不愁侬。

程颂万《徵招·再题王幼霞侍御〈秋窗忆远图〉。图为况夔笙舍人客江南作,并装金陵栖霞寺残碑二段》(《美人长寿庵词集》卷六):

台城树色斜阳暝,残钟隔林催到。罨碧旧山门,黯楞轩孤窈。古苔萦绣葆,指江令、断碑无帽。翠墨装题,红泥小印,认沧桑稿。　燕市触悲歌,丝丝鬓、迥忆王郎同调。赚破嫩寒天,是红箫声拗。背吟秋易老。恁词客、霜台焚草。海门月、今夜从君,趁骑龙烟岛。

**四月初八日(5月9日),有信致缪荃孙。**

《艺风堂友朋书札》收此信云:

> 小山仁兄先生大人阁下:去岁文郎到京,奉致惠书,极荷垂注之殷,感泐无既。天人乖剌,心事舛迕,闭门呐呐,懒病大作,经时未作报书,愧悚万状。想爱我者,或格外见原耳。上考辉煌,星轺杂沓,正金华殿中人,气象万千之时,而执事独超然于多事之外,若无与于己者,日与诸生讲道论德,此其襟韵已足,师表人伦,临风想望,钦迟曷已。闻去秋得金石佳拓甚夥,能示知一二以慰怀思否?近刻又成几许?《常州词抄》计已脱手,幸惠赐以为先睹之快。弟入春以来,烦劣万状,向来洗花之酌,崇效、悯忠诸古刹,一春必数到。今年故由春气多寒,而近日放晴,花事颇盛,亦倦于出门。文字固久阁笔,即小词亦只二三阕,唯与理臣、伯约、次珊、士修诸君子为诗钟之集,月必三四,暇或濡染,学作擘窠,大约日相从于无用之用,亦内顾外瞻,实无所可用耳。去岁颇动归志,而至今不得遂,其抱惭于贤者为何如?南风归雁,幸不吝教言,以当握晤,珍重千万。浴佛日。弟王鹏运再拜。

**案**:《刘谱》将此信置于光绪二十五年,疑误。玩书意,证以缪荃孙行踪及《艺风老人日记》五月初一日云收到鹏运信,推知当在今年。

425

五月初一日（5月31日），缪荃孙收到鹏运信，况周颐拜访缪荃孙。

据《艺风老人日记》。

六月初，夫人曹氏灵柩自京城归葬桂林，子王郿等为建墓碑。

曹氏墓碑镌文："光绪二十三年六月初九日吉时建。"

六月二十五日（7月24日），泛舟苇湾，作《长亭怨慢》词。后朱祖谋有和作。

鹏运词为《长亭怨慢·六月二十五日，泛舟苇湾，有感而作》，见《鹜翁集》。

朱祖谋《长亭怨慢·苇湾重到，红香顿稀，和半塘老人》（《彊邨语业》卷一）：

尽消尽、涉江情绪。风露年年，国西门路。绀海凉云，昨宵飞浣石亭暑。乱蝉高柳，凄咽断、苹洲谱。莫唱惜红衣，算一例、飘零如雨。　　迟暮。隔微波不恨，恨别旧家鸥侣。青墩梦断，枉赢得、去留无据。试巡遍、往日阑干，总无著、鸳鸯眠处。剩翠盖亭亭，消受斜阳如许。

七月十一日（8月8日），弟维禧拜访缪荃孙。

据《艺风老人日记》。

七月十四日（8月11日），缪荃孙拜访鹏运弟维禧及徐乃昌等人。

据《艺风老人日记》。

八月十五日（9月11日）中秋，有《月华清》词寄张仲炘，张和之。两年前中秋节张仲炘曾赋此调寄鹏运。

鹏运词为《月华清·中秋柬次珊》,见《鹜翁集》。

张仲炘《月华清·乙未中秋,曾谱是调柬半唐,今忽忽两年矣。浮云万变,悲从中来。半唐复倚之索和,诚如来札所云"圆缺频惊,悲欢无据,正不独岁月如流之足感也"。怆然赋此》(《瞻园词》卷一):

> 将水消愁,偎花作影,素娥岑寂无侣。一夕婵娟,不抵十年尘土。巧幻就、羽客银桥,闲认取、仙人玉斧。悲苦。趁碧天无滓,不如归去。　况是蛾眉多妒。算一岁光阴,能几三五。才得圆时,未识明宵何许。试遍数、昨夜星辰,莫更问、昔年风雨。无主。又纷纷催彻、五更谯鼓。

**八九月间,为孙楫三十岁像题《采桑子》词。**

词为《采桑子·题驾老三十岁照》,见《鹜翁集》。

**九月初九日(10月4日),约高燮曾、张仲炘、朱祖谋一同登高,并约同用《八声甘州》词调赋词。**

鹏运词为《八声甘州·九日招同理臣、次珊、古微,登高小集,约拈是解》,见《鹜翁集》。

张仲炘《木兰花慢·九日天宁寺登高漫赋》(《瞻园词》卷一):

> 对西山日暮,吊陈迹、一凄然。数拓跋光林,隋家宏业,尘劫千年。孤悬。塔珠射影,荡钟声一杵佛光圆。三万铎铃语寂,乱鸦飞上层颠。　凭阑。万景当前顿,把酒问青天。待付与阿谁,无边草木,如此湖山。沧田。几经变改,羡松关竹榻转萧闲。荆棘不堪满眼,

可容丈室安禅。

**九月,朱祖谋为题《秋窗忆远图》。**

朱祖谋《木兰花慢·题半塘老人〈秋窗忆远图〉。图为况夔笙舍人拓寄江总栖霞残碑而作》(《彊邨词剩稿》卷一):

冶城山翠里,几深浅、白门潮。怎壁满花秋,等闲换了,碑老苔雕。迢迢。荡青溪恨,有沧桑依样惹魂销。眼底江鸿不落,天边辽鹤空招。　岩椒。禅语况凄寥。无句挽仙桡。算抗疏功名,分笺伴侣,一例飘萧。今宵。酒醒月落,怕西风吹雪上颠毛。卷起一封翠墨,伤心都付南朝。

**九月,因前数月子王郇为卜生圹于亡妻曹氏墓旁,鹏运赋《满江红》词以志,且拟征同人和作。后朱祖谋、张仲炘有和作。**

鹏运词为《满江红·郇儿为余卜生圹于谯君墓次,赋此以志。他日当遍征同人和作,刻之山中,为半塘增一故实。似视螭背丰碑,风味差胜也》,见《鹜翁集》。

朱祖谋《满江红·鹜翁营生圹于半塘之麓,赋词广征同人和作,谓他日刻之山中,视螭首丰碑,风味当差胜也》(《彊邨词剩稿》卷一)

不信词仙,到今日、埋愁无地。手提得、养生四印,瘖歌独寐。汗漫故耽尘外赏,虺隤未换人间世。傍要离、穿冢尔何心,长安市。　文字障,櫂榱事。分付与,东流水。算不如料理,杉湖归计。纳息开轩谁伴侣,闭关荷锸终儿戏。问神山、风引辄回舟,如何是。

张仲炘《满江红·半塘翁作生圹,以词征和,曰:"他年刊之

| 正　谱　卷三 |

山中,不高出螭背丰碑万万耶?"未知翁以此词为何如也》(《瞻园词》卷一):

> 石火匆匆,几人见、百年城郭。灵修阻、巫咸不下,故居谁托。贾傅柱嗟官舍鵩,司空难买山亭鹤。问乾坤、灭后尔何人,应狂噱。　何处有,神仙药。无挂碍,君真卓。对白杨长啸,海天寥廓。荷锸暂随尘世住,解弢先与山灵约。只春婆、一梦未能醒,长生著。

**九月,吴谷祥为鹏运绘《湖楼归意图》,鹏运用姜夔自制《翠楼吟》词调题图。后张仲炘为题其图。**

鹏运词为《翠楼吟·吴秋农为作〈湖楼归意图〉,用石帚自制曲题此。盖有会于感昔伤今之语也》,见《鹜翁集》。

张仲炘《齐天乐·桂林,吾少时钓游之所也。王幼霞将归隐于半塘,绘〈湖楼归意图〉属题。追维旧迹,心向往之》(《瞻园词》卷一):

> 乌衣第宅杉湖路,依稀旧踪曾到。入槛蒓香,迎门柳色,层叠山光青绕。危楼树杪。早天恰安排,醉吟诗料。一向抛荒,主人应被杜鹃恼。　江边黄鹤别久,故乡紫望处,椽寄犹少。老我京尘,同君宦辙,归意如何偏早。榕城梦杳。待一叶寻君,认来鸿爪。照影湖头,莫憎青鬓老。

**九月,鹏运以汇刻宋元人词赠张仲炘,张赋《摸鱼子》词报谢,鹏运用原调答之。**

鹏运词为《摸鱼子·以汇刻宋元人词赠次珊,承赋词报谢,即用原调酬之》,见《鹜翁集》。

429

九月，为家藏马士英旧藏玉佩及其所画扇面，作《念奴娇》词纪之。

词为《念奴娇·玉佩一事，长二寸弱，宽半之。盘螭宛转，中刻"瑶草"二小篆，疑为马士英故物。纪之以词。吾家又藏士英画扇，俪以周延儒书，皆足供好事一粲也》，见《鹜翁集》。

李梦符《春冰室野乘》一四三"马士英玉佩"条云：

桂林王幼遐给谏，尝得玉佩一事，长二寸弱，宽半之，盘螭宛转，中刻"瑶草"二字，疑为马士英故物。因赋《念奴娇》一阕纪之。词云："梦华遗恨，话南朝影事。谁教玉碎，漫拟苕华镌宛转，腹草家瑶云尔。制想牙牌，臭余腰玉，名字参差是。沙虫江上，未随尘劫轻委。　赢得图画漂零，玉瑛涂抹，辱及桃根妓。扇底曾窥名印小，篆势殷殷曾记。射马谣新，用牛语谑，尘垢难磨洗。梅花冠剑，只今光照淮水。"按《画征录》："瑶草画法倪黄，颇足与思翁龙友肩随，为人所累，遇者咸弃弗顾。书画贾人因增其姓名为冯玉瑛，谓明末南都妓女，始有人肯购者。"故有辱及桃根之语。给谏又藏士英画扇，俪以周宜兴书，扇底名印即指此也。相传浙中军败，士英召其妻高夫人至，使自裁。高问汝将何为，曰："吾将披剃入山，栖某寺耳。"高恚曰："汝尚不肯死，乃令我死耶？"士英固迫之，高怒，闭门大诟，士英惘惘出门去。俄而大兵至，大索士英不得。高闻之，乃赴军门，自言知士英所在，导官军入山，径趋某寺，士英遂被擒。

**九月,管廷献赠菊,鹏运作《金缕曲》词谢之。**

词为《金缕曲·谢士修赠菊》,见《鹜翁集》。

**九月底十月初,找出许玉瑑书信,十月中见到端木埰遗文,颇生感慨,均有词怀念二位亡友。**

词为《鹧鸪天·检得鹤公遗札,皆商榷文字书也。怆念今昔,感叹成篇》《齐天乐·读〈金陵诗文征〉所录畴丈遗著,感赋》,俱见《鹜翁集》。

**秋,侄王瑞芝举北闱乡试。**

《临桂县志》卷六《选举表四》"光绪二十三年丁酉":"王瑞芝,举人北闱举人。"

《广西通志稿·文化编·选举表·清代举人光绪二十三年丁酉科》:"王瑞芝,桂林府临桂,北闱中式。"

**十月初九日(11月3日),西爽阁展期登高,与宗韶、贾璜、王汝纯一同赋词。**

鹏运词为《高阳台·十月九日,西爽阁展登高,同子美、筱芸、邃父》,见《鹜翁集》。

**十月十四日(11月8日),王以敏赋《采绿吟》词,并论其词律以质鹏运。**

王以敏《采绿吟·用苹洲韵。此草窗自度曲也,〈词律〉失载,〈拾遗〉于换头次句"丝"字注"韵",鹜翁讥其无文理,谓宜于"脆"字叶仄韵,论甚精当。细按之,前段"依依"句,应亦叶韵。舟过天津,谱此以质鹜翁。丁酉立冬后一日》(《檗坞词存》卷三):

梦堕丁沽水,睡起澹月沈西。高林柳瘦,野花苹

· 431 ·

老,愁不关诗。雁风还瑟瑟,双枝橹、带烟碎剪琉璃。扣舷看平,山眉翠,依依。招隐待谁。　年少倚疏狂,江天晓、中流哀笛霜脆。叫破楚台云,任酒涴罗衣。甚而今、孤咏租船,吟毫冷、桥柱怕重题。炉灰拨,人语一篷,心字篆微。

**十一月十九日(12月12日),代康有为上折论胶州湾事。**

《翁同龢日记》本日记云:"晴,稍和。子密销假,步犹弱。电信二,许、杨。发电二,罗大臣。明二,王鹏运、高燮臣皆论胶事,片二。"

《康南海自编年谱》:"又草三疏交杨叔峤,分交王幼霞、高理臣上之(德占胶州湾)。"

**十一月前后,彭銮自南宁寄词给鹏运,鹏运以词答之。**

鹏运词为《瑞鹤仙影·寄酬瑟轩南宁》,见《鹜翁集》。

**十一月前后,朱祖谋新作《祝英台近》词,鹏运甚为喜爱,依韵和之。后张仲炘、姚肇菘和之。鹏运又用前韵答黄思衍。**

鹏运词为《祝英台近·古微见示新作,吟讽不能去口,依韵成此,不足言和也》《祝英台近·叠韵酬仲渊》,见《鹜翁集》。

《鹜翁集》家刻本附朱祖谋原作:

烛花凉,炉穗歇,半面隔帘记。罗扇恩疏,消得锦机字。绝怜宽褪春衫,窄偎秋被,楚云重、梦扶不起。

酒边事。因甚一夕离愁,潘鬓竟星矣。相忆无凭,相怜又无计。愿将心化圆冰,层层折折,照伊到、画屏山底。

案:上词收于《彊邨语业》卷一,有异文。《彊邨语业》收上词在光绪二十四年,疑误。

张仲炘《祝英台近·沤尹出示新词,妍秀有致。半唐喜而和之,余亦载赓》(《瞻园词》卷一):

> 镜鸾抛,钗凤坠,绡幕夜深记。颠倒撩人,书尾断肠字。可堪鹈鴂声中,东风偏懒,漾晴碧、吹愁不起。
>
> 甚心事。恰才陌上花开,春水又波矣。桃叶不来,兰棹阻归计。羡他玉蝶嬉春,绿阴如海,任酣睡、真珠帘底。

姚肇崧《祝英台近·半塘叔舅寄示和朱古微学士之作,命次韵》(《姚亶素词集》):

> 纵情游,陪小宴,历历岁时记。别后分亭,谁与问奇字。雁书传到吟笺,寻声花外,蓦催醒、春眠人起。
>
> 十年事。都付烟雨江湖,雄心渐消矣。黄卷青灯,蹉跎未成计。谢它笃友多情,从容觞咏,定期我、屐声花底。

案:姚肇崧,字亶素,其词集整理本名为《姚亶素词集》,署姚亶素著。集中姚氏不同词集中收录同一词作多有异文。

**十二月十九日**(1898年1月11日),上《胶州不可借德,宜密结英日以图抵制折》,附《结倭联英并缓偿倭款片》。均为康有为代拟。

《翁同龢日记》本日记云:"微阴,晚浓甚欲雪,夜晴矣。是日上祈雪。辰初见起一刻余,浙盐场恩旨。徐树铭封奏,矿务请派大员。王鹏运折片,均论胶事,宜结英、日。电一,张汝梅,胶,即德买地。退时巳初。"

据孔祥吉《康有为变法奏章辑考》,上《胶州不可借德,宜密结英日以图抵制折》(光绪二十三年十二月十九日代御史王鹏运)(原折暂阙)及《结倭联英并缓偿倭款片》(光绪二十三年十二月十九日代御史王鹏运)(原折暂阙)。

十二月十九日(1898年1月11日),况周颐于扬州张丙炎之冰瓯馆祝苏轼生日,与徐穆、殷楫臣、王维禧等唱和,有《莺啼序》《金缕曲》等词。后扬州风雪,作《角招》词怀鹏运。

况周颐《莺啼序·冰瓯馆祝东坡生日,同啸竹先生、殷二舍人楫臣、王七分司稚霞》(秦玮鸿《况周颐词集校注》):

园林乍消积玉,放红暾永昼。指辽鹤、飞度南云,介麋如见山斗。恰东阁、梅华艳发,丰神得似西湖柳。约题襟、一作平醉灵辰,我公来否。 绮席春融,并举翠斝,有词仙白首。竞酬唱、铁作平拨红牙,八琅如听谐奏。忆年时、琼楼绝调,镇谁共、婵娟长久。渺河山,能几知音,且浇芳酒。 东阳瘦损,薄病扶头,瓣香再拜手。尽怅望、水云笠作平屐,画里人远,仿佛华鬘,旧盟多负。承平说似,熙丰当日,如公风度犹沦谪,拂荷衣、怪底缁尘厚。吟魂宛在,东南只赤金焦,俊游可能如旧。 君搴杜若,我揽江蓠,问送迎曲就。我意欲、缃桃花底,更拜朝云,解道伤春,柳绵吹又。琼箫莫雨,金笳落作平月,闲愁聊付东逝水,采灵芝、来伴商山叟。莺啼如祝长春,更续眉山,百年俎豆。

况周颐《金缕曲·前题和啸翁韵》(秦玮鸿《况周颐词集校注》):

莫惜芳尊酒。好时光、玉梅花下,未交三九。花外金猊沈烟飏,乍觉帘栊春透。忆天水、承平时候。学士归来金莲炬,正春风、弦管家家有。佳话在,艺林久。

良辰自古难孤负。结吟俦、天涯斗室,姜张秦柳。问讯平山欧阳子,风义年时师友。倘无恙、心魂相守。俯仰河山成今古,恍灵旗、犹挟烟云走。辽鹤唳,待招手。

况周颐《角招·竹西雪夜,怀半塘前辈京师》(秦玮鸿《况周颐词集校注》):

旧盟误。分携久、暗惊心,各自迟暮。凤城西畔路。梦逐冷云,和雁来去。相思自苦。算那是、湖山佳处。此际君应念我,向风雪地飘零,更狂吟能否。 曾与。碧纱话雨。青帘醉月,佳会天应妒。只今谁共语。问讯君边,西山如故。伤春秀句。总不入、玉作平人箫谱。甚日云帆北渡。盼春到、小秦淮,黄金缕。

**本年,书七绝一首。**

据墨迹照片。此诗为清张燕昌《和鸳鸯湖棹歌》其二十二,诗云:"通越门边乌夜栖,马嘶隐隐杂鸣鸡。五更听得邻船语,一道斜风到竹西。"题识"丁酉半唐僧鹏运书"后,钤白文篆书"王鹏运印"、朱文篆书"半塘"二印。玩诗意,此诗或为鹏运书赠其弟维禧者。本年初维禧赴官扬州。

**本年,缪荃孙撰《续碑传集》。**

据《艺风老人年谱》。

**本年及下年,夏孙桐在京,从鹏运及朱祖谋游,被强邀入咫村词社。**

夏孙桐《悔龛词序》："丁酉、戊戌间在京师，时从王半塘、朱古微游，强拉入社，所作甚少，稿亦多佚。"

编年词：《摸鱼子·丁酉正月二日立春》《满江红·辛峰生日》《金缕曲·〈十发庵横览图〉，为子大通守作》《长亭怨慢·六月二十五日，泛舟苇湾，有感而作》《月华清·中秋柬次珊》《采桑子·题驾老三十岁照》《八声甘州·九日招同理臣、次珊、古微，登高小集，约拈是解》《祝英台近·不寐》《满江红·郦儿为余卜生圹于谯君墓次，赋此以志。他日当遍征同人和作，刻之山中，为半塘增一故实。似视螭背丰碑，风味差胜也》《翠楼吟·吴秋农为作〈湖楼归意图〉，用石帚自制曲题此。盖有会于感昔伤今之语也》《更漏子》（菊初黄）、《摸鱼子·以汇刻宋元人词赠次珊，承赋词报谢，即用原调酬之》《念奴娇·玉佩一事，长二寸弱，宽半之。盘螭宛转，中刻"瑶草"二小篆，疑为马士英故物。纪之以词。吾家又藏士英画扇，俪以周延儒书，皆足供好事一粲也》《金缕曲·谢士修赠菊》《鹧鸪天·检得鹤公遗札，皆商榷文字书也。怆念今昔，感叹成篇》《高阳台·十月九日，西爽阁展登高，同子美、筱芸、邃父》《玉楼春·拟钟隐》《齐天乐·读〈金陵诗文征〉所录畴丈遗著，感赋》《瑞鹤仙影·寄酬瑟轩南宁》《祝英台近·古微见示新作，吟讽不能去口，依韵成此，不足言和也》《祝英台近·叠韵酬仲渊》《浣溪沙·会经堂夜雪口占》。以上《鹜翁集》。

## 光绪二十四年戊戌（1898），五十岁

正月初一日（1月22日），况周颐在扬州，赋《寿楼春》词怀鹏运。

况周颐《寿楼春·戊戌元日怀半塘》(秦玮鸿《况周颐词集校注》):

临江仙联吟。忆华天俊约,帐触而今。**余有《临江仙》庚寅元日和半塘己丑除夕韵,刻入《新莺词》,时半塘亦官内阁**可奈衫尘依黯,鬓霜侵寻。从别后,谁知音。有玉田、忘年苔岑。**指午翁**只雁北怀人,花南卧雪,无绪更题襟。 隋堤柳,垂黄金。渐寒消画鼓,春入瑶琴。恨不平山阑槛,共君登临。当此际,思何任,隔暮云、君应同心。乍离梦惊回,西窗月沉啼翠禽。

正月初三日(1月24日),李鸿章、翁同龢、荣禄、廖寿恒、张荫桓约见康有为,询问变法事宜。

《康南海自编年谱》:"正月初二日,总理衙门总办来书,告初三日三下钟王大臣约见,至时李中堂鸿章、翁中堂同龢、荣中堂禄、刑部尚书廖寿恒、户部左侍郎张荫桓,相见于西花厅,待以宾礼,问变法之宜。"

正月初三日(1月24日),王以敏、裴维侒、华辉、黄桂清集张仲炘宅同赋词,鹏运未至。后数日鹏运追和社集词作二首。

王以敏《好事近·探梅用宋韩仲止韵。正月初三日集张次珊给谏前辈宅,偕裴韵珊给谏、华再云、黄白香侍御三前辈同赋,未至者王幼遐侍御也。戊戌》(《檗坞词存》卷四):

梦醒水边篱,轻把竹肌粉**平**刻。昨夜孤山春到,有冷香霏月。 相看除鹤更无人,缟袂若为忆。羌笛莫教吹彻,付胆瓶将息。

王以敏《烛影摇红·同赋用周待制韵》(《檗坞词存》卷四):

虚阁垂灯,六街雪霁梅英浅。骄骢催客快传笺,纤月高楼转。燕子衔春去惯。话归期、花阴细盼。去年天气,旧日亭台,销魂谁见。　廿载燕歌,酒杯入手霜镡短。天涯芳草甚时青,人比东风远。休诉琴声易散。指西山,烟螺在眼。俊游应续,一角凫潭,斜阳僧院。

张仲炘《烛影摇红·正月三日,裴韵珊、王梦湘、黄伯香、华再云集余斋夜潭,偶拈此解》(《瞻园词》卷一):

杯沁鹅黄,落梅刮飑狌屏浅。香篝无计熨余寒,帘额春重转。只是伤春久惯。倩何人、横波一盼。曲中情绪,酒畔思量,银灯曾见。　欲话缠绵,柳丝未碧柔情短。天涯犹有未归人,心共阑干远。休怅歌尘易散。黯销凝,愁松带眼。且须斠唱,翠袖高楼,琼箫深院。

裴维侒《烛影摇红·用清真居士韵》(《香草亭诗词》):

寒在帘钩,一弯眉月春痕浅。茜窗灯影淡梅花,花影和灯转。几是司空见惯。数芳因、华年转盼。旧游生怯,帘底纤纤,行人长见。　酒比情浓,漏声一样情长短。春云多处是蓬山,终说蓬山远。休管吟怀懒散。莽天涯,相逢醉眼。断笺应记,红粉秋千,谁家深院。

鹏运词为《烛影摇红·用王晋卿韵。同次珊、梦湘、韵珊、再云、伯香作,是为戊戌词社第一集》《好事近·叠韩仲止韵》,见《蜩知集》。

案:《烛影摇红》九十六字体,用此韵者,黄升《唐宋诸贤绝妙词选》载王诜(晋卿)作,曾慥《乐府雅词拾遗》载周邦彦作,证以《能改斋漫录》所记,晋卿所作为五十字之

《忆故人》（烛影摇红向夜阑），与此无涉。《四印斋所刻词》所收《清真集》未收，《全宋词》所收周邦彦词补录此《烛影摇红》同韵词。故应改作"用周邦彦韵"为宜。

**正月初七日（1月28日），康有为奏陈变法主张。**

《康南海自编年谱》："七日乃奏陈'请誓群臣以定国是，开制度局以定新局，别开法律局、度支局、学校局、农局、商局、工局、矿务、铁路、邮信、会社、海军、陆军十二局，以行新法，各省设民政局，举行地方自治'。于是昼夜缮写《日本变政考》《俄彼得变政记》二书，忙甚。"

**正月二十五日（2月15日），上《请行实政以图内治而弭外侮折》，附《请速建京师大学堂片》。上谕，命军机大臣总署王大臣会议开办京师大学堂章程。**

《翁同龢日记》本日记云："阴寒，晚尤甚。恭邸未入，荣庆，明，考司员。张仲炘，皆留，大开口岸，片考差策论。王鹏运，留，时政，极言情面、具文、因循三弊，归于圣德；片，速建京师大学堂，明。各封奏。明发二。见起二刻，辰正一散。"

后据郭廷以《近代中国史事日志》。

《光绪朝实录》卷四百十四："光绪二十四年戊戌春正月，又谕，御史王鹏运奏，请开办京师大学堂等语。京师大学堂叠经臣工奏请，准其建立，现在亟须开办。其详细章程，著军机大臣会同总理各国事务衙门王大臣妥筹具奏。洋务。"

折云：

为时艰日迫，后患孔多，恳请力行修省实政以图内治而弭外侮，恭折仰祈圣鉴事。臣闻自强之道无他，惟力行实政而已。穆公以悔过誓师而霸秦国；武丁以遇灾思惧而靖殷邦。伊古帝王忧盛危明，虽当天下治安犹刻刻有临深履薄之惧，未有遭时多难而不发愤修省，以为祈天永命之源者也。慨自前年和议之成，内外臣工委靡情形依然如故，不能仰体皇上"艰苦一心，力图自强"之明谕，文武酣嬉，罔知振作；军旅不修，政事不讲，偷惰因仍之习久为敌人所窥，料我中国无复自强之日，于是悍然并起，与我为难。倭事既平甫二年，而胶州之祸作，甚至英、俄各国尚称和好者亦群起而争我利益。前之恫喝必由教案，今则无教案而亦可恫喝矣；前之赔偿必藉衅端，今则无衅端而亦索赔偿矣。中国之积弱年复一年，外侮之凭陵日复一日。皇上试思，今日之天下尚可幸安无事乎？此则海内臣庶叩心饮泣，亟望一伸乾断，明定国是之归，以大雪积年之耻者也。臣窃维方今之事，势必先能自治而后积渐可底于自强。而自治之规模，诚欲丕焕新猷，不得不力除其旧染。近年政俗大患有三：曰情面也，具文也，因循也。情面者何？徇私而废公，朋欺而曲庇。无能者优容之，任事者灰心矣；酿乱者覆盖之，除弊者束手矣。大臣充位，小臣营私，百废不修，庶僚解体。职此之故，今欲痛除其弊，断自贵近始。伏望严谕诸臣，上下一心，共图建树。屏除模棱之积习，永断瞻徇之私心。大小臣工有言足兴邦、才能干事者，破格擢用之；昏耄阘冗、素尸无能者，明诏斥退之。发令之始，必择部院堂官及外省疆吏中之尤为疲庸不任事者,黜退数人,以树风声而端趋向。如此则观听一新,人思奋勉矣。具文者何？拘牵空文,绝无实事,按之格式,则比附无疵;求之事情,则毫厘千里。其弊也,疆吏视成于幕僚,部臣授权于胥吏。事权既多旁落,实政终难修举。应请饬下内外诸大臣,遇事当切实讲求,不得藉成案为藏身之固。凡内外各衙门有旧例积久,便于昔而不便于今,与夫防弊之条,其弊已亡而其防犹设,苛碎纷烦,无关体要,适为老吏舞文之窠臼者,皆随事细商,列款更正。略仿雍正年间修改刑例故事。若吏兵选法、户工支款之类,并皆提纲挈领定为简明章程。法简则易遵,理明则易晓。庶几案牍省而神志明,机绪清而断制决。议事不致道谋,办事可期实效矣。因循者何？畏难苟安,玩岁愒日。积弊非不可去,而惮于更张;大利非不能兴,而艰于图始。自今请明申诫谕:凡外而督抚,内而枢译部院诸臣,务各殚竭血诚,于练兵储材筹饷裕课诸大端,尽心筹划,实力举行。近年臣工条奏如请停捐纳,改折南漕,变通钱法,开拓商务,皆于民生国计有关,非率意驳斥即虚词延宕。他具不论,即如钱法之弊,海内皆引为深忧,纵诸臣条议,窒碍难行。亦宜别筹良法,以权轻重,乃任市侩之涨落自由,习为固然,漠然若不与于己者,此非因循之弊之一端哉！凡兹三患,病本一原。因循久而相与敷衍以具文,具文熟而益便周旋其情面。习于丛脞,浸及贪欺,穷其流极之归,则情面之害无人材,具文之害无政事,而因循之害之中于人心风俗者,遂致国是为之不壹,国耻由之不伸。言之若甚寻常,思之可为惴栗。不此之去,虽日取西人成法仿而行之,适足为营求拂拭、养交肥己之资。臣愚窃以为,于自强之实仍无当也。然臣尤有进者。夫圣躬者,群臣之表也;朝廷者,天下之先也。皇上诚能发奋振兴于上,其风气之转移,效有捷于影响者。伏思咸丰年间发、捻交讧,夷氛内逼,其于祸变亦孔亟矣。我文宗显皇帝宵旰焦劳,早以知人善任裕戡乱之本;及乎同治初元垂帘听政,皇太后忧劳于上,恭亲王等奉宣于下,内有文祥、宝鋆等刚明任事之臣,竭诚匡赞,外有僧格林沁、曾国藩、胡林翼等艰贞不贰之将,勠力驰驱,用能通变因时,数年之间,转弱为强,芟夷大难。其故何哉?宫廷之上先有怵惕维历之心,凡百臣工自加儆畏。贤能者登进,贪庸者退黜,辟举广而所得皆真材,文法疏而所行皆实政。彼时环海敌氛危逼,亦何殊今日,而睹我开明之气象亦且韬锋敛手,暂就范围。三十年来,敌国非不甚强,而不至遽以无道行之者,非偶然也。今者事变日新,国势岌岌,矢来无向,几致无法可御,无理可言。伏愿皇上远法祖宗明作惇大之成模,近禀皇太后兼听并观之懿训,用人行政,一以同治初年为法。刻虽老成凋谢,而恭亲王尚直枢廷,请饬其终始一心,毋骤晚节。尤愿我皇上率先天下,以恭俭忧勤之实,表卧薪尝胆之心。自今伊始,凡奉养皇太后备极尊崇、无敢稍议减损外，其余宫廷服御力求撙节。古昔圣王所以屏声色、杜逸游、绝玩好者，岂耽枯寂而厌纷华哉？诚以一日二日，万几不湛神志于虚明，即无以应事机于猝至。譬之镜然，不为尘垢所污，自累用而不疲于照。良有以也。夫恐惧修省之论，自臣下言之，为老生之常谈，自朝廷行之，即为自强之实政。由臣之说行之期年，而外人不潜销渺视之心，内治不渐振方新之象者，臣甘受面欺之罪，虽身伏斧锧不悔也。如不及时变通，求为可久，则敌焰日长，边患日多。此衅方平，彼祸又起。中国大局何堪设想？臣目击时艰，日夜忧愤，不揣冒昧据实沥陈，伏乞皇上圣鉴施行。谨奏。

**二月十五日（3月7日），作徐世昌外祖刘敦元《风泉馆词存》序。**

据《风泉馆词存》光绪二十八年天津徐氏刻本。序云：

徐太史鞠人将刻其外王父刘笠生先生《风泉馆词》，属余为之序。夫词肇于晚唐五代，为酒边灯下联欢介寿之资，感兴寄怀，非其朔也。然《花间》《兰畹》之词之传于今者，大抵忧愁多而欢娱少。降及两宋，词学寖盛。大晟之所制，文人学士之所留，未尝无联欢介寿之什，出于其间而好而诵、诵而传者，要皆流连光景、低徊身世者为多。延及于今，遂为感兴寄怀之极则，而联欢介寿之音渺然矣。人事之变易，出于初所不及料者，即词章小道，亦何独不然哉！笠生先生以名诸生为诸侯上客，其馆桂文端公河南帅幕时，所为公牍骈俪文字，俱曾邀成皇帝睿赏，论者谓极儒生稽古之荣，汉之兒宽、唐之马周,皆以为人草奏受知人主,为时名臣。我朝方恪敏公亦以为平郡王奏记荷世宗皇帝知,驯致通显,而先生竟以挥客终,此其遭遇之不可知,又岂始愿所及料欤?故其为词,举凡节物之变迁,山川登临之感触,与夫朋友往复、家人琐屑之故,悉藉词焉发之,以写其胸中之蕴蓄,是以不期工而自无不工。视寻声比律、琢磨于一字一句以蕲其至者,焉能同日语哉?鞠人少孤,事母夫人以孝闻,自孤童以至立朝,一皆秉母氏之训,兹又推其爱亲之心以为斯刻。余虽不文,其何敢辞也。乃为述古今词学变易之故,与先生遭遇适有与词境相孚合者,著之于篇。后之读先生词者,可以观矣。时光绪戊戌花朝。临桂王鹏运。

**二月二十三日(3月15日),与高燮曾等六人封奏,言旅大万不可允割让沙俄。**

《翁同龢日记》本日记云:"晨得樵野函,许两电,旅大事与外部言难挽回。未食亟入,邸来已迟,无可商酌。电三,许、杨,即前所记;魏,股票事。高燮曾六人封奏,张仲炘、王鹏运、华辉、胡孚宸,言旅大万不可允。见起三刻余,上切责诸臣一事不办,召对俄顷,直庐数时而已。"

**二月,鹏运与张仲炘、裴维侒、王以敏等均有《醉落魄》用薛梦桂韵词,当为社作。**

鹏运词为《醉落魄·用薛叔载韵》,见《蜩知集》。

张仲炘《醉落魄·用薛叔载韵》(《瞻园词》卷一):

夹罗初著。轻烟阁雨寒微作。游丝半胃秋千索。

闲放帘钩,头上玉钗落。 归期尚记红窗约。瘦螺涧尽双眉萼。杨花莫怨长飘泊。愁重难衔,梁燕已先觉。

裴维侒《醉落魄·用薛叔载韵》(《香草亭诗词》):

棋枰罢著。踏青只恐春愁作。垂杨影动秋千索。蝶恋衣香,余麝杂花落。 沈吟又负芳春约。红梅簪剩林梢萼。天涯舞絮多飘泊。谁管闲情,除是子规觉。

王以敏《醉落魄·同赋用薛叔载韵》(《檗坞词存》卷四):

老梅花著。故园谁赋探梅作。帝城不信春萧索。一角西山,千古夕阳落。 闭门矮纸笺僮约。长檠何意霏红萼。梁间客燕休栖泊。欲诉春寒,愁被晚风觉。

**二月,况周颐寄给鹏运新刻《菱影词》,其中有不少思念鹏运之作,况氏与鹏运弟维禧唱酬时有"见稚霞如见幼霞"之语。鹏运感故人情重,即用况氏竹西雪夜寄怀《角招》词原调答之,并寄维禧。**

鹏运词为《角招·夔笙寄示新刻〈菱影词〉,见忆之作,一再不已,而与吾弟唱酬,复有"见稚霞如见幼霞"之语。故人情重,不可无以报也。即用竹西雪夜寄怀原调酬之,并寄稚霞》,见《蜩知集》。

况周颐《选巷丛谈》附鹏运《角招》词,序云:"酬夔笙竹西雪夜见寄之作,并寄辛峰。"

况周颐《角招·竹西雪夜,怀半塘前辈京师》词已见上年谱。

况周颐《寿楼春·别幼霞三年矣,见稚霞如见幼霞,填此奉贻,并寄幼霞。稚霞好为晋人语,故起句用之》(秦玮鸿《况周颐

445

词集校注》):

> 难为兄僧弥。看鲸鱼跋浪,飒作平爽英姿。示我梅边新制,竹西芳时。君伯氏,吾词师。乍见君、情同埙篪。政绿鬓霜华,青袍雪地,何处问亲知。　兰荃意,今凄其。莫琼箫怨曲,轻为人吹。那料丝阑金谱,共君天涯。君有酒,吾中之。甚慰吾、知音相思。近丹凤城西,春寒漏迟人梦谁。

况周颐《极相思·用梦窗词韵怀半塘》(秦玮鸿《况周颐词集校注》):

> 软红回首巢痕。吟袂惜轻分。纤阿应见,梅边梦共,雁度南云。　生就垂杨如我瘦,更何堪、挈袅离魂。玉箫声里,思君不见,只是黄昏。

《蕙风词话》续编卷一:"余与半塘五兄,文字订交,情逾手足。乙未一别,忽忽四年。《菱景》一集,怀兄之作几于十之八九。未刻以前,亦未书寄京师。"

案:况周颐《二云词序》云:"《菱景词》刻于戊戌夏秋间。"疑误。

**二月,招词社同人王以敏、张仲炘等集四印斋,用吴文英《双双燕》词韵咏燕。**

王以敏《双双燕·本意用梦窗韵。集幼遐四印斋同赋》(《檗坞词存》卷四):

> 逐春去了,甚春到同寻,旧家门户。依然社日,可忆探芳前度。金屋才营未稳,似商酌、栖香何处。辛勤乱啄芹泥,怕被游蜂阑住。　翩举。花间俊羽。尽晒

遍斜阳,又穿丝雨。差池两剪,一样翠翻红舞。相约调雏唤侣。语归梦、乌衣谁诉。黄昏莫恋重帘,留听月明私语。

张仲炘《双双燕·王幼霞侍御招集四印斋,依梦窗韵赋本意》(《瞻园词》卷一):

一双玉剪,想依傍谁家,画檐朱户。东风闲倚,又掠夕阳斜度。帘幕深知几许,是当日、曾窥人处。不应忘了天涯,却盼香巢同住。 翩举。参差弄羽。频织就新愁,一梭丝雨。拚随春散,且学楚腰狂舞。零乱花间意绪。只愁是、啼鹃偷诉。明朝又是清明,满径落红无语。

案:鹏运词未见。

**二月,与词社同人王以敏、张仲炘、朱祖谋等集裴维侒复斋,用陈允平《垂杨》词韵咏垂杨。**

裴维侒《垂杨·本意用陈君衡韵》(《香草亭诗词》):

莺声唤觉。正片霞影梦,半棍红小。似旧眉弯,几痕新画春光悄。东风轻许人知道。总无语、路长云窅。问销磨、张绪风流,比当年多少。 只有淡痕了了。算春漾碧池,照他轻袅。唱遍杨枝,楚腰低舞天忘晓。长条莫漫闲愁扫。直万缕、情丝缥缈。更谁家、玉笛声催,春又老。

张仲炘《垂杨·拟陈君衡赋本意,并用原均》(《瞻园词》卷一):

春醒半觉。甚弱丝胃遍,绛绡窗小。隐约纤娥,怨攀低敛销魂悄。愁教密约莺知道。掩浓碧、千重云窈。几楼头、遮断斜阳,恨去年攀少。　南陌邀头误了。况红雨乱飞,绿烟横袅。院宇深沈,杜鹃啼彻天难晓。春阴待倩长条扫。又无奈、柔棉缥缈。莫还将、青眼窥人,人渐老。

王以敏《垂杨·本意用日湖韵。集韵珊复斋,次珊、幼遐、朱古微前辈同赋》(《檗坞词存》卷四):

春愁唤觉。恨乳莺不管,楚宫腰小。有思无情,隔堤低蘸鸥波悄。销魂旧识江南道。掩珠阁、翠深云窈。问东风、系马谁家,叹近来诗少。　因甚牵丝未了。尽肠断玉关,笛声还袅。一例韶华,托根休恋龙池晓。花飞一任流萍扫。剩烟雨、空江缥缈。待归来、手种成阴,人共老。

案:鹏运词未见。

**二月,与词社同人裴维侒、华辉、朱祖谋、王以敏等集张仲炘瞻园,分调拈韵赋张仲炘所藏双星渡鹊砚,鹏运拈韵得"双"字,赋《新雁过妆楼》词。**

鹏运词为《新雁过妆楼·分调赋瞻园所藏双星渡鹊砚,拈韵得"双"字》,见《蜩知集》。

张仲炘《拜星月慢·余家藏双星渡鹊砚,林欧斋外舅所畀也。砚长盈尺,厚寸许,质细而润,色微赭,石坚。发墨上端鸜鹆眼大小以数十计,其最大而形如半珪者为月,彩云承之,圆如豆者为双星,余皆小如黍粒,镂作鹊形,目睛灿灿,相对飞翔,姿态生动,刻板精致而纹不深,一若恐伤研材也者。虽未知较玉兔朝

元何如,而厂肆骨董家皆无其比,享之千金矣。爰赋其意,并详纪之》(《瞻园词》卷一):

露笔垂秋,烟屏笼夕,一片寒晶光烂。墨海波横,比银潢清浅。任颠倒、镂出、鹣盟蝶誓双影,艳福人间应羡。锦翅参差,抵回纹千遍。 抚云根、瘦骨萦斑藓。知何日、堕向河源畔。料为织女支机,想乘槎曾见。伴年年、粉席挥银管。删涂尽、夜曲离鸾怨。巧砌成、重叠相思,直风吹不散。

裴维侒《解连环·咏双星度鹊砚限"石"韵》(《香草亭诗词》):

湿螺秋碧。正明河落影,照人颜色。涤素巾、细拭红丝,怅情海无力,恨天终隔。欲问支机,是甚处、□云成石。耿双星万古,一刻千金,鹊桥今夕。 相信寸心脉脉。想秋怀郑重,琳腴盈尺。镂玉池、冷映双飞,料风韵横添,妒生蟾魄。昨夜痕销,似□浦、泪珠轻滴。待□字、悄寻古意,个侬暗识。

王以敏《夜飞鹊·双星渡鹊砚限"星"韵,为次珊前辈赋。集次珊瞻园,韵珊、幼遐、再云、古微、庞臒庵给谏前辈同赋》(《檗坞词存》卷四):

银潢一端绮,飞下青冥。和墨点出秋星。填桥旧泪几今古,流传断**上作平**石犹馨。玲珑玉蟾背,幻微云疏雨、刷尾梳翎。烟华四瀹,漾灵风、甚处鸾軿。 曾伴镜屏妆巧,随意扫双蛾,羞乞娉婷。应念支机人远,清波注眼,竟日荧荧。乌丝漫染,便衔笺、喜报谁听。

· 449 ·

愿摩挲蕉叶,年年坐对,眉月中庭。

**二月,与词社同人张仲炘、裴维侒、朱祖谋等集王以敏檗坞,同用王沂孙《南浦》咏春水词韵咏春水。**

张仲炘《南浦·春水用王圣与韵》(《瞻园词》卷一):

薄涨腻如脂,正断冰、乍融鸭绿新染。南浦不胜情,东风起、江郎黯怀吹遍。镜鸾谁拭,黛痕分与眉颦浅。画桡夜泊知甚处,愁荡云帆千片。　湖堤昨岁芳游,记扇底惊鸳,檐边掠燕。浓碧又盈盈,临流处、添了几星霜点。微波欲托,鲤鱼难寄沧江怨。碧桃零落今何许,空逐浮沤天远。

王以敏《南浦·春水用碧山韵。集檗坞,次珊、韵珊、古微、幼遐同赋》(《檗坞词存》卷四):

冰泮御沟晴,问柳塘、隔宵新绿谁染。天影四围低,风梭织、云蓝一痕拖遍。旧时花月,望江如梦情深浅。最怜送别南浦路,误了几人帆片。　湔裙胜约依然,看漾漾文鳞,差差舞燕。微雨镜如揩,鸥波净、休遣画桡轻点。汀苹日暮,断魂何限潇湘怨。临流拚浣红芳尽,又听采菱歌远。

案:鹏运词未见。

**二月,词社同人张仲炘、裴维侒、黄桂清、高燮曾、王以敏等集朱祖谋宅,同赋铁路。鹏运未与。**

裴维侒《法曲献仙音·铁路》(《香草亭诗词》):

虹缕余痕,地枰新局,世事一轮轻碾。故辙成尘,旧游如梦,凄迷点金情幻。算划遍、关河路,荒陲夕阳

| 正　谱

晚。　玉鞭断。问东风、几曾方便,春去也、车声落烟飘转。一段古今愁,总客里、离情还短。莫恐销磨,但一枝、梅驿寄远。便天涯从此,攀尽柳条谁管。

王以敏《长亭怨慢·铁路。集古微宅,次珊、韵珊、白香、高理臣给谏前辈同赋》(《檠坞词存》卷四):

看千里、庚庚环带。一瞥飙轮,电驰星迈。铸错无端,凿空有平力竟谁悔。乱蚊交织,忽驶入、清凉界。漫侈化人游,怕到眼、卢龙先卖。　两戒。隔潇湘碣石,甚处玉虹双挂。青天划破,讶意外、鹢飞都退。费几度、堑谷堙山,问连锁、横江安在。付万古销沉,清泪铜仙如海。

**二月,王以敏有《汉宫春》《宴清都》《疏影》《琐窗寒》《临江仙》等词,均为社集同赋之作。**

王以敏《汉宫春·同赋立春用稼轩韵》(《檠坞词存》卷四):

无恙东风,问为谁重到,翠盖朱幡。梅花笑我隔岁,犹怕宵寒。游春梦好,记当年、载酒东园。空自惜,才消量减,而今负了辛盘。　见说隋宫剪彩,又唐宫击羯,不放花闲。花残有时更发,谁驻芳颜。飞飞燕子,避南鸿、往复如环。愁故里,仙源绿涨,输他渔父知还。

王以敏《宴清都·同赋闺情用草窗韵》(《檠坞词存》卷四):

睡鸭熏香懒。阑干外、游丝春梦同乱。清明节近,流莺自语,小桃开半。天涯不恨归迟,恨眉样、无人解换。甚絮飞、化作浮萍,还教流水句管。　当时赠芍搴兰,旧情空在,人比天远。新衫试镜,新裙约带,楚腰惊

451

减。江波不寄鱼素,漫唾碧、啼红在眼。诉离愁、甚处鸾箫,落梅唱晚。

**案**:鹏运《校梦龛集》收有《宴清都·闺怨。用蘅洲韵》词。上海图书馆藏稿本作者自注:"此戊戌吟社旧作,《蜩知集》失载。偶于夹袋中得之,附录于此。"可知该词当为鹏运与王以敏等社集唱和之作。

王以敏《疏影·同赋梅影用石帚韵》(《檗坞词存》卷四):

霏烟浸玉。趁缟衣梦醒,邀月同宿。一种离魂,欲近偏遥,相思谁撼霜竹。江妃醉试回风舞,悄不办、罗浮南北。又怎知、昨夜吟春,有个背灯人独。　犹忆孤山跨鹤,隔溪一笑里,轻踏苔绿。不信虬枝,化作流云,叠叠飞香盈屋。黄昏莫厌窗纱黑,更绕遍、槛边篱曲。待雪晴、水墨玲珑,衬入帐罗双幅。

王以敏《琐窗寒·同赋春寒用碧山韵》(《檗坞词存》卷四):

划地风尖,堆墙雪老,野鸦飞尽。茶烟一榻,看惯烛花红烬。拥冰衾、丝魂细飘,断肠梦远天涯近。待横琴素几,背人呵手,冻弦先凝。　芳景。徘徊省。但倚醉薰炉,泥愁偎枕。花朝过也,又误故园鸿信。甚汀洲、新绿涨迟,大堤隔断挑菜影。唤凉蟾、泪眼烘晴,说与年时恨。

王以敏《临江仙·同赋用小山韵》(《檗坞词存》卷四):

欲检心香重爇,蕉窗雨意垂垂。镜中看镜晚妆时。烛枝花解语,筝柱雁能飞。　记得画楼相送,几回掠鬓牵衣。今年刚道不寻思。不堪当日燕,独向杏梁归。

**二月,为二侄瑞芝书集句联。**

据鹏运后人藏遗墨。集句联云:"珠绳惊月地,瑶简动星文。"

**二月,文廷式为表弟汪曾武《味莼词》题辞,提及鹏运。**

据汪叔子编《文廷式集》。题辞云:"仲虎天资明敏,自幼喜读古文,下笔千言立就。间作诗词,颇有隽句;诗工七律,词则小令为佳。每作必就予商榷。天生美质,人咸欣羡。乙盦、半塘诸君辄相矜许,岂偶然哉?戊戌仲春,年愚表兄文廷式书于简端。"

汪叔子《文廷式年表稿》:"二月,在汉口,为表弟汪曾武点定其《味莼词》稿,并题辞简端。继赴沪上。"

**约三月初,用王沂孙《眉妩》词韵咏新月,张仲炘、王以敏同作。**

鹏运词为《眉妩·新月。用碧山韵》,见《蜩知集》。

张仲炘《眉妩·新月。用碧山韵》(《瞻园词》卷一):

似轻描眉黛,半绾鬟梳,花柳淡摇暝。款向风前拜,金波浅,裙香吹散芳径。凭阑意稳。又玉钩、钩起幽恨。露零久、但觉经行处,浸罗袜微冷。　一线山河休问。想娑婵孤宿,愁对圆镜。旧日吹箫地,人何处、红桥空负烟景。梦遥漏永。问羽衣、仙谱谁正。只青玦纤纤,歌扇底、伴清影。

王以敏《眉妩·同赋新月用碧山韵》(《檗坞词存》卷四):

看疏星窥户,澹霭笼窗,灯火逗微暝。不是宵三五,纤纤曲,相逢谁唱花径。大千梦稳。甚广寒、偏抱幽恨。最无赖、掐破青天缝,泪弹指尖冷。　休试蛾妆

453

低问。便十眉检样,何补圆镜。渐下湘帘额,钩双控、弯环添个秋景。水天路永。照雁飞、江上斜正。好冲断云罗,修合半、瓯缺影。

约三月初,弟维禧寄示与张丙炎唱和近作,鹏运依《莺啼序》调赋词以寄,并呈张丙炎。

《莺啼序·辛峰寄示与张丈午桥酬唱近作,依调赋寄,并呈张丈》,见《蜩知集》。

约三月初,朱祖谋移居上斜街查嗣瑮故居,赋词征和。鹏运忆及咸同间王拯亦曾居此,与王以敏、易顺豫皆有和词。后陈锐等亦有和作。

鹏运词为《瑞鹤仙·古微移居上斜街,邻顾侠君小秀野草堂,即查浦故居也。赋词征和。因忆咸同间,吾宗龙壁翁居此时,适得王元章墨梅十二巨帧,遂榜其西斋曰十二洞天梅花书屋。事见〈龙壁山房庚申集〉暨〈茂陵秋雨词〉。藉广古微所未备,并以谂后之志东京梦华者,俾有考焉》,见《蜩知集》。

朱祖谋《瑞鹤仙·上斜街新居,为查德尹先生宅,与顾侠君小秀野草堂邻,并侠君〈间邱集〉中尝咏之。中庭篁木疏秀,一藤苍然,相传是德尹手植。郑叔问为作〈斜街补屋图〉。漫书此解,或亦他日考坊巷者之一助焉》(《彊邨词賸稿》卷一):

车尘萝薜碍。有查浦琴尊,旧巢痕在。寒流凤城背。又西峰半萼,向人横黛。佳邻惯买。便家具、残书共载。惜余香、凄入珍丛,容易酒边憔悴。　休怪。百年乔木,三宿空桑,等闲一慨。吾庐恁爱。藏身耳,万人海。属劳禽须识,风枝三匝,莫当栖香客待。倦黄昏、愁倚荒阑,瘦藤独对。

王以敏《瑞鹤仙·朱古微前辈移居上斜街,为查查浦先生故宅,手植藤犹存。词以贺之》(《檗坞词存》卷三):

古香飘砌满。甚鹤去巢留,翠阴如恋。幽栖百年换。快凭栏一例,玉堂吟伴。冰嬉岁晚。绕云湾、凤城在眼。料年时、洗象人归,添了竹坨诗案。 休羡。软红风味,初白声华,旧家池馆。琴书静展。春已透、鬓丝畔。约看山挂笏,朋笺重璧,莫负文禽晓唤。唤乡心、忽到梅花,雪溪梦远。

易顺豫《瑞鹤仙·古微上斜街新居,为查先生德允旧宅。古微记之以词,依韵辄和》(《琴思楼词》):

檐松低未碍。乍诗梦移来,古香犹在。枯藤石阑背。认窥帘月子,旧时眉黛。幽居让买。算清福、词仙早载。问西园、自断琴尊,几度燕憔莺悴。 但怪。隔篱铃语,也怨来迟,答人清慨。苍云自爱。天付与、一鸥海。伴英游还又,吟笺招我,一笑林花肯待。想疏棂、愁倚高寒,西山晚对。

陈锐《买陂塘·题朱古微侍郎〈斜街补屋图〉,为查查浦故居,马平王定甫亦曾寓此》(《褒碧斋词》):

剩西山、露皴烟妩,搴帘犹认残照。斜街一个诗人屋,堆赚乱愁如草。春又老。正佳日寻常、莺燕迷春晓。尘奁自扫。对浅壁荒灯,高城皛月,支枕忆年少。

东华梦,前辈风流未杳。藤花曾共吟笑。玉珂金马扶归夜,还补沧桑词稿。君莫恼。君试问、晚晴查浦一字定甫谁同调。神州坐啸。让老子婆娑,朝衫脱却,将去换清醪。

案:同治三年(1864)冬,王拯得王冕画墨梅,有诗词记之。诗为《自题所得王元章画墨梅十二巨帧》(《龙壁山房诗草》卷十四),词为《花犯·自题画梅》(《茂陵秋雨词》卷四)。

**约三月初,和黄思衍似园小坐用张炎《壶中天·赋秀野园清晖堂》词韵赋词。三月初二日(3月23日)大雪,又用前韵赋词。**

鹏运词为《百字令·和仲渊似园小坐,用玉田韵》《百字令·上巳前一日大雪,戏叠前韵》,俱见《蜩知集》。

《蜩知集》家刻本附黄思衍原作:

诗坛退了,怕逢人重问,当年旗鼓。且向墙东牢闭口,容我琴尊欢聚。匀石分花,移窗勒月,小拓行吟路。草堂新暖,乳禽飞下无数。　漫拟一叶扁舟,如今沧海,都少烟波趣。谁道司空生圹窄,中有秦源云树。镜里湖山,壶中身世,似梦云来去。狂歌天半,几时唤醒鹓鹭。

**约三月初,与张仲炘、裴维侒、王以敏等均有《鹧鸪天》咏烛词,当为社集之作。**

鹏运词为《鹧鸪天·咏烛》,见《蜩知集》。

张仲炘《鹧鸪天·咏烛》(《瞻园词》卷一):

金谷豪华蠙未终。铜荷分影到珠栊。酒杯空照今宵绿,妆镜都消昨日红。　愁掩月,恨回风。数行残泪梦惺忪。春城寒食花飞尽,莫漫伤心泣汉宫。

裴维侒《鹧鸪天·咏烛》(《香草亭诗词》):

□为红妆为海棠。纱窗偷借一分光。□□□□□□,刻玉吟边觉夜香。　消短梦,照柔肠。焰光一寸一思量。最怜儿女深宵晏,绛□珠成双凤凰。

王以敏《鹧鸪天·同赋烛禁"泪"字》(《檗坞词存》卷四):

忆昨催诗破彩笺。一枝擎出比灯妍。未妨宿燕惊光冷,欲拜牵牛怯影单。　窥匣镜,隔炉烟。晓星庭院悄无眠。不辞卷尽蕉心绿,双照金尊若个边。

**三月初五日(3月26日),缪荃孙发鹏运信,附寄《常州词录曲目表》。**

据《艺风老人日记》。

**三月,送沈曾植丁忧南归,赋《金缕曲》词。沈曾植受湖广总督张之洞聘,往武昌主讲两湖书院。后沈曾植有同调词寄鹏运。**

鹏运词为《金缕曲·送乙庵奉讳南归,即之武昌帅幕》,见《蜩知集》。

秦国经《清代官员履历档案全编》:"沈曾植……二十三年京察一等,引见,奉旨准其一等加一级。是年八月丁母忧。"

沈曾植《金缕曲·寄半塘》(《曼陀罗寱词》):

白打千年调。尽芳春、榆钱买断,燕昏莺晓。东海扬尘曾几度,不换娲皇残稿。干底事、飞来双鸟。天遣笼中收羽翼,甚阴阴、林静蝉逾噪。宫羽换,费弦爪。　而今剩写伤春草。似钧天、归来帝所,余音还袅。莫

· 457 ·

便酒边夸醒眼,从古幻师颠倒。怕百变、鱼龙未了。白项鸦啼经惯否,念月明、惊鹊南枝绕。凭问讯,楚江棹。

**三月,次王以敏《浣溪沙》二首词韵赋词,又用前韵答张仲炘。**

鹏运词为《浣溪沙·次韵梦湘》(春浅春深燕子知)(刻楮难工漫画沙),《浣溪沙·叠韵答次珊》(许事人间未要知)(万里长风万里沙),俱见《蜩知集》。

《蜩知集》家刻本附王以敏原作:

落拓心情酒不知。水沉烟断卷帘迟。石阑闲煞旧题诗。　九陌尘香车似水,斑骓谁系绿杨枝。梦回虚忆醉花时。

北郭春流漾浅沙。西山暖翠丽飞霞。去年归燕隔天涯。　闲倚晚风听画角,屏山脉脉夕阳斜。病余春信到梨花。

**案**:上二词收入《檗坞词存》卷四,有异文。

**三月,代康有为上《请改律例折》。**

《康南海自编年谱》:"又草请改律例折与王佑遐上之,时粤中草堂,徒侣云集,前折既缘胶旅事搁起,知其不行,将拟归,以公车咸集,欲遍见其英才,成一大会,以伸国愤,由是少盘桓焉。"

**闰三月初一日(4月21日),有信致缪荃孙。**

《艺风堂友朋书札》录此信云:

筱珊仁兄先生讲席:伯约前辈到京,奉到惠书,辱荷注存,铭感之至。春气日和,伏惟道履胜常,起居多适,如颂为慰。尊恙想已大愈。吾辈蠹鱼身世,使一日不与线装墨本为缘,如孺子之失乳,行客之无归,怅怅惶惶,不可终日。昔年在汴小病,医者力禁伏案,行之数日,竟不能如约。伏读手谕,深知此境之闷损人也。《常州词选》足备国朝词家流别同异、得失盛衰之故,不独为珂乡文献之征,而只字片言,穷儒笔墨,借以流传者,亦复阴德不浅,甚盛举也。足下著作满家,固不仅此,然此亦千秋不朽之盛业矣。夔笙未上计车,近以近刻见寄,词笔亦似渐退。会典保案仅得分发同知,恐此后不能见谅,鄙人亦当在骂中,自为荆棘,于人何尤。从来曾力劝之,如不从何!去年弃归时,櫰叟曾贻书属为规劝,然岂弟所能做到耶!天生美材,不自顾惜,真有爱莫能助之叹,亦殊引为内愧耳!时事日坏一日,目前已不能了。无论何以善其后,自惭识力卑下,即欲稍有所陈,为万分一之补,思之亦不可得,不入文字又有日矣。执事江湖魏阙之思,必不能恝然置,高见何似,能开示一二,以开茅塞之胸否?盼甚盼甚。拙刻凡已成者,皆已寄呈,兹再奉上一份,托伯约带呈。近年兴会大减,即铅椠旧嗜,亦久已不亲。前年在丁松生先生处抄得宋元词廿余家,秘本佳词正复不少。唯《樵歌》苦不可得,如何如何。顷见铁琴铜剑斋书目内载《天下同文集》,亦元词上选未有刊本者,执事能为鄙人一物色否?如可抄得,或可一鼓梨枣精神耳。近况趑趄,万无佳理,询伯约可略悉。唯与次珊、古微、梦湘二三同志为倚声之会,月两三集。开年以来将十次,联吟独咏,今年得词已四十余阕。《味梨》刻后,又有百余阕。年内拟付梓人,就正有道,此则可为知我矜诧者。忆云生所谓不为无益事,何以遣有涯之生。旨哉言乎!下征拙书,弥切知己之感。草草涂上,幸不吝教益,大为指疵。闻近来邺架得古拓佳本极夥,惜不克快阅,一洗尘眯也。褄叟晤希致声。此复,即颂道安,唯照不次。
弟王鹏运顿首上。闰三月朔。

**闰三月初三日(4月23日),遇郑文焯,以新刊元巾箱本《清真集》出示郑氏。**

刘崇德先生藏郑文焯批校《清真集》郑氏记云:"戊戌闰三月三日,邂逅王侍御佑遐前辈,出新刊元巾箱本《清真集》,证以元钞明刻盟鸥园主人校本,详为考订。"

**闰三月初三日(4月23日)前后,与词社同人张仲炘、裴维侒、黄桂清、王以敏等集华辉宅,分调拈韵赋闰重三,鹏运得《倦寻芳》词调、"二"字韵。**

鹏运词为《倦寻芳·分调赋闰重三。拈韵得"二"字》,见《蜩知集》。

张仲炘《曲游春·闰重三感赋》(《瞻园词》卷一):

绿遍王孙草,又被兰催我,芳思如织。柳拂花迎,满郊原都是,旧时春色。陌上停游勒。涨十里、麹尘红隔。料鬓唇、翠叶重窥,应费杜陵诗笔。　忍忆。浮舫京国。感茎发年年,沈醉添白。树底流莺,尚殷勤苦劝,酒杯休搿。无奈寻陈迹。只曲水、和烟愁幂。访故人、岸侧桃花,落红寸积。

裴维侒《沁园春·闰重三,限"三"字韵》(《香草亭诗词》):

修禊前番,曲水盈盈,春事半酣。算桃花红瘦,杨枝绿倦,重来双燕,依旧呢喃。醉过清明,吟残谷雨,一线流光轻许添。春如梦,道珠躔暗换,玉琯偷拈。　新蟾又照重三。笑耽搁青阳转不嫌。问余韶展后,微熏迟送,前番扑蝶,几度眠蚕。蓂荚分枝,梧桐新叶,嫩藕初生波底尖。谁重数,只一钩春影,常挂纤纤。

王以敏《三姝媚·闰重三,限"四"字韵。集再云宅,次珊、韵珊、幼遐、白香同赋》(《檗坞词存》卷四):

番风吹第几。试罗衫依然,水边多丽。独客长安,唤老莺重话,永和天气。万古今朝,除补禊,销春何计。暗忆东园,扑蝶湔裙,此情还是。　应念韶华如驶。便细柳频圈,去晖谁系。冈卜油花,费两番弓月,照人无寐。荔浦清游,凭证取、来朝初四。只恐将离再折,离愁又起。**东坡以三月四日游白水岩,晚休荔支浦。见集中《和陶诗》序**

闰三月,与裴维侒、王以敏等社集,用姜夔《探春慢》衰草愁烟词韵赋春草。后易顺豫有和作。

鹏运词为《探春慢·春草。用白石衰草愁烟韵》,见《蜩知集》。

裴维侒《探春慢·春草。用白石韵》(《香草亭诗词》):

天际黏青,雪前蕴绿,离离铺绣芳野。一角愁侵,三分春逗,骄引踏青宝马。和雨和烟处,总多费、韶光描写。泥人南浦归来,好山新黛如话。　长是年年寄恨,寻旧径碧痕,酒杯重把。印褪玉湾,新迷裙带,叠翠唐花红冶。还总天涯梦,恋蝶影、斜阳递下。细数离踪,微茫风景初夜。

王以敏《探春慢·同赋春草用白石韵二阕》(《檗坞词存》卷四):

经雨苏春,接波染碧,风催芳讯盈野。旧梦西堂,新烟南陌,偏恋王孙去马。不平是繁华种,更休羡、瀛洲诗写。烧痕多事青回,隔年添了樵话。 犹记江皋寄远,拚采采一襜,纤不堪把。荏苒流光,萋迷生意,错认绣裙闲冶。肠断宫斜路,又蝶乱、花翻交下。剪取红心,窗前留伴修夜。

天外斜阳,望中远水,迢迢春遍芳野。极目疑烟,无心成碧,不平碍新晴引马。曾伴骚人赋,共纫佩、兰荪笺写。几年金粉南朝,又听江燕愁话。 长忆佳晨拾翠,铺一色锦茵,铢袜同把。斗惹衣香,兜余鞋软,何限绣窗姚冶。怀梦谁家好,倩似剪、东风吹下。幻作流萤,相思犹照阑夜。

易顺豫《探春慢·春草。和梦湘社作用白石韵》(《琴思楼词》):

酥雨浮青,矗云展碧,乡心无极横野。带柳堤平,参花路曲,来看何人试马。依旧销魂色,黯凝伫、江淹慵写。几时清梦能归,谢池相对如话。 长憾王孙去久,空怅望玉阶,新绿成把。日暖瀛洲,雪消江岸,不见钿车游冶。啼鴂无情甚,渐怨入、蘼芜高下。泪渍青袍,烛痕还照残夜。

案:上易词当为追和之作。

**闰三月,为瞻云觉公《匡山梅社图》题以《齐天乐》词。**

词为《齐天乐·〈匡山梅社图〉》,为瞻云觉公作。人琴之感,谓杨少文明经也〉,见《蜩知集》。

《蜩知集》家刻本附存杨少文题诗:

君不见巨灵转轴秋山高,森森古木栖牛毛。又不见奇峰插天九十九,五老招人日摇手。断崖绝壑生阴风,苔衣冻绿春蓬蓬。寒山深处少人迹,孤鹤昂藏天地空。瞻云开士古行者,画梅绝技工陶写。来与匡山结岁寒,明月当头锄自把。孤山孤,逋仙逋。修梅子,高名符。咏香精舍梅花屋,认取庐山真面目。心苗意蕊即菩提,浣濯灵根借飞瀑。屏山九叠芙蓉青,小桥野店劳劳亭。人生春梦孰长短,数声铁笛风泠泠。我闻山中多胜迹,洞门龙化松千尺。白莲社散远公归,红杏林深董仙逸。诗书种子丹桂枝,六贤手植刊丰碑。道人咒钵有精意,香雪晴云坐拥之。噫嘻吁!金轮月,杯可唤。龙湫水,园可灌。诸天花雨酿生香,欢喜因缘结罗汉。十方世界本花花,长安有树新萌芽。群芳一笑宿根钝,清癯色相非由他。万本居然鼻功德,放翁现化身千百。何年入社许投名,合向春风问颜色。

案:杨少文为父必达任饶州府知府时幕僚,与必达屡有唱和。《养拙斋诗·豫章集四》有《杨少文为予饶郡记室,索周松庭作〈湖上寻诗图〉,去郡后属题。并寄松庭》诗。

**闰三月,与王以敏、易顺豫同用周邦彦《扫地花》词韵赋词。**

鹏运词为《扫地花·用美成韵。同梦湘、叔由作》,见《蜩知集》。

王以敏《扫花游·用待制韵。幼遐、由甫同赋》三首(《檗坞词存》卷四):

> 楝风换绿,正露井鸦啼,暗穿林楚。断霞散缕。衬秋千一架,柳丝交舞。刻意留春,不分梅天酿雨。酒楼去。倚醉试寻,红泪深处。　花信余几许。记赠远攀枝,采香迷路。曼歌侑俎。怅江州已老,乍逢蛮素。欲托鹃心,怕比鹍弦调苦。漫愁伫。听山城、粥鱼茶鼓。

> 草堂倦客,奈酒梦催残,紫箫凄楚。系情燕缕。话栖香俊约,看人还舞。绕遍珠阑,点点苔茸唾雨。忍轻去。旧夜月明,同瘗花处。　心事空暗许。负絮别针楼,送归沙路。鱥香荐俎。觅鳞书不见,况传缣素。食蓼怜虫,不分中边尽苦。独延伫。澹云罗、一星河鼓。

> 饯春饯别,怅独客南冠,几曾归楚。碎愁作**去**缕。被剪风吹散,柳花同舞。故国前生,看惯湘筜泪雨。刺船去。倚瑟数峰,江上青处。　林卧天未许。但梦语销年,意行忘路。乱英坠俎。倩何人整带,自量腰素。一枕流霜,昨夜娥晖照苦。黯迟伫。又池塘、五更蛙鼓。

易顺豫《扫花游·和清真韵。同幼霞年丈、梦湘赋》(《琴思楼词》)

| 正　谱 卷三 |

　　翠尊憾积,又听到啼鹃,暗添酸楚。倩魂一缕。绾杨花欲坠,背人羞舞。似水红楼,见说春来怯雨。带愁去。苦忆旧时,曾断肠处。　重见天纵许。奈怨入珍丛,欲寻无路。急弦侑俎。早盈盈泪粉,对伤幽素。窃乐归迟,赚得姮娥味苦。枉凝伫。记兰桡、那宵津鼓。

　　案:《扫花游》,又名《扫地游》《扫地花》。检《片玉词》作《扫花游》,宋元人填此调者多作《扫花游》。《清真集》则作《扫地花》。

闰三月,郑文焯用周邦彦《还京乐》词韵赋词以示,鹏运次韵答之,后复用其韵再答之。王以敏同赋。易顺豫亦有和作。

　　鹏运词为《还京乐·用美成韵酬叔问》《还京乐·叠韵再酬叔问》,俱见《蜩知集》。

　　《蜩知集》家刻本附郑文焯原作:

　　　　夜吟起,把镜、愁看短发相对理。叹好春逢闰,几回梦里、题香词费。想凤楼天际。游尘涨地东风委。剩柳眼,重见故国,登临残泪。　过丰台底。奈无花无酒,青春作伴,还乡仍是客味。谁怜别后吴皋,暗年芳、付与行李。数前踪、空舞絮连天,飘灯在水。纵有西山石,能言还共凋悴。

　　王以敏《还京乐·用待制韵。幼遐、叔问同赋》(《檗坞词存》卷四):

　　　　为吟瘦,镇日、眠琴旧曲都倦理。怪暖风飘荡,沈钱谢絮,春光何费。念楚兰天际。湘娥玉骨萝衣委。自别久,斑竹也化,啼鹃红泪。　又风尘底。结哀时词

・465・

客,燕歌未了,依然中酒气味。**孟郊《下第诗》:气味如中酒**朋欢放手无多,况登台、昔日高李。到明朝、拚越秀看山,曹溪酌水。**时将作粤游**合叩维摩室,拈花教说荣悴。**前倦字、后日字,原词作料字、看字,平仄未晰,方杨陈吴词各不同,今择从之**

王以敏《还京乐·再用待制韵,答幼遐、叔问》(《檗坞词存》卷四):

楚江碧,甚日、湘神盼得归棹理。叹燕眠莺懒,好春渐换,嘶蝉声费。望九门霞际。钿车夹道珠尘委。问夕照,谁更记取,金台残泪。**国朝张亨甫孝廉际亮著有《金台残泪记》** 过蓬池底。倚青蛇长剑,高谭斫脍,飘零犹赏隽味。君看莽莽神州,扫烽烟、若个程李。酒人心、空北伐占诗,西江濯水。一笑乾坤老,恒河丝鬓先悴。

易顺豫《还京乐·和美成》(《琴思楼词》):

为谁瘦,憾满、零笺剩墨休更理。又玉箫声断,碧城路渺,高吟徒费。舞落花风际。疏檐细雨愁先委。怪别久,忘了那日,临分双泪。 向秦楼底。共当窗呼酒,回头未远,相思偷换旧味。天涯那有侯封,赚飘零、悔束行李。到归时、空梦断成烟,衾寒似水。纵有相逢面,不堪重话荣悴。

**闰三月,王以敏邀鹏运同朱祖谋、郑文焯、张仲炘、裴维侒等社集于怩村,同用《翠楼吟》调分韵赋怩村藤花。**

鹏运词为《翠楼吟·赋怩村藤花》,见《蜩知集》。

王以敏《翠楼吟·同赋咫村藤花》(《檠坞词存》卷四):

冷翠交枝,纷红络架,新蟾一钩低控。芳园通渌水,接池上、幽禽微哢。灵根谁种。傍刬曲清溪,平泉仙洞。招青凤。绣窠栖稳,莫教春空。　　旧梦。凉月吹箫,展绿阴歌席,酒香浮瓮。玉纤亲摘好,衬归路、朱樱丝笼。吟笺迟讽。负说饼殷勤,看花珍重。珠幡动。再来还约,隔墙风送。

朱祖谋《翠楼吟·咫邨藤花》(《彊邨词剩稿》卷一):

珠络黏霞,琼台缀粉,东风万红相倚。年涯惊暗换,荡帘角、垂垂芳意。流苏春底。有倦羽偎啼,闲蜂留睡。谁料理。晚烟一架,比人憔悴。　　似记。嘉侣琴尊,对郁蟠寒碧,学成奇字。轻阴圆几簇,尚妆点、东邻花事。平原荒矣。渺一曲云回,双阑风起。休辞醉。许郎今日,乱愁盈纸。

郑文焯《翠楼吟·咫村紫藤花同半塘老人作。和白石韵》(《比竹余音》卷二):

旖旎团云,玲珑碎雪,宫袍隔帘新赐。酴醾春事了,更愁入、薰风吟吹。回阑斜峙。看压架幽芳,垂檐秾翠。人多丽。染花归去,粉寒香细。　　胜地。移席呼尊,唤绮襟珠组,暂容宾戏。词仙宜醉卧,正香色、平分邻里。花前愁味。漫绿尽庭阴,红销尘气。疏林外。月胧还见,一眉清霁。

张仲炘《翠楼吟·王梦湘邀同人集咫村,盖万氏别墅也。庭中紫藤一株荫可半亩,万萼齐破,浓芬袭裾,最饶清赏。分韵

得"对"字》(《瞻园词》卷一):

> 翠舞蟠虬,香迷软蝶,离离绀英低缀。芳魂初唤醒,问花底、何人犹睡。春寒才退。任碎簇霞绡,轻摇风佩。阑干外。客归薇省,且拚愁对。　好是。高倚秋千,有茜裙飞蹴,粉香微腻。纫兰幽思歇,镇长想、荷囊同系。留春无计。试点入清茶,团成芳饵。杯婪尾、好将红药,泥他闲醉。

裴维侒《翠楼吟·藤花》(《香草亭诗词》):

> 弱蔓勾春,繁阴误晓,才过丁香时候。紫云和絮软,只颜色、照人依旧。粉融香沤。恰浅黛烘余,脂痕微透。葳蕤纽。料应生怯,种成红豆。　却又。一架蒙茸,搏十重缨络,万花琼镂。连环交倚处,浑不平似、凭阑人瘦。攀条纤手。想罨画溪湾,移家曾否。秋千飏、露华轻滴,越罗衫袖。

**春夜,郑文焯在京晤于式枚,与易顺豫连句和周邦彦词。**

联句词为《一寸金·春夜晤晦若御史,与叔由连句和片玉》(《比竹余音》卷二):

> 残日舣棱,雾隐楼台带春郭。正北溟夜啸,天开海眼,西山朝睡,尘飞云脚。空际笙歌作。微风转、梦花乱落。经游地、莫话沧桑,一碧湘心自清廓。**叔问**　回首金阊,十年前事,欢踪动沦泊。乍半塘载酒,啼莺解劝,五湖归棹,闲鸥又约。转瞬天涯换。重携手、客衣渐薄。宣南路、漠漠风沙,甚处寻旧业。**叔由**

**春,郑文焯在京应会试,仍不第,被鹏运邀入咫村词社。**

《郑叔问先生年谱》光绪二十四年谱："晋京应会试。时王佑遐给谏鹏运举咫村词社,邀先生入社。朱古微侍郎祖谋、宋芸子检讨育仁皆当时社友也。是科仍荐卷不第。南旋,薄游析津,旅舍孤灯,以词遣愁,得《夜飞鹊》《应天长》《西平乐》《蓦山溪》《隔浦莲近拍》《丁香结》诸词。"

**四月初一日(5月20日)前后,招张仲炘、裴维侒、成昌、郑文焯、朱祖谋、王以敏、易顺豫等集咫村,分题限韵用《木兰花慢》词调咏京城诸寺。鹏运有咏长椿寺、净业寺、悯忠寺、圣安寺、花之寺、龙树寺等词。**

鹏运词为《木兰花慢·长椿寺》《木兰花慢·净业寺》《木兰花慢·悯忠寺》《木兰花慢·圣安寺》《木兰花慢·花之寺》《木兰花慢·龙树寺》,俱见《蜩知集》。

郑文焯《木兰花慢·半塘前辈举咫村词社咏京华胜迹,分题得天宁寺,赋韵"天"字》(《比竹余音》卷二):

夕阳花外塔,慢回首、十年前。叹语断风铃,沧波故国,谁话桑田。苍然。古台鹿迹,扫荒苔残刻认隋年。帘卷西山晚翠,玉楼应隔人天。　留连。别有林泉。嘉月闰、占春偏。任钿毂喧尘,官亭老柳,只解愁眠。云烟。几回过眼,步空坛石影落双椽。梦里棋声惊破,可知樵路通仙。

王以敏《木兰花慢·崇效寺限"崇"字韵。幼遐招集江右万文敏尚书咫村,次珊、古微、叔问、由甫、子蕃同赋》(《檗坞词存》卷四):

纸坊西去路,送鞭影、枣花风。趁细路穿蛇,高林引鹤,铃语烟空。支公。几年卓锡,水禽飞犹识法堂钟。携手新城长水,断肠红杏青松。　琳宫。小驻游骢。谈捉麈、立支筇。看斜阳射阁,三唐碑矗,五髻山崇。春浓。绣幡拥艳,又曼天散雨醉胡蜂。袖得鞓红归去,柳村凉月如弓。

易顺豫《木兰花慢·幼霞丈招同次珊、韵珊、紫蕃、小坡、古微、梦湘词集悯村,分题得极乐寺限"棠"字韵》(《琴思楼词》):

渐亭皋绿遍,步清昼、过银塘。向废院停骢,疏寮载酒,来倚斜阳。海棠。怨春自舞,甚垂垂不入晚时妆。犹有寺门三百,空余梵呗凄凉。　兴亡。付与貂珰。怀胜国、事堪伤。问鹤去何年,燕来几日,早换沧桑。寻常。数丝柔柳,道新来更惹御衣香。东望蓬山水浅,西看竺国天长。

**四月初,朱祖谋招鹏运与张仲炘、郑文焯、王以敏、易顺豫、夏孙桐等集其宅,同用《珍珠帘》词调咏帘。**

张仲炘《真珠帘·咏帘用草窗均》(《瞻园词》卷一):

桐花影叠织云翳。红窗迥、暮雨西山初霁。闲损玉双钩,擗锦纹齐地。眼底清波人不见,似梦隔、空江烟翠。堪比。又新痕重渍,潇湘残泪。　长记乳燕飞时,几来回转遍,阑干十二。春沁小桃枝,透半庭花气。恼恨平阳歌舞歇,荡漾得、清愁如水。微醉。问何人吹絮,东风院里。

王以敏《珍珠帘·咏帘用草窗韵。集古微宅,次珊、幼遐、叔问、由甫、夏润芝编修同赋》(《檗坞词存》卷四):

一重春影和烟翳。钩双控、静对西山霞霁。花外
悄无人,浸冷波横地。为怯新妆慵不卷,倩掩映、犀梳
云翠。谁比。织斑筠中有,湘娥珠泪。　应记暮色房
栊,隔清灯细雨,红楼十二。垂了又还开,正燕归天气。
昨夜空阶罗袜湿,怕望月、玲珑如水。心醉。话春风豆
蔻,扬州梦里。

裴维侒《珍珠帘·帘。用草窗琉璃帘韵》(《香草亭诗词》):

月钩无碍纤云翳。丝丝雨、剪样风儿吹霁。隐约
一层多,似褶罗拖地。倒挂琉璃流不尽,想尚带、江波
寒翠。休比。比花丛映户,只添湘泪。　曾记绮闼重
重,镇长垂宝押,楼台十二。欲卷怯余寒,正暮春天气。
芗泽霏微人影隔,甚玉鼎、销残沈水。禁醉。道销魂还
甚,碧纱窗里。

易顺豫《珍珠帘·古微招同幼霞丈、次珊、小坡、梦湘、润芝
词集,用梦窗咏玻璃帘韵咏帘》(《琴思楼词》):

屏山断处晴波翳。东风软、疑雾疑烟还霁。一桁
绿云低,压夕阳齐地。湘妃旧憾知多少,漫卷入、闲庭
空翠。持比。怪窗纱翠色,新添红泪。　长记素月窥
人,倚珍珠欲下,昨宵初二。梁燕偶归迟,隔一重花气。
无那寒深遮不住,露暗滴、闲阶如水。拚醉。又黄昏门
掩,玉钩声里。

案:王鹏运、朱祖谋、郑文焯、夏孙桐词未见,裴维侒词或为
追和。

**四月初,张仲炘招鹏运与朱祖谋、夏孙桐、郑文焯、王以敏、易顺**

豫等集其宅,同用周邦彦《西河·金陵怀古》词韵赋燕台怀古词。

鹏运词为《西河·燕台怀古,用美成金陵怀古韵》,见《蜩知集》。

郑文焯《西河·燕台怀古,用美成金陵怀古韵》(《比竹余音》卷二):

题恨地。东华旧梦能记。名台十丈冷黄金,暗尘四起。枉教入海费仙才,蓬莱书到空际。　碧天外,长剑倚。断丝白日难系。巢林燕子北来稀,月沉故垒。落红糁泪满宫沟,愁心西送流水。　酒酣击筑过旧市。望燕云、燕草千里。到此顿忘身世。问高阳故侣,青尊谁对。如听悲歌秋风里。

王以敏《西河·燕都怀古再用待制韵。集次珊宅,幼遐、古微、润之、叔问、由甫同赋》(《檗坞词存》卷四):

形胜地。乌头旧誓谁记。荆高一去酒徒空,霸才蔚起。古台日暮大旗横,蚩尤腥雾无际。　角山月,和梦倚。九关一发遥系。饶他逐燕解高飞,尚营故垒。野磷偷上十三陵,玉平河依旧烟水。　贾胡碧眼又满市。问楼桑、今日何里。把酒漫悲身世。与燕姬翠袖,筝琶宵对。翎雀哀弹明灯里。**二叠尾句原词伤心东望淮水,一作赏心,注引钟山赏心亭为证。此处应平,即赏字亦以上作平也**

易顺豫《西河·次珊招同词集,用美成金陵怀古韵写燕京怀古意》(《琴思楼词》):

歌哭地。兴亡北雁能记。西山怨碧一峰平,一峰又起。海天浩荡始愁予,腥风潜转空际。　建瓴势,高屋倚。神州断发犹系。空悲胜国燕飞来,便留废垒。凤城昨夜雨声寒,落花零乱春水。　那堪击筑向旧市。冷金台、神骏千里。寂寞酒人身世。又卢沟月上,尊前枯对。孤客乡心啼鹃里。

**四月初,夏孙桐招鹏运与朱祖谋、张仲炘、郑文焯、王以敏、易顺豫等集其宅,分韵赋白芍药,分以姜夔"不肯寄与,误后约"句为韵作《水龙吟》词。约在此时,鹏运为夏孙桐所装册选客手札题绝句四首。**

鹏运词为《水龙吟·分韵赋白芍药,得"后"字》,见《蜩知集》。

朱祖谋《水龙吟·四印斋赋白芍药,分得"肯"字》(《彊邨语业》卷一):

宝阑春去多时,玉奴犹倚东风困。浓姿泪洗,伶俜不许,雨酥烟晕。素靥消尘,冰绡委佩,强支娇俊。自谢郎去后,银毫蘸浅,瑶台路,无人问。　相谑湔裙未肯。伴酴醾、殿将芳讯。西园后日,蔫红无数,渐吹成粉。何况飞琼,将离歌罢,素鸾无信。向月明空见,一枝凝露,恼新霜鬓。

王以敏《水龙吟·白芍药限"寄"字韵。集润之宅,次珊、幼遐、古微、叔问、由甫同赋》(《檗坞词存》卷四):

一枝烟月扬州,琼花老去春如睡。铅华净扫,悄无人见,天然自媚。已分将离,不堪持赠,冷清清地。记丰台生小,轻妆澹抹,娉婷影,分明是。　昨夜杯巡婪尾。伴梨霙、梦遥谁寄。晓窗雨过,粉奁销酒,玉盘凝泪。不是金闺,素腰都减,旧情空系。把翻阶绮语,和红忏尽,向东风里。

易顺豫《水龙吟·闰枝招同幼霞丈、古微、次珊、小坡、梦湘词集,赋白芍药分韵得"与"字》(《琴思楼词》):

素娥未算来迟,梢头那便伤春暮。小屏山曲,缟衣谁赠,断肠人去。泪洗铅华,艳词罗绮,将离慵赋。自花王禅后,梨云梦醒,东皇憾,凭分付。　何事腰围全减,记当时、带环亲与。溶溶相对,翠尊婪尾,旧盟休误。廿四桥边,冷红依约,一般无主。问重逢甚日,粉痕应化,玉阶愁雨。

**案**:综合以上信息,此次社集当在夏孙桐宅,由夏氏召集,参加者为王鹏运、朱祖谋、张仲炘、郑文焯、王以敏、易顺豫、夏孙桐七人,朱祖谋词序云在四印斋社集疑误。

鹏运《木兰花慢·龙树寺》词后小注云:"同治辛未,潘文勤宴下第公车四十二人于龙树寺,皆一时名胜也,说者以拟临朐相国万柳堂己未禊饮。"

郭则沄《十朝诗乘》:"文勤(潘祖荫)在朝务宏奖。尝约张文襄同招公车知名士宴城南龙树院,函札往复,客单至数易。及期客至,乃未具行厨,仓卒于酒家致之,而座客已楎腹久矣,传以为笑。夏闰枝太守藏文襄与文勤选客手札七通,装潢成册。王佑遐给谏题四绝句云云。今都人葺龙树院,建抱冰堂,奉文襄栗主于此。"

案:徐世昌辑《晚晴簃诗汇》有鹏运绝句四首,为夏闰枝装册题。诗题曰:"辛未礼闱后,张孝达制军与潘文勤公大会名士于龙树院,治觞选客手札七通,夏闰枝编修装册征题。"绝句四首其一有云:"二十七年谈旧事。"由同治辛未(1871)后推二十七年,当在本年,而夏孙桐本年参与宣南词社词人唱和,仅见此次邀请词社同人至其家社集,故题诗约与此同时。

**四月初,王以敏招鹏运与张仲炘、裴维侒、朱祖谋、夏孙桐、郑文焯、成昌、易顺豫等集咫村,分韵赋新绿,同作《惜余春慢》词。**

王以敏《惜余春慢·新绿。限"荫"字韵。集咫村,次珊、幼遐、韵珊、古微、润之、叔问、子蕃、由甫同赋》(《檗坞词存》卷四):

> 燕外烟丝,鸥边云影,一桁帘波低浸。愔愔曲径,冉冉芳晖,不碍鱼油铺锦。几日相携采蓝,倚扇摊笺,就琴支枕。怅春红又换,蕉窗静锁,茜纱都沁。　曾记得、梦里家山,吾庐亦爱,柔竹扶疏交荫。东园蚁酒,西塞渔蓑,丝鬓不堪重审。凭问花天旧莺,香叶暗巢,买邻因甚。但碧萝阴底,茶枪细煮,石泉同品。

张仲炘《惜余春慢·赋新绿》(《瞻园词》卷一):

> 一碧无情,千红如扫,绣陌雕鞍谁骤。香浮竹箪,色腻蕉衫,团扇影边人瘦。帘外流莺尚啼,偷送年芳,问花知否。忍风前重忆,鬖鬖双鬓,少年时候。　空换却、愁里光阴,江蓠吟罢,乱扑离人襟袖。春波已渺,夏雨还生,只有夕阳依旧。知道春归甚时,依约婵娟,黛

痕长皱。但沈沈如梦,莓苔深处,画阑凭久。

易顺豫《惜余春慢·梦湘招集悒村,同赋新绿。分韵得"翠"字》(《琴思楼词》):

宿雨收寒,空烟笼暝,几日阑干慵倚。花须粉褪,柳眼春回,才是叶圆枝细。旧梦如云未消,似惜残红,乍添幽思。问春归何处,看来还在,水边苔际。　长念汝、东阁官梅,隔年开早,未算成阴容易。灯前鬓影,镜里眉痕,空对酒波摇翠。况是天涯未归,芳草萋萋,怨人千里。奈蕉心犹卷,杜郎词好,待谁题寄。

案:鹏运词未见。裴维佁《香草亭诗词》所收《惜余春慢·新绿。分韵得"径"字》词实为北宋隐士孔夷作。

**四月初六日(5月25日),与郑文焯、王以敏至张仲炘寓斋夜话,联句赋词。时郑文焯将南还,王以敏将赴广州,鹏运约各赋犯调以告别。郑文焯和周邦彦《倒犯》词韵留别,鹏运和周邦彦《花犯》词韵送别郑文焯,王以敏和姜夔《侧犯》词韵答郑文焯,张仲炘用蒋捷《尾犯》词韵送别郑文焯。**

鹏运词为《花犯·集次珊寓斋,用美成韵,为叔问录别》,见《蜩知集》。

郑文焯《倒犯·次珊同年给谏饮席赋别和清真》(《比竹余音》卷二):

画幕、卷清风自来,径花如扫。梨云梦缟。留连处、翠深红窈。西窗烛、倩谁剪离痕黄昏悄。看山色墙头,数点横林表。唤新蟾、共寒醥。　江左倦游,记别梅崦,寻诗烟径窅。酒醒又故国,但愁泛、金卮小。问甚计、逃名好。对沧波、茫茫南去道。料胜地重逢,一镜华颠照。眼中人尽老。

王以敏《侧犯·偕叔问、幼遐访次珊夜话,时叔问将南返,予亦将有广州之行。叔问赋〈倒犯〉和美成韵留别,予拈得此调,即再和白石韵答之,真实甫所谓"春去寻春、客中送客"者也。四月初六日》(《檗坞词存》卷四):

马嘶欲去。一尊苦被莺留住。梅雨。又唱入方回断肠句。飞红趁冷照,落到无人处。谁语。问海上孤云肯回顾。　疏狂十载,偷按霓裳舞。今老矣、剩相逢,骚恨满离俎。梦里吴山,碧无层数。甚日重游,共修箫谱。

张仲炘《尾犯·新月初上,花阴满庭,呼童扫径,徘徊适有所思。门外车声忽停,文叔问及幼霞、梦湘翩然偕来。煮茗连句,每尽一阕,辄复纵谈狂笑。时叔问南行有日矣,幼霞约各赋犯调一章以录别,用竹山均》(《瞻园词》卷一):

破暝月飞来,花影半帘,香篆初灭。诗客如仙,问长鲸谁掣。裁丽锦、垂重笔露,话疏灯、萧萧鬓雪。正伤春处,采到将离,旧梦凄凉绝。　黄金台下道,怼天意久困英杰。冷扑车尘,几销磨轮铁。甚时更、玉釭重倒,向花前、狂吟醉缬。共君蕉萃,倩幽咽红箫细说。

**四月初七日(5月26日),帝命翁同龢索康有为所进书,令再写一份递进。翁以与康不往来对。次日,帝又问翁同龢以康有为书,翁对如昨,帝发怒诘责**(翁即告张荫桓传知康有为)。

据郭廷以《近代中国史事日志》。

《翁同龢日记》本日记云："上命臣索康有为所进书，令再写一分递进，臣对与康不往来。上问何也，对以此人居心叵测。日前此何以不说，对臣近见其《孔子改制考》知之。"次日记云："上又问康书，臣对如昨。上发怒诘责，臣对传总署令进。上不允，必欲臣诣张荫桓传知。臣曰张某日日进见，何不面谕，上仍不允。退乃传知张君，张正在园寓也。"

**四月初十日（5月29日）待漏上朝，作《瑞鹤仙》词。是日，上《权奸误国请立予罢斥以弭后患折》弹劾翁同龢、张荫桓。**

词为《瑞鹤仙·四月十日待漏作》，见《蜩知集》。

《翁同龢日记》本日记云："早阴，午有风，晴矣。**王鹏运封奏，大臣误国。**见起三刻，语多，王劼余与张荫桓朋谋纳赂也，薰莸同器，泾渭杂流，元规污人，能无嗟诧。"

**四月中旬，与王以敏、朱祖谋、易顺豫、张仲炘、裴维侒等咫村夜集与郑文焯话别，同用周邦彦《绮寮怨》词韵赋词。鹏运嘱咐郑文焯作《感旧图》于端木埰、许玉瑑所书联吟词卷后，而卷中同人仅鹏运与彭銮健在，且二人十年久别、万里相望，故词中更多感慨。约此时或稍后，张仲炘、裴维侒、夏孙桐、易顺豫为鹏运题《感旧图》。**

鹏运词为《绮寮怨·以畴丈、鹤公所书联吟词卷，属叔问作〈感旧图〉于后。卷中同人，唯瑟公与余尚无恙，而十年久别，万里相望，叹逝伤离，不能已已。用美成涩体，以写呜咽》，见《蜩知集》。

朱祖谋《绮寮怨·咫邨夜集用清真韵》（《彊邨词剩稿》卷一）：

堕地醲醹如雪,晚莺呼酒醒。尚著眼、隔水帘栊,垂杨色、绿上空亭。鸥边新愁已到,尊前客、怕拂丝鬓青。悄倚栏、满目风花,平泉地、散落羁思盈。　未省倦游去程。吴阊影事,何时叠鼓投琼。翠杓波清。十年话、带愁听。沈沈夜灯无语,总销尽、故园情。花飞凤城。东风较梦短,铅泪零。

郑文焯《绮寮怨·宣武城南夜集,感事和清真》(《比竹余音》卷二,又见《樵风乐府》卷四):

白眼看天如醉,梦云谁唤醒。糁绮陌、舞絮狂尘,伤春泪、漫洒新亭。微茫西山一角,沧波底、日落山更青。但怪他、片石无言,冤禽恨、抵死填海盈。　旷望去天几程。珠宫旧事,仙才枉说飞琼。月冷风清。羽衣谱、敛愁听。苍苍凤楼残点,独立尽、五更情。漂花满城。东风不到处,花又零。

张仲炘《绮寮怨·咫村夜集用片玉词韵,赋酬梦湘。以梦湘有去志,故下阕及之》(《瞻园词》卷一):

梦影抛随流水,酒浇愁未醒。话冷约、燕子风前,吟筇短、醉倚孤亭。尊前依然皓月,人何以、旧日衫鬓青。映绮疏、眼缬迷离,同凄对、绛蜡珠泪盈。　怅念客中去程。阳关甚处,何妨镂玉雕琼。一曲歌清。紫云唱、且倾听。金衣劝君休惜,况已减、少年情。绸缪凤城。良宵易尽也,幽露零。

裴维侒《绮寮怨·咫村夜集用清真韵》(《香草亭诗词》):

咫尺天涯都梦,不将愁共醒。问几度、弄月人来,梧桐影、递照亭亭。东风年时旧识,寻诗径、絮落春自青。便带愁、画入山眉,霏烟雾、散作娟翠盈。 甚地醉乡去程。新词最韵,游仙竟唤飞琼。恋夕风清。洞箫按、记谁听。停尊惯思芳事,尽半晌、系红情。更疏凤城。灯纱淡弹处、花夜零。

王以敏《绮寮怨·同赋,咫村夜集偕叔问话别,用待制韵》(《檗坞词存》卷四):

倦夜回栏孤凭上,醉魂鸦唤醒。漾曲沼、一镜云波,谁推出、素影亭亭。依然平泉胜地,垂檐柳、旧种今更青。甚酒人、也似星稀,明朝恨、别泪襟袖盈。 昨梦海山万程。髯仙未老,扁舟径访儋琼。鹤语三清。渺沙界、几人听。浮生百年多感,怪短发、苦牵情。飞红禁城。归期漫屈指,愁岁零。

易顺豫《绮寮怨·咫村之集夜分未散,小坡、梦湘暨余皆将出都,于是黯然有离索之感矣。和清真韵,同赋此解》(《琴思楼词》):

倚仗天涯消酒,醉魂休更醒。渐远笛、送尽斜阳,余音断、更袅危亭。呼灯重题秀句,银蟾底、怨入诗鬓青。叹俊游、雅集无多,分襟易、溅席珠泪盈。 杜宇暗催去程。依依垂柳,送教舞雪抛琼。小院歌清。惜良夜、共愁听。花前故人谁健,念后约、不胜情。凄凉凤城。檐花欲落处、残漏零。

张仲炘《绮寮怨·为鹜翁题〈春明感旧图〉,即用其韵》(《瞻园词》卷一):

· 480 ·

乱长愁如芳草,划除还又生。检旧迹、象管鸾笺,蛛尘黯,恁自销凝。旗亭欢惊冷落,空襟上、点滴珠泪盈。更照人、夜月无憀,春城郭、化鹤应暗惊。　怅望翠尊再倾。何戡纵在,天边雁信无凭。倦客伶俜。蓟门柳、几回青。东风尚留残影,展素茧、不胜情。歌阑梦醒。吴霜坐对处,羞镜明。

裴维侒《八声甘州·题王幼霞前辈〈春明感旧图卷〉》(《香草亭诗词》):

问城南松竹旧吟庐,卧云几经秋。剩飞香诗句,销魂画本,残梦痕留。一样文窗棐几,一样小帘钩。明月共千里,心事悠悠。　已是天涯回首,认前因鸿雪,到处闲愁。更飘零词笔,风景强登楼。卷飞岚、洒空凉翠,飐酒帘、瞥影廿年游。怀人处、作江天想,红蓼花稠。

夏孙桐《瑞鹤仙·王半塘〈春明感旧图〉》(《悔龛词》):

瘦苔寒更积。话梦痕前度,古庭烟寂。琴尊几年隔。又东风人世,晨星词客。愁缣恨墨。护尘封、笼纱自碧。恁匆匆、吟到黄垆,容易鬓丝催白。　还忆。山青岭外,花发城南,那番笺擘。芳韶暗惜。凭翠羽,诉陈迹。纵看花人在,霜浓春浅,怕涩梅边旧笛。只孤弦、犹抱冬心,岁寒耐得。

易顺豫《南浦·题幼霞丈〈春明感旧图〉,即次其旧游龙树寺韵》(《琴思楼词》):

龙树晚婆娑,觅词仙、旧题苔径谁扫。呼酒对西山,斜阳外、依依数峰青小。鹤眠应稳,墨痕摇梦松云表。一般秀句从去后,便有碧纱笼到。 那堪俊侣飘零,更夜笛山阳,凄音愁绕。玉宇独归迟,平生意、赢得美人香草。高吟健在,鬓丝无奈春寒峭。几时重续□□□,莫待凤城花少。

**案**:据词谱,上易顺豫词"几时重续"后原脱三字,应为七字句。所谓《感旧图》,即《春明感旧图》,又称《宣南感旧图》。

**四月中旬,因郑文焯言及苏州城外三四里有半塘彩云桥,与半塘自号相合,故鹏运赋《点绛唇》词纪之。后姚肇菘追和其韵。鹏运又为郑文焯《西碛寻香图》赋《琴调相思引》词。**

鹏运词为《点绛唇·临桂城东半塘尾之麓,吾家先陇在焉,余以半塘自号,盖不忘誓墓意也。叔问云:"苏州去城三四里,有半塘彩云桥,是一胜迹,宜君居之。异日必为高人嘉践,尝拟作小词记之。"盍先唱欤?为赋是解》《琴调相思引·〈西碛寻香图〉,为叔问舍人作》,俱见《蜩知集》。

姚肇菘《点绛唇·郑叔问曾语半塘翁云,苏州去城数里许,亦有半塘彩云桥,是一胜迹,宜翁居之,为异时揽胜者添一佳话。翁赋词记其说。予侨吴卅载,未之往游,因步翁词原韵,赋此以为它日胜践之券》(《姚亶素词集》):

　　杨柳阊门,半塘又在山塘路。彩云桥堍。好为寻春去。 胜迹名同,只合词仙住。年年误。风光孤负。欠我留题处。

**四月中旬,易顺豫将南归,用周邦彦《玲珑四犯》词韵赋词留别**

词社诸人,鹏运依韵答之。留京期间,王以敏、易顺豫二人以词往复唱和。

鹏运词为《玲珑四犯·叔由南归,用美成韵留别。依韵酬之》,见《蜩知集》。

《蜩知集》家刻本附易顺豫原作:

> 佳日西园,甚赋笔吟笺,长倚哀艳。一自春深,愁上柳眉桃脸。谁念庾信生平,别意未归先乱。听渭城旧曲偷换。何处故人还见。　翠筵亲展凭花荐。对西山、酒波幽茜。高歌寂寞燕云侧,千里应回眼。斜照向客渐收,看送尽、冥鸿急点。叹古来但有,欢会局,终须散。

案:易顺豫《琴思楼词》录上词题作:"留别词社诸子,用美成体并韵。"词作有异文。

王以敏《檗坞词存》卷四有《念奴娇·赠易由甫》《念奴娇·酬由甫叠韵》《玲珑四犯·用待制韵答由甫。时予两人先后均拟出都矣》等词。附录如下:

**《念奴娇·赠易由甫》**

> 楚天一笛,唱新词、井水廿年心醉。谁信九门风雪换,相见碧桃花底。瓦巷停鞭,铜街侧帽,别具伤春泪。连昌曲在,莫应愁绝才子。　最忆玉局风流,云龙追逐,弹指悲欢异。今日洞庭舟上月,何似酒人燕市。湘社琴荒,秦源椁远,莫问人间世。高歌青眼,西山终古横翠。

《念奴娇·酬由甫叠韵》

　　古台金冷,自荆高、去后更无人醉。闲煞湖光澄裂帛,红湿夕阳波底。大道青楼,春城紫禁,中有铜驼泪。断肠风絮,杯行谁唱梅子。　且复吹笛宫墙,霓裳偷按,未信人天异。劫火翻新烟月旧,莫问周朝秦市。**聂夷中诗:扰扰大块土,周朝与秦市**北胜评花,东京选梦,一样承平世。重三闰好,拚寻陌上遗翠。

《玲珑四犯·用待制韵答由甫。时予两人先后均拟出都矣》

　　南浦新波,又赋别销魂,轻负江艳。忆踏春阳,看足绛唇丹脸。弹指九陌莺花,落絮舞丝同乱。尽梦中绿鬓催换。人柳液池谁见。　菊英秋展寒泉荐。醉娥祠、渚云娇茜。期君共载燕山酒,归放登高眼。来日海水镜清,浸万古、波心月点。漫扣舷唤起,精卫魄,随鸥散。

四月中旬,戏郑文焯,与朱祖谋、易顺豫用姜夔《眉妩》词韵连句。

　　联句词为《眉妩·戏叔问。用石帚韵连句》,见《蜩知集》。

四月中旬,以唐澧州李文山诗集赠王以敏行。送别王以敏后,与朱祖谋、易顺豫用周邦彦《绕佛阁》词韵联句,并将词飞骑传示王以敏。当晚王以敏依韵和之。

　　王以敏《檗坞词存》卷八《还京乐·三叠清真韵》词自注云:"幼遐以唐澧州李文山诗集赠行。"

　　联句词为《绕佛阁·送梦湘。用清真韵连句》,见《蜩知集》。

王以敏《绕佛阁·戊戌夏始南行,将发,幼遐、古微、由甫三君子以叠清真韵联句词飞骑传示,晚待潮海上,吟讽凄断,依调赓此。维时海山杳冥,刺船径去。先生殆真移我情矣》(《檗坞词存》卷八):

> 四山翠敛。哀角荡晓,催去燕馆。腰扇挥短。庾尘蔽日、惊飙动车幔。蜀笺袖满。吟侣甚处,回首天远。骊唱清婉。料应倦夜,纶巾醉同岸。　独客思如积,泪接沧波流一线。终古蜃楼、金仙谁识面。念枉渚归期,秋在兰箭。故园新见。更到也无家,休诉离乱。羡培风、北溟鹏展。

**四月中旬,用周邦彦《蓦山溪》词韵赋词。易顺豫依韵和之。**

鹏运词为《蓦山溪·感兴。用美成韵》,见《蜩知集》。

易顺豫《蓦山溪·和幼霞丈感兴用美成韵》(《琴思楼词》):

> 萋萋芳草,指点将归路。无限故人情,尽流连、绿阴深处。高楼酒醒,已自不胜寒,闻燕语。和谁伫。柳絮风吹去。　灯前依恋,一夜天涯雨。春梦不分明,乍惊回、凤城街鼓。林花开落,于尔意云何,吟袂举。愁还注。丝鬓盈千缕。

**四月中旬,得仲兄维翰书,用周邦彦《吉了犯》词韵赋词以寄。**

词为《吉了犯·得仲兄书却寄。兄近贻我〈大方广圆觉经〉,令一心受持,自可宣幽导滞,毋为是郁郁也。故末章及之。用美成韵》,见《蜩知集》。

**四月二十三日(6月11日),诏更新国是,变法自强,先举办京师大学堂。**

据郭廷以《近代中国史事日志》。又据《康南海自编年谱》。

《翁同龢日记》本日记云："是日上奉慈谕，以前日御史杨深秀、学士徐致靖言国是未定良是，今宜专讲西学，明白宣示等因，并御书某某官应准入学，圣意坚定。臣对西法不可不讲，圣贤义理之学尤不可忘。"

**四月二十三日（6月11日），缪荃孙接鹏运信及所刻词集。**

据《艺风老人日记》。

**四月二十四日（6月12日），翁同龢拒绝推保张荫桓。**

《翁同龢日记》本日记云："是日见起，上欲于宫内见外使，臣以为不可，颇被诘责，又以张荫桓被劾，疑臣与彼有隙，欲臣推重力保之。臣据理力陈，不敢阿附也，语特长，不悉记，三刻退。"

**四月二十七日（6月15日），朱谕：协办大学士户部尚书翁同龢近日来办事多未允协，且于诏询事件，任意可否，渐露揽权狂悖情状，难胜枢机之任，著即开缺回籍（是日为翁之生辰）。**

据郭廷以《近代中国史事日志》。

《翁同龢日记》本日记云："今日生朝，晨起向空叩头。入看折治事如常。起下，中官传翁某勿入，同人入，余独坐看雨，检点官事五匣，交苏拉英海。一时许同人退，恭读朱谕：协办大学士翁同龢近日来办事多不允协，以致众论不服，屡经有人参奏，且每于召对时，咨询事件任意可否，喜怒见于词色，渐露揽权狂悖情状，断难胜枢机之任。本应察明究办，予以重惩，姑念其毓庆宫行走有年，不忍遽加严谴，翁同龢著即开缺回籍，以示保全。钦此。臣感激涕零，自省罪状如此，而圣恩矜全，所谓生死而肉白骨也。"次日记云："午正二驾出,余急趋赴宫门,在道右磕头。上回顾无言,臣亦黯然如梦,遂行。"五月初八日(6月26日)记云："樵野来,告初六与军机同见,上以胡孚宸参折示之,仍斥得贿二百六十万与余平分,蒙温谕竭力当差。又云是日军机见东朝起,极严责,以为当办,廖公力求始罢。又云先传英年将张某围拿,既而无事,皆初六日事也,余漫听漫应之而已。"

**四月二十七日(6月15日),夜雨初霁,用周邦彦《丹凤吟》词韵赋词,郑文焯同作。后朱祖谋亦依韵和之。**

鹏运词为《丹凤吟·四月二十七日,夜雨初霁,用清真韵》,见《蜩知集》。

郑文焯《丹凤吟·鹜翁见示四月十日掖垣待漏之作。后十七日感音走笔,风雨大来,顿作狂啸,和美成韵答之》(《比竹余音》卷二):

一夜尘纷如扫,骤雨高檐,惊风虚阁。阑干危倚,无数狂花吹幕。今朝想见,引杯长啸,谏草焚余,词华喷薄。漫忆题云旧句,漏箭听残,斜月还恋城角。 到此满怀古事,眼前断送春梦恶。一片韩陵石,纵棱棱堪语,愁共金铄。故山归燕,几阅主人零落。画栋雕梁经岁在,奈蓬尘盈握。种桑海上,知是谁见著。

朱祖谋《丹凤吟·和半塘四月二十七日雨霁之作。依清真韵》(《彊邨词剩稿》卷一)

断送园林如绣,雨湿朱幡,尘飘芳阁。黄昏独立,依旧好春帘幕。分明俊侣,霎时乖阻,镜凤盟寒,衫鸾妆薄。漫托青禽寄语,细认银钩,珠泪湉透笺角。 此后别肠寸寸,去魂总怯波浪恶。夜暝天寒处,拚铅红都洗,眉翠潜铄。旧情未诉,已是一江潮落。红烛玉钗恩易断,悔圆纨重握。影娥梦里,知甚时念著。

李梦符《春冰室野乘》九〇"都门词事汇录"(四)"纪翁协揆去国"条:"常熟之去国也,正当戊戌变法之初。《彊村词》中有《凤凰吟》一首,题为《和半塘四月二十七日雨霁之作》,即咏此事也。其词云:(词略)。"

龙榆生《彊邨本事词》论朱氏上词:"此为翁同龢罢相作。"

**四月二十八日(6月16日),康有为接受光绪帝召对,后即被任命为总理衙门章京。**

据《康南海自编年谱》。

**四月,文廷式在上海,晤沈曾植,论及康有为。**

《文云阁先生年谱》光绪二十四年谱:"本年先生寓上海。四月晤沈子培刑部。……又论及康某,先生曰:'此伧耳,何能为?'子培曰:'世界益低,人才益瘁,仆至今日,乃不敢藐视一人。'先生征其故,曰:'此禅家所谓草贼也。草贼终须大败,第不知须费几多棒喝。仆老矣,且去国以后,理乱罕闻,政恐意气偏激,诸公未免将为此人鼓动耳。'"

**五月初一日(6月19日),裴维侒招鹏运及郑文焯、张仲炘、易顺豫等社集香草亭,同用柳永《十二时》词韵赋词。**

鹏运词为《十二时·用柳屯田韵》,见《蜩知集》。

裴维侒《十二时·用柳耆卿韵》(《香草亭诗词》):

甚流宵,素波流月,茶罢诗肠都洗。怯静院、侵寻芳思。露湿荷风香气。翠醑浇愁,红笺写怨,又玉箫声

| 正　谱 |卷三

起。香篆灭、绿透棍纱,漏箭乍残,还更依依盈耳。浑不成、华灯影事,便说那时情系。待说无聊,重温旧语,梦隔相思地。却画楼影侧,姮娥怕对镜里。　叹一时、云烟总幻,袖底尊前心意。醉折花枝,长支倦枕,剩馥沾罗被。只断肠素扇,西风早来捐弃。

郑文焯《十二时·春怨和柳耆卿》(《比竹余音》卷二):

绿阴多,隔窗云雾,一雨园林新洗。甚昨夜、惊飚凄思。渐失清和天气。帐烛光销,檐铃语断,数几番眠起。邻笛咽、落月空梁,别枕漏残,都做愁声盈耳。天有情、和天也老,白日长绳难系。可忆那时,珠歌翠舞,夜午帘垂地。梦觉来酒醒,沉沉又似醉里。　恨只今、危阑独倚,燕子偏知人意。为说春来,花枝楼上,泪粉迷鸳被。甚画罗旧扇,伤心未秋先弃。

张仲炘《十二时·五月一日宴香草亭即事,用柳屯田韵》(《瞻园词》卷一):

雨潇潇,晚风惊幕,花架酴醿香洗。渐散尽、空庭芳思。满目都成秋气。草色黏天,槐阴叠雾,又乱鸦声起。翻旧曲、按断吴弦,唱到懊侬,帘底何人倾耳。还眷怀、乌衣去燕,海角离情犹系。宝扇迎归,华笺寄与,款约鸳鸯地。莫梦魂唤转,相逢又是醉里。　想素蟾、琼楼别久,忍负尊前深意。强起扶头,重来隔面,冷透黄绸被。惜凤翘未卸,如何镜铜先弃。

易顺豫《十二时·韵珊招同词集,用耆卿韵》(《琴思楼词》):

489

净芳尘,一庭新绿,微雨朝来初洗。念倦旅、将归情思。苦抑花前英气。藓径风清,筠帘昼永,为翠尊扶起。算未负、俊约西园,欲去更留,不管鹃声盈耳。甚柳丝、牵春不住,只把客愁牢系。一角翠楼,斜阳刚断,便是销魂地。叹玉人去后,天涯尽在憾里。 想酒醒、登山临水,去对苍茫何意。只恐重来,天阶露重,夜永寒侵被。早又湘簟晚,西风扇纨轻弃。

**五月初,魏铁三为抄录《桂林岩洞记》,鹏运用姜夔《琵琶仙》词韵赋词题后。**

词为《琵琶仙·铁厂为录〈桂林岩洞记〉,用白石韵题后》,见《蜩知集》。

**五月初,作《鹧鸪天》二首咏史。**

词为《鹧鸪天·读史偶得,率成二阕》(卅载龙门世共倾)(群彦英英祖国门),见《蜩知集》。

郭则沄《清词玉屑》卷六:"翁文恭之罢斥前一日,适赐寿。半塘《鹧鸪天》词所谓'武安私第方称寿,临贺严装早办行'者也。"

广西师范大学文学院教师资料室藏《蜩知集》家刻本第一首页眉赵炳麟题:"此词为南海赋。"

李梦符《春冰室野乘》九〇"都门词事汇录"(三)"《鹧鸪天》咏史"条:"两首皆指常熟去国事。"

案:翁同龢为江苏常熟人,张荫桓为广东南海人。赵炳麟所云南海当指张荫桓。鹏运咏史词多关系时事,联系四月十日上《权奸误国请立予罢斥以弭后患折》弹劾翁同龢、张荫桓事,李梦符所云二首与翁同龢有关似有道理。

**五月初五日(6月23日)端午,以瓣香清泉敬祀屈原,用柳永《迷神引》词体为迎神之章。朱祖谋依韵和之。**

鹏运词为《迷神引·戊戌五日,以瓣香清泉,敬祀三闾。倚〈乐章〉谱迎神,亦〈九歌〉遗制也》,见《蜩知集》。

朱祖谋《迷神引·戊戌五日,半塘老人以清泉瓣香,敬祀三闾大夫,依屯田体为迎神之章。率和一阕。醉醒清浊之感,未能发抒万一也》(《彊邨词賸稿》卷一):

　　谁与招魂湘皋路。零落佩兰盈渚。扬舲绁马,旧僮何处。我思君,然疑作,断飙遇。悬圃陈辞后,意凄楚。日夕灵修感,奈何许。　　藉蕙肴芳,旋趁椒浆注。又冽泉倾,香芸吐。白霓婴萧,古今恨,一时诉。望修门,独醒意,但凝伫。江水沉沉,黑夜猿苦。魂兮归来些,飒风雨。

**五月初六日(6月24日),又作《鹧鸪天》咏史词一首。**

词为《鹧鸪天·续〈读史吟〉,补录端午次日作》,见《蜩知集》。

李梦符《春冰室野乘》九〇"都门词事汇录"(三)"《鹧鸪天》咏史"条:"此首指南海张樵野尚书事。"

**五月,用周邦彦《尉迟杯》词韵赋词寄怀时在扬州的季弟维禧,并答戴文俊。**

词为《尉迟杯·用美成韵寄怀辛峰,并酬戴君玉生》,见《蜩知集》。

**五月,郑文焯临行前用周邦彦《蕙兰芳引》秋怀词韵赋词留别,**

鹏运依韵答之。分别十天后,郑文焯次前鹏运《蓦山溪》词韵赋词寄怀。

鹏运词为《蕙兰芳引·叔问濒行,用美成秋怀韵留别,以起调鹜韵适符余字也,依韵寄酬,凄涩之音,恰与离怀相发》,见《蜩知集》。

郑文焯《蓦山溪·半塘翁尝爱诵美成此曲,与瞻园同年连和之。今别翁浃旬已,沽口楼居,连雨不寐,兼闻梧州乱耗,爰次韵寄怀,不独旅逸之感也》(《比竹余音》卷二,又见《樵风乐府》卷四):

> 吟边灯火,梦熟城南路。归骑每侵晨,月初沉、西山缺处。残笺满袖,都是别君词,空愁语。休延伫。酒醒天涯去。　飘零到此,客枕高楼雨。鹤唳似惊风,渺瓯蛮、瘴江战鼓。扁舟不系,一夜故园心,杯未举。愁先注。白发绿千缕。

案:后郑文焯离京数月后又返京。详后。

**五月**,用周邦彦《浪淘沙慢》词韵赋词寄答在四川梁山的邓鸿荃,邓氏先有《金缕曲》词相寄。

词为《浪淘沙慢·用美成韵,寄酬雨人梁山》,见《蜩知集》。

邓鸿荃《金缕曲·寄怀王五侍御》)(《秋雁词》):

> 卧对巴山月。蓦思量、故人丰采,渺然天末。短榻明灯相伴处,子史纵横罗列。透字字、古来心血。人物眼中浑数遍,更时艰、万状同悲切。隔年事,太匆卒。
> 
> 一官去国音书绝。问别来、匡时几疏,补天之缺。余事尽添花外集,风动牙签乱叶。如我意、啼鹃愁说。亲

在何如归去好,只归时、负米谋真拙。君共隐,甚时节。

**五月,上折请开制度局,折由康有为代拟。**

《康南海自编年谱》:"时正月所上制度局之折,京师传之,御史杨漪川、宋芝栋、李木斋、王鹏运,学士徐子静,皆以制度局为然,我为之各草一折,于五月时分日而上(皆制度局之意也)。"

**五月,侄王瑞龙以知府发往陕西补用。**

秦国经《清代官员履历档案全编》:"王瑞龙,现年三十岁,系广西临桂县人,祖籍浙江山阴县,由监生在湖南报捐局赈捐郎中职衔,又在直隶藩库报捐同知分发试用,并在部库报捐免保举,均经户部于光绪二十三年二月十九日核准,给照投效河防局当差。因黄河安澜案内出力,由河东河道总督任保俟补缺,后以知府用。经吏部于光绪二十三年十二月十三日具奏,奉旨依议。嗣遵新海防例,在直隶藩库报捐同知,指省陕西试用。又在同案报捐免补本班,离任以知府仍留原省归候补班补用,并在部库报捐知府免保举,均经户部核准。光绪二十四年五月十八日经户部带领引见,奉旨照例发往。"

**六月,与高燮曾、朱祖谋观荷苇湾,同用姜夔《念奴娇》闹红一舸词韵赋词。**

鹏运词为《念奴娇·同理臣、古微,观荷苇湾,用白石闹红一舸韵》,见《蜩知集》。

朱祖谋《念奴娇·同理臣、半塘,观荷苇湾,用白石韵》(《彊邨词剩稿》卷一):

采香梦醒,涉江人、不是年时吟侣。娭队鸳鸯偷眼下，狼藉花无重数。锦潊风多，珠房凉重，那更连天雨。江南多恨，老仙休唱愁句。　薄暮。隔岸争翻，田田新曲，断送箫声去。一镜闹红谁管得，凄入笛船烟浦。罗扇单寒，朱阑憔悴，莫办移家住。残蝉无赖，日斜嘶断归路。

龙榆生《彊邨本事词》："先生于苇湾遇南海康有为，方与人大谈新政，面有得色。词盖有感于斯事而作。"

六月，雨夜读谢章铤《赌棋山庄词话》所载邓廷桢《月华清》中秋月夜沙角眺月词及林则徐和韵词，依韵赋词。

鹏运词为《月华清·雨夜读枚如词话所载林俟邨、邓嶰筠沙角眺月词，意有所感，依韵成此，窗外檐声，正潇潇未已也》，见《蜩知集》。附录邓、林二人唱和原词如下：

**邓廷桢《月华清·中秋月夜，偕少穆、滋圃登沙角炮台绝顶晾楼。西风泠然，玉轮涌上，海天一色，极其大观，辄成此解》**

　　岛列千螺，舟横万鹢，碧天朗照无际。不到珠瀛，那识玉盘如此。划秋涛、长剑催寒，倚峭壁、短箫吹醉。何事。似元规啸咏，那时情思。　却料通明殿里。怕下界云迷，蜃楼成市。诉与瑶阊，今夕月华烟细。泛深杯、待喝蟾停，鸣画角、蚕惊蛟睡。秋霁。记三人对影，不曾千里。

**林则徐《月华清·和邓嶰筠尚书沙角眺月原韵》**

　　穴底龙眠，沙头鸥静，镜奁开出云际。万里晴同，独喜素娥来此。认前身、金粟飘香，拚今夕、羽衣扶醉。无事。更凭栏想望，谁家秋思。　忆逐承明队里。正烛撤玉堂,月明珠市。鞚掌星驰,争比软尘风细。问烟楼、撞破何时,怪灯影、照他无睡。宵霁。念高寒玉宇,在长安里。

**六月,文悌投以新词,鹏运赋《塞翁吟》词答之。约同时,张仲炘亦赠文氏以同调词。**

鹏运词为《塞翁吟·风雨时至,溽热如炙,绿杉见投新咏,率赋以当报章。昔紫霞翁论择腔,谓此调衰飒,戒人毋作,然邪许相劳与兴会飙举者,声情自异。得失之故,愿与绿杉相寻于弦外也》,见《蜩知集》。

张仲炘《塞翁吟·赠绿杉》(《瞻园词》卷一):

万绿啼残雨,林际暝色云封。几曾见,绮帘栊。渐屣静廊空。氍毹换舞龟兹伎,惊弄曼衍鱼龙。燕语寂,恨难通。甚花底喁喁。　朦胧。还乡去、青春伴著,刚转眼、神仙翠蓬。算杯酒、阳关唱遍,省双泪、洒泣君前,染血衣红。琴歌未已,一片清商,何处薰风。

案:文悌,字仲恭,号绿杉居士,满洲正黄旗人,瓜尔佳氏。

**六月,夏夜炎热,令姬人抱贤诵宋元人小词,赋《醉花阴》词纪其事。**

词为《醉花阴·姬人抱贤,嗜诵宋元人小词。夏夜灯火不可亲,偃卧北窗,令回还循诵,时复入听,亦迎凉幽致也》,见《蜩知集》。

**上半年,张仲炘、王以敏尚有社集《沁园春》词。**

张仲炘《沁园春·词社分题拈得"醉"字》(《瞻园词》卷一):

万古愁消,酩酊放歌,颓然玉山。正长安市上,金龟换去,河阳城里,玉燕嘶残。锦瑟堪依,罗襦乍解,容我消停一饷眠。闲看镜,笑侵寻白发,又改朱颜。 沈香亭北阑干。问谁草清平芍药笺。便红尘厌伴,未堪回首,麴车相遇,也自流涎。百罚何辞,几回能得,不负行沽斗十千。酋腾里,有笼窗海素,解说余欢。

王以敏《沁园春·同赋咏笑》(《檗坞词存》卷四):

若有人兮,含睇嫣然,与予目成。正春山入画,翠眉都展,秋波送媚,皓齿微呈。天际灵妃,云中玉女,纵隔三清不隔情。销魂处,记低鬟掩袖,别样轻盈。 工愁善病怜卿。喜破涕才闻吃吃声。甚重来依旧,去年今日,一番空误,下蔡阳城。买合酬金,索还窥镜,莫遗当筵蜡泪横。拈花旨,向华严悟否,证取来生。

**六月底七月初,朱祖谋有和周邦彦《还京乐》词韵词,鹏运亦用周邦彦词韵和之。**

鹏运词为《还京乐·用美成韵,和古微》,见《蜩知集》。

朱祖谋《还京乐·和清真》(《彊邨词賸稿》卷一):

乱蛋絮,入夜、羁愁似发慵为理。坐灯窗无酒,但嫌隔院,清歌空费。望断鸿天际。西楼镜约余香委。旧梦醒,销与点滴,江南残泪。 记屏山底。有釭花双照,兰情半掬,依前离别气味。天涯尽说归期,总孤他、玉容桃李。怅年年、犹去翼窥帘,凉萤在水。纵约双鱼腹,江波不照愁悴。

**七月十四日(8月30日),朱祖谋赋《解连环·七月十四日坐雨**

有作》词,似议及新政。后张仲炘有和作。

朱词见《彊邨语业》卷一。龙榆生《彊邨本事词》云:

《解连环》"七月十四日坐雨有作"云:"雨凉无极。傍西池渐涸,画屏猩色。怅倦旅、呼酒栏干,数不断唳鸿,远天如墨。乱叶流红,蓦惊散、鸳鸯踪迹。对飘烟暗烛,罨画古帘,悄然乡国。 绿窗已拼怨抑,又天涯树树,哀响搀入。便有约、重梦香丛,怕前地漂花,总凝愁碧。打尽枯荷,几曾减、秋塘波力。但赢得、镜棱泪点,断云共滴。"时正厉行新政,裁汰官员,"打尽枯荷"一句,谓清寒微末,横被裁减,而于国库终无补益也。

张仲炘《解连环·秋夜苦长,郁怀莫达,读古微词,如子野闻歌辄唤奈何不已。和韵既竟,真不自觉泪满沾臆也》(《瞻园词》卷一):

怨怀何极。井梧飘乱点,玉阶霜色。念远道、愁寄相思,早肠断凤笺,恨凝螺墨。海素秋莹,料难照、红楼心迹。盼微波阻绝,静掩画屏,泪满沾臆。 长宵几回挫抑。又虫声絮答,幽梦难入。想此日、天际归舟,正催桨潮生,蘸损清碧。未寄寒衣,怎耐得、蓬窗风力。但凄凄、对灯细数,漏壶碎滴。

**约七月,有信致龙继栋。**

据《甲寅(东京)》一九一五年第一卷第八号《致龙松岑书四首》。信云:

去年初冬在试场奉上一书,至今半年余矣,未尝续上只字,实以懒疾大作,百为寝阁,几视此身食息皆为多事,遑论其余哉! 今年正月,曾将执事所叹息痛恨之因循、情面、具文三事,痛切陈之,而归本于责难之义,学堂一议其附片也。附片虽见施行,而其重要者,仍然报罢。日来颇见振作气象,然不揣其本而齐其末,可乎哉?亦寿州所谓稍愈于不为耳。人事天心,微茫莫测,加以鄙人愚暗之性,但有仰屋而嗟耳。开正以来,与二三同人为词社之集,月再三聚,以故今年得词极富,存稿已逾百,尚有不录存者,实为平生所无。胸中热血,藉以倾洒,不独消日,亦可却病也。回首龙蛇之际,觅句堂中撰吟光景,情事略同,怀抱迥别。当时杯酒,亦颇有流连光景、俯仰身世之感,以今视之,已同乐国。世事日新,变故不可测度,正未卜后之视今,又将何如,吁可畏哉! 故乡风鹤,酝酿已非一朝,虽幸而克捷,可冀收功,然梧郁一带已不堪蹂躏。若此剿办,能稍警奸徒之心,乱庶可弭,否则伏莽遍地,难求一日之安也。况吾乡如此,他省又何在不然?加以钱米皆荒,朘削未已,强邻日逼,民心日离,不出三年,天下将无宁宇矣! 如何如何?磏秋官运大来,想不日当到京。其历年所刻书,架上皆无之,能为我索一全分否?回忆高斋寿黄同人,惟此公大阔;薇卿虽得大名,亦负大谤,人世间何者可以逆料?然欲再求昔日之乐,岂可得哉?岂可得哉?

**八月初六日(9月21日),政变,诏自今日始,复由太后临朝训政(是日太后又幸颐和园)。**

据郭廷以《近代中国史事日志》。

八月十三日(9月28日),杀杨深秀、杨锐、林旭、谭嗣同、刘光第、康广仁(六君子),派刚毅监视。

据郭廷以《近代中国史事日志》。

八月十三日(9月28日),郑文焯宿鹏运宅,夜雨,闻邻笛感音而和姜夔《月下笛》词韵。

郑文焯《月下笛·戊戌八月十三日宿王御史宅,夜雨,闻邻笛感音而作,和石帚》(《比竹余音》卷二,又见《樵风乐府》卷四):

> 月满层城,秋声变了,乱山飞雨。哀鸿怨语。自书空、背人去。危阑不为伤高倚,但肠断、衰杨几缕。怪玉梯雾冷,瑶台霜悄,错认仙路。　延伫。销魂处。早漏泄幽盟,隔帘鹦鹉。残花过影,镜中情事如许。西风一夜惊庭绿。问天上、人间见否。漏谯断,又梦闻孤管,暗向谁度。

八月十四日(9月29日),命将已革户部左侍郎张荫桓发往新疆,严加管束,已革翰林院侍读学士徐致靖永远监禁,湖南学政徐仁铸革职永不叙用。

据郭廷以《近代中国史事日志》。

八月二十二日(10月7日),诏有言责诸臣,各抒谠论,指陈得失。

据郭廷以《近代中国史事日志》。

八月二十三日(10月8日),上《请端学术以正人心折》,附《请罢农工商务局吴懋鼎片》。

折云：

　　为邪说日滋，请端学术以正人心，恭折仰祈圣鉴事。窃臣伏读本月十六日谕旨：已革主事康有为学术谬[妄]，大悖圣教，其所著作无非惑世诬民、离经畔道之言。著将该革员所有书籍板片由地方官严查销毁，以息邪说而正人心。钦此。仰见朝廷除恶务净，不使非圣无法之论，流毒将来，意甚盛也。独是自康有为平权改制之说兴，一时年少轻浮无识之士，趋之如市。邪说横流，几若狂澜之倒，不易挽回。今年夏间，诏许官员士庶实封言事，闻其间推本康有为之说者，正复不少。在朝廷兼听并观，不即加罪责以来言者，而若辈猖狂恣肆，邪说日滋，甚至有以改正朔、用外人、变文字、废跪拜为请者，此等狂怪不经之论，不独为王法所必诛，即西人富强之术，何尝系由于此。现在康有为逆迹败露，而此等惑乱视听，干犯名教之人，若不声明其罪，悉与惩治，彼将谓康有为之败由于逆谋，而富强之术仍非用其说不可。谬种相传，其有关于学术人心，实非浅鲜。相应请旨将该员等分别等差治以应得之罪，以儆将来。并拟请饬下各部院大臣及各直省疆臣学臣有进退人材之责者，遇有学术不正、议论畸邪之人，轻则善为化导，重则严予甄劾，力挽颓风。此亦国势盛衰，人材消长之机会也。臣愚昧之见，是否有当，谨缮折具陈，伏乞皇太后、皇上圣鉴。谨奏。

片云：

再三品卿衔督办农工商务局吴懋鼎出身低微,本年五月以前尚在汇丰银行充当贱役,见洋人垂手侍立,并无坐位,竟敢捐纳实官,营援保举得以滥厕九列,兼当要差。不独使西人齿冷,亦为朝廷之玷。纵谓该员熟悉商务,亦可节取所长。不知该员所知者皆自私自利之术。欲其高瞻远瞩,开拓商务,该员断无此识见。况值康有为藉词变法,阴肆逆谋,踪迹败露之后,正当讲求时务,力图振兴,庶不致无识之徒,惩羹吹齑,以言时务为戒。若令吴懋鼎承乏其间,局事必致败坏,恐一切富强实政,皆将因之废阁。此其所关甚为切要。可否请旨将该员立予罢斥,并将农工商务局简派大员管摄以重局务而益实政之处,谨附片具陈,伏乞圣鉴。谨奏。

**九月初九日(10月23日)重阳,十诘簃小集,赋《八声甘州》词。同日,朱祖谋过丰宜门外刘光第别业,有《鹧鸪天》词感旧。**

鹏运词为《八声甘州·九日,十诘簃小集》,见《蜩知集》。朱祖谋词为《鹧鸪天·九日丰宜门外过裴邨别业》,见《彊邨语业》卷一。龙榆生《彊邨本事词》云:

《鹧鸪天》"九日丰宜门外过故人别业"云:"野水斜桥又一时。愁心空诉故鸥知。凄迷南郭垂鞭过,清苦西峰侧帽窥。 新雪涕,旧弦诗。悁悁门馆蝶来稀。红萸白菊浑无恙,只是风前有所思。"为刘裴邨(光第)被祸后作。刘为戊戌六君子之一。

高楷《刘杨合传》:"君(刘光第)恶京师尘嚣,于南西门外僦废园,有茅屋数间,篱落环焉,躬耕课子。二三友人过访,则沽白酒、煮芋麦饷客。篱外柳下涌澧泉如珠,太常仙蝶亦翩翩至,友人咸以为奇。君慨然曰:天下如此,我辈安得佭符瑞自诳哉?"
**秋,文悌寓居龙树寺日望楼。张仲炘曾访之不遇,有词。**

张仲炘《浪淘沙慢》词序有云:"戊戌之秋,文仲恭侍御僦居寺之东楼,又数数过从者两月余。"

张仲炘《绕佛阁·薄暮访文仲恭日望楼不值,用清真韵寄意,即以赠别》(《瞻园词》卷一):

> 雾烟半敛。斜照送夕,凉透秋馆。征雁程短。数行瘦影,天空启虚幔。户尘渐满。浓翠静绕,山近人远。离思凄婉。况当把酒,卢沟旧河岸。　憩是傍云壑,倦旅孤踪悲断线。憔悴倚阑,西风惊扫面。又暮景匆匆,清漏催箭。甚时还见。料镜里华颠,霜意迷乱。小楼深、寸眉愁展。

**十二月二十三日(1899年2月3日)小除夕立春,约王以敏同作《水龙吟》词,张仲炘和其韵。**

鹏运词为《水龙吟·戊戌小除,立己亥春,梦湘约同作》,见《蜩知集》。

王以敏《水龙吟·小除夕立春,和半唐韵》(《檗坞词存》卷五):

> 海天万里孤鸿,未应带得春归早。故人握手,相看还是,尊前一笑。剪彩翻新,烧灯话旧,几回颠倒。怪青山不语,好花长在,空自惜、欢情少。　晓梦幽禽唤觉,恣天街、钿车声闹。寻常巷陌,俊游谁共,一枝扶

老。倦客京华,朝衫又换,鬓丝添了。向五湖深处,东风扫榻,看茶烟袅。

张仲炘《水龙吟·小除日立春,和半唐韵》(《瞻园词》卷一):

纸衾偎恋余温,艳阳偏又归来早。抛人恁久,撩人何事,问春应笑。已带愁来,未将穷送,寸心颠倒。且消停淑景,商量饯腊,斟绿蚁、休教少。　曾记残年花事,醉千红、游蜂狂闹。风驰雨骤,恰无多日,杜鹃啼老。莫又连朝,玉梅吹尽,小桃开了。看青旗一角,凌高飐影,共浮云袅。

案:小除,此指小年,阴历十二月二十三或二十四日。亦有指除夕前一日者。查光绪二十四年十二月二十三日为立春日。

**年底,整理乙丙丁戊四稿拟交季弟维禧刊刻。因下年维禧去世未果。**

上海图书馆藏半塘乙稿《袖墨集》一卷、《虫秋集》一卷,郑文焯校,稿本。封面题词云:"戊戌岁暮,录于京邸,癸卯春暮订于邗沟。牖下陈人记。相距六年,家国之感,有不堪回首者矣。"

所录半塘填词叙目云:

乙稿《袖墨集》令慢四十一阕、《虫秋集》令慢二十四阕,丙稿《味梨集》令慢五十八阕,丁稿《鹜翁集》令慢六十二阕,戊稿《蜩知集》令慢六十一阕,凡五集四卷二百四十六阕。

光绪庚寅闰月前辈瑟轩太守自南宁移书,属刊所撰《薇省同声集》,拙词附焉。是为平生文字墨本之始。实则良友奖借之意云尔,余词固不足存也。自唯赋质劣下,又向学不早,即此文字之小小者,亦作辍一再,讫靡有成。而自辛巳以还,迭遭家难,摧心撼魄,几于不可为人。加以身世屯蹇,末疾纠缠,凡可以汩天和损年寿者,盖无乎不备。至今告存,适有天幸。岂复能怡情翰墨,以文字自表见哉?近年刻所著《味梨集》为半塘丙稿,同人之嗜痂者属并全帙刊行,适吾弟辛峰复自淮南邮书,愿任雠刊之役。窃思既已不能藏拙,亦遂毋庸自网。因取已、未刻各集重加删次,得词二百有奇,为乙丙丁戊四稿。副墨淮南,付之剞氏。数始于乙者,以甲为干枝之首,极士人荣遇之美称,矉矉半生,何敢忝窃?吾友沈子培郎中自署乙庵,深得老氏不为物先之义;区区之志,愿窃比焉。嗟乎!当少年吟弄时所欲与当世贤士大夫相往复者,讵在是耶?今垂垂老矣,于身世无纤芥之益。独此少年结习流连,郑重一若万不容已者,果何为也哉?果何为也哉?戊戌岁暮半塘老人自记。

**本年,朱祖谋曾任戊戌科会试同考官,教习庶吉士。**

夏孙桐《清故光禄大夫前礼部右侍郎朱公行状》:"戊戌科会试同考官,教习庶吉士。"

陈三立《清故光禄大夫礼部右侍郎朱公墓志铭》:"戊戌科会试同考官,教习庶吉士。"

**本年，况周颐刊刻《薇省词钞》于扬州。**

据《薇省词钞》扬州刻本牌记。

**本年，冒广生入京，始与鹏运交往。**

冒广生《小三吾亭词话》卷一："余戊戌入都，始与幼遐订交。"

**案**：冒怀苏《冒鹤亭先生年谱》光绪二十一年谱云："是月，在京师，先生与王幼遐（名鹏运）论词，过从甚密。"云据《小三吾亭词话》卷一，收入《冒鹤亭词曲论文集》上海古籍出版社1992年版。检该书，与《词话丛编》本《小三吾亭词话》同，均作"戊戌"。冒氏《年谱》误。

**编年词**：《烛影摇红·用王晋卿韵。同次珊、梦湘、韵珊、再云、伯香作，是为戊戌词社第一集》《好事近·叠韩仲止韵》《临江仙·梦得家山二语，漫谱此词，非同咸陟之占，无事太人之卜；梦生于想，歌也有思，皆不知其然而然也》《醉落魄·用薛叔载韵》《角招·夔笙寄示新刻〈菱影词〉，见忆之作，一再不已，而与吾弟唱酬，复有"见稚霞如见幼霞"之语。故人情重，不可无以报也。即用竹西雪夜寄怀原调酬之，并寄稚霞》《新雁过妆楼·分调赋瞻园所藏双星渡鹊砚，拈韵得"双"字》《宴清都·闺怨。用蘋洲韵》《眉妩·新月。用碧山韵》《莺啼序·辛峰寄示与张丈午桥酬唱近作，依调赋寄，并呈张丈》《瑞鹤仙·古微移居上斜街，邻顾侠君小秀野草堂，即查查浦故居也。赋词征和。因忆咸同间，吾宗龙壁翁居此时，适得王元章墨梅十二巨帧，遂榜其西斋曰十二洞天梅花书屋。事见〈龙壁山房庚申集〉暨〈茂陵秋雨词〉。藉广古微所未备，并以谂后之志东京梦华者，俾有考

505

焉》《百字令·和仲渊似园小坐,用玉田韵》《百字令·上巳前一日大雪,戏叠前韵》《鹧鸪天·咏烛》《金缕曲·送乙庵奉讳南归,即之武昌帅幕》《摸鱼子·和友人春游词》《浣溪沙·次韵梦湘》(春浅春深燕子知)(刻楮难工漫画沙)、《浣溪沙·叠韵答次珊》(许事人间未要知)(万里长风万里沙)、《倦寻芳·分调赋闺重三拈韵得"二"字》《探春慢·春草。用白石衰草愁烟韵》《齐天乐·〈匡山梅社图〉,为瞻云觉公作。人琴之感,谓杨少文明经也》《扫地花·用美成韵。同梦湘、叔由作》《还京乐·用美成韵酬叔问》《还京乐·叠韵再酬叔问》《翠楼吟·赋毘村藤花》《木兰花慢·长椿寺》《木兰花慢·净业寺》《木兰花慢·悯忠寺》《木兰花慢·圣安寺》《木兰花慢·花之寺》《木兰花慢·龙树寺》《西河·燕台怀古,用美成金陵怀古韵》《水龙吟·分韵赋白芍药,得"后"字》《花犯·集次珊寓斋,用美成韵,为叔问录别》《瑞鹤仙·四月十日待漏作》《绮寮怨·以畴丈、鹤公所书联吟词卷,属叔问作〈感旧图〉于后。卷中同人,唯瑟公与余尚无恙,而十年久别,万里相望,叹逝伤离,不能已已。用美成涩体,以写呜咽》《点绛唇·临桂城东半塘尾之麓,吾家先陇在焉,余以半塘自号,盖不忘誓墓意也。叔问云:"苏州去城三四里,有半塘彩云桥,是一胜迹,宜君居之。异日必为高人嘉跣,尝拟作小词记之。"盍先唱欤? 为赋是解》《琴调相思引·〈西碛寻香图〉,为叔问舍人作》《玲珑四犯·叔由南归,用美成韵留别。依韵酬之》《眉妩·戏叔问。用石帚韵连句》《绕佛阁·送梦湘。用清真韵连句》《蓦山溪·感兴。用美成韵》《吉了犯·得仲兄书却寄。兄近贻我〈大方广圆觉经〉,令一心受持,自可宣幽导滞,毋为是郁郁也。故末章及之。用美成韵》《丹凤吟·四月二十七日,夜雨初霁,用清真韵》《十二时·用柳屯田韵》《琵琶仙·铁厂为录〈桂林岩洞记〉,用白石韵题后》《鹧鸪天·读史偶得,率成二阕》(卅载龙门世共倾)(群彦英英祖国门)、《迷神引·戊戌五日,以瓣香清泉,敬祀三闾。倚〈乐章〉谱迎神,亦〈九歌〉遗制也》《尉迟杯·用美成韵寄怀辛峰,并酬戴君玉生》《青玉案·梦中得句,云是咏帘诗也。醒而忆其三,语云:"东风吹愁水痕直","小琼压浪湘纹碧","帘底盈盈吹恨声"。以久不作诗,戏演其意为长短句。此调向叶去上,谐婉可诵,偶以入声谱之,音节殊不类,恐不免转折怪异之讥矣》《蕙兰芳引·叔问濒行,用美成秋怀韵留别,以起调鸳韵适符余字也,依韵寄酬,凄涩之音,恰与离怀相发》《浪淘沙慢·用美成韵,寄酬雨人梁山》《鹧鸪天·续〈读史吟〉,补录端午次日作》《太常引》(绿槐蝉咽午阴趁)、《念奴娇·同理臣、古微,观荷苇湾,用白石闹红一舸韵》《月华清·雨夜读枚如词话所载林佁邨、邓巘筠沙角眺月词,意有所感,依韵成此,窗外檐声,正潇潇未已也》《塞翁吟·风雨时至,潺热如炙,绿杉见投新咏,率赋以当报章。昔紫霞翁论择腔,谓此调衰飒,戒人毋作,然邪许相劳与兴会飙举者,声情自异。得失之故,愿与绿杉相寻于弦外也》《醉花阴·姬人抱贤,嗜诵宋元人小词。夏夜灯火不可亲,偃卧北窗,令回还循诵,时复入听,亦迎凉幽致也》《还京乐·用美成韵,和古微》《八声甘州·九日,十诂簃小集》《水龙吟·戊戌小除,立己亥春,梦湘约同作》。以上《蜩知集》。

## 光绪二十五年己亥(1899),五十一岁

正月初七日(2月16日)社集四印斋,以"人日题诗寄草堂"为题,同张仲炘、裴维侒、左绍佐、朱祖谋、王以敏、章华同作《东风第一枝》词。

鹏运词为《东风第一枝·己亥人日社集四印斋,赋得人日题诗寄草堂,同次珊、韵珊、笏卿、古微、梦湘、曼仙作》,见《校梦龛集》。

裴维侒《东风第一枝·赋得人日题诗寄草堂》(《香草亭诗词》):

西蜀烟深,南蕃岁早,故人情愫千里。问春芳讯犹稀,弄笔冻毫更洗。盘龙古道,想甚处、梅枝应寄。又一缄、珍重相思,紧被信风吹起。　华胜会、岁时惯记。书剑癖、卧云未已。料伊思发花前,共约句斟醉里。春星吟罢,看催付、瑶弦将理。计浣花、江水生时,一样定怀常侍。

王以敏《东风第一枝·赋得人日题诗寄草堂。社题同赋。己亥》(《檗坞词存》卷五):

腊鼓销年,笏箫破梦,新晴催换吟社。试灯佳约依然,浣花俊游好在。东风未醒,甚暗送、羁愁如海。算别来、一例龙钟,莫话吹台高会。　春到否、故园烟霭。人健否、鬓丝霜悴。寄声梅萼宜簪,断肠柳条定解。花前雁后,问归思、而今谁贷。怕恁时、书盼天涯,早又落红飞碎。

章华《东风第一枝·赋得人日题诗寄草堂》(《淡月平芳馆词》):

酒意微苏,诗心渐暖,此时幽绪谁省。十年词客伤春,万里故人善病。瑶笺半幅,凭寄去、相思一寸。但怪他、残雪消初,添了鬓边愁影。 看稚子、钓丝戏整。怜老妇、镜台偷听。不知锦水韶光,可似凤城丽景。巫云一片,怕隔断、长安梅讯。更满城、催动箫笳,知否试灯风近。

**正月初十日(2月19日)左右,与王以敏、张仲炘、裴维安、章华等社集同赋《瑶华》咏水仙词。**

鹏运词为《瑶华·水仙》,见《校梦龛集》。

王以敏《瑶华·再咏水仙。社题同赋》(《檗坞词存》卷五):

哥瓷翠滑,一簇琼葇,称南窗晴豀。铜盘仙掌,千古泪、种向冰天犹活。缟衣奇绝,漫轻比、凌波罗袜。只西湖、烟雨丛祠,合荐菊泉盈钵。 凉宵娟月如眉,看照影亭亭,愁沁花骨。王孙故国,今老矣、水墨几番浓抹。写生纵好,谁解貌、素心高洁。还问讯、楚畹滋兰,因甚幽香难掇。

张仲炘《瑶华·咏水仙花》(《瞻园词》卷一):

仙肌润玉,步入波心,认袜罗新束。银蟾弄冷,欹素影、缥晕羞窥红烛。艳消铅腻,但点点、春冰盈掬。是甚时、偷解明珰,谱入夜琴凄曲。 绸缪石上幽盟,感残梦湘江,荒翠烟簇。东风唤醒,芳意展、薄试娇黄绡縠。未忺梳裹,镇莫想、人间金屋。怕有人、相对寒澌,静锁屏山蛾绿。

裴维侒《瑶华·水仙花》(《香草亭诗词》):

> 凡铅尽涤,天与冰姿,带生来香泽。瑶池小劫,看又向、人世繁华轻谪。雪天春早,尽安置、洞房温室。伴玉妃、浴罢华清,莫问凌波仙迹。　销魂微弄轻盈,正灯影偎人,风韵清逸。搔头碧亚,恍梦里、冉冉前身姑射。琼浆百感,忍兼占、温柔泉石。任赵家、刻意传神,总让真真标格。

章华《瑶华·水仙》(《淡月平芳馆词》):

> 凌波素袜,洛浦神仙,步娟娟微月。池荷落尽,魂未断、厌向人间因热。同心谁是,算只有、争春梅雪。想那时、水珮风裳,化作此花寒洁。　一枝移入西窗,与画意诗情,相对幽绝。小盆葱茜,应自笑、石上三生重结。伯牙老矣,但分付、玉琴低拍。待恁时、点点飘茵,却谢采香胡蝶。

**正月初十日左右,鹏运次张炎《探春慢》雪霁词韵赋词,答王以敏用史达祖《东风第一枝》词韵赋春雪词,王以敏复信以为张炎词韵律皆较史达祖为易。鹏运再用史达祖词韵赋词,且督促王以敏和张炎词韵,张仲炘同作。**

鹏运词为《探春慢·梦湘用梅溪〈东风第一枝〉韵赋春雪索和,次玉田韵报之》《东风第一枝·顷用玉田〈探春〉韵,奉酬梦湘和梅溪春雪之作。复书以玉田韵律,皆视梅溪为易,意若未甚慊者。再用梅溪韵成此,且督梦湘和玉田也》,俱见《校梦龛集》。

王以敏《东风第一枝·春雪用梅溪韵。幼遐、次珊同赋》(《檗坞词存》卷五):

晓色通帘,繁音折竹,熏篝昨夜忘暖。未妨绣陌泥添,定知笋鞋印浅。天公作意,点缀出、山明沙软。问倚栏、望远谁家,湿了玉楼钗燕。　茶欲煮、水香沸眼。笺欲展、墨池冻面。试证几换番风,看**去**花又孤禁苑。怪他梅蕊,解勾引、春心一线。待晚晴、再觅琼瑶,怕是岁阑才见。

王以敏《探春慢·再咏春雪,用玉田韵。幼遐同赋》(《檗坞词存》卷五):

九陌销尘,千林拥玉,春比幽州日淡。扑帽风尖,冲泥径滑,况带年时残霰。未了探梅兴,怕鬓影、吴霜添半。剧怜白战诗情,也随盐絮飞散。　旧梦高寒阆苑。倚十二琼楼,散花亲见。碧落无情,青山自老,郢曲漫赓清怨。灯事谁家早,又弹指、檐声催暖。滴入红心,蕉香拚种吟院。

张仲炘《东风第一枝·春雪用梅溪韵》(《瞻园词》卷一):

社火烘寒,檐花斗丽,东风无意嘘暖。凤篝沉水添微,翠尊冻醽注浅。和愁都化,正梦入、红楼香软。似去年、吹絮光阴,只少恼人莺燕。　银海眩、绮花照眼。珠箔静、绣尘隔面。探梅还忆西湖,试茶待烹北苑。新诗谁织,料费尽、弓衣茸线。散满城、歌管声声,莫是郢中曾见。

案:《校梦龛集》稿本附张仲炘上词略有异文。

正月初十日左右，与朱祖谋、王以敏、张仲炘、章华、裴维侒等社集同赋《凤池吟》春冰词。后鹏运再赋一首。

鹏运词为《凤池吟·春冰》《凤池吟·再赋春冰》，俱见《校梦龛集》。

朱祖谋《凤池吟·春冰》(《彊邨词剩稿》卷一)：

步怯琼妃，旧凌波处，缅影浅砑文漪。记玉人夜嚼，润回香吻，凉沁柔肌。消受聪明，小瓯圆镜是年时。东风解把，兰舟催发，无计留伊。　欢惊渐冷如水，趁茸窗烘砚，写寄相思。料倾脂河畔，翠鳞才上，锦字犹迟。成片春愁，断红和泪麎流澌。销除未，晕壶心、玉唾丝丝。

王以敏《凤池吟·春冰。社题同赋》(《檗坞词存》卷五)：

唤起东风，碧栏干外，带雨碎剪流澌。记宵阑袖手，檐垂看月，石滑寻诗。镜晕谁揩，一痕细碾露华滋。飞琼过也，分明留影，欲去还迟。　天街几伴鸿雪，怪忍寒入骨，却逐冬归。叹年来忆远，绛销空贮，红泪都非。鸟啄鱼猜，寸心销尽玉壶知。晴窗好，和**去**古梅、嚼取珠蕤。

张仲炘《凤池吟·春冰》(《瞻园词》卷一)：

绮梦重回，曲屏风外，缥缈半是芳尘。渐铜瓶暖坼，圆浮璧月，薄砑绡云。忍记前宵，帊罗红凝旧啼痕。香帏冷沁，柔肌微腻，悔说温存。　年时胜赏争羡，曳笭床锦索，太液新恩。甚敲来粉筹，却随流水，碧动粼粼。莫便魂销，旧衔还愧玉堂人。芳期近，待明朝、溅上湘裙。

章华《凤池吟·春冰》(《淡月平芳馆词》):

　　霁色初明,薄寒天气,渺渺远浦回春。看玲珑万树,软风吹下,玉屑珠尘。屋角檐牙,郎当莫误雨霖铃。一般狼藉,消残雪影,瘦尽霜痕。　江心镜影微漾,甚双飞燕翦,点破银屏。又兰桡暗触,似人别意,欲散还凝。生怕来时,老鱼吹浪绿粼粼。蟾光冷,待夜来、映出前身。

裴维侒《凤池吟·春冰》(《香草亭诗词》):

　　素晕胶鳞,勒余寒浅,暖讯未剪玻璃。当池塘镜合,轻铺茧絮,薄衬夔衣。软溜无声,夕阳明脆画桥西。渔竿冱却,多时闲了,欲系新丝。　萍踪暂别无恙,看过云影梦,未算天涯。问太真清泪,相思一片,此恨谁知。冷落壶心,洛阳亲友旧题诗。春谁管,怕桃根、画楫来迟。

**正月初十日左右,用王允晳词卷中《长亭怨》岁暮寄别词韵题其词卷。**

　　词为《长亭怨·题王又点词卷,用卷中岁暮寄别韵》,见《校梦龛集》。

　　案:此调即"长亭怨慢"。上海图书馆藏《校梦龛集》稿本此首页眉有注云:"此首写在后《凤池吟》第二首后。"又后《凤池吟》与《宴清都》二首间有注云:"《长亭怨》一首写在该处。"

　　黄濬《花随人圣庵摭忆》:王允晳(又点、碧栖)籍长乐,世居南江之亭头乡,能诗,"当丈人北洋海军幕府时,密迩畿辅,人物辐辏,与王幼遐给谏、朱沤尹宗伯辈相过从,接其谈论风采。又目睹戊戌、庚子之变,孤愤溢怀抱,故其所著,无一非由衷之言"。

**正月十五日(2月24日)元夕雨中与王以敏同用史达祖《东风第一枝》词韵赋词,并约张仲炘、朱祖谋和。章华亦有和作。又重读十八年前居临桂读《词学丛书》时所书评语,有记。**

鹏运词为《东风第一枝·元夕雨中用梅溪韵,同梦湘作,并约次珊、古微和》,见《校梦龛集》。

王以敏《东风第一枝·元夕雨用梅溪韵》(《檗坞词存》卷五):

火树珠黏,星房锁合,催晴柝报钟鼓。枕鸳好梦都沉,闹蛾踏歌甚处。明湖旧约,敞花市、鬟钗云聚。笑凤城、放夜何曾,换了绿窗寒雾。 箫管歇、语香漫度。裙屐杳、俊游谁侣。已乖剪烛吟情,况翻落梅丽句。销愁唤酒,怕一样、灯期无据。盼隔宵、罢听潇潇,看走月明桥去。《帝京景物略》:妇女以正月十六日结队宵行,名曰**走桥**

章华《东风第一枝·元夕雨中作。和梅溪韵》(《淡月平芳馆词》):

火树初明,银花乍放,东风徐扇芳土。亚阑珠瀑飞窗,小阁绣帏障户。春衫湿透,也应忆、情人何处。料去年、杨柳梢头,空发淡黄金缕。 星月约、漫吟丽句。梅柳梦、自牵幽绪。为偷吹笛新声,负了看灯旧侣。春城弦管,那吹散、丝丝醉雨。怕此时、寒到琼楼,珍重御风归去。

广西壮族自治区图书馆藏王鹏运旧藏《词学丛书》末尾题:"此卷乃壬午里居时所评阅,毫无见到处,亦复妄肆雌黄,少年孟浪一至于此。越十八年己亥元夕雨中书于都门酣睡轩。半僧。"

**二月初一日(3月12日)前后,与朱祖谋、张仲炘、裴维侒、王以敏、章华等同赋《解连环》咏秋千词,当为社集同作。**

鹏运词为《解连环·秋千》,见《校梦龛集》。

朱祖谋《解连环·秋千》(《彊邨词剩稿》卷一):

絮花池阁。护双双画板,浅春低络。笑弄影、一态婵娟,挂不定闲愁,燕飘莺泊。莫赌身轻,有人在、隔墙窥著。放罗衣窣地,自整凤钗,鬓蝉还掠。　西园俊游似昨。委苔阴绣柱,容易吹落。问甚日、重倚春娇,便满眼相思,背面难托。梨月溶溶,镇闲煞、东风红索。剩当时、手香凝处,细蜂倦扑。

张仲炘《解连环·秋千》二首(《瞻园词》卷一):

梦痕无著。有筠枝架玉,彩绳双络。绿遍了、千缕垂杨,正墙外马嘶,恨扃重钥。嫩日微阴,挂春影、钩阑斜角。记红笺翠帖,薜径绣鸳,那日曾约。　芳心未堪久缚。只柔丝袅碧,愁重难阁。便送得、身近天边,又香雾迷濛,望眼遮却。院落沈沈,可奈是、衫轻裙薄。尽无言、背花自忖,万红乱落。

杏烟黏蝶。锁庭阴晕碧,粉墙花接。似倒挂、幺凤翩翩,看飞上九天,彩虹双挈。瘦不胜风,更颠倒、柔肠如结。怕留仙不得,待把柳丝,绾住裙褶。　身轻自能耸越。笑双文藉力,潜送桃叶。**用元稹诗意**恁忘却、霄汉高悬,任钗蝉鬓欹,斗巧无歇。槛曲何人,转冷眼、寻思愁绝。倩梁间、倦飞燕子,向伊细说。

裴维侒《解连环·秋千》(《香草亭诗词》):

系春无力。旋东飑二月,翠楼西侧。怕倦云、闲了流光,正娇燕剪晨,杏花飞节。一缕杨丝,任惊搁、披文墙出。更风吹笑语,妒有飞琼,恋影虚碧。　年时坠钿悄觅。把秋千字摘,春半词阕。镇玉章、单怯罗衣,记捻损荑苗,树雨犹涩。倩影惊鸿,恨未许、当前留得。算红绳、系愁梦里,被人惯识。

王以敏《解连环·秋千。社题同赋》(《檗坞词存》卷五):

步虚风作。看红梢翠顶,一绳斜络。带广袖、舞蝶齐翻,问天半语香,为谁吹落。蓦现全身,又还被、花枝遮却。笑晴丝卷燕,也妒彩云,飞度朱阁。　江乡早春俊约。趁兰闺绣倦,扶上珠索。定应惜、小谪瑶宫,忍一搦弓腰,画板轻托。未隔东墙,怕意外、有人窥著。唤双成、曳裙径去,鬓蝉暗掠。

章华《解连环·秋千》(《淡月平芳馆词》):

绿杨亭阁。看玲珑架上,画绳金络。正小鬟、初试新妆,爱束素腰轻,淡黄衫薄。戏蹴云梯,斗捷展、纤纤如削。甚东邻巧笑,宋玉偷窥,暗出墙角。　缤纷乱红自落。并遗香坠粉,飞度帘幕。恁好风、翻作高低,笑天上人间,这般无著。燕舞翩然,漫留取、仙乎裙脚。
待飘零、大家散去,院花淡漠。

**二月初一日(3月12日)前后,与裴维侒、王以敏、章华等社集朱祖谋玉湖跌馆,分调赋词题金农所画梅花。后夏孙桐亦有补题之作。**

鹏运词为《风入松·社集玉湖跌馆,题金冬心画梅》,见《校梦龛集》。

朱祖谋《卜算子·金冬心红绿梅花小幅,自题云用玉楼人口脂螺黛写成。旧为蒋伯生藏。伯生跋赠墨氅太守,有嫁明妃、遣杨枝之喻。戏拈二解》(《彊邨词剩稿》卷一):

翠羽尽情啼,茜袖何人妒。浮动黄昏暗暗香,不许嫠蟾度。 吴苑玉双身,飞并瑶台路。借问钱塘老画师,谁是吹箫侣。

谁赚小红来,谁放杨枝去。清笑墙东总未知,枉费何郎句。 老子会婆娑,不管闲风雨。何似金仙两手空,目断天花舞。

裴维侒《浪淘沙·题金冬心双梅花树画幅》(《香草亭诗词》):

翠羽唤春痴。春又参差。桃根姊妹赌风姿。老去诗人情一点,幻入红丝。 扫黛韵残脂。除画谁知。有人簪得绮窗枝。越到春深妆越浅,妒煞花时。**原跋云:"玉楼人口脂与画眉螺黛作此小幅,但觉春光拂拂,在几案间,老子兴复不浅也。七十四叟金农并记。"**

王以敏《瑶台聚八仙·题金冬心画梅。原跋云:"玉楼人口

· 517 ·

脂与画眉螺黛作此小幅,但觉春光拂拂,在几案间,老子兴复不浅也。"古微前辈侍讲属题》(《檗坞词存》卷五):

> 花若人娇,妆阁悄、和影染入烟绡。冷香自媚,蜂蝶未许轻撩。萼绿江妃相倚笑,浅红淡碧两魂销。梦迢迢。旧时月色,青凤谁招。 维扬处士老矣,甚绮怀未灭,著手春饶。黛点脂痕,留伴雪夜霞朝。只愁空谷绝代,蓦吹起东风天外飘。真真唤、向镜屏纸帐,腊酒齐浇。**此词照玉田生填,惟未字、天字与互异,未知当否。识者辨之**

章华《疏影·题冬心画梅》(《淡月平芳馆词》):

> 双花葱茜。比赵家姊妹,还更清婉。红褪脂香,碧减眉痕,鸳鸯镜里重见。名芳莫问前身事,但憔悴、玉楼人面。想夜来、纸帐消寒,误入小窗诗卷。 知道真真去也,倩魂尚在否,啼梦难唤。才下新妆,却上毫端,留取春心一点。冰姿休向人间种,怕瘦笛、江城吹怨。是甚时、修到金仙,老去绮情犹眷。

夏孙桐《万里春·为古微题冬心画梅。古微以此画为社题,余久未属笔,遂更离乱,无意附入行箧,时时展玩,羁绪生春。昨岁使粤,归装毁于海舶,长物仅存,诧为天幸。春明重到,坠欢如梦,过眼云烟,益复增人感喟矣》(《悔龛词》):

> 脂凝黛亞。黯淡春愁如诉。怅徐娘、有限残妆,共东风终古。 随我江湖去。便容易、劫灰一度。认枯缣、多少沧桑,怪金仙无语。

案:朱祖谋《彊邨词剩稿》卷二有《采绿吟·湖趺漾为吾乡

烟水胜处。长超、栖贤、吴羌、道场诸山纷在掌瞩。荷香柳影,逭夏尤宜。自堕修门行二十稔,中间再返故山耳。暇当倩客作〈玉湖跌馆图〉。率依苹洲谱,以当怀归之章〉,据词序及此次社集朱氏赋词二首且其词序中详述画梅来历可知,玉湖跌馆为朱祖谋住所。

**二月初,龙树寺内日望楼春眺,有怀文悌,作《念奴娇》词。文悌曾寓居日望楼。**

词为《念奴娇·日望楼春眺,有怀仲弓》,见《校梦龛集》。

案:后四五月间社集时张仲炘有〈角招·左笏卿招同人消夏于文仲恭寓楼,酒酣对月,更唱迭和,凉露侵衣,闻寺钟铿然,逡巡始散。昔与仲恭一灯相对时无此豪迈也〉,章华有〈角招·社集日望楼〉。张仲炘另有〈绕佛阁·薄暮访文仲恭日望楼不值,用清真韵寄意,即以赠别〉〈浪淘沙慢·余游龙树寺始于丙子春闱放榜之夕,少长十人流连沾醉,通籍以后足迹罕经。戊戌之秋,文仲恭侍御僦居寺之东楼,又数数过从者两月余。仲恭去,或与诸生讲艺,或偕同志联吟,月辄三四至,遂长结香火缘矣。今年正月,余偕高理臣少京兆同日被放,将出国门,知好诸公复饯钱于此,绘〈日望楼饯别图〉,各以诗词见赠。……时光绪庚子二月十二日〉。仲弓当即仲恭,由各词题序可知,文悌字仲恭,文仲恭寓所即在龙树寺院内日望楼。

**二月十四日(3月25日),缪荃孙校勘《樵歌》三卷。**

据《艺风老人日记》。

**二月十五日（3月26日）花朝，有《花心动》词。张仲炘、王以敏同赋。**

鹏运词为《花心动·花朝。用梦窗体》，见《校梦龛集》。

张仲炘《花心动·花朝》（《瞻园词》卷一）：

香梦沈酣，好韶光、匆匆早抛一半。燕子乍来，偎倚东风，絮语泥人金盏。艳妆不共华年改，浑忘了、鹃啼清怨。忍孤负，南园俊赏，翠深红浅。　信是良缘美满。陪玳席群芳，一家仙眷。尘掩髻云，香歇罗衣，只有寿阳难遣。镜中双蝶晴阑倚，都赢得、春衫团扇。正凝睇、斜阳小楼又晚。

王以敏《花心动·花朝》（《檗坞词存》卷五）：

波暖横塘，荡新晴、天光镜菱低照。鸭鼎试香，鹅管吹愁，一枕宿醒催觉。卷帘双燕归来未，但窥户、露桃如笑。绮疏静，秋千院落，断无人到。　屈指莺花上日。刚三五蟾圆，二分春早。待检夹衣，试撤珠幡，还怕晚风寒峭。踏青南陌怀依旧，问谁见、旧时年少。黯愁伫、茶烟柳丝共袅。

**二月十八日（3月29日），缪荃孙发鹏运信，并寄《樵歌》《孔北海年谱》。**

据《艺风老人日记》。

**二月，作《齐天乐》词赋马神庙海棠并示朱祖谋，后朱依韵答之。**

鹏运词为《齐天乐·马神庙海棠，百年故物也。春事方酣，意古微日吟赏其下，不能无词，拟此待和》，见《校梦龛集》。

朱祖谋《齐天乐·马神庙海棠，百年物也。花时寥寂，半塘

翁吟忆见贻,依韵报之》(《彊邨语业》卷一):

> 锦窭春湿红云透,匆匆故官芳事。冷甃延娇,温泉罢浴,催换东风人世。婵媛梦里。尚刻意新妆,洗烟梳霁。妒极瑶台,玉妃无语正愁悴。　绿章惆怅再乞,夜深障滟蜡,心绪无会。怨凤箫寒,嫠蟾幄暗,消尽燕脂浓泪。横陈艳绮。肯输与西廊,媚春桃李。不嫁含章,堕梅余恨蕊。

**二月,与王以敏、张仲炘等社集于裴维侒香草亭,同用《凤凰台上忆吹箫》词调咏箫,又同赋《玉蝴蝶》词咏蝶。**

鹏运词为《凤凰台上忆吹箫·社集香草亭赋箫》《玉蝴蝶·香草亭赋蝶》,俱见《校梦龛集》。

裴维侒《凤凰台上忆吹箫·依漱玉体,京师铁门词社作,赋箫》(《香草亭诗词》):

> 低转芳悰,暗调红韵,几分春在蓂苗。问玉人何处,明月今宵。拚被多情误我,生乞取、私谥王褒。相思调,一枝凤管,十里虹桥。　魂销。那时唱晚,赢自制新词,比得伊娇。算肯留脂晕,侥倖樱桃。闲里倩鸾轻弹,花暗落、唇态偷描。贪修谱,还愁嫩云,折断杨梢。

王以敏《凤凰台上忆吹箫·箫,社题同赋》(《檗坞词存》卷五):

> 茶担风香,杏饧烟暖,远音凄入窗纱。正唤春天气,品玉年华。曾为多情乞谥,挥彩笔、诵遍官娃。而今换、吴山越水,流恨天涯。　莺花。俊游梦里,肯轻

负当时,紫曲红牙。甚倚歌难和,修谱先差。休语秦楼身世,人不见、凤吹谁家。扁舟去,横江月明,一枕听他。

**张仲炘《凤凰台上忆吹箫·咏箫》(《瞻园词》卷一):**

阮宅铃深,吴亭酒熟,可怜明月今宵。乍口脂嘘暖,蜡底红消。莫道呼龙不起,烟幂处、瑶草应苗。休重忆,相思树下,一曲春娇。　魂销。小名错唤,濯碎锦江头,泪黯韦皋。廿四郎归去,苴袖难招。谁借绿云一片,鸾驭远、不度朱桥。空相伴,饧香竹担,咽断花朝。

**裴维侒《玉蝴蝶·春蝶依梅溪体》(《香草亭诗词》):**

一向杜兰香去,玉京踪迹,遗恨罗裙。莫道东风,不醉花国芳魂。碧情酣、嫩晴苔径,红梦软、香月梨云。几番春。羽衣飘影,金粉余痕。　真真。凭谁欲唤,鬌花娇艳,眉样温存。寂寞开元,玉媒秋妒六官人。信仙侣、前身夜合,怜媚子、旧佩情根。曲翻新。祝英台近,零乱歌尘。

**王以敏《玉蝴蝶·咏蝶,社题同赋》(《檗坞词存》卷五):**

看惯六朝金粉,午窗梦醒,依旧今生。栩栩翩翩,春色底事关卿。住仙乡、合称么凤,捎曲槛、翻避流莺。恣将迎、绿波芳草,红雨飞英。　多情。天教付与,未妨翼平薄,爱赌身轻。忽上钗梁,镜中添媚掌中擎。旧罗裙、彩云描就,新舞袖、宫绣堆成。漫心惊。晚花留伴,人瘦秋清。

张仲炘《玉蝴蝶·春蝶和韵珊》(《瞻园词》卷一):

醉里西家飞去,缬云如梦,魂黯重帘。野菜花多,桃李知为谁甜。玉腰轻、比春更瘦,金粉薄、无泪都淹。最难忺。紫堆红压,微雨廉纤。　恹恹。舞衣频试,可怜飘荡,柳絮相兼,冷落黄昏,楚莲香去忍窥奁。艳游空、扇罗漫扑,尘影断、诗笔谁拈。恨长缄,好将幽怨,描上春衫。

## 二月,赋《水龙吟》词咏梨花,张仲炘和之。

鹏运词为《水龙吟·梨花》,见《校梦龛集》。

张仲炘《水龙吟·梨花和幼霞韵》(《瞻园词》卷一):

缟仙犹在人间,靓妆不数琼花丽。空濛粉雾,明珰羞解,香罗轻试。酿不成春,吹都作泪,凄凉无比。又东阑过却,清明一度,几惆怅、经行地。　只有姮娥新寡,冷溶溶、镜台同倚。玉颜不管,落红偏惜,东风何意。别具酸心,可怜娇面,杳无人际。便拚教雨打,绿笺漫诉,怕瑶宫闭。

## 三月初四日(4月13日),王以敏将离京,有词留别鹏运。

王以敏《蝶恋花》(《檗坞词存》卷五):

醉里笙歌愁里度。九陌飞红,信马忘归路。蝶子驮香心怎苦。花开一梦成今古。　春自多情人自去。不恨斜阳,恨被星星误。一寸杨枝千点絮。飘零料有相逢处。

几日风香莺语闹。刻意看春,春被愁分了。不分关河吹笛早。素娥那识伊凉调。　检点征衫尘未扫。

消瘦崔郎,惯得桃花笑。梦醒天风吹海棹。琼田遍种红心草。

案:上二词鹏运后辈藏有手稿,序作:"己亥上巳后一日将出都作。"多有异文。

**约三月,赋《石州慢》词补题《春明秋饯图》寄在湖北的某同年。**

词为《石州慢·补题〈春明秋饯图〉,寄耕夫同年鄂中》,见《校梦龛集》。

**三月,成昌值社,鹏运赋《丑奴儿慢》词题其《明湖问柳图》。张仲炘、裴维侒各有词。**

鹏运词为《丑奴儿慢·南禅值社,即题其〈明湖问柳图〉。按渔洋山人〈秋柳〉诗,李兆元笺谓吊亡明而作。赵国华云纪明藩故宫人事。李笺载〈天壤阁丛书〉,赵说见〈青草堂集〉。词成,示颖生,云曾见旧家〈精华录〉,〈秋柳〉诗题下,有'送寇白门南归'五字,云出渔洋手稿。是又一说也。因识之,以征异撰》,见《校梦龛集》。

张仲炘《霜叶飞·用清真词韵为成子蕃题〈明湖问柳图〉》(《瞻园词》卷一):

暗愁如草。东风外,红桡深舣亭表。画帘波卷乱飞莺,正汉宫眠悄。对一角、残山怨晓。金刀裁剪眉痕小。泫露叶清啼,似倦客、悲秋镜里,绿鬓慵照。 凄念絮作春衣,哦诗北渚,短策流憩曾到。白门人去燕笺稀,动酒边吟抱。况昨日、兰襟判了。青青谁倚章台调。便未入、他人手,一点相思,只今应少。

裴维侒《眼儿媚·〈明湖问柳图〉》(《香草亭诗词》):

| 正谱 卷三 |

　　嫩情千万缕。怕飞老鸳鸯,不将愁去。斜阳淡无语。恁微波从托,是谁轻许。孤亭断潋。算曾影、湖山旧主。一日扁舟,拈笛人归,好景再来无据。　辜负。阑干空翠角,净饮荷香,半天风露。莲心最苦。杨枝恨,怎分付。纵流泉长碧,流春都尽,留得诗人甚处。蓦更休吟,帘卷西风,絮花暗雨。

　　案:裴词词牌名误,疑当作《瑞鹤仙》。

三月,张仲炘有《氐州第一》词,鹏运依调和之,朱祖谋又用周邦彦《氐州第一》词韵和之。三词均当咏义伶五九事。

　　鹏运词为《氐州第一·和次珊》,见《校梦龛集》。

《校梦龛集》稿本附张仲炘原作:

　　银烛光圆,笙凤劝酒,浓姿宝镜重展。旧约帘边,新妆扇底,凄绝年来望眼。春锁桃红,几伴取、天台仙眷。小袖调鹦,横茵睡蝶,艳怀非浅。　客路车尘催梦短。素襟浣、泪香愁浣。倚笛羌城,磨刀陇水,咽枕屏清怨。又争知、今夜里,花狂舞、霓裳叠遍。莫问他生,寸情丝、西风早剪。

《校梦龛集》稿本附朱祖谋和作:

　　轻薄筝尘,零乱细粉,当筵恨压眉小。密绪连环,清吭掩扇,凄隔秦天缥缈。蕃马屏风,有暗月、窥人偷到。玉杵深盟,金钱浅掷,顿催欢老。　八九惊乌依树少。定输与、鹊雌鸣绕。毳幕恩新,珠田梦远,暮并归酥抱。惹花前、闲泪落,停杯处、相看一笑。谁打鸳鸯,绣帘回、孤眠到晓。**用清真韵**

· 525 ·

案：《彊邨词賸稿》录上词序作："瞻园前辈见示酒边新作，半塘和之，蒙复继声。用清真韵。"稍有异文。

李梦符《春冰室野乘》九〇"都门词事汇录"（六）"咏雏伶五九事"条："京师雏伶五九者，以色艺名丁戊间，南海张樵野侍郎昵之。侍郎之谴戍也，门生故吏无敢往送行者，五九独弃所业，追送至西安而后返。都下一时称为义伶。两家集中各有《氐州第一》一首，即咏此事。王云：（即上词。略）。朱云：轻薄筝尘，零乱钿粉，当筵恨压眉小。密绪连环，清吭掩扇，凄隔秦天缥缈。蕃马屏风，有暗月、窥人偷照。玉杵深盟，金钱浅掷，顿催欢老。　八九惊乌栖树少。定输与、羁雌鸣绕。毳幕思新，珠田梦远，蓦并归愁抱。惹花前、闲泪落，停杯处、相看一笑。谁打鸳鸯，锦塘空、孤眠到晓。"

**四月初十日（5月19日）病起，偶过屺村，回忆年来社集盛况，倍感孤独，赋《三姝媚》词寄郑文焯、易顺豫。**

词为《三姝媚·四月十日病起，偶过屺村，回忆年时，吟事甚盛，此时好梦难寻，孤游易感，不知来者之何如今也。赋寄叔问长洲，叔由芜湖》，见《校梦龛集》。

**约四月，朱祖谋有用周邦彦词韵《渡江云》词送客，张仲炘和之。**

朱祖谋《渡江云·拈清真韵送客游江左，亦劳者之歌也》（《彊邨词賸稿》卷一）：

新寒罗被觉，蔽帘雨急，一雁堕圆沙。梦醒和泪别，海燕深栖，妒入莫愁家。啼红满镜，悄自惜、薄媚铅华。千万丝、白门杨柳，浑未称藏鸦。　空嗟。孤飞青鸟，双引黄骢，并颓波东下。亲觏著、蓬莱尘暗，秋鹄文纱。回桡荡作江南怨,破暝色、霜在苍葭。惆怅极,归期还问缸花。

张仲炘《渡江云·用清真韵和沤尹,并示幼霞诸子》(《瞻园词》卷一):

> 凉云催雁度,倚楼望极,朔吹起龙沙。醉驰骄马去,凤藻凄迷,水驿暂浮家。红尘近隔,镇可惜、清镜年华。应悔将、夹门春牓,草草乱涂鸦。　曾嗟。拍歌汾水,打桨珠江,又人归白下。知画桡、今停何处,帷隐宫纱。惊鸳漫打池中鸭,怕夜月、愁伴汀葭。休更问,刘郎前日桃花。

**四月,况周颐自扬州游湖北,赋词寄怀,鹏运和之。**

词为《徵招·夔生自广陵游鄂,赋词寄怀,却和》,见《校梦龛集》。

案:况周颐原词未见。

**四月,左绍佐招同人社集日望楼,同用《角招》词调赋词。**

鹏运词为《角招·笏卿招同人社集日望楼,限调同赋。按白石此词,前拍"缈"字是借叶,换头"袖"字非韵,往与叔问论律如是。梦湘旧谱黄钟清角调,即用此说。次珊、韵珊皆严于持律,一字不轻下者,并以质之》,见《校梦龛集》。

张仲炘《角招·左笏卿招同人消夏于文仲恭寓楼,酒酣对月,更唱迭和,凉露侵衣,闻寺钟铿然,逡巡始散。昔与仲恭一灯相对时无此豪迈也》(《瞻园词》卷一):

> 画阑凭。凉蟾为底、无聊换了清景。故人欢未竟。记得许时,携手花影。情浓似茗。问旧事、银灯应省。

粉壁新题尚认。看帘隙一星星,度流萤光冷。 何幸。红尘梦里,金尊酒畔,良夜清游并。露华垂斗柄。散发吟商,一天云净。鸥盟管领。任占取、陂塘千顷。可惜归鸿路迥。料今夕、客中怀,长消凝。

章华《角招·社集日望楼》(《淡月平芳馆词》):

正吟瘦。无端助我、销魂绿遍槐柳。淡烟窗外岫。难得可人,楼上扶手。花骢去久。只负却、苍蒹盈亩。一碧遥天渺渺。上三千级丹梯,尽词仙搔首。 还有。墨光渍袖,清言霏玉,爽把西山秀。画帘云影溜。芳草萋萋,招凉时候。尊前梦旧。算无计、能消残酒。付与蝉琴细奏。又斜日、落高城,黄昏后。

裴维佴《角招·社集龙树寺楼》(《香草亭诗词》):

碧桃谢。无言拚**去**与、流光悄过春也。瘦腰欹半把。雾阁水亭,人倦初夏。回文恨惹。指透碧、纹纱灯炧。手叠鸾笺背写。泪消得一珠珠,洒琉璃帘下。 鸳瓦。玉**去**蟾半挂。湘筠冷按,凄调吹还怕。倚风芦翠亚。寺角青山,前游情话。浮云似画。幻一缕、相思无那。冷落幽花绊架。听檐铎、咽槐柯,龙涛泻。

**四月,张仲炘读唐人《息夫人不言赋》,有感赋词索和,鹏运和之。**

鹏运词为《三姝媚·次珊读唐人〈息夫人不言赋〉,有感于"外结舌而内结肠,先箝心而后箝口"之语,赋词索和。聊复继声,亦"盍各"之旨也》,见《校梦龛集》。

《分春馆词话》卷三第二六条:"王半塘《三姝媚》(蘼芜春思

远)一阕,不少人谓因怜珍妃被幽而作。又卷三第四八条:王鹏运《三姝媚》词,写珍妃被幽囚时之情景。是时王氏与彊村正校勘梦窗词,故此词不免受梦窗影响,情思掩抑,若有无限难言之隐者。"

张仲炘《三姝媚·白敏中〈息夫人不言赋〉有云:"外结舌而内结肠,先箝心而后箝口。"叹为知言,爱广其意》(《瞻园词》卷一):

> 浓云堆楚甸。采蘪芜山头,故夫难见。暗泣年年,强向人犹是,露桃娇脸。感极君王,凭认取、眉间恩怨。解语何时,分付花铃,坠红长伴。  金缕东风凄断。记气馥幽兰,旧宫春暖。梦入章华,甚子规多事,万山啼遍。泪落谁边,应恼恨、一声河满。便有香笺能写,愁怀怎展。

**四五月间,作《鹧鸪天》词咏史,实为时事而发。**

词为《鹧鸪天·向与二三同志,为读史之约,意有所得,即以〈鹧鸪天〉纪之,取便吟讽,久而不忘也。人事作辍,所为无几。今年四五月间,久旱酷热。咄咄闭门,再事丹铅,漫成此解,并告同志,毋忘前约,为之不已。亦乙部得失之林也。嗣是所得,仍名曰〈读史吟〉云》,见《校梦龛集》。

李梦符《春冰室野乘》九〇"都门词事汇录"(三)"《鹧鸪天》咏史"条:"此首为朱古微学士、张次珊参议劾某官事发。折角、埋轮,指两人姓也。"

**五月初五日(6月12日),作校刻《梦窗甲乙丙丁稿》述例并记。约略同时,朱祖谋作校刊《梦窗甲乙丙丁稿》叙。**

述例并记云：

一曰正误。按《梦窗词》世只虞山毛氏、秀水杜氏二刻。毛刻失在不校，舛谬致不可胜乙；杜刻失在妄校，每并毛刻之不误者而亦改之。是刻据二本对勘，参以诸家总集。凡讹字之确有可据者，皆一一为之是正。若"向"误"丙"、"梅"误"悔"之类，必胪举原文，则亥豕纵横，触目生厌。故卷中不复标明，另为劄记附后，以备参考。可疑者或注句疑字于本句下，其讹字之未经诸本校出者，依傍形声，推寻意义，时亦间得一二。已改者注曰"毛作某"或"毛误某"，未改者曰"疑作某"或"疑某"，误并列行间以待商榷，不敢自信以为必然。至毛本不误而相承以为讹，经杜刻校改者，间分注证明于本阕之末。虽不免挂漏之讥，或有资于隅反，亦毛刻《片玉词》例也。

一曰校异。校勘家体例，最重胪列异文，以备考订。此集世只毛、杜二刻。唯有毛刻以前选本可据以为异同，又不少概见。杜刻校语所列书目，如《词洁》《词汇》《词纬》《词鹄》《词系》，斋中皆无其书。又传有毛斧季校本，亦仅见所引数条。它如《御选历代诗余》《钦定词谱》、万氏《词律》、朱氏《词综》、周氏《词录》所录梦窗词大抵本之毛刻。其校定讹字之可信者，业已据正原文，此外无甚出入，若"幽芬"之一作"幽芳"，"绣被"之一作"翠被"，浪费楮墨，何关校雠。故只惟是之求，不能备列。亦有因两疑而并存者。惟朱存理《铁网珊瑚》所载十六阕,系出梦窗手稿,为可信从。至毛刻原注"一作某"者,恐旧本如是,悉仍之。不曰"原注"者,以合毛杜两本对勘,举毛所以别于杜也。又有所谓"杜校一作"者,以不知杜所自出,故举以实之。其有明知改词以就韵律、避重文,凡一切选家所妄易者,则去之惟恐不尽,不得以校勘之说相绳矣。**毛刻《婆罗门引》"双成夜笙","笙"字杜刻作"深",而注云"别本作笙",《东风第一枝》"恐化作、彩云轻举",毛刻脱"作"字,杜校云"恐化作"三字,原作"化下"。此二校皆不可解。**

一曰补脱。毛刻阙文极夥。有已经空格者,当是原阙,然只十之三四,不逮脱简之多。杜刻次第拟补,几成完书。是刻惟间补一二虚衬字,皆于空格之下,注曰"某本作某",不令与原文相杂。三四字以上,则悉从盖阙。唯甲稿《塞翁吟》毛阙"绿幕萧萧"四字,据《词旨》补入正文,以出宋人论著,非后来选本所可例也。其有不空格、注曰"某本多某字"者,按之句律,多寡皆合,不得以阙文论也。又如甲稿《浪淘沙慢》有"新燕帘底□说"句,毛刻脱一字,按律当在"底"字下,杜刻初印本拟补"偷"字,虽不确,尚不失律;覆校据姚抄本于"帘"上补"画"字,又改"底"为"低",平侧大谬,为吾友王梦湘太守所讥。乙稿《木兰花慢》"步层邱翠莽□□处更春寒"句,毛刻亦有脱文,杜刻以"翠莽处"为句,而补"直上"字于"层邱"下。遍检梦窗此调,次句第二字无用侧者。此类至多,不可枚举。故卷中脱简，不但不敢妄补，即空格处亦详审而后定。至毛刻原空，则悉仍其旧。间有移易，亦必有说。

一曰存疑。梦窗工于锻炼，亦有致成晦涩者，浅人读之，往往骤不能解。以毛刻之多误字，遂归咎于校勘之不精，任情点窜，是以戈载《七家词选》于梦窗涂沫尤甚。稍掉轻心，即蹈此失。如《扫花游》换头"天梦春枕被"句，杜校谓"'天梦'疑'香梦'之讹"，初颇谓然，继思词为题瑶圃万象皆春堂。圃为嗣梁王别墅，见《癸辛杂志》。王乃理宗之母弟，度宗之本生父。盖用秦穆公上天事，语不误也。又《塞垣春》起句"漏瑟侵琼管"，初以为必有讹字，嗣读《秋思耗》词"漏侵琼瑟，丁东敲断"云云，始悟为用温助教诗"丁东细漏侵琼瑟"句，它如《疏影》之"占春压一"、《一寸金》之"醉擘青露菊"、《绛都春》之"漫客请传芳卷"、《定风波》之"离骨渐尘桥下水"，约十许处，不敢谓其不误，亦不敢谓其必误，疑而存之，以俟高明鉴定。顾千里云："天下有讹书，然后天下无讹书。"殆有见于存疑之义云。案甲稿《拜新月慢》(绛雪生寒)一阕，纸韵也。乃叶"洒"字；《解语花》(门横皱碧)一阕，早韵也，乃叶"翠"字。丁稿《三姝媚》(酣春青镜里)一阕，纸韵也，乃叶"敛"字。论韵皆无说可通，疑按律或融声能入。盖梦窗用韵本极精严，而大晟叶律又久同绝学，此等处置之不论不议，犹不失不知盖阙之旨。亦存疑之一端也，故附著之。

一曰删复。《梦窗四稿》，毛氏刻非一时，故有一词两见之失。如《月中行》(疏桐翠竹)一阕、《金缕曲》(浪影龟纹)(湖上芙蓉)两阕、《丑奴儿慢》(东风未起)一阕、《莺啼序》(横塘棹穿)(天吴驾云)两阕、《绛都春》(香深雾暝)一阕，皆从杜刻删后见者。又有误收他人之作，毛跋已详言之。杜刻已删者，周美成《绕佛阁》《庆春宫》《大酺》各一阕、柳屯田《尾犯》一阕、姜白石《凄凉犯》《洞仙歌》各一阕。未删者《玉蝴蝶》一阕，见《梅溪词》；《绛都春》一阕，见《草堂诗余》；《玉漏迟》二阕，一见《草堂》，一见《阳春白雪》及《绝妙好词》。案《梅溪》《草堂》皆出梦窗前；《阳春》《绝妙》二选出梦窗同时人，且收梦窗词不少，不应误将所作它属。故皆据删之。惟《好事近·秋饮》一阕互见《浦江词》，系据《中兴词选》补录，未删。

今年春，与归安朱古微学士校订《梦窗四稿》，拟五目以为之的。写本牾定，遂述之以为例。其捄正毛、杜处，非敢有心立异，盖恐迷误后来。且平心论之，有虞山之刻，然后霜腴遗稿不致无传；有秀水之校，然后汲古误书始有条理，皆不得谓非四明功臣。不佞区区，窃愿附两家为诤友。大雅宏廊，或无讥焉。然老懒迂迟，非得古微朝夕讲求，晰疑匡谬，终恐汗青无日，是古微又不佞之导师也。光绪己亥端阳半塘老人王鹏运写记。

朱叙云：

光绪己亥，临桂王佑遐给谏校刊《梦窗四稿》，叙述五例以程己能。杀青甫毕，谓余参预是役，宜且弁辞简端。给谏苦邃于词，触情协律，新声令慢，叠稿巾箱；丽制佳篇，传诵海内。而尤勤搜孤本，雅耽铅椠。其《四印斋所刻词》，论者以为国朝词刻丛书比于虞山毛氏、江都秦氏，角逐精富，犹实过之。兹编以杜校毛本，踳驳尤多，细意钩稽，每穷瞩旦；迻遗既甄，灵扃自启。录秀水之勤，匡正谬讹；完四明之旧，广通疑滞。精审博奥，详于例言。盖故籍流传，舛误断阙，繇来殊致。有逸书旁见，抠注而逢原；或遗文竟亡，大索而不得。承疑踵陋，妄改离真；两者皆伤，离真为最。乾嘉钜儒，严绝忤断，以其用力寡而信心勇也。刘勰有言："凡操千曲而后晓声。""圆照之象，务先博观。"故知给谏详慎通识，所为贤于杜氏远矣。梦窗词品，在有宋一代，颉颃清真；近世柏山刘氏独论其晚节，标为高洁。或疑给谏亟刊其词，毋亦有微意耶？余知给谏隐于词者也。乐笑翁题《霜花腴》卷后云："独怜水楼赋笔，有斜阳、还怕登临。愁未了，听残莺、啼过柳阴。"古之伤心人别有怀抱，读梦窗词，当如此低徊矣。若夫海角逢春，天涯倦客，撩人尘土，久殢朝衣。击筑高阳，寻帘易水。昭王台畔，酒人渐稀。醒眼抄撮，回肠度曲。愁边易老，不似当年，况乃小雅道废，颂声寖微。五洲人物，喧阗上国。蜃楼海市，弹指空中。高台落日，俯瞰神州。

画角吹愁,几时消尽。然则给谏日抱此编,俯仰身世,殆所谓"人间秋士,学作虫吟;字里神仙,遍存蝉迹"。必非如乾嘉诸老,校雠经典,鼓吹盛时六籍明矣。寒藤老屋,绕砌秋阴,旧集重温,频惊客梦。为题醉墨,强附知音云尔。归安朱祖谋。

**六月初,独游苇湾,触景生情,用周邦彦《扫地花》词调赋词。又采荷花数枝归,仍赋《扫地花》词。**

词为《扫地花·晓雨初霁,独游苇湾,迎凉弄水,容与于荷香柳影间。风景依然,俯仰增慨,不知境之移我情耶,抑各随所遇为欣戚也。偶拈美成双调,为云水问》《扫地花·观荷苇湾,载菡萏数枝归作清供,亦逃空谷者之足音也。宠之以词,仍用美成双调》,俱见《校梦龛集》。

**六月伏日银湾晓望,用吴文英《极相思》词韵赋词。**

词为《极相思·伏日银湾晓望,用梦窗韵》,见《校梦龛集》。

**六月十六日(7月23日)夜,与朱祖谋等在龙树寺日望楼赏月,赋《金缕歌》词。多年后朱祖谋忆及此事,曾赋词以记。**

鹏运词为《金缕歌·六月十六夜,日望楼对月》,见《校梦龛集》。

朱祖谋《婆罗门引·六月既望,水西小榭纳凉,忆己亥是夕龙树寺旧游。用梦窗韵》(《彊邨词剩稿》卷二):

纱巾倦整,绕池风起叠奁冰。泠泠雨度高城。帘卷天东娥镜,娟夕素妆成。奈临醒玉艳,尚妒闲情。

南楼翠层。记被酒、踏莎行。未了琴尊短梦,惊散筇声。鸥边社凉,又拖逗、秋心生半庭。芳卷墨、自展罗屏。

**六月,社集限调咏燕,分韵得"红"字,鹏运赋《丑奴儿》词二首。**

词为《丑奴儿·夏日限调咏燕,分韵得"红"字,二首》,见《校梦龛集》。

**七月初一日(8月6日),郑文焯为鹏运所寄新校刻《梦窗词》题《水龙吟》词以赠。**

郑文焯《水龙吟·半塘给谏以新校刻〈梦窗词〉寄示。感忆题赠》:

绚空七宝楼台,古香一片花虫语。签腾落次,晨搜暝讨,幽云怪雨。故国平居,旧家俊赏,连情细素。想甘蕉弹罢,冷芸熏断,残红扫、西风树。 还忆高秋乌府。感凄吟、寒蝉最苦。凝香清梦,忧时衰鬓,赚人词赋。封寄吴枭,零星墨泪,随风珠唾。倩吹愁玉管,新声更补,霜花胰谱。

连雨兀坐,声来被辞,属引凄异。光绪己亥七月丙午朔先立秋三日文焯记。

**案**:郑词据《梦窗甲乙丙丁稿》郑氏题词,见该书目录前,《比竹余音》卷三有异文。本年冬初鹏运作刻《梦窗甲乙丙丁稿》跋云"至冬初断手",则郑文焯收到的应为试印本。

《郑叔问先生年谱》光绪二十五年谱:"王佑遐给谏以新校刻《梦窗词》寄示,为题《水龙吟》词。"

**六月底,季弟维禧殁于泰州。七月初三日(8月8日),鹏运设奠成服,赋《满江红》词招魂。**

词为《满江红·辛峰殁于泰州。七月三日设奠成服,赋此招魂。老怀惨结,墨泪俱枯矣》,见《校梦龛集》。

  **案**:据上词序,可知维禧卒于光绪二十五年(1899)六月。谭志峰《王鹏运生平简表》系于光绪二十四年(1898)冬当误。刘映华《王鹏运词选注》一书对"成服"一词注解有误。刘映华对"设奠成服"注云:"服丧服满,祭奠死者,表示成礼。旧时兄弟死后,要服丧服九个月,叫大功,是五服之一。"(刘映华注,《王鹏运词选注》,广西民族出版社1984年版)将维禧卒年定为光绪二十四年,后来研究者遂沿其误。成服实际上是指旧时丧礼大殓之后,亲属按照与死者关系的亲疏穿上不同的丧服。《礼记·奔丧》云:"三日成服,拜宾送宾皆如初。"故由此年七月初三日前推三日(或稍长),即为维禧卒日。

**七月,郑文焯寄赠金石拓片,其中文字提及为兄弟祈愿。鹏运读之触发丧弟之痛,赋词寄郑文焯。**

  词为《百字令·叔问寄赠魏普泰二年〈法光造像记〉,文曰:"为弟刘桃扶北征,愿平安还。"时予季新亡,读之惨然,赋此以寄。叔问去秋亦有鸰原之痛也》,见《校梦龛集》。

**七月,万本敦赠以美石,石与桂林西湖隐山颇相似,鹏运赋《醉太平》词以记。**

  词为《醉太平·西湖隐山,吾乡岩洞最胜处。薇生侍御贻我韶石,高广不盈尺,六洞宛转,通明幽窅,颇与相似。因名曰壶天意隐,并系以词》,见《校梦龛集》。

**七月底八月初,鹏运与裴维侒均有《绿意》咏蒹葭词,疑为社集之作。**

537

鹏运词为《绿意·蒹葭》，见《校梦龛集》。

裴维侒《绿意·蒹葭》（《香草亭诗词》）：

> 回汀万绿。正素秋渺渺，幽思相属。隔水参差，风叶烟梢，休言更采盈掬。天涯一片怀人意，怅露白、沈吟如玉。怕鹭鸶、立到芦花，画里也嫌清独。　何况横流断港，数声暗吹去起，凄似残曲。玉树亭亭，月倚高寒，倒影低迷金粟。好花落尽芙蓉岸，甚却恋飘红余馥。那更堪、半屋如舟，冷怯晚吟人宿。

**八月十五日（9月19日）中秋，赋《月华清》词，左绍佐和之。后姚肇崧有追和之作。**

鹏运词为《月华清·己亥中秋》，见《校梦龛集》。

《校梦龛集》稿本附左绍佐和作：

> 玉碾天轮，珠融海镜，吴刚旧事何许。今夕楼台，若个清樽无负。算银浦、划尽流云，应不少、踏歌人聚。休诉。看嫦娥管领，上霄仙侣。　水调谁家自谱。甚望极高寒，奇声酸楚。柝点风传，故故扰人幽悰。倚虚幌、无奈秋心，怕泪湿、翠鬟香雾。吟伫。正斜飞露脚，暗虫如雨。

姚肇崧《月华清·癸巳中秋，竟日风雨，次日秋分，晚晴月出。和半塘老人己亥中秋韵》（《姚亶素词集》）：

> 露结氤氲，风来阆阖，澹然秋景如许。引领晴霄，肯把蟾圆孤负。倦情共、篱蟀闲吟，散步趁、砌萤飞聚。休诉。问前身记否，广寒仙侣。　几度清歌换谱。念渺隔云山，故乡吴楚。两地相思，谁与替传心素。寄缄

札、恨阻关河,萦梦想、似迷尘雾。延伫。喜天香飘堕,满身花雨。

**八月十七日(9月21日)至二十二日(9月26日),缪荃孙坐船由海路经烟台、天津到北京。**

据《艺风老人日记》。

**八月二十四日(9月28日),缪荃孙拜访鹏运及朱祖谋等人。**

据《艺风老人日记》。

**八月三十日(10月4日),缪荃孙来访。**

据《艺风老人日记》。

**八月,作刻《梅溪词》再记。**

记云:

《浩然斋雅谭》:"史邦卿,开禧堂吏也。当平原用事时,尽握三省权,一时士大夫无廉耻者皆趋其门,呼为梅溪先生。韩败,亦贬死。善词章,多有脍炙人口者。"据此则梅溪之为堂吏可无疑义。亟著之以正前跋之谬。《雅谭》又载梅溪《清明》二绝句云:"一百六朝花雨过,柳梢犹尔病春寒。晋宫今日炊烟断,并著新晴看牡丹。""宫烛分烟眩晓霞,惊心知又度年华。榆羹杏粥谁能辨,自采庭前荠菜花。"证以集中《满江红》词所谓"一钱不值贫相逼"者,其遇亦可哀矣。己亥八月半塘老人再记。

**案**:此记据广西师范大学文学院资料室藏《四印斋所刻词》光绪刻本,不见于上海古籍出版社影印本。

**八九月间,拟宋金元词人辛弃疾、张炎、朱敦儒、方岳、蔡松年、贺**

铸、史达祖、许棐、朱淑真、邵亨贞等人词作,朱祖谋、张仲炘、裴维侒等同拟之。

鹏运词为《临江仙·拟稼轩》《朝中措·拟玉田》《减字木兰花·拟樵歌》《点绛唇·拟秋岩》《卜算子·拟萧闲》《一斛珠·拟东山》《恋绣衾·拟梅溪》《浣溪沙·拟梅屋》《醉花阴·拟幽栖》《阮郎归·拟清溪》,俱见《校梦龛集》。

朱祖谋《减字木兰花·拟樵歌》(《彊邨词剩稿》卷一):

无愁可解。底事年年逋酒债。不道愁深。梦里银屏夜夜心。　极天霜信。眼看秋山摇落尽。焉用归舟。决驾飞鸿阅九州。

朱祖谋《鹧鸪天·拟放翁》(《彊邨词剩稿》卷一):

镇日矶头压短垣。今年屋后断潺湲。青松未必妨贤路,白发公然有责言。　驰骡耳,控黄肩。较量百计让邱樊。曝然放杖东归耳,安用人间下泽辕。

朱祖谋《清平乐·拟日湖》(《彊邨词剩稿》卷一):

水沈烟冻。袅断江南梦。夜夜单衾金缕凤。未省新愁轻重。　西楼雁字行行。酒醒越地凄凉。不怨那回轻别,只差没个商量。

张仲炘《乐府十拟·弇阳老人仿时贤口吻,制效颦十解,神韵逼肖。鹜翁约更效颦为乐府十拟。眼前情事,信手拈来,明知远不逮古人,亦自适所适而己》十首(《瞻园词》卷一):

《卜算子·拟后村》

花下见伊时,恰是初弦月。昨夜琼楼玉镜圆,偏照人离别。　待向梦寻伊,梦也难平帖。纵使相逢在梦中,伊又争知得。

《谒金门·拟蒲江》

秋已半。闲数天边归雁。芳信无凭愁似茧。画帘重又卷。　琼甃小台深院。细雨冷霞遮断。衰柳数行天渐晚。梦魂无处绾。

《醉思凡·拟花翁》

流苏半垂。阑干半欹。露桃一夜红稀。醉眠人未知。　盘鸦茜丝。颦蛾细眉。画檐立匀多时。听黄莺唤谁。

《糖多令·拟龙洲》

枫叶暮萧萧。飞艎溯浅潮。渐西风、吹转津桥。明月莫愁帆不稳,添几幅、海南绡。　鸳锦不须挑。偎灯双黛描。料芳衾、明夜魂销。税得花田珠万斛,重慰取、小红箫。

《朝中措·拟纯甫》

清霜浓点御街寒。仙袂六铢单。花底传宣玉敕,翠裘双裹吴纨。　凤文龟锦,千行綷縩,迎拜金銮。冷菊一丛独俊,朝朝披得黄棉。

《菩萨蛮·拟友古》

西风一夜吹罗幕。新槽无力胭脂薄。帐里不胜寒,如何长倚阑。　冰衾愁入梦。手捻钗头凤。可惜好丰姿。年年尘镜窥。

《生查子·拟少隐》

云衔宝髻斜,风袅湘裙瘦。心事怕人知,悄褪屏山后。　娇歌一转眸,款舞双垂手。粉面晕微红,薄带三分酒。

**《杏花天·拟竹屋》**

　　珠喉一曲台城路。听娇韵、郎心先妒。湘屏不遣纹纱护。忍放行云飞去。　东风外、芳踪暗数。渐步入、莓苔深处。醉游那管春韶误。春也不留人住。

**《好事近·拟东泽》**

　　林外月飞来,寒浸半窗霜色。乱坠玉阶红叶,怕素秋无迹。　一江烟水梦孤舲,云淡数峰碧。不是乡心频动,奈塞鸿声急。

**《清平乐·拟正伯》**

　　柳边来去。飞絮章台路。筠管轻拈伴不语。颠倒错书鸳谱。　老来越觉骚狂。春风蹀躞千场。眼底留情一饷,今朝侥幸王郎。

裴维侒《乐府十拟·〈花间集〉张舍人泌有此词十首,偶仿其意》,后录《浣溪沙》二首。《香草亭诗词》尚录有拟花间词人词作六首。

**九月初三日(10月7日),致信缪荃孙约期聚饮清谈。**

《艺风堂友朋书札》录此信云:

　　前谭为快。西山雅游已定期否?拟重九日在龙爪槐为题糕之集,是否有暇?如是日无暇,请于重九前后赐定一日,即在敝处薄酌清谈,良觏不易,万望惠临勿却,荷荷。定期后,当再肃丹。又前所言衍波佚词,曾觅得三调,即书于许刻《衍波词》眉上,兹将原书呈电。

许书尚附刻《渔洋诗余序目》,亦可取材也。如需用,即携之南中,用毕掷还亦可。此布,即敬颂筱珊仁兄大人道安。弟(期)[鹏]运再拜。初三。

**九月初七日(10月11日),招缪荃孙、宋育仁、夏孙桐、朱祖谋、万本敦、万本端等同饮。**

据《艺风老人日记》。

**九月初八日(10月12日),致信缪荃孙。**

《艺风堂友朋书札》录此信云:

昨辄亵,歉甚。谈谐则甚欢也。新词拜读,当携之山中,向云光岚翠中读之,当令众山皆响也。《洪幼臣文集》,独公所需一卷不在全集中,记曾取出读之,不知在何处矣。刻即登车入山,匆匆未暇寻觅,归来再觅呈。此复请筱珊仁兄大人吟安。弟(期)[鹏]运再拜。初八。

**九月初九日(10月13日)重阳,与朱祖谋同登翠微山,分调赋词。**

鹏运词为《八声甘州·九日,同古微登翠微山,宿灵光天游阁下》,见《校梦龛集》。

朱祖谋《好事近·九日坐天游阁》(《彊邨词剩稿》卷一):

短发渐飘萧,欹帽轻飙无力。强与风光流转,欠黄花消息。 绕池行怯晚寒生,薄酒那禁得。一带苍山无语,是谁家秋色。

**案**:《彊邨词剩稿》中朱氏上词列在《减字木兰花·拟樵歌》前,可知鹏运等人拟前人词作时间自八月中秋以后直至重阳以后,约有月余之久。

**九月十三日(10 月 17 日),缪荃孙来访。**

据《艺风老人日记》。

**九月十四日(10 月 18 日),嘱缪荃孙题《宣南感旧图》。**

据《艺风老人日记》。

**九月二十日(10 月 24 日)晚,左绍佐招鹏运与缪荃孙、宋育仁、朱祖谋等同饮于广和居,鹏运和缪荃孙词。**

据《艺风老人日记》。

鹏运词为《水龙吟·筱珊自山中入都,赋词写怀,倚调以和》,见《校梦龛集》。

《校梦龛集》稿本附缪荃孙原作:

扁舟归去江南,鲈鱼莼菜为家事。青鞋布袜,何人识我,兰台旧史。京洛重游,软红尘里,依然朝市。慨山邱华屋,西州门外,洒清泪、恸知己。**顺德师** 久矣挂冠神武,问长安、再来何意。堪讥少室,王侯著眼,浮名犹系。我本无心,衰颜凋雪,旧欢如水。有青山招隐,樵歌相答,向苍莨涘。

**案**:《碧香词》录上词略有异文。

《艺风堂友朋书札》载鹏运上词作:"梦中触拨闲云,青鞋偶踏长安道。旧欢新恨,天涯回首,牵情多少。古井波澜,五陵裘马,相看一笑。尽缁尘易化,故人知否,襟上只、烟霞绕。 顾我年来罢骫。说岩扃、甚时真到。烟蓑雨笠,望君如在,玉壶瑶岛。万里孤游,扁舟乘兴,超然物表。怕清吟拥鼻,徘徊未许,便东山老。《水龙吟》奉和筱珊先生,即希正误。已亥九月半塘僧鹜上。"

九月二十三日（10月27日），缪荃孙与夏孙桐同游龙树寺、崇效寺等处，又为朱祖谋题其《斜街补屋图》，复至鹏运处谈话。

据《艺风老人日记》。

九月二十四日（10月28日），缪荃孙出京南下，经天津、烟台、上海、镇江等地返江宁。

据《艺风老人日记》。

九月，朱祖谋、夏孙桐、章华等于鹏运校梦龛社集，同赋《惜秋华》词咏雁。

鹏运词为《惜秋华·校梦龛社集咏雁》，见《校梦龛集》。

朱祖谋《惜秋华·校梦龛社集赋雁》（《彊邨词剩稿》卷一）：

暮雨南楼，暮声声带得，边愁一片。羁枕正凄，西风燕归催换。玉关字侧黄昏，断影掠、钿筝心眼。年年，是衡阳极浦，春程流转。　千里故人远。料江湖梦稳，不关寒暖。灭烛误、秋橹到，酒醒肠断。天涯满目云罗，莫赚它、春波鸥伴。谁惯。有长门，月明灯暗。

夏孙桐《惜秋华·咏雁。用梦窗木芙蓉体》（《悔龛词》）：

渺渺霜程，问南飞倦翮，因谁憔悴。万里断云，殷勤寄将残字。应知顾影西风，梦故国、春花销绮。怜伊，剩天涯爪雪，鹓鸾还忌。　惆怅望烟际。尽江湖遍历，荒凉如此。叫侣唤群，一样稻粱心瘁。愁看水涸沙昏，只似雪、芦花衔起。凄异。岭梅寒，暗思归计。

章华《惜秋华·雁》（《淡月平芳馆词》）：

万里云罗，阵横斜瘦却，秋痕如线。菊老异乡，天边故人心眼。音书寄与伊谁,但赚得相思数点。无限。趁西风送来,声声肠断。　江雨带潮晚。看蒲菰深处,早乱花成霰。湘岸柳、塞门树,甚时游倦。殷勤按出平沙,倚素琴、小窗弹怨。应念。问归期,岁华先换。

**冬初,作刻《梦窗甲乙丙丁稿》跋。**

跋云:

　　右《梦窗甲乙丙丁稿》四卷,《补遗》一卷,附《札记》一卷。校勘之略已详述例中。夫校词之难易,有与它书异者。词最晚出,其托体也卑;又句有定字,字有定声,不难按图而索。但得孤证,即可据依,此其易也。然其为文也,精微要眇,往往片辞悬解,相饷在语言文字之外,有非寻行数墨所能得其端倪者,此其难也。况梦窗以空灵奇幻之笔,运沉博绝丽之才,几如韩文杜诗,无一字无来历;复一误于毛之失校,再误于杜之妄改,庐山真面遂沉埋云雾中,令人不可复识。是刻与古微学士再四雠勘,俶落于己亥始春,至冬初断手,约计一岁,中无日不致力于此。其于毛氏之失,庶乎免矣;其能免于杜氏之妄与否,则尚待论定。回首丹铅杂沓,一灯荧然,与古微相对冥搜,几不知门外风尘,今夕何夕。盖校书之难,与思误之适,于此刻实兼得之云。临桂王鹏运跋。

**案**:此跋见于国家图书馆所藏王鹏运校刊《梦窗甲乙丙丁稿》刻本末尾,上海古籍出版社影印本《四印斋所刻词》所收该跋在《梦窗甲乙丙丁稿》述例后。

十一月二十日(12月22日)冬至逢雪,与夏孙桐等于宋育仁问琴阁社集,用姜夔《暗香》咏梅词韵等赋词。朱祖谋又有《齐天乐》词。

鹏运词为《暗香·冬至逢雪,问琴阁社集,用白石咏梅韵》,见《校梦龛集》。

夏孙桐《暗香·至日逢雪,社作二首,用白石咏梅韵》(《悔龛词笺注》):

> 凤城寒色。正昨宵冻涩,西楼残笛。碾碎玉街,树树冰纹待堪摘。云物今朝倦数,知冷入、郊坛吟笔。笑尽日、熨遍炉熏,清梦滞苴席。　香国。万花寂。问早萼怨红,半庭烟积。箭虬漫泣。瞥眼东风动遥忆。销尽羁怀几许,白战斗、尊中春碧。便九九、图遍也,绮寮伴得。

夏孙桐《疏影》(《悔龛词笺注》):

> 吴篷载玉。记拥蓑画里,烟溆曾宿。一片湖云,色换千山,风尖碎了横竹。春魂飞堕梅花畔,更那辨、枝南枝北。话梦痕、却在寒波,伴我倦鸥清独。　无赖长安滞旅,打窗听细响,丝鬓摧绿。添线光阴,容易黄昏,耿耿青灯深屋。还愁入指冰弦脆,变激楚、幽兰新曲。只晓帘、清苦西峰,待把冻蛾烟幅。

朱祖谋《齐天乐·亭前垂柳珍重待春风,九言,言九画,宣庙御制也。懋勤殿双钩装幅,为〈九九销寒图〉,题曰"管城春满",南斋诸臣按日填注阴晴风雨,岁为故事。〈馎饦亭〉〈龙壁山房诗集〉并载之。己亥长至,社集同人恭赋》(《彊邨词剩稿》

卷一):

龙池浅色东风缓,春光管城先透。三起三眠,一波一磔,妆点销寒时候。酥钿九九,换新样宫绡,墨尘双逗。鹊尾香中,几呵挥翰玉堂手。　清吟天上事远,御屏宣侍处,玉案茸袖。六琯光阴,百年文物,不是寻常怀旧。芳韶尽有。梦不到灵和,雨滋烟溜。自擘苔笺,细填梅蕊瘦。

**十二月初九日(1900年1月9日),缪荃孙为鹏运题《宣南感旧图》。**

据《艺风老人日记》。

缪荃孙《齐天乐·题王佑遐〈宣南感旧图〉》(《碧香词》)

断笺零墨开三尺,如同故人絮语。鸡酒今朝,鸥盟昨日,触目更添凄楚。涩弦重抚。恍暗月寥天,哀鸣倦羽。竹树亭台,那边记取旧游处。　我今休叹离索,凤城天样远,萍踪吹聚。图失青松,馆荒红豆,憔悴宣南尘土。吟魂来去。化点点游磷,窥人豪素。剪烛窗西,秋声寒似雨。

**十二月十三日(1900年1月13日),缪荃孙续题鹏运《宣南感旧图》并作《樵歌》跋。**

据《艺风老人日记》。

缪荃孙《朱希真樵歌跋》(《艺风堂文集》卷七)云:

《樵歌》三卷,宋朱敦儒撰。敦儒字希真,洛阳人,绍兴乙卯以荐起,赐进士出身,为秘书省正字,兼兵部郎官,迁两浙东路提点刑狱。上疏乞归,居嘉禾。工诗及乐府,婉丽清畅。秦桧当国,奖用骚人墨客以文太平,复除鸿胪少卿。桧死,敦儒亦废。见《宋史·文苑传》《四朝闻见录》。希真有词名,以隐德著。思陵必欲见之,累诏始至。上面授以鸿胪卿,希真下殿拜讫,请致仕,上改容而许之。《二老堂诗话》:"希真诗词,独步一世,居嘉禾。秦丞相欲令希真教泰伯阳作诗,遂除鸿胪。蜀人武横作诗云:'少室山人久挂冠,不知何事上长安。如今纵插梅花醉,未必王侯著眼看。'"希真旧有《鹧鸪天》词见集中,故以此讥之。《能改斋漫录》:"希真流落岭外,九日作《沙塞子》词见集中,不减唐人语。"《竹坡诗话》:"顷岁朝廷多事,郡县不颁历。希真避地广中,作《小尽行》。"《澄怀录》:"陆放翁云:'希真居嘉禾,与朋侪诣之。笛声自烟波间起,顷之,棹小舟而至,则与俱归。室中悬琴、筑、阮咸之类,檐间有珍禽,俱目所未睹。篮缶贮果实脯醢,客至,挑取以奉客。'"《静志居诗话》:"城南放鹤洲,南渡初,礼部郎中朱敦儒营之以为墅,洲名其所题。虽不见地志,观《樵歌》一编,多在吾乡所作。此说近是。"《花菴词选》:"希真东都名士,天资旷逸,有神仙风致。《西江月》二首见集中,可以警世之役役于非望之福者。"《贵耳录》:"希真月词有'插天杨柳,何人推出一轮明',自是豪放。赋梅词'月横枝,销瘦一如无,但空里,疏花数点',语意奇绝,如不食烟火者。"希真著有《岩壑诗人集》一卷,又有《猎较集》,均不传。《樵歌》三卷,阮文达《经进书目》依汲古阁旧钞本进呈,而书亦罕见。吾友临桂王佑遐给事汇刻宋元人词钞,得知圣道斋所藏汲古阁未刻词内《樵歌拾遗》三十四首,先梓以行。今年正月,新安友人以吴枚庵钞藏见贻,如获环宝。三卷计二百五十五首,首尾完善,亦无序跋,不知源出何所。第与《拾遗》相校,均在其中。同为汲古钞本,何以别出《拾遗》,殊不可解。惟《贵耳录》所举二词俱在,想无甚遗佚矣。

  案:上跋刻入上海古籍出版社影印本《四印斋所刻词》所附《樵歌》目录后。

**十二月十六日(1900年1月16日),作《校勘梦窗词箚记》。**

箚记首云:

  余与古微学士校勘《梦窗四稿》,有与毛刻异文者,皆随笔箚记,以决去取。既写定,古微取据改各条排次成篇,附诸卷末,庶不没昔人铅椠苦心,亦以自镜得失,且质之世之读是集者俾有考焉。凡句中旁注字,毛刻原文也。句末书目,所据之本也。新校字不载,载有说者。己亥丑月十六日半塘老人记于校梦龛。

**十二月二十日(1900年1月20日),盛昱卒,享年五十岁。**

  据《清史稿·盛昱传》。又杨钟义《意园事略》:"二十五年春,病足,牵引臂痛……十二月十四日微吟六言诗云……二十日丑时卒,年五十岁,葬广渠门外杨庄新阡。"

**冬,和夏孙桐《三姝媚》咏唐花、《锁窗寒》咏残雪词。张仲炘亦和之。**

鹏运词为《三姝媚·唐花》《锁窗寒·残雪》，俱见《校梦龛集》。

**案**:《半塘剩稿》录前词题作："唐花和闰枝。"

张仲炘《三姝媚·唐花和闰枝》(《瞻园词》卷一):

炉箑嘘雾暖。熨流苏盈盈,艳鬘娇展。占得芳筵,向帽檐高插,翠飘红颤。竞掷金钱,空冷淡、江梅谁管。绛蜡须烧,莫等他年,雾中才看。　惆怅人间仙眷。怕舞彻山香,梦缘终短。醉不知愁,问此情何似,好春无限。几日铜街,浑未省、东风一面。寄语西园佳丽,休嗟岁晚。

张仲炘《锁窗寒·残雪和闰枝》(《瞻园词》卷一):

秀骨团冰,澄辉伴月,皎然如许。柔情未减,付与白头吟侣。印双鸳、旧痕半销,画阑黯泣愁如缕。是几时添得,三分流水,二分尘土。　凄楚。思前度。记酒暖炉温,玉堂曾妒。依稀幻影,忍被东风将去。尽无聊、幽抱自清,晚风峭急寒更苦。料何人、解惜琼瑶,悔作婆娑舞。

**冬,张仲炘有《曲玉管》词咏茶花女事。**

张仲炘《曲玉管·外国小说〈茶花女〉一册,叙巴黎名倡马克格尼尔事,译笔幽邃峭折,虽寻常昵昵儿女子语,使人之意也消,马克与之千古矣。词以咏之》(《瞻园词》卷一):

细慧煎春,浓愁沁月,凄凉片幅伤心稿。可惜人如花丽,曾几良宵。最魂销。　紫凤调弦,碧螺斟酒,一窗瘦影银灯悄。冷刺无端,两颊飞上红潮。泪珠抛。

乍得双栖,又鲍子、坪边秋晚,强支病枕恹恹,痴情苦恋湘皋。恨迢遥。把芳衷轻负,忍见玉鱼金碗,袜罗空剩,细数欢期,肠断山椒。

**本年,与朱祖谋同校《梦窗四稿》。**

夏孙桐《清故光禄大夫前礼部右侍郎朱公行状》:"四十始为词,与王半唐给谏最相契。同校《梦窗四稿》,词格一变,穷究倚声家正变源流,晚造益深。"

**本年,升任礼科给事中。**

关于鹏运升任给事中的时间,未见确切记载。鹏运光绪二十四年八月二十三日上《请端学术以端人心折》时尚署掌江西道监察御史,光绪二十六年闰八月十一日上《为首祸之臣情罪重大请饬交廷议折》时署礼科给事中。又据广西师范大学图书馆藏况周颐辑《薇省词钞》,此书初刻于光绪二十四年,其卷第十鹏运名下标录词十一首,而实录十三首,后补二首中后一首《徵招》(几年落拓扬州梦)为鹏运自京城寄给在湖北的况周颐的,又见于鹏运《校梦龛集》中,按收词先后顺序当作于光绪二十五年四月,可知广西师范大学图书馆藏本为增补重刊本。此本已云鹏运"现官礼科给事中",又《徵招》词后附张丙炎评云"夔笙自鄂邮示此阕",邮筒往返,亦须时日。故可大致推测此本重刊于光绪二十五年底。而鹏运升任给事中的时间也当在此前。又郑文焯作于本年七月初一日的《水龙吟》词序已称"半塘给谏",如排除事后修改的因素,则鹏运升任给事中当在上半年。

**本年,况周颐在武昌,与程颂万切磋词学。**

| 正 谱 |

徐珂《近词丛话》:"己亥,夔笙客武昌,则与程子大以词相切劘。幼霞闻之而言曰:'子大词清丽绵至,取径白石、梦窗、清真,而直入温、韦,得夔笙微尚专诣以附益之,宜其相得益彰矣。'"

**本年,王以敏出为江西知府。**

王乃征《王梦湘墓志铭》:"年三十六,成进士,授编修,充甲午甘肃乡试正考官。官京邸八年,改江西知府,权抚州及南康,补瑞州知府。……君生于咸丰乙卯年六月四日,春秋六十有七。"

案:王以敏成进士在光绪十六年,当于次年任编修,任京官八年后外任当在本年。春间王以敏仍参与词社唱和,可推知其在三月前后出京。

**本年前后,以辑刻词集赠黄绍箕,黄报以词。**

黄绍箕《齐天乐·王幼遐给谏假余所藏旧钞宋元词辑刻见贻,赋此柬之。彭文勤藏汲古钞宋未刻词,见〈知圣道斋读书跋尾〉,余藏本行款悉合,盖出一源。彭跋又云"合李西涯辑南词一部,又宋元人小词一部,于已刻六十家外得六十二种,安得好事者续镌后集"云云。幼遐所刊,适得其半,他日当相助访求,系之篇终,以当息壤》(《全清词钞》第二十八卷):

> 绛云消歇金风谢,虞山秘储星散。渔笛腔边,樵歌谱外,花草飘零无算。春回雪案。忽双白仙人,笑呼侪伴。拟为君图,乌丝红烛校词馆。　平生耽玩古翰。苦删除绮语,偏被情绊。梁梦留凄,荷心卷悴,幻出玉锵金灿。风骚一瓣。料词客英灵,未应枯烂。剑合他年,补南昌一半。

编年词:《东风第一枝·己亥人日社集四印斋,赋得人日题诗寄草堂,同次珊、韵珊、笏卿、古微、梦湘、曼仙作》《瑶华·水仙》《探春慢·梦湘用梅溪〈东风第一枝〉韵赋春雪索和,次玉田韵报之》《东风第一枝·顷用玉田〈探春〉韵,奉酬梦湘和梅溪春雪之作。复书以玉田韵律,皆视梅溪为易,意若未甚慊者。再用梅溪韵成此,且督梦湘和玉田也》《凤池吟·春冰》《凤池吟·再赋春冰》《长亭怨·题王又点词卷,用卷中岁暮寄别韵》《清平乐·十四日晨起,意有所会,率笔书此,以俟赏音。栩栩然蝶,蘧蘧然周,必于梦觉间求之,滞矣》《东风第一枝·元夕雨中用梅溪韵,同梦湘作,并约次珊、古微和》《蓦山溪》(尘缘相误)、《玉漏迟·百获亭夜宴有赠》《御街行·渔洋山人有赠雁词,曹珂雪尝和之。春宵风雨,归鸿送声,亦拟作一解》《解连环·秋千》《风入松·社集玉湖跌馆,题金冬心画梅》《念奴娇·日望楼春眺,有怀仲弓》《花心动·花朝。用梦窗体》《杨柳枝·拟花间》(赋里长杨旧有名)(飞絮空蒙锁画楼)、《齐天乐·马神庙海棠,百年故物也。春事方酣,意古微日吟赏其下,不能无词,拟此待和》《凤凰台上忆吹箫·社集香草亭赋箫》《玉蝴蝶·香草亭赋蝶》《水龙吟·梨花》《石州慢·补题〈春明秋饯图〉,寄耕夫同年鄂中》《丑奴儿慢·南禅值社,即题其〈明湖问柳图〉。按渔洋山人〈秋柳〉诗,李兆元笺谓吊亡明而作。赵国华云纪明藩故宫人事。李笺载〈天壤阁丛书〉,赵说见〈青草堂集〉。词成,示颖生。云曾见旧家〈精华录〉,〈秋柳〉诗题下,有'送寇白门南归'五字,云出渔洋手稿。是又一说也。因识之,以征异撰》《氐州第一·和次珊》《三姝媚·四月十日病起,偶过悃村,回忆年时,吟事甚盛,此时好梦难寻,孤游易感,不知来者之何如今也。赋寄叔问长洲,叔由芜湖》《满庭芳·蜀葵》《渡江云·清真集中诸调,梦窗多拟作,俊茂处能似之,言外绝不相袭。四月十有八日,意有所触,偶拈是解》《徵招·夔生自广陵游鄂,赋词寄怀,却和》《祝英台近》(掩荆扉)、《角招·笏卿招同人社集日望楼,限调同赋。按白石此词,前拍"纱"字是借叶,换头"袖"字非韵,往与叔问论律如是。梦湘旧谱黄钟清角调,即用此说。次珊、韵珊皆严于持律,一字不轻下者,并以质之》《三姝媚·次珊读唐人〈息夫人不言赋〉,有感于"外结舌而内结肠,先箝心而后箝口"之语,赋词索和。聊复继声,亦"盍各"之旨也》《鹧鸪天·向与二三同志,为读史之约,意有所得,即以〈鹧鸪天〉纪之,取便吟讽,久而不忘也。人事作辍,所为无几。今年四五月间,久旱酷热。咄咄闭门,再事丹铅,漫成此解,并告同志,毋忘前约,为之不已。亦乙部得失之林也。嗣是所得,仍名曰〈读史吟〉云》《扫地花·晓雨初霁,独游苇湾,迎凉弄水,容与于荷香柳影间。风景依然,俯仰增慨,不知境之移我情耶,抑各随所遇为欣戚也。偶拈美成双调,为云水问》《扫地花·观荷苇湾,载菡萏数枝归作清供,亦逃空谷者之足音也。宠之以词,仍用美成双调》《极相思·伏日银湾晓望,用梦窗韵》《金缕歌·六月十六夜,日望楼对月》《南楼令》(掠鬓练花长)、《丑奴儿·夏日限调咏燕,分韵得"红"字,二首》(斗春花底呢喃语)(黄昏帘幕微微雨)、《满江红·辛峰殁于泰州。七月三日设奠成服,赋此招魂。老怀惨结,墨泪俱枯矣》《百字令·叔问寄赠魏普泰二年〈法光造像记〉,文曰:"为弟刘桃扶北征,愿平安还。"时予季新亡,读之惨然,赋此以寄。叔问

· 555 ·

去秋亦有鸰原之痛也》《醉太平·西湖隐山,吾乡岩洞最胜处。薇生侍御贻我韶石,高广不盈尺,六洞宛转,通明幽窊,颇与相似。因名曰壶天意隐,并系以词》《浣溪沙·梦得蓬莱七字,足成此解》《绿意·蒹葭》《月华清·己亥中秋》《临江仙·拟稼轩》《朝中措·拟玉田》《减字木兰花·拟樵歌》《点绛唇·拟秋岩》《卜算子·拟萧闲》《一斛珠·拟东山》《恋绣衾·拟梅溪》《浣溪沙·拟梅屋》《醉花阴·拟幽栖》《阮郎归·拟清溪》《八声甘州·九日,同古微登翠微山,宿灵光天游阁下》《水龙吟·筱珊自山中入都,赋词写怀,倚调以和》《惜秋华·校梦龛社集咏雁》《暗香·冬至逢雪,问琴阁社集,用白石咏梅韵》《三姝媚·唐花》《锁窗寒·残雪》。以上《校梦龛集》。

## 光绪二十六年庚子(1900),五十二岁
**正月,誊录《校梦龛集》稿本并作题记。**

上海图书馆藏半塘己稿《校梦龛集》初定稿本一卷,有郑文焯校。鹏运题记云:"庚子正月录出,半塘僧鹜题记。"
**正月,龙继栋卒,年五十六岁。**

缪荃孙《前户部候补主事龙君墓志铭》:"庚子春晚,见君戚督部刘公子,询之则君以今年正月物故矣,年裁五十六。"
**正月,高燮曾、张仲炘同日被罢斥。二月十二日(3月12日)离京时,鹏运诸人于龙树寺饯别二人。**

张仲炘《浪淘沙慢·余游龙树院始于丙子春闱放榜之夕,少长十人,流连沾醉。通籍以后,足迹罕经。戊戌之秋,文仲恭侍御僦居寺之东楼,又数数过从者两月余。仲恭去,或与诸生讲

| 正 谱 卷三 |

艺,或偕同志聊吟,月辄三四至,遂长结香火缘矣。今年正月,余偕高理臣少京兆同日被放。将出国门,知好诸公复觞饯于此,绘〈日望楼饯别图〉,各以诗词见赠。回忆廿五年来,忽忽若梦。丙子同游,殁者七八,仲恭又之官洛阳。今日同座诸君子虽皆齐名日下,亦各将乘彼阆风,驰驱皇道,以宣力于四方,而余则顶礼慈悲,行且浪迹江湖,与寺长别。胜游难再,良觌何时?思昔感今,潸然泪下,辄拈清真商调,促拍依韵抒怀,张之壁间,留作异日胡僧劫灰之话可耳。时光绪庚子二月十二日。同座者高理臣,绘图者裴韵珊,填词者王幼霞、左笏卿、朱古微,赋诗者徐仲文、胡公度、管士修、黄伯香》(《瞻园词》卷二):

黯凝望、冰澌败苇,树拥荒堞。浓绿釐春未发。疏钟荡晚渐阒。步曲径、回肠重绾结。采香去、屐齿曾折。念载酒陈游半今古,吞声暗愁绝。　凄切。画阑醉倚高阔。正雾冷风昏无言际,隐隐寒欤咽。偏泪沁红螺,魂断将别。漏壶易竭。轻负人、无奈琼霄晶月。银字缄云空重叠。莺簧巧、曙鸡唱歇。更谁管、明宵圆共缺。但分袖、莫揽杨丝,怕鬓色,纷堆粉絮都成雪。

朱祖谋《莺啼序·龙树寺饯别高理臣府丞、张次珊参议,用梦窗丰乐楼韵》(《彊邨语业》卷一):

轻阴傍楼易暝,带春云步绮。画阑绕、冻柳初黄,暗结沈恨天际。细禽唤、年光冉冉,荒波荡晚疑无霁。殢离人、肠断斜阳,絮点飘坠。　十载东华,对酒念往,信孤根自倚。镜中路、窥熟西池,楚吟流怨红翠。赋深情、兰荃绣笔,泪花迸、铜仙铅水。惯伤春,蝶悄莺沈,

557

梦醒何世。 刘郎老去,咫尺蓬山,倦数旧游美。天外紧、东风一信,绛蕊颠倒,缥缈鹃声,误人归事。银河夜挽,珠宫晨叩,香笺飞出回鸾篆,悄冥冥、海阔星垂地。情丝怨极。长宵雾阁云窗,顿抛乱红鲛纬。 横汾旧曲,采石新吟,料画轮正迟。怕点检、炉薰花外,笛谱梅边,酒醒舻棱,凤城十二。东门帐饮,西台车马,江湖头白回望处,惜芳菲、须掩伤高袂。白鸥去矣难驯,燕幕孤栖,荡魂万里。

夏孙桐《水龙吟·送张次山纳言赴江南》(《悔龛词》):

恋人楼外峰青,一尊更倚危阑款。东风信骤,漫天絮影,为谁遮断。去国情怀,伤高涕泪,几人心眼。只舻棱转首,春花似梦,浑忘了、天涯远。 南国荷衣初换。棹鸥夷、五湖波软。丛兰露泚,轻鸥雪渚,顿教尘浣。料有渔樵,望风争识,切云冠岸。愿朱颜好护,呼猿招鹤,洗山中怨。

章华《张次珊通参、高理臣侍御罢归,诗以慰之》(《倚山阁诗》卷上):

飘然一笑脱朝簪,细雨轻雷出蓟门。好我北风共携手,思君南国惯销魂。并无老菊资三径,但有封章在九阍。毕竟萧闲是恩眷,荷花相送到青墩。

案:鹏运词未见。

**三月,朱祖谋辑校周密《草窗词》毕,有跋。鹏运遵朱嘱校毕刊本并记其缘始。**

鹏运识云:

右周公谨《草窗词》二卷、《词补》二卷,归安朱古微学士辑校本。初余以杜刻《草窗词》体例踳驳,欲取鲍氏知不足斋本校刊,而以《蘋洲渔笛谱》各词序附见各阕之后,并旁及草窗杂著之足与其词相发明者,概附著之。即校录字句,亦止据《蘋洲渔笛谱》《绝妙好词》二书,以成周氏一家之言。商之古微,古微以草窗著籍弁阳,又词中多吴兴掌故,遂欣然从事。往复商榷,踰月而书成。案草窗杂著之传于今日者曰《齐东野语》二十卷、《癸辛杂志》四集六卷、《武林旧事》十卷、《浩然斋雅谭》三卷、《志雅堂杂钞》一卷、《云烟过眼录》二卷续录一卷、《澄怀录》二卷、《绝妙好词》七卷。若陶氏《说郛》所刊,为目几廿余种,皆从以上诸书摘出,另立新名以炫观听,为明人刻书陋习。《南宋杂事诗》所引《乾淳起居注》《乾淳岁时记》《武林市肆记》等皆是也。所歉然者,《浩然斋视听钞》《浩然斋意钞》二书未得寓目耳。词中标目讹舛,古微跋语中已详言之。其尤误者,下卷羼入周明叔三词,杜氏遂题曰借刻周晋。考草窗所以称述其亲之见诸杂著者,皆据事直书,无夸大溢美之意;而谓欲于自选词中借刻己作以诬亲而增重,贤如草窗,谅不出此,其为后人掇拾讹误无疑。今仍存三词,而著其说于此。质之古微,当亦谓然也。庚子三月古微以刊本属校,记其缘始如此。半塘老人王鹏运识于校梦龛。

朱跋云:

　　右周公谨《草窗词》二卷、《词补》二卷。按公谨词自定名为《蘋洲渔笛谱》,长塘鲍氏先据琴川毛氏刻之,中有脱简。后刻《草窗词》,复辑《笛谱》及《绝妙好词》所载而兹集逸去者为《词补》二卷,秀水杜氏据之刻于吴中,而或列原题,或以《笛谱》词序羼入,体例殊未尽善。去年春夏间,半塘老人约校梦窗词,既卒业,复取鲍氏草窗词重加商斠,编题一依其旧,而以《笛谱》诸题移附词后,并仿查心谷、厉太鸿《绝妙好词笺》之例为之辑校,取征本事,间载轶闻,所引皆公谨自著书,不复泛滥旁涉。其摭及查、厉《词笺》者,以犹是弁阳翁志也。集中诸题与《笛谱》详略得失,颇相悬异,如《渡江云·再雪》《齐天乐·梅》《一枝春·春晚》,又和韵《长亭怨慢·怀旧》《乳燕飞·夏游》《明月引·寄恨》《柳梢青·梅》,皆为未尽当时事实。至《拜星月慢》之"春晚寄梦窗",《齐天乐》之"赤壁重游",《声声慢》之"水仙""梅",《江城子》之"闺思",讹舛尤甚。阮氏谓为后人掇拾所成,其说至审。惟《笛谱》既非完书,不得不据此为定本。校既毕,爰述其厓略如此。光绪庚子三月归安朱祖谋跋。

**春,作朱敦儒《樵歌》跋。**

跋云:

右朱希真《樵歌》三卷,长洲吴小匏钞校本。初余校刻《樵歌拾遗》,即欲求其全帙刻之而不可得。甲乙之际,小山太史归田,属访之南中,逾五年而后如约。亟校付手民,以酬夙愿。词三卷,凡若干阕,《拾遗》所录悉载卷中。唯于《花草粹编》补《孤鸾》,《词综》补《念奴娇》各一阕。其《拾遗》误收朱淑真《生查子》(年年玉镜台)一阕,系沿杨升庵《词林万选》之讹,兹不录。希真词于名理禅机,均有悟入;而忧时念乱,忠愤之致,触感而生,拟之于诗,前似白乐天,后似陆务观。至晚节依违,史家亦与务观同慨。然《南园》一记,尚论者多为原心希真,则鲜有论及之者。岂文人言行,固未易相符耶?抑自待过高,不能谐俗,名与谤俱也?去年小山入都,倚声相唱酬,戏援蜀人武横诮希真诗,所谓"如今便插梅花醉,未必王侯著眼看"者,以为笑谑,并致深慨。校此卷竟,更不禁为之怃然矣。光绪庚子春日临桂王鹏运识。

**五月十六日(6月12日),义和拳在北京开始焚掠。**

据郭廷以《近代中国史事日志》。

**五月二十四日(6月20日),董福祥甘军及义和拳开始围攻北京东交民巷使馆及西什库教堂(北堂。时为下午四时。是夜奥国使馆被攻破)。**

据郭廷以《近代中国史事日志》。

**五月二十五日(6月21日),下诏与各国宣战。命各省召集义民成团,藉御外侮。聂士成部与各国联军在北仓苦战四小时。**

据郭廷以《近代中国史事日志》。

**五月,有信寄郑文焯。**

据《词学》第七辑。信云:

兼以酷热不可耐,闭户裸陈,几不知我为何物。蚊蚋攒肤,爬搔不已,始知此身尚有血肉,犹知痛痒,奈何!……端节狂窘,无可奈何,只得借词出气,两日所得,竟有六七阕。然不佳知矣。古微时来谭艺,稍慰寂寥,此外所闻,深恨不聋耳。

六月二十七日(7月23日),吏部左侍郎许景澄、太常寺卿袁昶奏劾大臣信崇邪术,误国殃民,请严惩祸首毓贤、裕禄、董福祥、徐桐、刚毅、启秀、赵舒翘。七月初三日(7月28日),杀许景澄、袁昶。

据郭廷以《近代中国史事日志》。

《清史稿·德宗本纪二》:"秋七月庚子朔,命李秉衡帮办武卫军事,张春发、陈泽霖、万本华、夏辛西诸军并听节制。壬寅,杀吏部侍郎许景澄、太常寺卿袁昶。"

七月十九日(8月13日),俄军攻占北京东便门。董福祥及义和拳连日猛攻使馆。

据郭廷以《近代中国史事日志》。

七月二十日(8月14日),联军入北京,大掠,使馆解围。太后召见军机大臣三次。

据郭廷以《近代中国史事日志》。

七月二十一日(8月15日),太后挈帝出北京总胜门西奔,抵贯市(临行推珍妃于井)。美军攻紫禁城。荣禄、崇绮、董福祥走良乡。

据郭廷以《近代中国史事日志》。

七月中旬,朱祖谋、刘福姚就鹏运以居。

据后引鹏运致郑文焯书及徐定超《庚子秋词》叙。又王孝饴《王半塘老人传略》:"庚子拳匪倡乱,两宫西幸,京朝士大夫莫不仓皇戎马,相率逃避,老人独闭户读书为故。于时朱古微学士、刘伯崇殿撰皆因故居扰于寇,移寓四印斋依老人以居,《庚子秋词》即是时所填也。"

**七月,京城陷落,张仲炘以词寄鹏运及朱祖谋。**

张仲炘《莺啼序·七月,京师报陷,邮递不通,闻有附夷舶北行者。偶填此解,以倭楮细书柬鹜翁,沤尹,俾知天涯逐客犹在人间也》(《瞻园词》卷二):

东华梦尘渐冷,黯愁生乱苇。雁飞远、堕影秋江,忍说霜塞憔悴。万叶战、西风半落,斜阳树杪红难系。剩惊魂、飘荡因风,尚留人世。 犹忆初时,候火报警,访昆阳汉垒。彗旗动、碧血横溅,怖人屠伯愁对。乍铜鞮、欢闻旧曲,又梅笛、楼中吹起。算归来、除了诗囊,但余清泪。 悲吟楚泽,老客诸侯,胜览寄淮水。空认取、残金零粉,远盼仙侣,懒鹜闲沤,只今何似。高台蜃幻,奔涛龙蜕,春星翩作惊鸿隐,对机丝、苦嚼相思味。江头怨极,谁怜细屑青磷,麝螺料盈千纸。 三都妙笔,百粤循声,想断蓬尚滞。最悄念、槐宫钟罢,旧雨凄凉,杖渐钱空,甑将尘洗。长笺待写,含情难诉,何时重展荑佩宴,吊宫花、闲说开元事。无聊休上危梯,漏滴更长,夜寒未已。

**八月初一日(8月25日),留京吏部尚书徐郙等三十三人联名拟致两江总督刘坤一、湖广总督张之洞电,请刘、张设法挽回危局并力劝李鸿章北来维持大局,致全权大臣李鸿章电,请其迅速赴**

京挽回大局。鹏运与朱祖谋、刘福姚、宋育仁等列名。初十日（9月3日）由袁世凯代转二电。

据骆宾善、刘路生主编《袁世凯全集》第六卷光绪二十六年八月初十日诸电。

**八月初四日**（8月28日），**北京联军游行紫禁城。**

据郭廷以《近代中国史事日志》。

**八月初六日**（8月30日），**两宫抵大同府。命在京王大臣及部院堂官，督率司员，迅赴行在。**

据郭廷以《近代中国史事日志》。

**八月初六日**（8月30日），**留京吏部尚书徐郙等联衔上折奏陈京城近日情形。鹏运与朱祖谋、刘福姚、宋育仁等列名。**

据民国二十一年（1932）八月北平故宫博物院编《清光绪朝中日交涉史料》卷五六。折云：

> 吏部尚书臣徐郙等跪奏，为谨陈都城近日情形，上慰宸廑，恭折仰祈圣鉴事。窃上月二十日洋兵入城，至今十余日，庙社安固，禁门以内亦尚完整。城内外居民当洋兵初入时不免惊惶，现已渐就安谧。市面多有土匪焚掠之事，五城地面各国分段暂驻，官弁无从弹压。全权大臣、直隶总督李鸿章尚未到京，应请饬催迅速北来，办理一切事件。除缮折恭请皇太后、皇上圣安外，谨将都城近日大概情形合词驰陈，由内务府笔帖式多寿赍诣行在，伏乞皇太后、皇上圣鉴。再京城内外皆有洋兵驻扎，内外城臣工难于昭面商榷，是以内城诸臣未经会列衔名，合并声明。谨奏。光绪二十六年八月初

六日。吏部尚书臣徐郙、工部左侍郎臣李端遇、詹事府詹事臣李昭炜、顺天府府尹臣王培佑、光禄寺卿臣郭曾炘、太常寺少卿臣张亨嘉、翰林院侍读学士臣秦绶章、翰林院侍讲学士臣朱祖谋、翰林院侍讲学士臣恽毓鼎、翰林院侍读臣朱益藩、詹事府左春坊左赞善臣郑叔忱、户科给事中臣谢希铨、礼科掌印给事中臣郑思贺、礼科给事中臣王鹏运、巡视中城掌山东道监察御史臣陈璧、巡视东城掌河南道监察御史臣徐道焜、巡视北城掌四川道监察御史臣张兆兰、掌江南道监察御史臣万本敦、掌山东道监察御史臣许佑身、翰林院修撰臣刘福姚、翰林院编修臣徐德沅、翰林院编修臣刘启端、翰林院编修臣高枬、翰林院编修臣赵熙、翰林院编修臣段友兰、翰林院编修臣熊方燧、翰林院编修臣饶士端、翰林院编修臣饶芝祥、翰林院编修臣廖基钰、翰林院编修臣万本端、翰林院检讨臣宋育仁、宗人府主事臣陈懋鼎、内阁侍读臣杨树、内阁即补侍读臣朱彭寿、内阁即补侍读臣陆嘉晋、内阁中书臣宋廷模、内阁中书臣朱崇荫、内阁中书臣宋体乾、内阁中书臣赵世骏、内阁中书臣黄懋桢、户部员外郎[臣]刘奉璋、户部主事臣段世德、户部主事臣陶福履、户部主事臣聂兴圻、户部主事臣徐定超、户部主事臣俞效曾、户部主事臣金鹏、户部司务臣李廷琳、礼部员外郎臣于式枚、礼部主事臣陶福同、礼部主事臣欧阳熙、礼部主事臣史悠瑞、兵部主事臣谢翌雯、兵部主事臣陶世凤、兵部主事臣王衡、兵部主事臣高树、(刑)[兵]部主事臣董康、刑部郎中臣伍兆鳌、刑部郎中臣顾绍钧、刑部员外郎臣陈秉崧、刑部主事臣连培型、刑部主事臣曾鉴、刑部主事臣乔树枬、刑部主事臣郑兴长、刑部主事臣钱能训、刑部主事臣简允中、刑部主事臣王念曾、刑部主事臣陆之斡、刑部主事臣张其镠、刑部主事臣许受衡、刑部主事臣萧熙、刑部主事臣朱仁寿、工部郎中臣傅嘉年、工部郎中臣许桱蕃、工部员外郎臣杨士燮、工部主事臣李士林、工部主事臣宁鹏南、起居注主事臣姚大荣、光禄寺署正臣钮德荫、通政使司经历臣钱寿仁、国子监学正学录臣贾景仁、国子监监丞臣高向瀛、国子监学录臣王仪郑。

**八月二十六日(9月19日)起**,与朱祖谋、刘福姚等在四印斋一起选调赋词。相约每晚选一两个词调,选调限于六十字以内,选字选韵限于鹏运弟维禧留下的残缺诗牌所有字。宋育仁九月下旬前亦有和作。活动一直持续到十一月底。鹏运词中多感怀时事和思乡怀归之作。

据后引鹏运《庚子秋词》自序。另《庚子秋词》上卷目录后有云:"起八月二十六日,讫九月尽,凡阅六十五日。拈调七十一,得词三百六十八,附和作三十九,共三百又七首。"下卷目录后有云:"起十月朔,讫十一月尽,凡阅五十九日。拈调六十一,得词三百十三,附原作二,共三百十五首。"

**闰八月初**,赋《鹧鸪天》词感时事。

词为《鹧鸪天》(无计消愁独醉眠),见《庚子秋词》。

清郭则沄《清词玉屑》卷六以为鹏运《庚子秋词》诸作皆有

所指,此首"谓(八国)联军盘据禁苑,叫嚣尘陌也"。

**闰八月初,郑文焯得鹏运书,回寄以《浣溪纱》词,又赋《谒金门》词感时事。**

郑文焯《浣溪纱·楼居秋暝,得鹜翁书却寄》(《比竹余音》卷四):

> 罢酒西风独倚阑。满城红叶雁声寒。暮云尽处是长安。　故国几人沧海梦,新愁无限夕阳山。一回相见一回难。

郑文焯《谒金门》三首(《比竹余音》卷四,又见《樵风乐府》卷五):

> 行不得。觑地衰杨愁折。霜裂马声寒特特。雁飞关月黑。　目断浮云西北。不忍思君颜色。昨日主人今日客。青山非故国。

> 留不得。肠断故宫秋色。瑶殿琼楼波影直。夕阳人独立。　见说长安如弈。不忍问君踪迹。水驿山邮都未识。梦回何处觅。

> 归不得。一夜林乌头白。落月关山何处笛。马嘶还向北。　鱼雁沉沉江国。不忍闻君消息。恨不奋飞生六翼。乱云愁似幂。

黄濬《花随人圣庵摭忆》云:

> 予始得樵风、彊村二家词,实罗瘿同曹时手赠,时在庚戌,瘿薄游吴会乍归也。瘿公初住教场二条胡同,是王半塘故宅,所谓四印斋,庚子朱古微曾来同居之,瘿公因集《瘗鹤铭》题曰"王朱前后词仙之宅",后迁广

州会馆,仍榜此八字于客厅。尚记是冬瘿公絮絮为言至苏州得见文小坡,并书赠小坡一诗于予之团扇。弹指二十余年,瘿公殁亦岁星一周,今翻《彊村语业》卷二《西河》小序云:"庚戌夏六月,瘿庵薄游吴下,访予城西听枫园,话及京寓,乃半塘翁旧庐,回忆庚子辛丑间,尝依翁以居,离乱中更,奄逾十稔,疏灯老屋,魂梦与俱,今距翁下世且七暑寒已。向子期邻笛之悲,所为感音而叹也。爰和美成此曲,以摅旧怀。"即纪兹事。按半塘《庚子秋词》,即与古微及刘伯崇、宋芸子所倡和,有写本,石印行世,词多小令,涉及掌故者不多。其可纪者,半塘曾以一书并写诸词寄樵风,其中乃有名言。且可见尔时围城中士大夫之心理,今备录之,王致郑书云:"困处危城,已逾两月,如在万丈深阱中,望天末故人,不啻白鹤朱霞,翱翔云表。又尝与古微言,当此时变,我辈问必有数十阕佳词,若杜老天宝至德间哀时感事之作,开倚声家从来未有之境,但悠悠此生,不识尚能快睹否?不意名章佳问,意外飞来,非性命至契,生死不遗,何以得此。与古微且论且泣下,徘徊展读,纸欲生毛。古微于七月中旬,兵事棘时,移榻来四印斋,里人刘伯崇殿撰,亦同时来下榻,两月来尚未遽作芙蓉城下之游,两公之力也。古微当五六月间,封事再三上,皆与朝论不合,而造膝之言,则尤为侃侃,同人无不为之危,而古微处之泰然。七月三日之役,不得谓非幸免,人生有命,于此益可深信。人特苦见理不真耳。鄙人尝论天下断无生自入棺之人,亦断无入棺不盖之理。若今年五月以后之事,非生自入棺耶?七月以后之我,非入棺未盖耶?以横今振古未有之奇变,与极人生不忍见不忍问不忍言之事,皆于我躬丁之,亦何不幸置耳目于此时,而不聋以盲也。八月以来,傅相到京,庶几稍有生机,到京已将一月,而所谓生机者,仍在五里雾中。京外臣工,屡请乘舆回銮,乃日去日远,且日促各官去行在。论天下大事,与近日都门残破满眼,即西迁亦未为非策,特外人日以此为要挟,和议恐因之大梗,况此次倡谋首祸诸罪臣,即以国法人心论之,亦万不可活,乃屡请而迄未报允,何七月诸公归元之易,而此辈绝颈之难也?是非不定,赏罚未昭,即在承平,不能为国,况今日耶!郁郁居此,不能奋飞,相见之期,尚未可必,足下谓弟是死过来人,恐未易一再逃死,至于生气,则自五月以来消磨净尽,不唯无以对良友,亦且无以质神明。晚节颓唐,但有自愧,尚何言哉,尚何言哉。中秋以后,与微微伯崇,每夕拈短调,各赋一两阕,以自陶写,亦以闻闻见见,充积郁塞,不略为发泄,恐将膨胀以死,累君作挽词,而不得死之所以然,故至今未尝辍笔。近稿用遁渚唱酬例,合编一集,已过二百阕,芸子检讨属和,亦将五十阕。天公不绝填词种子,但得事定后始死,此集必流传,我公得见其全帙。兹先撮录十余阕呈政,词下未注明谁某,想我公暗中摸索,必能得其主名,虽伯崇词于公为初交,然鄙人与古微之作,公所素识,坐上孟嘉,固不难得也。"半塘此书,可分数节诠注。其言得叔问新词者,叔问于庚子之变,有《贺新郎·秋恨》二首、《谒金门》三首,最为沉痛。又《汉宫春·庚子闰中秋》一首,亦甚悲。戴亮集年谱中,所谓《谒金门》三解,每阕以行不得、留不得、归不得三字发端,沈郁苍凉,如伊州之曲是也。书中所云与古微且读且泣下者,度是此词。古微五六月间封事,及造膝之言,则指古微与袁、许等迭奏斥义和团,及召见时古微抗声力谏,那拉氏大怒,问瞋目大声者为谁,以古微班次稍远,后未暇细察,得免诸事。此节古微行状、墓志及晚近诸家笔记已及之。其言七月三日之役幸免者,则杀袁、许之日也。其论李合肥到京后仍无生机,两宫无意回銮,及首祸诸臣迄未诛戮,可见尔时焦盼之意。祸首久之始正法,回銮则在次年。其寄示《庚子秋词》十数首,叔问答以一词,此词《樵风乐府》不载。《比竹余音》中《浣溪沙》题为《楼居秋暝得鹜翁书却寄》"罢酒西风独倚阑。满城红叶雁声寒。暮云尽处是长安。 故国几人沧海等,新愁无限夕阳山。一回相见一回难"是也。

**闰八月十一日(10月4日),上《为首祸之臣情罪重大请饬交廷议折》。**

据《王鹏运研究资料》。折云:

礼科给事中王鹏运跪奏,为首祸之臣情罪重大,请饬交廷议,恭折仰祈圣鉴事。窃臣伏读闰八月初二日谕旨,以庄亲王载勋等纵庇拳匪,启衅友邦,以致贻忧宗社,乘舆播迁,将该亲王等分别惩处等因。钦此。是该亲王等情罪重大,久在圣明洞鉴之中。特以责己之重,不惮罪人从轻。天下臣民,同深感颂。然臣愚昧之见,实有不能已于言者。伏思拳匪之变,实由载勋等至愚极谬,借市井风影之谈,挟乌合不逞之众,上以荧惑朝廷,下以胁制寮(寀)[案],不审彼己之强弱,不问事理之有无,诛杀任性,跋扈不臣,以致三数月之间,酿成国家三百年未有之奇变。设使当日各馆使臣均被焚戮,而东南海疆各督抚臣复不能默体慈怀圣意,力持大局,百计斡旋,则今日为祸之烈,将有不忍言者。是其罪状昭著,岂惟擢发难数,亦实振古未闻。虽载勋等或为王公贝勒,或为枢密重臣,缘情定罪,非不臣所敢预,然仅以革爵议处,实不足仰慰宗社之灵,下抒臣民之愤,外平与国之心。且道路传言,外人索取首祸之人甚亟,与其待彼要挟,始正刑章,何如先伸国法,使彼心折。盖此事为今日安危所关,亦外交观听所系,虽不必过事苛求,亦何可稍形轻纵。可否请旨将载勋、溥静、载濂、载滢、载澜、英年、刚毅、赵舒翘等罪状明白宣示,饬令行在及在京各王大臣分别妥速定议,请旨遵行,天下幸甚。臣愚昧之见,是否有当,谨专折具陈,伏祈皇太后、皇上圣鉴。谨奏。

**闰八月中旬,赋《谒金门》词感时事。**

词为《谒金门》(霜信骤),见《庚子秋词》。

郭则沄《清词玉屑》卷六以为此首"哀首祸亲贵也"。

**闰八月中旬,与朱祖谋、刘福姚同赋《醉落魄》词题宋育仁《归隐图》。**

鹏运词为《醉落魄·题复荪〈归隐图〉》,见《庚子秋词》。

朱祖谋同作:

  青山一发。雁声无际云重叠。扁舟未是归时节。万里麻鞋,愁向杜陵说。　几年不泛苕溪月。故国空负梅花发。天涯一样愁啼鴂。梦里闲沤,分占素波阔。

刘福姚同作:

  旧游一瞥。海天飞渡身如叶。杜鹃啼起乡心切。濯锦江边,归梦水云阔。　燕台落日金明灭。玉箫声断芳尊歇。西风瘦马应愁绝。别后相思,千里共明月。

案:如未注明,后引诸人唱和词作均据《庚子秋词》。

**闰八月下旬,赋《凤来朝》词感伤国事,抒发对八国联军占据京城的愤慨。**

词为《凤来朝》(热泪向风堕),见《庚子秋词》。

**九月初四日(10月26日),两宫抵西安。**

据郭廷以《近代中国史事日志》。

**九月上旬,赋《上行杯》词悼监察御史徐道焜。**

词为《上行杯》(侵阶落叶秋阴重),见《庚子秋词》。

**九月初十日(11月1日),收郑文焯信。**

致郑文焯复信有云:"叔问先生吟席。重九后一日,同乡陈小敬转到惠书。"此据《词学》第七辑黄墨谷辑录《王鹏运致郑文焯书》,与下文《郑叔问先生年谱》所录相比,开端多此数句。

## 正　谱

九月十六日(11月7日),与朱祖谋等上《敌患日深请迅独断以挽危机折》。

据民国二十一年(1932)八月北平故宫博物院编《清光绪朝中日交涉史料》卷五八。折云:

> 翰林院侍讲学士臣朱祖谋等跪奏,为敌患日深祸变不测、沥请迅赐独断以挽危机、恭折密陈仰祈圣鉴事。窃查李鸿章于闰八月十八日到京,几及一月,屡与各使接见,乃行文开议,旋被驳回,而各国之兵踞芦台,踞北塘炮台;入保定省城,掳去布政使廷雍,羁系公所;入永平府城,掳去知府重燠,押赴旅顺。前军已及正定,骎骎有西向之势。既无一旅之师与之抵拒,又无一言之重可以转圜。奕劻、李鸿章身膺重寄,日坐愁城,一筹莫展。推原其故,盖各国要挟三事,必期先允照办,乃肯开议。三事维何?一请将谬妄误国之王大臣等先行正法,一请慈舆圣驾回銮,一请准派外臣参预查办纵容拳匪各员。三事不行,不允开议。该亲王等有无密奏,臣等未能深知,然观其隐忍徘徊,难保非畏慎太过,秘不上闻。殊不知各国既已昌言,岂容踌躇不发,壅遏其间。设使各国外相羁縻,内怀叵测,轻骑锐进,由河南、山西两路径逼长安,若宋庆、若马玉昆,屡败之将,夫岂能支?若董福祥所部各军,纪律不严,见敌即[溃],夫岂能战?若岑春煊、若锡良,素未躬历戎行,夫岂能骤当大敌?况两省制兵裁汰垂尽,防勇训练未精,固不待交绥,而胜负已决矣。銮舆所在,孰为干

城？若再有七月二十一日之变，岂堪设想？前车不远，实可寒心。臣等身在危城，亲见祸乱。若一误再误，生无以报皇太后、皇上生成之德，殁无以对列祖列宗在天之灵，万死何足蔽辜？用敢披沥密陈。伏乞皇太后、皇上俯赐采择，先饬奕劻、李鸿章将所知外情据实覆奏，吁恳宸断施行，庶转危为安，上副祖宗付托之重。臣等不（勒）[胜]惶急待命之至，谨恭折密陈，伏乞皇太后、皇上圣鉴。谨奏。光绪二十六年九月十六日（光绪二十六年九月二十九日到）。翰林院侍讲学士臣朱祖谋、礼科给事中臣王鹏运、刑科给事中臣李擢英、掌江南道监察御史臣万本敦。

**九月中旬，有书及诸人围城中词作十余首寄郑文焯。前此郑文焯有纪时事之《谒金门》三首等寄鹏运。**

《郑叔问先生年谱》光绪二十六年谱云：

拳匪肇乱，京师陷落，两宫西狩。先生怅望觚棱，赋《杨柳枝》词二十六首，读者以为黍离之悲。又赋《谒金门》三解，每阕以行不得、留不得、归不得三字发端，沉郁苍凉，如伊州之曲。海内传诵，有为泣下者。……王佑遐朱古微诸公坐困危城，以词陶写悲愤，世所传《庚子秋词》是也。佑遐给谏以诸人词写寄先生，先生得书，却寄《浣溪纱》词一首。王书略云：困处危城，已余两月，如在万丈深阱中，望天末故人，不啻白鹤朱霞，翱翔云表。又尝与古微言，当此时变，我叔问必有数十阕佳词，若杜老天宝至德间哀时感事之作，开倚声家从来未有之境，但悠悠此生，不识尚能快睹否？名章佳闻，意外飞来，非性命至契，生死不遗，何以得此。与古微且论且泣下，徘徊展读，纸欲生毛。古微于七月中旬，兵事棘时，移榻来四印斋，里人刘伯崇殿撰，亦同时来下榻，两月来尚未遽作芙蓉城下之游，两公之力也。古微当五六月间，封事再三上，皆与朝论不合，而造膝之言，则尤为侃侃，同人无不为之危，而古微处之泰然。七月三日之役，不得谓非幸免，人生有命，于此益可深信。人特苦见理不真耳。鄙人尝谓天下断无生自入棺之人，亦断无入棺不盖之理，若今年五月以后之事，非生自入棺耶？七月以后之我，非入棺未盖耶？以横今振古未有之奇变，与极人生不忍见不忍闻不忍言之事，皆于我生丁之，亦何不幸置耳目于此时，而不聋以盲也。八月以来，傅相到京，庶几稍有生机，乃到京已将一月，而所谓生机者，仍在五里雾中。京外臣工，屡请乘舆回銮，乃日去日远，且日促各官赴行在。论天下大事，与近日都门残破满眼，即西迁亦未为非策，特外人日以此为要挟，和议恐因之大梗，况此次倡谋首祸诸罪臣，即以国法人心论之，亦万不可活，乃屡请而迄未报允，何七月诸公归元之易，而此辈绝颈之难也？是非不定，赏罚不昭，即在承平，不能为国，况今日耶！郁郁居此，不能奋飞，相见之期有无，尚未可必，足下谓弟是死过来人，恐未易一再逃死，至于生气，则自五月以来消磨净尽，不唯无以对良友，亦且无以质神明，晚节颓唐，但有自愧，尚何言哉。中秋以后，与古微伯崇，每夕拈短调，各赋词一两阕，以自陶写，亦闻闻见见，充积郁塞，不略为发泄恐将膨胀以死，累君作挽词，而不得死之所以然，故至今未尝辍笔。近稿用遁渚唱酬例，合编一集，已过二百阕，芸子检讨属和，亦将五十阕，天公不绝填词种子，但得事定后始死，此集必流传，我公必得见其全帙，兹先择录十余阕呈政，词下未注明谁某，想我公暗中

摩索,必能得其主名,虽伯崇词于公为初交,然鄙人与古微之作,
公所素识,座上孟嘉,固不难得也。此书颇足为当日事变史料,
故录之。先生各词均见《比竹余音》中。

**九月下旬,宋育仁搭乘会船南去,不再参与唱和。**

据后引鹏运《庚子秋词》自序。

**九月底,徐定超作《庚子秋词》叙。**

叙云:

光绪庚子之夏,拳匪倡乱。七月既望,各国师集都门,乘舆西狩。士大夫之官京朝者,亦各仓皇戎马,奔驰星散。半塘老人独闭户如故,而归安朱古微学士、临桂刘伯崇殿撰,咸以故居扰于寇,依之以居。余居去半塘最近,晨夕过从,相与慰藉。既出近词一编示余,则皆两月来篝灯倡酬、自写幽忧之作,以余同处患难而属弁言于余。余谓言为心声,心之所动,自不能不发之于言。古之作者处此,有为麦秀黍离之歌者矣。如庾信之《哀江南》、杜甫之《悲陈陶》,皆所谓"古之伤心人别有怀抱"者。彼其时其事之躬自阅历,所以怵魄而怆神者,岂无他人共之哉?惟他人不能言,而此独言之,使读之者悲愤交集,皆怦怦戚戚,而若有以先得其心之所同然,故足以鸣当时而信后世。今三子者,同处危城,生逢厄运;非族逼处,同类晨星;沧海澜颓,长安日远,从之不得,去之不能,忠义忧愤之气、缠绵悱恻之忱,有动于中而不能以自已,以视兰成去国、杜老忧时,其怀抱为何如也!余虽不知词,然三子者之言,皆余所

欲言而不得者,则亦不能自已于言也,于是乎书。永嘉徐定超。

**案**:由后鹏运自序知,《庚子秋词》所收词作始于八月二十六日,经两月(本年闰八月)则到了九月底,徐定超为《庚子秋词》作叙。徐氏所见约为《庚子秋词》上卷中之作。

**十月初九日(11月30日),赋《渔歌子》词咏那拉氏杀珍妃事。**

词为《渔歌子》(禁花摧),见《庚子秋词》。

黄濬《花随人圣庵摭忆》云:

以予所知,王病山乃征《落叶》七律四首,李孟符岳瑞《无题》八首之第二首,王半塘《庚子秋词》乙卷调寄《渔歌子》,范肯堂《庚子秋题娄贤妃所书屏翰二字》七律一首,恽薇孙毓鼎《金井一叶落》五律一首,吴绢斋《清宫词》"赵家姊妹共承恩"一首,其中托词寓讽,率指兹事。即郑叔问《杨柳枝》词"雨洗风梳碧可怜,秋凉犹咽五更蝉。谁家残月沧波苑,夜夜渔灯网碎钿"一首,盖亦庚子秋伤时讽事,有感于此也。

**十月十五日(12月6日),赋《甘草子》词寄怀况周颐。**

词为《甘草子·用杨无咎韵》(年暮),见《庚子秋词》。

**十月十八日(12月9日),与朱祖谋、刘福姚三人同赋《虞美人》词题《校梦龛图》。**

鹏运词为《虞美人·题〈校梦龛图〉》,见《庚子秋词》。

朱祖谋同作:

江蓠摇落知多少。一卷伤心稿。霜红扫尽见楼台。赢得百年缣素、为君开。　赚人词赋哀时泪。进入回肠碎。墨尘已共劫灰寒。小几秋灯依旧、对长安。

案:《彊邨词剩稿》卷一录上词序作:"半塘欲为《校梦龛图》,偶得明王綦秋林茅屋小帧,因以充之。"

刘福姚同作:

楼台七宝穷天巧。绝境谁能到。庐山真面待君开。难得小窗风雨、故人来。　披图莫问沧桑事。也自伤憔悴。夜灯风味尚依然。不道有人先向、画中传。

**约十月二十日(12月11日),与朱祖谋各赋《遐方怨》词多首,其中咏落叶词实为纪珍妃事。**

鹏运词为《遐方怨》(槐叶落),见《庚子秋词》。

朱祖谋同作咏落叶词云:

销粉盏,减香筒。屈膝铜铺,为君提携团扇风。泣香残露井边桐。一秋辞辇意,袖罗红。

黄濬《花随人圣庵摭忆》云:"庚子七月,都城陷,珍妃为那拉后令总管崔阉以毡裹投于井,其事绝凄惨。朱彊村、王幼遐所为庚子落叶词,皆纪此事。"

**十月下旬,赋《三字令》词感时事。**

词为《三字令》(春去远),见《庚子秋词》。

郭则沄《清词玉屑》卷六以为此首"谓京僚疏请回銮,而订期屡展也"。

案:《庚子秋词》中上词为《三字令》第一首,其第二首主题应该相同。

**十一月初六日(12月27日),诏将奕劻、李鸿章与各国所议大纲**

十二条照允,惟仍望磋磨补救。

据郭廷以《近代中国史事日志》。

**十一月中旬,与朱祖谋、刘福姚同用张仲炘《定风波》词韵赋词。**

鹏运词为《定风波·用瞻园韵》,见《庚子秋词》。

张仲炘《定风波·天门道中阻风雨》:

晴便开船雨便停。行行不记许多程。休怪打头风不止。能几。推篷闲对晚山青。 碧海千重沉旧愤,黄流一半带秋声。不道痴龙真个睡。从醉。只愁无酒未须醒。

朱祖谋《定风波·用瞻园韵》:

画外春帆肯暂停。背飞劳燕诧初程。华表漫邀孤鹤止。余几。梦华城郭野烟青。 陇水分流难寄泪,越吟翻调水成声。休与梅花同不睡。须醉。醉乡风味胜于醒。

刘福姚《定风波·用瞻园韵》:

瘦马嘶风不肯停。郎当铃语送征程。头白老乌何处止。余几。定巢还傍柳边青。 流水不传羁客恨,衰杨解作断肠声。难得一宵愁里睡。沉醉。晓风残月等闲醒。

**十一月中旬,与朱祖谋、刘福姚同赋《调笑转踏》词咏茶花女事。**

鹏运词为《调笑转踏·巴黎马克格尼尔》,见《庚子秋词》。

朱祖谋同作:

茶花小女颜如花。结束高楼临狭邪。邀郎宛转背花去,双宿双飞新作家。堂堂白日绳难系。长宵乱丝为君理。肝肠寸寸君不知,鲍子坪前月如水。

如水。妾心事。结定湘皋双玉佩。曼陀花外东风起。洗面燕支无泪。愿郎莫惜花憔悴。憔悴花心不悔。

刘福姚同作:

雪肤花貌望若仙。陌上相逢最少年。柔丝宛转为郎系,摧花一夜东风颠。珍重断肠书一纸。钿车忍过恩谈里。山茶开遍郎不归,娇魂夜夜随风起。

风起。月如水。照见当年携手地。春宵苦短休辞醉。金屋留春无计。花前多少伤心泪。诉与个侬知未。

**十一月中旬,与朱祖谋、刘福姚同和于齐庆《唐多令》咏衰草词。**

鹏运词为《唐多令·衰草。和穗平》,见《庚子秋词》。

于齐庆原作:

野火宿空屯。人烟淡远村。一条条、都是愁痕。怎道夕阳无限好,能禁得、几黄昏。 蓬断晚辞根。苔荒昼掩门。倩东风、说与王孙。知到隔年吹绿处,有多少、别离魂。

朱祖谋同作:

扫断马蹄痕。消凝油壁尘。蔫红心、霜讯催频。一道玉钩斜畔路,已无意、比罗裙。 浓绿镇迷人。兰茝凄古春。换年年、冷戍荒屯。泪喋西风原上火,怕犹有、未招魂。

刘福姚同作二首：

　　南浦旧销魂。花飞陌上尘。甚萋萋、断送残春。寂寞野烟疏雨里,更休问、踏青人。　楼外又黄昏。霜寒何处村。黯平芜、犹恋斜曛。凭仗东风吹绿意,好轻送,马蹄痕。

　　寂寞闭闲门。荒烟幂石根。旧池塘、难觅香魂。拨尽寒灰心未死,有微月、伴黄昏。　罗袜已成陈。冰绡有泪新。倩西风、扫断愁痕。莫被一番春色误,又消受,落花尘。

**十一月底,与朱祖谋、刘福姚同赋《浪淘沙》词题《庚子秋词》后。《庚子秋词》唱和结束。**

　　鹏运词为《浪淘沙·自题〈庚子秋词〉后》,见《庚子秋词》。

　　朱祖谋同作：

　　何止为飘零。相伴秋灯。念家山破一声声。消尽湘累多少泪,不要人听。　蛮駏若为情。哀乐纵横。十洲残梦未分明。休问恨笺愁墨里,画取芜城。

　　刘福姚同作：

　　幽愤几时平。对酒愁生。短歌莫怪泪纵横。记得西窗同剪烛,听惯秋声。　身世醉兼醒。顾影伶俜。哀时谁念庾兰成。词赋江关成底事,一例飘零。

**十二月初一日(1901年1月20日)起,开始《春蛰吟》唱和,至翌年三月底结束。参加唱和者除鹏运与朱祖谋、刘福姚外,尚有郑文焯、张仲炘、曾习经、刘恩黻、于齐庆、贾璜、吴鸿藻、恩溥、杨福璋、成昌、左绍佐等人(郑文焯、张仲炘、左绍佐不在京城,唱和**

词作以邮筒相往来)。

《春蛰吟》目录后鹏运识语云：

起庚子十二月朔，讫辛丑三月尽。凡阅百十八日，拈调四十六，得词百二十四，附录三十五，共百五十九首。倡和者，汉军郑叔问**文焯**，江夏张瞻园**仲炘**，揭阳曾刚主**习经**，仪征刘麐樾**恩黻**，江都于穗平**齐庆**，江夏贾冷香**璜**，永定吴琴舫**鸿藻**，满洲似园**恩溥**，山阴杨霞生**福璋**，满洲南禅**成昌**，应山左笏卿**绍佐**也。

十二月初，鹏运收到郑文焯所赋《燕山亭》题自画《蓟门秋柳图》词，与朱祖谋、刘福姚和之以寄题其图。

鹏运词为《燕山亭·寄题叔问〈蓟门秋柳图〉》，见《春蛰吟》。

朱祖谋同作：

消尽毵毵，斜照淡黄，一夜惊鸦无数。移恨汉南，旧日阑干，只有乱尘随步。眠起无端，便忘了、龙池烟雨。何苦。又按彻伊凉，换他金缕。　身世愁寄孤根，是禁惯清霜，伴人羁旅。西风笛里，满眼关山。丝丝系春不住。自怯宫腰，几曾为、倚帘人妒。归去。还梦绕、一天风絮。

刘福姚同作：

多少楼台，羌笛数声，换尽丝丝金缕。临水弄妆，几处斜阳，犹画旧时眉妩。一晌伤春，尽望断、河桥千树。何苦。更满地霜华，顿成凄楚。　凝望衰草荒烟，怕遮断年年，玉骢归路。韶华似梦，故国如尘，灵和暗愁谁诉。莫怨飘零,风雨里、尚留人住。休去。看那是、云山青处。

郑文焯原唱:

一夜秋心,摇落蓟门,到地垂杨堪数。双燕未归,梦后楼台,重觅夕阳无主。折尽西风,更愁锁、严城钟鼓。知否。正满目关山,笛中人去。　还忆花浪龙池,引金缕歌来,麹尘随步。而今莫问,解舞腰肢,凄凉故宫谁妒。便唤春回,忍再见、倚帘吹絮。残雨。肠断也、一丝丝苦。

案:据《比竹余音》卷四,郑词改定《燕山亭·题自画〈蓟门秋柳图〉》稿作:"衰柳空城,羌笛数声,湿了楼台烟雨。珠箔四垂,客燕迷归,栖老绿阴无语。弱不禁攀,更愁唱、阳关西去。凝伫。剩旧苑歌尘,暗飘金缕。　还记骄马章台,正花拂长堤,麹波随步。而今莫问,解舞腰肢,凄凉故宫谁妒。便唤春回,忍再见、倚帘吹絮。歧路。肠断也、一丝丝苦。"又见《樵风乐府》卷五。如未特别说明,后引诸人唱和词作均据《春蛰吟》。

**十二月初,鹏运与朱祖谋赋《八声甘州》词寄答张仲炘,张仲炘依韵分答之。**

鹏运词为《八声甘州·寄酬瞻园》,见《春蛰吟》。

朱祖谋同作:

断西风破展故山心,惊寒雁无行。正分携吟笔,金城柳老,玉露枫伤。漫问京华倦客,酒醒是何乡。秋满人间世,一例沧桑。　消尽轻沤心事,甚倚楼看镜,犹费商量。伴江湖残泪,丛菊为谁黄。且临花、危阑高处,有长绳、还是系斜阳。休输与、坐高斋夜,更箭催忙。

张仲炘《八声甘州·依韵奉答骛翁》(《瞻园词》卷二):

衮河桥细柳展新鞿,金钗缀成行。奈珠帘摇梦,银灯停恨,红泪偷伤。忍听甘州笛谱,缥缈隔兜乡。弹指人间事,羞数红桑。　桃叶桃根何在,对江南瘦碧,长费评量。怕残妆人恼,鸾镜掩宫黄。看寻常、人家飞燕,更几回、争垒蹴斜阳。还愁是、小屏风畔,花信匆忙。

张仲炘《八声甘州·再答沤尹》(《瞻园词》卷二):

泛桃花浪卷鲤鱼风,尺笺恨盈行。叹金龟人去,铜驼尘积,花柳凋伤。皓魄长圆不改,美满忽他乡。钟鼓迢迢永,空盼扶桑。　却喜鹓鸾高举,更锦衾睡足,芳思难量。对千门春锁,胡骑走昏黄。尽绸缪、燕台花事,漫苑中、沾泪忆昭阳。河清颂、待安排好,毫素挥忙。

**十二月初,朱祖谋赋《尉迟杯》词寄已在烽火中南归的弟弟重叔,鹏运与刘福姚次其韵赋词。**

鹏运词为《尉迟杯·次沤尹寄弟韵》,见《春蛰吟》。

朱祖谋《尉迟杯·今年烽火中,促舍弟重叔南归,倚声为别,惨不成章。天寒岁晏,稍得消息。偶忆断句,足成此词。颍滨对床之思,杜陵书到之痛,重叔读之,当亦汍澜之横集也》:

危阑凭。看一点、南去飘鸿影。秋声万叶霜干,天角阴云笼暝。孤衾夜拥,残烛飑、参差客愁醒。又争知、痛哭苍烟,野风独树吹定。　应念北斗京华,空肠断、妖星战气犹凝。心死寒灰都无著,残泪与、哀笳乱进。何时送、云帆海角,更偎傍、天涯一断梗。问何如、杜曲吞声,紫荆吹老山径。

刘福姚《尉迟杯·次沤尹韵》:

危楼凭。望隔水、一缕垂杨影。依依乱拂苍烟,挽入遥天秋暝。愁心万点,偏说与、昏鸦不曾醒。甚留人、梦里关山,断云来去无定。　憔悴倦客孤吟,还相对、梅花纸帐寒凝。冷落瑶台休轻折,聊慰藉、伤高泪进。斜阳黯、霜芜似织,怕归雁、行边客路梗。背西风、闭了闲门,暗尘愁锁芳径。

**十二月初,刘福姚为题《春明感旧图》,鹏运约朱祖谋依调重赋词以纪。张仲炘、裴维侒、夏孙桐、易顺豫、曾习经、刘恩黻、缪荃孙、陈锐、胡延等均曾有题咏。**

鹏运词为《绮寮怨·忍庵为题〈春明感旧图〉,依调约沤尹重作。于时瑟轩下世亦已数年,旧时吟侣尽矣。黄公垆下,往事消魂,况益以新亭涕泪耶》,见《春蛰吟》。

刘福姚原作:

廿载欢游如梦,倚风残泪倾。记绮陌、贳酒寻诗,飞花句、唱遍春城。黄尘年年笑踏,新霜换、倦客衰鬓惊。认翠笺、淡墨依然,凝尘扫、暗触秋恨生。　怕问岁寒旧盟。西楼甚处,空余落照新亭。怨笛声声。故人在、也愁听。伤心庾郎词赋,更伴我、诉飘零。阑干倦凭。知音剩几辈、同醉醒。

朱祖谋《绮寮怨·题〈春明感旧图〉》：

笛里呼杯人尽,冻醪和泪凝。对冷月、卧仰空梁,枫林黑、断梦无凭。年时黄垆聚别,伤高眼、倦客相向青。怪瘴花、悴折朱弦,**瑟轩集名**匆匆去、夜壑寻坠盟。

最是故人茂陵。摩挲翠墨,情怀似醉还醒。细说飘零。有哀雁、两三声。天边唤回辽鹤,教认取、旧春城。诗魂定惊。花阴甚处是,尘暗生。

曾习经《尉迟杯·题半塘老人〈春明感旧图〉》（《蛰庵词》）：

长安路。渐岁晚、哀乐伤如许。深深径草人稀,愁送流光轻羽。凝尘画壁,谁记省、清时共欢聚。黯情怀、泪墨空淹,小窗还展缃素。　因念九陌生尘,几题叶、吹花胜事如故。最苦山阳闻夜笛,仍惯见、河梁客去。如今向、天涯海角,迥遥夜、商歌独自语。便相思、断袂零襟,梦魂空恁凝伫。

刘恩黻《绮寮怨·题王半塘给谏前辈〈春明感旧图〉》（《麇楥词》）：

唱了春城飞絮,绮寮秋怨生。怪短笛、暮倚谁家,西风里,似诉漂零。声声分山断碧,招魂至、为说离乱情。料故人、化鹤归来,黄垆渺、旧曲愁再听。　自笑凤池梦醒。牙弦静抱,无缘问讯秦青。素节霓旌。悔歌辨、总无灵。风流后人谁继,数旧雨、剩孤星。阳春未成。薇花谢尽后,尘暗凝。**余挂名薇省,前后四年**

胡延《氐州第一·题王半唐〈春明感旧图〉》（《苾刍馆词

集》第六):

> 丹凤城南,方朔旧隐,回思二十年事。蠹管尘笈,依微和得,当日瑶篇锦字。筠榭松厅,更写出、薇郎高致。日下思玄,云间叹逝,此图应是。　泊翠评红吟啸地。忆年少、絮踪曾寄。白马清流,红羊浩劫,换却人间世。蓦相逢、惊岁晚,凄凉处、聊拚一醉。试眆烟霄,叩灵修、无言有泪。

**案**:光绪二十四年四月中旬,鹏运曾嘱郑文焯绘《春明感旧图》于端木埰、许玉瑑所书联吟词卷后,并自题《绮寮怨》词,同时张仲炘、裴维侒、夏孙桐、易顺豫等题其图。缪荃孙为鹏运题图在光绪二十五年十二月,见前。陈锐题图见后光绪二十七年五月。

## 十二月初,龙树寺西楼赏雪,同朱祖谋、刘福姚赋《丑奴儿慢》词。

鹏运词为《丑奴儿慢·龙树寺西楼对雪》,见《春蛰吟》。

朱祖谋同作:

> 低鸦数羽,飞破湿烟零乱。暗愁引年涯消与,凝白阑干。瘦倚筇枝,梦华城阙有无间。琼楼阴重,玉妃倦舞,还恋清寒。　不见灞桥,酥融流水,玉照归鞍。剩林表、黄昏山色,怨入秦鬟。笛里天涯,缟衣将梦莫轻还。琅玕斜处,梅尘未洗,难理孤欢。

刘福姚同作:

> 西山谢客,一夜浓妆催换。问谁在危亭欹醉,侧帽禁寒。净洗风埃,片红飞不到人间。孤筇吟倚,输他独

钓,天淡云闲。 回首故园,空明一色,残照荒烟。料多少、红凄绿怨,天也愁看。冷避冬心,万花消息待春还。乘风归去、商量旧约,月下梅边。

**十二月上旬,与朱祖谋、刘福姚及曾习经、刘恩黻、于齐庆、贾璜等赋词同咏鹿港香、唐花、冬笋、鸦、银鱼等物。**

鹏运词为《天香•鹿港香》《水龙吟•唐花》《水龙吟•赋唐花不类。沤尹、忍庵以为得玉田生清空之致。恕而存之》《摸鱼子•冬笋》(记云帆)(记湘南)、《齐天乐•鸦》《桂枝香•银鱼》等七首,俱见《春蛰吟》。

朱祖谋《天香•鹿港香》:

碧鹇收斑,玉龙翦唾,如云细屑谁碾。小炷沈馨,双烟同气,荡暖浅春一线。花风送处,疑悄度、漳兰新畹。著指细翻银叶,入怀尚温珠串。 蛮熏暗愁涴遍。料西家、翠奁春换。缕缕海东云气,半迷残篆。俊味衣篝宛在,怕难唤蓬山倩魂返。待寄相思,蘅芜梦远。

刘福姚《天香•鹿港香》:

心字烧残,回文篆就,仙山旧梦初断。露沁红薇,烟浮银叶,留得绣帏春暖。西溪路杳,谁与寄、相思一线。珍重湘帘密护,丝丝怕随风散。 十洲暗尘乍卷。泛仙槎、采芳人远。欲问避寒消息,玉台惊换。衫袖愁痕在否,莫更倚琼箦诉幽怨。惜取余薰,芳心渐短。

曾习经《天香•鹿港香》:

麝粉成尘,龙荒坠梦,余薰夜爇孤馆。荀袖分温,贾帘窥俊,记得暗闻清远。人间别久,空冷落、秋魂一线。只恐游丝不定,还愁夜风吹断。　几回故情送暖。拨残灰、寸心先乱。更恨郁金消尽,旧家池苑。芳思年来顿减,便罗荐宵寒有谁管。寂寞南沈,春灯独剪。

刘恩黻《天香·鹿港香》:

碧唾探骊,珠尘捣麝,龙湖玉盏轻碾。束素身纤,镂丝心细,没骨笑同花颤。兰灯静炷,看掐断、檀痕深浅。微度屏山录曲,氤氲水云初展。　灵岩翠槎未返。礼观音、指葱亲撚。海峤旧盟句引,断魂重断。幺凤人间去远,剩一寸心灰瘦如线。暗忆南天,琼钩慢卷。

朱祖谋《水龙吟·唐花》:

梦华不醒愁春,探芳别有千红地。是空是色,瑶姬酒重,维摩病起。羯鼓声中,红幡影外,东风凝睇。笑繁华占否,闲蜂浪蝶,空撩乱、冰霜里。　闻道唐宫翦彩。好帘栊、尽情妆缀。输他烂漫,香云一窖,先春花事。火速年芳,冬烘心性,优昙身世。问高楼怨笛,黄昏叫裂,著梅花未。

刘福姚《水龙吟·唐花》:

几曾禁惯冰霜,一番点缀娇无比。重帷密护,靓妆新斗,东风羞避。颠倒春工,玉颜未老,芳心先死。讶云霞万色,繁华一瞬,偏熏得、游人醉。　回首年时佳丽。点香尘、惊风吹起。楼台似旧,何曾顷刻,催开红紫。莫问春归,开帘忍见,莺娇燕媚。剩封枝残雪,明朝点点,化相思泪。

曾习经《水龙吟·唐花》：

是他生长温柔，年年三九忺梳洗。绣帏不卷，熏篝余润，腾腾春思。宫烛催妆，麝煤索暖，逡巡浓睡。怅嫣然欲语，故山岁晚，更谁把，江梅寄。　别有南唐娇稚。漏春光、艳情初试。罗屏真色，铜盘腻蜡，余花怎比。旧事商量，岁朝画本，冬郎词笔。恨年华暗换，东风梦远，有相思泪。

刘恩黻《水龙吟·唐花》：

花官不耐深寒，群仙偷嫁红尘里。春愁未醒，凭空数到，番风廿四。噀雨痕轻，酿云香润，内家标致。笑贵人金屋，藏娇买艳，浑不解、温存意。　过了试灯天气。玉帘空、主恩捐弃。当初底事，千熏万沐，催教梳洗。我亦曾经，凤城西畔，略窥芳思。叹龟年老去，凄凉羯鼓，说开元事。

于齐庆《水龙吟·唐花》：

是谁偷嫁东风，满城压倒闲桃李。移根换叶，平空幻出，琼英珠蕊。密坐温存，入时妆裹，十分娇媚。算宫纨万色，昙云一朵，全埋没，真真意。　犹记斜街花事。一年年、年头腊尾。蒸云噀雨，品环论燕，香车似水。别后相思，闹蛾灯下，移春槛里。甚匆匆一度，新欢旧宠，等闲抛弃。

朱祖谋《摸鱼子·冬笋》：

怪尊前、食单寥落，蔬香谁侑秋箸。青筼缄恨槎风远，愁说太官宣取。消息误。怕江国头番、春已无寻处。相思慰否。任冻圃泥香,烟林雨足,望断燕来路。

乡园梦,咀嚼冰霜几度。樱厨风味输与。蟠胸千亩轮囷甚,根节岁寒休负。茗岸路。问那得明朝、便脱春衫去。天涯寄语。待冰藓亲锄,玉纤细擘,还配鰵鱼煮。

**刘福姚《摸鱼子·冬笋》:**

荐金盘、园官传送,香绷初解风露。年年笑共寒梅嚼,消得软红尘土。吟啸处。有冷淡心情,留我春衫住。相思正苦。怪燕子来迟,头番已过,芳信渺无据。

归期晚,梦断蔬香老圃。江皋佳约轻负。惊心一夜春雷起,残箨纵横当路。愁岁暮。甚篱角偎烟,一晌殷勤护。苔痕细数。待劚尽孤根,煨余活火,风味最怜汝。

**曾习经《摸鱼子·冬笋》:**

怪霜林、夜来遗蜕,雏龙潜蛰幽户。寒锄劚玉殷勤寄,又见岁华尊俎。君记否。甚归梦年年,却把秋莼负。蔬香暗数。正玉版参禅,泥炉索火,乡思向谁语。

情何许。为问娇雷未度。春纤曾是相误。何年竹上斑斑泪,欲补白华诗谱。休更妒。看腊酒新尝,馋守胸千亩。明年杜宇。记一半樱桃,新词句好,猛忆饤盘处。

**刘恩黻《摸鱼子·冬笋》:**

破霜泥、一弯寒玉,新黄绷锦云护。层层剥到蕉心里,犹带故山尘土。闲记取。算惟有梅花,冻雪堪共语。秋园细数。趁菊酿香余,莼羹熟后,一捻翠盐煮。

江乡路。又听声声腊鼓。西湖归计还误。但教玉版容参谒,何惜岁华迟暮。归纵许。怕空剩连山,好竹听夜雨。痴心咒汝。愿密裹清芬,春雷蛰处,头角漫轻露。

朱祖谋《齐天乐·鸦》:

半天寒色黄昏后,平林渐添愁点。倦影偎烟,酸声噪月,城北城南尘满。长安岁晏。又啼入延秋,故家啄遍。问几斜阳,玉颜凄诉旧团扇。　南飞虚羡越鸟,乱烽明似炬,空外惊散。坏阵秋盘,虚舟暝集,何处垂杨堪恋。江关梦短。怕头白年年,旧巢轻换。独鹤归无,后栖休恨晚。

刘福姚《齐天乐·鸦》:

垂杨终古伤心地,凄凄几多幽怨。乱逐惊飙,低翻坠叶,一夕长安秋遍。微茫倦眼。讶烟锁丛祠,暗尘一片。几处军笳,阵云凄共雁行断。　江村残照渐暝,旧巢何处认,寒信催换。绕树风悲,穿林月黑,寥落宫槐千点。归飞恨晚。问头白江湖,苦吟谁伴。漫趁危檐,楚天凉梦远。

曾习经《齐天乐·鸦》:

绿杨凋尽隋堤路,思量旧栖荒苑。野水弯环,斜阳身世,谁信曾题官怨。孤烟弄晚。正林叶低飞,阵云空断。画角城头,数声催向客愁满。　当时无限旧事,记荆江暝宿,羁旅看惯。古木移柯,丛祠接翅,消得吟魂凄惋。星星鬓换。念金雀双鬟,玉颜私愿。过羽西风,岁华愁一箭。

**刘恩黻《齐天乐·鸦》:**

曾经苏小门前柳,丝丝做成秋怨。鹤背翻红,雏鬟翦绿,深住藏娇庭院。西风渐晚。顿月冷霜凄,故巢空恋。彩凤漂摇,近来身世鹜鸡贱。　刍尼晓檐讯远。有人频叩齿,清睡都懒。古社灵旗,荒城画角,越是黄昏凄惋。苍烟数点。更休问昭阳,旧时团扇。唱入江南,夜寒吹翠管。

**于齐庆《齐天乐·鸦》:**

延秋门上西风紧,乌乌角声吹散。逐队盘云,横空噪晚。浓墨模糊一片。庭柯绕遍。独私爱区区,丈人池馆。说甚高飞,暮天寒色半凄黯。　绿杨城郭尽处,故枝依恋久,听惯箫管。茂苑新吟,昭阳旧恨,心事教人零乱。秋期更远。待呼取刍尼,共填银汉。怕是星星,又催青鬓换。

**贾璸《齐天乐·鸦》:**

数声啼破繁华梦,翛然碧梧金井。流水村边,夕阳原上,莫是惊寒雁阵。西风正劲。甚回旋遥空,欲栖不定。接翅南飞,旧巢萧瑟恐难认。　上林如许好树,一枝争借取,托地偏近。衔尾翩翩,呼群哑哑,无奈黄昏将近。宫弯倚恨。看犹带依稀,昭阳日影。欲卜心期,闻声愁暗省。

**朱祖谋《桂枝香·银鱼》:**

丁沽汛晓。正水市贩鲜，乌板船到。戢戢银刀恣跃，乍抛烟罩。长安近局销寒夜，问尊前、玉涎多少。钑盘催饤，诗馋慰否，漫吟白小。　记乡味、羹调宋嫂。几停箸思量，应是归好。客话姻隅听遍，正凄怀抱。冰鲜梦断天厨赐，检食单、零乱慵草。御笺沫冷，清愁好托，玉鳞缄报。

**刘福姚《桂枝香·银鱼》：**

濠梁梦渺。弄万顷玉波，乘月初到。错认明珠跃浦，夜深光照。诗人惜取天然白，尽浮沉、海沤应笑。漫吞芳饵，轻教点点，墨痕污了。　怕越网、千丝密罩。正水市声喧，霜信催早。那得澄江如练，趁潮归好。潜鳞莫傍鲛宫去，翦冰绡、凝泪多少。浦云流汞，殷勤为盼，素书频报。

**曾习经《桂枝香·银鱼》：**

津沽雪悄。正暗水流澌，银烛惊照。清绝霜盘燕喜，玉纤烹早。戚家绣蟒垂垂佩，翦春灯、夜深欢笑。旧情锦水，秋风甓社，客怀凄懊。　更肠断、鲈乡归棹。念盈盈河汉，素书难到。眼底尊前，隐约冰肌清峭。乘潮或有明珰队，问年年、遗簪多少。莫教抛弃，丝丝余脍，又随波渺。

**刘恩黻《桂枝香·银鱼》：**

纤纤素削。正凉入网丝，丁字潮落。白小呼名月下，认来疑错。秋江重订加恩谱，算冰衔、差未输却。自饶清隽，何须更试，紫姜红芍。　记曾缔、西风旧约。

带冰花万点,盐裹青箬。尺五层波,何事素书难托。坡仙休问南屏卿,怕天涯、风浪都恶。小园何处,清愁寸许,自家斟酌。

**案**:此次唱和模仿南宋遗民王沂孙、周密等《乐府补题》唱和。《乐府补题》所反映的5次社集唱和分别为《天香》赋龙涎香、《水龙吟》赋白莲、《摸鱼子》赋莼、《齐天乐》赋蝉、《桂枝香》赋蟹,可考见词社成员有王沂孙、周密、李彭老、张炎、仇远等14人,得词37首。

**十二月十五日**(1901年2月3日)**前后,长夜不眠,月光入户,偶读许宗衡《玉井山馆词》,与朱祖谋、刘福姚同依其《西窗烛》词调赋词。**

鹏运词为《西窗烛·玉井词人赋寒月于庚申之冬,不胜雪路冰河之感。岁华容易,又四直上章矣。长夜不眠,寒光侵户,偶读〈玉井山馆词〉,依调赋此。不知旧时月色,视此何如也》,见《春蛰吟》。

朱祖谋同作:

灯昏败壁,酒醒虚堂,一丸飞上孤白。片时云外骖鸾影,甚有限清光,愁烟更幂。听角声、吹恨匆匆,定忆红楼那夕。　待将息。霜霰空庭,啼乌不许,遮定风帘断额。人间滴尽方诸泪,算残影山河,嬬娥耐得。怕玉龙、怨入今宵,冻裂吹梅旧笛。

刘福姚同作:

千林雾锁,九陌尘稀,素娥谁伴孤寂。蕊宫也自愁风露,更莫问人间,凄凉信息。忆旧时、几处箫声,梦冷瑶台咫尺。恨无极。目断天涯,江空岁晚,因甚无眠竟夕。画帘还斗婵娟影,怕白遍关山,霜寒正急。尽苦吟、碧汉沉沉,不放一痕曙色。

**十二月十五日(1901年2月3日)前后,恩溥赠蔬菜,鹏运用史达祖《瑞鹤仙》词体赋词以谢。朱祖谋、刘福姚亦同用《瑞鹤仙》词调赋词。**

鹏运词为《瑞鹤仙·似园馈冰蔬,赋谢。用梅溪体》,见《春蛰吟》。

朱祖谋《瑞鹤仙·寄怀悔生长安。用清真体》:

满春衫泪污。西雁到客枕,离魂轻度。城南旧韦杜。料天涯一样,看花如雾。秦筝漫谱。怕酒边、尘涴玉柱。问麻鞋万里,争拜杜鹃,谁识臣甫。　月色,今宵换尽,解忆长安,两家儿女。残年倦旅。瓠芦约,渺何许。上高楼莫望,江南春好,斜阳时候最苦。纵青山无恙,谁管断云去住。

案:《彊邨语业》卷一收上词序作:"得悔生长安书,却寄。"

刘福姚《瑞鹤仙·沤尹〈斜街补屋图〉,为丁酉岁移居查浦故宅作也。庚子冬日,出图征题。时以长安烽火,同下榻半塘老人四印斋中。承平旧事,文字新欢,愁极酒醒,故园荒落之感,不独玉田生也。用梦窗体》:

银湾西畔路。认苍藤老屋,翠交阴护。宣南旧吟侣。记百年坛坫,艳称查浦。壶天小住。尽留人、西山翠妩。访佳邻秀野,依然忘却,软红深处。　日暮。惊尘咫尺,醉里愁边,渐催春去。秋窗听雨。漫回首,故园树。料苔荒萝暗,西风门掩,梦断琴尊几许。待归来补种,梅花玉笈共语。

**十二月十六日(1901年2月4日)立春,与朱祖谋、刘福姚及吴鸿藻同赋《东风第一枝》词。**

鹏运词为《东风第一枝·十二月十六日,立光绪二十七年辛丑春》,见《春蛰吟》。

朱祖谋同作:

彩树香生,蜡灯苣浅,年年春换时候。酽寒犹殢帘衣,黯愁未怃柏酒。光阴如梦,是战鼓、声声催后。任翠笺、彩笔依然,懒对雪窗呵手。 情绪乱、夜阑香斗。消息断、岁寒宫袖。旧家生菜空吟,两京冻梅暗瘦。东风辛苦,问唤醒、簪幡人否。怕几番、花信催来,翦断灞桥烟柳。

刘福姚同作:

砌雪消痕,幡风弄影,匆匆催过三九。冻云远岫犹凝,暗香野梅乍逗。蝶慵蜂悄,早一线、阳和先透。算隔年、容易催归,忍见倚帘人瘦。 闲觅句、翠盘侑酒。慵翦彩、琐窗呵手。冷吟独抱冬心,梦华又惊岁首。商量花事,怕陌上、薄寒依旧。待暖风、次第吹开,休把艳阳轻负。

吴鸿藻同作:

野烧犹惊,城寒如殢,春归知在何处。最怜丝鬓簪幡,忍听腊声催鼓。番风暗数,算只有、东皇为主。要玉纤、催转年华,珍重翠盘红缕。 晴乍放、柳丝恨吐。

泥渐暖、草心愁去。怕迟上苑芳盟,为传隔年新语。何郎词笔,诉不尽、雪霜凄楚。莫漫笑、秾李夭桃,又惹蝶蜂狂舞。

**十二月中下旬,因春日将至,忆及往年曾到花事最盛之处,选调赋扇子湖荷花、法源寺牡丹、丰台芍药、寄园朱藤、野凫潭芦花、花之寺海棠等花事六词,朱祖谋、刘福姚及张仲炘、刘恩黻等和之。**

鹏运词为《金明池·东华尘土,惟四时芳事,差可与娱。三百年来,名流觞咏屡矣。今年夏秋以还,高台曲池,禾黍弥望,遑问一花一叶哉。春风当来,旧游如梦,闭门蛰处,益复无聊。偶忆屐齿常经芳事最盛之处,各赋小词,以寄遐想。盖步兵之涂既穷,曲江之吟滋戚已。嗟乎!慈仁之松,廉墅之柳,足以坚岁寒而资美荫者,既邈不可得,即秋碧春红,媚兹幽独,亦复漂摇如此。风月有情,当亦替人於邑也。赋扇子湖荷花第一》《大圣乐·法源寺牡丹第二》《帝台春·丰台芍药第三》《八犯玉交枝·寄园朱藤第四》《梦横塘·野凫潭芦花第五》《夜飞鹊·花之寺海棠第六》,俱见《春蛰吟》。

朱祖谋《金明池·扇子湖荷花》:

裂帛通波,褰裳唤侣,望极瑶池路近。尘不到、冰奁半展,露微泫、粉靥未褪。是何年、锦幄牵丝,占画里、三十六陂芳讯。看倚盖亭亭,鸳鸯无数,未许凌波人问。　拗折西风丝寸寸。漫觅醉仙浆,碧筒深引。霓裳舞、今宵叠遍,盘泪影、明朝吹尽。尽相思、太液秋容,但坠粉空房,石鳞沈恨。怕玉井峰头,月昏烟淡,翠被余香愁损。

**刘福姚《金明池·扇子湖荷花》：**

　　玉井移根，银塘写照，十里香风暗引。游屐断、幽芳自赏，软红外、炎歊洗尽。望烟波、不隔蓬瀛，几曾许、冷鹭闲沤偷近。甚密叶声多，曲房心苦，暗结丝丝沉恨。　　咫尺仙源何处认。怕落日西风，暮寒成阵。银蟾瘦、明珰卸却，霓裳换、舞衣羞问。傍瑶台、漫惜娉婷，共水色山光，一般愁损。怅承露盘空，凌波人去，冷落液池秋信。

**张仲炘《金明池·扇子湖荷花》：**

　　愁里朱颜，啼余粉靥，照彻清漪宝镜。凌波路、青鸾去渺，空烟雨、秋横孤艇。甚吴娘、钏玉声消，记傍岸、携酒菱歌曾听。怕藕老牵丝，房空擘泪，负了追凉清景。　　往日楼台谁为整。只一片湖山，名花权领。芳筵散、碧筒空折，香车断、红尘都静。更何人、比得鸳鸯，任露密云稀，酣眠无醒。算小暑才过，余香须护，恐是西风还劲。

**刘恩黻《金明池·扇子湖荷花》：**

　　波暖融霞，堤弯偃月，唾碧裁红满镜。西山好、朝云暮雨，窥妆懒、窈窕弄影。赌新腔、竞学吴歌，未肯让、西子西湖风景。傍壶峤凉云，摩诃香露，不辨仙源凡境。　　小劫昆明灰未冷。过一度秋风，一番消凝。香尘暗、青丝调苦，微波远、红裙愁损。甚行人、艳说乘船，怕太华宵寒，还应吹醒。待头白鸳鸯，归来时候，指与芳洲教认。

李梦符《春冰室野乘》九〇"都门词事汇录"(五)"咏珍妃殉国事"条:"珍妃殉国一事,与孝哲皇后之殉节,义烈哀惨,同为千古所未有。彊村集中《声声慢》一首,题为《十一月十九日味聃以落叶词见示。感和》,即赋此事也。词云:(词略)。又两家词中《金明池·咏扇子湖荷花》一首,其后阕亦暗指此事。王云:忽涌飞尘惊掠鬓。怕水佩风襟,旧情难问。芳时换、哀蝉曲破,花梦短、野鹜睡稳。袅香烟、复道垂杨,望太乙仙舟,归期难准。剩泣露欹盘,飘零铅泪,悄共铜仙偷揾。朱云:扮折西风丝寸寸,漫觅醉仙浆,碧筒深引。霓裳舞、今宵叠遍,盘泪影、明朝吹尽。尽相思、太乙秋容,但坠粉空房,石鳞沉恨。怕玉井峰头,月昏烟淡,翠被余香愁损。"

沈宗畸《便佳簃杂钞》(三十六)(《青鹤》三卷二十三期)都门本事词二:"昨翻阅王半塘、朱彊村二家词,中有关涉时事者,补录于此。翁常熟之去位,正当戊戌政变之初,彊村有《丹凤吟》一阕即咏此事。词云:'断送园林如绣……'又《声声慢》和味聃落叶云……此咏珍妃殉国事。半塘词有《金明池》咏扇子湖荷花一阕,其后阕亦咏此事也。词云:'忽涌飞尘惊掠鬓。怕水佩风襟,旧情难问。芳时换、哀蝉曲破,花梦短、野鹜睡稳。袅香烟、复道垂杨,望太乙仙舟,归期难准。剩泣露欹盘,飘零铅泪,悄共铜仙偷揾。'此词彊村亦有和作。以上两事,皆荦荦大有关系者,非得同时人为之笺释,数十年后,读者无从索解矣。"

朱祖谋《大圣乐·法源寺牡丹》:

酹酒妆秾,摸碑廊静,梵天春晚。记旧游侧帽阑边,自鬋露痕,不负看花双眼。暖玉倚云娇无力,著人处、天香吹袖满。忘归去,对油幕半开,日斜经院。莺花正愁梦短。奈一例、华鬘催劫换。傍石幢凉雨,残僧还说,沈香新怨。泪湿洛阳东风谱,怕衔尽蔫红成鹿苑。倾城恨,也惆怅、避风台浅。

刘福姚《大圣乐·法源寺牡丹》:

花雨霏香,昙云留影,梵钟催晚。记酒酣初试新妆,阁暝弄晴,忙煞隔帘莺燕。九十日春还余几,奈沉醉、东风都不管。行吟处,对萧寺日斜,芳盟犹恋。残碑漫寻废院。怅开宝、繁华如雾散。是几番开谢,光阴弹指,楼台惊换。往事问花花无语,也肠断华鬘春梦短。飘零恨,更休问、洛阳吹遍。

张仲炘《大圣乐·法源寺牡丹》:

红玉生香,绀珠迷晓,艳阳初绽。算几番风雨经过,燕语未阑,消得蜀弦金盏。任说有情终倾国,况残醉、难扶春更懒。羞回首,听零杵断钟,华年轻换。荒碑尚萦翠藓。吊千古、征魂空泪满。又彗旗光动,莺愁蝶恨,花宫谁管。浩劫待寻胡僧话,甚罗荐无人香自暖。应难解,漾沉恨、春风无限。

刘恩黻《大圣乐·法源寺牡丹》:

香国红禅,梵天珠孕,露浓烟泫。最可怜妃子新妆,酉酒未苏,争倚入时匀染。记踏锦尘翻新调,正熏醉、昙云芳气暖。拈来笑,似朱帔翠璎,庄严初展。燕支旧人画卷,怅书寄、朝云天样远。自汉宫春尽,衔

·601·

花鹿去,金牌谁管。是色是空春人梦,费枝上迦陵千万转。东风醒,更休问、朱门琼苑。

**朱祖谋《帝台春·丰台芍药》:**

方野曲折。花农旧生活。谷雨半晴,绣槛争移,宫衣微脱。插帽传笺一笑处,尽消遣、谢郎吟箧。甚而今,废绿平烟,只闻鹧鸪。　尘影瞥。迷眼缬。泪点叠。渍鹃血。怕婪尾年芳,近斜阳,候不是、等闲离别。何况东风往来路,都换钿辕旧时辙。剩一片琼田,渺春人罗屟。

**刘福姚《帝台春·丰台芍药》:**

芳信一霎。东风正吹彻。著意探春,十里香迷,骄骢蹀躞。记得丰宜门外路,绚花事、凤城云热。甚匆匆,咏到将离,吟情消歇。　愁万叠。谁共说。醉眼缬。花时节。算阅尽繁华,溅春人,泪点点、玉盘凝结。仙馆空寻旧歌舞,香径漫招倦蜂蝶。怕婪尾春残,又啼鹃凄切。

**张仲炘《帝台春·丰台芍药》:**

芳景一掷。逡巡又寒食。金带晕消,乱点猩红,不成春色。忆得飞车停鞚处,艳名满、太平京国。甚而今,茧栗梢头,萧条吟笔。　斜照匿。香雾密。醉态格。尚如昔。待坐倚琼筵,怕寻思,起到手、酒杯嫌窄。鹧鸪无声恨都了,蝴蝶有缘梦犹觅。更持赠伊谁,问离人天北。

**刘恩黻《帝台春·丰台芍药》:**

婪尾惜别。风光恋啼鴂。方罫绣塍,每到斜阳,春云香热。怯日羞烟越样媚,似人在、苎萝时节。倩东风,解脱宫衣,吹开愁缬。　花上血。裙衩摺。鬓上雪。帽檐折。待赠与文无,强招来,也早换、菜畦蜂蝶。今日将离尚如此,明日冈怀向谁说。算除是扬州,剩些些风月。

**朱祖谋《八犯玉交枝·寄园朱藤》:**

尘糁荒阑,冻苏香缬,又簇淡阴双架。帘卷交枝红在眼,旧恨沧桑飘惹。年年春晚,为花料理琴尊,题襟还喜依乡社。叶底翠禽听惯,茶香情话。　谁信步屧东风,绿云黯损,蝶蜂重到应诧。俊游占、谁家芳事,浣不尽、蛮熏凝榭。料花外、白题舞罢。牵萝人泣孀娥夜。况酒醒秦郎,玉笺泪湿愁难写。

**刘福姚《八犯玉交枝·寄园朱藤》:**

槐市春深,软红不到,一簇暗香盈架。苔壁玲珑残句在,艳说题琼佳话。流连芳事,几回轻换阴晴,凭阑共惜斜阳下。重结洞天幽隐,绿云如画。　休问簪组风流,百年此地,好花曾几开谢。料阅尽、莺吟燕笑,也憔悴、秋风庭榭。蓦当面、龙蛇影化。淋浪翠墨从谁写。剩梦冷梨云,月华自照深深夜。

**刘恩溥《八犯玉交枝·寄园朱藤》:**

风袅珊柯,月笼珠络,坐隐绿天幽雅。名士须兼清艳福,正值承平休假。朝衫初卸,翠影低压乌巾,凉云香雪弥尘罅。歌到转喉声断,庭花齐谢。　揭来寄语寄公,百年寄也,沧桑只似图画。记前度、新诗题罢,道今夜、龙蛇应化。怎墙角、佉卢偏写。一春慵说伤心话。待燕子归来,教他补屋斜阳下。

张仲炘《八犯玉交枝·寄园朱藤》(《瞻园词》卷二):

春胃虬枝,露垂蜂蕊。又是嫩晴庭户。一架浓阴团睡蝶,乱拂红芳千缕。苔痕闲步,试数花落花开,百年风月谁宾主。撩尽冶春游思,钗云空舞。 却怜楚楚有情,绿交紫互,凝香都傍高处。料归燕、重来应误,错疑是、桃娇棠妩。画帘外、东风又苦。莫教吹作天涯絮,要痛引杯醪,当时裙屐知何许。

朱祖谋《梦横塘·野凫潭芦花》:

钓丝秋雪,履迹斜曛,野塘凉意初著。影没凫翁,换蒲稊、春波绵邈。低艇谁移,短簑孤坐,鬓霜惊觉。又迷茫万点,做弄新愁,还飘到、闲池阁。 微波自不通潮,甚惊尘乱飐,冷絮回薄。卷叶西风,轻和入、数声哀角。更休问、江湖雁影,眼底秋心付谁托。梦里沧洲,一般清浅,也红桑花落。

刘福姚《梦横塘·野凫潭芦花》:

浪浮云净,雪卷秋空,几番凉信萧索。万绿平川,映夕照、西山一角。无限烟波,鹭闲沤冷,尽堪栖托。甚一番做弄,叶叶寒潮,凌波路,空迷却。 年年贳酒寻芳,记菰蒲小隐,吟啸依约。莫倚江亭,新恨满、野烟城郭。怕云外、江湖望断,浅水扁舟梦无著。旅雁声声,最愁听处,共边笳吹落。

张仲炘《梦横塘·野凫潭芦花》：

淡痕吹雨，瘦影摇秋，暮天无际空阔。水国霜多，浑不管、愁心重叠。孤雁关山，冷沤亭馆，晚凉时节。正寒衣未絮，细管频吹，人何处，空凄绝。　清词绕泽微吟，曾褰裳步影，眼乱成缬。野阁疏灯，闲伴我、满巾华发。笑漂荡、而今略似，一舸江南泛秋月。倦背东风，柳花何事，舞春云偏热。

刘恩黻《梦横塘·野凫潭芦花》：

荡波成海，做雨将秋，软红遮断城郭。万绿溟濛，映夕照、微黄楼阁。凉浸鱼天，暗分沤界，了无人觉。看移车就影，乍定还摇，疑天际，归舟泊。　年年恨雪愁风，偏白头未老，早赋衰落。小刦华鬘，怎也到、雨蓑烟箬。破今夜、城南好梦，月管吹寒弄清角。怅望菰蒲，个中人在，只西风寻著。

朱祖谋《夜飞鹊·花之寺海棠》：

东风背人去，邀步婵媛。芳屚浅照禅天。花官携试小蛮槛，潮红轻斗酡颜。倾城镇无语，似凝酥妆薄、拥髻啼悭。绿章待乞，背斜阳、还护珠幡。　何事万姝娇困，无路问行云，十二巫鬟。说甚平泉如梦，人天一例，劫换华鬘。锦城旧恨，付碧鸡、坊底诗颠。剩深宵孤照，铜盘烛泪，凄伴金仙。

刘福姚《夜飞鹊·花之寺海棠》：

娇姿艳凝露，碧玉华年。金屋恰称婵娟。新妆长被燕莺妒，轻阴谁护雕阑。梅花旧吟伴，记三生曾缔、月下因缘。华鬘幻影,向瑶台、休话神仙。 知否卷帘人去,春睡乍醒时,愁听啼鹃。憔悴东风颜色,何曾著意,开到春残。断肠泪雨,一丝丝、洒遍风前。傍禅关凄冷,从今解脱,莫住情天。

刘恩黻《夜飞鹊·花之寺海棠》:

华清睡醒后,重证红禅。金屋小贮婵娟。春阴著意展娇态,无香还动人怜。花宫旧题字,记衫兜痕艳、扇底歌妍。风流似燕,定诗巢、结搆鬘天。 何意坠楼云委,回想种花人,空念平泉。除是臞仙犹在,芳心憔悴,谁护轻寒。杜陵梦觉,便能言、绮语须捐。况蛮熏萦惹,愁烟泣雨,烛泪烘干。

张仲炘《夜飞鹊·花之寺海棠》(《瞻园词》卷二):

东风带愁去,还带愁归。银烛短忏情丝。清尊曾共美人醉,华鬘劫换残灰。春阴是谁借,又蜂衙喧午、燕垒添泥。无香自丽,劝斜阳、莫坠楼西。 长记故年风雨,帘卷怨山香,轻涴尘缁。何意双鸳重到,人如佛笑,花比春肥。依然秀靥,料红妆、不解相思,待扶头醒醒,清明过了,争又怜伊。

**十二月三十日(1901年2月18日)除夕,赋《鹧鸪天》词,朱祖谋、刘福姚及刘恩黻、恩溥和之。**

鹏运词为《鹧鸪天·庚子除夕》,见《春蛰吟》。

朱祖谋《鹧鸪天·好友同居亦当家,瑞安黄卣芗先生庚申京邸除夕句也。庚子岁除,与忍庵同居四印斋,鹜翁词成索和,遂拈作歌拍。盖乐句事情适相合也》:

泪尽东京说梦华。小笺残墨送生涯。沾唇香乞迎年酒,到眼红憎馈岁花。　无一语,但长嗟。短檠挑尽又啼鸦。莫嫌岁事郎当甚,好友同居亦当家。

朱祖谋《鹧鸪天·叠前韵》:

似水清尊照鬓华。尊前人易老天涯。酒肠芒角森如戟,吟笔冰霜惨不花。　抛枕坐,卷书嗟。莫嫌啼煞后栖鸦。烛花红换人间世,山色青回梦里家。

刘福姚《鹧鸪天·除夕》:

老去逢春事事差。飘零风絮况天涯。慵将彩笔题新句,犹数残更恋岁华。　人语悄,烛光斜。酽寒城阙静鸣笳。不知九陌车尘里,箫鼓春声尚几家。

刘恩黻和作:

千里云山一半遮。群仙今夜未还家。离离星斗腰间佩,瑟瑟天风海上槎。　香破豆,烛添花。可怜春色殢天涯。梦中错认西楼月,笑倚榑桑看日华。

恩溥和作:

守岁今年心更差。翻求岁月去如蛇。解嘲诗满钟馗画,煮茗声疑越石笳。　拚竹叶,忘椒花。笑人吉语学兰闱。儿童颇会衰翁意,故报昏鸦是晓鸦。

冬,自序《庚子秋词》。该集光绪二十七年刻本有张亨嘉、宋育仁、俞陛云、张仲炘、刘恩黻、陈锐诸人题辞。

自序云:

光绪庚子七月二十一日,大驾西幸,独身陷危城中。于时归安朱古微学士、同邑刘伯崇殿撰先后移榻就余四印斋。古今之变既极,生死之路皆穷。偶于架上得丛残诗牌百许叶,犹是亡弟辛峰自淮南制赠者。叶颠倒书平侧声字各一,系以韵目,约五百许言。秋夜渐长,哀蛩四泣,深巷犬声如豹,狞恶贼人。商音怒号,砭心刺骨,泪涔涔下矣。乃约夕拈一二调,以为程课。选调以六十字为限,选字选韵以牌所有字为限。虽不逮诗牌旧例之严,庶以束缚其心思,不致纵笔所之,靡有纪极。久之,亦不能无所假借,十月后作尤泛滥不可收拾。盖兴之所至,亦势有必然也。自八月二十六日起,至某月某日止,凡阅若干日,得词若干首。富顺宋芸子检讨和作若干首,并依调类列,用遁渚唱和例也。芸子以九月下旬附会船南去,故所作不多。每夕词成,伯崇以乌丝阑精书之,古微题其端曰《庚子秋词》,盖纪实云。半塘僧骛记。

附《庚子秋词》题辞:

### 张亨嘉五古一首

海客说瀛溟,历家推章蔀。如何赤县小,乃复遘阳九。后庚星一周,神皋再遭蹂。外衅肇苏韩,内讧剧季卯。不鉴郭京辙,翻效莫敖狃。玄黄惨龙战,喷薄骇鲸吼。颓埂乌乱呼,驰道兽交内。君子竟为猿,徒御或驾牡。北行怯入囊,南望思正首。颇闻元从臣,落落为具耦。微官忝近密,羁绁宁辞负。职为典祀留,情难绝裾走。至尊怜其诚,诏词一何厚。同时三子者,危城共淹久。骛翁豪侠士,文章抉汉手。大呼排九阍,抗疏恣击

| 正　譜 　卷三 |

掊。沤尹吾故人，晓事世无偶。造辟陈至计，勿恃边将赳。忍庵负夙慧，洒落真吾友。独立天人俦，穷蒐图籍椒。吁嗟三子者，行止故不苟。人言兹陷贼，君谓实否否。金瓯幸无缺，失计鉴宜白。昨者诏书下，拔贤更任耇。旦日李西平，清禁迎文母。区区恋阙心，固以徯我后。吾意亦云然，于世乃何有。同居城南隅，蜷局官一亩。高歌旁无人，群酋不敢纠。长安本似弈，皇纲况解纽。家居亦已撞，再坏更何取。私朝有宋慧，纾难乏楚毂。网竟漏玉津，冤仍沉独柳。战骨孰悲陶，穿冠甚囚牖。市有召平瓜，门过良霄莠。夕烽起建章，佳气黯天寿。劫已烬红羊，局终幻苍狗。所遇多可伤，衷怀诉谁某。感事涕泗滂，蒙尘面目黝。闲对新亭人，饥号同谷叟。移居留山姜，念旧剪雨韭。忆弟跗连楞，思家丝牵藕。花时杜曲行，岁晚汉腊守。凌寒步江亭，眺远对蓟阜。季鹰苦思归，士龙犹留后。一一寓于词，读之沫流口。变雅有哀伤，国风极佼僽。音得乐府遗，法从天水受。气或迈稼轩，派惟宗石帚。旖旎近屯田，禅悦托无咎。固知忠爱心，况有才八斗。而我枉过从，无文愧怩忸。材甘榖梁废，学比鲁生鲰。辱命不知报，何以结李玖。再拜前致词，吾文例覆瓿。若以弁君集，见之君当欧。感君缠绵意，作歌贡其丑。悲哉秋为气，招摇欸指西。是时北盟成，邻媪喜酙酘。居人望翠华，颂祷说枸杻。岂知卧榻旁，隐患逼在肘。艮维防背寒，江介危豆剖。民散由道失，固易饼浆诱。贫贱逢乱离，引镜诧衰

609

朽。解忧惟杜康,日日当饮酒。

**宋育仁七律一首**

大笑苍蝇蚓窍闻,联吟石鼎调翻新。欲言不敢思公子,私泣何嫌近妇人。隐语题碑生石阙,啸声碧火唱秋坟。二豪侍侧何须问,镜里频看却忆君。

**俞陛云七律二首**

凌跨姜张一辈名,吹花嚼蕊助凄清。河山对酒成孤赏,风雨摩霄入破声。虹气怒投燕市筑,秋心寒托楚江筝。梨云万枕蕃腾际,谁听荒鸡独夜鸣。

晞发高台恣啸歌,岩阿三秀且婆娑。沸中愁绪抽春茧,定里禅光烛秘魔。堕劫风花飘眼去,留人烟月闭门多。浣纱一奏辰龙曲,杜若芳溪奈晚何。

**张仲炘《秋思耗·依梦窗韵》**

衰帽当风侧。甚卧箫吹皱,塞云寒色。秋兴易悲,倦游多感,愁束腰窄。况头白乌啼,避胡无计自挫抑。盼去鸿,天四碧。料万叶敲窗,月华低坠,咏到最高楼句,背灯长忆。　幽夕。沾襟泪滴。寄醉歌、彩扇新饰。更堪漂泊,空江孤啸,数茎发白。但一匊相思,未灰西望嗟病翼。茂陵客、愁惯识。听怨笛张徽,开元前事记得。梦隔车尘巷北。

**刘恩黻《清平乐·集梦窗句》**

紫箫天渺。雨外蛩声小。今夜西池明月到。空指游仙路杳。　微吟怕有诗声。豆花寒落愁灯。又作故人清泪,幽阶一夜苔生。**秋词梓成,骛翁、忍庵先后出都门,**

故末语及之。盖伤时兼惜别也

  陈锐《秋思耗·用梦窗韵》

  衰影经秋侧。看露华如澡，菊寒无色。笳散幕乌，灯**去声**催边马，尘合天窄。听长乐钟声，送人幽梦共叹抑。黯去魂、冤化碧。料故国三千，玉颜清泪，共指夕阳深处，数番追忆。　今夕。青灯自滴。对艳词、彩笔重饰。旧时猿鹤，分明犹在，定谁发白。叹一缚轻絛，培风无计摧劲翼。问过客、应不识。但夜雪江南，梅边吹怨寄得。望隔吟笺研北。

案：《庚子秋词》光绪二十七年刻本题辞有张亨嘉五古长篇一首、宋育仁（即复庵）七律一首、俞陛云七律二首，张仲炘、刘恩黻、陈锐词各一首，有正书局本仅复庵一首。
  陈锐《襄碧斋词》录陈词序作："题《庚子秋词》和次珊，依梦窗韵。遥寄朱古微阁学。"

**本年，缪荃孙经两江总督刘坤一奏派办理江南高等学堂，并派赴日本考察学务。**

  秦国经《清代官员履历档案全编》："缪荃孙……二十六年经两江总督刘坤一奏派办理江南高等学堂，并派赴日本考察学务，免扣资俸，是年回国，以办学期满，蒙保四品卿衔。"

  **编年词**：《卜算子》（梦里半塘秋）、《朝中措》（西山颜色到今朝）、《点绛唇·用梦窗韵》《相见欢》（夜凉哀角声声）（枕函残梦初惊）、《丑奴儿》（沙鸥笑客头如雪）、《人月圆》（烟尘满目兰成赋）、《清平乐》（钓竿别后）、《菩萨蛮》（红尘不上荷衣冷）、《鹧鸪天》（无计消愁独醉眠）、《踏莎行》（彩扇初闲）、《眼儿媚》

(青衫泪雨不曾晴)、《小重山》(一角晴岚翠拂衣)、《一落索》(屏曲秋山横紫)、《秋蕊香》(寂寞香红泣露)、《太常引》(萧疏短发不禁搔)(愁怀得酒涌如潮)、《燕归梁》(一院秋阴覆古槐)、《夜游宫》(蛮外秋声送雨)、《虞美人影》(红绡浥泪情谁见)、《月中行》(溪山犹是暗愁侵)(初寒帘幕旧游心)、《霜天晓角》(吟窠碎竹)(清霜送馥)、《极相思》(碧天愁讯秋娥)、《极相思·纪梦》《恋绣衾》(博山平蓺瑞脑芳)、《好事近》(高柳曲池阴)(何处暮笳声)、《夜行船》(倦枕惊秋双泪费)、《诉衷情·用梦窗韵》《诉衷情》(无边光景只供愁)、《谒金门》(霜信骤)、《醉落魄·题复荃〈归隐图〉》《鬲溪梅令》(五年闲却绣工夫)、《浣溪沙》(日落西亭酒醒时)、《浣溪沙·又一体》《海棠春令》(翠阴浓合闲庭院)、《醉桃源·用梦窗韵》《柳梢青》(晓色参横)、《凤来朝》(热泪向风堕)、《杏花天》(青桐翠竹惊凉吹)(遥天白雁参差起)、《少年游》(年时簪菊翠微巅)(拿云心事记当年)、《少年游·又一体》《画堂春》(清歌都作断肠声)、《河渎神》(云压雁风低)、《更漏子》(绣帘低)、《武陵春》(风月无端惊草草)、《愁倚阑令》(风侵幕)、《蝶恋花》(海色云光摇不定)、《贺圣朝》(红绡私语传新燕)(花前苦语情如见)、《满宫花》(树参差)(赋闲情)、《满宫花·戏作》《莺声绕红楼》(消息青禽问有无)、《南乡子》(山色落层城)(残雨滴疏更)、《迎春乐·用清真韵》《喜团圆》(牢愁欲畔)、《上行杯》(侵阶落叶秋阴重)(游尘乱拂岚云动)、《醉花阴·九日拟易安》《忆秦娥》(边云裂)、《红罗袄》(艳冷霜花淡)、《烛影摇红》(别梦西园)、《巫山一段云》(秋色吴生画)、《品令》(晚风低飔)、《归去来·用屯田韵》《滴滴金》

| 正谱

（风花回首惊飘泊）、《惜春郎》（灵椿坊里闲风日）、《醉乡春》（星斗离离高挂）（昨夜雨疏风亚）、《惜分飞》（挑尽灯花无好意）、《关河令》（边声沉沉雁共语）、《减字木兰花》（笑斟北斗）（董龙鸡狗）、《天门谣》（沉醉长安道）、《忆闷令》（倚竹愁生珠未卖）、《留春令》（碧空鸿信）、《鹤冲天》（风肃肃）、《万里春》（春寒尔许）、《河传》（春改）（螺黛）、《思帝乡》（更更）（卿卿）、《蕃女怨》（冷云横抹秋冉冉）、《燕瑶池》（酣歌击缶）（听风听雨）、《红窗迥》（绛蜡残）、《西溪子》（梦醒泪痕犹在）（吟望凤楼烟霭）、《四字令》（床琴罢弹）（妆螺态妍）、《芳草渡》（醒残酒）、《十二时》（百年阑槛）、《怨春风》（大堤官柳依依）、《西江月》（梦逐歌云暗绕）（酒醒浑忘春在）、《忆王孙》（巫山梦雨几时晴）（云山重叠短长亭）、《雨中花》（虾菜归心秋梦里）（侧耳鹃声愁似水）、《渔歌子》（禁花摧）、《醉吟商小品》（又正是）（数不尽）、《醉花间》（风急雁绳天外直）、《庆春时·用小山韵》（东风有约）（安排箫局）、《胡捣练》（夕帘风外飐春星）（年年芳事厌唐花）、《凤孤飞·用小山韵》（直北暮云无际）（记得洗花深酌）、《甘草子·用杨无咎韵》（愁暮）（年暮）、《临江仙》（酒圣诗豪今已矣）（卅载梦云吹不转）、《思远人》（潦倒蓬蒿三径晚）、《虞美人·题〈校梦龛图〉》《酒泉子》（水带山簪）（一笑轩髯）（珍重云蓝）（弦语夜酣）、《金凤钩》（孤山昨梦游眺）、《思越人·用阳春韵》（梦冷游情恶）（听惯鹃声恶）（老去风怀恶）（懒赋秋声恶）、《遐方怨》（黄叶雨）（瓜步月）（新月白）（霜沁柝）（槐叶落）（调石黛）、《梁州令》（夜久忘寒沁）（夜雨凄凉甚）（兀兀长如饮）、《玉团儿》（西风掠鬓铅华薄）（朔风吹雪茸裘薄）、《三

字令》(春去远)(风南北)、《南歌子》(肮脏吟情倦)(夜气沉残月)(翠袖香罗窄)、《应天长》(绿螺临镜怜妆褪)(鹍弦移柱愁难准)、《锯解令》(记歌桃叶渡江初)(驻云谁按酒边词)、《琴调相思引》(梦里留春不是春)、《倾杯令》(入户鸿惊)(鹤警霜严)、《望江南》(朝睡起)、《玉楼春》(南楼莫怨吹羌管)(春风帘底窥人惯)(好山不入时人眼)、《玉楼春·和小山韵》(落花风紧红成阵)(闲云何止催春晚)(不辞沉醉东风里)(郎情似絮留难住)(春愁漠漠慵窥镜)(杖藜省识青帘近)(春风消息南枝绽)、《菊花新》(不断寒声空外响)、《睿恩深》(东风消息雨中听)、《忆汉月》(榆荚绕阶风簌)、《红窗听》(睡觉花飞春似水)、《思归乐》(帘幕寒轻芳讯透)(刻意消愁愁似旧)(行乐乌乌歌击缶)、《凤衔杯》(青琴消歇餐霞愿)(狂花舞彻金筐颤)、《凤衔杯·又一体》《相思儿令》(轻放燕雏双入)、《撼庭秋》(窥人弦月如梦)、《秋夜雨》(晴雷万丈惊冬蛰)、《珍珠令》(花间艇子来何暮)、《西地锦》(寂寂玉屏寒沍)、《定风波·用瞻园韵》《一剪梅》(碎踏琼瑶步有声)、《夜厌厌》(泼蚁绿云堆盎)、《七娘子》(眉间彩雁惊飞后)、《锦帐春》(中酒光阴)(冷月鸣笳)、《调笑转踏·巴黎马克格尼尔》《山花子》(天外冥鸿不可招)、《玉树后庭花·用安陆韵》(歌云著意香红斗)(十年薄幸何曾觉)、《八宝装》(锦屏山曲亲展处)、《斗鸡回》(年年花底)、《摘红英》(春消息)、《庆金枝》(花残月缺时)(香红和梦飞)、《花上月令》(屏山如梦冻云流)、《茶瓶儿》(梦入江南天大)(冻碧连云愁锁)、《唐多令·衰草。和穗平》《江月晃重山》(舞态筵前鸲鹆)、《醉垂鞭》(抱膝漫长吟)、《浪淘沙·自题〈庚子秋词〉后》。以上《庚子秋词》。《燕山亭·寄题叔问〈蓟门秋柳图〉》《八声甘州·寄酬瞻园》《尉迟杯·次沤尹寄弟韵》《绮寮怨·忍庵为题〈春明感旧图〉,依调约沤尹重作。于时瑟轩下世亦已数年,旧时吟侣尽矣。黄公垆下,往事消魂,况益以新亭涕泪耶》《丑奴儿慢·龙树寺西楼对雪》《天香·鹿港香》《水龙吟·唐花》《水龙吟·赋唐花不类。沤尹、忍庵以为得玉田生清空之致。恕而存之》《摸鱼子·冬笋》(记云帆)(记湘南)、《齐天乐·鸦》《桂枝香·银鱼》《蓦山溪·梦中得句与此解起调适合,因足成之。索沤尹、忍庵同作》《西窗烛·玉井词人赋寒月于庚申之冬,不胜雪路冰河之感。岁华容易,又四直上章矣。长夜不眠,寒光侵户,偶读〈玉井山馆词〉,依调赋此。不知旧时月色,视此何如也》《绛都春·和南禅。同梦窗韵》《绛都春·用日湖体次韵,索南禅和。春讯将回,残寒犹冽,冷红生所谓感音凄异者也》《瑞鹤仙·似园馈冰蔬,赋谢。用梅溪体》《东风第一枝·十二月十六日,立光绪二十七年辛丑春》《金明池·东华尘土,惟四时芳事,差可与娱。三百年来,名流觞咏屡矣。今年夏秋以还,高台曲池,禾黍弥望,遑问一花一叶哉。春风当来,旧游如梦,闭门蛰处,益复无聊。偶忆屐齿常经芳事最盛之处,各赋小词,以寄遐想。盖步兵之涂既穷,曲江之吟滋戚已。嗟乎!慈仁之松,廉墅之柳,足以坚岁寒而资美荫者,既邈不可得,即秋碧春红,媚兹幽独,亦复漂摇如此。风月有情,当亦替人於邑也。赋扇子湖荷花第一》《大圣乐·法源寺牡丹第二》《帝台春·丰台芍药第三》《八犯玉交枝·寄园朱藤第四》《梦横塘·野凫潭芦花第五》《夜飞鹊·花之寺海棠第六》《鹧鸪天·庚子除夕》。

## 光绪二十七年辛丑(1901),五十三岁

**正月初一日(2月19日),作《春蛰吟》题记。同日,与朱祖谋、刘福姚联句成《六州歌头》词。**

题记云:

春非蛰时,蛰无吟理。蛰于春,不容已于蛰也;蛰而吟,不容已于吟也。漆室之叹,鲁嫠且然;曲江之悲,杜叟先我。盖自《庚子秋词》断手,又两合朔,且改岁矣。春雷之启,其有日乎?和声以鸣,敬俟大雅君子,吾侪詹詹有余幸焉。光绪辛丑元日记。

词为《六州歌头·辛丑元日连句》,见《春蛰吟》。

**正月初,与朱祖谋、刘福姚同用姜夔《玲珑四犯》词体赋词题前《春明花事词》后。**

鹏运词为《玲珑四犯·依白石双调,自题〈春明花事词〉后》,见《春蛰吟》。

朱祖谋同作:

屐齿旧香,尘纱残墨,游蓬芳事如水。故家烟月在,耐得阑干倚。提携自怜影底。有东风、伴人垂泪。梦里婵媛,劫余莺蝶,知我擘笺意。 天涯望、春归矣。问寻香杜曲,新恨谁理。眼看诗酒瘦,应接鹃声里。莫教秉烛西园夜,但攀摘、寻常桃李。须记起。春根在、千红旧地。

刘福姚同作:

似水客愁,如尘芳事,韶华都付弹指。眼中风物

换,肮脏悲身世。孤吟翠尊倦倚。对东风、几番醒醉。燕笑莺啼,献愁供恨,回首梦华里。　弹不尽、春人泪。有三花两蕊,相伴憔悴。旧游何处认,寂寞千红地。帘栊也惜春光短,怅一角、斜阳谁系。花底意。休重向、啼鹃说起。

正月初至二月上旬,与朱祖谋、刘福姚及成昌等同用贺铸、姜夔、周邦彦、周密、蒋捷、张炎、史达祖、吴文英、张翥诸人词韵赋词。

鹏运词为《石州慢·用东山韵》《凄凉犯·用白石韵》《花犯·用清真韵》《望梅·元夕用碧山韵》《玉京秋·用草窗韵》《贺新郎·落梅分用竹山韵》《月下笛·用玉田韵》《喜迁莺·用梅溪韵》《尾犯·用梦窗韵》《陌上花·用蜕岩韵》,俱见《春蛰吟》。

案:上《望梅》鹏运步韵原作为宋黄大舆编《梅苑》卷四载《望梅》(画阑人寂)词,署王圣与(沂孙字)作,《花草粹编》《词综》《历代诗余》沿之。然黄大舆为南北宋之间人,不可能将宋末人之作收入其书,显为后世无知者误加撰人。鹏运亦失考。唐圭璋编《全宋词》将此词收入书后所附无名氏作品。《四印斋所刻词》本《花外集》收录《望梅》一词,调下注:"一名《解连环》。"

朱祖谋《石州慢·用东山韵》:

一枕春醒,相伴画堂,羁绪天阔。江南信息沉沉,水驿芳梅谁折。荒阑凭久,未信笛里关山,玉龙犹噤黄昏雪。空外暮笳声,唤飘灯时节。　歌发。闹红香榭,归鹤春城,顿忘离别。依约斜阳,只有鹃声凄绝。不知临镜,画出几许宫眉,新妆消与愁千结。拥髻已无言,又窥人黄月。

刘福姚《石州慢·用东山韵》:

薄暝轻烟,楼外万重,云水空阔。春来寸寸愁丝,怕共阑干凭折。归期漫误,记取百五韶光,垂杨扑面花如雪。离思已难禁,况匆匆佳节。　催发。大堤芳草,南浦春波,那回伤别。待不思量,眼底风光愁绝。山遥水远,盼断一纸音书,何时双绾同心结。寂寞卷帘看,有无情寒月。

成昌《石州慢·用东山韵》:

锦字慵挑,星影欲残,魂梦悬阔。长安春欲留人,陌上金鞭空折。游踪忍记,争奈远道传闻,青骢懒踏繁台雪。寒尽忆归期,过烧灯佳节。　花发。去年枝旧,偏是花前,顿成轻别。怕倚雕阑,恨被斜烟遮绝。燕巢泥落,只剩数点遥山,浓青正似愁眉结。但近傍妆楼,又凉生纤月。

朱祖谋《凄凉犯·渐西邮人〈富春卧游图〉,为仲默、叔撝兄弟作。用白石韵》:

清琴怨入,西风后、凝尘阁断冰索。大招赋否,江空岁晚,数声哀角。蛟龙气恶。黯千里乡心茧薄。怪飘萧、溪山破墨,一雁度空漠。　肠断桐君未,偶世餐霞,顿更哀乐。故山梦短,迸惊弦、广陵摇落。一苇延缘,料晞发吟魂恋著。听松声、七里浅濑,断旧约。

刘福姚《凄凉犯·用白石韵》：

月华永夕，还当月、凭阑独对萧索。倦鸦归路，千林寂寂，数声凄角。西风苦恶。渐吹冷云屏影薄。望关河、沉沉万里，夜景似荒漠。　谁念无聊处，客里莺花，向来哀乐。玉箫听断，黯芳尊、舞衣零落。似水车声，软红里依稀梦著。问何时、陌上料理，拾翠约。

朱祖谋《花犯·用清真韵》：

已经年，花宫事冷，东风换愁味。梦痕凄缀。浑未理幺弦，催赋多丽。背灯夜久笂屏倚。玉虫何太喜。似怅惜、天孙云锦，匆匆孤翠被。　流莺为花尚多情，东园路解慰，离人愁悴。青鸟信，行云外、并春飘坠。安排定、扫眉样好，妆幔卷、西峰空翠里。莫放取、飞琼飞去，金篝凉似水。

刘福姚《花犯·用清真韵》：

解多情，伴羞浅笑，何曾惯愁味。玉珰低缀。看楚楚风神，人共花丽。几回玉树风前倚。眉梢微送喜。记绮阁、烛花红处，余香空翠被。　旗亭旧游恨匆匆，闲情莫漫赋，相看憔悴。香径悄，娉婷影、暗随风坠。斜阳外、乱鸦正舞，愁望断、落花飞絮里。忍再听、曲中哀怨，沉沉银箭水。

成昌《花犯·用清真韵》：

问春愁，眉头心上，恹恹甚滋味。帐铃空缀。伤绝世风姿，端正秾丽。夜深绣倦熏笼倚。偏惊灯焰喜。念远道、铁衣寒重，无心温翠被。　银蟾影斜漏疏棂，凄凉只对照，容光憔悴。羞看著，香奁底、玉钗低坠。

阑干角、斗横井络,谁更遣、相思来梦里。直待到、漏残灯烬,帘纹清似水。

朱祖谋《望梅·元夕用碧山韵》:

　　翠屏香寂。又铜壶促晚,炉云慵坼。记夜蛾、坊陌年年,换几度风光,暗罗尘额。盼极嬬娥,为点逗、六街春色。甚青鸾信渺,满地桂阴,坠欢轻掷。　沧洲半迷旧国。正铜华写照,天上愁忆。想泪铅、滴倦方诸,也凄对金仙,暂时将息。小影山河,莫唱入、吹梅哀笛。背残灯、有人拥袖,梦寻冷驿。

案:《彊邨词剩稿》卷一收上词作《解连环·元夕用碧山韵》。

刘福姚《望梅·元夕用碧山韵》:

　　暮鸦声寂。看池冰点点,玉痕初坼。想素娥,也厌凄凉,正镜掩妆残,懒窥帘额。望极关河,尚锁住、千林风色。料金钱暗卜,绛蜡绮窗,有人频掷。　烟尘暗迷故国。剩天涯絮点,魂梦相忆。记闹蛾、影事依稀,乍云冷楼台,试灯风息。几处笙歌,算未抵、山阳凄笛。问玉梅、数椒破否,信回远驿。

朱祖谋《玉京秋·用草窗韵》:

　　芳意阔。欢场旧莺燕,舞繁歌切。风怀几许,愁书花叶。一曲红牙妙谱,记当筵、催按回雪。倦情别。隔年沈恨,覆杯慵说。　不是清狂重怯。写琴心、六幺渐缺。断梦楼台,中年丝竹,不禁哀歌。头白龟年,尚解怨、天宝凄凉时节。笛声咽。谁傍宫墙暗月。

刘福姚《玉京秋·用草窗韵》：

湘水阔。年时送行处,杜鹃声切。寒山夕照,疏林黄叶。漂泊天涯倦侣,倚西风、双鬓如雪。怨离别。镜盟钗约,旧情休说。　欲写鸾笺犹怯。寄相思、回文半缺。泪雨经年,愁丝成寸,何时才歇。容易春回,又瞥眼、过了烧灯时节。短歌咽。相伴无眠夜月。

成昌《玉京秋·用草窗韵》：

罗带阔。年来更消瘦,惜春心切。乱红落尽,惊看新叶。门掩梨花几树,诉东风、休摧香雪。伤离别。绿窗鹦鹉,替人先说。　袖薄余寒犹怯。烛高烧、银屏影缺。画角声声,吹残前梦,轻歌应歇。浅草迷天,叹客里、谁惜芳菲时节。蜀弦咽。鹃血空啼夜月。

朱祖谋《贺新郎·落梅分用竹山韵》：

冻羽寒窥屋。傍黄昏、声声似诉,麝尘惊扑。飘粉楼台相思夜,消瘦仙姿萼绿。渐泪点、殷沈红菽。满地珊瑚无人扫,占霜天、做弄伤春局。空颭影,对残烛。

苔鬟尚缀交枝玉。问何时、宫妆点额,镜盟重卜。多少飞琼经年恨,写入沧洲剩幅。怕还被、东风拘束。冷落雪香亭前路,唤青禽、与听消魂曲。肠断尽,委横竹。

刘福姚《贺新郎·落梅分用竹山韵》：

缟袂临风薄。洗啼痕、零落残妆,蕊珠仙弱。林下风姿曾偕隐,疏影幽香万壑。更羞傍、雕阑红药。瞥眼韶华浑一梦,算尘缘、未抵山中乐。应也悔、三生错。

余香点点依罗幕。冷空庭、寂寞因缘,笑人孤鹤。一片关山残月恨,漫倩东风诉却。最肠断、声声凄角。留取冰霜盟约在,尽飘零、不共春花落。聊伴我,宵深酌。

朱祖谋《月下笛·用玉田韵》:

废碣栖烟,清钟度暝,旧携筇处。沙禽细响,犹恋东风去来路。平芜先作伤心碧,悄不管、连天恨雨。尽阑干拍遍,孤云一逝,乱山无语。　情绪。斜阳暮。莫轻恼天涯,旧沤新鹭。经年断旅,再来情味凄苦。花前不是伤春病,问隔座、流莺会否。待诉与、庾郎心,惟有衰杨一树。

刘福姚《月下笛·用玉田韵》:

万绿寒烟,消魂正在,好春归处。江山似旧,回首东风梦华路。凄凉漫说题琼恨,有几点、伤春泪雨。剩当楼残照,绕堤衰柳,带愁不语。　无绪。孤云暮。算惟有多情,伴人沤鹭。看花倦眼,冷吟风味偏苦。流莺解送歌声缓,问赚得、回肠断否。莫再认、旧游踪,零落碧桃几树。

朱祖谋《喜迁莺·用梅溪韵》:

玉虫寒滴。照落梅帘户,浅春犹隔。恻恻生衣,迢迢促漏,人定水沉烟直。做成情味苦,长忍俊、镜奁颜色。倦吟罢,伴西楼坠月,今夜愁客。　欢迹。忍泪忆。几许旧家,点检闲箫笛。凤屧轻尘,鸾钗密绪,吟入怨红凄碧。也思寻梦去,花外路、何曾经历。睡未著,又一襟、乱愁无隙。

正 谱

朱祖谋《尾犯·用梦窗韵》：

一笛落梅风,虚馆夜分,春思飘越。门掩沈香,乱灯花成缬。归燕晚、文梁未扫,断鸿惊、空弦尽折。旧情无据,老去杜郎,惟有吟声咽。　秦筝围绣屋,应未解恨轻别。乱草昏烟,断相思天阔。数前事、参差流水,拍阑干、清铅暗结。累人愁悴,不是向来团扇月。

朱祖谋《陌上花·用蜕岩韵》：

笼莺唤起屏山,残睡眼前春晚。点絮年光,消与谢娘池馆。惜芳笺管成何用,花外东风凄断。占新阴未稳,泪铅无数,梦云飘散。　苦相思瘦损,宫腰几许,宽却罗衣一半。未必天涯,省识忖寒量暖。经年袖损调筝手,尘满十三金雁。劝愁弦,漫傍绿窗残日,旧情真懒。

**二月初七日(3月26日),缪荃孙有信致鹏运及朱祖谋,并附书二册。**

据《艺风老人日记》。

**二月十二日(3月31日),与朱祖谋至京城长椿寺旁妙光阁下,有感同赋《念奴娇》词,刘福姚有同调词。**

鹏运词为《念奴娇·二月十二日妙光阁下感赋》,见《春蛰吟》。

朱祖谋《念奴娇·二月十二日妙光阁下感赋》：

青松冷日,甚推排不去,无情春色。强与风光流转处,依旧清明寒食。戍鼓楼台,佛香尘土,三两初莺识。琴声凄断,断肠花外残客。　天末谁为招魂,薜萝山鬼,哀些空吟得。尽有贞元朝士感,白首同归尤惜。旧顿天寒,新亭日暮,泪尽山阳笛。沧桑何事,出林烟磬初寂。

刘福姚《念奴娇·春感》:
　　风斜雨横,又客中过了、几番寒食。庭院深深莺语悄,狼藉残红谁惜。十里香尘,二分流水,断送春消息。一枝如画,为谁还斗标格。　因念憔悴文园,重来万感,风景都非昔。一样天涯沦落恨,浊酒何曾浇得。似梦光阴,无端哀乐,容易催头白。柳绵飞尽,踏青休问游屐。

**二月,观岳飞墨迹,赋《满江红》词书其后。**

词为《满江红·敬书岳忠武王〈赠吴将军宝刀行〉墨迹后》,见《春蛰吟》。

附岳飞《宝刀歌赠吴将军南行》:
　　我有一宝刀,深藏未出韬。今朝持赠南征使,紫霓万丈干青霄。指海海腾沸,指山山动摇。蛟鳄潜形百怪伏,虎豹战服万鬼号。时作龙吟似怀恨,咻得尽剿诸天骄。蠢尔蛮蜑弄竿梃,倏聚忽散如群猱。使君拜命仗此往,红炉炽炭燎氄毛。奏凯归来报天子,云台麟阁高嶕峣。噫嘻!平蛮易,自治劳,卒犯市肆,马蹢禾苗。将骯骄侈,士狃贪饕。虚张囚馘,妄邀金貂。使君一一试此刀,能令四海烽尘消,万姓鼓舞歌唐尧。

**三月初三日(4月21日),与朱祖谋、成昌登陶然亭,鹏运与朱祖谋有《烛影摇红》词,刘福姚和之,吴鸿藻亦和刘词。**

鹏运词为《烛影摇红·上巳,同南禅登江亭,复步至日望楼。惊尘不到,春色可怜,相与低徊者久之》,见《春蛰吟》。

朱祖谋同作:

> 残墨山容,为谁青到钩帘处。荻芽平岸乳禽喧,依旧潩兰路。消送流光过羽。冷禅天、丛铃碎杵。芳游何在,清角无端,吹愁如许。　春尽天涯,茂园心醉思归赋。好天良夜旧东风,谁信啼鹃苦。欲采蘩花寄与。绿窗深,心期又误。危阑休倚,乱掩斜阳,浮云无数。

案:《彊邨语业》卷一收上词序作:"上巳同半塘、南禅登江亭。"

刘福姚《烛影摇红·鹜翁、沤尹以上巳纪游属和,依调成此。虽寓感不同,而难被清愁,固无殊致也》:

> 如此娉婷,为谁憔悴东风里。恼人春色自年年,愁见惊尘起。寂寞阑干自倚。判输他、红香翠媚。消魂只在,一笑矜持,天然娟丽。　垂老相如,万千心事凭谁寄。落花飞絮总天涯,禁得回肠碎。相对无言有泪。尽徘徊、心头眼底。殷勤惜取,豆蔻梢头,韶华如水。

吴鸿藻《烛影摇红·和忍盦》:

> 杨柳愁人,满城一片飞花路。又从客里过清明,消息都无据。费尽朝朝暮暮。怕轻尘、游丝暗误。乱红谁问,众绿才生,春归何处。　旧日东君,几番风信偏催去。海棠娇睡悄相留,桃李残妆妒。惯引蜂狂蝶舞。判绿章、乞阴许护。奈天不管,泪湿燕支,啼鹃声苦。

约三月中,鹏运有《御街行》词咏马,刘恩黻和之。

· 625 ·

鹏运词为《御街行·厩马素驯。客或借乘,忽蹄啮不受羁勒,我愧之矣。赏之以词,俾知半塘之马,固非下驷也》,见《春蛰吟》。

刘恩黻《御街行·咏马酬半塘》(《麠楥词》):

　　濯龙门外东风苦。怊怅兰台鼓。人间厮养尽封侯,说甚紫骝高步。金鞯珠络,可怜公等,只会交衢舞。

　　障泥忍受腥尘污。检点归装付。明朝驮梦过桑干,为问酒醒何处。青山依旧,排云仙仗,愁断重来路。

案:刘恩黻上词不见于《春蛰吟》。

**三月底,刘福姚有《长亭怨慢》词抒怀,鹏运与朱祖谋、左绍佐和之。后吴昌绶亦有和作。**

鹏运词为《长亭怨慢·和忍庵春尽书怀之作》,见《春蛰吟》。

朱祖谋《长亭怨慢·和忍庵春尽书怀之作》:

　　再休问、愁边鸥鹭。月冷沙昏,梦归何处。故苑沧波,为谁绿到旧游路。石鳞风起,呜咽作、前秋语。流水不参差,莫渰了、一分尘土。　　前度。有天风瑟瑟,日夜步虚来去。新蒲细柳,问谁信、好春无主。恨双燕、不把斜阳,细说与、碧窗烟雾。只瞥镜飞红,遮断凌波新步。

刘福姚《长亭怨慢·春尽书怀》:

　　看零乱、天涯飞絮。远树苍烟,黯然无语。落日鹃声,几分春在断肠处。伤春禁惯,哀乐事、凭谁诉。倚醉试单衣,尚恻恻、轻寒如许。　　客路。叹侵寻衰鬓,染尽梦华尘土。欢游渐少,忍重问、旧时歌舞。倩燕子、说与飘零,更休逐、东风归去。怕梦冷西园,狼藉残红无主。

左绍佐《长亭怨慢·和忍庵春尽书怀之作》:

最怜是、好春空度。一霎飞红,艳阳何许。恻恻单衣,倚阑心事只酸楚。绿阴如梦,还又听、潇潇雨。柳外几斜阳,认历历、新愁来处。 莺语。正江南草长,个个娇吟争树。青梅老矣,也应念、东园风絮。但怪得、烂锦年华,容易把、流潮分付。怕恁日相逢,无复当时眉妩。

吴昌绶《长亭怨慢·和忍庵春尽书怀之作,即题〈春蛰吟〉后》(《松邻遗集》卷十):

漫回首、东华尘土。采笔零星,赋愁如许。病酒寒欺,梦中呜咽向春语。蝶昏莺晓,僝僽损、风和雨。苑柳不成眠,却化作、天涯飞絮。 迟暮。恨芬菲世界,划地乱红无数。分香瘦减,问谁遣、欢盟轻误。凝望眼、绣幕深深,想依旧、玉京眉妩。待诉与相思,弹入钿筝哀柱。

**四月初七日(5月24日),缪荃孙接鹏运及朱祖谋信并附寄《樵歌》四册。**

据《艺风老人日记》。

**四月十四日(5月31日),奏参大学士荣禄。**

《光绪军机处事由档》光绪二十七年四月十四日:"王鹏运奏参大学士荣禄,片参张翼勾通洋人。"

**四月,钟德祥从军台放还。**

《光绪朝实录》卷四百八十二:"光绪二十七年辛丑夏四月丙申朔。庚申,谕军机大臣等,兵部奏,钦奉恩诏,查办军台废员、开单请旨一折。上年三月十二日,特颁恩诏,将效力赎罪各员,分别查办。兹据兵部查明请旨,自应酌量办理。除张继已免发遣、王育桐已准释回、李奉选交万本华差遣、林志魁一员发往山西防营效力现经奏参另案办理外,其军务获罪之广顺、恩禄、恩纶、永福及已革御史钟德祥,均毋庸查办。"

**五月初,知国事不可为,请假出都南游。刘恩溥有词送行。**

鹏运《梦窗甲乙丙丁稿》跋云:"辛丑五月,请急出都。"

刘恩溥《八声甘州·送半塘南归》(《麋楞词》):

莽天涯几个是归人,京洛又逢春。听啼鹃声里,青山换梦,碧海生尘。道去便须去也,莺燕说黄昏。休问兰台事,笺疏都焚。　除是杨花飘荡,算者般沦落,何处逢君。弄吴烟吴雨,淮水接嵩云。点征衫、风吹不去,是故人、今夕别离痕。君拈取、把春城忆,应也销魂。

况周颐《眉庐丛话》:"王半塘清通温雅,饶有晋人风格。唯早岁放情,增口于群小;中年谠论,刺骨于要津。虽遭遇因而屯邅,亦才品资其磨练。官礼科掌印给事中。某年,届试俸期满,百计筹维,得数百金,捐免历俸,截取道员,旋奉旨以简缺道员用。向来京曹截取道府,皆以繁缺用,以简缺用者,不用之别名也,为自有截取之例以来所仅见,半塘泊然安之。是岁樵米之需转因而奇绌,夫亦甚可笑矣。未几,复严劾某枢相,不见容于朝列,襆被出都,潦倒以没。山阳邻笛之痛,何止文字交情而已。"

正　谱　卷三

　　王孝伛《王半塘老人传略》:"庚子之变,国几不国,乃两宫回銮以后,县野上下,仍复酣歌恒舞,粉饰升平,政治一无革新之望。老人感时伤怀,知国事之终不可为,乃投劾以去,赴汴依仲兄以居者约两岁。"

　　**案**:况周颐《半塘老人传》云:"二十八年,得请南归,寓扬州。时艰日亟,愤懑滋甚。"龙沐勋《清季四大词人》云:"二十八年得请南归,经朱仙镇至金陵,旋过上海,游苏州,与朱、郑相酬答,寻寓扬州,主办仪董学堂。"二说均以光绪二十八年始南归,误。

**五月中旬至上海,遇沈曾植,曾讲学于南洋公学。又遇陈锐,临别时陈氏为其《春明感旧图》题《浣溪纱》词三首。**

　　鹏运《角招》(漫回首)词序云:"南来遇乙庵沪上、瞻园金陵,皆赋此调见贻,依调酬之。"

　　钱基博《现代中国文学史》:"鹏运投劾,之上海,讲学于南洋公学。"

　　陈锐《浣溪纱·题王幼遐给谏〈春明感旧图〉,时同客沪上,将别矣》三首(《褒碧斋词》):

　　　　一卷生绡拂酒尘。歌吟曾见太平春。贞元朝士更无伦。　梦里河山莺寂寂,望中楼阁雪纷纷。北风残笛送车轮。

　　　　一去燕台暗恨生。词人几辈似晨星。也知乔木厌谭兵。　拨瓮浮蛆新世界,看花啼鸟旧心情。铜仙清泪为谁倾。

　　　　隔雨飘灯更不归。画阑惆怅几多时。问君行李又

· 629 ·

何之。 佳会也如钱易散,闲情惟与伎相宜。中年禁得鬓成丝。

**与沈曾植同乘轮船自上海启程,五月二十五日(7月10日),在南京下关附近缪荃孙上船得晤。**

《艺风老人日记》本日记云:"雨竟日,丑刻上江裕轮船,晤王佑遐,与子培对房。"

六月中旬在南京与缪荃孙、徐乃昌等相会,多有唱酬。初至南京,会饮秦淮河有《水调歌头》词,张仲炘等和之。泛舟珍珠桥侧,有和张仲炘《浣溪沙》词。避暑玄武湖,与张仲炘有用周密《绿盖舞风轻》词韵和词,后朱祖谋、刘恩黻等和之。后朱、刘二人又有寄怀鹏运南京《角招》词。六月十五日(7月30日),鹏运送《味梨词》《鹜翁集》给缪荃孙。十六日(7月31日)缪荃孙拜访鹏运及徐乃昌等人。十七日(8月1日),缪荃孙拜访鹏运。二十日(8月4日),缪荃孙原拟宴请鹏运,为大水所阻,改为送菜给鹏运。

鹏运词为《水调歌头·初至金陵,诸公会饮秦淮。酒边感兴,索瞻园、葱石、积余和》《浣溪沙·泛舟珍珠桥侧,相传为南唐逭暑清凉山故道》《绿盖舞风轻·逭暑玄武湖,用草窗韵》,俱见《南潜集》。后据《艺风老人日记》。

张仲炘《水调歌头·秦淮夜泛和鹜翁》(《瞻园词》卷二):

落日古城暮,淮水自西流。晚风何事萧瑟,衰鬓不禁秋。城上一丸白月,城下千丝垂柳,曾伴几人游。悄念共谁语,隔岸起渔讴。 古今人,家国事,总浮沤。且听小曲,残鼓零乱打甘州。莫管明朝风雨,但有尊中醽醁，一醉了无愁。矫首青冥外，狂笑谢尘鞲。

张仲炘《浣溪沙·十五夜，宴客于傅氏水榭，华月半吐，薄晕如金，奇景也。倚此索鹜翁、耑斋和》(《瞻园词》卷二)：

  细镂凉云一线秋。淡金浓碧写双钩。嫦娥爱好不知愁。 流水有情花照槛，旧欢如梦酒盈瓯。好风多在阁西头。

张仲炘《绿盖舞风轻·湖水盛涨，荷花残谢，菱叶败梗，零乱水次，怆然有蒲柳先秋之感。用草窗均》(《瞻园词》卷二)：

  辇碧镜生波，荡尽香尘，湖山换春绮。秋入蘋洲，危楼谁弄笛，冷调孤倚。小雨初停，藕丝短、斜阳难系。恨因循、十日来迟，空怨冰蕊。 长恨，中酒年年，梦醒几凭阑，短袂尘洗。一叶江南，玉盘空、剩觅金仙铅泪。袅袅西风，阻秋水、鱼书愁寄。暗销凝，浓沁满身云气。

朱祖谋《绿盖舞风轻·遥和鹜翁玄武湖逭暑之作。同弇阳老人韵》(《彊邨词剩稿》卷二)：

  一阕定风波，倦眼登临，危阑对横绮。凉笛延秋，江湖归未得，浅醉慵倚。劫后吟魂，又轻被、蘋丝牵系。正红衣、掠岸西风，催堕愁蕊。 杯底。遣得孤欢，照影弄清波，短鬓尘洗。酒入襟痕，好心期、换与故年闲泪。梦里沧洲，更不信、孤根无寄。过江人，销尽看花英气。

刘恩黻《绿盖舞风轻·和半塘逭暑后湖之作。用草窗韵》(《麐楼词》)：

  落日澹汀州，露泫烟啼，蘋花媚清绮。闲说兴亡，

631

江山如梦觉,短棹横倚。倒柳垂丝,把金粉、残阳牢系。最销魂、玉树西风,憔悴珠蕊。　歌底。换叶移根,寄语晚妆人,粉黛须洗。洗得愁无,白门秋、泻作满湖清泪。第几桥边,暮吹我、乡心遥寄。雁书来,犹带水情烟气。

张仲炘《角招·重晤鹜翁白下,喜极益悲,回首京尘,恍如隔世。翁行且游鄂,不识此后更能一握手否。赋此索和》(《瞻园词》卷二):

醉吟惯。芦边又几西风,絮影重展。旧衫宽更剪。瘦骨倚冰,斑泪犹染。金波照眼。冒一缕、浓愁如茧。可惜轻抛画扇。听桃叶曲中情,似当年河满。　凄惋。永和禊散。贞元局改,侥幸江南见。翠筇人尚健。寸烛啼红,霜芜哦遍。江楼漫恋。怕笛里、长安愁远。省识银屏梦短。暂佳夕、一凭阑,休辞倦。

朱祖谋《角招·寄怀半塘白下》(《彊邨词剩稿》卷二):

送君后。沧江晚、望风几度搔首。雁边寒讯逗。破驿老枫,游倦时候。天涯未负。怕负却、十围垂柳。素石清泉尽有。奈今夕玉关情,被清愁无酒。　知否。乱尘涨袖。夷歌野哭,销得残阳骤。庚郎魂断久。迸入江南,玉龙哀奏。冰霜共守。剩一抹、峰眉依旧。梦咽西窗烛瘦。待商略、白鸥心,回肠又。

刘恩溥《角招·寄怀半塘白下》(《麐栖词》):

恨眉斗。西风为底干卿,渐被吹皱。种桃人去后。燕麦晚晴,摇荡荒甃。残香数斗。尽浪蝶、平生消受。

不惜哀弦早奏。但收拾夕阳红,上灵和宫柳。 还又。
蒋山剩秀。秦淮旧艳,相对新亭酒。故人消渴久。唱
入江南,潮平时候。筼鲈定有。怕落向、垂纶先手。自
撷蘋丝弄袖。料萦得、一痕秋,花偕瘦。

**七月二十五日(9月7日),清政府与十一国代表签订《辛丑条约》。**

据《近代中国史事日志》。

**九月,鹏运经淮阴往开封,经朱仙镇,拜谒岳祠,有词。**

词为《满江红·朱仙镇谒岳鄂王祠,敬赋》,见《南潜集》。

案:鹏运作于光绪二十八年的《蓦山溪·九月六日清河舟次作》词云:"去年今日,路入袁公浦。岁月不参差,又扁舟、柳阴重驻。"袁公浦即清江浦。因三国时袁术曾驻兵于此,故又称"袁浦"或"袁公浦"。在今江苏省淮阴市,即旧清河县。可知鹏运于光绪二十七年九月自南京经此至徐州再至开封。

朱庸斋《分春馆词话》卷三第四八条:"王鹏运《三姝媚》词,写珍妃被幽囚时之情景。是时王氏与彊村正校勘梦窗词,故此词不免受梦窗影响,情思掩抑,若有无限难言之隐者。《满江红》朱仙镇词则雄健、沉郁,吊古伤今,实为时事而发。"

**秋,朱祖谋独游龙树寺,有《齐天乐》词怀鹏运与张仲炘。**

朱祖谋《齐天乐·独游龙树寺有怀半塘、次珊》(《彊邨语业》卷一):

高林叶叶无留意,长安顿惊秋少。泪掩疏襟,愁呼断角。新结伤高怀抱。归艎路渺。对摇落沧洲,梦痕

千绕。立尽斜阳,故人不共雁程到。 清游经乱更减,旧时嵌壁句,空委烟草。故国骖鸾,飞仙拥鹤,消息微闻江表。离心悄悄。付一笛黄昏,水风残调。寄语南云,茂陵人渐老。

**十一月十九日(12月29日),洪汝冲赋落叶词见示,朱祖谋有感而和之。**

朱祖谋《声声慢·辛丑十一月十九日味聃赋落叶词见示。感和》(《彊邨语业》卷一):

鸣蛩颓城,吹蝶空枝,飘蓬人意相怜。一片离魂,斜阳摇梦成烟。香沟旧题红处,拚禁花、憔悴年年。寒信急,又神宫凄奏,分付哀蝉。 终古巢鸾无分,正飞霜金井,抛断缠绵。起舞回风,才知恩怨无端。天阴洞庭波阔,夜沉沉,流恨湘弦。摇落事,向空山、休问杜鹃。

龙榆生《彊邨本事词》:"《声声慢·辛丑十一月十九日,味聃赋〈落叶词〉见示,感和》云:(词略)。此为德宗还宫后卹珍妃作。"金井"二句,谓庚子西幸时,那拉后下令推置珍妃于宫井,致有生离死别之悲也。"

李梦符《春冰室野乘》九〇"都门词事汇录"(五)"咏珍妃殉国事"条:"珍妃殉国一事,与孝哲皇后之殉节,义烈哀惨,同为千古所未有。彊村集中《声声慢》一首,题为《十一月十九日味聃以落叶词见示。感和》,即赋此事也。词云:(词略)。又两家词中《金明池·咏扇子湖荷花》一首,其后阕亦暗指此事。"

朱庸斋《分春馆词话》卷三第四九条:"朱彊村《声声慢》词,盖伤珍妃而作。词云:(略)。"

附洪汝冲《声声慢·落叶》：

  银瓶堕水，金谷飘烟，西风一叶惊秋。凤宿鸾栖，等闲摇落飕飕。春工剪裁几费，肯随波、流出宫沟。吹梦紧，问人间何世，半晌淹留。　　连理桃根犹在，甚花难蠲忿，草不忘忧。浸玉寒泉，昭阳往事今休。哀蝉莫弹幽怨，怕稠桑、无语凝眸。谁认取，满荒郊、都是乱愁。

  案：据《全清词钞》第三十七卷：洪汝冲，字未丹，一字味聃，湖南宁乡人，官吉林知府，有《候蛩词》五卷，《蜕庵词稿》□卷，又有《词韵中声》二卷。

**本年，朱祖谋擢礼部侍郎，寻兼署吏部侍郎。**

  夏孙桐《清故光禄大夫前礼部右侍郎朱公行状》："辛丑回銮后，遂擢礼部侍郎。召对称旨，有留心外事之褒。寻兼署吏部侍郎。"

**本年，缪荃孙刻《艺风堂文集》《艺风堂藏书记》成。**

  据《艺风老人年谱》。

  **编年词**：《六州歌头·辛丑元日连句》《庆春泽·和霞生庚子除夕》《玲珑四犯·依白石双调，自题〈春明花事词〉后》《石州慢·用东山韵》《凄凉犯·用白石韵》《花犯·用清真韵》《望梅·元夕用碧山韵》《玉京秋·用草窗韵》《贺新郎·落梅分用竹山韵》《月下笛·用玉田韵》《喜迁莺·用梅溪韵》《尾犯·用梦窗韵》《陌上花·用蜕岩韵》《祝英台近·悼复园鹤》《念奴娇·二月十二日妙光阁下感赋》《满江红·敬书岳忠武王〈赠吴将军宝刀行〉墨迹后》《感皇恩·咏瓶中梨花、海棠》《烛影摇红·上巳,同南禅登江亭,复步至日望楼。惊尘不到,春色可怜,相与低徊者久之》《御街行·厩马素驯。客或借乘,忽蹄啮不受羁勒,我愧之矣。赏之以词,俾知半塘之马,固非下驷也》《倦寻芳·陈止斋和张端士〈夏日〉诗序云:"屈原、贾谊、陶渊明,文辞皆喜道孟夏,而悲乐不同。虽所遭之时异,要亦怀抱使然耳。"今年立夏后,沉阴阁雨,凄然如秋。天时人事,其悲乐似有适相应者,拈此以记,惜无由起止斋而质之》《长亭怨慢·和忍庵春尽书怀之作》,以上见《春蛰吟》。《水调歌头·初至金陵,诸公会饮秦淮。酒边感兴,索瞻园、葱石、积余和》《浣溪沙·泛舟珍珠桥侧,相传为南唐遁暑清凉山故道》《绿盖舞风轻·遁暑玄武湖,用草窗韵》《角招·南来遇乙庵沪上、瞻园金陵,皆赋此调见贻,依调酬之》《满江红·朱仙镇谒岳鄂王祠,敬赋》。

# 王鹏运年谱长编

(下)

朱存红 撰

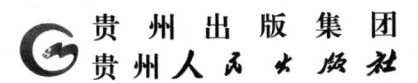

贵州出版集团
贵州人民出版社

# 卷 四

**光绪二十八年壬寅(1902),五十四岁**
正月初十日(2月17日),缪荃孙发鹏运河南信,还《龙冈集》一本,偕夏孙桐游半山寺、谢公墩等处。

　　据《艺风老人日记》。

**春**,在开封依仲兄维翰及子郿居住,与同人社集二曾祠瓣香楼,鹏运有《倦寻芳》词。

　　词为《倦寻芳·同人社集瓣香楼,俯仰今昔,慨然有作。楼为许奉新行河时奏建,祀文正、忠襄二曾公》,见《南潜集》。

**春**,朱祖谋在京,送陈锐官江苏,有词。陈锐有和作。

　　朱祖谋《木兰花慢·送陈伯弢之官江左》(《彊邨语业》卷一):

　　　　听枯桐断语,识君恨,十年迟。正溅泪花繁,迷归燕老,春去多时。相携。梦华故地,怪单衣无路避尘缁。锦瑟看承暂醉,白头吟望低垂。　　差差。津馆柳成丝。离绪费禁持。问何计消磨,夕阳宦味,逝水心期。鸱夷。旧狂漫理,已沈阴、江表杜鹃啼。莫上吴台北望,斜烟乱水凄迷。

　　陈锐《木兰花慢·奉和朱侍郎见赠之作》(《裒碧斋词》):

　　　　话沧波路断,又燕市,看花回。指苑树栖鸦,城蒿卧马,春敛余凄。宫池。去人未远,只惊尘黄日隔天

· 637 ·

涯。闲泪临风自落,宦情如雾都迷。　参差。相见更何期。谭笑忆当时。有直阁吟笺,斜街画本,曾和荒词。轲离。旧游漫问,但过江、名士鬓成丝。惭愧归无三径,折腰还道相宜。

**春,张仲炘在上海,晤郑文焯。**

张仲炘《塞翁吟·壬寅春季,晤叔问同年于沪渎,盖别又五年矣,颓然各老,握手无可言者。临别属题词卷,漫拈清真涩调以应命,正如来教所云"聊充相思券"耳》(《瞻园词》卷二):

梦迹凋春绮,衰鬓海国重逢。念往事,雨声中。欢客寄孤鸿。无言自有伤心处,沈恨半掩青铜。对酒浊,怨春浓。况金缕歌慵。　匆匆。铜驼路、清秋素裕,才几日、啼妆换红。听曲里、伊凉变调,杳何处、楚泽行吟,佩结兰丛。闲愁万顷,且倚吴歌,休画眉峰。

**五月十三日(6月18日),补种新竹,纪以《帝台春》词。周铖同作,姚肇菘亦次其韵。**

词为《帝台春·廯园补种新竹,适竹醉日也。纪之以词。左庵同作》,见《南潜集》。

姚肇菘《帝台春·半塘翁以廯园补种新竹词命和,敬次元韵》(《姚亶素词集》):

园圃月色。萧骚荡篁碧。劚取半畦,画里秋声,凉云无隙。欲傍东墙添美荫,漫疑是、籛金论值。待它年,劲节干霄,风回湍激。　青障幂。疏雨滴。洞户北。暮禽集。看露粉千竿,到封侯,也定有、凤林珠实。应许菖蒲下阶拜,珍重岁寒未归客。尽投老橡材,有知音岩侧。

六月前后,胡念修在京谒选,朱祖谋曾示以近刻词集。

秦国经《清代官员履历档案全编》:"胡念修,现年三十岁,系浙江建德县人。由附贡生于光绪十八年遵新海防例报捐双月同知,……二十七年十二月因劝办湖北赈捐案内出力,经湖广总督张之洞奏保补缺。后以道员用,是月报捐免补知府本班,以道员仍留江苏原省补用。历经派委江北河运总催趱暨苏浙湘鄂顺直奉晋劝捐等差。二十八年六月初三日经吏部带领引见,奉旨照例发往。"

胡念修《朱古微宗伯祖谋见示近刻词集赋谢》(《灵芝仙馆诗钞》卷十二):

乐府标模楷,词宗柱棘槐。二窗笺善本,公校刻君特、公谨词集,博采靡遗四印斋高斋。新第即半塘老人旧居。近为续刻《味梨》《鹜翁》二集春草延秋路,西风渭北怀。公与鹜翁、忍盦唱酬,有《庚子秋词》及《春蛰吟》龙门顾新曲,湖海寄诗牌。吴越同人方集风余词社,乞公督政

来入清风室,难忘旧雨缘。尊前题玉海,襟上集金荃。凡鸟登门日,侯鲭侍坐年。会看奎井聚,星节照江天。

七月,丁立钧卒,年四十九岁。

郑孝胥《清故沂州府知府丁公之碑》:"壬寅七月卒,年四十九。"

八月十五日(9月16日)中秋,仍在开封,有《月华清》词。后姚肇菘有追和之作。同日,鹏运又将所藏余怀著《板桥杂记》转赠周铖。

词为《月华清·壬寅中秋》，见《南潜集》。

姚肇嵫《月华清·癸巳八月既望，园坐对月，追忆庚子京城之乱，犹有余悸。展读〈庚子秋词〉，前尘可记，人事都非，拈调赋词，百感交集。和半塘翁韵》（《姚萱素词集》）：

桂蕊瑶宫，梧荫金井，倚栏人在图画。剪取秋光，做弄一亭潇洒。绣帘卷、犀押凉侵，翠袖薄、鸭炉香惹。休话。忆当年此日，梦魂犹怕。　忍说簪裾燕暇。纵选韵分题，锦笺慵砑。念往伤离，引起乱愁今夜。问谁记、旧事凄迷，空剩得、短歌狂写。堪借。奈高寒玉宇，彩虹难跨。

案："图画"原作"画图"，据鹏运原词韵脚校改。

据刘汉忠《词人王鹏运、况周颐墨痕》（《收藏/拍卖》2010年第五期）知，《板桥杂记》扉页鹏运行书跋语云："余氏《板桥杂记》三卷，光绪辛丑金陵傅氏丛刻本。晦斋持赠于秦淮水榭。携之游梁，兹又将为白下之行。敬赠左麾太守，藉以志别云尔。壬寅中秋半塘老人写记。"跋后钤"牖下陈人"白文、"鹜翁"朱文二印。可知此书乃刻者傅春官于上年夏秋间鹏运在南京时所赠，鹏运在赴南京前转赠周铖。

**八月底出游，九月初一日（10月2日）至徐州，坐船经双沟、桃源，九月初六日（10月7日）宿清河。九月初八日（10月9日）至淮安，经高邮、湾头、润州至上海，沿途有词。**

词为《念奴娇·九月朔日宿徐州作》《念奴娇·叠韵酬渔公》《念奴娇·双沟早发三叠前韵》《蓦山溪·午发桃源，明日抵清河矣》《蓦山溪·九月六日清河舟次作》《水调歌头·淮安舟中》《一落索·舟夜听雨》《中兴乐·阻浅高邮道中书闷。行箧未携谱律,此依玉井词填,云用李德润〈琼瑶集〉体也》《长亭怨慢·泊湾头。距扬州十里。追悼辛峰,凄然有作》《满江红·润州怀古》,俱见《南潜集》。

案:双沟位于今江苏西部泗洪县,洪泽湖西岸。双沟镇酿酒有悠久历史。桃源,旧县名,属淮安府,即今江苏省宿迁市所辖泗阳县。清河,旧县名,属淮安府,即今江苏省淮阴市所辖清河区。清淮安府治所在今江苏省淮安县。高邮即今江苏省扬州市所辖高邮市。今江苏省扬州市广陵区有湾头镇。润州即今江苏省镇江市。

**九月十九日(10 月 20 日),夏孙桐、冒广生、秦树声等于天宁寺饯送朱祖谋督学广东,有词。**

夏孙桐《霜叶飞·壬寅展重阳,天宁寺饯古微督学广东。用梦窗韵》(《悔龛词》):

堕欢残绪。西风畔,荒台依旧烟树。倚阑人影酒波空,凉叶声如雨。数往事、惊鳞骤羽。斜阳红剩浮图古。恁倦旅低徊,几度看、山来几度,鬓华添素。　休说似奕长安,青门柳尽,断肠还为重赋。五云佳气自蓬莱,冷到铜仙语。指天外、飘尘旋缕。霜槎浓载秋心去。漫岭头、梅花讯,岁晚沧江,梦随行处。

冒广生《霜叶飞·用梦窗韵送古微督学广东》(《小三吾亭词》卷二):

黯然情绪。西风里,垂杨攀尽千树。俊游几日共长安,一平别翩如雨。待化作、南飞翠羽。登高重吊佗城古。怕少日题诗,败壁满、尘沙难认,旧时缣素。
相对眼底黄花,尊前绛蜡,临分江管还赋。鬓丝禅榻袅茶烟,静听风铃语。便绾就、离愁万缕。来朝难挽斑骓去。盼得将、梅枝寄,已是冬残,故人何处。

朱祖谋《霜叶飞·秋晚奉使岭南,晦鸣、梅生集中圣斋,用梦窗韵联句录别,越日待舟唐沽,感音寄和》(《彊邨语业》卷一):

乱云愁绪。孤帆外,随风飘著燕树。倦程先雁下沧洲,寒带丁沽雨。甚一霎、飙轮过羽。微尘惊见红桑古。怕更倚危楼,海气近、黄昏换尽,酒边情素。 何况北极舳舻,东门帐饮,怨歌今夜难赋。简书猿鸟意苍茫,空觅荒鸡语。梦不入、莼丝半缕。商量听水听风去。剩恨笛、飞声罢,寂寞鱼龙,觑人眠处。

夏孙桐《清故光禄大夫前礼部右侍郎朱公行状》:"壬寅考试试差……是秋,简放广东学政。"

冒广生《小三吾亭词话》:"古微以壬寅秋晚奉命视学粤东。余与秦幼蘅水部、夏闰枝编修集中圣斋,用梦窗韵赋《霜叶飞》词录别。是日同游天宁寺归,剪烛至夜分始散。"

**九月中旬,在上海与王仁东小憩于辛园,两人一同赋词,鹏运有《声声慢》词。**

鹏运词为《声声慢·辛园小憩。同旭庄》,见《南潜集》。

案:辛园俗称辛家花园,一名松柏园,故址在今上海市静安区新闸路泰兴路口。清光绪中叶南京巨商辛仲卿所筑,宣统年间由盛宣怀购得。园占地约十亩,富亭台楼阁,景色优美。后盛宣怀之妻将辛园布施给僧人改建为清凉禅寺。今遗迹无存。

九月下旬，在上海喜遇前往广东任学使的朱祖谋，二人有词。向朱祖谋出示其所作词九集，云将删成《半塘定稿》，坚决要求相互订正词集，敦促其抄写副本，并允许其任意删削。二人匆匆告别，鹏运将赴苏州。

朱祖谋《彊邨词剩稿》卷首录《彊邨词》卷首自记云："明年秋，遇翁于沪上。出示所为词九集，将都为《半塘定稿》，且坚以互相订正为约。予强作解事，于翁之闳指高韵，无能举似万一。翁则敦促录副去，许任删削。复书至，未浃月而翁已归道山矣。"

鹏运词为《霜叶飞·海上喜晤沤尹，用梦窗韵赋赠。时沤尹持节岭南，予适有吴趋之行，匆匆聚别，离绪黯然矣》，见《南潜集》。

朱祖谋《霜叶飞·沪上喜遇半塘翁作》(《彊邨语业》卷一)：

过江人暮。经年事，灯床重话秋雨。北风驱雁暂成行，飞泊寒筝柱。伴独客、零官断羽。天涯惟有啼鹃苦。漫浪说浮家，冷梦落、苍波几队，白鸥同住。　长记堕策吹尘，浮云蔽眼，上东门外歧路。剩烽惊断后归魂，呜咽铜驼语。笑一夕、枯槎倦渡。腥尘还傍蛮江去。要故人、登临倦，自结春帆，素馨开处。

九月下旬，本与郑文焯相约在上海见面，郑氏久而不至。

鹏运词为《汉宫春·沪楼瞑坐，待叔问不至，用梦窗韵寄怀。叔问近刻所著〈比竹余音〉，有〈杨柳枝〉词极工，因并赋之》,见《南潜集》。

郑文焯《杨柳枝》二十六首(《比竹余音》卷四,《樵风乐府》卷五录十五首):

　　数行烟柳蓟门春。离袂经年惹麹尘。莫为西风摇落早,灞陵犹有未归人。

　　谁教横笛曲中吹。能使思乡玉箸垂。不见故宫眢井底,银瓶长坠断肠丝。

　　碧瓦沟西金缕残。毵毵还得挽归鞍。去年蕉萃长亭路,翠袖何人更解攀。

　　汉家旧事话三眠。废苑丛台梦隔年。宫树不知人世改,暗黄犹锁阁门烟。

　　长条如带水萦环。难系离愁百二关。羡尔巢林双燕子,秋来暂客尚知还。

　　夹道分堤翠浪生。湖山歌舞总堪惊。只今一片斜阳树,剩有宫鸦啼数声。

　　暂理愁眉试半妆。舞衣叠泪损宫黄。晴丝绕遍天涯路,不为离人续断肠。

　　回雪吹花唱大堤。宫腰斗罢梦长啼。身轻不及枝头絮,犹逐东风舞向西。

　　乱丝歧路苦愁萦。蔩蔩轻风别有情。一夜雪绵吹满帐,教人春梦不分明。

　　西山爽气又西来。谁作虚堂万柳栽。遮断长安千里目,居人尽上望仙台。

　　楼阁春深雪不寒。关山秋早笛初残。一般画出伤心色,漫作隋堤落照看。

　　麹波带雨满龙池。舞送飞花飐画旗。一闭永丰坊畔路,东风先绿向西枝。

　　舞风漫妒旧宫腰。怕系斑骓向汴桥。欲见离肠多少恨,试裁秋色短长条。

　　烟洗风梳碧可怜。秋深犹咽五更蝉。谁家残月沧波苑,时见渔舟网碎钿。

　　水明帐殿月如烟。翠缕连云挂玉泉。香辇不回秋又晚,栖乌头白近霜天。

　　故国年芳换绿尘。楼台多是别家春。狂花一阵过无影,乱入宫城不避人。

　　通体禁风弱亦佳。阅人如水过长街。风流张绪缘何事,却入君王感旧怀。

　　破晓残莺出禁林。飞花寒食雨沉沉。章台自古牵行色,莫为离多减路阴。

　　拂堤晴影万丝柔。只扫芳尘不扫愁。画角数声乡泪尽,夕阳红湿水西楼。

　　纤纤新翠带愁鬖。零落宫弯旧舞人。底事临风眠未起,灵和不是汉时春。

　　拂遍京尘窣地惊。风条雨叶不胜情。西园已自无多树,一夜伤秋转费声。

　　依依去日旧楼台。缓缓休吟雨雪来。绾得归心秋更切,不同陌上唱花开。

　　平居谁分解伤春。竞赌长楸走马身。寂寞空城飞絮尽,羌笳吹起六街尘。

江树垂垂旧眼青。弱枝何意望秋零。陵迁谷变谁高节,忍恋霜前一霎荣。

自号先生隐五株。樵斤应不到陶庐。岁寒纵逊苍松色,胜作秦墟五大夫。

高秋萧瑟思何堪。昔树空悲忆汉南。任是婆娑生意尽,不辞风雪老江潭。

**九月二十八日（10月29日），至苏州访郑文焯,赠其所刻《梦窗甲乙丙丁稿》；后二人曾同登虎丘山,十月初二日（11月1日），二人租得吴阿宝画船,载酒抵达光福里,用三日时间遍游邓尉诸山,上灵岩,登琴台、天平,游兴不浅,有多首词纪游。后鹏运乘船往南京。**

《郑文焯手批梦窗词》卷前郑氏题云:"光绪壬寅九月廿八日,半塘前辈来自大梁,以是刻整装本见贻。"于朱祖谋序后记云:"壬寅十月初二日,与鹜翁租得吴阿宝画船,议日膳精簌,酬值六饼银。载酒出盘门西行,朝发夕抵光福里。尽三日之长,遍游邓尉诸山。归经木渎,更上灵岩,步陟绝顶,踞琴台,高诵君特'秋与云平'之句,乘余勇又登天平,品白云泉,夕阳在山,相与裴回而不能去。迨造舟次,已将夜半。鹜翁谓生平游兴,无今兹豪者,不可无词。得《古香慢》《法曲献仙音》《八声甘州》《湘月》共四解。余旋以事赴沪,鹜翁亦一棹白门。爰记岁月,以识胜引云尔。老芝。"

《郑叔问先生年谱》光绪二十八年谱:"王佑遐给谏受扬州仪董学堂之聘,十月过江来苏,与先生同游天平、邓尉诸山,晚泊虎山桥。于是有《古香慢》词。**见苕雅余集**"

鹏运词为《木兰花慢·秋登虎邱,书寺壁》《鹧鸪天·登玄墓还元阁,用叔问重泊光福里韵》《齐天乐·泊舟光福,故友许鹤巢郎中乡里也。感题此解》《古香慢·同叔问步登灵岩,遂至琴台绝顶。用梦窗韵》,俱见《南潜集》。

郑文焯《古香慢·壬寅岁十月,同半塘老人登邓尉诸山,晚泊虎山桥,和梦窗沧浪看桂韵》(《苕雅余集》):

> 桂香市过,梅讯春迟,谁问寒圃。近郭游程,可惜看山来暮。零落旧盟鸥,算犹伴、江湖倦羽。怕霜飔、又送去雁,冷枫醉里吟苦。　漫怅望、琼楼高处。秋老青天,风月无主。梦落菰蒲,后约五湖休误。故苑几沧波,更愁入、荒烟莽路。展芳期,待重话、卧虹夜雨。

郑文焯《法曲献仙音·灵岩览古次韵梦窗》(《樵风乐府》卷六):

> 妆濯池花,步鸣廊叶,晚色苍凉僧院。乱石牛羊,古台麋鹿,江枫黯愁霜点。近水市、菱歌起,吴声镇哀怨。　旷怀远。问鸱夷、载春何处,怊怅地、一径旧香恨染。箭引越来溪,射晴波、秋练如剪。废柳残蝉,替宫魂、歌舞肠断。算繁华成沼,故国青山还见。

郑文焯《八声甘州·琴台据吴故宫离城之上,旧志所谓高可见三百里,洵登览之逸地也。余与半塘老人西崦回舟,从木渎步上绝顶,高诵君特"秋与云平"之句,一时豪概陵轹今古。因乘兴更作天平之游。时已暮色苍然,共和吴词,相与徘徊而不能去》(《樵风乐府》卷六):

荡岩霏、弄晚点荒寒,渔灯两三星。叹风流残霸,湖山灵气,空葬倾城。一镜吴波变沼,花雨洗蛮腥。片石兴亡恨,玉轸无声。　惟有西江明月,照故宫残梦,梧叶催醒。奈登临愁眼,还向此山青。更谁吹、乌栖哀调,唤暮鸿、烟际落芦汀。余情寄、白云题句,连步天平。

郑文焯《湘月·天平山上白云亭酌泉晚眺,欲寻远公石屋不果。归路看红叶泊鹭飞浜作》(《樵风乐府》卷六):

乱峰唤客,引幽筇藓步,飞上空翠。旧赏林亭,更暝踏、到地秋声红碎。裂壁通樵,崩厓辟鸟,风谷铿环佩。斜阳屏画,舞枫欲共天醉。　别有石灶松烟,半坳云乳,泻连筒珠缀。滴尽吴根,怕化作、一匊沧波残泪。岩迹台荒,湖光镜冷,秋思生高袂。灵扃何许,雨花夹磴飘坠。

**十月十三日(11月12日),有信致胡念修。二人互赠所刻书。**

据陶湘编《昭代名人尺牍续集小传》卷二十三。信云:

手示敬悉。惠书拜阅,位西经说、容甫遗诗,皆求之多年不克见者。得此佳刻,有益后学不浅矣。大著师法粲然,批诵竟夕,目不给赏。钦佩钦佩。承谕序词,自愧不文,何足为三都增重,容试为之。唯旅次匆促,恐不能成,成亦必不可用,请限于年底交卷何如?拙刻五册,聊以报琼。所刻不仅此,行箧所携唯是耳。容报谒不次。右阶仁兄大人阁下。十月十三日。弟王鹏运再拜。

胡念修《王佑遐给谏鹏运见惠词集》(《灵芝仙馆诗钞》卷十二):

红牙歌遍水穷处,绣口家家组半塘。独溯词源倒三峡,碧山乐府载青箱。

中兴间气二窗在,南渡群贤俯首多。七宝楼台原绝妙,不将渔唱易樵歌。**公与沤尹宗伯校勘梦窗、草窗词集,又与缪艺风太史访得南宋词人朱敦儒《樵歌》足本,次第付梓。当代推为善本。今以相贻**

导师昔奉宏农老,曾向花间把异馨。**前从复堂先生处见公词正是稽山薂词客,公与谭先生皆祖居山阴更求内史序兰亭。时以拙作《卷秋亭词》乞序**

十月,赴南京途中曾至无锡惠山游览酌泉,沿途观赏风景,曾宿常州,有纪游词数首。

词为《水龙吟·惠山酌泉》《洞仙歌·吴江枫老,以杂树间之,尤鲜丽可玩。舟中读玉淦咏叶诸词,即用其调,以志幽赏》《扫花游·常州途次感赋》,俱见《南潜集》。

十一月,再游南京,滞留度岁,与缪荃孙、张仲炘、徐乃昌、陈锐等唱酬甚欢。十一月初一日(11月30日),拜访缪荃孙。初三日(12月2日),缪荃孙拜访鹏运并赠书。二十四日(12月23日),陈锐招饮,鹏运与缪荃孙、张仲炘、徐乃昌、范当世、张謇同席。又刘世珩招饮,鹏运与缪荃孙、张仲炘、范当世、张謇、章邦直、蒯光典、徐乃昌等同席。二十五日(12月24日),徐乃昌招饮,鹏运与缪荃孙、张謇、范当世、张仲炘、蒯光典、章邦直、刘世珩等同席。二十六日(12月25日),胡延招饮,鹏运与缪荃孙、张謇、范当世、刘世珩、徐乃昌、章邦直等同席。二十七日(12月26日),章邦直招饮,鹏运与缪荃孙、范当世、张仲炘、张謇、徐乃昌、刘世珩等同席。

据《艺风老人日记》。

十二月初四日(1903年1月2日),有《长亭怨慢》词,当为歌妓而作。张仲炘、陈锐有和作。后《御街行》赠驿柳词同此。前此,张仲炘曾为鹏运《琴台秋眺图》题以《惜秋华》词。

鹏运词为《长亭怨慢·腊月四日偶然作》《御街行·赠驿柳》,俱见《南潜集》。

张仲炘《惜秋华·题王半唐〈琴台秋眺图〉》(《瞻园词》卷二):

> 倦脱朝簪,看飘然琴槎,湖山题遍。游兴未孤,新词又盈麋苑。层台步接秋高,渺回首、舣棱天远。眉展。有青山向人,翠尊频劝。　星鬓共君短。算天涯展齿,此生消惯。梅讯早屦,韵杳梦缘偏浅。吴舠路隔清霜,倩去鸿、一声重唤。春转。步吟踪,瘦筇犹健。

张仲炘《长亭怨慢·送半唐之扬州讲席》(《瞻园词》卷二):

> 暂休恨、安愁无处,一水相望,白头吟侣。扫尽巢痕,凤楼回睇半烟雾。绿杨城里,君莫被、啼鹃误。紫曲咽红箫,已不是、当年金缕。　却顾。记星辰昨夜,暖泛桂堂椒醑。无情画舸,忍抛却、玉阑无主。但一片、隐隐青山,怕难学、萧娘眉妩。算几日江南,赢得离愁如雨。

陈锐《长亭怨慢》词序有云:"壬寅岁杪,半唐老人受仪董学堂之聘,其词有曰:'鸥鹭莫惊猜,试认取盟书一纸。'时在秦淮妓家。属和此调,仅得半阕。"

十二月初五日(1903年1月3日),缪荃孙拜访鹏运。初七日(1903年1月5日),缪荃孙约鹏运及蒯光典、徐乃昌、刘世珩等小饮于云自在龛。十四日(1903年1月12日),胡延约填词并留饮,鹏运与缪荃孙、徐乃昌、陈锐等同席。二十一日(1903年1月19日),曹元忠送双红豆卷子给缪荃孙,又交鹏运题词。二十三日(1903年1月21日),与缪荃孙、徐乃昌等出游。二十六日(1903年1月24日),顾云招饮,鹏运与缪荃孙、徐乃昌等同席。年底,时与曹元忠相过从。

据《艺风老人日记》。

曹元忠《景元钞本〈天下同文集〉跋》(《笺经室遗集》卷十三)云:

> 壬寅岁暮,予客金陵译局,前辈半唐侍御亦寓头道高井,过从甚乐。尝欲假敝藏《天下同文集翰墨全书》,尽刻其所存宋元人词。惜甲辰之秋,半唐客死吾吴,有志而未逮也。今年七月,吾友吴君印臣以新刊汲古阁景元钞本《天下同文集》词属校,而敝藏未携行箧,谨就向所校凤林书院本《草堂诗余》者录于卷后。如王圣与《疏影》云"听堕冰屋角"作"垂冰","又落梅万点苔根"作"苔痕","但玉香酥影玲珑"作"疏影";《醉太平》云"蒸溪酒春"作"芝溪"。颜子俞《归平遥》云"梦华知凤昔"作"如凤昔";《浣溪纱》云"玉笙才过画楼西"作"小楼西";《忆秦娥》云"怕霜黄竹生新愁"

作"冥濛一片生新愁","又听吹短气"作"听弹","江上无秋"作"悲秋";《大酺》云"唱乍荼蘼"作"古荼醾","又记画扇题诗"作"画卷","送无路"作"归路"。罗壶秋《扬州慢》云"楚户停砧"作"绣户","化碧旧愁何处"作"试问旧愁","铁坝凄凉"作"铁岭"。李梅溪《木兰花》云"怅碧减烟销"作"烟绡","红涸露粉"作"雾粉","只青山淡淡夕阳明"作"深淡"。皆敝藏本与汲古阁异、互有出入者。至汲古阁本"壶秋罗志可"当作"罗志仁"。志仁,江西人。《山房随笔》称江西罗壶秋刺刘中斋诗云:"啮雪苏郎受苦辛,庾公老作北朝臣。当年龙首黄扉客,犹是衡门一样人。"《铁网珊瑚》又载赵松雪《水村图》诗:"长爱秦郎绝妙词,荒凉暗合辋川诗。斜阳万点寒鸦处,流水孤村又一奇。"末云"丙午清明罗志仁题"。则志仁亦宋遗民也。印臣表章词学,亦如半塘,异日傥取《翰墨全书》之词而并刻之,非惟慰半塘之灵,抑亦宋元词家所低首下拜也已。己酉中元前三夕。

**十二月,文廷式自序其《云起轩词钞》。**

文廷式自序云:

词家至南宋而极盛,亦至南宋而渐衰。其衰之故,可得而言也。其声多啴缓,其意多柔靡,其用字,则风云月露红紫芬芳之外如有戒律,不敢稍有出入焉。迈往之士,无所用心,沿及元明,而词遂亡,亦其宜也。有清以来,此道复振。国初诸家,颇能宏雅,迩来作者虽众,然论韵遵律,辄胜前人,而照天腾渊之才,溯古涵今之思,磅礴八极之志,甄综百代之怀,非窭若囚拘者所可语也。词者,远继风骚,近沿乐府,岂小道欤。自朱竹垞以玉田为宗,所选《词综》,意旨枯寂,后人继之,尤为冗漫,以二窗为祖祢,视辛刘若仇雠。家法若斯,庸非巨谬。二百年来,不为笼绊者,盖亦仅矣。曹珂雪有俊爽之致,蒋鹿潭有沉深之思。成容若学阳春之作,而笔意稍轻;张皋文具子瞻之心,而才思未逮,然皆斐然有作者之意,非志不离于方罫者也。余于斯道,无能为役,而志之所在,不尚苟同。三十年来,涉猎百家,摧较利病,论其得失,亦非扪篇而谈矣。而写其胸臆,则率尔而作,徒供世人指摘而已。然渊明诗云:兀傲差若颖。故余亦过而存之,且书此意,以自为其序焉。光绪壬寅十二月。萍乡文廷式。

**十二月,郑文焯《比竹余音》四卷刊行。**

《郑叔问先生年谱》光绪二十八年谱:"沈砚传孝廉复为刊行《比竹余音》四卷,王壬秋先生自长沙远寄叙文。"

**编年词**:《倦寻芳·同人社集瓣香楼,俯仰今昔,慨然有作。楼为许奉新行河时奏建,祀文正、忠襄二曾公》《帝台春·廨园补种新竹,适竹醉日也。纪之以词。左麾同作》《月华清·壬寅中秋》《念奴娇·九月朔日宿徐州作》《念奴娇·叠韵酬渔公》《念奴娇·双沟早发三叠前韵》《蓦山溪·午发桃源,明日抵清河矣》《蓦山溪·九月六日清河舟次作》《水调歌头·淮安舟中》《一落索·舟夜听雨》《中兴乐·阻浅高邮道中书闷。行箧未携谱律,此依玉井词填,云用李德润〈琼瑶集〉体也》《长亭怨慢·泊湾头。距扬州十里。追悼辛峰,凄然有作》《满江红·润州怀古》《声声慢·辛园小憩。同旭庄》《霜叶飞·海上喜晤沤尹,用梦窗韵赋赠。时沤尹持节岭南,予适有吴趋之行,匆匆聚别,离绪黯然矣》《汉宫春·沪楼暝坐,待叔问不至,用梦窗韵寄怀。叔问近刻所著〈比竹余音〉,有〈杨柳枝〉词极工,因并赋之》《法曲献仙音·用梦窗韵》《夜游宫·夜雨秋灯,旅怀凄异,三十年未历此境矣。然清逸之致,有足述者,谱此索渔公和》《木兰花慢·秋登虎邱,书寺壁》《鹧鸪天·登玄墓还元阁,用叔问重泊光福里韵》《齐天乐·泊舟光福,故友许鹤巢郎中乡里也。感题此解》《古香慢·同叔问步登灵岩,遂至琴台绝顶。用梦窗韵》《水龙吟·惠山酌泉》《洞仙歌·吴江枫老,以杂树间之,尤鲜丽可玩。舟中读玉澄咏叶诸词,即用其调,以志幽赏》《扫花游·常州途次感赋》《长亭怨慢·腊月四日偶然作》《御街行·赠驿柳》。

## 光绪二十九年癸卯(1903),五十五岁

正月初四日(2月1日),在南京,缪荃孙拜访鹏运。初五日(2月2日),陈三立、陈锐招饮河舫,鹏运与缪荃孙、徐乃昌、顾云等同席。

据《艺风老人日记》。

正月初六日(2月3日),仍在南京,有信及词集交缪荃孙。

《艺风堂友朋书札》收此信云:

昨谭为快。今日本拟走送台旌,乃为奥人所误,人

地生疏，无之而可，可叹息也。《花草粹编》十二册，又曹君石词稿二本，谨并奉上，察入荷荷。明日再敬诣，此布，即请艺风先生大人吟安，弟运再拜。初六日。

《艺风老人日记》本日记云："借佑遐《花草粹编》十二册。"

**正月初七日（2月4日），拜访缪荃孙。**

据《艺风老人日记》。

**正月二十一日（2月18日），沈曾植补授江西广信府知府。**

秦国经《清代官员履历档案全编》："沈曾植……二十九年正月二十一日奉旨补授江西广信府知府。"

**正月，鹏运将自南京至扬州，侄婿姚肇崧赋词以呈。**

姚肇崧《扬州慢·半塘老人由金陵去扬州，临别依黯，倚白石自制曲赋呈》（《姚宣素词集》）：

莺啭城春，鸩啼楼暝，酒边黯话离情。痛神京劫后，向海国南征。自吹断、东华旧梦，怨歌千叠，欲叹还惊。对天涯斜日，凭栏愁望觚棱。　怆怀谏草，料孤臣、枯泪无声。算四印斋中，吟壶送老，不负平生。纵有乱愁难写，人间事、忍说伶俜。看须眉冰雪，关河珍重行程。

**正月，就任扬州仪董学堂监督，莅任后有所革新，获评价颇高。闲时不废吟咏，并与郑文焯、朱祖谋、况周颐等多有文字往还。**

王孝诒《王半塘老人传略》："癸卯岁，扬州仪董学堂聘为监督。时风气初开，故家子弟多不愿入学校读书。老人莅任后，乃厘订章则，规划课程，并延知名之士担任教授，于是远近闻风而来者踵相至，弦诵之声，盛称一时。老人掌教余暇，仍不废吟咏，时与郑叔问［文］焯、朱古微、况夔笙、胡嗣芬、周左麾诸君文字往还，共相研讨。"又据《郑叔问先生年谱》。

**案**：陈锐《长亭怨慢》序云："壬寅岁杪，半塘老人受仪董学堂之聘。"盖去年受聘，本年初始到任。

民国钱祥保修、桂邦杰纂《民国续修江都县志》卷八下："仪董学堂在东关街甘泉境。光绪二十八年运使程仪洛以安梅书院经费之半详请设立，系中学制。初任监督屠寄，继任王鹏运、李慎儒、宋子联。学生分甲乙丙丁四级，总约百人，毕业仅一次，余皆辗转升学。"

**三月十四日（4月11日），荣禄卒。**

《湘绮楼日记》本日记云："电报荣薨于位，辰死午闻，可云迅速。"《翁同龢日记》三月十六日记云："报传荣仲华于三月十四日辰刻长逝，为之于邑，吾故人也，原壤登木，圣人不绝，其平生可不论矣。"

**三月，赴江西南昌，望庐山而忆儿时旧游，有词纪游。后登滕王阁，姚肇菘和前作。**

鹏运词为《蓦山溪》（浪花飞雪），见《南潜集》。

夏敬观《忍古楼词话》"王半塘"条云："顷姚君景之录示《蓦山溪》词，系癸卯三月赴南昌望庐山作，盖《南潜集》中词，《定稿》所未录也。"案此词《半塘剩稿》亦未收录。

**案**：《王鹏运词集校笺》据夏敬观《忍古楼词话》录鹏运上词。《姚鸾素词集》附鹏运上词略有异文，词云："浪花飞雪，春到平湖晚。风压舵楼烟，飐船唇、乍舒还卷。渔樵分席，相与本无争，闲狎取，野鸥群，知我忘机惯。　看山欹枕,未算游情倦。九叠锦屏张,尚依约、儿时心眼。云中五老,休笑白头人,涂一角,晚峰青,何处寻真面。"

姚肇崧《蓦山溪·癸卯展重三日,陪半塘老人登滕王阁,遂约聪肃、剑秋、樾仲、梦湘寓斋小饮,即席赋,和翁作"大风渡鄱阳湖望庐山作"韵》(《姚宣素词集》):

凭高双袖,拂拂东风晚。笙鹤下晴皋,剩闲云、半天舒卷。登临逸兴,谈笑剧关情,谁省识,倚栏心,早分尘埃惯。　飞春嘶马,浑忘征途倦。垂杨已婆娑,问何时、向人青眼。西山无恙,一阁怆兴亡,招帝子,不归来,山色空迎面。

**三月,张祥龄卒。**

《郑叔问先生年谱》光绪二十九年谱:"三月,老友张子苾太史殁于陕西大荔任所。"

郑文焯《樵风乐府》卷六《兰陵王》词序有云:"旧社老友张兄子苾薄宦秦中,匆匆十年,以癸卯三月殁于大荔,今墓有宿草已。"

**春暮,重订半塘乙稿《袖墨集》《虫秋集》。**

上海图书馆藏半塘乙稿《袖墨集》一卷、《虫秋集》一卷,郑文焯校,稿本。封面题词云:"戊戌岁暮,录于京邸,癸卯春暮订于邗沟。牖下陈人记。相距六年,家国之感,有不堪回首者矣。"

**五月初八日(6月3日),拜会沈曾植。时沈因大兄曾桀卒于扬州而至此。**

许全胜《沈曾植年谱长编》引《沈氏门簿》本日记云:"王大

人鹏运。会。寓东关大街。"

**五月十七日（6月12日），沈曾植拜会鹏运。**

许全胜《沈曾植年谱长编》引《沈氏门簿》本日记云："王大人鹏运。拜会。寓东关大街（议）[仪]董学堂。"

**夏，避暑镇江焦山自然庵，有《念奴娇》词。**

词为《念奴娇·逭暑焦山自然庵，为庵主六公题〈如此江山图〉，用东坡赤壁韵》，见《南潜集》。

**夏，有信寄郑文焯。**

据《词学》第七辑。信云：

> 拓本已装成小幅，悬之书室，以祓不祥，而迓嘉福。……在焦山有一词，自谓不恶，另纸写上，以我公之和否，断此词之优劣。……朱古微学丈来书，尝拳拳于执事，前亦致书以通殷勤否？吟讽有暇，盍作一缄，古微公当信是我辈，且于公甚倾倒。《冷红》《南音》，盖不时出入怀中者，亦一知已也。

**八月十五日（10月5日）中秋，朱祖谋有《月华清》词怀鹏运。**

朱祖谋《月华清·中秋对月怀半塘扬州》（《彊邨词剩稿》卷二）：

> 梦冷瑶华，花凝绛阙，素娥秋思多少。暮合纤云，吹占谢郎凄抱。掩空弦、怨鹤飞回，耿残漏、夜乌啼觉。谁到。小骖鸾旧路，绀尘亲扫。　桂粟阑阴望渺。忆画烛笼秋，别怀千绕。泪尽铜仙，携得玉桨空好。暂将息、冰镜闲愁，懒斟酌、羽裳新调。留照。为红桥廿四，玉箫亲教。

秋,与侄婿姚肇蓀登平山堂,姚肇蓀有词。

姚肇蓀《浪淘沙慢·雨霁,陪半塘老人登平山堂》(《姚亶素词集》):

> 断霞映,川原媚晚,霁景秋阔。枫驿哀蝉乍咽。晴虹过雨旋没。向薄暮吴天岚影接。送清听、邻杵钟发。对倦旅关河赋情远,微吟散林樾。　幽绝。上楼望眼愁豁。叹寺古僧残,凄凉事、付与梁燕说。思胜概当年,歌宴云热。俊游顿歇。寻旧题平揽、虚堂风月。休怨江南轻离别。凭阑指,数峰翠抹。故乡杏、莼鲈归思切。泛孤棹、笑隐桥亭,弄暝色,潭烟满路飞红叶。

夏敬观《忍古楼词话》"姚景之"条:"吴兴姚肇蓀景之,王半塘之侄婿也。其兄肇椿与余为甲午同岁生。景之游宦吾乡,余沉滞吴越,未与相识。顷年避地夷市,始相往还。平昔论词,墨守四声,不稍假借,于近人尤服膺新会陈洵述叔。尝与论乐工所谓律,不在四声,求词之佳,在人品学力、见解气概,务其细而遗其大,非士大夫之所为也。亦韪余言而好为其难,一词出,辄数易字而卒就妥帖,固难能也。'雨霁陪半塘老人登平山堂'《浪淘沙慢》云:'断霞映川原媚晚,霁景秋阔。枫驿哀蝉乍咽。残虹过雨旋没。看人暮吴天岚影接。送清听邻杵钟发。向倦旅关河,赋情远、微吟散林樾。　幽绝。上楼望眼愁豁。叹寺古僧残,凄凉事、渺渺闲问佛。思胜概当年,欢宴云热。俊游顿歇。寻旧题、平揽虚堂风月。　休怨江南轻离别。凭阑指、数峰翠抹。鬓丝短、沧桑惊暗阅。记归路、独数征鸿怅恨结。潭烟揽梦寒千叠。'"

**秋,朱祖谋因久不得鹏运信,赋词以寄。**

朱祖谋《金缕曲·久不得半塘翁书,赋寄》(《彊邨语业》卷一):

下殿扁舟具。傍沧江、经年坚卧,西风孤旅。不近弹棋中心局,依旧埋忧无路。枉赢得、兰成词赋。袖墨淋浪神州泪,算韩陵、片石差堪语。歌不得,独弦苦。

竹西未是无佳处。只吞声、杜鹃再拜,低头臣甫。海气荒荒蛟龙恶,我亦枯槎倦渡。尚梦绕、灯床风雨。散发相从明朝事,问江干、鸥鹭平安否。须为报,尺鱼素。

**秋,张仲炘有词寄鹏运。**

张仲炘《瑞鹤仙·仍用清真韵,寄调半唐扬州》(《瞻园词》卷二):

绕垂杨画郭。新雁杳,一去音尘漠漠。江头暮潮落。荡羁愁、直到离人天角。青藤杖弱。负清游、长愧厚约。想䕷花细谱,分付凤箫,把酒孤酌。 昨夜星辰记否,桂魄盈盈,久成抛阁。烟笼雾幕。嫦娥瘦,少灵药。莫因循、等到黄花时候,西风帘外更恶。倩殷勤、青鸟说与,半塘快乐。

**十二月二十一日(1904年2月6日),缪荃孙发鹏运扬州信。**

据《艺风老人日记》。

**冬,返开封过年,途中参观商丘宋荦故居,有《木兰花慢》词。**

词为《木兰花慢·归德访西陂故址》,见《南潜集》。

**本年,郑文焯绝意科举,不再赴会试。**

《郑叔问先生年谱》光绪二十九年谱:"本年补行辛丑会试,

先生以七试都堂,荐而不售,遂绝意进取。自镌一私印,文曰江南退士,以示无意作进士也。虽经亲友敦促,卒不赴。"

**编年词**:《蓦山溪》(浪花飞雪)、《念奴娇·逭暑焦山自然庵,为庵主六公题〈如此江山图〉,用东坡赤壁韵》《木兰花慢·归德访西陂故址》。

## 光绪三十年甲辰(1904),五十六岁
**正月,将返扬州,邹廷銮有诗送行。**

邹廷銮《送佑遐世丈词宗之扬州》:

当代论风雅,伊谁与古邻。春风一杯酒,落日大河滨。夫子今归去,梁园系几人。扬州明月好,珍重寄双鳞。

案:据王氏后辈藏遗墨。

**正月,返扬州途中经南京秦淮河畔名胜马牧并于此歇脚,有《浣溪沙》词。**

词为《浣溪沙·再过马牧》,见《南潜集》。

**二月初十日(3月26日),缪荃孙发鹏运信。**

据《艺风老人日记》。

**二月十五日(3月31日),为徐乃昌校刊《小檀栾室汇刻闺秀词》作序。**

序云:

词始于晚唐,盛于两宋。其初多托之闺襜儿女之辞,以写其郁结绸缪之意,诚以女子善怀,其缠绵悱恻,如不胜情之致,于感人为易入。然夷考其时,《花间》

所载，乃绝无闺彦词；即两宋妇人传作，李清照、朱淑真哀然成集外，余亦皆断香零粉，篇幅畸零。松陵周氏《林下词选》所录四朝闺秀词，合之名妓女冠才鬼，不过百余家，岂为之者少哉？盖生长闺闱，内言不出，无登临游观唱酬啸咏之乐以发抒其才藻，故所作不多，其传亦不能远，更无人焉为辑而录之。亦如春花时鸟，暂娱观听已耳，不重可惜乎？吾友徐君积余，性嗜倚声，以闺秀词集易致散佚，尤笃意搜罗，所藏殆逾百家。近复次第授梓，已成若干集，得若干家。又仿元诗癸集之例，凡词之丛残不成集者，合为一编，曰《闺秀词选》。其用力可谓勤矣。今之盱衡时局者，每以风俗颓敝，归咎于妇教之不修。嗟乎！特患无人提倡而表章之耳。倚声之学于文章为一艺，得积余为之捃摭收拾，尚复其盛如此；更能推而广之，则葛覃卷耳之风，何难见于今日？填词云乎哉。质之积余，想不以予言为迂阔也。光绪甲辰花朝临桂王鹏运。

**三月初三日(4月18日)**，缪荃孙收鹏运信及《林下词》。

据《艺风老人日记》。

**三月**，致信张仲炘促其刻词集，并以序文自任。

张仲炘《月下笛》(吊月蛰啼)词序有云："今年三月，半塘书来趣刻拙集，以序文自任。四月又函约重游西湖。不数旬而苏台讣音至。"

**春**，有致郑文焯信附词集，托郑文焯校订《校梦龛集》等。郑文焯于四月初三日(5月17日)校毕。

上海图书馆藏《校梦龛集》初定稿本扉页附鹏运致郑文焯信云：

> 除寄呈审定各本外，尚有乙稿《袖墨》《虫秋》二集、庚稿《庚子秋词》**合春蛰吟为一卷**、辛稿《南潜集》（《南潜》虽有手稿，而涂抹不堪入目），散处皆无副本，无从寄政。敬祈费神，将寄呈各稿可存者为加标识。古微所录，其目已寄去。请公独出手眼，不必问渠意云何。古微云夏间当开雕，并希早日阅讫掷下为荷。
>
> 寄奉各稿在鄙人为较佳之作，乙为少作，辛则退笔矣。

卷末郑文焯记云："甲辰四月三日校竟，时将有沪行。"又云："到沪又斠一过，略损益十数字。"

**四月二十一日（6月4日），况周颐到达镇江，阅鹏运词集，依韵和集中《长亭怨慢》词。**

光绪二十三年（1897），鹏运有《长亭怨慢·六月二十五日，泛舟苇湾，有感而作》词，忆及旧游。

况周颐《长亭怨慢·甲辰四月廿一日晚泊镇江小闸口，阅半塘词卷苇湾观荷之作，似甚相忆者。约计明日得见半塘扬州。盖阔别已十年矣，依韵奉和并索半塘续和》（徐乃昌编《晚清词选》稿本）：

> 说无恙、竹**作平**西佳处。约略年时，梦中幽路。驻马东华，听蝉南泊记曾与。几程烟柳，金粉地、还同住。剪烛话铜驼，莫更遣、玉**作平**箫深诉。　延伫。剩金焦自绿，那惜云萍无据。扁舟夜雪，最惆怅、剡溪前度。

客腊过江访半塘不晤甚情绪、似我萧条,也岑寂、吟边今
雨。半塘屡有书报,辄谓近日交游绝少谩荠麦荒城,重唱番
阳词句。

四月二十二日(6月5日),况周颐到达扬州,访鹏运于寓所,依韵和鹏运旧词。二人握手欷歔,彼此诧为意外幸事,已十年未见。鹏运出示别后所得宋人词精抄本四巨册。

《庚子秋词》有鹏运《甘草子·用杨无咎韵》词二首,其二自注云:"寄怀夔笙。"

况周颐《甘草子·用杨无咎韵。四月廿二日晤半塘扬州,半塘出示庚子围城中相忆之作,依韵奉和》(《晚清词选》稿本):

烟暮。梦里逢君,约略今帘户。握手意还惊,瘦马
垂杨路。　离恨十年孤吟处。剩乱叠、锦笺慵数。莫
惜吴醪重沽去。话黍离风雨。

况周颐《餐樱庑词话》:"甲辰四月下浣,过江访半唐扬州,晤于东关街仪董学堂西头之寓庐,握手欷歔,彼此诧为意外幸事,盖不相见已十年矣。半唐出示别后所得宋人词精抄本四巨册。"

况周颐《玉梅后词》序云:

《玉梅后词》者,甲龙仲如玉梅词人后游苏州作
也。是岁四月,自常州之扬州,晤半塘于东关街仪董学
堂。半塘谓余,是词淫艳,不可刻也。夫艳何责焉?
淫,古意也。三百篇杂贞淫,孔子奚取焉?虽然,半塘
之言甚爱我也,惟是甚不似吾半塘之言,宁吾半塘而顾
出此?余回常州,半塘旋之镇江而杭州、苏州,略举余

词似某名士老于苏州者,某益大呵之,其言寖不可闻。未几而半塘遽离两广会馆之戚。言反常则亦为妖。半塘之言,非吾半塘之常也。而某名士无恙,至今则道其常。故也吾刻吾词,亦道其常云尔。丁未小寒食自识于秦淮侯庐之珠花簃。

**四月三十日(6月13日)**,缪荃孙接鹏运扬州信,鹏运为代考《草堂余意》为陈铎作。

《艺风老人日记》本日记云:"接王佑霞扬州信,代考《草堂遗意》为陈铎大声作。"

案:《草堂遗意》当为《草堂余意》,明陈铎著词集。

**四月**,致信张仲炘约游西湖。

张仲炘《月下笛》(吊月蜇啼)词序有云:"今年三月,半塘书来趣刻拙集,以序文自任。四月又函约重游西湖。不数旬而苏台讣音至。"

**五月初一日(6月14日)**,缪荃孙发鹏运信,附《陈大声事实》。

据《艺风老人日记》。

**五月十六日(6月29日)**,《梦窗甲乙丙丁稿》重校付梓,鹏运有跋。

跋尾云:"甲辰五月十六日,半塘老人识。"

**五月二十六日(7月9日)**,在上海遇郑文焯,郑氏将其订正的《校梦龛集》归还鹏运。又同日鹏运写信给朱祖谋,称颂评价其词,并云暑假不远,将往若耶上冢,顺便游览西湖,因江南溽湿,打算抓紧游览南方名胜,然后北返。

上海图书馆藏《校梦龛集》初定稿本尾页郑文焯记云:"甲

· 665 ·

辰五月廿六日辰刻忽值老人于海上,遂持报。叔问并记。"

《郑叔问先生年谱》光绪三十年谱:"夏,王佑遐给谏自邗江过江访旧,与先生重会吴皋,觞咏累夕。先生有《念奴娇》《鹧鸪天》两词,载《苕雅集》中。又有《兰陵王》词,载《苕雅余集》中既慰羁望,兼寻西崦卜邻之约。王之先陇在桂城东半塘尾之麓,因以半塘自号,盖不忘誓墓意也。先生尝谓之曰:去苏州三四里有半塘彩云桥,是一胜迹,宜君居之,异日必为高人嘉践。王因之赋《点绛唇》词。见《蜩知集》中。乃秋后给谏忽染疾逝去。人琴之感,心情郁郁,殆难言喻。"

郑文焯《念奴娇·甲辰仲夏,半塘老人过江访旧,重会吴皋,感遇成歌,以致言叹不足之意》(《樵风乐府》卷六):

　　小山丛桂,问淹留、何意空歌招隐。自见淮南佳客散,鸡犬都霑仙分。碧海三尘,白云孤抱,不羡灵飞景。仙才谁惜,世间空舐丹鼎。　我亦大鹤天边,数峰危啸,一觉松风枕。三十六鸥盟未远,独立沧江秋影。词赋哀时,湖山送老,吟望吴枫冷。梅根重醉,旧狂清事能领。

郑文焯《鹧鸪天·余与半塘老人有西崦卜邻之约,人事好乖,高言在昔,款然良对,感述前游,时复凄绝》(《樵风乐府》卷六)三首:

　　据榻连吟数往年。夜窗枥马警秋眠。可怜燕市尊前月,又共吴云梦里天。　回首处,一潸然。小山招隐有新篇。淮南几树留人桂,纵得攀援不得仙。

　　秋老山桥虎气沉。霜风呼酒旧登临。梵钟出树岩扉迥,渔火通波雨坞深。　连桴路,五湖心。别来三见冷枫吟。白云定识非生客,莫枉芝崦鹤梦寻。

谏草焚余老更狂。西台痛哭恨茫茫。秋江波冷容鸥迹,故国天空到雁行。　诗梦短,酒悲长。青山白发又殊乡。江南自古伤心地,未信多才累庾郎。

郑文焯《兰陵王·海上倦游以词遣日,忽值半塘老人来自邗江,觞咏累夕,既慰羁望,兼寻西崦卜邻之盟,继声歌此》(《苕雅余集》):

燕樯直。门外沧流绕碧。狂尘涨,金粉夜明,化作尊前水风色。青芜旧霸国。谁识鸥盟冷客。凌波路、三百画阑,楼阁连云去天尺。　春江盛游迹。有锦幄分香,珠履堆席。金盘玉馔仙家食。看一镜花影,百年泡幻,销魂桥上第几驿。梦愁度江北。　情恻。恨兼积。正酒坐低回,诗境寥寂。清风来慰相思极。似缩地飞步,隔江邀笛。梅根重醉,试露饮,冷翠滴。

鹏运与朱祖谋信(后用为《彊邨词》序)云:

沤尹大兄阁下:前上书之次日,邮局即将《东塾读书记》《无邪堂答问》各书交来。大集琳琅,读之尤歆快无量。日来料量课事讫,即焚香展卷,细意披吟,宛与故人酬对。昨况夔笙渡江见访。出大集共读之,以目空一世之况舍人,读至《梅州送春》《人境庐话旧》诸作,亦复降心低首曰:"吾不能不畏之矣。"夔笙素不满某某,尝与吾两人异趣,至公作则直以"独步江东"相推,非过誉也。若编集之例,则弟日来一再推求,有与公意见不同之处,请一陈之:公词庚辛之际是一大界限。自辛丑夏与公别后,词境日趋于浑,气息亦益静,而格调之高简,风度之矜庄,不惟他人不能及,即视彊邨己亥以前词,亦颇有天机人事之别。鄙意欲以已见《庚子秋词》《春蛰吟》者编为别集,己亥以前词为前集,而以庚子《三姝媚》以次以汔来者为正集,各制嘉名,各不相杂;则后之读者,亦易分别。叔问词刻,集胜一集,亦此意也。至于去取,则公自为沙汰之严,已毫无尘杂。俟放暑假后再为吹求,续行奉告。自世之人知学梦窗,知尊梦窗,皆所谓"但学《兰亭》面"者。六百年来,真得髓者,非公更有谁耶? 夔笙喜自诧,读大集竟,浩然曰:"此道作者固难,知之者并世能有几人?"可想见其倾倒矣。拙集既用《味梨集》体例,则《春明花事》诸词,其题目拟"金明池"下书"扇子湖荷花"题,序则另行低一格,而去其"第一""第二"等字,似较大方。公集去之良是,体例决请如此改缮。暑假不远,拟之若耶上冢,便游西湖。江干暑湿,不可久留;南方名胜当亟游,以便北首。此颂起居。弟王鹏运再拜上言。五月廿六日。

《词学季刊》第三卷第三号录《郑大鹤先生寄半塘老人遗扎》云:

半塘先生词长:前于四月半临来沪前三日,得手书,并属订雅词。谨如戒泚笔,颇不负诿諈,已携入行箧。早料及有此奇缘良会矣。(若至诚前知)书至距跃三百,已竟夜不寐,正在和清真《兰陵王》,至四解之多，待录稿即索嘉藻耳。少选即飞诣共谋食，此时稍蚤也。此遇信有天合天声，不翅天际真人下凡尘也。狂喜万状，不知所云。公枵腹相待，下走亦不合眼相看。妙哉奇也。此地群仙毕集，焦生老约西湖之游，愈晚愈佳。王字押亦带来，容面呈，以示久要不忘之义。甲辰六月（王孝饴先生自北平录寄）。

  案：疑上信五月二十六日或稍前写于上海，稍后郑文焯即与鹏运相见。信末书六月疑误。

**约五月，陈锐过扬州，晤鹏运。**

  陈锐《长亭怨慢》词序有云："壬寅岁杪，半唐老人受仪董学堂之聘，其词有曰：'鸥鹭莫惊猜，试认取盟书一纸。'时在秦淮妓家。属和此调，仅得半阕。今夏过扬，一夕盘桓。云将为西湖之游，且促成之，而未能也。秋间，余卧疴秦邮，乃仓猝闻君噩音，初都未碻，既读北海文叔问吴门书，始复痛绝。"

**六月二十二日（8月2日），缪荃孙发鹏运信。**

  据《艺风老人日记》。

**六月中，同友人游西湖归，经过苏州，住两广会馆，猝中暑疾，不到十天，至六月二十三日（8月4日）子时竟去世，享年仅五十六岁。后归葬于故乡临桂城东半塘尾之祖茔。**

  鹏运墓碑镌文："光绪三十年甲辰六月二十三日子时终。"

  王孝饴《王半塘老人传略》："甲辰夏偕友人游西湖归，间道至苏，寓侍其巷两广会馆，猝中暑疾，未旬日竟不起，享年仅五十六岁。翌年乙巳归葬于粤西之半塘。"

  案：检《彊邨语业》卷二，可知朱祖谋《庆春宫·结草庵拜半塘翁殡宫作》一词作于光绪三十二年（1906）春，则此时鹏运灵柩仍暂厝苏州结草庵，归葬桂林当在此后。或云鹏运卒于六月二十三日晚，疑误。子时为一日之始，云卒于六月二十二日晚尚可。

况周颐《兰云菱梦楼笔记》："余挽半唐联云：'穷途落拓中哭生平第一知己，时局艰危日问宇内有几斯人。'吾两人十七年交情若零星乱缕，数千言未可终也。呜呼！半唐已矣！吾何忍复拈长短句耶？向尝有志撰录，今不复从事矣。间有不能概从摈弃者，缀录如左，墨痕中时有泪痕也。"

梁岵庐《半塘老人及其他》（《粤西风土人物散记》）："清光绪季年，给谏客扬州，甲辰夏，谒陶斋尚书于吴门，相见甚欢，给谏欲行，尚书尼之，乃止。会夜宴，溽暑，给谏饮汽水无算，遂病。先君昔与给谏官京师，且同桑梓，故相得。时宦吴中，视之于旅邸，病榻萧然，旁无亲属，然精神尚健旺，谈笑如恒，未几竟卒。先君实经纪其丧。尚书尝语先君，深悔坚留给谏也。"

朱祖谋《木兰花慢·程使君书报半塘翁亡。翁将之若耶上冢，且为西湖猿鹤之问，遽逝吴中，赋此寄哀。时方为翁校刊〈半塘定稿〉，故章末及之》（《彊邨语业》卷一）：

马塍花事了，但持泪，问西泠。信有美湖山，无聊瓶钵，倦眼难青。飘零。水楼赋笔，要扁舟一系暮年情。才近要离冢侧，故人真个骑鲸。　瑶京。何路问玄亭。九辨总无灵。算浮生销与，功名抗疏，心事传经。冥冥。夜台碎语，咽飘风、邻笛不成声。泪眼尘笺未理，礼堂谁分平生。**昔年和翁生圹词有云："傍要离穿冢**

**尔何心,长安市。"翁笑曰:"息壤在兹。"岂識耶?**

陈锐《长亭怨慢·壬寅岁杪,半唐老人受仪董学堂之聘,其词有曰:"鸥鹭莫惊猜,试认取盟书一纸。"时在秦淮妓家。属和此调,仅得半阕。今夏过扬,一夕盘桓。云将为西湖之游,且促成之,而未能也。秋间,余卧疴秦邮,乃仓猝闻君噩音,初都未确,既读北海文叔问吴门书,始复痛绝。酒垆人眇,悲逝自悲。取续前声,比于绋讴之无节。半唐有灵,其识我否也》(《裒碧斋词》):

> 未抛却、一年春计。对酒当歌,旧狂重理。槛外东风,流莺呼我、定何意。灯初茗后,才领略、江南味。醉眼问花枝,已晕入、蔫红窗纸。　身寄。叹江关老去,怕说故山烽起。红桥廿四,且分付、杜郎憔悴。甚倦旅,一别西湖,却来傍、要离眠地。只无恙黄垆,凭吊先生归只。

张仲炘《月下笛·半唐殁半月矣。每念东华梦尘之迹,江南瘴疠之吟,日夕凄然,不能自已。今年三月,半唐书来,趣刻拙集,以序文自任。四月又函约重游西湖。不数旬而苏台讣音至。载披遗墨,益用怅惘。半唐负余耶?余负半唐耶?长歌当哭,聊以抒哀云尔》(《瞻园词》卷二):

> 吊月螀啼,悲秋雁哽,暗伤幽独。鲈乡路熟。渺难寻、旧烟躅。竹窗重展鱼缄墨,惨对雨、残灯一粟。悔悭期湖上,天悭游晤,泪珠成掬。　愁触。不堪读。有乐府锵金,谏书盈簏。浮生太促。知君空尽尘俗。卅年不恨相交短,更谁识、琴心怨曲。悄无语,酒炉边,千

里吴山自绿。

沈曾植《琐窗寒·追悼半塘。用玉田悼王中仙韵》(《曼陀罗寱词》):

> 鹿梦烟消,虫天漏尽,招魂江外。沈吟玉筍,难挽此才尘里。怆冥冥、骖鸾去时,苍梧谒帝蛮云碎。把牢愁万古,劫波三世,怨申知致。　绝代。诗骚意。尽卧病漳滨,行吟湘水。姬姜憔悴,肠断礼魂山鬼。问何年、辽海鹤归,铜仙蚀尽清铅泪。便他方、弹指相逢,滞愿船一苇。

曹元忠《秋宵吟·王佑遐给谏以七月来吴,殁于胥江。计重阳后当以丧归,正此时也。涡口船窗读〈味梨集〉,殊有断碧分山之感。剪灯成此,远岸丽谯已絖如打五鼓矣》(《凌波词》):

> 断云低,澹月瘦。系缆荒湾疏柳。新霜紧、怕转绿回黄,不多时候。酒醒初,点静后,水驿灯红如豆。摇乡梦、总熨暖心情,带些些皱。　我自飘零,对剩阕、残歌感旧。碧山人去,冷落吴丝,碎语夜台奏。应说思归久。塞黑枫青,魂解还否。渐窗楞、败纸吟风,天色将白枕未就。

姚肇菘《高阳台·半塘叔舅殁于吴中,招魂无地,赋此寄哀》(《姚萱素词集》):

> 迹杳玄亭,魂栖厎宅,惊嗟化鹤飞还。执别匆匆,伤心急景凋年。秦淮月照孤帆去,怅乱云、遮断吴天。伴啼鹃,臣甫归来,梦绕长安。　灵均早托兰荃兴,想离骚赋罢,怨恨缠绵。一曲元音,凄凉谱入徽弦。南潜

遽绝衰灯华,叹游波、不返词仙。渺愁予,沧海情移,目断成连。

**七月初四日(8月14日)**,缪荃孙接吴重憙信,闻鹏运殁于吴门旅次,惊骇欲绝。初十日(8月20日),作挽鹏运联。

据《艺风老人日记》。

**八月二十四日(10月3日)**,文廷式卒。

《文芸阁先生年谱》:"(八月)二十四日子时,先生卒于里第。故无疾也,日晡时,作书与陈伯严、王木斋。已而进粥,粥罢就寝,夜中胸闷上气,姬某按抑定,挥手曰止,遂瞑。"

汪叔子《文廷式年表稿》:"八月二十四日子时,卒于家。故无疾也,日晡时,犹作书与陈三立、王德楷。既寝,夜中胸闷上气,姬某按抑定,挥手曰止,遂瞑。"

**九月初九日(10月17日)**,朱祖谋有词怀念鹏运。

朱祖谋《哨遍·甲辰重九,读弁阳老人肠断紫霞之作,感念半塘翁,悲不自持。时距翁之没三月矣。翁尝为〈半塘僧鹜自序〉,辄隐括其辞,以当〈澾露〉。原序曰:半塘僧鹜者,半塘老人也。老人今老矣!其自称老人时,年实始壮。或问之,老人泫然以泣,作而曰:"礼不云乎,父母在,恒言不称老。某不幸,幼而失怙,今且失恃矣!称老所以志吾痛也。"然则半塘者何?曰:"是吾父吾母体魄之所藏也。吾纵不能依以终老,其敢一日忘之哉?"由是朋辈无少长,皆以老人呼之而不名,悲其志也。老人仕于朝数十年,所如辄不合。尝娶矣,壮而丧其偶;生子,又不育;尝读书,应举子试矣,而世所尊贵如进士者,卒不可得。家人以老人之郁郁于前,冀其或取偿于后也,召瞽之工于术者,以老人生年干支使推之,瞽猝然曰:"是半僧人命也!"老人闻之则大慊,乃自号曰"半僧"。老人之为言官也,尝妄有所论列,其事为人所不易言。老人之友有为老人危者,上疏之前夕,为老人占之,得"刻鹄类鹜"之繇。疏上,几得奇祸。乃复自号鹜翁,曰:"吾以傲夫卜而自匿其草者。"于是三名者,尝随所适以自名焉。既而,其友以疑罪死于法,老人伤之曰:"吾哀吾友,吾忍忘吾鹜耶?"遂撮三者,自名为半塘僧鹜云。嗟呼,半塘者,老人之墓田丙舍也,曩以仕于朝,不得归;今投劾去矣,又贫不能归。老人又以出世之志牵于身世不得遂,求得西方贝叶之书,乃哆口瞠目不能读,读亦不能解。惟所谓鹜者,其鸣无声,其飞不能高以远,日浮沉于鸥鹭之间,而默以自容,或庶几焉?是老人之名副其实者,仅三之一耳!然则老人之遇,亦可知矣》(《彊邨词剩稿》卷二):

　　家在半塘,人是半僧,畴识平生事。僧曰嗟,四坐听无哗,老之称实从壮始。礼有之。恒言未容称老,吾今何怙而何恃。空指点杉湖,寒云丙舍,皋鱼清泪如泚。纵不能誓墓永相依。又焉敢自尊老鬓髭。朋辈哀焉,呼而不名,用从吾志。　嘻。甚矣吾衰。卅年昏宦诚何味。吾友疑罪死。刻鹄之繇能记。好一笑咨禅,三生证果,天亲无著为兄弟。甚囊粟机械,欋椎事业,昨非今未必是。剩百年老屋隔清漓。便投劾归耕苦无期。办蒲团、又牵身世。哆然哆口瞠目,那辨如如偈。但随挈鹭提鸥伴侣,默以自容而已。副其名者仅如斯。老人之、遇可知矣。

**十月,朱祖谋开刻《半塘定稿》于广州,下年刻成。朱祖谋、钟德祥有序。**

　《半塘填词定稿》叙目云:

　　卷一:

　　　　乙稿《袖墨集》令慢七首、《虫秋集》令慢六首,丙稿《味梨集》令慢二十二首,丁稿《鹜翁集》令慢十九首,戊稿《蜩知集》令慢十六首。

卷二:

己稿《校梦龛集》令慢二十四首,庚稿《庚子秋词》令十七首、《春蛰吟》慢十三首,辛稿《南潜集》令慢十五首。

凡二卷七稿九集一百三十有九首。

朱序云:

半塘词尝刻于京师,为丙丁戊三集,今刻于广州者,乃君衷其前后七稿,删汰几半,仅存百许首自定本也。予校雠既竣,而序之曰:同在人海之中,相遭而为友,相友而又相知,而忽焉以逝者,莫不以为人事之至悲。况乎夙以文字相切劘,共历患难,及其别离,商订旧业,言笑若亲,而甫接其书、遽闻其死者,此予所由摧伤感欷而不能自已也。始,予在汴梁纳交君,相得也。已而从学为词,愈益亲。及庚子之变,欧联队入京城,居人或惊散,予与同年刘君伯崇就君以居。三人者,痛世运之凌夷,患气之非一日致,则发愤叫呼,相对太息。既不得他往,乃约为词课,拈题刻烛,于喁唱酬,日为之无间。一艺成,赏奇攻瑕,不隐不阿,谈谐间作,心神洒然,若忘其在颠沛兀陧中,而以为友朋文字之至乐也。比年,君客扬州,予来粤东,踪迹乖阻,书问时月相往还,每有所作,必以寄示。予谓君词于回肠荡气中仍不掩其独往独来之概,君乃大以为知言。今年春,邮寄小象，属摹卷端，谓令人他日得见此老须眉，其风趣如此。方冀易一二岁，予解组北去，从君襄羊山水间，各出所作相质证，此乐正未有艾，未几而君讣至矣。悲夫！悲夫！君天性和易而多忧戚，若别有不堪者。既任京秩，久而得御史，抗疏言事，直声震内外，然卒以不得志去位，其遇厄穷，其才未竟厥施，故郁伊不聊之概，一于词陶写之。君词导源碧山，复历稼轩、梦窗，以还清真之浑化，与周止庵氏说契若针芥。其必名于后，固无俟予之赘言。而零缣遗墨，灿然如新，逝者不可复作，抑将何以为怀耶？他日伯崇见是编，其感喟又当何如耶？归安朱祖谋。

**钟序云：**

顷年，老仆自谪所归，寓家羊石，于是老友古微侍郎督学来此，盖自京师别去且十年不觌矣。一昨甫相见，侍郎则骤语仆曰："给谏王幼霞今客死苏州，幸得其遗墨，皆手定，将为之刊印以行。"仆闻之惊悲，与侍郎同心哀之，遂请其集以归阅焉，皆曩昔台阁余暇时，朋旧文酒宴集搭拍应副，若不越乎流连光景之情文，其为仆所亲见吮毫伸纸者泰半也。今再读其遗词，幼眇而沉郁，义隐而指远，膈臆而若有不可于名言。盖斯人胸中别有事在，而荦然不能行其志也与仆同。脱幼霞能稍濡忍，事或未可知，乃决然侘傺以去，宁流落至死，一瞑而不视，岂谓非慷慨扼腕独立不屑之士也欤？仆今既老丑闲废，幼霞复雕丧，人间世尚何者堪把玩留恋,况浮沤文字之间乎？乃吾侍郎独不间故旧死生之故,为幼霞谋遗集之传而绵邈乎其情,仆为之恨焉动一念矣。侍郎曰:"日吾且开雕,然则非君序之不可。"于是乎言之,而益增吾悲。光绪甲辰冬十月南宁钟德祥。

**冬,张仲炘有西湖之游,赋词以记,念及鹏运。**

张仲炘《徵招·今春西湖之游,匆匆遽返,意殊未慊。秋仲送渭如还浙,兼约笃甫同游,至日憩于马塍村舍,步由昭庆寺,荡小舟遍寻湖上旧迹,复循六桥,登宝石山,天润秋空,光景奇绝,独惜负半唐消夏之约,未能于藕花风里一握故人耳,思之惘然》(《瞻园词》卷二):

寒潮一夜催舣尾,西泠片帆重到。试数马塍花,比春时多少。刘郎今未老,隔烟水、万山迎笑。误踏云坳,一声鹤唳,冷风吹帽。　短柳六桥边,匆匆里、知经几番残照。可惜此行迟,怅骑鲸人杳。碧纱尘细扫。怕犹有、茂陵遗稿。坠秋影、落叶飘萧,共梦云萦绕。

**本年,况周颐客常州,掌教龙城书院。**

据《香东漫笔》《蕙风词史》。

**本年,端方调江苏巡抚。**

吴庆坻《端总督传》:"三十年,调江苏巡抚,寻署两江总督,移抚湖南。"

**编年词:**《浣溪沙·再过马牧》。以上《南潜集》。

**案:**《南潜集》原本已佚,相关词作从《半塘定稿》《半塘剩稿》录出,据词作内容及其他相关记载重新按创作时间排序。

# 谱　后

**光绪三十一年乙巳（1905）**

夏,钟德祥在广州与朱祖谋交游,以诗题《校梦图》。

钟德祥《题〈校梦图〉往时归安朱沤尹与临桂王半唐校刊〈吴梦窗甲乙丙丁稿〉于京师。沤尹将图之以为故事。时半唐已归道山,沤尹索诗。**感念存殁,情见乎词**》(《钟德祥集》):

按拍何人似梦窗,稿书残梦剔银釭。只今剩有招沤手,我尚能言白石双。

安知非福尔归人,痴绝披图诊梦痕。梦已无灵君又别,一帘秋雨读彊村。**沤尹著有《彊村词卷》**

夏,钟德祥作《半塘象赞》,后朱祖谋置之于本年《半塘定稿》刻本卷前鹏运象后。

钟德祥《半塘象赞》:"不死于病,恐将死于谗匿之口。僧鹜何幸,归正丘首。达不得志,穷无以自存,又甚哉,流落而不偶。于戏唏矣,其严冷之气不可传,而章疏又不欲于自传,仅以生平劬嗜所谓长短句者,遥托诸侍郎之老友。大运有限,传者为寿。

谓僧鹜好名,侍郎曰否。乙巳夏南宁钟德祥识。"
**八月十五日(9月13日),钟德祥有中秋词,朱祖谋和之。**

钟德祥《月华清·乙巳中秋》(《钟德祥集》):

劫换红羊,寒催白雁,青天何许堪问。擎海胡来,又见轮圆珠晕。月当心、常愿团圞,认沙界、可容瓜分。还讯。老吴刚能否,桂根长隐。 不识高寒远近。正独夜孤清,露华凄紧。曲宴笙歌,尚想霓裳风韵。此时当、灭烛飞觞,有谁管、皂雕霜信。休论。对苍茫玉宇、漫看嘘蜃。

朱祖谋《月华清·乙巳中秋和西耘》(《彊邨语业》卷一):

玉籁消凉,林霏散夕,上帘人在香径。憔悴圆姿,栩栩细云遮定。露槃空、天袂知寒,树香老、画阑悬暝。谁省。问山河小劫,几多残影。 桂殿秋醒未醒。待诉与方诸,泪珠哀迸。万感孀娥,禁得管弦凄哽。渐抛残、旧舞霓裳,好催放、破空金镜。倾听。是谁家怨笛、待他端正。

**约九月,朱祖谋离广东学政任,钟德祥有词送之。**

夏孙桐《清故光禄大夫前礼部右侍郎朱公行状》:"乙巳以修墓请假离学政任回籍。"

陈三立《清故光禄大夫前礼部右侍郎朱公墓志铭》:"会与总督龃龉,引疾去,回翔江海之间,揽名胜,结儒彦自遣。"

钟德祥《昼锦堂·送朱古微侍郎乞假归里》(《钟德祥集》):

人外鸥闲,仙归鹤语,雪足谁濯沧浪。岭表手抛英荡,云水都忘。空谷幽香中窈窕,强台登览亦彷徨。商量甚,无故海声,惊人万怪回惶。 归航。乡路稳,荡远□,不容孤负葭苍。云白山青招我,莫采迷阳。曳泥庄叟知龟乐,终金宏景悟牛伤。君今行,□□何时尊酒,我爇心香。

**十月十八日(11月14日),朱祖谋在上海,张謇招饮,沈曾植、郑孝胥等在座。**

《张謇日记》本日记云:"饮子培、古微、念劬、苏堪、稚香等于一枝香。"

**冬,扬州书商携鹏运重校《梦窗四稿》试印本二册至南京。缪荃孙与况周颐拟各留一册。十二月十九日(1906年1月13日),况周颐送试印本一册与缪荃孙。**

《四印斋所刻词》上海古籍出版社影印本附《梦窗甲乙丙丁稿》缪荃孙跋语云:"半塘给谏初刻《梦窗四稿》,余有印本。后闻到扬州又校刻之,半塘未印书即卒于苏州旅馆。客冬扬州梓人以此样本二册来,与夔生各留其一,似校前刻稍胜。然以后半塘所刻均难觏矣。丙午六月荃孙识。"后据《艺风老人日记》。

**本年,《半塘定稿》刊成于广州。**

朱祖谋《半塘剩稿》跋:"半塘翁填词凡七稿。自刻者为丙丁戊三稿,既有哀其已刻未刻诸集删存百余阕付余写定。翁没后一年,余为刊之广州,所谓《半塘定稿》也。"

**本年,况周颐移居南京。**

《蕙风簃随笔》卷一:"光绪乙巳良日,况周仪夔生自记于金陵四象桥北寓庐。"

**本年,陈锐有诗挽黄遵宪,并追悼鹏运及文廷式等。**

陈锐《闻嘉应黄公度之丧,口占挽词,并追悼王幼遐给谏、胡研孙粮储、文道羲学士、范肯堂征君》(《裛碧斋诗》卷五):

> 王胡文范一时去,又丧通儒黄百家。扫地文章今已尽,回天心力望徒赊。青枫湛湛浮江水,碧血澄澄篆土花。犹有交情两行泪,年年痛哭日西斜。

## 光绪三十二年丙午(1906)

春,朱祖谋至苏州结草庵拜鹏运殡宫,有词悼之。后邓鸿荃有和作。

朱祖谋《庆春宫·结草庵拜半塘翁殡宫作》(《彊邨语业》卷二):

> 颓堞衔烟,昏钟阁水,野鹃唤近清明。华表羁魂,黄垆吟伴,暗尘房槛深扃。断云玉笛,感词客、依稀有灵。新腔愁倚,一盏泉华,还荐芳馨。　哀弦冻折谁听。凄唳修萝,山鬼逢迎。蓬岛尘狂,芝田日晏,梦游翻羡骑鲸。泪珠千斛,拚一向、寒原纵声。孤留何事,身世浮沤,休问残僧。

> 案:检《彊邨语业》卷二,可知朱祖谋《庆春宫·结草庵拜半塘翁殡宫作》一词作于光绪三十二年(1906)春,则此时鹏运灵柩仍暂厝苏州结草庵,归葬桂林当在此后。

邓鸿荃《庆宫春·读彊邨结草庵拜半唐翁殡宫作,次韵和之。感念存亡,不知泣涕之横集也》(《秋雁词》):

> 羁泊频年,亲情入梦,往还七度春明。寒雨声孤,大雷书断,闵宫长痛幽扃。味梨吟罢,俨花外、词仙降

灵。草庵趋拜,堪羡彊邨,犹莫椒馨。 天边杜宇愁听。休忆同朝,剑珮花迎。**癸巳引见,半唐适有封事,同入朝房**我叹无归,君今是福,海波正跋修鲸。旧人空在,只赢得、哀歌放声。夜台知否,魔劫重重,应念枯僧。

**夏秋间,朱祖谋小住杭州,时游西湖,有词多首。**

朱祖谋《木兰花慢·重宿西湖退省庵,时湖上人家杂居,楼阁突起,与十年前风物又异矣》(《彊邨词剩稿》卷二):

赐明湖一曲,认乔木、中兴年。算小队郊坰,中原壁垒,天放身闲。颓阑。旧吟拍处,问月明元鹤几时还。战舰东风梦断,画奁西子妆寒。 无端。金碧拥檀栾。唐突此湖山。念吴峰立马,荷花桂子,休唱屯田。延缘。钓竿未买,怕鱼龙风恶搅鸥眠。醉拭西城残泪,衰杨鬓影鬖然。

**七月初五日(8月24日),缪荃孙将文廷式词交萧正镛,以鹏运词一册为范本。**

《艺风老人日记》本日记云:"以文道希词交萧正镛,并半塘甲乙丙丁稿一册为式。"

案:文廷式《云起轩词钞》有南陵徐氏光绪三十三年(1907)刻本。当是缪荃孙助其友徐乃昌校勘,下年得以刊行。鹏运词无甲稿,缪氏所云偶误,疑指《半塘定稿》。

**七月,于齐庆为刘恩黻《麐楥词》作序。**

据《麐楥词序》。

**八月十五日(10月2日)夜,朱祖谋在苏州,访郑文焯。郑文焯有词。**

郑文焯《惜红衣·中秋夜,彊邨翁踏月见过,秋花宛娈,襟韵清浃,因和白石自制无射宫一曲,兼寄伯宛舍人沪上》(《樵风乐府》卷七):

> 醉枕销凉,吟笺度日,枉抛心力。洒袂清风,苔扉款深碧。凉蟾似水,还解伴、江城秋客。沈寂。留坐桂丛,忆年时游息。　萧条巷陌,踏叶回廊,题愁乱红藉。相思梦老海国,望云北。料得旧盟鸥鹭,省惯倦游来历。奈后逢良夜,空照屋梁颜色。

**八月,朱祖谋在《半塘定稿》二卷外选录鹏运词为《半塘剩稿》一卷并付刊,有跋。**

朱跋云:

> 半塘翁填词凡七稿。自刻者为丙丁戊三稿,既有哀其已刻未刻诸集删存百余阕付余写定。翁没后一年,余为刊之广州,所谓《半塘定稿》也。然刊落泰甚,翁所挥为洟唾穅秕不屑屑者,世之人率踵汗奔喘,望尘而趋之若不及者也。端居循省,良不能忍而割舍,辄刺取《袖墨》《虫秋》《校梦龛》《南潜》四集所薶者得五十五阕,排录成帙。其已墨版者,不复缠及。昔黄仲则与洪稚存论诗不合,戏要之曰:"脱不幸先稚存死,吾稿经若删定,必乖吾旨趣矣。"翁生平旨趣,余不敢谓不知。今之为是刻也,其果不至于乖与否也,则卒不敢自知。愿以俟之世之知翁词者。丙午八月朱祖谋跋。

**秋,鹏运灵柩自苏州还桂林。十月,子王郿等为建墓碑。**

鹏运墓碑镌文:"光绪三十二年十月初七日建。"

朱祖谋在上海度岁,十二月三十日(1907年2月12日)除夕,有词。

朱祖谋《鹧鸪天·丙午沪滨除夜》(《彊邨词剩稿》卷二):

莫厌屠苏酒入唇。雪余帘户转奇温。接天灯色流连夜,照海花光著莫春。　吟鬓短,彩符新。五湖犹是未归人。明年好办扶犁去,为报苕山一帧云。

本年,朱祖谋以病辞职,卜居苏州,时往来苏沪间。

夏孙桐《清故光禄大夫前礼部右侍郎朱公行状》:"乙巳以修墓请假离学政任回籍。次年遂以病乞解职,卜居吴门。"

## 光绪三十三年丁未(1907)

春初,朱祖谋在上海遇陈锐,匆匆一聚,有词。

朱祖谋《渡江云·沪上遇伯弢,旋复别去,歌酒相劳,声为此词》(《彊邨语业》卷二):

江风残酒夜,软潮半落,带梦卷回帆。断灯春尚浅,溅泪看花,冷约背梅龛。嘶骝罢跃,渐领略、荒雪江南。吟望低、白头谁侣,照坐有颓蟾。　恹恹。哀时词赋,送老关河,搅尊前百感。休更将、危阑烟柳,分付何戡。明朝照鬓秦淮绿,怕雨昏、风暝愁兼。歧路语,重逢竟湿青衫。

春,朱祖谋与郑文焯同游苏州灵岩,有词纪事。

朱祖谋《八声甘州·暮登灵岩绝顶,叔问为述半塘翁昔年联棹之游,歌以抒怀,用梦窗韵》(《彊邨语业》卷二):

倚苍岩半暝拂春裾,千鬟乱明星。信闲僧指点,愁香黏径,荒翠通城。故国鸥夷去远,断网越丝腥。销尽兴亡感,一塔铃声。 招得秋魂来否,对冷漪空酹,渴梦难醒。问琴弦何许,飘泪古台青。好湖山、孤游翻懒,又咽风、哀笛起前汀。把筇去、小斜廊路,双屐苔平。

**五月初五日(6月15日),陈锐为夏敬观《映盦词》作序。**

序末云:"丁未端午武陵陈锐。"

**七月,朱祖谋为夏敬观《映盦词》作序。**

序末云:"丁未七月归安朱祖谋。"

**九月,朱祖谋卜居苏州之听枫园,与郑文焯、夏敬观有词相唱和。本年,朱祖谋与郑文焯多有唱和。**

朱祖谋《蓦山溪·吴城小市桥东听枫园,退楼老人诹古觞咏地也。予将僦居其间,叔问为相阴阳,练时日,且举宋词人吴应之故事,词以张之。依韵报谢,兼抒近怀》(《彊邨语业》卷二):

避风屏羽,投老皋桥市。流浪廿年踪,濯春波、故情纨绮。樵风吟伴,长负隔篱杯。珍重意。觅枝巢,分席闲鸥喜。 尘樊海角,削迹疑无地。独树老夫家,谱红梅、艳题难继。压天霜霰,憔悴旧山心。三亩宅,五湖帆,怕说菟裘计。

朱祖谋《惜红衣·年时与叔问有买邻之约,逡巡未就,今将卜居吴氏听枫园,书报叔问,申以是词,再用姜韵》(《彊邨词剩稿》卷二):

雁老长云,鸦翻去日,断愁无力。未了菟裘,苕山怨凝碧。寒花露点,还解笑、庞眉书客。湛寂。西崦老仙,约鸥边将息。　红香旧陌。撩梦铜驼,巢痕半尘藉。三年一觉,漳国渺南北。好约岁寒胥宇,雪棹五湖吟历。只过墙清饮,轻负落杯山色。

郑文焯《惜红衣·彊邨翁早退遗荣,旧有吴皋卜邻之约,褐来沪江,皇皇未暇,近将移家小市桥吴氏听枫园。先以书来商略新营,作苍烟寂寞之友,却寄此以坚其志,再和白石》(《樵风乐府》卷七):

玩月来时,乘涛去日,试帆风力。倦卧沧江,淞波剪愁碧。吴缣换句,频寄慰、东园书客。萧寂。吟伴岁寒,却移枝栖息。　花蹊柳陌。旧赏亭池,苔茵翠堪藉。佳邻买断,水国小桥北。漫说五湖三亩,林下几人身历。趁冷枫题醉,不羡隔墙春色。

夏敬观《惜红衣·沤尹侍郎将卜居于吴门听枫园,与郑叔问为邻,以所为此调见示。予数至吴门,皆匆匆去。沤尹为予介绍叔问,予未尝往谒。因作此解呈沤尹,即以通叔问》(《映盦词》):

夜墅吟秋,晴窗宴日,顿添才力。醉眼枫园,西风换林碧。荀卿渐老,宁更向、春申为客。寥寂。携手遁人,恰鲲鹏南息。　金闾旧陌。频卸狨鞍,香茵尽堪藉。长星劝酒,去国梦魂北。且喜石芝仙伴,约共崦西登历。问甚时相对,同酌一杯春色。

**秋末,朱祖谋在苏州,有词送别张仲炘。**

朱祖谋《荔支香近·皋桥夜集,送瞻园》(《彊邨语业》卷二):

> 冻霭官桥,灯舣双画舻。透幕搣搣西风,吹暝凌波路。天东一点凉蟾,导客窥朱户。歌罢、婀娜轻筝雁犹语。　游味浅,漫拍遍、河梁句。岁晚江空,赢得倦鸿成侣。红烛楼心,酒醒天涯断肠否。梦委行云一缕。

**十一月,郑文焯校勘《梦窗甲乙丙丁稿》并撰为梦窗词正名长文。文中忆及鹏运。**

《郑文焯手批梦窗词》所录该文末记云:

> 即如毛氏所称或云者,已设三疑,莫衷一是。顾杜刻因之,已属孟浪,半塘翁素精审,乃亦率尔相沿,付之剞劂,且承汲古之误,反以朱存理所摹梦窗写本之确当列诸异证……至集中校订诸语句字律,皆余十年来所究心细意不苟为异同者,亦可附之篇末,资一旁证,似校四印斋覆刻益称完善。以视前修,未皇多让焉。嗟嗟!曩当半塘翁初议校刊之际,邮示大尺,雅意谆属,命举新旧斠正各条,壹意相贶。会余有期功之丧,戚戚烦襟,未及尽以所得为报知己,而翁之冲怀虚抱,连函敦趣,清问沓延,切切满口。且谓若有它刻后出,视此精当,一首将答余。其信善之诚如是。迨翁南游,壬寅冬孟犹访余吴下,连船载酒,纵览湖山。时复道及铅椠苦心,间为裁决一二疑义,相与称快盛口不置。今翁下世,匆匆四年,辍杵之悲,乌能已已? 沨尹侍郎方补刊翁之遗稿,索叙颠末。徒以哀迫,不能成章,阙然未报。侍郎近复议重刻吴词,不揆狂简,悉以比年校定去取注之简眉,尽情举似,俾今昔得失,斠若画一。惜翁不少

待，预斯壮役，九原可作，得毋念前言而督过之乎？袖灯隐几，吮墨泫然。时光绪丁未中冬之时，叔问题记于吴小城东威喜旧寓。

## 光绪三十四年戊申（1908）

正月十五日（2月16日）元夕，朱祖谋在上海，有词。

朱祖谋《六丑·沪上元夕，和梦窗吴门元夕风雨韵》（《彊邨语业》卷二）：

渐梅英堕粉，翠幄暖、花风新挈。菰淞半江，春绡冰晕灭。密逗芳节。细漏丁东际，绣幡双影，近宝台高揭。蕃街走马嘶尘热。雾络消香，波帘卷缬。沈沈酽寒城阙。被琼箫成阵，迤逦吹彻。　吟惊渐歇。况侵年苎发。记起传柑事，情味别。春芳又迟鸣鴂。溅行云倦趁，曲坊巾袜。银荷烬、闹蛾飞绝。不堪是、掷遍金钱换了，旧时明月。歌尘定、犹旋回雪。听笑语、凝白阑干外，清铅暗结。

正月二十日（2月21日），《国粹学报》第三十八期发表鹏运词四首，均录自《半塘定稿》《半塘剩稿》。

词为《莺啼序》（无言画阑独凭）、《瑞鹤仙》（翠深天尺五）、《齐天乐》（艳阳初破琼姬睡）、《丑奴儿慢》（东风柳眼）。

春，朱祖谋、郑文焯在苏州，重别张仲炘，有词。

朱祖谋《淡黄柳·吴门重别瞻园》（《彊邨语业》卷二）：

东风晚急。吹得梅成雪。眼看江城寒食节。倒柳邮亭渐绿，十日相从正堪折。　宴歌歇。欢心赋春别。

打双桨、访桃叶。剩吴天客雁寒无列。后夜相思,梦痕何处,来往青溪淡月。

郑文焯《水龙吟·皋桥水楼曲宴,醉别瞻园,会余岁暮有九江之役,载雪过白门,愿言不从,赋此感叹》(《樵风乐府》卷七):

出门一笑横江,酒醒重问皋桥旅。残釭厌梦,离杯衔泪,伤春歧路。三十年前,相逢同是,承平俊侣。换沧波身世,云愁海思,算萍梗,知人苦。　不信兰成老去。赚狂名、萧条词赋。江山如此,文章何用,英雄无主。独立苍茫,楼船西下,清淮东注。欠胡床为弄,梅花笛里,唤青溪步。

**春,朱祖谋招郑文焯、陈锐等在听枫园寓所宴集,诸人有词。**

郑文焯《霜花腴·怀梦窗杨柳阊门故居,即用其自度曲韵》(《樵风乐府》卷七):

过江旧客,怅倦游,浮生误了儒冠。西馆花飞,南桥萍老,吴城久住偏难。水天梦宽。奈燕归、飘泊依前。叹巢痕,阅尽东风,夕阳乔木想高寒。　京国旧居如驿,又金阊柳色,几换吟蝉。华屋空丘,神州沈陆,苔苔此恨谁笺。夜钟到船。认故山、愁黛连娟。感年芳、送老秋词,断云和梦看。

朱祖谋《霜花腴·听枫园春集,用梦窗韵》(《彊邨语业》卷二):

五湖计熟,罢远游,春来怕检尘冠。临水厨清,凿坏山近,端居避世仍难。酒杯自宽。系旧情、长驻花前。算沧波、对席闲鸥,乱愁不遣晚盟寒。　萝薜几人招隐,叹凤枝未定,怨咽惊蝉。棋局新悲,灯床昔话,繁吟限日飞笺。待租画船。欠翠眉、歌袖便娟。背斜阳、料理闲身,小枫临镜看。

**陈锐《霜花腴·用梦窗自制腔韵酬和叔问》(《袌碧斋词》):**
　　数椽借老,傍小城,先生坐隐危冠。花市呼围,笛家邀步,柴门闭也应难。醉乡尽宽。料陆沈、不到尊前。但词人、渐作流星,过江烟雨晓光寒。　芳节最伤吟望,问吴宫消息,总付鸣蝉。白石烟波,红梅亭榭,何期冷落朋笺。迟君放船。溯美人、秋濑娟娟。近枫桥、夜火携归,五湖同梦看。

**春末,朱祖谋招同人听枫园宴集送春,陈锐和周邦彦词见赠,朱祖谋、郑文焯有和词,一时往来唱和甚多。**

陈锐《瑞龙吟·春光向尽,古微先生邀同张次珊、褚伯约、郑叔问诸君集于听枫园,拍照联词,极客中之清致。余方有俗役,未终席辄去,越日赋此奉酬,仍用清真均》(《袌碧斋词》):
　　吴园路。仍见镜沼开萍,罨亭攒树。年年抱月飘烟,翠裙斗草,春归甚处。　共延伫。还念旧家人渺,燕巢当户。天教借宅东偏,煮茶声里,樵青瘖语。　衰鬓不堪重照,晚襟交手,风灯红舞。为道近来音书,人事多故。浮云望极,吟断江关句。知谁问、黄金赋稿,青门游步。啸侣从君去。对花对酒,翻紫黯绪。怎解愁千缕。扶醉眼、催归歌唇衔雨。怨香夜湿,迷空霏絮。

朱祖谋《瑞龙吟·寓园饯春,伯弢和清真韵见贻,率酬一解》(《彊邨语业》卷二)：

  吴皋路。依旧翠槛交藤,露台临树。年年寒食东风,怨罗恨绮,消春甚处。　倦吟伫。珍重劝归啼鸟,恋人堂户。天涯楚客能狂,对花对酒,低徊梦语。　无限浮云心事,短裾羞倚,摇杨狂舞。归燕惯瞋空帘,人意非故。涂妆晕色,凭写伤高句。何曾见、云屏泪眼,香尘回步。镜里千红去。凭阑待理,黄昏断绪。重叠愁成缕。年事晚、沈沈灯花飘雨。夜长漏促,一筝尘絮。

郑文焯《瑞龙吟·听枫园饯春。席上和清真》(《樵风乐府》卷七)：

  寻诗路。还记小市苍烟,旧家红树。依稀残月残花,丽情俊赏,销凝是处。　旷吟伫。犹有定巢新燕,占春帘户。留连晚色年芳,画屏翠烬,余香共语。　前度京尘游袂,酒边联唱,花间愁舞。重见断魂天涯,人换新故。江郎恨笔,休倚伤春句。飘零又、南楼罢饮,西园归步。世事浮云去。老怀到此,茫茫万绪。不绝情如缕。和泪挽、东风哀弦连雨。梦歌怨叠,一江萍絮。

陈锐《瑞龙吟·和叔问饯春》(《褒碧斋词》)：

  平江路。还向废苑寻烟,断津攀树。依依帆角青山,送春正在,斜阳尽处。　黯愁伫。谁见小城栖隐,蓬蒿生户。天涯倦客重逢,觑帘燕子,关情对语。　年少京尘多暇,扇裙翩影,狂歌酣舞。空叹素缁衣新,何

· 691 ·

似人故。冷红瘦碧,惆怅题襟句。而今共、吴根贳酒,皋桥联步。慨想归田去。抚琴命操,离忧万绪。催老嗟霜缕。无计挽、门前榆钱飞雨。莫教便作,泥中轻絮。

郑文焯《瑞龙吟·裒碧先生和清真是阕见示,怀古伤春,高健处不减耆卿风格,继声报之》(《樵风乐府》卷七):

西桥路。还认故苑飘花,小城敲树。凄凄江国年芳,怨红泪粉,魂销甚处。　悄延伫。休念旧狂清事,镂香题户。悲来一曲回风,满汀堕蕙,零弦自语。　空度春光流景,引杯看剑,愁多慵舞。肠断庾郎哀吟,知为谁故。推烟唾月,何用惊人句。伤心见、新亭老泪,临江遗步。转烛繁华去。酒醒自理,悲欢坠绪。年鬓催霜缕。归梦绕、沈沈荒台云雨。楚天恨隔,夕阳飞絮。

案:《郑叔问先生年谱》系此次唱和于宣统元年,疑误。因检《彊邨语业》卷二,朱祖谋《瑞龙吟·寓园饯春,伯弢和清真韵见贻,率酬一解》在其《小重山·戊申中秋作》词前数首,系于本年。

八月,郑文焯见朱祖谋、陈锐同游天平山词,忆及与鹏运之游,有词。

郑文焯《御街行·彊邨、伯弢同游天平山,见示新作。因忆昔偕半塘老人倡酬白云红叶间,有与此山俱传之慨。伤高念往,言写我忧》(《苕雅余集》):

白云不放诗飞去。坏壁留苔句。西南林壑旧泉亭,犹记悬萝危步。采芝仙杳,猿惊鹤怨,孤绝高霞侣。

苍黄岩迹成今古。空见霜枫舞。一生屐齿几青山,怪石荒寒谁语。何时招得,秋魂幽独,来作山中主。

**十月,光绪、慈禧相继去世,宣统继帝位。**

**本年,《国学萃编》第一期发表鹏运词五首,均录自《半塘定稿》。同时发表朱祖谋词八首。**

鹏运词为《祝英台近》(倦寻芳)、《瑞鹤仙》(翠深天尺五)、《尉迟杯》(和愁凭)、《三姝媚》(蘼芜春思远)、《一丛花》(睡乡安稳夜如年)。

## 宣统元年己酉(1909)

**闰二月,园梅盛开。值新君登基,朱祖谋以特征不起,郑文焯置酒招祖谋赏梅,为赋《木兰花慢》词以见志。**

夏孙桐《清故光禄大夫前礼部右侍郎朱公行状》:"宣统纪元,特诏征召,次年设弼德院,授顾问大臣,皆以宿疾未痊,乞假未赴。"

郑文焯《木兰花慢·己酉闰春,园梅盛开。时彊邨翁以特征不起,高卧空斋,因置酒招之,极意吟赏,有林下相从之乐,赋以见志》(《樵风乐府》卷八):

闭门春不管,又何处、放春来。自卧雪西园,垂垂江树,空老莓苔。徘徊。冷香水驿,甚长安花事等闲催。欲把一枝寄与,好风吹向谁开。　安排。涧曲林隈寻,蜡屐荐吟杯。叹旧家红萼,几番羌管,摇落池台。高怀。岁寒共守,胜看人调鼎费羹材。认取逋山斜月,莫教鹤梦轻猜。

**冬，郑文焯梦见鹏运，有词纪事。**

郑文焯《雪梅香·梦半塘老人》(《樵风乐府》卷八)：

影凄寂，虚梁落月暗惊逢。怅孤鸿天外，哀弦响绝秋空。遗世高情谢猿鹤，过江余泪送蛟龙。叙愁阔，少别千年，犹是匆匆。　幽踪。旷延伫，薜雨萝烟，夜啸谁同。送客衰兰，漫悲旧曲回风。故国伤心渺天北，暮云何意恋江东。沉沉恨，一枕关山，魂绕青枫。

## 宣统二年庚戌(1910)

**春，郑文焯以词为朱祖谋题《归鹤图》。**

郑文焯《祭天神·题〈归鹤图〉。为彊邨翁作》(《樵风乐府》卷八)：

叹岁寒残雪谁堪语。换苍苔、旧步荒江桥上路。西园梦、后重寻，剩有闲鸥侣。奈沧江照影依依，阶前舞。寂寞送、孤云去。　漫追惜、仙客归来误。江山在，人物改，一霎成今古。念茫茫、虫沙陈迹，天海风声，独立斜阳，自断凌霄羽。

**六月，朱祖谋在苏州，有词怀鹏运。**

朱祖谋《西河·庚戌夏六月，瘿庵薄游吴下，访予城西听枫园。话及京寓乃半塘翁旧庐。回忆庚子辛丑间，尝依翁以居。离乱中更，奄踰十稔，疏灯老屋，魂梦与俱。今距翁下世且七暑寒已，向子期邻笛之悲，所为感音而叹也。爰和美成此曲，以摅旧怀》(《彊邨语业》卷二)：

歌哭地。残灯事影能记。劫灰咫尺上阑干,夜笳四起。草堂人去薜萝空,西山窥笑檐际。 旧庭树,谁再倚。虚舟泛若无系。为君胥宇燕重来,退寒废垒。梦华一觉玉京秋,闲鸥空恋烟水。 酒徒散尽醉后市,问黄垆、犹话邻里。愁绝斜阳身世。怕铜驼断陌,黄尘凄对,西北高楼浮云里。

《郑叔问先生年谱》宣统二年谱:"夏,罗掞东部郎惇曧自京师来苏,访先生及朱古微侍郎,言渠之京寓即半塘翁四印斋故居。古微追念庚子七月相依以居旧事,怆焉怀抱,《黍离》之思,山阳之感,于是有《西河》之作。见《彊邨词》词成示先生,谓其意境排奡,有横空盘硬之致也。"

**九月十二日(10月14日),朱祖谋在南京,赴缪荃孙招饮,沈曾植等在座。**

《艺风老人日记》本日记云:"子培借《丁氏书目》,送还结一庐四部。又购《苏集》四部。查书目。约苕生、子培、贻叔、枚庵、古微、复修、健之、善余、印庭小饮云自在龛。"

**本年,清廷设弼德院,授朱祖谋顾问大臣,祖谋辞以病。**

夏孙桐《清故光禄大夫前礼部右侍郎朱公行状》:"宣统纪元,特诏征召,次年设弼德院,授顾问大臣,皆以宿疾未痊,乞假未赴。"

## 宣统三年辛亥(1911)

正月,朱祖谋诸人有邓尉探梅之约,朱祖谋有词促俞明震行。朱祖谋与俞明震、夏敬观等如约至,沈曾植、郑文焯未至。朱祖谋与夏敬观联句和郑文焯词。后沈曾植、郑文焯均有词。

正月初九日沈曾植与朱祖谋书有云:"颇有邓尉探梅之意,天气稍和,即当买棹,但须公作导师耳。甚望复我数字。此请道安。植初九日。"此书手稿藏于上海博物馆,又收入唐圭璋编《词话丛编·彊村老人评词》附录,题作《沈寐叟与朱彊村书》。

朱祖谋《三姝媚·觚庵有邓尉探梅之约,词以速之》(《彊邨语业》卷二):

> 烧灯时节过。正江春多阴,缟空梅朵。暝踏苍烟,话旧踪能记,醉枫红卧。倦屐空山,游计屡、东风相左。料理诗痕,飘雨吴杯,照人醒坐。　身世狂花愁簌。想素约闲鸥,自消尘涴。雪老波荒,剩笛边心事,细禽啼破。念别伤春,春已在、双崦单舸。莫遣空枝千绕,瑶台梦锁。

沈曾植《三姝媚·邓尉探梅不果。和彊村韵》(《曼陀罗寱词》):

> 花朝三日过。殢江皋余寒,香悭花朵。挂月珊枝,僾西风想见,石公高卧。禅榻沈吟,甚病树、仙舟情左。孤负遥期,雪海春浮,梦君吟坐。　莫放箸如船簌。问可有留题,脂黏粉涴。雪暗关山,倩西崦一笛,玉龙吹破。送客诗成,便稳趁、橛头单舸。重向莫厘高处,议联青琐。

朱祖谋、夏敬观《念奴娇·辛亥初春,贻书、恪士、映盦、子言、公达方舟载酒,探梅邓尉,叔问有约不至。既登还元阁,观觉阿上人象册,叔问用白石韵〈念奴娇〉词在焉。松禅相国曾属和

一章,册中又多故人墨迹。感喟横集,与映盦联句,再次其韵》(《彊邨集外词》):

> 半奁残雪,有闲鸥、解讶讨春幽侣。**古微**寒勒野梅开未遍,醉缬香屏无数。**映盦**曲岸连桡,短亭呼酒,多事闲风雨。**古微**鹤天烟暝,晓窗来看题句。**映盦** 朝暮。黄阁前尘,青芝旧诺,梦与荒波去。**古微**凄咽虎山桥畔笛,还为吹香别浦。**映盦**琼蕊重攀,翠禽如唤,投老双崦住。**古微**轻阴无际,坠红休点帆路。**映盦**

夏敬观《三姝媚·沤尹、恪士、贻书、公达、鹤柴同游邓尉探梅,时恪士将之官甘肃,赋此赠别》(《映盦词》):

> 荒波春路渺。问西崦东风,放春多少。俊约频催,向旧年歌处,梦迷清晓。醉拂吟鞭,曾唤起、南枝娇鸟。此日山桥,无限离情,载将兰棹。　须劝金尊同倒。念塞北人稀,故溪香老。漫谱阳关,怕玉龙吹怨,坠红还早。冷落烟沙,三月尽、才薰芳草。记取吴中风信,归来怎好。

郑文焯《樵风乐府》卷九有次韵姜夔梅花八咏《卜算子》词八首,序云:"辛亥岁始春,故人治舟相约观梅于邓尉诸山,雨雪载涂,余以畏寒不出,因忆山中讨春旧游,次韵白石道人梅花八咏以示同志,一丘一壑自谓过之,若所作则伧歌,无复雅句也。"

郑文焯《念奴娇·曩与同社张兄子复观梅玄墓山中,尝次韵白石是阕,为山僧觉阿题〈梅花庵图〉,游客辄见而和之。今春彊邨、映庵诸子过此山楼,见旧题,感叹不置,亦连句属和。余既衰懒,未预斯游,诵其词,不禁伤春怀旧交慨于心,因复怅然继

作》(《樵风乐府》卷九):

夜寒鹤梦,正沈沈、云海犹呼愁侣。自见伤春花溅泪,此恨都无年数。笛步波遥,诗痕雪在,曾卧山楼雨。苔阑如绣,胜看纱影笼句。　长忆一别文园,蜀弦肠断,空送孤云去。欲寄陇头春不到,绿遍行吟烟浦。古寺遗芳,小桥疏影,留伴樵风住。游尘重省,乱花多少歧路。

**案**:俞明震(1860—1918),字恪士,号觚庵,祖籍浙江山阴(今绍兴),生于湖南。光绪十四年(1888)举人,官至甘肃提学使。入民国,为肃政史,谢病归隐杭州西湖。明震工诗,有《觚庵诗存》。

**秋**,朱祖谋在上海,有和沈曾植词。

沈曾植《临江仙·沪上与子封同居作》(《曼陀罗寱词》):

倦客池塘残梦在,秋声不是春声。小屏风上数行程。三危玄趾,关塞不分明。　楼阁平芜天远近,长宵圆月孤清。夜阑珍重短檠灯。对床病叟,敧枕话平生。

朱祖谋《临江仙·沈子封将之官滇中,与兄乙盦暂客沪上,偶有感于东坡谓子由宦游相别之日浅,退休相从之日长二语,以日长榜其寓楼,乙盦有词,依调和之》(《彊邨词剩稿》卷二):

风雨十年孤旧约,高楼一夕秋清。碧天如水雁行成。飘萧梧竹底,便有对床声。　可惜荒鸡撩梦起,简书猿鸟犹惊。急呼明月送杯行。扫除心眼事,双笑送平生。

秋，朱祖谋送陈锐返武陵，有词。

朱祖谋《祭天神·送伯弢还武陵》(《彊邨语业》卷二)：

望楚天长短黄昏雨。断行人、戍鼓声中啼雁苦。悲秋佩、委衰兰，梦醒吴灯语。背西风一卧迢迢，沧江暮。莫漫触、蛟龙怒。　更凄绝、斜日新亭路。山河异，风景是，举目成今古。问何堪、沧桑危涕，兵火浮家，庾信生平，竟写江南赋。

**十二月二十六日**（1912年2月13日），**朱祖谋有词，沈曾植和之。**

朱祖谋《浪淘沙慢·辛亥岁不尽五日作》(《彊邨语业》卷二)：

暝寒送、繁霜覆水，暗雨啼叶。檐铎敲愁乍急。帷灯颤影旋灭。剪不断、连环春绪叠。是当日、鸾带亲结。问故径蘼芜梦何许，前尘竟抛撇。　凄切。锦书寄远终辍。念玉几金床西风夜，缥缈胡雁咽。嗟揽断罗裾，宁信长别。恨肠寸折。明镜前、掇取中心如月。

却划连峰平于垤。黄尘拥、巨川顿竭。怒雷起、玄冬还夏雪。更千岁、倚杵天摧，厚地坼，深盟会与缠绵绝。

沈曾植《浪淘沙慢·和彊村》(《曼陀罗寱词》)：

春非我、嬉春还是，雨荨烟叶。暮雨潇潇转急。残灯黯黯未灭。荡千里、春心山翠叠。江南梦、词客哀结。向白日青阳试招未，离魂还飘撇。　嘈切。霓裳乐世长辍。幻羽换宫移家山破，双角飞更咽。尽穆护沙干，敕勒川别。鹍弦弹折。醉卧处、何处秦关汉月。

· 699 ·

蚁梦南柯迷残垤。海影倒、波沈摩竭。虫沙碎、尧禽寒语雪。又误他、芳草王孙,云峡拆,滔滔南纪江流绝。

**十二月,宣统退位。**

## 民国元年壬子(1912)

**九月,朱祖谋在苏州,病起,泛舟石湖,有词。**

朱祖谋《虞美人·晚秋病起,浮家石湖》(《彊邨词剩稿》卷二):

经年未醒鸥夷梦。雁外荒波动。不须商略挂帆人。便与扁舟出世已无津。 顽秋腰脚慵难理。久断伤高泪。故人书札堕西风。却道江山尘土我清空。是日得伯弢书云然

**本年起,况周颐到上海,与朱祖谋等交游。**

况周颐《餐樱词自序》:"壬子以还,辟地沪上,与沤尹以词相切磨。"

## 民国二年癸丑(1913)

**春,朱祖谋在上海,遇朱素云,赠以词。况周颐和之。**

朱祖谋《绮寮怨·兵后海上遇歌者朱素云》(《彊邨语业》卷二):

乱柳香风吹店,酒帘河外青。傍水陌、细语残鹃,春阴底、唤上旗亭。中年哀丝怨竹,潜催换、鬓雪和梦惊。甚候烽、起灭江关,无人睬、故国尘暗生。 怅恨病辞茂陵。铜仙去后,劫灰怕问昆明。气挟幽并。旧

人是、米嘉荣。江南落花风景,且诉与、十年情。伤怀步兵。浇愁但愿醉,无泪倾。

况周颐《绮寮怨·和沤尹赠素云。阴阳平上去入声悉依清真。凡协宫律,先审清浊,阴平清声,阳平浊声,亦如上去不可通融也》(秦玮鸿《况周颐词集校注》):

画里楼台如梦,啭春花外莺。带暝色、万里烟芜,寒潮语、似**去**诉飘零。鹔裘何辞换却,风欺鬓、醉薄容易醒。忆旧游、玉**去**勒城南,蓬瀛浅、记曲愁画屏。怅念杜郎絮萍。相逢怕问,黄河唱后旗亭。燕麦青青。付遗恨、与秦筝。荆驼尚余残照,且共汝、话春明。阑干倦凭。天涯望断处,阴更晴。

**四月初四日(5月9日),朱祖谋在上海,沈曾植招饮于小同春,冯煦、夏孙桐、缪荃孙等同席。**

《艺风老人日记》本日记云:"赴小同春子培之约。梦华、古微、遂侪、寿平、子和、佑蘅、橘农、闰枝同席。"

**秋,朱祖谋至京口,有词。**

朱祖谋《曲玉管·京口秋眺》(《彊邨语业》卷二):

野火黏堤,寒云啮垒,霜空竟日飞鸿响。客里登楼穷目,衰柳无行。尽回肠。 冷眼论兵,愁心呷酒,无多景物供吟赏。最爱青山,也似北顾仓皇。寄奴乡。 霸气消沈,剩呜咽、回潮东注,永嘉几许流人,惟余叔宝神伤。感茫茫。又玉龙吹起,一片西风鳞甲,江山如此,几曲阑干,立尽斜阳。

本年,吴昌绶为郑文焯刊《樵风乐府》九卷于京师(今北京市)。

《郑叔问先生年谱》民国二年谱:"仁和吴伯宛孝廉昌绶为刊行《樵风乐府》于京师。九卷,前五卷就旧刻《瘦碧》《冷红》《比竹余音》三集删存十之二三,后四卷为始壬寅讫辛亥年间箧稿。时世难方亟,因以'苕雅'名集。"

## 民国三年甲寅(1914)

**二月初三日(2月27日),朱祖谋在上海,徐乃昌招饮,沈曾植、缪荃孙等同席。**

《艺风老人日记》本日记云:"积余请醉沤、樊山、沤尹、乙盦、贻书、息厂、篁楼同集,菜甚佳。"

**四月二十二日(5月16日),况周颐在苏州晤朱祖谋论词。二人畅谈后别去。归途况周颐有词寄朱祖谋。**

况周颐《紫玉箫·甲寅四月二十二日,晤沤尹苏州。商定近词,深谭移晷,略涉身世,因以曲终奏雅自嘲。向来危苦之言,以跌宕出之,愈益沉痛,是亦填词之微旨也。行沽市楼,草草握别,归途惘然倚此却寄》(秦玮鸿《况周颐词集校注》):

流水凝眸,回潮逐梦,素心人在花间。残衫瘦马,怕者回相见,星鬓惊看。恨碧山远,君忆否、旧话长安。**曩在京师,夜话四印斋,几于无言不词。自半塘逝后,词事萧条久矣。即谈艺之乐,亦未易复得**还商略,一字一声,按谱丝阑。　曲终换羽凄绝,遮半面琵琶,减了朱颜。矜持几费,恰啼鹃身世,说与春寒。问旗亭酒,得似我、袖泪辛酸。斜阳路,曾是庾郎,落拓江关。

**夏至,易顺豫自序其《琴思楼词》。**

自叙云:

余生平于诗于词,既皆不能工,间有所作,辄随手弃去,以不足存而又惮于录稿也。子大以爱余故,独以为可存,谓弃之为尤可惜,尝数数责余录稿。余漫应之而已,亦尝欲借以自课。顾随录随又弃置,终不能竟其业。癸卯客武昌,子大留居寓庐,始督责余于残丛故纸中得录出诗词各三十余首。顾录诗乃未竣,仅以词属子大为之点定,诗则携以自随。明年覆舟靖江,则稿又殁于水,余诗遂亡矣。独词以在子大处,得存至今,不可谓非幸也。子大既自刊《鹿川田父集》,乃更为余搜辑所未录之词,并益以湘社诸作,足为一卷,名之《琴思楼词》。恐复散佚,复督责余刊而存之,是可感已。刊既成,子大方养疴,不及为叙,因督余叙其缘起于此。嗟乎!余词安足存,存子大爱余之意云尔。甲寅夏至易顺豫自叙。

**本年,朱祖谋曾至北京,为郑文焯带回《樵风乐府》书版。秋,朱祖谋经北京西北玉泉山,有词。**

《郑叔问先生年谱》民国三年谱:"朱古微侍郎薄游都门,晤吴伯宛孝廉,以《樵风乐府》版南来,归先生藏弄。"

朱祖谋《洞仙歌·过玉泉山》(《彊邨语业》卷二):

残衫剩帻,悄不成游计。满马西风背城起。念沧江一卧,白发重来,浑未信、禾黍离离如此。　玉楼天半影,非雾非烟,消尽西山旧眉翠。何必更繁霜,三两栖鸦,衰柳外、斜阳余几。还肯为、愁人住些时,只呜咽昆池,石鳞荒水。

本年,鹏运姬人陈抱贤因脑溢血卒于京兆地方(今北京市),葬于京兆地方广西义地。

据王氏后辈说。

## 民国四年乙卯(1915)

正月二十五日(3月10日),瞿鸿禨举逸社,借沈曾植寓所开第一集,朱祖谋、冯煦、缪荃孙、王仁东、陈夔龙、王乃征等十四人同集。

《艺风老人日记》本日记云:"瞿中堂开逸社,冯梦华、吴止修、沈子培、王旭庄、陈百年、陈小石、王病山、沈涛园、朱古微、杨子晴、林贻书、张篁楼十四人同集,即事为题,不拘体韵。"

朱祖谋《烛影摇红·止翁招集乙盦斋中,率赋》(《彊邨集外词》):

飘断春灯,酒卮不抵残寒酽。借人篱落酹横枝,消与流年感。客意飞花共减。费天涯、清铅数点。画堂双燕,飞傍谁家,雕梁新占。　独卧沧江,旧盟寻到鸥群淡。莫凭回雁诉乡心,满地惊波撼。生采春盘未黡。两京梅,凝尘半糁。岁寒情味,肯被邻家,东风轻赚。

正月三十日(3月15日),张彬约诗钟会于沈曾植处,瞿鸿禨、陈三立、朱祖谋、王乃征、王仁东等在座。

《艺风老人日记》本日记云:"黄楼约诗钟在子培处,止相、百年、古微、病山、旭庄、涛园、贻叔。"

二月十二日(3月27日),冯煦招同人逸社第二集,沈曾植、朱祖谋等有作。

沈曾植《海日楼诗注》卷七有《花朝日蒿盦中丞招作逸社第二集,以少陵"白日放歌须纵酒,青春作伴好还乡"为韵。余分得"放"字》诗。

朱祖谋《高阳台·花朝渝楼同蒿叟作》(《彊邨语业》卷二):

> 短陌飞丝,长波皱縠,市帘江柳争青。中酒年光,买春犹是旗亭。彩幡长记花生日,甚绿窗、儿女心情。尽安排,画桁吴缣,钿阁秦筝。　白头未要相料理,要哀吟狂醉,消遣余生。无主东风,博劳怨不成声。朦胧几簇东阑雪,算今年、又看清明。怕相逢,社燕归来,还诉飘零。

**二月,况周颐和朱祖谋逸社第二集社课,作《高阳台》词。**

况周颐《高阳台·和沤尹社作韵,我非社中人也》(秦玮鸿《况周颐词集校注》):

> 网户斜曛,铜街薄暝,窥人柳眼犹青。几换晴阴,东风又绿林亭。流莺劝我花前醉,怕花枝、万一多情。最愁人,何处高楼,今夕残筝。　韶华不分成萧瑟,奈江关庾信,略约平生。戏鼓饧箫,尊前尽费春声。蘼芜特地伤心碧,算年年、总负清明。更何堪,旧垒红襟,来话飘零。

**三月,况周颐为朱祖谋《彊村校词图》题以《还京乐》词,因忆及鹏运,作《清平乐》词。**

况周颐《还京乐·为沤尹题〈彊村校词图〉》(秦玮鸿《况周

颐词集校注》）：

　　　　坐苍翠，著意、鸣泉唳鹤皆商羽。更梦寻香径，玉笙铁板，荃云何处。近埭西幽胜，香山最惜孤游侣。**白香山诗：唯有上彊精舍好，最堪游处未曾游。上彊山在埭溪归安地**念桂莚，招隐画里，丹铅朝暮。　似**去**周郎顾。费春来红豆，销磨记曲，银屏多少丽绪。时闻驻拍微吟，倦评量、世事鱼虎。写烟岚、翻砚北新声，花间旧谱。倚笛樵歌发，松风相和溪路。

况周颐《清平乐·自戊子迄乙未，余客都门。同半塘校宋元词，最如千家，即〈四印斋所刻词〉也。今半塘之墓木拱，所刻词不复可得，因题〈彊村校词图〉，不能无感》（秦玮鸿《况周颐词集校注》）：

　　　　词仙去后。荃艳飘零久。镂玉雕琼无恙否。四印高斋非旧。　上彊大好林泉。幽人几席丹铅。傥许图中著我，依稀清课当年。

**春，朱祖谋有词题况周颐《餐樱词》。**

朱祖谋《还京乐·题况夔笙〈餐樱词〉》（《彊邨集外词》）：

　　　　倦怀抱，阅尽、斜阳稍觅微波语。任坠香迷燕，乱红踏马，缄情无据。问绛都花事，伤春泪泼闲风雨。并万感，吟夜醉晓，蛮芳成谱。　旧销魂处。傍珍丛千绕，而今涨笔，狂尘弦外调苦。沈吟又拍阑干，荡云愁、海思如许。坐沧洲、还赚得天涯，文章羁旅。半筐秋萧瑟，兰成身世重赋。

**春，春音词社由王蕴章、陈匪石、周庆云等发起于上海，推朱祖谋**

为社长,朱氏为词社命名,社员还有庞树柏、吴梅、袁思亮、夏敬观、徐珂、潘飞声、曹元忠、白曾然等人。词社限调限题赋词,延续约四年。

周延礽编《吴兴周梦坡先生年谱》:"府君创春音词社,初夏为第一集,以樱花命题,调限花犯,推朱沤尹为社长。先后入社者有朱沤尹、徐仲可、庞檗子、白也诗、恽季中、恽瑾叔、夏剑丞、袁伯夔、叶楚伧、吴瞿安、陈倦鹤、王莼农诸先生。"

王蕴章《春音余响》(《同声月刊》第一卷创刊号)云:"匪石时寓沪西,距余寓庐甚近,朝夕过从,因共发起词社,请归安朱古微沤尹丈为社长。沤丈名社曰春音,取互相劳苦之意。"

夏,况周颐读鹏运自定词稿,有词。

况周颐《绕佛阁·读半塘自定词,怆然赋此》(秦玮鸿《况周颐词集校注》):

漱兰九畹,花外锦瑟,谁和清散。题恨笺短。桂堂倦羽,飘零旧时燕。玉楼记懒。仙路见否,银浪今浅。径香愁刬。集韵:刬,平也更堪笛里,黄垆送春晚。　万一共沦落,话雨沧洲须酒满。容易梦中,相逢醒已远。剩凤纸蟫尘,凄黯心眼。杜鹃孤馆。怕泪洒郴山,流绕难遍。伫南云、义山诗:万里南云滞所思袖寒帘卷。

夏,况周颐以词题张祥龄词集。

况周颐《八归·题张子苾祥龄〈半箧秋词〉》(秦玮鸿《况周颐词集校注》):

吴霜鬓点,京尘衫色,如梦事往倦说。何堪蠹纸珍珠字,还付九天哀怨,雨潮呜咽。二十年前分袂地,剩惨黯、铜驼烟月。渭水曲、莫赋招魂,此恨总华发。

庚和年时对影,挥豪珠玉,四印高斋清绝。**曩客都门,与子苾、半塘**,连句和《珠玉词》于四印斋远游王粲,少时张绪,荏苒兰荃摧折。访沧桑旧雨,我独中肠杜陵热。知何许、令威华表,瘦损琼箫,香词空半箧。

七月初七日(8月17日),王仁东约逸社第五集,瞿鸿禨、朱祖谋、冯煦、沈曾植、缪荃孙等在座。

《艺风老人日记》本日记云:"王旭庄举行逸社,梦华、止修、子培、止相、古微、屏珊、子晴同席。"

沈曾植《海日楼诗注》卷七有《七月七日逸社第五集,会于完巢新居。即和其移居诗原韵四首》诗。

八月十五日(9月23日)中秋,朱祖谋有词,况周颐和之。

朱祖谋《夜飞鹊·乙卯中秋》(《彊邨语业》卷二):

金波暧斜汉,流照屏山。桦烛冷散青烟。珠帘欲上美人去,谁家今夜今年。当窗乱云雾,恣霓裳狂舞,换谱钧天。乘风汗漫,问琼楼、何似人间。　多事桂宫仙斧,七宝尚凌虚,装缀婵娟。阑外秋香泣露,移盘清泪,消尽金仙。广寒殿阙,怕常娥、不许流连。共孤光谁与,不成把盏,北望凄然。

况周颐《解连环·乙卯中秋,和沤尹〈夜飞鹊〉》(秦玮鸿《况周颐词集校注》):

露香金粟。乍婵娟望极,絮云浓簇。弄素影、愁绝山河,早药误兔春,桂输蟾宿。玉宇琼楼,最高处、直须穷目。幻晴阴拼**去**得,象板凤箫,倚醒翻曲。　人天事怜转烛,坐清虚竟夕,娥怨孀独。省臂寒、鬓湿今宵,怅青琐洞房,梦摇难续。太液波翻,荡秋冷、孤光谁掬。剩无眠、慨慷对酒,问天玉局。

**九月初九日(10月17日),朱祖谋与况周颐等游哈同花园,二人有词。后沈曾植有和作。**

朱祖谋《霜花腴·九日哈氏园》(《彊邨语业》卷二):

异乡异客,问几人,尊前忘了飘零。鸿响天寥,菊迟秋倦,池台乱倚霜晴。坐无老兵。负旧狂、休泣新亭。镇填胸、块垒须浇,酽愁不与酒波平。　多难万方一概,便知非吾土,已忍伶俜。金谷吟商,玉山扶醉,消磨半日浮生。画阑更凭。莽乱烟、残照无情。要明年、健把茱萸,晚香寻旧盟。

况周颐《霜花腴·哈园九日同沤尹作。园主人哈同,犹太人》(秦玮鸿《况周颐词集校注》):

撰幽载槛,翠浅深,楼台画里参差。芜划烟疏,石皱霜碎,寒香看取东篱。问花主谁。甚絮萍、人各天涯。凭危阑、暂得忺晴,俊游说与强支持。　愁目乱云残照,怕文峰一曲,《河南野史》:"唐尹氏善歌,重阳与群女**登南山文峰,颦眉缓颊,歌一曲,声达数十里。**"易换哀丝。葵麦吟情,茱萸年事,兰成鬓雪谁知。暮山敛眉。影断鸿、遥黛凄其。吊荒台、戏马何人,只今秋气悲。

沈曾植《霜花腴·彊村示我九日词。感和》(《曼陀罗㝉词》):

碧澜雰色,敛新寒,秋山为整妆容。鼻孔禅撩,颠毛病秃,还来落帽西风。人间断蓬。著泪痕、染遍江枫。度关山、万里云际,伤禽不是楚人弓。 古往今来多事,尽牛山坐看,哀乐无穷。坏井蛙声,危柯蚁梦,台边戏马匆匆。骑兵老公。莫青袍、误了吴侬。仗萸觞、辟恶湔愁,愁来还荡胸。

**十月初四日(11月10日),朱祖谋约集逸社,冯煦、瞿鸿禨、沈曾植、缪荃孙、王乃征等在座。**

《艺风老人日记》本日记云:"朱古微举行逸社,梦华、止修、子培、瞿中堂、聘三、一山、贻叔、子晴、炯斋同集。"

**十月初,朱祖谋将之苏州,况周颐有词。**

况周颐《徵招·沤尹将之吴门,有书来云,虽小别亦依黯也。赋此报之》(秦玮鸿《况周颐词集校注》):

清琴各自怜孤倚,停云总成消黯。后约几情深,比黄花香澹。客襟凄万感。算霜月、一秋分占。见说将离,绿芜愁到,冷吟阑槛。 点检。浣花笺,珍珠字、天涯更无人念。咫翠隔吴云,也难为别暂。不辞青鬓减。只尊酒、再携须酽。两潮语、寂寞沧洲,更雁惊寒渐。

**十一月二十二日(12月28日),朱祖谋与况周颐为连句词。**

况周颐《千秋岁引·连句诗,自汉时有之,连句词未详所自始。沈雄〈古今词话〉:张枢言席上,刘巨源、僧仲殊在焉,命作西湖词,巨源口占云:"凭谁好笔。横扫素缣三百尺。天下应无。此是钱塘湖上图。"仲殊应声云:"一般奇绝。云澹天高秋夜月。费尽丹青。只这些儿画不成。"又命赋梅花。仲殊先吟云:"江南二月。犹有枝头千点雪。邀上芳尊。却占东风一半春。"巨源续和云:"尊前眼底。南国风光都在此。移过江来。

从此江南不复开。"调〈减字木兰花〉,此连咏体也。乙卯长至后五日,与沤尹仿为之》(秦玮鸿《况周颐词集校注》):

>  玉宇琼楼,绿尊翠杓。不分伤春颦眉萼。花辞故枝忍烂漫,萍黏坠絮仍飘泊。宝奁金,锦衾铁,总成错。蘷笙 昨夜梦沈情事各。今夜梦回思量著。那惜行云楚台约。当初莫愁愁似海,而今瘦沈腰如削。四条弦,五纹绣,浑闲却。沤尹

> 案:朱祖谋《彊邨语业》卷二《千秋岁·效连咏体,蘷笙得前拍,予继声》词同上。然词收在下年,疑误。

岁末,朱祖谋为况周颐刻《餐樱词》成。

> 况周颐《餐樱词》序末云:"乙卯风雪中,沤尹为锲《餐樱词》竣,因略述得力所由,与夫知爱之雅,为之序,与沤尹共证之。岁不尽六日,蘷笙书于餐樱庑。"

本年,朱祖谋曾到北京,拒袁世凯聘。

> 夏孙桐《清故光禄大夫前礼部右侍郎朱公行状》:"乙卯岁一至旧京。袁世凯方为总统,优礼旧僚,欲罗致而不得。闻其至,急致书聘为高等顾问。笑却之,未与通一字。"

本年,朱祖谋为郑文焯刊《苕雅余集》。

> 《郑叔问先生年谱》民国四年谱:"朱古微侍郎为刊行《苕雅余集》。先生著作之锓梓者,此殆最末次也。"

本年,李葆恂卒,享年五十七岁。

> 陈三立《义州李君墓表》:"乙卯八月卒,春秋五十有七。"

## 民国五年丙辰(1916)

七月初十日(8月8日),逸社同人为朱祖谋祝六十寿辰。

《艺风老人日记》本日记云:"诣沈子培,与朱古微做生日,逸社同人毕集。"

沈曾植《海日楼诗注》卷七有《彊村六十寿诗》。

**八月十五日(9月12日)中秋,同人集愚园为朱祖谋补祝六十寿辰,况周颐有词。**

况周颐《石湖仙·中秋集愚园,为彊村补祝》(秦玮鸿《况周颐词集校注》):

> 凉阴分柳。仗一雨收尘,心眼清透。今夜月团圞,忍登临、江山似旧。浮云弹指,早见惯、白衣苍狗。相守。共素娥、尽意长久。 西风暗吹鬓影,为情多、休辞面绉。后约沙鸥,几历沧桑知否。一向凝眸,百回搔首。每依南斗。尊有酒。年年画里携手。

况周颐《定风波·前词意有未罄,再填此解》(秦玮鸿《况周颐词集校注》):

> 净洗尘氛一雨凉。中秋天气日犹长。把酒祝君千万寿。知否。天教留眼看红桑。 莫负名园今夜月。清节。末花桂叶亦芬芳。更撇玉去笙铿铁饭。休管。绿荫深处万蛮蜑。

**九月二十四日(10月20日),王闿运卒,享年八十五岁。**

王代功《湘绮府君年谱》:"(九月)二十四日子正三刻,终于正寝。"

**九月,沈曾植作《彊邨校词图序》。**

据龙榆生辑录《彊邨校词图题咏》。序云:

> 逸社冬集,彊邨居士以《校词图》属题。余为诗为

词皆不就,久而无以应也。病山屡趣之。一日阅《直斋书录解题》,于《笑笑词》下得一事,曰"自南唐二主以下,皆长沙书坊所刻,号《百家词》"云云。默数历年,盖词起五代,越三百余年而有长沙汇刻,又越四百余年而有海虞毛氏之刻,又且三百年而后有居士之校刻也。辽乎邈哉!乃起而书其后曰:词莫盛于宋,而宋人以词为小道,名之曰诗余。及我朝而其道大昌,秀水朱氏、钱塘厉氏,先后以博奥澹雅之才、舒窈之思倚于声,以恢其坛宇。浙派流风,泱泱大矣!其后乃有毗陵派起,张皋文氏、董晋卿氏,易学大师;周止庵治《晋书》,为《春秋》学者,各以所学,益推其义,张皇而润色之,由乐府以上溯诗骚,约旨而闳思,微言而婉寄。盖至于是,而词家之业乃与诗家方轨并驰,而诗之所不能达者,或转藉词以达之。周氏退姜张而进辛王,尊梦窗以当义山、昌谷,其所以标异于浙派者,岂非置重于意内以权衡其言外,诸诸乎焉有国史吟咏之志者哉!昔者吾友鹜翁王给谏以直言名天下,顾其闲暇好为词,词多且工;复校刻其所得善本于京师,以诏后进。方是时,彊邨与相唱和,志相得,若钟吕之相宣,前后喁于,而曲直归分也。鹜翁取义于周氏,而取谱于万氏。彊邨精识分铢,本万氏而益加博究,上去阴阳,矢口平亭,不假检本,同人惮焉,谓之律博士。盖校词之举,鹜翁造其端,而彊邨竟其事,志益博而智专,心益勤而业广。乾坤道息,身隐焉文。海内知交,助搜秘逸。校成之词,已刊者数十家,未刊者方日出而未有已也。轶海虞而比数长沙,褒然于词苑为第三结集,可谓富欤。彊邨者,居士祖居埭溪,在上彊山麓,唐白文公诗所谓"惟有上彊精舍寺",其后刘商学仙升举地也。吾浙山川,名在《山海经》而至今可指其所在、按图瞭然者,东惟会计,西惟浮玉、苕水为最古。上彊为浮玉支麓,而埭溪与施渚则苕水西源也。禹益所经,夏少康帝杼封斟之墟,越王句践铸剑之迹,山水清绝,云物浃溽,往往令人俯仰古今,悲思感慨而不可止。居士虽家在彊邨,平生出入中外,退而寄居他郡。图中风物,梦想所寄耳。而长楸夏首之思,感不绝而菀莫达者。鹜翁往矣,独伫眙乎荒台枉渚之间,悒怏沤调所自为词与所校之词,乃相与汋瀹联绵延于无已。嗟夫!《离骚》之辞本易象,刘勰言之;宋玉微词,世或以为铎椒春秋之裔绪。辞与词,古今字。后世读居士所为与所著录,其将有感乎无声之乐、不尽之意乎?抑亦且曰不可见之《易》、莫赞之《春秋》且于是焉?在乎世变,浸淫于文字,是又非张董周三先生所及知。而五代之后,复有五代,余惧夫师说不传,或且以《花间》《尊前》等观也,于是乎言。宣统丙辰秋九月。寐叟沈曾植。

## 民国六年丁巳(1917)

正月十五日(2月6日),朱祖谋在上海,有元夕词。

朱祖谋《戚氏·丁巳沪上元夕》(《彊邨语业》卷二):

月明中。人间无主是东风。火合银花,绮交琪树,锦成丛。珑璁。好帘栊。歌莺舞燕惜匆匆。沧江倦客吟晚,际此三五几心同。市暖蛾闹,林喧鸦起,茜霞倒影仙蓬。算金钱换得,流水宵短,扑地春空。 回首帝里游惊。鳌驾凤吹,迆逦趁青骢。瑶台路、翠娇红妩,管叠丝重。万芙蓉。绀蕊镜里衣香,尺咫步绮西东。岁华转烛,悄拍阑干,把盏北望朦胧。 未是闲情绪,催霓唱彻,作弄春工。问取嫦娥见否,便临花、对酒恁忡忡。年时笑语传柑,醉沾镐宴,一饷华胥梦。费念奴、憔悴清歌送。终古恨、萦损渠侬。剩夜窗、寸蜡衰红。念芳节、袖湿泪龙钟。甚春寒重,蕃街画鼓,曼衍鱼龙。

**冬,朱祖谋编《彊村丛书》刻成,曹元忠等为之序。**

曹序云:

彊村侍郎校刻唐五代宋金元词,以元忠尝助搜讨,共抱微尚,约书成为序其首。今年秋工竣,得别集百有十三家,总集所收,犹不在此数,盛矣哉。自汲古以来,至于近时,朋旧若四印斋、灵鹣阁、石莲山房、双照楼诸刻,皆未足方也。虽然,彊村是刻之所以独绝者,则尚不因此。盖尝取今世所传《国策》《管》《晏》《荀》《列》诸子书录,而知其校刻各词犹有刘向家法,为不可及焉。按向所校雠,以中书为主,尚取太史书、太常书、大中大夫卜圭书、射声校尉立书、臣富参书、臣向节,校除复重,定著篇数,可见虽据善本,犹待参订也。而彊村所校如之。其于误字，如以赵为肖，以齐为立，以尽为进，以贤为形，以天为芳，又为备，先为牛，章为长，每云"皆已定杀青可缮写"，可见实事求是，不妨改字也。而彊村所校又如之。顾彊村所尤致意者则在声律，故于宫调旁谱之属，莫不悉心校定，或非向之所及。然《汉书·艺文志》既载《河南周歌诗》，又附《河南周歌声曲折》，既载《周谣歌诗》，又附《周谣歌诗声曲折》。度向所校，必亦精审如彊村可知，则又惜其书久亡，并无书录之可证也。且夫唐五代宋金元之词，汉魏六朝之乐府也。往读《宋书·乐志·汉鼓吹铙歌十八曲》，至《有所思》之"妃呼狶"，《临高台》之"收中吾"，虽已索解无从，然犹得据王僧虔启所云"诸调曲皆有声有辞，辞者歌诗，声者若羊吾夷伊那何之类"，引为比例。独至宋《鼓吹铙歌》《上邪》《晚芝》《艾如张》诸曲，几于满纸皆"几令吾""微令吾"，令人口呿舌挢，不知其作何语。及考诸《乐府解题》，则云："凡古乐录，皆大字是辞，细字是声，声辞合写致然。"然后知乐工伶官，既无左骥、史妠、謇姐名倡理董其事，士大夫复以非肄业所及而不屑道，又谁为之刊正者。故自宋迄梁不过七八十年，而沈约所见已踳驳如此。使当时有如彊村者出而校勘，岂非《宋史·乐志》《导引六州》《十二时》《降仙台》之流，纵音节不传不可歌，宁至不可读哉？然则汉魏、六朝乐府，以声辞杂糅之故，等诸若存若亡，知凡夫唐五代宋金元词之仅存者，欲延坠绪于一线，殆非精校传刻不可。我彊村惟有鉴于此,故《梦窗》锓版者三,而《草窗》亦至于再,其余诸家亦复广搜珍秘,博访通雅,必使豪发无憾而后已,岂不以南宋所传《望瀛》十二遍散序无拍,《韵语阳秋》能言之,而今不可知矣。夷则商《霓裳羽衣曲》十一段起第四遍至杀拍,《碧鸡漫志》能言之,而今又不可问矣。姑无论大曲也,甚而缠慢小令,若《词源》所称张枢《寄闲集》旁缀音谱者,今且无自访求,恐再阅百年,即此总集、别集百数十家,亦将灰飞烟灭。不及时整娪,安知不如刘向所言:"为其俎豆管弦之间,小不备,绝而不为,大不备,惑莫甚焉。"不得不尽力以为之乎?则又用心与向相同,不但校雠守其家法已也。元忠故详言之,以告当世读《彊村丛书》者。宣统丁巳冬十月癸未吴县曹元忠序。

**本年,蔡元培聘郑文焯任北京大学讲席,郑氏卒却之。**

《郑叔问先生年谱》民国六年谱:"时蔡子民先生元培长北京大学校,浼罗掞东部郎聘先生为金石学教科主任兼校医一席。先生以往年清史馆之聘忍饿不就,卒却之。"

案:据年谱,郑文焯于民国七年正月十六日复罗掞东信辞聘。

## 民国七年戊午(1918)

**二月二十六日(4月7日),郑文焯卒,享年六十三岁。**

康有为《清词人郑大鹤先生墓表》:"戊午正月,君以书来曰:大学之聘已却之,昔者清史馆之聘,忍饿而不就,岂至今而后改节哉? 越二月廿六日,君遂病卒,寿六十三岁。"

孙雄《高密郑叔问先生别传》:"公生于咸丰六年丙辰七月二十八日,卒于共和七年戊午夏正二月二十六日,年六十三。"

《郑叔问先生年谱》民国七年谱:"于(二月)二十六日捐馆。朱古微侍郎《苕雅余集》序曰:海内称词家高流而精于音吕者,必首高密叔问先生,盖声文之感人深者,可以知其工矣。"

**春夏间,朱祖谋至江苏省昆山县(今昆山市)马鞍山访宋词人刘过墓,有词。**

朱祖谋《摸鱼子·马鞍山访龙洲道人墓,山在昆山县西北隅》(《彊邨语业》卷二):

占城阴、颓云一角,有人持恨终古。书生满眼神州泪,凄断海东烟雾。坟上土。怕有酒能浇,踏遍桥南路。英游迟汝。向笙鹤遥空,不逢骞广,心事更谁诉。

天难问,身世儒冠误否。凭渠笔力牛弩。铜琶无分中兴乐,消受此生栖旅。凭吊处。剩破帽疲驴,怅望千秋去。啼鹃最苦。要无主青山,有灵词客,来听断肠语。"行到桥南无酒卖,老天犹困英雄",龙洲词断句也。苏绍叟忆刘改之词:"任槎上张骞,山中李广,商略尽风度。"

**约四月,况周颐至京,过教场头巷鹏运故居,有词。**

况周颐《绕佛阁·过教场头巷鹜翁故居鹜翁晚年自号半塘僧鹜》(《蕙风词》卷下):

旧怀拌去损。残照故国,无泪堪霣。愁路骢引。梦华逝水,雪鸿更休问。凤城大隐。门巷未改,阅世朝槿。暗尘凄紧。燕归莫也,雕梁怕重认。 送目幻楼阁,自古沧桑无此恨。谁念未归,山邱须与忍。剩占取人天,各自孤愤。惘然金粉。便对影江山,无复游俊。悄寒边、暮云低尽。

赵尊岳《蕙风词史》云:"《绕佛阁》,过王佑遐旧居作。此盖先生迎太夫人榇,因有京师之行。太夫人即葬吴兴道场山,先生亦自营生圹其间,植梅花十株绕之。"

《马谱》引况周颐《千顷堂书目跋》云:"戊午五月为先慈营窀穸,以是书易买山之资,怆惘临分,麻沙何益。桃花潭水深千尺,不及汪伦送我情。长恩有灵,殆亦低徊欲绝也。"

**夏末,朱祖谋在杭州,游灵隐寺夜归,有词。**

朱祖谋《好事近·灵隐夜归蒋氏湖庄作》(《彊邨语业》卷二):

湖气郁衣巾,步入宝坊林月。耐得山亭泉冷,信肝肠如雪。 出山十里蟪蛄声,闻根甚时歇。据槁安心随地,又南邻钟发。

**八月,朱祖谋会同梁启超、叶恭绰等联名上书内务总长钱干臣,请其转命吴县知事将郑文焯住宅及坟茔立案保护。后得允准。**

据《郑叔问先生年谱》。

**九月初九日(10月13日),朱祖谋同王乃征、陈曾寿、胡嗣瑗等游焦山,有词。后沈曾植有和作。**

朱祖谋《紫萸香慢·焦山九日同病山、仁先、愔仲》(《彊邨语业》卷二):

避尘尘、重阳杯斝,山灵肯惜吾曹。是悲秋扶病,办腰脚、一登高。送尽西风鸿阵,又天边霜信,骤薄青袍。剩松寥、片石乞与客题糕。问块垒、可能酒消。无聊。且话南朝。风落帽、手持螯。怕黄花冷觑,高城急雨,著意明朝。眼前插萸人瘦,尽流恨、去来潮。倚樵柯、上皇山路,暮云低尽,玄鹤不许人招。霜鬓自搔。

沈曾植《紫萸香慢·和彊村九日焦岩登高词》(《曼陀罗寱词》):

折茱萸、焦岩招手,词人共是仙曹。泛凌江单舸,灵胥眼、海门高。风雨年年重九,甚今年残照,与暖霜袍。对江山、摇落不是旧题糕。关塞路、影消梦消。松寥。阁自前朝。呼旧酒、炙新螯。望南山不见,寻寻觅觅,暮暮朝朝。雁来数行题字,回帆掺、荡归潮。尽人间、难开笑口,桑田掷米,新句得恁相招。愁重痒搔。

**本年,朱祖谋删存其词成《彊邨乐府》,与况周颐《蕙风琴趣》合刊成《鹜音集》。**

龙榆生《彊邨词剩稿》跋:"戊午岁,先生复取旧刊各集,益以辛亥后作,删存一百一阕,为《彊邨乐府》,与临桂况氏《蕙风琴趣》以活字版合印为《鹜音集》。"

## 民国八年己未(1919)

**正月十九日(2月19日),沈曾植招同人集海日楼,朱祖谋、陈衍、缪荃孙、王秉恩、王乃征等在座。**

《艺风老人日记》本日记云:"赴沈子培之招,石遗、子晴、静轩、古微、息尘、病山同席。"

**二月二十九日(3月30日),沈曾植七十寿辰,朱祖谋有词祝寿。**

朱祖谋《水调歌头·寿沈子培七十》(《彊邨集外词》):

风力与吹垢,海日总明楼。危阑笼袖无边,景物座中收。变灭白衣苍狗,寂寞寒山虚牖,心定与天游。吟望依南斗,吾道讵沧洲。 白符芝,碧筒酒,若为酬。双声笛奏,翩然一鹤此衔筹。早是夔龙耆旧,况复刘樊嘉耦,仙籍本双修。佳语持相寿,羲驭伫回辀。

**清明,朱祖谋游龙华寺,有词。**

朱祖谋《六幺令·清明龙华寺薄游》(《彊邨语业》卷二):

纸鸢风过,扶路饧箫热。江桥酒旗青处,草色裙腰接。扑水红英万点,过眼芳菲节。数声新鴂。秋千索外,唤起春人试罗屧。 不信玄都梦里,历尽华鬘劫。百尺无主香台,断续残钟咽。鸡酒招魂几许,钱纸灰成蝶。照人啼鴃。端端正正,却是桃花旧时月。

**闰七月三十日(9月23日),沈曾植等招同人宴集,朱祖谋、郑孝胥、王乃征、胡嗣瑗等在座。**

《郑孝胥日记》本日记云:"赴子培、一山之约于子培寓中,坐有刘幼云、吴蔚若、朱古微、王聘三、李梅庵、胡琴初等,琴初先去。"

**十一月初一日(12月22日),缪荃孙卒,享年七十六岁。**

夏孙桐《缪艺风先生行状》:"(己未)十一月初一日卒于上海寄庐,年七十有六。"

缪禄保《四品卿衔学部候补参议翰林院编修缪府君行述》:"府君生于道光二十四年甲辰八月初九日,卒于己未年十一月初一日,寿七十有六岁。"
十二月初十日(1920年1月30日),于齐庆卒,享年六十四岁。

据《清故资政大夫署理广东提学使于君墓志铭》。

## 民国九年庚申(1920)

本年初,上海重开逸社,年内社集频繁,陈夔龙、沈曾植、朱祖谋、冯煦等为社中人。

据《海日楼诗注》卷十一。

三月,况周颐为赵尊岳重刊《蓼园词选》作序。

序末云:"庚申季春月几望临桂况周颐夔生书于秀庵。"

## 民国十年辛酉(1921)

四月二十七日(5月25日),王以敏卒,享年六十七岁。

王乃征《王梦湘墓志铭》:"辛酉四月二十七日,以病卒。……君生于咸丰乙卯年六月四日,春秋六十有七。"

六月,朱祖谋、张尔田合编《词莂》成。

张尔田《词莂》序末云:"大凡十五家,为词都一百三十七阕,以嗣鲖阳《复雅》。辛酉季夏遁堪居士张尔田。"

年底,朱祖谋有词柬沈曾植,沈曾植极为欣赏,有和作。

朱祖谋《临江仙·此辛酉岁暮同寐叟作,叟目为调高意远者也。稿佚不复省,慈护世讲检叟遗箧得之》(《彊邨语业》卷三):

留与眼前资痛饮,不须遣尽闲愁。徘徊明月在高楼。挥觞疑有待,吹笛未宜休。 人事音书寥寂久,梦来跃马神州。中宵揽涕不能收。有情歌小海,无女睇高丘。

沈曾植《临江仙·彊村词来,调高意远。讽味不足,聊复继声》(《曼陀罗寱词》):

西北浮云车盖去,晚来心与飘风。高楼独上与谁同。名随三老隐,声在九歌终。　不是凭阑无下意,新来筋力添慵。江心桃竹倚从容。音书迟雁字,经本网龙宫。

## 民国十一年壬戌(1922)

**正月十五日(2月11日)**,朱祖谋招消寒第六集于沈曾植海日楼,郑孝胥、陈夔龙、陈曾寿、胡嗣瑗等在座。

陈夔龙《花近楼诗存六编》卷一《壬戌集》有《上元日古微侍郎招饮乙庵海日楼作消寒第六集,席罢游半淞园,归而得句奉简》诗。

《郑孝胥日记》本日记云:"朱古微约至子培寓中作消寒会,仁先、琴初亦在坐。"

**春**,朱祖谋赴龙华寺看桃花,有词二首示沈曾植,沈曾植有和作。

朱祖谋《摸鱼子·龙华看桃花》(《彊邨语业》卷二):

懒能探、劫余芳信,年年闲了游骑。祗林依旧霞千树,娇入上春罗绮。红十里。还一掩一层、淡沱烟光里。东风旋起。悄不似仙源,将家小住,便作避秦计。

玄都梦,消与金门游戏。梦回惆怅何世。华鬘天也无香色,说甚道场兴废。空徙倚。怕轻薄芳姿、未省伤春意。刘郎倦矣。任题遍花笺,都无好语,剩溅感时泪。

朱祖谋《鹧鸪天·越日重游,遂访石芝居士》(《彊邨语业》卷二):

百队行春地逦车。千林步绮浅深霞。阴晴并日如中酒,哀乐临年各为花。　花梦短,酒悲赊。甘抛有尽送无涯。道人不对东风笑,扫地焚香自作家。

沈曾植《摸鱼子·彊村写示龙华桃花词,依韵答之。是日寺僧约看花,未往》(《曼陀罗寱词》):

谢阇梨、十年禁足,玉鞭忘了春骑。夕阳漫想亭亭影,烘入澄江霞绮。呼角里。道收拾商芝、移种秦源里。鹧鸪啼起。便红雨纷纷,道人悟了,作饭了非计。

伤春目,多少蜂酣蝶戏。不是凉州乐世。散花天姊含颦见,不断花间兴废。楼笛倚。便吹彻苍龙、难遣悲华意。东风休矣。只笑也堪怜,开原多事,鹃血渍巾泪。

沈曾植《鹧鸪天·再和彊村韵》(《曼陀罗寱词》):

别浦徘徊隐钿车。谪仙散诞醉流霞。归来渔子都忘世,去后刘郎不问花。　空色眩,色空嗟。杳然流水到天涯。东皇合念春无主,处处流莺忆故家。

**六月,沈曾植五十年金婚纪念,况周颐贺以词。**

况周颐《水调歌头·壬戌六月十一日,集海日楼,为寐叟金婚贺。海外国俗结褵五十年为金婚》(秦玮鸿《况周颐词集校注》):

嘉耦岁寒侣,琴瑟亦冰弦。黄金白首相况,金欲逊其坚。偕老百年常事,公是刘樊仙眷,何止百而千。百者数之始,中半最华年。烛双照,楼百尺,敞琼筵。腾天跃海,看取晨旭总成圆。指顾光华复旦,仙仗御香深处,比翼更朝天。**吉林索绰络相国英和元配萨克达夫人。道光三年冬上册封佟雅皇后,相国为持节使,夫人奉旨诣后宫行礼,偕相国入东华门,观者艳之。唐权文公与县君同朝兴庆宫,有诗,取其句为《比翼朝天图》。见《恩福堂笔记》**醉写催妆句,眉笔老逾妍。

**七月十六日(9月7日)**,甘作蕃招朱祖谋、况周颐、王秉恩、王乃征等非园秋禊,朱祖谋有词纪事。

朱祖谋《水调歌头·壬戌七月十六日甘翰臣招同王息存、王病山、况夔笙、潘饼庵、劳敬修及令弟璧生、予季闰生非园秋禊,赋此纪事》(《彊邨集外词》):

今岁不闰夏,昨夕已中秋。但期风月佳耳,何地不清游。尽有婵娟花竹,难得肝肠冰雪,尔汝狎盟鸥。胸次几丘壑,老子已菟裘。我知君,君傲我,醉乡侯。掀髯一笑,纵非吾土且登楼。有弟相非食肉,**璧生以奉佛持斋**有妇相呼谋酒,客至亦浮休。扬榷论齐物,何必问黄州。

**十月初三日(11月21日)**,**沈曾植卒,享年七十三岁**。

谢凤孙《学部尚书沈公墓志铭》:"先生卒于宣统壬戌十月初三日,享年七十有三。"

朱祖谋《水龙吟·沈寐叟挽词》(《彊邨语业》卷二):

十年轻命危阑,望京遂瞑登楼眼。虞渊急景,伶俜已忍,须臾盍缓。沈陆繁忧,排阊旧梦,一朝凄断。痛招魂无些,宣哀有诰,经天泪,中宵泫。 垂死中兴不见。掩山丘、风回云偃。浯溪撰颂,茂陵求稿,湛冥何限。我独悲歌,紫霞一去,凄凉九辩。剩大荒酹取,人天孤愤,觅灵均伴。

## 民国十二年癸亥(1923)

五月十六日(6月29日),况周颐为赵尊岳重刊《和珠玉词》作跋。

序末云:"癸亥五月既望临桂况周颐跋于天春楼。"

## 民国十三年甲子(1924)

正月十九日(2月23日),况周颐为朱祖谋编刻《宋词三百首》作序。

序云:

词学极盛于两宋,读宋人词当于体格、神致间求之,而体格尤重于神致。以浑成之一境为学人必赴之境,更有进于浑成者,要非可躐而至,此关系学力者也。神致由性灵出,即体格之至美,积发而为清晖芳气而不可掩者也。近世以小慧侧艳为词,致斯道为之不尊;往往涂抹半生,未窥宋贤门径,何论堂奥!未闻有人焉,以神明与古会,而抉择其至精,为来学周行之示也。彊村先生尝选《宋词三百首》,为小阮逸馨诵习之资,大要求之体格、神致,以浑成为主旨。夫浑成未遽诣极也，能循途守辙于三百首之中，必能取精用闳于三百首之外，益神明变化于词外求之，则夫体格、神致间尤有无形之欣合，自然之妙造，即更进于浑成，要亦未为止境。夫无止境之学，可不有以端其始基乎？则彊村兹选，倚声者宜人置一编矣。中元甲子燕九日。临桂况周颐。

张尔田《词林新语（一）》（《近代词人逸事》附录）云："归安朱彊村，词流宗师，方其选三百首宋词时，辄携钞帙，过蕙风簃寒夜啜粥，相与探论。维时风雪甫定，清气盈宇，曼诵之声，直充闾巷。"

陈匪石《声执》卷下："民国十三年，《宋词三百首》始问世。词之总集，以此为最后。结衔称上彊村民，即朱孝臧也。况周颐作序，谓于体格、神致求之，以浑成为宗旨。"

**三月，况周颐撰《王鹏运传》发表于《学衡》第二十七期。**

《学衡》一九二四年三月第二十七期《文苑》载况撰《王鹏运传》。

**春，王乃征、况周颐即席有作，朱祖谋和之。**

朱祖谋《浣溪沙·和病山、蕙风即席之作》二首（《彊邨语业》卷三）：

解道伤心是小蘋。分明怨恨曲中论。世间原有蕊珠人。　妙舞折腰翻地锦，清吭飘泪簌梁尘。满衣犹是故山云。

未必天花及我身。占人怀抱是歌颦。红毺翠幕一逡巡。　翻劫枯禅参圣解，哀时闲泪赚词人。不关梦里楚台云。

**春末，何维朴为梅兰芳北归画卷征题，朱祖谋有词。**

朱祖谋《清平乐·何诗孙为梅兰芳北归画卷征题》（《彊邨语业》卷三）：

> 残春倦眼。容易花前换。萼绿华来芳晼晚。消得闲情诗卷。　天风一串珠喉。江山为被清愁。家世羽衣法曲，不成凝碧池头。

## 民国十四年乙丑（1925）

**正月初一日（1月24日），朱祖谋在北京度岁，有和夏孙桐词。**

邵章《烛影摇红·乙丑元日》（《云综琴趣》）：

> 澹荡春光，伴怨来去催人老。上林刚转一番风，却见梅开早。绛帻鸡筹信杳。锁葳蕤、宫壶未晓。冻乌枝底，旧燕梁间，碧城空绕。　如此江山，乍逢喜语迎年少。东君无奈是多情，又绿长安草。醉拥寒衾梦觉。绿符翻、惊尘渐扫。平章何事，夹院笙歌，满庭花鸟。

夏孙桐《烛影摇红·乙丑元日书怀，次邵伯䌹韵》（《悔龛词》）：

> 坐对流光，伴人红萼垂垂老。殷家甲子醉模糊，那辨春迟早。**新历本元旦较万年历差一日**往事蓬山更杳。锁东风、龙楼日晓。杜鹃声咽，未稳寒枝，夜乌同绕。　乡思花前，况惊驿使今年少。江莺江燕话烟尘，愁入瀛洲草。倦梦华胥唤觉。整残编、漫题却扫。盼春何处，强把屠苏，丁宁青鸟。

朱祖谋《烛影摇红·乙丑元日和闰枝》(《彊邨语业》卷三)：

  野哭千家，闭门不恨春光浅。年时仙仗簇朝正，瞻座香飘殿。投老沧江卧晚。怕安排、黏鸡画燕。尽情灯火，多事屠苏，今朝心眼。　留命何年，饰巾那计流光换。梦魂犹自点朝班，谁道长安远。再拜鹃声咽断。倚危阑，飘风鬓短。为谁消息，爆竹东邻，青幡孤颤。

**五月，梁启超为所藏《半塘定稿》《剩稿》作题记并题《浣溪沙》词一首。**

  国家图书馆藏《半唐填词定稿》二卷《剩稿》一卷梁启超藏本封二梁氏题记："沤尹刻鹜翁词成，以初印本赠蜕庵，蜕庵携赴日本，与余同客须磨之双涛园。蜕庵归，此本遂杂置我箧中十七年，蜕庵墓木亦拱矣。摩挲签题，凄感无已。乙丑五月。**启超记**。"又卷前鹏运象上方梁氏《浣溪沙》题词一首云："《浣溪沙·题蜕庵旧藏半塘词》：廿九年前识此翁。校场抹角小胡同。几回问字费邮筒。　一卷杀青谁并读，两行题墨态犹浓。双涛情话又朦胧。乙丑五月八日。**启超**"

  案：原书封面尚有题记云："戊申三月，归安朱侍郎祖谋赠。"可知该书由朱祖谋于光绪三十四年(1908)三月赠麦孟华，麦携至日本，后归梁启超。

**夏秋间，朱祖谋有词题清朝诸名家词集后，又有词二首评万树、戈载及陈洵、况周颐词。**

  词为《望江南·杂题我朝诸名家词集后》二十四首及《前调·意有未尽，再缀二章，红友之律，顺卿之韵，皆足称词苑功臣，新会陈述叔、临桂况夔笙并世两雄，无与抗手也》二首，见

· 729 ·

《彊邨语业》卷三。

**九月初九日（10月26日），陈夔龙招集江楼，朱祖谋在座，有词纪事。**

朱祖谋《齐天乐·乙丑九日，庸庵招集江楼》(《彊邨语业》卷三)：

年年消受新亭泪，江山太无才思。戍火空村，军笳坏堞，多难登临何地。霜飙四起。带惊雁声声，半含兵气。老惯悲秋，一尊相属总无味。　登楼谁分信美。未归湖海客，离合能几。明日黄花，清晨白发，飘渺苍波人事。茱萸旧赐。望西北浮云，梦迷醒醉。并影危阑，不辞轻命倚。

**本年，朱祖谋至天津，谒逊帝宣统。**

夏孙桐《清故光禄大夫前礼部右侍郎朱公行状》："乙丑，谒天津行在，谆谆于典学、生计两端，忠诚靖献，仅止于此。每言之深恫也。"

**本年，夏孙桐等在旧京举聊园词社。**

据《悔龛词序》。

**本年，裴维侒病逝于北京，享年六十九岁。**

据《香草亭诗词》附录《裴维侒年谱》。

## 民国十五年丙寅（1926）

**七月十八日（8月25日），况周颐卒于上海，享年六十八岁，葬于湖州道场山。**

冯开《况君墓志铭》云："民国十五年七月十八日病殁上海，

享年六十有八。"

朱祖谋撰挽联(夏承焘《天风阁学词日记》一九三五年七月三十日记):"持论倘同途,词客有灵,流派老年宗白石。相依在吾土,道场无恙,死生独往为青山。"

**九月十八日(10月24日),曾习经卒,享年六十岁。**

曾靖圣《度支部右丞曾府君行状》:"府君生同治丁卯五月十八日,以丙寅九月十八日卒于宣南郡馆,年六十。"

**冬,夏孙桐自序其《悔龛词》。**

序末云:"丙寅冬,闰庵偶记。"

**本年,刘世珩卒,享年五十二岁。**

据金天翮《刘世珩传》。


### 民国十六年丁卯(1927)

**本年正月始,聊园词社社集频繁,夏孙桐词作甚多。**

据《悔龛词》。

**七月初六日(8月3日),冯煦卒,享年八十五岁。**

魏家骅《清授光禄大夫建威将军赐进士及第兵部侍郎兼都察院右副都御史安徽巡抚兼理提督冯公行状》:"丁卯七月六日,以微疾薨,春秋八十有五。"

《清史稿·冯煦传》:"闻国变,痛哭失声。越十有五年卒,年八十五。"

**八月,左绍佐卒,享年八十二岁。**

据傅岳棻《应山左笏卿先生墓碑》。

**本年,康有为卒。**

## 民国十七年戊辰(1928)

**闰二月,朱祖谋偶过原苏州听枫园寓舍,感而有词。**

朱祖谋《六丑·吴门听枫园僦舍,十年来三易主人矣。戊辰闰春偶过其地,海棠一树,摧抑可怜,凄对成咏》(《彊邨语业》卷三):

> 料芳姿记省,护烛底、轻阴池阁。夜深照妆,妆成春妒却。铅黛零落。梦绕秋千地,卧枝红妩,晕锦围成幄。娇多叵耐金铃索。泪点冰绡,颜酡羽爵。十年旧香依约。甚偎阑一饷,情绪还恶。 银屏珠箔。奈孤根误托。海燕移家惯,无驻泊。绿章负了前诺。有幽单万感,阿环能觉。相思断、锦城天角。才知道薄倖,东风不管,等闲哀乐。斜阳瘦、犹恋红萼。怕缭墙、乱水飘花去,无人念著。

**春,朱祖谋有词寄怀陈洵。**

朱祖谋《丹凤吟·寄怀陈述叔岭南》(《彊邨语业》卷三):

> 俊赏霜花腴谱,韵起孤弦,秋蓬书客。兰荃盈抱,宜称赋情南国。歌成鬟改,老怀慵问,度厄莺花,招人萝薜。自著闲身句里,未忍伤春,春去留泪沾臆。 却遣天涯怅望,暮云顿合无尽碧。袖底瑶华满,晦鸡鸣风雨,心素能惜。沧洲期在,落月照梁颜色。蔓草王风,身世感、共低垂头白。几时把臂,迎梦江路识。

## 民国十八年己巳(1929)

**正月初一日(2月10日),朱祖谋有词。**

朱祖谋《隔溪梅令·己巳元日赋示诂禅》(《彊邨语业》卷三):

> 换年箫鼓沸邻东。故情空。镜里凋颜不媚、烛花红。思悲今已翁。 闲门芳信比人慵。问东风。留命伤春深浅、酒杯中。去年同不同。

**正月十九日(2月28日),梁启超卒,享年五十七岁。**

《梁启超年谱长编》民国十八年谱:"一月十九日,先生在北平协和医院逝世。"

## 民国十九年庚午(1930)

**闰六月二十二日(8月15日),章华卒,享年五十九岁。**

据郑沅《章君曼仙墓志铭》。

**九月初九日(10月30日),朱祖谋约姚肇菘等同往虎丘登高。**

姚肇菘《绕佛阁·重阳前一日大风雨,次日放晴,彊邨约往虎丘登高,孝先亦至,日晡始归。庚午》(《姚亶素词集》):

> 乱尘暮起,云外鼓角,凄和砧杵。凉夜疏雨。怕闻隐隐、秋声到庭树。倦游厌旅。楼望四远,唯念吾土。慵对樽俎。纵教宴赏,佳辰为谁赋。 帽落记前迹,伫想龙山迷处所。何况吹台、霜歌无好句。漫更插茱萸,衰鬓垂缕。马蹄归去。趁病柳斜阳,村庄人语。动愁心、岁华飞羽。

**秋,陈洵至上海,与朱祖谋谈词,有唱和。**

陈洵《应天长·庚午秋,谒彊邨翁沪上,日坐思悲阁谈词。吴湖帆为图以张之。赋此报湖帆,并索翁和》(刘斯翰《海绡词笺注》）：

王风委草，骚赋怨兰，危弦思苦谁说。坐对素秋摇落，芳菲与鹈鴂。吟壶永，双练发。悄未觉、翠消红歇。镇闲写，解带披襟，满座香发。　长恨付梨园，似锦湖山，南渡最凄咽。况是泪枯啼宇，冬青更愁绝。斜阳事，人世别。怎料理、此间情切。画图展，后视如今，何处风月。

朱祖谋《应天长·海绡翁客秋北来，坐我思悲阁谈词，流连浃旬，吴湖帆为作图饯别。翁示新章，借其起句答之》（《彊邨语业》卷三）：

王风蔓草，歧路乱花，萍蓬逝水迟合。老去庾郎萧瑟，相思素笺叠。哀时意，怊问答。漫料理、曼吟囊箧。梦回处，一笑南云，卷送帆叶。　同抱岁寒心，旧赏新欢，弦外最清发。作弄断鸿踪迹，凉风动天末。芳馨在，双醉颊。悄未隔、美人明月。待飞盏，共酹前修，随分闲业。

案：朱词为下年追和。

秋末，夏敬观、黄孝纾等发起成立词社，公推朱祖谋任社长。因社长号沤尹，故名词社曰"沤社"。先后入社者共二十九人。每月一集，限调选题，终于二十集，结为《沤社词钞》。至第十次雅集时，朱祖谋已因病不能与会。

据周延礽编《吴兴周梦坡先生年谱》。又据《沤社近讯》（《词学季刊》创刊号）及潘飞声《沤社词选序》（《词学季刊》第一卷第四号）。

**冬,朱祖谋还乡小住,有词。后夏孙桐有和作。**

朱祖谋《芳草渡·还乡未旬,旋复别去,经碧浪湖作》(《彊邨语业》卷三):

滴梦雨,又涨绿霜波,细尘麹洒。照落枫临岸,丹黄对展岩画。林表蟾镜挂。迎扁舟东下。渐岁晚,缱绻寒厄,却背乡社。　牵惹。酒悲顿起,倦理双溪渔隐话。便赢取、青山落手,沈吟钓竿把。荡人海气,恣曼衍、鱼龙修夜。问甚日,细听回帆鼓打。

夏孙桐《芳草渡·彊邨见示还乡过碧浪湖作。怅触旧游,百端交集,依韵答寄》(《悔龛词笺注》):

碧霭里,又暂落归帆,赋情潇洒。念昔游曾是,湖山坐拥如画。城郭残照挂。听霜鸿飞下。怅望久,梦堕烟波,亦恋鸥社。　还惹。软红恨影,泪掩黄公垆畔话。但怜我、天涯倦旅,何时共尊把。抅梅未寄,对冉冉、春灯遥夜。吊故国,漫咏空城浪打。

**本年底,朱祖谋有词题夏敬观藏郑文焯词稿。**

朱祖谋《倦寻芳·题映盦藏大鹤山人词墨》(《彊邨语业》卷三):

断铭鹤蜕,零楮蝉栖,芳卷谁理。头白伤春,词客有灵孤寄。恨墨香沾新箧衍,哀弦心在闲官徵。旧江南,怕湖山劫换,倚声无地。　好看取、丛残收拾,一样生平,云海愁思。缃素连情,中有楚兰闲泪。珠玉故多临水感,文章何止藏山事。待招魂,小城隈,笛声不起。

## 民国二十年辛未(1931)

**春,夏孙桐有词自旧京寄朱祖谋,朱祖谋以词答之。**

朱祖谋《瑞鹤仙·庚子岁晏赋此调,寄悔生长安,今三十年矣。悔生垂老无家,留滞旧京,欲归不得,倚声寄怀。重依美成高平调报之》(《彊邨语业》卷三):

> 处幽篁怨咽。凝望里,一镜缘愁白发。无家更伤别。倚新声、犹恋前尘茗雪。桑田坐阅。任软红、灰外换劫。剩行歌汐社,储稿史亭,此恨销骨。 莫道长安倦旅,再拜啼鹃,梦迷行阙。神州涕雪。卅年事,寸肠折。怕登楼、眼底流红无地,江南芳草顿歇。解伤心故国。淮水夜深片月。

**春,龙榆生约朱祖谋等至张氏园赏杜鹃,龙榆生有词,朱祖谋和之。**

龙榆生《汉宫春·春晚游张氏园,见杜鹃花盛开,因约彊村、映庵、子有三丈,及公渚来看。后期数日,凋谢殆尽,感成此阕,用张三影体》(《龙榆生词学论文集》附录《忍寒词选》):

> 香径徘徊,又连朝风雨,净洗轻埃。平沙细履,嫩晴潜长莓苔。鹃啼不断,染山花、泪血成堆。曾几日、零红消尽,凭谁约取春回。 哀时赋客重来,要狂歌斫地,总费清才。斜阳院落,输他燕妒莺猜。方塘照影,乱朱颜、芍药旋开。扶浅醉,惊飙未已,隔篱闲酹余杯。

朱祖谋《汉宫春·真茹张氏园杜鹃盛开,后期而往,零落殆尽,歌和榆生》(《彊邨语业》卷三):

凄月三更，有思归残魄，啼鹃能红。伤春几多泪点，吹渲阑东。绡巾揾湿，试潮妆、微发琼钟。新敕赐，一窠瑞锦，昭阳临镜犹慵。　携檎却悭才思，惹津桥沈恨，撩乱花苴。芳华惯禁闲地，不怨东风。鹤林梦短，委孤根、竹裂山空。三嗅拾，馨香细泣，何时添谱珍丛。

**十月，关赓麟为重印《半塘定稿》作序。**

关赓麟《重印王幼霞〈半塘填词定稿〉序》（《铁路月刊：津浦线》1931年第一卷第十四期）云：

词始于唐五代，盛于宋，迄元明而衰，洎清世复兴，负盛名者不绝。顾其人物，皆荟萃于中原与大江左右，两粤无闻焉。昔人以秦淮海左迁横州，实开始风气，为粤西词家之祖。语未能实征也。粤西能词之士，具列于况夔生之《粤西词见》。明代惟蒋文定一人，清代虽二十有二人，而裒然成集者，亦仅龙辑五之《汉南春柳词钞》、王定甫之《茂陵秋雨词》《瘦春词》，次则苏虚谷之《雪波词》可云骎骎，外此如谢仲韩、冷春山、周释香、李若山，皆传作无多，姓名不出乡里。乾嘉间常州派出，与浙派旗鼓各张。其时杰出而分峙者，宋子庭抗手于吴，龚定庵犄角于浙。盖常州派极盛者数十年，而王幼霞先生乃崛起岭峤，异军苍头以与为响应。同时独况夔生能与比肩，谭仲修所谓王况后起，官商举应，伶翟争传者也。先生以名孝廉官给谏，名重朝野。四印斋中坐拥百城，缀拾遗逸，往往校刊所得善本于京师以传世，所刻宋元金人词沾丐后学，阐扬古芬。后之好事者取法焉。零星孤本，流播人间，其盛事也。半塘词原本清真，奄有梅溪、梦窗之胜，其豪宕疏俊又往往出入于稼轩、碧山诸家，非犹夫朱小岑《论词绝句》所月旦其乡人之虚誉比也。夔生言吾粤词人寥寥如晨星，然皆独抒性灵，自成格调。斯语也，微先生畴足当之。余光绪癸卯始入燕，方当先生南潜之岁，不及仰接清尘，仅于《庚子秋词》及故在旧都所镌《味梨》《鹜翁》《蜩知》诸集，仿佛其风度。然犹及识夔生与朱彊邨丈，皆词学先进，为先生莫逆交。岁辛未居金陵，获交王子养源于清溪诗社。养源，先生之侄孙也，辱示先生手定稿，为词一百三十九，又彊邨所选《剩稿》，为词五十有五，属序其端而重付之剞劂。余于词浅尝而鲜获，恶足以序先生之词？顾念集中诸作，独标妙悟，尽扫恒蹊，心事寄于疏蘖，精神留于断谱。自谓雅音寥落，孤怀谁语。盖先生为晚近词家正宗，箧稿至富，而抉择之严如此。由此可以想声律之精审、工力之深邃。其声蜚三管，名播九州，非偶然矣！或曰：陈迦陵自言小令长谣千篇以外，朱竹垞词亦六百余阕，并称大家。先生旧作既繁，后人诵述先德，胡不尽举七集而刊行之？余谓不然。宋人词集传者甚稀，《白石道人词》五卷，世所传仅二十余阕。是故享名之高，与传世之永，固不系其多，而惟其精。然则阳春寡和，所以为弥高；井水皆歌，不免于俳滥。先生不欲定文于后世，而手自芟削。彊邨既已为遗珠之搜，养源不复求买菜之益。其以是哉！其以是哉！辛未十月南海关赓麟序。

案：此重印本未见。

**十一月二十二日（12月30日），朱祖谋卒，享年七十五岁。有《鹧鸪天》绝笔词。**

夏孙桐《清故光禄大夫前礼部右侍郎朱公行状》："辛未十一月廿二日，卒于上海寄庐，距生咸丰丁巳七月廿一日，享年七十有五。"

陈三立《清故光禄大夫礼部右侍郎朱公墓志铭》："辛未十一月廿二日，卒于上海寓庐，春秋七十五。"

朱祖谋《鹧鸪天·辛未长至口占》（《彊村语业》卷三）：

忠孝何曾尽一分。年来姜被减奇温。眼中犀角非耶是，身后牛衣怨亦恩。　泡露事，水云身。枉抛心力作词人。可哀惟有人间世，不结他生未了因。

**本年，宋育仁卒，享年七十四岁。**

萧月高《宋芸子先生传》："辛未，《通志》稿成，力瘁而卒，时年七十有四，私谥文康。"

## 民国二十二年癸酉（1933）

**春，龙榆生补刊朱祖谋手辑《沧海遗音集》成。**

《沧海遗音集》目录后龙榆生记云：

右彊邨先生手辑《沧海遗音集》十一家，写定待刻而先生下世。沐勋承遗命为补刊，逾年而书成。既遵遗旨为编目如次，而深痛先生之不及见也。先生既瘁二十年精力校辑唐宋金元人词百数十家为《彊邨丛书》，旋有汇刊朋旧词集之议。阅时三载，恒手自校录《蛰庵》一集，积至四五通。既以气体就衰，乃亟取所获付梓人，冀得及身亲见。不料方成三种，而疾不可为。弥留之际，独含泪以此相属。其笃旧之谊为何如也！先生尝语沐勋兹集体例，一以昔同游处而国变后不复从政者为归。其或集已刊行，暂从割舍，故别目如临桂况周颐夔笙、武陵陈锐伯弢、荣赵熙尧生、顺德麦孟华孺博、南海潘之博若海诸家，皆不及收入。又有德清俞陛云阶青、宜兴蒋兆兰香谷二氏，则存目待访。以此知先生之意，所欲汇刊者，盖犹有所未逮也。先生殁数月，而叶君遐庵访得梁氏《欵红簃词》。先生与梁素契合，恒称道其词，惜不及一为删订。遐庵既别为刊出，因并附印于后。他日拟取先生别目所载与搜采未及者，汇为续编焉。癸酉春中龙沐勋谨记。

**六月，龙榆生校刊《彊村遗书》成。**

《彊村遗书》总目后龙榆生记云：

彊邨先生下世未浃月而淞沪战起，予处真如，交通梗塞，日惟抱先生遗稿，扶老携幼，计无所出，久之乃得潜行入法兰西租借地，匿居音乐学校一斗室中。喘息甫定，稍稍从事于丛稿之校理。先生亲旧如夏闰枝、张孟劬二公，远在燕都，时复驰书问讯，因与就商体例，议辑刻遗书。又念先生在时，栖迟海澨，且以鬻书所入，校刊唐宋金元人词无虑百数十家，兼及朋游纂述。其敝精力于此，盖临殁而不渝，则未了之业，宁容恝置？

先生故人之居沪粤者,既相约集赀任梨枣之费,而以校刊之事见属,又逾年而书成。盖距先生之卒已一载有半矣。先是先生疾亟,以所定《云谣集杂曲子》《梦窗词集》《彊邨语业》卷三、《彊邨弃稿》及手辑《沧海遗音集》见授,病榻执手,哽咽不成声。次日,先生遽逝。旋权厝闸北湖州会馆。倭变骤作,先生介弟梅生先生既为妥移遗榇于沪西,复检遗箧,得杂稿若干种,并以授予。往复与夏、张两公商榷,因取先生手定者为内编,其由予辑录者为外编,而以《世系》《行状》《墓志铭》《校词图题咏》之属附焉。先生嗣子方伤养疴武林,亦以世变方殷,屡相督促。予末学新进,于先生之学术、风节、行谊,未能仰窥万一。相从数载,敢负深期?窃幸遗稿之未与此身偕亡,而得及时刊布。感怀畴昔,又不禁泫然以悲也。工竣,爰纪始末,而以助赀诸君姓氏敬列简端,聊志高谊云矣。癸酉长夏龙沐勋谨识于真如村居。

**本年,南京姜文卿刻书处重刊《半塘定稿》成。**

《词学季刊》第一卷第三号(民国二十二年十二月出版)《词坛消息》有《姜文卿刻书处重刊半塘定稿》一则云:

半塘老人王鹏运为清季一大词宗,影响于近代词坛者至钜。生前历刊所为词,有《袖墨》《虫秋》《味梨》《鹜翁》《蜩知》《庚子秋词》《春蛰吟》等集,晚乃删定为《半塘定稿》二卷、《剩稿》一卷,由彊邨先生镂版行世。今《袖墨》诸集,传本绝稀,即《定稿》版在吴门,亦久未重印,坊间不易求得矣。比闻金陵词侣,怂恿姜文卿刻书处,覆锲印行,年内即可竣工,使兹集得广流传,亦词林之快事也。

## 民国二十四年乙亥(1935)

秋,孙王序梅拓成《半塘老人钤印》。

王序梅《半塘老人钤印》跋末云:"时民国二十有四年乙亥秋孙序梅恭识。"

## 民国二十五年丙子(1936)

本年,孙王序梅寄《半塘老人钤印》《郑大鹤先生寄半塘老人遗扎》及姚诗雅《景石斋词略》等与龙榆生。

据《词学季刊》第三卷第三号《半塘老人遗物及遗著之近闻》《郑大鹤先生寄半塘老人遗扎》等文。

《半塘老人遗物及遗著之近闻》:"临桂王半塘先生(鹏运)为近代词学大师,于光绪甲辰病逝吴下,遗物由邗江解送回汴,(先生卜居开封,后嗣甚盛)扃钥弗秘,间有散佚。兹得其文孙孝饴先生自北平寄赠新拓《半塘老人钤印》,取老人旧用印章七十余方,精拓流传,使词林得展玩遗泽,益增景慕。又闻老人未刊遗稿,如《南潜》《虫秋》等集,并存大梁。孝饴先生将录副见寄,并老人五十五岁遗照,赐载本刊云。"

## 民国三十年辛巳(1941)

六月二十九日(7月23日),李任仁与朱荫龙邀集章士钊、龙积之、任中敏等十余人于桂林杉湖畔王氏故宅,纪念鹏运逝世三十七周年。

　　据朱袭文《纪念半塘老人的一次聚会》,见广西壮族自治区文史研究馆编《桂海遗珠》。

　　案:鹏运卒于光绪三十年(1904)六月二十三日,朱文以鹏运卒日为六月二十九日及逝世三十六周年均误。

十二月二十二日(1942年2月7日),夏孙桐卒于北京,享年八十五岁。

　　陈叔通《江阴夏先生墓志铭》:"辛巳重宴鹿鸣,犹赋诗征和。十二月二十二日卒于旧京旅邸,遗命不赴,春秋八十有五。"

## 民国三十一年壬午(1942)

**春,桂林朱荫龙初校《半塘七稿八卷》毕。**

　　据各卷题记。朱荫龙辑校《半塘七稿八卷》稿本,现藏桂林图书馆,含《袖墨词》《味梨集》《鹜翁集》《蜩知集》《校梦龛集》《庚子秋词》《春蛰吟》等集,缺《虫秋集》《南潜集》。

**本年,陈洵卒,享年七十三岁。**

　　据刘斯翰《陈洵年谱简编》。

## 民国三十二年癸未(1943)

**正月二十八日(3月4日),徐乃昌卒,享年七十六岁。**

　　程演生《清授资政大夫江南盐法道金陵关监督南陵徐公行状》:"公生于同治七年十二月十一日酉时,卒于共和癸未年正月二十八日申时,享年七十有六。"

# 附录一:王鹏运及其家族传记资料辑录

## 《皇清诰授资政大夫甘肃安肃兵备道调补广东惠潮嘉兵备道临桂王公神道碑铭》

端木埰

君讳必达,字质夫,号霞轩,先世浙之山阴人。曾祖云飞,以乾隆戊子举人大挑知县,历任广西昭平县,卒官,贫不能归,遂家于桂林。祖会赠资政大夫,妣冯夫人。考诚立,封资政大夫,妣何夫人,生四子,君其长。

年十七,入临桂县学,道光癸卯举于乡。读书务经世学。粤寇起,无锡邹公锺泉抚粤西,辟主文檄,以劳叙知县。咸丰五年谒选,得江西之建昌。时贼已残鄂皖,据江宁,以九江绾毂江楚,守以悍酋。楚军攻之,久未下。公私馈运,文报上下,仅恃建昌一线路。贼瞰邑形胜,觊吞之扰楚军后路,纡九江急,分股来扑,兵食两绌。君激励民团,躬亲搏战,马毙于炮,矛不及身者尺,易马益进,连战皆捷,贼失势。九江复,鄂抚胡文忠公曰:建昌令力

附录一：王鹏运及其家族传记资料辑录

战，与有力焉。疏闻于朝，超擢知府，且驰书曾文正公称其才。李忠武公亦盛推之。十年，摄建昌府事，总江西粮台。十一年，摄南昌府事。贼在近地，邻境辟贼者沓至，良莠莫辨。君择城外地处之，分别遣留，无一人失所。同治改元，授饶州守。饶兵潦相继，流殍载道，牛种并绝。君通牒大府，为民请命。巡抚沈文肃公阅其牍，曰：此郑侠流民图也。允所请，拨帑三千，给耕具，举振济，全活亿万，且惠及皖境接壤，民困略苏。君深维教养必相资，兴学校，给书院膏火。逾年，属邑多弦诵声。饶俗，德兴、乐平尤犷悍，睚眦仇杀。君严治之，威惠并行，民大悦。先是，勇船过水次市鱼，靳其直，渔人曹追之，勇毙以炮，反诬民劫船，论死。君廉得其实，置勇于法，人称神明。文肃手书嘉奖。新宁岘庄刘公继抚赣，入飞语罢君任。后采舆论，得君治状，乃更亲善。粤寇平，曾公上君功，赏花翎，擢监司，仍留江西。七年，刘公上其治，登记典，引见，交军机处记名。八年，权臬使，曾公檄督鹾局。十一年，复权臬使。十二年，特简督粮道。明年，以忧归。光绪三年服阕，引见，授甘肃安肃道。时相国左侯方西出师，君当严关，总转饷，内培生民，外不匮供亿，前后五年，兵事蕆，以劳赏加按察使衔。君以屯田为边备要务，而莺粟妨农特甚，深恶之。兴水利，修堤堰，严禁种莺粟，劾属邑奉行不力者二人。侯上其治，赏二品顶戴。伊犁既复，西边通商事起，肃当其冲，君条陈十三事，引据新旧条约，规画今昔情形，晰疑虑后。伯相合肥李公称其能。七年冬，移广东惠潮嘉道。君自官湟陇，竭蹶支拄，忘身忧国。自西商乘隙邀挟，语及洋务，未尝不叹息痛恨。朔漠一官，离家万里，边风塞云，感慨时艰，间发为诗歌，淋漓激

· 745 ·

昂，以子美夔州、东坡惠儋自况。及是移官近家，欣然就道。顾自宰建昌以后，垂三十年，所值多盘错。急公爱民，不暇自摄养，受病已深。官事仔肩，以志帅气，未尝告劳，及稍弛易，遂不支，十二月二十日，行抵平凉，微疾遽卒。呜呼，其诸以死勤事者矣！子五人，惟幼子维禧在侍。

君生有至性，年三十，母夫人卒，哀毁感行路；及赠公卒，痛绝复苏者再三。丁丑起复，再引见，归而唏嘘不自胜，家人怪询之，君曰：吾昔召对，两宫皇太后垂帘听政，今十四年矣，倏历两朝，为臣子者能不悲乎！生平笃于友爱，俸入所余，悉分兄弟。性好图史及古名臣书画，谓为陶淑性情之助。公退，手不释卷，裒集唐宋以来名迹，为卷册六百有余，人殆以万计。珍弆部分，有欧阳子之遗风焉。君生于道光元年辛巳四月初八日，卒于光绪七年辛巳十二月二十日，寿六十有一。配向夫人，继配刘夫人、宁夫人，并前卒；侧室关宜人、徐宜人。子五，长维翰，同治甲戌进士，官户部郎中，以陵工推恩擢道员，分发河南，加按察使衔。次鹏海，报捐知县，分发江西。次鹏运，同治庚午举人，官内阁中书，以陵工推恩晋侍读，赏戴花翎。次维豫、维禧，俱业儒。

方赴之闻也，埰往唁。鹏运星奔前夕，泣且拜于苦中，以状属为外墓之文。埰文奚足以张君美，感于鹏运哀毁之诚，有不忍默以谢者。谨按状诠次之，而系以铭曰：

尊叱蜀驭，潄利江风。伊古荩臣，不有厥躬。颉颃王公，济世之美。发挥性情，敦笃伦理。爰初效职，章江一隅。踔厉风发，幸完其郛。大局攸繫，严城以复。群帅推功，懋赏褒录。以扞以绥，惠及赣都。民怀厥施，愈久不渝。玉关之西，征麇远伐。

当关济饎,浠历日月。关中有萧,河内得恂。以今视昔,同符古人。功光于时,疾酝于身。忘身匡时,呜呼其仁。其仁允成,其疾曷瘳。大星遽陨,遗爱长留。郁郁佳城,独秀之阳。于万斯年,光其故乡。遗徽积庆,以启后昆。代有清德,益光先民。民怀不忘,天祚靡倦。勒此贞珉,为臣子劝。

案:上文据王必达《养拙斋诗》附录。

## 王必达父子履历档案

王必达,广西桂林府临桂县举人,原籍浙江,年三十三岁,由拣选知县在本省守城出力,咸丰二年七月十三日奉上谕:著不论双单月遇缺即选,钦此。今签掣江西南康府建昌县知县缺。

臣王必达,广西桂林府临桂县举人,原籍浙江,年三十三岁,由拣选知县在本省守城出力,咸丰二年七月十三日奉上谕:著不论双单月遇缺即选,钦此。今签掣江西南康府建昌县知县缺,敬缮履历恭呈御览。谨奏。咸丰五年三月二十八日。

王鹏运,现年四十五岁,系广西临桂县人。同治九年庚午科举人,遵例报捐内阁中书,十三年十二月到阁行走。光绪二年八月充国史馆校对官,是月补缺。三年九月因恭办惠陵工程出力保奏,奉旨以侍读遇缺即补,先换顶戴。四年七月捐免试俸。五年闰五月复因恭办陵工出力保奏,奉旨赏戴花翎。七年七月因国史馆本纪告成出力保奏,奉旨俟补侍读,后赏加四品衔,并随带加三级。八年正月丁忧,十年十月服满起复,十年十一月委署侍读，十一年二月补缺。是年八月俸满，截取记名内用。十三年十一月补授侍读，是年充会典馆纂修官，旋充总纂官。十四年京察一等。十五年二月恭办大婚礼成出力保奏，请加三品顶戴，奉旨允准，是年十月考取御史，引见，奉旨记名以御史用。十七年京察一等。十九年七月奉旨补授江西道监察御史。二十年六月转掌江西道监察御史，是月奉旨稽察北新仓。二十一年六月俸满截取，八月初四日吏部带领引见，奉旨著照例用。

案：以上据秦国经主编《清代官员履历档案全编》，华东师范大学出版社1997年版。

## 《礼科掌印给事中王鹏运传》

### 况周颐

王鹏运，（号）[字]幼霞，自号半塘老人，晚号鹜翁。临桂人。同治九年，本省乡试举人。十三年，以内阁中书分发到阁行走，旋补授内阁中书。久之，升内阁侍读。先后直实录馆，恭办大婚庆典，叙劳，加三品衔，赏戴花翎。光绪十九年七月，授江西道监察御史，奉命巡视中城，转掌江西道监察御史，升礼科给事中，转礼科掌印给事中。二十二年春，上奉皇太后驻跸颐和园，鹏运上疏曰：窃自今年入春以来，皇上恭奉皇太后驻跸颐和园，诚以听政之暇，皇上得以朝夕承欢，而事机之来，皇太后便于随时训迪。圣慈圣孝，信两得也。况御园驻跸，祖宗本有成宪，如臣梼昧，尚复何言。然㥪㥪之忱，以为皇太后园庭驻跸，顺时颐养，以迓祥和，诚天下臣民所至愿，若皇上六飞临驻，揣时度势，有不得不稍从缓图者,谨为我皇上敬陈之。自和议既成之后,财匮民离,敌骄国辱,久在圣明洞鉴之中,无俟微臣赘述。恭读去年四月朱谕:我君臣当坚苦一心,力图自强之策。至哉王言。今日非力持坚苦之操,难策富强之效。圣言及此,真天下之福也。昔齐顷公败于鞍,归而吊死问疾,七年不饮酒食肉,而溴阳之田以归。夫饮酒食肉,何碍于政。史臣特举人所至近易忽之处,以状其日不暇给之忧。是以风声所树,不必战胜攻取,邻国畏沮之心自生。实效先声,理固相因而至。夫人情不远,援古可以知今,而环伺綦严,返观能无滋惧。臣非不知我皇上宵衣旰食,在宫在园,同此励精图治。然宸衷之艰苦,左右知之,海内臣民不能尽悉也。在廷知之,异域旅人不能尽见也。恐或以温清之晨昏,为宸游之逸豫,其何以作四方观听之新,杜外人觊觎之渐哉。臣又闻皇上前次还宫,乙夜始入禁门,不独披星戴月,圣躬无乃过劳,而出警入跸之谓何?亦非慎重乘舆之道。又今之颐和园,与圆明园情形迥异,其时承平百年,各署入直之庐,百官待漏之所,规模大备,相习忘劳,今则芜废已逾三十年,一切办公处所,悉皆草创,俱未缮完。大臣虽仅有憩息之区,小臣之踟蹰宫门、露立待旦者,不知凡几。而缀衣趣马,先后奔走于风露泥淖之中,更无论矣。体群臣为九经之一,亦愿皇上垂鉴及之也。又近读邸钞,立山奉命管理圆明园,皇上两次还宫,皆至园少坐,外间讹传,遂疑有修复之举。臣愚以为值此时艰,断不至以有限之金钱,兴无益之土木。且借贷业已不赀,更何从得此巨款。此不足为圣明虑,然臣因之窃有进者。当同治改元之始,御园甫经兵燹,兴葺非难,乃竟听其芜废,岂惮劳惜费哉?盖欲使深宫不自暇逸之心，昭示于薄海内外。是以数年之内，海宇敉平，武功克葳。前事具在，圣谟孔彰，伏愿皇上念时局之艰难，体垂帘之德意，颐和园驻跸，请暂缓数年。俟富强有基，经营就绪，然后长承色笑，侍养湖山。盖能先天下之忧而忧，自能后天下之乐而乐，其所谓以天下养者，不且比隆虞帝哉。疏入，上欲加严谴，王大臣陈论至再，意稍解。徐曰：朕亦何意督过言官，重圣慈或不怿耳。枢臣于鹏运折内夹片附奏，略谓鹏运虽冒昧渎奏，亦忠爱微忱，臣等公同阅看，尚无悖谬字样，可否吁恩免究。意在声叙宽典之邀，出自臣下乞请也。疏留中。即日车驾恭诣请安，面奉懿旨：御史职司言事，余何责焉。王大臣奉谕旨：此后如再有人妄奏尝试，即将王鹏运一并治罪。著即传谕知悉。鹏运直谏垣十年，疏数十上，大都关系政要，此尤荦荦大者。二十八年，得请南归，寓扬州。时艰日亟，愤懑滋甚。三十年春，以省墓道苏州，病卒，年五十六。

鹏运内性惇笃，接物和易，能为晋人清谈，间涉东方滑稽，往往一言隽永，令人三日思不能置。甫通朝籍，即不谐时论，致身言路，敢于抨击权强，夙不慊于津要。甚之者复百计中伤之，卒坎壈于仕途。才识闳通，不获竟其用。官内阁侍读，两届京察一等，不记名。给事中试俸期满，援例截取，奉旨以简缺道员用。如直省道府简缺，归部铨或外补。故事，京曹截取，皆以繁缺用，以简缺用者，自鹏运始。鹏运微尚萧远，书卷而外，嗜金石书画，亦不为意必。唯精研词学，生平悃款抑塞，一寄托乎是。其《四印斋所刻词》，自南唐迄元如干家。著有《半塘定稿》《袖墨》《虫秋》《味梨》《蜩知》等集。

案：上文据《亚洲学术杂志》壬戌年（1922）八月第四期《文苑》载况撰王传录入，《清碑传集》三编第三册收录况撰《王鹏运传》、《学衡》民国十三年三月第二十七期《文苑》载况撰《王鹏运传》、《词学季刊》民国二十五年第三卷第三号《词林文苑》载况撰《半塘老人传》文字稍有不同。

## 《王半塘老人传略》

### 王孝饴

老人讳鹏运，字幼霞，号鹜翁，一号半塘僧鹜，又号半塘老人，先世浙之山阴人。高祖官广西昭平等县知县，卒于官，贫不能归，遂家于桂林。老人中同治举人，历官内阁侍读，记名御史，会典馆总纂，江西道监察御史。老人务经世之学，于书无所不读，而尤邃于词。性耿介，不畏强御，嫉恶为仇。官御史时，每上章言人之所不敢言，对于权贵，尤不肯假以辞色，因之所如多不合。老人待人接物，纯以至诚，性喜济困扶危，俸给所入，往往用以急人之急，以致生活恒苦匮乏。尝闻老人因营葬江宁端木子畴先生，至典质衣物以偿债。又桂林刘伯崇殿撰当未大魁时，困处京师，极感落寞，老人惜其才，乃助以膏火，且加奖掖，后卒以成名。就以上两事观之，老人之热肠古道，其风义洵有足多者。戊戌政变后老人蒿目时艰，既慨然于所言之不获见用，且每因直谏之故，几罹奇祸，因之忠义忧愤之气，缠绵悱恻之忱，有动于中而不能已于言者，皆一以寄托于词。其已刊行者，有《鹜翁集》

《味梨集》《蜩知集》《春蛰吟》诸稿。未刊行者，尚有多种，并有《半塘奏议》，亦待刊行。又当时与朋好如江宁端木子畴埰，吴县许鹤巢玉瑑，归安朱古微祖谋，同邑刘伯崇福姚，况夔笙周仪，诸君子唱和各词，刊行者有《庚子秋词》《薇省同声集》《和珠玉词》等，一时海内传诵，称为词坛佳话。老人时并蒐求宋元人词孤本多种，橐版行世，定名《四印斋所刻词》，论者以为清代词刻丛书中，比于虞山毛氏、江都秦氏，角逐精富，犹实过之，诚非谀语。庚子拳匪倡乱，两宫西幸，京朝士大夫莫不仓皇戎马，相率逃避，老人独闭户读书为故。于时朱古微学士、刘伯崇殿撰皆因故居扰于寇，移寓四印斋依老人以居，《庚子秋词》即是时所填也。庚子之变，国几不国，乃两宫回銮以后，县野上下，仍复酣歌恒舞，粉饰升平，政治一无革新之望。老人感时伤怀，知国事之终不可为，乃投劾以去，赴汴依仲兄以居者约两岁。癸卯岁，扬州仪董学堂聘为监督，时风气初开，故家子弟多不愿入学校读书，老人莅任后，乃厘订章则，规划课程，并延知名之士担任教授，于是远近闻风而来者踵相至，弦诵之声，盛称一时。老人掌教余暇，仍不废吟咏，时与郑叔问［文］焯、朱古微、况夔笙、胡嗣芬、周左麐诸君文字往还，共相研讨。甲辰夏偕友人游西湖归，间道至苏，寓侍其巷两广会馆，猝中暑疾，未旬日竟不起，享年仅五十六岁。翌年乙巳归葬于粤西之半塘。（饴）

  案：上文见《国立北平图书馆馆刊》第八卷第六号。作者饴当即王孝饴，为鹏运之孙。

## 《王半塘先生世德记》

### 朱荫龙

愚编半塘先生年谱,碌碌七年,迄未杀青。海内关心词学者,时劳垂询,衷心至感不安;然承大劫之后,文献残零,桂地陋塞,尤难征考。欲求所作之足以信今而传后,固不得不慎重将事,未敢遽为定稿。半塘已刊之著述及所刻各书,十九大抵经眼,惟删存之余,遗珠尚多,年来积极搜求,不易概见,世有同好,能为指迷示津者,匪所未及,备所未周,片言只字,亦必拜嘉。兹先就手头所藏资料,略为半塘先生一脉世德,学行诸端,当陆续布之。读者赏奇析疑,如有高论见投,亦当并揭此栏,借资研讨。虽然,愚固明知,此不足增先生声光于万一,或可为甘寂寞室稍破寂寞耳!

王氏,原籍浙江山阴县,迁桂之祖讳云飞,三传至必达,始以临桂县籍应试,遂为临桂人。故宅在桂林盐道街燕怀堂,未尝乡居。如以今日市县区分衡之,实应正名为桂林市人。王氏世系,自云飞以下,可考见者,略如下表:

云飞——会——诚立——必达——(维翰　鹏海　鹏运　维豫　维熙)

云飞为乾隆戊子浙江举人,屡试礼闱不售,后出宰江西星子,数转至广西昭平,卒于任所,贫不能归,遂定居桂林。子会,无赀回浙应乡试,游幕粤东西,早卒。会子诚立,能继其业,娶何氏,生四子,必达其长也。上表所列,仅及半塘本支一系,其余各支,不复赘录。然王氏宗支骈衍,不少达尊。半塘群从中,尤多通脱干济之材,散居桂垣苏浙各地,族望高华,至今尤足为清漓增色也。

诚立四子,必达最长,且最贤。王氏以功名起家,自必达始。半塘一生成就,亦得力于庭训为独多。光前启后,必达之蓄德深矣。桂林俗薄,谚有"富不三世"之说。财富尚不可守,至于斯文一脉,而能父子雍容,坛坫递主,稽诸志乘,实罕其俦。兹据江宁端木子畴所为必达墓志,略胪行实。至其政迹之外,诗笔亦健劲遒丽,《养拙》一集,夙为世珍。愚尝论桂林诗人,惟颐志、养拙二家,卓卓可传,余皆不免为乡愿之见所囿,世有真知,或不以斯言为狂悖也。

王必达,字质夫,世称霞轩先生。道光元年辛巳(公元一八二一年)四月初八生于桂林盐道街燕怀堂故庐。年十七,入临桂县学。道光廿三年癸卯,举于乡。少存干济之志,读书务经世学,不汲汲于贴括。宣宗(道光)季年,桂柳旱歉为灾,官吏阘茸,无以慰民望。群情汹汹,一夫夜呼,万人攘臂,燎原之势既成,太平天国诸先烈乃得随而利导之,发难金田。军兴之初,清兵屡北,士气民心之不振,殊无异今日。先生身居会垣,蒿目时艰,慨然有澄清之想。会无锡邹锺泉(鸣鹤)奉特旨抚桂,闻先生名,延入府中主文檄,帷幄运筹,力障决川,宿愿于是稍偿。——此先生托迹幕府,抑亦宦途发达之始也。(按:先生参赞邹幕,擘划周详,关系清军此后发展者甚大。惜限于体例,不克于此文中详述,惟有一事至堪注意者,即先生行径,在道光咸丰年间,实为一新旧两方俱极重视之人物。先生之志,殆亦欲调和于新旧矛盾之间，别辟一路。当洪杨初起之际，地方军政长吏，虽拥高名，然俱昧于时势，故于实际无济分毫。试以两粤疆吏言之，前于邹者，如郑祖深、李星沅、周天爵，后于邹者，如徐广缙、陈建瀛、吴承镕等辈，都不克有所建树。即邹本人，由观察擢京兆，抵都之日，遽以特简开府桂林，其遇不可谓之不隆，宜其才之可大用矣，然一加综核，则所谓"犹吾大夫"而已。——此皆当时甚负时望之流，亦即旧的方面之代表人物。守旧者既无功，曾（国藩）、左（宗棠）、胡（林翼）等，即以革新姿态，由变求通，始造就同治中兴之局。此论百年来人才消长所不可不辨也。先生丁兹新旧交替之际，初能见信于邹锺泉，其后复为曾、左激赏，重任而不疑，是必有其所以自处之道。然卒不能成为"中兴功臣"者，纯为地域派系观念有以致之，是非所语于才望矣！）

咸丰五年，先生以劳叙知县，谒选，得江西之建昌。十年，摄建昌府事，总江西粮台。十一年，摄南昌府事。时江南骚然，邻境避兵者沓至，先生善自安抚，分别遣留。同治九年授饶州知府。饶频年兵潦，流殍载途，牛种并绝，人将相食。先生通牒大府，为民请命，举办急赈，且惠及皖境接壤。民困略苏，乃致力教养，兴建学校，给书院膏火，逾年，属邑多弦诵声。饶俗德兴、乐平尤为犷悍，睚眦仇杀。复严治之，威惠并行，民大悦。赣抚沈葆桢传札嘉奖，时运綦隆。刘坤一继沈任，入莹语而解先生职。后采舆情得先生治状，仍倚任一如沈时。七年，沈葆桢上其治，登记典，引见，交军机处记名。九年，权臬使。曾国藩檄督釐局。十一年，复权臬使。十二年，特简督粮道。明年，父卒，以忧归。

此先生三十五至五十四岁，生平建树，大抵于此一时期奠其基。吟咏亦以此二十年中为最富。师友离合,行旅道路,靡不以诗纪之,《养拙斋集》中,固不少当时信史也。先生二十九岁时生半塘,宦辙所至,常随侍。半塘落落一生,耿直忠荩,犹有道咸先辈典型,视晚清士夫藏头过身相去天壤者,盖幼时熏陶之深也。

先生里居期间,于桑梓文事颇为重视,慨然以光大吕(月沧)、朱(伯韩)、龙(翰臣)、王(定甫)之业为己任。盖当同治季年,诸老辈凋零略尽[光绪元年(一八七五年),广西文坛为世知重者,只王定甫尚健在,年六十一,然逾年亦卒。时吕月沧殁已三十七年,朱伯韩殁二十四年,郑献甫殁已三年。先生于此数公,但曾接其音尘,与王定甫交尤挚,与朱伯韩亦有唱和,盖先生之学,固亦向往桐城者],后起无人,桂林文风一蹶不振,先生怃然忧之,故于子侄督教甚严,于后辈则推挽备至,至今读其遗作,尤可想见当时拳拳不已之情。光绪二年,于故居右侧,得临川李氏废园,葺而新之,擅湖山楼台之美。一时名士,相共题襟,城中甲第,斯为胜境矣(王氏园亭故址,在今榕湖南路,即抗战期间佛商所设之"功德林"旧址。桂林自甲申(一九四四年)不战不和,全城付之一炬后,故家旧宅,除青苔碧瓦外,已无丝毫历史文物之足言。惟王氏废基,老树残卉,犹轩昂于颓垣蔓草间,今日闲步湖畔,对此荒芜冷残之区,实深故国乔木之感,固不胜华屋山丘,为慨万千也。园占地不过数亩,而一木一石,俱擅雅韵,足见主人胸中丘壑,非暴发新贵所可梦及。愚儿时曾游其间,犹得窥其仿佛)。　光绪三年,服阕,入京引见,廷对称旨,温谕有加。寻镇嘉峪,总持饷运,心劳力瘁者,前后五载。肃州为酒泉故郡,敦煌玉门,皆汉唐旧邑,穷边朔漠,自昔苍凉。先生临治其地,吏事之暇,览古伤今,凡情所不能已者,发之于诗,悲壮高肃,识者称之。兵事既蒇,以劳加按察使衔。时鸦片毒漫西陲,人竞播植,先生以屯田为边政要务,而种烟妨农特甚,深恶之,出示严禁,且修堤堰,兴水利,导民力田,欲以实益励禁政,属邑有奉行不力者,连劾二人。声大著,左宗棠奏其功,赏二品顶戴。伊犁既复,中俄通商渐起,肃州首当其冲。先生条陈十三事,引据新旧条约,规划井井,不失出入。左宗棠益相引重,倚畀愈殷。相国李鸿章亦盛称之。一时言西北边务者,先生推其选焉。

七年冬,调任广东惠潮嘉兵备道。自官湟陇,竭蹶支柱,忘身忧国;自俄人乘隙要挟、折冲琐尾,备感焦灼,语及洋务,每太息痛恨不已。且朔雪一官,离乡万里,塞云边燧,益慨索居,每有吟哦,辄以子美蜀夔、东坡惠儋自况,心境漠漠,从可想知。及是奉檄,以量移近家,欣然就道。顾先生自宰建昌后,垂三十年,所值多盘错,急公忘私,不暇自摄,受病固已深矣。官事仔肩,以志帅气,未尝告劳。及稍弛易,复益以钱吟行役之烦,遂不支。十二月二十日(光绪七年,公元一八八一年),行抵平凉,微疾遽卒。得年六十又一。

先生原配向氏,继配刘氏、宁氏,并前卒。侧室关氏、徐氏。子五人,长维翰,同治甲戌进士,官户部郎中,河南督粮道;次鹏海,报捐知县,分发江西;次鹏运,光绪庚午举人,官内阁中书,晋侍读,礼科掌印给事中;次维豫,季维禧,并以仕学世其家。(一九四七年)

案:上文据《朱荫龙诗文选》,漓江出版社1995年版。个别错别字有校改。

## 《王半塘先生事略》

### 朱荫龙

王鹏运字佑遐,一字幼霞,自号半塘僧鹜,晚号鹜翁,学者称半塘先生。广西临桂人。道光二十一年己酉(一八四九)十一月十九日生。据墓碑。龙榆生《风雨龙吟室丛稿·清季四大词人》引朱彊村说,生于道光二十八年戊申,与碑不符,应从碑文。同治九年庚午(一八七〇)举人。据《广西乡试题名录》。十三年甲戌(一八七四)官内阁中书,据《薇省词钞》卷十。光绪甲申、乙酉间,转内阁侍读学士。据端木埰《碧瀣词》上卷《一萼红》自序。寻转礼科给事中。性不苟合,风裁严峻。在谏垣时,王公大臣,权相巨珰,弹劾殆遍。据《越缦堂日记》《翁同龢日记》,及《蕙风随笔》。及西后移海军建舰费营颐和园,先生争之尤力,严旨切责,由是坐废;然直声振天下矣。据朱彊村说,及况蕙风《兰云菱梦楼笔记》。庚子(一九〇〇)联军入京,先生身陷危城,与归安朱祖谋古微同邑刘福姚伯崇结社联吟,日以小词抒故宫黍离之思,成《庚子秋词》二卷。据《庚子秋词》序。寻之江南,寓扬州,主讲仪董学堂,沈阳托活络端方时督两江,重先生名,约宴吴门。扁舟南渡,觞咏终宵。然伤时感遇,老怀殆愈难堪矣。一夕,竟以暴疾卒于邑馆,时光绪三十年甲辰(一九〇四)六月二十九日也。据墓碑。年五十有六。寄榇沧浪亭侧结草庵中。据《彊村词·庆宫春》序。无子,以兄子郦为嗣。据墓碑题名,及先生族弟友梅口述。后归葬临桂半塘尾祖茔之侧,依遗志也。按龙榆生《清季四大词人》引朱彊村诸人说,谓"其先人曾买地江西,其嗣因奉遗椟葬焉。"盖传闻之误,不可信。余于民国二十四年春,亲谒先生墓。半塘尾在桂江东岸,距城约七八里,燕怀堂王氏之墓园也,彊村词及蕙风随笔曾屡记之,可证。先生官内阁时,暇辄与江宁端木埰、吴县许玉瑑、同邑况周颐为文酒之会,因合刊所为词曰《薇省同声集》。其专力攻词,盖始于此。庚辛之际,又有《春蛰吟》之刻,盖集高密郑文焯辈倡和之作而并行之者。所著乙稿曰《袖墨》《虫秋》,丙稿曰《味梨》,丁稿曰《鹜翁》,戊稿曰《蜩知》,己稿曰《校梦龛》,未刻。庚稿曰《庚子秋词》《春蛰吟》,辛稿曰《南潜集》。未刻。晚年删定为《半塘定稿》二卷、《剩稿》一卷。其词幻眇而沉郁,义隐而指显,盖导源碧山、玉田,复历稼轩、梦窗,以上追东坡之清雄,还清真之浑化,托体高旷,行气清空,两宋而后,一人而已。粤西自开辟以来,迄于今兹,操觚之士,未有能空所依傍,辟坛建蠹,驰骋中原者,有之,自先生始! 故谨状其行谊如左;至先生论词之旨,校词之义,别具于篇,兹不备及云。

　　案:上文据桂林图书馆藏朱荫龙《临桂三家词》附录。文中鹏运生年当为道光二十九年,卒日亦误。

## 《王鹏运传略》

### 朱荫龙

　　日人今关天彭著《清代与现代之诗余骈文界》,论列綦详。龙榆生沐勋师其体作《清季四大词人》。四人者,临桂王半唐、萍乡文道希、高密郑叔问、临桂况夔笙也。以芸阁置诸王况,于题未安。且史实亦多不符。兹择录之,并略加订正:

王鹏运字幼霞，一字佑遐，中年自号半塘老人，又号骛翁，晚年自号半唐僧骛。父名必达，学者称遐轩先生，曾佐曾文正公幕府，历任江西知府数年，升调甘肃道员以卒。刻有诗集，子三人，长维翰，字仲培，甲戌进士，官至河南中州粮盐道。次即鹏运。又次辛峰，官两淮盐务，能词；先鹏运卒。鹏运以道光二十八年戊申（一八四八）生，为同治九年庚午（一八七〇）举人，以上据彊村先生口述十三年甲戌（一八七四）入北京，为内阁中书，据《薇省词钞》卷十光绪甲申乙酉间（一八八四—五）转内阁侍读学士据端木埰《碧瀍词》上《一萼红》词序以癸未冬，省兄于大梁，越岁，乃返都，据《味梨集》后序寻转礼科给事中。据《薇省词钞》卷十及例言鹏运在谏垣，以直声震天下，一时权要自诸亲王以逮翁同龢、孙家鼐之属，弹劾殆遍。时西后及德宗常驻颐和园，鹏运争之尤力；以此几罹不测之祸。据朱说兼参况周颐《兰云菱梦楼笔记》庚子一九〇〇联兵入京，鹏运陷危城中，与归安朱古微祖谋学士、同县刘伯崇福姚修撰，共集宣武门外教场头条胡同寓宅，所谓四印斋者，据朱说得丛残诗牌二百许叶，乃约夕拈一二调，以为课程；成《庚子秋词》二卷。据《庚子秋词》序又自是岁十二月，讫辛丑三月，与朱氏及汉军郑叔问文焯、江夏张瞻园仲炘、揭阳曾刚主习经、仪征刘麐[楗]恩黻、江都于穗平齐庆、江夏贾冷香璸、永定吴琴舫鸿藻、满洲似园恩溥、山阴杨霞生福璋、满洲南禅成昌、应山左笏卿绍佐更相倡和，成《春蛰吟》一卷。据《春蛰吟》叙目大抵皆感时抚事，幽忧危苦之作也。二十八年，得请南归据况周仪《王鹏运传》经朱仙镇至金陵。据《定稿》卷二《水调歌头》序旋过上海《霜叶飞》叙游苏州《鹧鸪天》小序与朱郑相酬答。寻寓扬州，主办仪董学堂；况周颐以甲辰四月过江访之，据《兰云菱梦楼笔记》方拟返山阴上冢，《彊村词》卷二《木兰花慢》序值端方督两江，约于吴门相见；夜宴八旗会馆，苏州拙政园故地，单衣不胜风露，翌晨遂病；旋卒于两广会馆，寄榇沧浪亭侧结草庵中；时光绪三十年（一九〇四）六月也。年五十六。鹏运无子，以兄之子为嗣。其先人曾买地江西，其嗣子因奉遗榇葬焉。据彊村先生口述参用南陵徐积余、钱唐张孟劬两先生说鹏运官内阁时，恒与江宁端木埰有《碧瀣词》吴县许玉瑑有《独弦词》临桂况周颐有《新莺词》为文酒之会；因合刊所作词为《薇省同声集》。其专力填词，盖在此时。彊村先生说乙稿曰《袖墨》《薇省同声集》本《虫秋》家刻本，丙稿曰《味梨》家刻本丁稿曰《鹜翁》家刻本戊稿曰《蜩知》家刻本己稿曰《校梦龛》未刻庚稿曰《庚子秋词》家刻本《春蛰吟》同上辛稿曰《南潜集》未刻。晚年删定为《半塘定稿》二卷、《剩稿》一卷，归安朱氏刻本。

  案：上文据桂林图书馆藏朱荫龙《词学零札》第一卷，文题另加。原页眉批云："遐轩之兄名必铭，字石卿，湖南候补知府，曾任湖南全省厘金督办，邓雨人即其婿。"文中鹏运生年当为道光二十九年。

## 地方志等有关传记资料辑录

  王千骥，号西桥，浙江山阴举人，乾隆五十八年署县事，操守清廉，抵任后，湖南辰苗滋事，调两广兵剿之。邑为水陆要冲，兵差过境，骚扰不堪，公为请于抚军。委员弹压，民困以纾。严于治贼，由是群小敛迹。时人称之。

案：上据民国张岳灵修、黎启勋纂《广西省阳朔县志》（二）卷四《宦迹》。

王千骥，浙江籍，嘉庆八年在任。

案：上据民国二十三年铅印本《广西省昭平县志》卷四《秩官部·职官·知县表》。前人七年，后人九年，知其在任约一年。

王必达字质夫，清临桂举人。倜傥隽爽，通达吏兵。历官江西督粮道，甘肃安肃道，两省军务孔棘，盘根错节，从容游刃，一时大府以为能；后改广东惠潮嘉道。为诗从容冲淡，逼近中唐。有《养拙斋集》。必达为鹏运父，学者称霞轩先生。

王鹏运字幼霞，清临桂举人。才识闳通，由内阁中书擢侍读，历江西道监察御史，官至礼科掌印给事中。直谏垣十年，直声震朝野。一时权要，自诸亲［王］以逮翁同龢、孙家（鼎）［鼐］之属，弹劾殆遍。工倚声，千辟万灌，几无炉锤之迹。尝校刻前人词共至二十五种，为清季词学唯一宗师。有《袖墨》《虫秋》《鹜翁》《味梨》《蜩知》《校梦龛》《庚子秋词》《春蛰吟》《南潜》等集。鹏运自号半塘老人，晚号鹜翁。

案：以上据《古今广西旅桂人名鉴》。

王必达，字质夫，道光二十三年癸卯举人。以军功保举，授江西建昌县知县，历官至督粮道，改授甘肃安肃道。两省皆军务孔棘，盘根错节。从容游刃，一时大府胡文忠、曾文正、左文襄、沈文肃、李文忠皆以为能。改广东惠潮嘉道。道卒。**新采**。

案：上据光绪三十一年重刊本《临桂县志》卷二十九《人物志》二《先贤》二。

王鹏运：字幼遐，临桂人。以进士官至刑科给事中。当丙申丁酉间，数上书陈新政，言皆透切。学尤赡雅，初为左氏春秋学，已而舍去，治毛氏诗。及官京师，乃壹志攻文辞，达雅歌燕乐南北曲之源流变迁。所为词谐声协律，而含意绵渺，纵笔无弗如意。光绪间士夫渐喜治词曲，而咸推鹏运为大宗。著有《半塘辞》。尝观所作《诗为弦歌讽喻之声说》，逾万言，以声韵证诗，足扩郑陆所发凡，宜可名家，而其经学竟不显。

案：上据《近代中国史料丛刊·第八辑·近代名人小传》，沃丘仲子著，台湾文海出版社。

## 王必达及王鹏运夫妻墓碑镌文

鹏运父王必达墓碑：

丁山癸兼午子

生于道光辛巳年四月初八日亥时

殁于光绪辛巳年十二月二十日酉时

皇清诰授资政大夫显考王公霞轩府君之墓

孝男维翰、鹏海、鹏运、鹏豫、维熙，孝孙瑞章、芝、同、龙、瑞周、嘉、奎、慈同奉祀

光绪九年正月二十四日建

王必达原配向氏墓碑：

生于嘉庆二十四年九月二十一日戌时

殁于道光二十三年七月二十三日午时

皇清待赠孺人显妣王母向太君之墓

孝男鹏翯、起、超奉祀
　　　　　　道光二十三年岁次癸卯闰七月吉立
**鹏运墓碑：**
　　午山子向
　　道光二十九年己酉十一月十九日卯时生
　　光绪三十年甲辰六月二十三日子时终
　　皇清诰授通议大夫礼科给事中显考王公幼霞府君之墓
　　孝男郦、孙序楫、柯、枫、梅同奉祀
　　　　　　　光绪三十二年十月初七日建
**鹏运夫人曹氏墓碑：**
　　午子兼丁癸向
　　咸丰元年辛亥八月初三日申时生
　　光绪十四年戊子四月二十日卯时终
　　皇清诰封淑人晋封夫人显妣王母曹太君墓
　　孝男郦、孙序楫、柯、枫、梅同奉祀
　　　　　　　光绪二十三年六月初九日吉时建

# 附录二：广西壮族自治区图书馆藏《词学丛书》王鹏运批阅记录

## 秦恩复编《词学丛书》享帚精舍藏版

案：是书首有四印斋中长物印、王鹏运随身书篆印、陕右珍藏印。

《词学丛书》总目：《乐府雅词》三卷拾遗二卷，宋曾慥编；《阳春白雪》八卷外集一，宋赵闻礼编；《词源》二卷，宋张炎撰；《日湖渔唱》一卷补遗一卷续补遗一卷，宋陈允平撰；《元草堂诗余》三卷，凤林书院本；《词林韵释》一卷，菉斐轩本。

顾千里撰《词学丛书》序。

### 《乐府雅词》

卷上（卷首有袖墨印）

页眉钟德祥批语（后简称"钟批"）：自巫山至琵琶七调，无撰人,即曾氏慥引内所谓九重传出者。意为当时大晟乐歌法曲,故词特庄丽,不涉淫谑,而声情幼杳,如灵天璈管之奏。必周清真诸公揔持雅集,发此奇音,用成楷则。

壬辰重九耘翁借幼霞藏书,将择尤雅之作别集之。

**卷下**(卷首有袖墨印)

曹元宠《水龙吟·牡丹》王鹏运批语(后简称王批):此等词看似平平,极不易作。

李易安词钟批:清照词可选者致多,半塘老人近刻《漱玉集》成,已遗我矣。故不复披采众芳,略登数阕,备一家耳。壬辰九月。耘翁。

## 《阳春白雪》

**卷一**

周邦彦《琐窗寒·寒食》朱笔王批:"迟暮"系下,拆换头属上,误。

周邦彦《喜迁莺·鸦》王批:"鸦"字应作"雁"。

李元膺《洞仙歌·一年春物,惟梅柳间意味最深。至莺花烂漫时,则春已衰迟,使人无复新意。予作〈洞仙歌〉,使探春者歌之,无后时之悔》王批:绝妙好词。

**卷二**

晁无咎《洞仙歌·月》王批:"月"字衍。

王通叟《高阳台》(红入桃腮)钟批:此词万氏《词律》以为即

《庆春泽》之一体,附载僧皎如作,即晦也。惟后起句此多一"满"字,考之竹山、玉田所填皆合。古人于长调往往多少一两字,亦不甚拘耳。然非后生所宜藉以恣踰荡闲检。王批:此等为后来浮滑滥觞,不知耘老何以赏之。

**卷四**

高似孙《莺啼序·屈原九歌东皇太一……》王批:三四段句读间与梦窗不同,字段平仄则无参差也。

**卷五**

林玉谿《玉漏迟·和赵立之》王批:立之原作又见《梦窗乙稿》,当是误入,近校刻《梦窗词》已删去。乃《绝妙好词》又以为楼亮作,何也?以此证之,似应属立之。

翁孟寅《齐天乐》(红香十里铜驼梦)王批:妥贴圆溜。"留"当作"溜"。

史邦卿《祝英台近》(柳枝愁)王批:经语入词,最难。

陈芸厓《踏莎行》(江阔天低)王批:俗情俳体,倚声下乘。

赵立之《好事近》(人去绿屏闲)(小枕梦催闲)钟批:此二阕各有发写,不是一时之作,以同调汇选耳。集中如此类者不一,断不可仿效张皋文,悍然举温飞卿《菩萨蛮》十八首以老杜《秋兴》诗律,周内文致名目,姑曰关提照应,其实豪无理路也。识之以诫后之为词家言,慎勿求深自缚,临深为高。王批:耘老此论确不可移。

**卷六**

向莘老《祝英台近》（晓帘栊）王批："空"字疑当作"宝"。

陆云西《八声甘州·送翁时可如宛陵》王批：邵清溪集中屡言云西，倾仰甚至。读此片不虚也。的是元初词派，初学不可多看。

**卷七**

《花心动·得于江西歌者而不知名氏》钟批：戢戢如鳞，舒舒如云，大似苏辛绮语，此作家也。王批：前后六七句非入它韵，盖用闽音叶也，与林外《垂虹》一阕正同。

赵懑庵《梅花引》王批："看"字胡为不叶？

奚秋厓《解连环·姑苏怀古》王批：感时幽愤，怀古深情，触绪纷来，哀吟欲绝。与《绝妙好词》所载南屏晚钟词同一机杼。

曹松山《瑞鹤仙》（炉烟销篆碧）钟批：是姜史炼法运意皆本色，又得之周美成。宋诸公于此事大抵各有家数，非孟浪之言云。王批："难"字用平，宋词仅见。

得趣居士周氏《瑞鹤仙·和丁基仲》王批：尽情觍缕，如闻夜灯儿女话。不识耘老何以不录。

黄野桥《夜行船》（十四弦声犹未断）王批：《粹编》之言何足依据。

案：原刻本词后小注："此词名《雨中花令》，《花草粹编》以两结句五字者为《雨中花》，六字七字者为《夜行船》。两调相混，宋人多误刻。"

## 卷八

朱雪厓《摸鱼儿》(对西风)王批：孤臣嫠妇，迸泪哀吟，刺目伤心，不堪卒读。

姚雪蓬《谒金门》(吟院静)王批："重"应作"熏"。

## 外集

吴履斋《贺新郎·吴中韩氏沧浪亭和吴梦窗韵》王批：梦窗元作即所谓"乔木生云气"者。忍俊不禁，老子于此兴复不浅。

### 《元草堂诗余》

## 卷上（卷首有袖墨印）

太保刘公《木兰花慢·混一后赋》王批：何尝不博大昌明。倚声一道，岂尽以勾心斗角为能事耶？佑遐读。

又《满江红·书怀》王批：一事一联，未脱讲学家习气，然尚是脚踏实地语。每怪南宋以来圣贤之多，语录之富，大都舍伦理而言心性。抑知《中庸》诚明数语，《孟子》尽心一章，此外未曾多见，何尝似诸公之刺刺不休耶？以口舌得官，世犹讥之，不谓以口舌为儒也。

文天祥《沁园春·至元间留燕山作》王批：玩此词语气，当是经张许二公祠庙之作，张许并提，而以睢阳专属张公，何耶？

刘辰翁《兰陵王·丙子送春》王批：对此茫茫，百端交集，江山故国空文藻，云雨荒台有梦思。真能道出庾郎愁恨也。

滕宾《鹊桥仙》(斜阳一抹)王批:情景逼真,好处在自然流露,不加描画。

司马昂父《最高楼·九日》王批:元人恶派。

彭元逊《解佩环·寻梅不见》王批:低徊俯仰,寄托遥深,古之伤心人同此怀抱。又,词牌名一侧批云:疏影。

彭元逊《徵招·和焕甫秋声。君有远游之兴,为道行路难以感之》王批:前段歇拍经几斟酌,亦自在流行,若有意为之,便成堆垛矣。

彭元逊《生查子》(痴多故恼人)王批:一句一意,屯田得意之笔。

曹通甫《木兰花慢·白莲》王批:太华庐山云云,板滞无远韵。收笔浅率。视张叔夏《水龙吟》一阕迥判仙凡。词贵清空,赋物尤不可著迹,不可不知。

高信卿《大江东去·滕王阁》王批:"鹜"字"度"字"注"字皆不叶处,忽然用均,且如此之多,何耶?恐红友见之后,刊入又一体中矣。

谢醉庵《鹧鸪天》(睡思才消赖有茶)王批:歌麻并押,此吴语也。当时多有以土音叶韵者。赵以夫、陈西麓皆有此病。以能融入歌声,固自无碍。非近人所能援以为例。

**卷中**

罗志仁《金人捧露盘·钱塘怀古》王批:壶秋故国之思,不减碧山、玉田,但乏縣邈之致耳。

罗志仁《木兰花慢·禁酿》王批:此类究与曲近。钟批:幼霞眼光定,故辨得分晓。如李白、刘伶等俳语,便与平话无异。所谓缠令,即曲调也。耘翁。

姚云文《玲珑玉·半闲堂赋春雪》王批:似应有"虚飘"二叠字,以上解"今朝"二字亦短均也。

赵文《疏影·道士朱复古善弹琴,为余言琴须带拙声,若太巧即与筝阮何异。余赏其言,为赋此》王批:高歌一阕,净洗筝琶,足与韩昌黎听琴诗并重。笔力排奡处,能用调而不为调所缚,白石、稼轩而后,未易多见。

滕宾《齐天乐·"与"字韵》王批:瑶毫宝唾,嫌近寒酸否?

王学文《摸鱼儿·送汪水云之湘》钟批:此当是水云从宋主北行,自燕南归,飘泊湖湘时作。水云工歌诗,故此词相激发,尤凄戾也。耘翁。王批:沉痛语。

赵功可《曲游春·次韵》王批:虽直致而言外有神,已开北曲门径。姜史张王集中无此等语。此是元人白描,与北宋本色,语气自别。又词后王批:略嫌太尽太露耳。其实尚不失格。

赵功可《声声慢·残梦和儿韵》王批:腐语词中尤忌。"笑"字亦空。

赵功可《绮寮怨·和儿韵》王批:奇气奡折,雅与调称。钟批:味其声调,似琴歌宫音。耘翁。

赵功可《柳梢青·怀青山兄,时在东湖》王批:吾美当是青山兄弟所居楼名。

姜个翁《霓裳中序第一·春晚旅寓》王批:刻镂精工,巧不伤雅,白石后乃有此翁。又王批:神似尧章。

## 卷下

黄子行《花心动·落梅》王批:此调大致与《疏影》相近。白石自度曲,细意揣之,多与古腔合。天下固无无本之学。又王批:旨近情遥。

龙紫蓬《齐天乐·题滕王阁》王批:支鱼通押,不可为法。戈氏论均必摘古人误处,以伸诡辩,真词家之蠹也。

萧允之《渡江云·春感用清真韵》王批:句断而意不断,词家所时有。

萧允之《满江红·雨中有怀》王批:青草一联从稼轩脱胎,而痕迹未化。

萧汉杰《蝶恋花·春燕和韵》王批:寓物抒怀,稍嫌浅露,便著迹矣。

段宏章《洞仙歌·荼蘪》王批:一起便奇崛。又王批:结想空灵,用笔幽远,刻画物情而不死于句下,足与中仙抗衡。

尹济翁《声声慢·禁酿》王批:此作视前数阕咏禁酿为庄雅有品,姜史风流,于兹未堕。

曾允元《水龙吟·春梦》王批:层次井井,初学可奉为程式。

书尾王批:此卷乃壬午里居时所评阅,毫无见到处,亦复妄肆雌黄,少年孟浪一至于此。越十八年己亥元夕雨中书于都门酣睡轩。半僧。

**案**:钟批处往往于词调或页眉上加圈,王批无此。钟批以选词为目的,王批意在鉴赏和校勘。钟批书法较劣,王批书法点画圆满精到。以上主要录王批,偶录个别相关的钟批。

# 附录三:词话中有关王鹏运资料辑录

## 《左庵词话》

### 李 佳

**卷下·王幼霞词**

临桂王幼霞侍御工词,翻刻名家词集多种。官内翰日,与同人唱和,有《薇省联吟词》。庚子,京师乱闻,侍御纠二三同志,杜门结词课自遣,必多悲愤苍凉之作。惜不获索读为憾。

## 《复堂词话》

### 谭 献

**苏[汝]谦与王锡振词**

桂林山水奇丽,唐画宋词之境。苏君超超,非少鹤丈所能掩,亦不负灵区矣。后起有王幼遐、况夔笙,宫商举应,伶翟争传

已。箧中词

**王鹏运词**

《袖墨词》千辟万灌,几无炉锤之迹。一时无两。箧中词

**《薇省同声集》**

往者阳湖张仲远叙录嘉庆词人为《同声集》,以继《宛邻词选》。深美闳约之旨未坠,而佻巧奋末者自熄。顾有以平钝詈同相訾者。近岁中书诸君子,有《薇省同声集》,作者四人,人各有格,而襟抱同栖于大雅。幼遐絜精,夔笙隐秀,将冶南北宋而一之。正恐前贤畏后生也。箧中词

## 《裒碧斋词话》

### 陈　锐

**评近人词**

王幼遐词,如黄河之水,泥沙俱下,以气胜者也。郑叔问词,剥肤存液,如经冬老树,时一着花,其人品亦与白石为近。朱古微词,墨守一家之言,华实并茂,词场之宿将也。文道羲词,有稼轩、龙川之遗风,惟其敛才就范,故无流弊。张次珊词,轩豁疏朗,尤有守律之功。宋芸子词非颛门,要自情韵不匮。夏剑丞词,秀韵天成,似不经意而出,其锻炼仍具苦心。胡研孙词,标格在梅溪、玉田之间,往往风流自赏。蒋次香词,伊郁善感,信笔写

出,亦铁中之铮铮。况夔笙词,手眼不必甚高,字字铢两求合,其涉猎之精,非余子可及。萧琴石词,老气横秋,乃时有拖沓之态,今遗稿不知流落何许矣。洪未聃词,聪明绝世,亦复沉著有余音。程子大词,源于三十六体,粉气脂光,令人不可逼视。易实甫词,才大于海,惟忍俊不禁,犹有少年豪气未除。王梦湘词,工于赋愁,长于写艳,故亦卓荦偏人。之数君者,投分既深,故能管窥及之,而窃叹为不可及。客曰:"君词自谓何如?"余曰:"天分太低,笔太直,徒能以作诗之法作词耳。"

## 《近词丛话》

### 徐　珂

**词学名家之类聚**

光宣间之倚声大家,则推临桂王鹏运、况周颐、归安朱祖谋、汉军郑文焯。鹏运字幼霞,周颐字夔笙,祖谋字古微,文焯字叔问。

**王幼霞词浑化**

朱古微少时,随宦汴梁,王幼霞以省其兄之为河南粮道者至,遂相遇,古微乃纳交于幼霞,相得也。已而从幼霞学为词,因益亲。光绪庚子之变,八国联军入京城,居人或惊散,古微与刘伯崇殿撰福姚,就幼霞以居。三人者,痛世运之陵夷,患气之非一日致,则发愤叫呼,相对太息。既不得他往,乃约为词课,拈题刻烛,于喁唱酬,日为之无间,一阕成,赏奇攻瑕,不隐不阿,谈谐间作,心神洒然,若忘其在颠沛兀臲中,而自以为友朋文字之至乐也。

幼霞天性和易,而多忧戚,若别有不堪者。既任京秩久,而入谏垣,抗疏言事,直声震内外,然卒以不得志去位。光绪甲辰客死苏州,其遇厄穷,其才未竟厥施,故郁伊无聊之概,一于词陶写之。其词导源碧山,复历稼轩、梦窗,以还清真之浑化,与周济之说固契若针芥也。

**况夔笙述其填词之自历**

况夔笙为倚声大家,著有《第一生修梅华馆词》,与王幼霞、朱古微相友善。其官秩亚于幼霞、古微,而声望实与相埒。尝自述其填词之所历曰:"余自同治壬申癸酉间,即学填词,所作多性灵语,有今日万不能道者,而尖艳之讥,在所不免。光绪己丑,薄游京师,与半塘共晨夕,半塘词夙尚体格,于余词多所规诫。又以所刻宋、元人词属为校雠,余自是得窥词学门径。所谓重拙大,所谓自然从追琢中出,积心领神会之,而体格为之一变。半塘亟奖藉之,而其他无责焉。夫声律与体格并重也,余词仅能平侧无误,或某调某句有一定之四声,昔人名作皆然,则亦谨守弗失而已,未能一声一字,剖析无遗,如方千里之和清真也。如是者二十余年,继与沤尹以词相切磨,沤尹守律綦严,余亦恍然向者之失,断断不敢自放,乃悉根据宋、元旧谱,四声相依,一字不易,其得力于沤尹与得力于半塘同。人不可无良师友,不信然欤。大雅不作,同调甚稀,如吾半塘,如我沤尹,宁可多得。半塘长已矣,于吾沤尹,虽小别亦依黯。吾沤尹有同情焉,岂过情哉,岂过情哉。"半塘即幼霞也,沤尹即古微也。

## 附录三：词话中有关王鹏运资料辑录

**程子大与况夔笙以词相切劘**

光绪庚寅辛卯间，况夔笙居京师，常集王幼霞之四印斋，唱酬无虚日。夔笙于词不轻作，恒以一字之工、一声之合，痛自刻绳，而因以绳幼霞。幼霞性虽懒，顾乐其不为疲也。己亥，夔笙客武昌，则与程子大以词相切劘。幼霞闻之而言曰："子大词清丽绵至，取径白石、梦窗、清真，而直入温、韦，得夔笙微尚专诣以附益之，宜其相得益彰矣。"

**朱古微述其填词之自历**

朱古微为倚声大家，著称于光宣间，其所著为《彊村词》。尝视学广东，未满任即解组归。尝曰："予素不解倚声，岁丙申，重至京师，王幼霞给事时举词社，强邀同作。王喜奖借后进，于予则绳检不少贷，微叩之，则曰：'君于两宋途径，固未深涉，亦幸不睹明以后词耳。'贻予《四印斋所刻词》十许家，复约校《梦窗四稿》，时时语以源流正变之故。旁皇求索，为之且三寒暑，则又曰可以视今人词矣。示以梁汾、珂雪、樊榭、稚圭、忆云、鹿潭诸作。会庚子之变，依王以居者弥岁，相对呫呫，倚兹事度日，意似稍稍有所领受，而王则翩然投劾去。辛丑秋，遇王于沪上，出示所为词九集，将都为《半塘定稿》，且坚以互相订正为约。予强作解事，于王之闳指高韵，无能举似万一。王则敦促录副去，许任删削，复书至，未浃月，而王已归道山矣。自维劣下，靡所成就，即此趑趄小言，度不能复有进益，而人琴俱逝，赏音阒然，感叹畴昔，惟有腹痛。既刊王之《半塘定稿》，复用其指，薙存拙词若干首，以付剞氏。"

## 《人间词话删稿》

### 王国维

**论近人词**

近人词如《复堂词》之深婉,《彊村词》之隐秀,皆在半塘老人上。彊村学梦窗而情味较梦窗反胜。盖有临川庐陵之高华,而济以白石之疏越者。学人之词,斯为极则。然古人自然神妙处,尚未见及。

**半塘和冯词**

《半塘丁稿》中和冯正中《鹊踏枝》十阕,乃鹜翁词之最精者。"望远愁多休纵目"等阕,郁伊惝恍,令人不能为怀。《定稿》只存六阕,殊为未允也。

## 《大鹤山人词话》

### 郑文焯撰　龙沐勋辑

**大鹤山人词集跋尾·《东坡词》跋**

《东坡乐府》汲古本多踳驳,王半塘老人据元延祐旧本,重刊行世,最为近古。近朱沤尹侍郎复为审定,以编年体,叠为三卷。多依据傅藻纪年录、王缉年谱,精严详慎,去取不苟。它日墨版流传,足当善本,视此有淄渑之别矣。

**大鹤山人论词遗札·与夏映盦书**

昨午后沤公过谈半日,屡遭问高踪,莶然未逮,怊怅良深。清真校本,想已专属贞壮先生,幸勿遗忘。何日偕往金陵,甚念甚念。柳词阅竟,望检还,因有一解须勘证也。《阳台曲》过片,确有可疑。谛审扬补之此句却连上,决无脱误。而梅溪之多一字,唯见汲古本,未可援据。按红友所引,即无是结字。半塘刻史词,亦仅据毛本,注云别本脱结字。盖所见诸选本并无此字可信,似不当专依汲古之孤证,遂信为旧体。考扬为高宗时人,史则与张镃同时,或稍后耳。鄙意宜从三字句连上为是,想卓见定亦谓然。匆匆奉布,祇承映盦先生道履。文焯顿首。廿八日。

## 《近代词人逸事》

张尔田

**附录·词林新语**

临桂王右遐于蕙风为前辈,同直薇垣,研讨词事。右遐每有所作,辄就蕙风订拍,蕙风谨严,屡作为之屡改,半塘或不耐,于稿尾大书"奉旨不改了"。

半塘字妾曰抱贤,蕙风就讯其义,唯唯曰:"余以贤自况而已。"

## 《彊村老人评词》

### 朱祖谋

**附录·郑叔问答吴伯宛书**

……昨夜听雨竹醉寮,忽展诵半塘老人《剩稿》,未终卷,泫然久之。迟明始略为点定。以君与沤公拳拳高义,亟待墨版,爰付局寄上,尚其鉴詧覆审之。

## 《蕙风词话》

### 况周颐

**卷一**

作词有三要,曰重、拙、大。南渡诸贤不可及处在是。

重者,沉著之谓。在气格,不在字句。

半塘云:"宋人拙处不可及,国初诸老拙处亦不可及。"

恰到好处,恰够消息。毋不及,毋太过。半塘老人论词之言也。

吾词中之意,唯恐人不知,于是乎勾勒。夫其人必待吾勾勒而后能知吾词之意,即亦何妨任其不知矣。曩余词成,于每句下注所用典。半塘辄曰:"无庸。"余曰:"奈人不知何。"半塘曰:"傥注矣,而人仍不知,又将奈何。矧填词固以可解不可解,所谓烟水迷离之致,为无上乘耶。"

## 卷二

《花间集》欧阳炯《浣溪沙》云："兰麝细香闻喘息，绮罗纤缕见肌肤。此时还恨薄情无。"自有艳词以来，殆莫艳于此矣。半塘僧鹜曰："奚翅艳而已，直是大且重。"苟无花间词笔，孰敢为斯语者。

余少作《苏武慢·寒夜闻角》云："凭作出、百绪凄凉，凄凉唯有，花冷月闲庭院。珠帘绣幕，可有人听。听也可曾肠断。"半塘翁最为击节。比阅方壶词《点绛唇》云："晓角霜天，画帘却是春天气。"意与余词略同，余词特婉至耳。

## 卷三

刘无党《乌夜啼》歇拍云："离愁分付残春雨，花外泣黄昏。"此等句虽名家之作，亦不可学，嫌近纤、近衰飒。其过拍云："宿醒人困屏山梦，烟树小江村。"庶几运实入虚，巧不伤格。曩半塘老人《南乡子》云："画里屏山多少路，青青。一片烟芜是去程。"意境与刘词略同。刘清劲，王绵邈。

曩半塘老人跋《藏春乐府》云："雄廓而不失之伧楚，酝藉而不流于侧媚。"余尝悬二语心目中，以赏会藏春词。如《木兰花慢》云："桃花为春憔悴，念刘郎、双鬓也成秋。"《望月婆罗门引》云："望断碧波烟渚，苹蓼不胜秋。但冥冥天际，难识归舟。"《临江仙》云："马头山色翠相连。不知山下客，何日是归年。"《南乡子》云："暮雨夜深犹未住，芭蕉。残叶萧疏不奈敲。"前调云："醉倒不知天早晚，云收。花影侵窗月满楼。"前调云："行人更在青山外。不许朝朝不上楼。"《鹧鸪天》云："斜阳影里山偏好，独倚阑干懒下楼。"《踏莎行》云："东风吹彻满城花，无人曾见春来处。"右所摘皆警句，以言酝藉，近是，而雄廓不与焉。《太常引》云："无地觅松筠。看青草红芳斗春。"藏春佐命新朝，运筹帷帐，致位枢衡，乃复作此等感慨语，何耶？《江城子》云："看尽好花春睡稳，红与紫，任他开。"则是功成名立后所宜有矣。

……王半塘云："樵庵词朴厚深醇中，有真趣洋溢，是性情语，无道学气。"

### 卷四

易安居士三十一岁小像立轴，藏诸城某氏。诸城，古东武，明诚乡里也。余与半塘各得模本。易安手幽兰一枝半塘所藏，改画菊花，右方政和甲午，德父题辞"清丽其词，端庄其品，归去来兮，真堪偕隐"。左方吴宽、李澄中各题七绝一首。按沈匏庐先生涛《瑟榭丛谈》"长白普次云太守俊，出所藏元人画李易安小照索题，余为赋二绝句"云云，未知即此本否。易安别有荼蘼春去小影

四印斋所刻《稼轩词》，覆大德广信本。《木兰花慢·席上送张仲固帅兴元》云："追亡事，今不见，但山川满目泪沾衣。"用《史记·淮阴侯传》"臣追亡者"语。它本"追"并作"兴"，直是臆改。此旧刻所以可贵也。

### 卷五

陈大声词，全明不能有二。坐隐先生《草堂余意》，甲辰春，半塘假去，即付手民，盖亦契赏之至。写样甫（竞）[竟]，半塘自

扬之苏,婴疾遽殒。元书及样本并失去,不复可求。其词境约略在余心目中,兼乐章之敷腴,清真之沈著,漱玉之绵丽。南渡作者,非上驷未易方驾。明词往往为人指摘,一陈先生撑百瑕而有余。是书失传,明词之不幸,半塘之隐恫矣。大声名铎,别号七一居士;下邳人,家上元,睢宁伯陈文曾孙。正德间,袭济州卫指挥。有《秋碧轩集》五卷、《香月亭集》卷数未详、《秋碧乐府》二卷、《梨云寄傲词》《草堂余意》各一卷余所得钜帙逾百叶,卷数不复记忆。并见《千顷堂书目》。大声精研宫律,人称"乐王"。又善谑,尝居京师,戏仿《月令》云云,见顾起元《客座赘语》。又有《四时曲》,与徐髯仙联句。

蜀语可入词者,四月寒名"桐花冻",七夕渍绿豆令芽生,名"巧芽"桐娟浙产,生长蜀中,为余言之,不忍忘也。曩岁庚寅,余客羊城,假方氏碧琳琅馆藏书移写。时距桐娟殂化,仅匝月耳。有《鹧鸪天》句云:"殡宫风雨如年夜,薄幸萧郎尚校书。"半唐老人最为击节,谓情至语无逾此者,偶忆记之。

问哀感顽艳,"顽"字云何诠?释曰:"拙不可及,融重与大于拙之中,郁勃久之,有不得已者出乎其中,而不自知,乃至不可解,其殆庶几乎。犹有一言蔽之,若赤子之笑啼然,看似至易,而实至难者也。"

**续编卷一**

曩作七夕词,涉寻常儿女语,畸丈尤切诫之,余自此不作七夕词,承丈教也。《碧瀍词》刻入《薇省同声集》,《齐天乐》序云:"前人有言,牵牛象农事,织女象妇功。七月田功粗毕,女工正殷,天象亦寓民事也。六朝以来,多写作儿女情态,慢神甚矣。丁亥七夕,偶与瑟轩论此事,倚此纠之。""一从幽雅陈民事,天工也垂星彩。稼始牵牛,衣成织女,光照银河两界。秋新候改。正嘉谷初登,授衣将届。春粔秋梭,岁功于此隐交代。　神灵焉有配偶,藉唐宫夜语,诬蔑真宰。附会星期,描模月夕,比作人间欢爱。机窗泪洒。又十万天钱,要偿婚债。绮语文人,忏除休更待。"即诫余之恉也。

光绪甲午,伯愚学士志(钧)[锐]简乌里雅苏台办事大臣。宗室伯希祭酒盛昱赋《八声甘州》赠行云:"蓦横吹、意外玉龙哀,乌里雅苏台。看黄沙氄幕,纵横万里,揽辔初来。莫但访碑荒碛**自注:'同人属拓阙特勤碑。'**,尔是勒铭才。直到乌梁海,蕃落重开。六载碧山丹阙,几商量出处,拔我蒿莱。怆从今别后,万卷一身埋。约明春、自专一壑,我梦君、千骑雪皑皑。君梦我,一枝榔栗,扶上岩苔。"盖伯愚此行虽之官,犹迁谪也。伯希词甫脱稿,即录示余。小红笺细字绝精。比幡帋故纸得之。此等词略同杜陵诗史,关系当时朝局,非寻常投赠之作可同日语。因亟著于编。

倪云林《踏莎行》后段云:"鲁望渔村,陶朱烟岛,高风峻节为今扫。黄鸡啄黍浊醪香,开门迎笑东邻老。"旧作《锦钱词》,《寿楼春·陶然亭赋》前段云:"登陶然孤亭,问垂杨阅尽,多少豪英。我辈重来携酒,但问黄莺。"后段云:"垂竿叟,浑无营,共闲鸥占断,烟草前汀。一角高城残照,有人闲凭。"盖当时实景。托恉与云林略同。半塘云:"愈含蓄,愈隽永。"

余与半塘五兄,文字订交,情逾手足。乙未一别,忽忽四年。

《菱景》一集,怀兄之作,几于十之八九。未刻以前,亦未尽寄京师。半塘寓宣武门外教场头巷,畜马一、骡二,皆白。曩余过从,抵巷口,见系马辄慰甚。《烛影摇红》云:"诗鬓天涯,倦游情味伤春早。故人门巷玉骢嘶,回首长安道。"情景逼真。又《极相思》云:"玉箫声里,思君不见,只是黄昏。"看似平易,非深于情不能道。它日当质之半塘。

**续编卷二**

得坐隐先生精选《草堂余意》一册于运司街霍记书肆,无序跋,卷首有新都环翠堂字样。词全和《草堂》韵,每音调名下,径题元作者姓名。唯一人两调相连,则第二阕题陈大声名黄虞稷《千顷堂书目》云,录前人作,缀以己作,非是。其题前人名者,亦大声作。按明陈铎,字大声,下邳人,官指挥使。其词超澹疏宕,不琢不率。和何人韵,即仿其人体格。即如淮海、清真、漱玉诸大家,置本集中,虽识者不能辨。昔人谓词绝于明,观于大声之作,斯言殆未为信。《明词综》仅录《浣溪沙》一阕。

……曩见四印斋藏圆圆像凡三帧,一明珰翠羽,一六珈象服,一缁衣练裙,名人题咏甚夥。

番禺冯恩江永年,半塘之戚也。戊子二月,余自蜀入都,始识半塘,即以《看山楼词》见贻,并云:"斯人甚好名,若有人为之著录,不知其欣慰奚似。"今事隔十七年,半塘之言犹在耳也。冯官江西南康知县。

《粤西词见》二卷,丙申刻于金陵。尝欲辑《补遗》一卷,今不复从事矣。黄云湄先生词,余出都后,半塘得于海王村。今年四月，出以示余，属录入《粤西词补》者也。黄先生名体正，桂平人，嘉庆三年乡试第一，官至国子监典籍。有《带江园小草》，附词。

曩阅某词话云，本朝铁岭人词，男中成容若，女中太清春，直窥北宋堂奥。太清春《天游阁诗》写本，岁己丑，余得于厂肆地摊。词名《东海渔歌》，求之十年不可得。仅从沈善宝钱塘人。武凌云室，有《鸿雪楼词》《闺秀词话》中，得见五阕，录其四如左。忆与半塘同官京师时，以不得渔樵二歌为恨事。朱希真《樵歌》及《东海渔歌》也。余出都后，半塘竟得《樵歌》付梓，而《渔歌》至今杳然。就令它日得之，安能起半塘与共赏会耶？此余所为有椎琴之痛也。

明陈大声铎《草堂余意》，具澹、厚二字之妙，足与两宋名家颉颃。半塘借去未还。筱珊先生急欲付诸剞氏，而元书不可复得。筱珊谓余，可为陈大声一哭。

道光季年，祥符周稚圭先生之琦开府吾粤，刻《心日斋十六家词录》成。适华亭张诗舲先生祥河官藩司，为之序。末云："公今美成，余惭叔夏。"两贤合并，诚佳话也。

王幼霞给谏鹏运，自号半塘老人临桂东乡地名半塘尾，幼霞先茔所在也。清通温雅，初嗜金石，后乃专一于词。其四印斋山谷《送张叔和诗》：我捉养生之四印。谓忍默平直也。百战百胜，不如一忍。万言万业，不如一默。无可拣择眼界平。不藏秋豪心地直所刻词旁搜博采，精采绝伦，虽虞山毛氏弗逮也。王氏在桂林曰燕怀堂，旧有园在城西南隅。修廊百步，镂花墙，纳湖光。墙已外即杉湖矣。半塘有鼻病，致憎兹多口，然不足为直声才名玷也。

辛卯、壬辰间，余客吴门，与子苾、叔问，素心晨夕，冷吟闲醉，不知有人世升沉也。某夕，漏未三滴，招子苾燕集，不至。叔问得《浣溪沙》前四句，余足成之。"冰样词人天样遥。翠衾贪度可怜宵苾姬人名翠翠。未应笺管换钗翘。　破面春风防粉爪。问画眉新月恋香毫。柳鬈花笑奈明朝。笙"翼日，有怡园之约，故歇拍云云。今子苾墓木拱矣。王逸少所谓"俯仰之间，已成陈迹"，成容若所谓"当时只道是寻常"也。

陈大声《草堂余意》不可复得，甚恨事也。大声一字秋碧，精研宫律，当时有"乐王"之目。又善谑，尝居京师戏仿《月令》二月云："是月也，壁虱出，沟中臭气上腾，妓靴化为鞋。"见顾起元《客座赘语》。又有《四时曲》，秋碧与徐髯仙联句。

余女兄三，某仲适黄，名俊熙，字吁卿。吁卿之曾祖蓼园先生，有《词选》梓行。《词选》无先生名，名待考。起玄真子《渔歌子》，讫周美成《六丑》，都二百二十四阕。并浑雅温丽，极合倚声消息。每阕有笺，征引赡博。余年十二，女兄于归，诒余是编，如获拱璧。心维口诵，辄仿为之。是余词之导师也。先生选词若是之精，断无不工填词之理，顾所作迄未得见。可知吾粤词人，湮没不彰者夥矣。黄氏家祠内有《偶彭楼词》，举版贮其上，并可登眺城西山色。女兄以余幼故，请登楼勿许，当时为之惘然。至楼名何，则至今不知。

贺方回《小梅花》"城下路"一阕前段，《词综》作金人高宪词，调名《贫也乐》，于"家"韵分段。半塘云："或沿明人选本之讹也。"王幼安云：《词综》本元好问《中州乐府》

曩与筱珊、半塘，约为词社，月祝一词人，合为一集。嗣筱珊有湖北之行,因而中止。考出词人生日,录记于此,它日克践斯约,尚当补所未备。正月初四日黄仲则景仁生见年谱。十一日李分虎符生见本集。三月十二日蒋京少景祁生见罨画溪词题。二十五日王西樵士禄生见名人年谱。五月初二日厉樊榭鹗生见本集。初四日彭羡门孙遹生见延露词题。二十二日项莲生鸿祚生见汪远孙清尊集。六月二十九日李武曾良年生。七月初七日周稚圭之琦生见年谱。八月二十一日朱竹垞彝尊生见年谱。闰八月二十八日王阮亭士正生见年谱。十月二十八日蒋苕生士铨生见名人年谱。十一月二十二日王德甫昶生见年谱。十二月十二日纳兰容若成德生见高士奇疏香词题。

案:以上《蕙风词话》校以孙克强辑考《蕙风词话 广蕙风词话》,二者卷数不同。以下摘录《广蕙风词话》。

## 《蕙风词话 广蕙风词话》

孙克强 辑考

**卷四 《历代词人考略》**

《历代词人考略》卷十一 宋五 二 苏轼

按:临桂王给谏鹏运,自号半塘老人,近世词学家之泰斗也。尝谓北宋人词如潘逍遥之超逸,宋子京之华贵,欧阳文忠之骚雅,柳屯田之广博,晏小山之疏俊,秦太虚之婉约,张子野之流丽,黄文节之隽上,贺方回之醇肆,皆可模拟得其仿佛。惟苏文忠之清雄,复乎轶尘绝迹,令人无以步趋。盖霄壤相悬,宁止才华而已，其性情，其学问，其襟抱，举非恒流所能梦见。词家苏辛并称，其实辛犹人境也，苏其殆仙乎？吾友蕙风舍人《香东漫笔》有云：词中求词，不如词外求词。文忠词大都得之词外，而并勿庸求之者也。

《历代词人考略》卷二十四　宋十八　二三　胡铨

按：胡忠简《澹庵长短句》为四印斋所刻《南宋四名臣词》之一，词凡十五阕。《醉落魄》云："千岩竞秀。……"《鹧鸪天·用山谷韵》云："梦绕松江属玉飞。……"公不以词名，此两阕略见其襟抱，自余大都冲夷疏旷，寓坎止流行之趣，半唐王氏所谓"摧刚藏棱"者也。

《历代词人考略》卷二十七　宋二十一　一四　范成大

按：《石湖词》有知不足斋刻本，乃据钞本付刊，鲍渌饮又辑《补遗》，但钞本字多讹脱。王半塘翁曾以旧本校之，朱彊村刻入丛书，又自《花庵词选》等书补辑二十二首，皆陈梦弼所未知。中间如《醉落魄》（栖鸟飞绝）阕在《石湖词》中尤为黄绢幼妇，梦弼所和大都石湖通显以后之作，其佳词如《醉落魄》者，不尽在元唱中也。

《历代词人考略》卷三十七　宋三十一　一三　刘子寰（圻父）

又按：《皕宋楼藏书志》：《篁嶂词》一卷，汲古阁影宋本，宋麻沙刘子寰撰，其词《四库》未收，各家书目亦罕著录云云。曩见王氏四印斋传抄本，计十六页，仅存十二页，其第一页首书词名及撰人占籍名字，余页皆空白，仅书号数。当是汲古元抄亦有如许空页，王钞依式为之耳。以其残阙泰甚，王氏刻宋元名家词及朱氏彊村所刻词并未收入。其第十二页存全词二阕，为各家选本所未载,兹移录全页如左,以存毛抄之旧云。

《历代词人考略》卷四

王佑遐云:莲峰居士词,超逸绝伦,虚灵在骨。芝兰空谷,未足比其芳华;笙鹤瑶天,讵能方兹清怨?后起之秀,格调气韵之间,或月日至,得十一于千百。若小晏,若徽庙,其殆庶几。断代南渡,嗣音阒如。盖间气所钟,以谓词中之帝,当之无愧色矣。

《历代词人考略》卷十二

陈师道词后:王半唐云:词名诗余,后山词信其诗之余矣。卷中精警之句,亦复隐秀在神,蕃艳为质,秦七、黄九蔑以加。昔杜少陵诗云:"文章千古事,得失寸心知。"国朝纳兰容若自言其为诗词,"如鱼饮水,冷暖自知而已。"笃行如后山,讵漫然自矜许者?特可为知者道耳。

《历代词人考略》卷二十六

袁去华词评:王半塘云:宣卿词气清而笔近涩。词笔最忌留不住。

案:后三条孙辑未收录。据《历代词人考略》原本补录。


## 卷五 《餐樱庑词话》

一○、三先生睡词

遗山《水龙吟·衍陈希夷睡歌》云:"百年同是行人,酒乡独有归休地。此心安处,良辰美景,般般称遂。力士铛头,舒山枸畔,不妨游戏。算为狂为隐,非狂非隐,人谁解、先生意。 莫笑糊涂老眼,几回看、红轮西坠。一杯到手,人间万事,俱然少味。范蠡张良,尽他惊怪,陈抟贪睡。且陶陶兀兀,今朝醉了,更明朝

附录三：词话中有关王鹏运资料辑录

醉。"《天籁集》有《睡词》亦用此调，云"遗山先生有《醉乡》一词，仆饮量素悭，不知其趣，独闲居嗜睡有味，因为赋此：醉乡千古人行，看来直到无何地。如何物外，华胥境界，升平梦寐。鸾驭翩翩，蝶魂栩栩，俯观群蚁。恨周公不见，庄生一去，谁真解，黑甜味。　闻道希夷高卧，占三峰、华山重翠。寻常羡杀，清风岭上，白云堆里。不负平生，算来惟有，日高春睡。有林间剥啄，忘机幽鸟，唤先生起"。又《用前韵答曹光辅教授》云："倚栏千里风烟，下临吴楚知无地。有人高枕，楼居长夏，昼眠夕寐。惊觉游仙，紫毫吐凤，玉觞吞蚁。更谁人似得，渊明太白，诗中趣、酒中味。　惭愧东溪处士，待他年、好山分翠。人生何苦，红尘陌上，白头浪里。四壁窗明，两盂粥罢，暂时打睡。尽闻鸡祖逖，中宵狂舞，蹴刘琨起。"半塘老人王鹏运《和天籁词韵》云："软红十丈尘飞，人间何许埋愁地。颓然一笑，玉山自倒，春生梦寐。我已忘情，蕉边覆鹿，槐根封蚁。问无情世故，仓皇逐热，谁能解、于中味。　漫说朝来挂笏，最宜人、西山晴翠。何如一枕，忘机息影，黑甜乡里。万事悠悠，百年鼎鼎，付之酣睡。待黄鹂三请，窥园乘兴，倩花扶起。"三先生睡词，六百年来，沉瀣一气，盖坦夷宁静，时世异而襟抱同矣。余则旧有句云："早是从来少睡人，何堪听雨更愁春。"是不知睡味者，乌在从三先生后。其与半塘不同而同，惟吾半塘能言之。畴昔文字订交，情逾昆季，春明薄宦，晨夕过从，犹忆睡词脱稿，一灯商榷，如在目前，其过拍"无情世故"、歇拍"倩花扶起"句，并余为之酌定。讵今山河邈若，陵谷娄迁，何止梦中，其成隔世。俯仰陈迹，能无悁悁以悲耶。

二六、半塘藏宋人词集

甲辰四月下沐,过江访半唐扬州,晤于东关街安定书院西头之寓庐。握手欷歔,彼此诧为意外幸事,盖不相见已十年矣。半唐出示别后所得宋人词精抄本四巨册。刘辰翁《须溪词》、谢邁《竹友词》、严羽《沧浪词》(只二阕,不能成卷)、张育《梦庵词》、陈深宁《极斋乐府》、张辑《东泽绮语债》、李祺《侨庵词》、陈德武《白雪词》、王达《耐轩词》、曹宠《松隐词》、吴潜《履斋先生词》、廖行之《省斋诗余》、汪元量《水云词》、张抡《莲社词》、沈瀛《竹斋词》、王以宁《王周士词》、陈著《本堂词》,最十七家。《须溪》《东泽》《水云》三种,曩与半唐同官京师,极意访求不可得。《松隐》则昔只得前半本,此足本也。右一则曩《兰云菱梦楼笔记》锲行时刊削之稿。今半唐归道山久,四印斋中长物,悉化云烟。此宋词四巨册,不知流落何所,亟记之以存其目。其《东泽绮语债》亦足本,为最可惜,比以语沤尹,不信有此本也。

## 卷七　蕙风序跋

### 六、吴文英《梦窗甲乙丙丁稿》跋

半塘老人刻《梦窗词》凡三易版,第三次斠雠最精。甲辰五月授梓于扬城,秋初断手,而半塘先殁于吴阊,书未印行,版及原稿亦[不]复可问。余从剞氏购得样本,每叶悉缀字数,盖半塘所未见也。以是书无第二本,绝珍(弃)[弆]之。叔雍仁兄邃于词学,夙规模梦窗,从余假观,谋付印行,以广其传,为识厓略如此。庚申熟食日临桂况周颐书于海上赁庑之天春楼。(《四印斋所刻词》)

案：上跋不见于上海古籍出版社影印本《四印斋所刻词》。

一二、顾春《东海渔歌》序

光绪戊子己丑间，与半塘同客都门。于厂肆得太素道人所著《子章子》及顾太清春《天游阁诗》，皆手稿。……余有词癖，惟半塘实同之。曩在京师，搜罗古今人词，以不得渔樵二歌为恨事，宋朱希真《樵歌》及《东海渔歌》也。洎余出都后数年，半塘乃得《樵歌》刻之。今又十数年，而余竟得《渔歌》，而半塘墓木拱矣。嗟乎！一编幸存，九原不作，开兹缥帙，能无悁悁以悲耶！……（西泠印社活字本）

一四、《存悔词》序

余性嗜好倚声，是词为己卯以前作，固陋。无师友切磋，不自揣度，谬祸梨枣。戊子入都后，获睹古今名作，复就正子畴、鹤巢、幼遐三前辈，寝馈其间者五年，始决知前刻不足存，以少年微尚所寄，未忍概从弃置，择其稍能入格者十数阕，录附卷末，功候浅深不可强如是。后之视今，犹今视昔，庶有进焉。壬辰小寒后四日。（《蕙风丛书》）

一八、《餐樱词》自序

余自壬申、癸酉间即学填词，所作多性灵语，有今日万不能道者，而尖艳之讥，在所不免。己丑薄游京师，与半塘共晨夕。半塘于词夙尚体格，于余词多所规诫，又以所刻宋元人词，属为斠雠，余自是得窥词学门径。所谓重拙大，所谓自然从追琢中出，积心领神会之，而体格为之一变。半塘亟奖藉之，而其他无责焉。夫声律与体格并重也，余词仅能平仄无误，或某调某句有一定之四声，昔人名作皆然，则亦谨守弗失而已，未能一声一字，

· 793 ·

剖析无遗，如方千里之和清真也。如是者二十余年。壬子以还，辟地沪上，与沤尹以词相切磨。沤尹守律甚严，余亦恍然向者之失，断断不敢自放。《餐樱》一集，除寻常三数熟调外，悉根据宋、元旧谱，四声相依，一字不易，其得力于沤尹与得力于半塘同。人不可无良师友，不信然欤。大雅不作，同调甚稀，如吾半塘，如我沤尹，宁可多得。半塘长已矣，于吾沤尹，虽小别亦依黯。吾沤尹有同情焉，岂过情哉！岂过情哉！乙卯风雪中，沤尹为锲《餐樱词》竣，因略述得力所由，与夫知爱之雅，为之序，与沤尹共证之。岁不尽六日，夔笙书于餐樱庑。（《蕙风丛书》）

## 《蕙风词话》附录（据《词话丛编》）

### 夏敬观《蕙风词话》诠评

临桂况舍人夔笙，最善于论词。虽其所作之词，亦不能尽符其论词之旨，要其所论，类多名言。兹择其《蕙风词话》中之有关作词旨要者，加以扩充阐明。其所说未惬吾意者，亦加以辨正。

作词有三要：曰重、拙、大。南渡诸贤不可及处在是。又曰：重者，沉著之谓，在气格不在字句。又引半塘云："宋人拙处不可及，国初诸老拙处亦不可及。"

按况氏言，重、拙、大为三要，语极精粲。盖重者轻之对，拙者巧之对，大者小之对，轻巧小皆词之所忌也，重在气格。若语句轻，则伤气格矣，故亦在语句。但解为沉著，则专属气格矣。盖一篇词，断不能语语沉著，不轻则可做到也。一篇中欲无轻语，则惟有能拙，而后立得住，此作诗之法。一篇诗，安得全是名句。得一二名句，余皆恃拙以扶持之，古名家诗皆如此也。名家词亦然。北宋词较南宋为多朴拙之气，南宋词能朴拙者方为名家。概论南宋，则纤巧者多于北宋。况氏言南渡诸贤不可及处在是，稍欠分别。况氏但解重拙二字，不申言大字，其意以大字则在以下所说各条间。余谓重拙大三字相连系，不重则无拙大之可言，不拙则无重大之可言，不大则无重拙之可言，析言为三名辞，实则一贯之道也。王半塘谓"国初诸老拙处，亦不可及"。清初词当以陈其年、朱彝尊为冠。二家之词，微论其词之多涉轻巧小，即其所赋之题，已多喜为小巧者。盖其时视词为小道，不惜以轻巧小见长。初为词者，断不可学，切毋为半塘一语所误。余以为初学为词者，不可先看清词，欲以词名家者，不可先读南宋词。

张皋文、周止庵辈尊体之说出，词体乃大。其所自作，仍不能如其所说者，则先从南宋词入手之故也。大凡学为文辞，入手门径，最为紧要，先入为主，既有习染，不易涤除。取法北宋名家，然后能为姜张。取法姜张，则必不能为姜张之词矣。止庵谓问途碧山，历梦窗、稼轩，以还清真之浑化，乃倒果为因之说，无是理也。

词过经意，其蔽也斧琢。过不经意，其蔽也襍襫。不经意而经意易，经意而不经意难。又曰："恰到好处，恰够分量，毋不及，毋太过，半塘老人论词之言也。"又曰："词太做嫌琢，太不做嫌率，欲求恰如分际，此中消息，正复难言。但看梦窗何尝琢，稼轩何尝率，可以悟矣。"

此三条，反复申明不琢不率之道，乃炉火纯青之功候也。梦窗学清真者,清真乃真能不琢,梦窗固有琢之太过者。稼轩学东坡者,东坡乃真能不率,稼轩则不无稍率者。况氏从南宋词用功,所说多就南宋词立论,前条明方圆之义亦然。

吾词中之意,唯恐人不知,于是乎勾勒。夫其人必待吾勾勒,而后能知吾词之意,即亦何妨任其不知矣。曩吾词成,于每句下注所用典,半塘辄曰:"无庸。"余曰:"奈人不知何。"半塘曰:"傥注矣,而人仍不知,又将奈何。剞劂词固以可解不可解,所谓烟水迷离之致,为无上乘耶。"

勾勒者,于词中转接提顿处,用虚字以显明之也。即张炎《词源》所云:"用虚字呼唤,单字如正、但、任、甚之类,两字如莫是、还又、那堪之类,三字如更能消、最无端、又却是之类。"南宋清空一派,用此勾勒法为多,用之无不得当者,南宋名家是也。乾嘉时词,号称学稼轩、白石、玉田,往往满纸皆此等呼唤字,不问其得当与否,遂成滑调一派。吴梦窗于此等处多换以实字,玉田讥为七宝楼台,拆下不成片段,以为质实,则凝涩晦昧。其实两种皆北宋人法,读周清真词,便知之。清真非不用虚字勾勒,但可不用者即不用。其不用虚字,而用实字或静辞,以为转接提顿者,即文章之潜气内转法。今人以清真、梦窗为涩调一派。梦窗过涩则有之,清真何尝涩耶。清真造句整,梦窗以碎锦拼合。整者元气浑仑,碎拼者古锦斑斓。不用勾勒,能使潜气内转。则外涩内活。白石、玉田一派,勾勒得当,亦近质实,诵之如珠走盘,圆而不滑。二派皆出自清真。及其至,品格亦无高下也。今之学梦窗者,但能学其涩,而不能知其活。拼凑实字,既非碎锦,而又捍格不通,其弊等于满纸用呼唤字耳。词固不可多用典,用典充塞，非佳词也。清初竹垞、迦陵犯此弊，后人为之笺注，阅之尚可厌，自注则尤鄙陋。

## 《词　说》

### 蒋兆兰

**自序**

有清一代，词学屡变而益上。中叶以还，鸿生叠起，辟门户之正，示轨辙之程。逮乎晚清，词家极盛，大抵原本风雅，谨守止庵"导源碧山，历稼轩、梦窗，以还清真之浑化"之说为之。虽功力有浅深，成就有大小，而宁晦无浅，宁涩无滑，宁生硬无甜熟，练字练句，迥不犹人，戛戛乎其难哉。其间特出之英，主坛坫，广声气，宏奖借，妙裁成，在南则有复堂谭氏，在北则有半塘王氏，其提倡推衍之功，不可没也。慨自清命既讫，道丧文敝，二十年来，先民尽矣。独有彊村、蕙风，喁于海上，乐则为天宝霓裳，忧则为殷遗麦秀，是可伤已。乃今岁初秋，蕙风奄逝，吾道益孤。犹幸承其风者，有吴君瞿安、王君饮鹤、陈君巢南诸子，大抵学有本原，足以守先而待后。

**清季词家抗衡两宋**

初学填词，勿看苏、辛，盖一看即爱，下笔即来，其实只糟粕耳。竹垞提倡姜、张，太鸿参之梅溪，阳湖推挹苏、辛，止庵揭橥四家，而以清真集其成，可谓卓识至论。清季词家，蔚然称盛。

大抵宗二张止庵之说,又竭毕生心力为之。本立言之义,比风雅之旨,直欲突过清初,抗衡两宋。后有作者,试研几张景祁、谭献、许增、郑文焯及四中书端木埰、许玉瑑、王鹏运、况周颐、张仲炘、朱孝臧诸贤所作,当知吾言之不谬也。

## 《小三吾亭词话》

### 冒广生

**卷一**

**王鹏运《半塘词》**

粤西词家,定甫以后,推王幼遐鹏运、况葵笙周仪。王官御史,所著曰《半塘词》。况官中书舍人,所著曰《第一生修梅花馆词》。余戊戌入都,始与幼遐订交。幼遐所刻四印斋词山谷诗云"我捉养生之四印",谓忍默平直也,校勘精审,汲古弗逮。其所为词,泠泠累累,若鸣杂佩。《青玉案》云:"亭皋绿遍春来路。又冉冉、春将去。不是吟情浑漫与。天涯回首,落花飞絮,都付流莺语。 珠帘翠幕无重数。似水空庭镇延伫。满地江湖君念否。青山犹是,白云终古,百草忧春雨。"《南浦》云:"新绿满瀛洲,薄寒消、又是岸容催晓。羌管漫吹愁,东风飑、和雨和烟都扫。盈盈顾影,疏星一点春痕小。牵惹离愁千万缕,何必绿波芳草。 丝丝那绾流光,几销凝、寒食清明近了。系马认闲门,年时约、春共踏青人到。吟情顿渺。夕阳休倚危阑悄。问讯絮飞随水处,种出苹花多少。"《三姝媚》云:"怀人心正苦。况阑干依然,倦红愁舞。泪滴罗襟,数心期慵续,闲情新句。费尽春工,成就得、半天风絮。碧海沉沉,只有嫦娥,忘情终古。　此际潮生江步。正酒醒扁舟,羡君归路。风雨禁持,料也应念我,独弦歌处。已是啼鹃,休更说、看花如雾。知否成连海上,新声换谱。"

《东海渔歌》

幼遐论词,尝以不得见渔樵二歌为恨,谓朱希真《樵歌》及顾春《东海渔歌》也。顾春字太清,为贝勒弈绘侧室。论满洲人词者,有男中成容若,女中太清春之语。去夏,余从后斋将军假得贝勒《明善堂诗》,曾刺取太清遗事,赋六绝句。今年乃得见《东海渔歌》凡四卷,缺第二卷。惜幼遐客死扬州,不获共欣赏也。《樵歌》有吴枚庵钞校本,幼遐已得之付梓

况周仪词

葵生尝与幼遐暨端木子畴、许鹤巢合刻词曰《薇省同声集》。其所刻《新莺》《玉梅》《锦钱》《蕙风》《菱景》《存悔》诸词,婉约微至,多可传之作。

卷二

朱祖谋《彊村词》

归安朱古微侍郎祖谋,中岁始填词,而风度矜庄,格调高简。王幼遐云:"世人知学梦窗知尊梦窗,皆所谓但学兰亭之面,六百年来真得髓者,古微一人而已。"古微词品不可及,人品尤不可及。庚子夏秋之间,黄巾黑山,群情汹汹,古微独昌言其不可恃,几陷不测。比年乞病却归吴门,与郑叔问、刘光珊辈岁寒唱和,有终焉之志。朝廷知其誓墓之词甚苦,亦不相强,视近时三

事大夫之勇猛精进、夜行不休者,真可思量烂熟也已。古微所刊有《庚子秋词》《春蛰吟》,皆与幼遐诸人唱答之什。其《彊村词》三卷,则近从吴中刻成见寄者也。

## 卷四

### 黄绍箕《潞舸词》

黄仲弢提学 绍箕 为卣香刑部犹子,漱兰侍郎子。殚心金石目录之学,在国朝人中似钱晓征,其著述多未写定。故事,国史馆儒林列传,必胪列其人生平撰述,始克奏准,而丈礼堂未写,亦蒙异数。岁乙未,余客瑞安,曾见丈《潞舸词》一卷,惜未录副。仅题一词归之,今不可踪迹矣 近日章一山检讨、王书衡推丞、陈石遗学部皆谋葺丈遗著。尚忆其《齐天乐》一阕,前有小序云:"王幼遐给谏假余所藏旧钞宋元词辑刻见诒,赋此柬之。彭文勤藏汲古钞宋未刻词,见《知圣道斋读书跋尾》,余藏本行款悉合,盖出一源。彭跋又云'合李西涯辑南词一部,又宋元人小词一部,于已刻六十家外,得六十二种,安得好事者续镌后集'云云。幼遐所刊,适得其半,他日当相助访求,系之篇终,以当息壤。"词云:"绛云消歇金风谢,虞山秘储星散。渔笛腔边,樵歌谱外,花草飘零无算。春回雪案。忽双白山人,笑呼俦伴。拟为君图,乌丝红烛校词馆。　平生耽玩古翰。苦删除绮语,偏被情绊。梁梦留凄,荷心卷悴,幻出玉锵金灿。风骚一瓣。料词客英灵,未应枯烂。剑合他年,补南昌一半。"此词无一字无来历,凤毛麟角,不待识者亦知宝贵矣。

## 《忍古楼词话》

### 夏敬观

**王半塘**

临桂王佑遐给谏鹏运,亦号半塘,又号鹜翁,罢官后主讲维扬,光绪甲辰,客游苏州,殁于拙政园。归安朱古微侍郎祖谋为刊《半塘定稿》于广州,今所传者惟此,乃其自定本也。其词分甲、乙、丙、丁、戊、己、庚、辛八稿,定稿选自乙稿始。余家惟有丙稿《味梨集》,乃庚稿《庚子秋词》《春蛰吟》单行本。其乙稿之《袖墨集》《虫秋集》,丁稿《鹜翁集》,戊稿《蜩知集》,己稿《校梦龛集》,辛稿《南潜集》,皆未之见。顷姚君景之录示《蓦山溪》词,系癸卯三月赴南昌望庐山作,盖《南潜集》中词,定稿所未录也。词云:"浪花飞雪,春到重湖晚。风压舵楼烟,飔船唇,乍舒还卷。渔樵分席,相与本无争,闲狎取,野鸥群,知我忘机惯。看山欹枕,未算游情倦。九叠锦屏张,尚依约,儿时心眼。云中五老,休笑白头人,除一角,晚峰青,何处寻真面。"此词亦至清健,而《定稿》不录。其《味梨集》《春蛰吟》,为《定稿》所屏弃之词,正自不少。足见去取虽出自作者,亦非无遗珠也。

案半塘老人《校梦龛集》,彊邨先生留有钞本,拟全部分载本刊。又半塘以不登甲榜,引为大憾。故自编词集,独缺甲稿。此言亦得之彊翁云。沐勋附识。

## 《柯亭词论》

### 蔡嵩云

**初学不必守四声**

词守四声，乃进一步作法，亦最后一步作法。填时须不感拘束之苦，方能得心应手。故初学填词，实无守四声之必要。否则辞意不能畅达，律虽叶而文不工，似此填词，又何足贵。惟世无难事，习之既久，熟能生巧，自无所谓拘束，一以自然出之。虽守四声，而读者若不知其为守四声矣。北宋尚无守四声之说。通音律之词家，大都能按宫制谱，审音用字**参看拙著《乐府指迷笺释》"去声字"条下小注第一后按语**。南渡后，此法渐失传。于是始有守四声词派出，以求于律不迕。至所谓守四声，在一调中，有全守者，有半守半不守者。方杨诸家之和清真，每有此现象。全守者不必论。半守者，即词中此一部分四声，有丝毫不容假借处。故诸家于此等处，均不肯违背。半不守者，即词中此一部分四声，有可通融处。故诸家可各随其意。又同一人所创之调亦然。如梦窗《莺啼序》三首中四声虽大致相同，亦间有不同处。总之皆随各宫调音谱之性质，而填词用字各如其量。惟四声在调之何部即可通融，宋贤亦无定则传后。故今日填词，不讲律则已，讲律则惟有遵守宋贤轨范，亦步亦趋矣。入可代平，去不代上，本宋贤成说，不妨按调之情形采用。王半塘、郑叔问、况蕙风、朱彊邨为清末四大词家，守律之严，王、郑似不如朱、况。而朱、况之严于守律，前期之作，似不如其后期。总之宋词之音谱拍眼既亡,即守四声,亦不能入歌。守律派之守四声,无非求其近于宋贤叶律之作耳。近年社集,恒见守律派词人,与反对守律者互相非难,其实皆为多事。词在宋代,早分为音律家之词与文学家之词。音律家声文并茂之作,固可传世。文学家专重辞章之作,又何尝不可传世。各从其是可也。

**学词勿先看近人词**

学词切勿先看近人词。近人词多重敷浮字面,不尚意境,不讲章法,不守格律。从此入手,以后即不能到宋名贤境界。清词亦只末季,王、朱、郑、况等数家可以取法,余不足观也。

**清词三期**

清词派别,可分三期。浙西派与阳羡派同时。浙西派倡自朱竹垞,曹升六、徐电发等继之,崇尚姜张,以雅正为归。阳羡派倡自陈迦陵,吴薗次、万红友等继之,效法苏、辛,惟才气是尚,此第一期也。常州派倡自张皋文,董晋卿、周介存等继之,振北宋名家之绪,以立意为本,以叶律为末,此第二期也。第三期词派,创自王半塘,叶遐庵戏呼为桂派,予亦姑以桂派名之。和之者有郑叔问、况蕙风、朱彊村等,本张皋文意内言外之旨,参以凌次仲、戈顺卿审音持律之说,而益发挥光大之。此派最晚出,以立意为体,故词格颇高。以守律为用,故词法颇严。今世词学正宗,惟有此派。余皆少所树立,不能成派。其下者,野狐禅耳。故王、朱、郑、况诸家,词之家数虽不同,而词派则同。

· 803 ·

**碧山玉田各具面貌**

碧山、玉田生当宋末元初,黍离麦秀之感,往往溢于言外。二家虽同出白石,而各具面貌。碧山沉郁处最难学,近代王半塘,即瓣香碧山者。玉田轻圆甜熟,最易入手。不善学之,则流于滑易而不自觉,盖无其怀抱与工力也。清初学玉田者,多蹈此弊。

## 《声 执》

陈匪石

### 卷上

*行文两要素*

行文有两要素,曰气、曰笔。气载笔而行,笔因文而变。昌黎曰:"气盛则言之短长与声之高下者皆宜。"长短高下,与笔之曲直有关。抑扬垂缩,笔为之,亦气为之。就词而言,或一波三折,或老干无枝,或欲吐仍茹,或点睛破壁。且有同见于一篇中者,百炼刚与绕指柔,变化无端,原为一体,何也。志为气之帅,气为体之充,直养而无暴,则浩气常存,惟所用之,无不如志。苟馁而弱,何以载笔。名之曰柔,可乎?读昔人词评,或曰拗怒,或曰老辣,或曰清刚,或曰大力盘旋,或曰放笔为直干,皆施于屯田、清真、白石、梦窗,而非施于东坡、稼轩一派。故劲气直达,大开大阖,气之舒也。潜气内转,千回百折,气之敛也。舒敛皆气之用,绝无与于本体。如以本体论,则孟子固云至大至刚矣。然而婉约之与豪放,温厚之与苍凉,貌乃相反,从而别之曰阳刚,曰阴柔。周济且准诸风雅,分为正变,则就表著于外者言之,而仍只舒敛之别尔。苏、辛集中,固有被称为摧刚为柔者。即观龙川,何尝无和婉之作。玉田何尝无悲壮之音。忠爱缠绵,同源异委。沉郁顿挫,殊途同归。谭献曰:"周氏所谓变,亦吾所谓正。"此言得之。故词之为物,固衷于诗教之温柔敦厚,而气实为之母。但观柳、贺、秦、周、姜、吴诸家,所以涵育其气,运行其气者即知。东坡、稼轩音响虽殊,本原则一。倘能合参,益明运用。随地而见舒敛,一身而备刚柔。半唐、彊村晚年所造,盖近于此。若喧豗放恣之所为,则暴其气者,北宫黝、孟施舍之流耳。

## 卷下

### 周济《词辨》

周济于嘉庆间作《词辨》十卷,今所存者前二卷。一卷起温庭筠为正,二卷起李后主为变。谭复堂谓为解人难索。实则古文家阴柔与阳刚之说,而托体风骚,取义比兴,犹是张惠言之法。道光十二年撰《宋四家词选》,以周、辛、王、吴四家领袖一代。荦荦余子,以方附庸。其言曰:"问途碧山,历梦窗、稼轩,以还清真之浑化。"则刚柔兼备,无所谓正变矣。盖周氏友董毅,而私淑张氏。张氏之说,本无所谓刚柔正变,观其所选,可以概见。而周氏之造述,更有进于张氏者。《词辨》所附之《论词杂箸》,《宋四家词选》之叙与论及眉评,皆指示作词之法,并评论两宋各家之得失,示人以入手之门,及深造之道。清季王半塘为一代宗匠,即有得于周氏之途迳者。其"非寄托不入,专寄托不出"二语,尤为不二之法门。自周氏书出,而张氏之学益显。百余年来词径之开辟,可谓周氏导之。至其能识屯田、梦窗,评论确当,则不仅弥张氏之缺憾,且开后此之风气矣。四家所附各家,未必铢两悉称,然大体近是者为多。至其纠弹姜、张,剟刺陈、史,芟夷卢、高,在举世竞尚南宋之时,实独抒己见,义各有当。惟其评论白石,似有失当之处。所指为俗滥、寒酸、补凑、敷衍、重复者,仍南宋末季之眼光,未必即白石之败笔。且或合于北宋之拙朴。又谓白石脱胎稼轩,则愚尤不敢苟同。野云孤飞冲澹飘逸之致,决非稼轩所有。而稼轩苍凉悲壮之音,权奇倜傥之气,亦非白石所能。未可相附也。又其退苏进辛,而目东坡为韶秀,亦非真知东坡者。

*九种词集*

《四印斋所刻词》,王鹏运刻。惟《双白词》非善本,其余大概善本或孤本。且有影刊宋、元椠者,校雠亦精。附《宋元三十一家词》,亦皆孤本。原刻外,上海有缩影本。

案:以上相关词话未注明者均据唐圭璋《词话丛编》。

# 《词　论》

## 刘永济

**卷下**

总术第一

必也意足以举其辞,辞足以达其意。辞意之间,有相得之美,无两伤之失。此半塘老人恰到好处、恰够消息之论也。往岁为《学衡》杂志撰《文鉴》篇,举孔子足志、足言之义,以谓作家当深思明辨者,在足之一字。半塘老人两言,即足字诠释也。

声采第六

然词韵实较诗韵为宽,其理,则半塘翁由声得韵之言得之矣。……唱曲之诀,在唱一字不失本字之音;填词之要,在用一韵不出本部之外。字归本音,则音正,韵归本部,则韵谐。音正韵谐,则无棘喉涩舌之失。古人之词,付之歌喉,唯求谐协。苟能谐协,即可为韵。故东、冬、钟可以合用,青、清、侵绝不相通。此王氏所谓由声得韵也。

**案**:以上据《词论》,刘永济著,上海古籍出版社1981年版。

## 《分春馆词话》

朱庸斋

### 卷三

第二六条:王半塘《三姝媚》(蘼芜春思远)一阕,不少人谓因怜珍妃被幽而作。

第三七条:蒋春霖词,疏宕婉秀,高健沉郁,恪守格律而又自然流畅,字面玉田、碧山,笔势则东坡、稼轩,格调则清真、白石。沉郁顿挫,谭献以"词中老杜"称之,虽似过誉,然其慢词慷慨悲愤,于艺术上自为有清一代之冠矣。其《木兰花慢·江行晚过北固山》云:"泊秦淮雨霁,又灯火,送归船。正树拥云昏,星垂野阔,暝色浮天。芦边,夜潮骤起,晕波心、月影荡江圆。梦醒谁歌楚些,泠泠霜激哀弦。　婵娟,不语对愁眠,往事恨难捐。看莽莽南徐,苍苍北固,如此山川。钩连,更无铁锁,任排空樯橹自回旋。寂寞鱼龙睡稳,伤心付与秋烟。"笔势豪纵,而炼字用语则婉约深至,境界阔大,当为集中最高之作。豪放而不粗率,即其年亦未臻此境也。鹿潭善炼动字,如"拥""垂""浮""晕""荡"等字皆生动形象,"看"字直贯到"回旋",气势甚劲,而"任""自"二字亦极见工力。清季四家(王鹏运、郑文焯、朱祖谋、况周颐)力炼虚字,亦以此为式。

　　第四三条:清词至清季四家,词境始大焉。盖此四家者,穷毕生之力,深究词学,其生长之时代及生活,亦多可喜可愕、可歌可泣者,故为词亦远过前代。王于碧山、郑于白石、朱于梦窗、况于梅溪(王参以东坡、稼轩而能宏健深远,郑参以柳永而幽深高隽,朱参以清真而浓厚沉着,况参以贺铸而情致婉秀),皆有所得,功力同为宋以后所不能到,甚有突过宋人之处者。

　　第四四条:江浙人论清季四家,或举王、郑、朱、文,或举王、郑、朱、况。凡学文者必轻况,爱况者必轻文。况蕙风推崇半塘"重、拙、大"之说,而己所作则不尽符,惟以情致性灵见长。盖其才适足为词而已。文道希能重、能大,亦能生、能新。昔人多称其学东坡,其实东坡而外,更近遗山也。

　　第四五条:清季四家词,无论咏物抒情,俱紧密联系社会实际,反映当时家国之事。或慷慨激昂,或哀伤憔悴,枨触无端,皆有为而发。词至清末,眼界始大,感慨遂深,内容充实,运笔力求重,用意力求拙,取境力求大。王鹏运词学碧山、东坡,郑文焯学白石、耆卿,朱祖谋学梦窗、清真,况周颐学梅溪、方回,俱能得其神髓,而又形成自己之面目。学古人而不为古人所拘限,此乃清四家远胜于浙西、常州诸子之处。

第四六条:王鹏运《念奴娇·登旸台山绝顶望明陵》词云:(词略)。此词写英法侵略军火烧圆明园后,明陵亦被侵扰之事。陈其年有此雄健而无此沉郁顿挫。境界沉远,意极沉痛,于东坡、稼轩之外自辟一路,直可陵铄千古,匪独一时无与抗手也。

第四七条:王鹏运《祝英台近·次韵道希感春》一词,写甲午之战失败后之感慨,表达哀怨怅望之情,然语句之凄厉则又类草窗。词云:(词略)。可谓沉着秾厚。"燕妒"句,当写主和派之倾轧正人,"春去",写事势之无法挽回。收数句,与陈亮《水龙吟》"恨芳菲世界,游人未赏,都付与,莺和燕"相近。

第四八条:王鹏运《三姝媚》词,写珍妃被幽囚时之情景。是时王氏与彊村正校勘梦窗词,故此词不免受梦窗影响,情思掩抑,若有无限难言之隐者。《满江红》朱仙镇词则雄健、沉郁,吊古伤今,实为时事而发。其《减兰》词云:"婆娑醉舞。呵壁无灵天不语。独上荒台。秋色苍然自远来。 古人不见。满目荆榛文字贱。莫莫休休。日凿终为浑沌忧。"其所感亦大矣。

第五八条:清季四家为词皆有寄慨,然王鹏运、朱孝臧专寄于一时一事,每词皆可追寻其本事始末,故较为质实,郑文焯则不专于一事,故其感慨则更为深沉,带有更多普遍性,概括力强。如……

第六〇条:况蕙风词为清季四家中最有情致者。四家一般以长调见胜,笔、篇、字、句皆刻意求工,然章法过密,每影响情

809

调。蕙风长调稍逊于余三家,然小令则远非三家可及。蕙风小令,对一事一物皆有深情,故《蕙风词话》卷一先论"词心",酝酿意境,培养创作感情。词心真挚,意境深沉,则为词亦无纤弱萎靡之病。古人为小令,亦重情致,每疏于笔法气势;蕙风小令,则精力弥满,亦达重、拙、大之高境。温厚和婉,于自然中能见沉着,然余三家则唯于刻中见沉着,故逊于蕙风也。

**案**:以上据《分春馆词话》,朱庸斋著,广东人民出版社1989年版。

## 《词林新话》

### 吴世昌

**卷一 词论**

第九一条:蕙风录半塘语:"填词固以可解不可解,所谓烟水迷离之致,为无上乘耶。"以可解不可解为无上乘,谬矣!词必须作得读者能解,若不可解,即文字有病或未达意。

**卷二 唐、五代**

第五五条:蕙风曰:"《花间集》欧阳炯《浣溪沙》云:'兰麝细香闻喘息。绮罗纤缕见肌肤。此时还恨薄情无?'自有艳词以来,殆莫艳于此矣。半塘僧鹜曰:'奚翅艳而已?直是大且重。'苟无《花间》词笔,孰敢为斯语者?"按欧语开后世如孙原湘之"绰约见肌肤,蒙茸珍火齐"一路淫词,半塘大之重之,何所见而云然?

### 卷三　两宋(上)

第一二○条:(清真《风流子》)下片"最苦梦魂,今宵不到伊行"。"行",宋人习语,边也,"伊行"犹云伊边。小山《临江仙》:"如今不是梦,真个到伊行。"结句"天教人霎时厮见何妨","厮""相"宋元语通。"厮见"犹云"相见"也。此句正半塘所谓"宋人拙处不可及"者也。

### 卷五　金、元、明、清

第一五四条:半塘《浣溪沙·题丁兵备丈画马》:"苜蓿阑干满上林,西风残秣独沉吟,遗台何处是黄金?　空阔已无千里志,驰驱枉抱百年心,夕阳山影自萧森。"此首颇佳。

第一五五条:半塘《减兰》(婆娑醉舞)只四句八韵,而末二句还是硬凑。

第一五六条:半塘《鹧鸪天》起句"云意阴晴覆寺桥","意"岂能"覆"?练字太过,乃至不通!此词一句笨拙,二句浅薄,三句做作,四句生硬。下片二对句勉强,二句意义不明,末联貌似深刻,细思之文理不通,"青山"岂能"阅"乎?若能"阅",则万古长在,岂能"阅尽"?"兴亡"能"阅","兴亡感"又岂能"阅"?松风在山,如何"话市朝"?"付与"者又谁欤?青山乎,词人乎?文理不通,即思路不通也。

第一七九条:彊村《庆春宫·结草庵拜半塘翁殡宫作》,堆砌故实,颇见混乱。上片"华表"指辽鹤,下片又言"骑鲸",全不相称。又"凄唳修萝",若是萝藤,岂能凄唳?若是阿修罗,不应有草头,且谁曾听修罗凄唳?又"芝田日晏",吊友能用此典乎?又上片二句"昏钟阁水","阁"字劣。

案:以上据《词林新话》,吴世昌著,吴令华辑注,施议对校,北京出版社2000年版。

## 《箧中词》

### 谭献 编

《齐天乐·秋光》评:野云孤飞,去来无迹。

《宴清都·四月望日,谢子石前辈招饮花之寺》评:每作一波,恒三过折。

《绮罗香·和李芋亭舍人雨后见月》评:清真法乳。

《袖墨词》千辟万灌,几无炉锤之迹。一时无两。

案:以上据《箧中词》,〔清〕谭献编,浙江古籍出版社1998年影印本。

## 《广箧中词》

### 叶恭绰 编

《满江红》(荷到长戈)评:生气远出。

《御街行》(小窗夜静寒生处)评:末三语对此茫茫。

《三姝媚》(蘼芜春思远)评:缠绵往复。

《沁园春》(词汝来前)评:奇情壮采。

幼遐先生于词学独探本原,兼穷蕴奥,转移风会,领袖时流,吾常戏称为桂派先河,非过论也。彊村翁学词,实受先生引导。文道希丈之词,受先生攻错处,亦正不少。清季能为东坡、片玉、碧山之词者,吾于先生无间焉。

夔笙先生与幼遐翁崛起天南,各树旗鼓。半塘气势宏阔,笼罩一切,蔚为词宗;蕙风则寄兴渊微,沉思独往,足称巨匠。各有真价,固无庸为之轩轾也。

案:以上据《广箧中词》,叶恭绰编,浙江古籍出版社1998年影印本。

## 《清词菁华》

沈轶刘、富寿荪　选编

鹏运为清末四家先导,上承嘉道之敝,下开同光变革之风,文廷式、朱祖谋、况周颐,皆受其指授。其词高爽轩举,境界最阔伟。《念奴娇》"登旸台山"、《齐天乐》"马神庙海棠"、《玉楼春》"好山不入时人眼"皆可观其开创之迹,实合浙、常二派而寖变者。

案:以上据《清词菁华》,沈轶刘、富寿荪选编,安徽文艺出版社1986年版。

## 其他相关词话词论

朱祖谋《望江南·杂题我朝诸名家词集后》其二十一：香一瓣，长为半塘翁。得象每兼花外永，起屠差较茗柯雄。岭表此宗风。**王佑霞**

案：以上据《彊邨语业》卷三，〔清〕朱祖谋撰，《彊村遗书》本。

十家选，压轴马平王。龙壁古文能合辙，粤西词派已深藏。始信瘦春芳。**王锡振**

居薇省，启迪粤西词。不独辛勤存碧澨，百年词运赖支持。一代大宗师。**端木埰**

原临桂，岭表自开疆。作气起屠为世重，如文中叶有湘乡。一瓣爇心香。**王鹏运**

案：以上据《饮虹簃论清词百家·调寄望江南》，卢冀野撰，《清名家词》附。

陈声聪《论近代词绝句》其二论王鹏运词绝句云：四印斋头昼易昏，秋词唱彻五城门。百年朝局宫商变，领袖群流体益尊。其六论况周颐词绝句云：词到常州已变风，天南崛起肯从同。如何重大兼能拙，商略黄昏有鹜翁。

案：陈声聪《兼于阁杂著》所收论王半塘绝句字句略有不同，云：直自花间到稼轩，秋词唱彻五城门。百年朝局宫商变,泫露啼烟意遂繁。

读词枝语(三四):清末王幼遐、郑叔问、谭复堂、文芸阁、朱彊村、况夔笙诸大家词,皆学人与才人之词。尝寻绎其集中所作,王幼遐之句,无过其《南乡子》一阕:"斜月半胧明……"郑叔问之作,无过其《采桑子》一阕:"凭高满面东风泪……"谭复堂之作,无过其《蝶恋花》一阕:"庭院深深人悄悄……"文芸阁之作,无过其《鹧鸪天》一阕:"劫火何曾燎一尘……"朱彊村之作,亦无过其《鹧鸪天》一阕:"似水清尊照鬓华……"况夔笙之作,无过其《浣溪沙》一阕:"惜起残红泪满衣……"凡此诸作,格韵高骞,可以上窥冯、韦,次亦不减欧、秦。

(四二)燕京词人历有词社之集,近数十年间,当以《庚子秋词》为嚆矢,方一九〇〇年八国联军犯阙,清两宫西狩,国几不国。王半塘与朱古微等数人居宣武门外教场头条住宅,相约为词,成《庚子秋词》二卷。围城之中,语多激楚,足称词史。后王、朱诸公相率出都,社事中辍。……

**案**:以上据《填词要略及词评四篇》,陈声聪著,广东人民出版社1986年版。

詹安泰《无庵说词》:周止庵(周济)标稼轩(辛弃疾)为一宗,而其词于稼轩实无所得。近贤如文芸阁(文廷式)、王半塘(王鹏运)、沈子培(沈曾植)、朱古微(朱孝臧)等乃真知取气植骨于稼轩者。

## 附相关诗话数则

### 陈衍《石遗室诗话》卷三一

近于书堆检得尧生旧作一首《戏和癭公赠酒》,未收入《近代诗钞》者。急录之,云:"罗侯不饮能好客,客中往往有酒癖。酒半罗侯掷客去,两脚盘山蹋天碧。酒人十九无酒钱,各盼罗侯转双屐。宣南雪花大如席,一夜西山玉龙白。赖逢温尉解痛饮,遂要杨子长安陌。液中阑入便宜坊,罗侯见之当蹙额。天生罗侯故难测,归自盘山携玉液。将诗送到一坛香,谓有千年老松节。罗侯官闲手诗册,丈室焚香老禅伯。酒国如何通掌故?是酒恐出迦音策。亦如罗浮君未识,终日千山说泉石。罗侯指酒向余笑,汲井何须辨泉脉。人生无事无来处,若不昏昏当自责。我闻再拜罗侯赐,罗侯诗似峡泉劈。自今仗马老不鸣,瓮天当入盘山籍。万愁且以酒浇之,酒尽还寻半塘宅。"屈曲恣肆,恍共都门雪天痛饮情景。今生恐难再矣。半塘,王幼遐号,癭公寓其旧宅也。

案:以上据《民国诗话丛编》第一册,张寅彭主编,上海书店出版社2002年版。

### 陈锐《袌碧斋诗话》

联词难于联诗。曩在金陵,胡粮储延招同缪筱珊、王半唐、徐积余诸君,每课二题,左右更迭联属,笔无停缀,颇为苛政,究亦无佳作可存。惟人自一段,方有旨趣。兹检箧中有《六丑》一首,最为涩调,又杂二首,附录于后。

《六丑》和片玉

春阴一箭,又画里、湖山抛掷。翠尊未残,征帆如去翼。尊不留迹。试上层楼望,夕阳红处,认燕归江国。临分扇帕余铅泽。月掩雕栊,花飞绣陌,天涯此情堪惜。但黄尘换目,云海迢递。汉军郑文焯叔问 双鸳凄寂。剩荒苔寸碧。星日经游地:[校]按此处据词谱,脱三字。啼鹃惯送孤客。自歌梁别后,怨尘凝极。香丛外、断鐕零帻。还怕向、一片女萝窈窕,被风吹侧。潇湘渺,石濑清汐。染绿筠,万古婵媛泪,归舟载得。叟

瑞龙吟听枫园即席用清真韵

苏台路。才见暗水笼烟,细萝牵树叟。回思三十年前,小桥画舫,清游处处余杭褚成博伯约。旧吟伫。多少翠香云乱,唾绒窗户归安来祖谋古微。而今倦说春愁,谢堂燕子,依稀梦语。汉军郑文焯叔问间度珍丛消睡,好花开晚,迎人犹舞。 空想醉枫残红,门巷非故。江夏张仲圻次珊风灯雾幕,题遍吴襟句。叟还留照、娥池镜里,蹁跹回步。倒影云来去。微瘦尘乍浣,重温旧绪。吟鬓添霜缕。约年事换、凄凄空帘听雨。晚阴漫阁,一江萍絮。(间)[问]

《扫花游》用清真韵

短桥侧帽,谁识我当年,倦游孙楚叟。柳丝万缕。又寻常换了,旧时歌舞汉寿易顺豫由甫。望里天涯,忍更红楼隔雨叟。刺船去。渌波一片,知向何处由。 尘外春几许。甚古事今情,乱莺迷路叟。碧尊翠俎。趁今宵俊约,酒边蛮素由。烛暗潮回,一例江南别苦叟。谩凝伫。怕催人、数声街鼓由。

**陈诗《尊瓠室诗话》卷一**

归安朱古微侍郎祖谋，又号沤尹，晚号上彊邨人。初为诗尚锻炼，继弃而为词，专学梦窗，思精语卓，自成一家言。其《彊邨词集》中有《埭西山行偶书调寄阮郎归》云："水墟花濑上彊邨，双溪溜竹分。鬓丝供得十年尘，飞泉清角巾。 挖瘦策，理空纶，重寻钓石温。年年含笑待归人，春山清净身。"上彊邨者，湖州地名，先生自纪其钓游之处也。乙巳，先生以停科举，由粤学引疾居沪，予始识公。公爱予诗，颇向人称道。予每有所作，辄呈鉴定。有未当字句，公必属自改，至可乃去。余尝宴公，公赐词有"认旧隐、阅风狂鹤"句，词载集中。公自言："庚子岁将暮，李文忠相国到京议和，联军要挟三款：一两宫回京，二剿拳匪，三惩办罪魁诸人。须允，始能开议。文忠踟蹰，不敢上闻。吾时官内阁学士，因与太常寺少卿河南李擢英芷香、户科给事中广西王鹏运幼遐、御史江西万本敦薇生四人同上疏言事，浼桂林刘伯崇殿撰福姚缮写奏折。刘将'惩办'二字改为'正法'。辛丑正月，两宫乃有惩办罪魁之命，凡随侍行在，及在京诸人，皆正典刑矣。两宫既回銮，王引疾，李以裁缺，皆去。万授泉州守。壬寅，吾亦以礼侍出督粤学，风流云散矣。"

**赵熙《香宋杂记》**

《宗·翠五唱》，句云："礼家大小宗为法，章草鸳鸯翠是人。"《阿·草六唱》，句云："幻传玉树周阿制，衔得金环结草恩。""五行司马呼阿子，三顾潜龙卧草庐。""谢娘比配夸阿大，包叟矜凝创草分。"或以"比配""矜凝"为空。余曰：请细审之，配者王郎，凝者杨风子也。"阿子"出《宋书·乐志》。诗钟，急就章也，例不检书。若纠其误，当作"前溪养鸭呼阿子，先主飞龙顾草庐。"此唱张文襄多精句，如"西方佛衍宗三乘，南越王贻翠一双。""教忠贵有烹阿勇，除恶当如去草严。"身分卓然。大抵文襄文字愈小者，愈有内心，试帖、诗钟皆然。《脉·翘二唱》："龙脉须研景纯学，鸡翘重注史游书。"《献·儿三唱》："宋臣献可因医谏，汉学儿宽以《易》名。"至《豆·疑二唱》："红豆笺诗甘北面，不疑经学出南皮。"李姚琴尤艳称之。按易实甫称文襄不置纸笔，成句但口诵之。每用一典，必诵其原文，举其始末。此独以《易》属儿宽，原文始末何出耶？至"红豆""北面"，殆以惠笺王诗，理为降格，而惠笺实多错误。是文襄亦但骛其名耳。名实之际甚难。阮文达、张皋文、严铁桥、王湘绮皆非仪陋者，而说南宋词人时事，近谚称张飞杀岳飞者，至近人王半塘辈附之，尤不足责。故知一哄趋风之谈，不尽足恃，君子必事事慎谨也。文襄在京，曾问余于高澄南给谏。给谏亟劝往见，余辞无车，给谏立命车，终未往。恶夫皂群之杂也。

**赵炳麟《柏岩感旧诗话》卷三**

戊戌德宗变法，时康有为、梁启超在嵩云草堂，会知名志士数百人讲演。同乡岑春煊、于式枚、关榕祚、王鹏运、龙焕纶及余等皆入会。康梁命曰"保国会"。德宗失败后，御史文悌劾保国会宣言保中国不保大清，此数百人几罗党锢。其实当时并未闻此项宣言。自有文悌之奏，中国与大清分为两截，竟作今日政局之讖语。尔时新政初败,王半塘鹏运别号为饯春词奇意,撰《点绛唇》一阕云:"抛尽榆钱,依然难买春光驻。饯春无语,肠断春归路。　春去能来,人去能来否? 长亭暮,乱山无数,只有鹃声苦。"音调凄惨,盖《伊》《凉》之词也。

案:以上据《民国诗话丛编》第二册,张寅彭主编,上海书店出版社2002年版。

### 由云龙《定庵诗话续编》卷上

筱园先生有《怀古》一首云:"万里分藩翠海涯,妆楼春拥后庭花。攀龙死负山头雀,跃马生追井底蛙。故妓漫歌《金缕曲》,荒坟难见玉钩斜。奸雄跋扈今何在?暮色苍凉噪冷鸦。"又浙江吴牧驺太守仰贤《昆明怀古》诗云:"白晢通侯旧建牙,包胥痛哭到天涯。入关壮士追秦鹿,出塞单车载帝羓。故妓分香犹有梦,奸雄跋扈已无家。凄凉新府沧桑换,兴废谁怜井底蛙。"皆咏吴三桂事。涉及陈圆圆辈,轻描淡写,工丽有余,深透不足。三桂一生成败,于圆圆关系极深,非长篇歌行,不足以发挥。岁癸酉,余发起南雅诗社,踵吴梅村旧咏,以《后圆圆曲》为题,佳作如林。盖其本事在滇,见闻较切也。惟传闻既纷,主张非一,有谓其先事即托足空门者。赵星海式铭云:"蔡家军马自天来,金汁尸填水倒回。搜残汉苑金钗队,辇尽隋宫锦绣堆。圆娘当日身先寄,茆屋荒庵门静闭。澹澹催成入道妆,忽忽挽就抛家髻。"何季默孝简云:"几辈婀娜逐国亡,胭脂辱井事堪伤。有人观变知所止,袈裟一领持空王。佛灯青换九华烛,蒲团稳异芙蓉褥。一榻钟鱼寂静陈,何有笙歌吴弄人。"周惺盦锺岳云:"昭

附录三：词话中有关王鹏运资料辑录

武三桂僭号既亡军亦溃，昆池饮马多胡骑。吴宫籍没入官家，姬妾都归沙叱利。独有圆圆早见几，黄袍入道似玄机。未同花蕊随王衍，又向唐宫舞绿衣。"按王衍当作孟昶，原稿似偶误。有谓圆圆闻三桂衡阳兵败，即易服远适者。吴子白良桐云："意当衡州兵败死，噩耗传来天万里。易名早度碧鸡关，滇南何地无名山。一衣一钵随处隐，世外消闲空五蕴。不将真相示人知，后人更复知为谁。如在兴师以前卒，尔时无因守秘密。墓必附近依城闉，何至传闻无一真。客从废寺摹画像，香魂指葬商山上。青冢茫茫烟雨迷，文人附会疏考稽。"吴君自注：予诗意圆圆必早他适，盖准情理而言。顷于悔庐假得《余杭县志》，载洞霄君事。海宁杨学曾尝作《续圆圆曲》长篇，有云："白鸽禅师事渺茫，蓬莱三度见尘扬。几人碧血光泉壤，一代红裾继禹航。"注云："圆圆者，吴三桂妻，顺治丁亥，三桂以平云南桂王功，封平西王。圆圆将正妃位，固辞不受。后知三桂蓄异志，乃请为女道士。及康熙癸丑三桂反，戊午诸王贝勒讨平伪党，滇南大定，籍三桂家，圆圆独不入籍，不知所终。当三桂未叛时，有侍儿策其必败，以计自脱于禹航之洞霄宫，号洞霄君。见《雪笑集》观此足以证成予说云云。"有谓三桂反时，圆圆谏不听，始入道者。惺盦诗中四句云："君王反侧轻谋乱，谁说艳妻能内煽。陆次云《圆圆传》云：三桂蓄异志，多出于同梦之谋。老濞遥连楚国兵，宸濠终拒娄妃谏。圆圆谏三桂书，见余《兰仙笔记》。"有谓圆圆见几，事前即自尽，后见于降鸾扶乩者。萧石斋瑞麟云："鲸鲵黯黯图拚飞，杯珓何须卜之鬼。绯衣脱去更袈裟，深山兰若阿侬家。梳妆台溷王孙墓，何处觅得吴宫娃？潢池须臾盗弄起，金马腾辉孽龙死。麻姑忽降蔡经家，三尺血缣污青史。缇骑飞驰搜金珠,美人怅望消息无。阿香宫冷琼楼烬,蛮花犵鸟充罗敷。妖艳籍入掖庭走,杜兰香乡无何有。余杭知己洞霄君,话旧好结方外友。"其他如阮赐卿、张天船、李即园以及近时名人王半塘、樊樊山诸君之作,为前、后《事辑》所已录者,况夔笙为《圆圆事前辑》,李曲石续之为《后事辑》。概不举列。大抵词人墨客,喜征艳迹,以供写咏,不免牵率附会。如谓其祝发宏觉寺,法名寂静,而今寂静墓碣固在,大书号玉庵公,与圆圆渺不相涉。《廷闻录》疑寂静为伪大学士郭壮图之母,殆近是。林畏庐之《劫外昙华传奇》直以昙华寺为圆圆修真之地,亦非谓其投莲花池以殉,即葬池旁者。则阮赐卿亲访其墓而不得,即今商山埠上,莲花池侧,土垄纵横,率无表志,凭何证其墓所耶?实则圆圆自崇祯庚辰、辛巳间,已与冒襄邂逅,归三桂时,年已二十余。计至三桂反时康熙癸丑,年已五十左右。刘健《庭闻录》所云,三桂时健父官云南府同知,康熙五十八年,健追忆庭闻为此录。清兵入滇时,圆圆已先卒,斯言为信而有征矣。戴絅孙《昆明县志稿》,圆圆先入道,至云南平时,圆圆已卒数年矣。滇父老相传,吴逆伪宫人尔时多为尼以自匿,故会垣尼庵之夥,数十倍于他郡,疑圆圆亦混迹其间。然圆圆声名久著,非普通宫人之易于匿迹,故先卒之言,为较可信也。谅哉!中州李舒园元沪之言曰,夫以一弱女子,崎岖乱离,卒完破镜,虽事无足道,然为一代废兴逸闻所关,亦有不可没者。故为论列之如此。

案:以上据《民国诗话丛编》第三册,张寅彭主编,上海书店出版社2002年版。

## 郭则沄《十朝诗乘》

卷二二

珍瑾二妃,姊弟也。同镌苕玉,并侍椒风。珍妃明慧,尤承上眷,稍预朝事,为慈圣所忌。妃谪谴,其兄伯愚侍郎亦出为边帅。都人为之谚曰:"一自双妃失宠来,伯愚乌里雅苏台。"伯愚之行,意园祭酒赋《八声甘州》送之,亦脍炙人口。叶鞠裳《轮台》诗云:"韶书火速下轮台,惆怅君门首屡回。许史金张原甲第,严徐东马亦清才。椒涂转为承恩误,松漠翻同谪戍哀。欲出国门还惜别,宫中密敕几传催。"纪伯愚远谪也。又,《钿合》诗云:"钿合缠绵忆定情,蛾眉谣诼不分明。长门欲乞文园赋,织室横蒙祸水名。结绮才人袁大舍,披香博士淖方成。潇湘二女同厘降,不及从姑侄娣行。"则述珍妃之贬。相传妃贬后,寻复位号。德宗喜甚,诣谢,母子欢然。太后曰:"帝近来甚尽孝,果如是,余复何说。其从前疏阂,必有人间之,盍言其人。"意谓常熟也。德宗不忍举常熟,又无以塞慈意,适前日召见侍郎长麟、汪鸣銮,因以二人对。长、汪遂以离间两宫斥谴。召对时,固未及此,亦无由自剖。然上倚常熟甚重,遇事仍就咨,益拂慈圣意。戊戌春,常熟六十赐寿,忽有"开缺回籍,交地方官管束"之谕,前此师辅所未有也。朱古微侍郎《丹凤吟》咏其事有云:"漫托青禽寄语,细认银钩,珠泪潜透笺角。"又云:"旧情未诉,已是一江潮落。"语皆有指。题为《和半塘四月二十七日雨霁之作》,盖托为庾辞。半塘,即王右遐给谏,亦赋《鹧鸪天》纪之云:"卅载龙门世共倾,腐儒何意得狂名。武安私第方称寿,临贺严装早办行。　惊割席,忆横经,天涯明日是春城。上尊未拜官家赐,头白江湖号'更生'。"叶伯高《风雷》诗云:"天遣风雷下取将,去天尺五更旁皇。鼓钟宫内声闻外,贺者门前吊在堂。思过自应常闭户,蒙恩犹许放还乡。上东门外停车处,萧寺骊歌怅夕阳。"盖严谴骤加,犹虑不测。庚子,端刚柄政,几为所倾,以朝局旋变得免。其追纪在朝时除夕、元旦故事二律云:"赐貂温厚服章身,挏酒甘芳饮几巡。祀灶黄羊肥似马,堆盘白面细如尘。荷囊预卜丰年谷,鹓序先推帝室姻。手捧御书春帖子,凤城留钥待归人。""万户千门总是春,银花火树殿前陈。七重凤闕温如玉,五色鸾笺福满身。布阃先从畿辅始,献箴每及履端新。是谁补撰《金銮记》,应问钧天梦里人。"固不胜江湖魏阙之感。

卷二三

庚子四月,有禁逐拳民之旨,以朱古微诗郎疏请也。侍郎时官侍讲学士,其疏谓:"中国自强,固系兵事,然联络邦交,执言一国可也,激犯众怒、构衅寰球不可也。一方受敌,合国力御之可也,八方受敌,分国力应之不能也。且军火何自购,饷源何自筹,势则彼众我寡,理则彼直我屈,纵将其官商兵卒数千人一时歼尽,其能使彼众不报复耶? 其能使我沿边沿海数万里不放一骑一舰阑入耶? 逞忿一时,而无以善其后,是直以宗社为孤注,恐不止震惊宫阙、危及乘舆已也。"疏上,因有是旨。次日,刚子良协揆、赵展如尚书自涿州回京,拳民随至,纵火市廛,延烧城阙,遂不可收拾。然慈圣犹召集廷议,亲贵皆袒拳主战。古微班次在后,言拳民、董军皆不可恃,兵事宜用袁世凯,议和则急召李鸿章。张文厚时官奉常,亦稍言之。太后不识古微,问:"高声瞋目者何人？"命移前具对。古微言之益力，卒定议抚拳，遂有戕害德使之事。复疏请"约期停战，护送各使出都"。有诏命枢臣传询方策，古微援笔立对，请依战时公法。荣文忠持以覆奏，良久乃退曰："幸无事，可归矣。"盖所言忤旨，几获罪，赖文忠力全之。然袒拳王大臣皆侧目，其不从袁许后者，有天幸焉。两宫西幸，古微留滞部下，与王半塘、刘伯崇同居，日课一词自遣，唱和成帙，名以《庚子秋词》。宋芸子检讨题诗云："大笑苍蝇蚓窍闻，联吟石鼎调翻新。欲言不敢思公子，私泣何嫌近妇人。隐语题碑生石阙，啸声碧火唱秋磷。二豪侍侧何须问，镜里频看却忆君。"古微后迁少宗伯，督粤学，请申禁闱姓赌例，格不行，遂挂冠归。晚岁以词人自鸣，而风节几掩。

案：以上据《民国诗话丛编》第四册，张寅彭主编，上海书店出版社2002年版。

**王蕴章《然脂余韵》卷六**

顾春，字子春，贝勒奕绘之侧福晋。才色双绝。贝勒自号太素道人，春自号太清；又常自举其族望曰西林，自署名曰太清西林春。贝勒词曰《南谷樵唱》，太清词曰《东海渔歌》，皆取其相配也。昔王幼遐侍御毕生专力于词，论词至满洲人，常曰："满洲词人，男有成容若，女有太清春而已。"然太清所著《天游阁诗集》，流传于世，而词集不可多得。王氏又常以不得渔、樵二歌为恨事，盖谓朱希真《樵歌》及此也。后卒得《樵歌》付梓，而《渔歌》杳然。又阅数年，黄陂陈士可始得之于厂肆，冒鹤亭、况夔笙为之校刊而其传始广,其词极合宋人消息,不堕入庸俗一派。集中和宋人词甚多,不备录,录其小令数首,以见一斑。《春夜》调寄《早春怨》云:"杨柳风斜,黄昏人静,睡稳栖鸦。短烛烧残,长更坐尽,小篆添些。　红楼不闭窗纱,被一缕、春痕暗遮。澹澹轻烟,溶溶院落,月在梨花。"《九日》《鹧鸪天》云:"九日登高眼界宽,菊花才放小金团。縠纹细浪参差水,佛髻青螺大小山。　人易老,惜流年,茱萸插帽不成欢。西风那管离情苦,又送征鸿下远滩。"《拟古》《定风波》云:"花里楼台看不真,绿杨隔断倚楼人。谁谓含愁独不见,一片,桃花人面可怜春。　芳草萋萋天远近,难问,马蹄到处总消魂。数尽归鸦三两阵,偏衬,萧萧暮雨又黄昏。"《碧桃》《醉东风》云:"玉妃妆卸,天上琼枝亚。立尽东风明月下,露井初开昨夜。　结伴阆苑飞仙,上清沦谪尘寰。萼绿华来无定,羽衣不耐春寒。"《题墨栀子团扇寄云姜》《醉桃源》云:"花肥叶大两三枝,香浮白玉卮。轻罗团扇写冰姿,何劳腻粉施。　新雨后,好风吹,闲阶月上时。碧天如水影迟迟,清芬晚更宜。"《冬夜听夫子论道,不觉漏三商矣,盆中残梅香发,有悟赋此》《鹧鸪天》云:"夜半谈经玉漏迟,生机妙在本无奇。世人莫恋花香好,花到香浓是谢时。　蜂酿蜜,茧抽丝,功成安得没人知。华鬘阅尽恒沙劫,雪北香南觅导师。"《听雨忆云林》《阑干万里心》云:"窗前新种绿芭蕉,夜雨声声枕上敲,困不成眠转寂寥。耐清宵,有美人兮不可招。"《云林妹见赠雁足书灯,以小令申谢》《琴调相思引》云:"雁字分飞思不禁,听风听雨梦难寻,露华庭院灯影照清心。　赠我不须长夜饮,感君聊赋短檠吟,荧荧一点应惜寸光阴。"云林为德清许周生先生之长女,与太清极密。云林表姊汪允庄,为陈云伯子妇,有《自然好学斋诗钞》。云伯尝因云林转丐太清诗未得,乃假名代作,太清因痛诋之。事见集中。其高致如此。晚近竞言龚定庵曾客太素邸中,与太清有瓜李之嫌,以定庵集中《忆宣武门内太平湖之丁香花》一诗为公案。方闻骚雅之士,不惜为笔墨之争。世言方朔奇,奇事尽归方朔,存而不论可也。

### 汪国垣《光宣诗坛点将录》

四寨水军头领八员

按四寨水军头领皆梁山泊中坚人物,今以光宣两朝词家属之。

天寿星混江龙李俊　王鹏运

铁骑突出刀枪鸣,唯见江心秋月白。

人世间龌龊曾不芥蒂于怀,此之谓独往独来。又赞

半塘父子,俱工倚声。半塘尤精音律,与古微倡和最多。精谊之作,不减彊村。

天平星船火儿张横　朱祖谋

早为折槛之朱云,晚作竹石俱碎之睎发。庄生云:"凡外重者内拙。"

古微襟期冲澹,尤工倚声,所刊《彊村词》,半塘老人谓为六百年来,真得梦窗神髓者也。晚际艰屯,忧时念乱,一托于词,实能兼二窗、碧山、白石诸家之胜,非一家所可限矣。所刊两宋词

集，多人间未见之本。

**千帆谨按**：《甲寅》本以朱比李俊，王比张横，故评语亦因先后有详略。乙本反其次序而评语俄空。今不得已，姑移《甲寅》本旧评实之，其轻重遂若不相应者。此下评语，亦皆自《甲寅》本移录，未必悉符先师晚年论旨。读者审之。

**案**：以上据《民国诗话丛编》第五册，张寅彭主编，上海书店出版社2002年版。

**王培军《光宣诗坛点将录笺证》卷五**

四寨水军头领八员　　王鹏运

王襟怀高旷，况周颐云有"晋人风格"，故云。蒯礼卿亦云然，且与郑孝胥并举，见李详《苏堪见惠海藏楼诗，副以一书，盛称余癸卯旧作，赋此奉简》诗注（《学制斋诗钞》卷三）。

半塘鼻病，指刘攽之病。见李详《药裹慵谈》卷五"王幼遐给谏"条。

**钱仲联《梦苕盦诗话》**(1)

二五、萍乡文芸阁廷式以词名一代，其词气王神流，得稼轩之髓。于晚清王半塘、郑叔问、朱古微、况蕙风四家外，别树一帜。平生与沈乙庵先生颇投契，尝问乙庵曰：余诗于古人奚似？乙庵云：君诗自具一种冲和之气，殊肖王摩诘。此意外人那得知，则亦以为似高青邱也。可谓名论。今按《云起轩诗录》一卷，虽所存不多，卓然可传。《咏月》七绝一首，为吊珍妃而作者，固已传诵万口。《自七月至十月有感而作》四首，纪庚子乱事,与樊山《闻都门消息》诸诗媲美。《幽人》诗句云:"晋代衣冠半南渡,汉家城阙又秋阴。"沈郁苍凉,上追遗山矣。

**案**:以上据《民国诗话丛编》第六册,张寅彭主编,上海书店出版社2002年版。

# 附录四：笔记、旧刊、词史等有关王鹏运资料辑录

## 笔　记

**文廷式《闻尘偶记》**

近闻王幼霞御史（鹏运）有请停驻园一疏，颇触上怒，赖恭邸恳恩，得不遣黜云。山东巡抚李秉衡电奏请罢园工，词尤切直。是时凡京官封奏悉进呈西苑，封疆大吏之奏则不进呈，故李秉衡之事世罕知者。

**案**：以上据《文廷式集》卷六笔记（上），汪叔子编，中华书局1993年版。

**朱彭寿《安乐康平室随笔》**

卷二：文人好为游戏，有特镌印章以自表异者。乾隆中，兴化郑板桥大令燮尝刻一印云："康熙秀才，雍正举人，乾隆进士。"近时会稽李莼客侍御慈铭亦有一印云："道光庚戌茂才，咸丰庚申明经，同治庚午举人，光绪庚辰进士。"临桂王幼霞给谏鹏运官

内阁侍读时,亦有一印云:"三品服,四品阶,五品秩,六品俸。"皆奇巧可喜余亦拟刻一印云:"癸未入邑庠,戊子登乡榜,乙未贡春官,戊戌成进士。两未两戊,亦天然巧合也。

案:以上据《安乐康平室随笔》,〔清〕朱彭寿著,中华书局1982年版。

**况周颐《餐樱庑随笔》**

徐仲可舍人珂以其女公子新华山水书稿二帧见贻,冰雪聪明,流露楮墨之表,于石谷麓台胜处,庶几具体。仲可嘱作题词,调寄《玉京谣》云:玉映伤心稿,凤羽清声,梦里仙云幻用徐陵母梦五色云化为凤事。故纸依然,韶年容易凄惋。乍洗净金粉春华,澹绝处山容都换。瑶源远,湘萍染墨,昭华摘管徐湘萍、徐昭华皆工书。 茸窗旧、扫烟岚,韵致云林,更楷模北苑。陈迹经年,覃奁分贮丝茧。黯赠琼风雨萧斋,带孺子泣珠尘渹。帘不卷,秋在画图香篆。按:此调为吴梦窗自度曲,夷则商犯无射宫腔。今四声悉依梦窗,一字不易。余之为词,二十八岁以后,格调一变,得力于半唐。比岁守律綦严,得力于沤尹。人不可无良师友也。

裙本作帬。《说文》:"下裳也。"《类篇》作"裙"。《释名》:"连接裾幅也。"《韵会》中:"裙,亲身衣也。"《急就篇》注:"一作帔,一作襬,不专指妇女之裙。"半唐老人好雅谑,尝曰:"裙屐之裙,当作裙作裵,属男子言;钗帬之帬,当作帬,属女子言。帬上从尹,篆文象帬腰帬带形;下从巾,象帬幅曳垂;中从口,亦象形。"

案:以上据《餐樱庑随笔》,〔清〕况周颐著,山西古籍出版社1995年版。

**况周颐《眉庐丛话》**

同(孙)[邑]王半塘鹏运微尚清远,博学多通,生平酷嗜倚声,所著《袖墨》《味梨》《蜩知》等集,及晚年自定词均经刻行,其他著述,身后乏人收拾,殆不复可问。曩见其《四印斋笔记》,褒然巨帙,详于同、光两朝轶闻故事,稍涉愤世嫉俗之言,偶忆一则,略云:"翰林院衙门在前门内以东,世所称木天冰署也。大门外有垒培,高不逾寻。相传中有土弹,能自为增减,适符阁署史公之数,或有损坏其一,则必有一史公赴天上修文者。是说流传已久,至于土弹之有无,有究作何状,要亦未经目验。惟是环栅以卫之,置隶以守之,则固慎之又慎也。某年伏阴,大雨破块,竟有数土弹被冲决而出,余询之往观者,其形盖如卵云。"

道、咸间,苏州顾千里广圻、黄尧圃丕烈皆以校勘名家,两公里闬同,嗜好同,学术同。顾尝为黄撰《百宋一廛赋》,黄自注,交谊甚深。一日,相遇于观前街世经堂书肆,坐谈良久。俄谈及某书某字,应如何勘定之处,意见不合,始而辩驳,继乃诟詈,终竟用武,经肆主人侯姓极力劝解乃已。光绪辛卯冬,余客吴门,世经堂无恙一单间小肆耳,侯主人尚存主人微伛偻,人以"侯驼子"呼之,时年殆逾八十,曾与余谈此事,形容当时忿争情状如绘。洎甲辰再往访世经堂,则闭歇久矣,为之惘然。忆余曩与半塘同客都门,夜话四印斋,有时论词不合,亦复变颜争执,特未至诟詈用武耳,往往指衣而别,翌日和好如初。余或过晡弗诣,则传笺之使,相属于道矣。时异世殊,风微人往,此情此景,渺渺余怀。

有清一代,视翰林至重。一若人而翰林,则无论德行节操,

· 832 ·

学问事功，无一不登峰造极者。持此见解，深入肺肝，根深蒂固，牢不可拔，虽通儒巨子不免。光绪甲午恩科会试，有钦赐进士湘人某翁，年一百十四岁，殿试后，钦赐国子监司业，盖宠异之也。某翁意殊不慊，谓某某年仅百龄，某某且未逮百龄，皆蒙钦赐翰林，何独于吾靳弗予也。时余客京师，偶与半唐老人夜谈及此，余曰："卜哉是翁，唯其不知司业翰林秩位之崇卑，乃能寿命延长至是。"半塘亟抃掌然余说。迨后己亥、庚子间，余客荆湖，闻是翁犹健在矣。

曩余客京师九年，四印斋夜谈之乐，至今萦系梦魂焉。半塘老人工雅谑，多微辞，尝曰："余闻文字与事之至不贯穿者有三：法越之役，媾和伊始，法人多所要求，吾国悉峻拒，不稍假借。某报纸著论有云：'我皇上天威震怒，一毛不拔。'又内阁茶人俗称**茶房**作烛笼，一面书'世掌丝纶'四字，盖直庐有是扁额也；一面苦无所仿，则率用'花鸟怡情'四字。近会典馆纂修阙员，初拟属之会稽李莼客侍御**慈铭**，莼客辞，则以属之黎阳部郎。此事较之报纸之论、烛笼之字，尤为不贯穿之至者也。"

案：以上据《眉庐丛话》，〔清〕况周颐著，山西古籍出版社1995年版。

### 黄濬《花随人圣庵摭忆》

庚子七月，都城陷，珍妃为那拉后令总管崔阉以毡裹投于井，其事绝凄惨。朱彊村王幼遐所为庚子落叶词，皆纪此事。八国联军入京，日本军守宫门，纪律甚严，宫人乃出妃尸于井，浅葬于京西田村。以予所闻，珍妃初得罪之由，实不胜太监婪索，奔诉那拉后，太监恨之，因悉举发鲁伯阳等事，以有乙未十月之谴。考翁文恭日记"光绪二十年十月二十九日，太后召见枢臣于仪鸾殿，次及宫闱事，谓瑾珍二妃，有祈请干预事，降为贵人，臣再请缓办，不允。是日上未在坐，因请问上知之否，谕云，皇帝意正尔。次日上语及昨事，意极坦坦，又次日，太后谕及二妃，语极多，谓种种骄纵，肆无忌惮，因及珍位下内监高万拔，诸多不法，若再审问，恐兴大狱，于政体有伤，应交内务府扑杀之。即写懿旨交办"，事势昭昭如此，而道希犹效忠孱主，必待逾春遭谴始行，见几不亦晚乎？然予又闻某公言：当时前之松禅、道希以及后之长素、任公等，皆明知德宗必无幸，欲竭天下豪杰力，一与那拉氏搏耳，非不知不敌，乃知其不可而为之。揆以诸贤当时，皆少年盛气，理或然也。

那拉后之杀珍妃，其时联军已入城，四野传烽，九衢喋血，而于烟尘霾蔽，万众仓皇中，龙楼凤陛，乃有老妇豺心，权珰助虐，至今想象，晦冥号厉，宛转蛾眉之状，真帝王家末路孽冤。若播之管弦，固亦一惊心惨剧也。珍妃死状，今可征者，唯有景善之《庚子日记》。记称："二十一日，文年告予，老佛寅时即起，只睡一个时辰耳，匆匆装饰，穿一蓝布衣服，如乡间农妇，盖太后先预备者，梳一汉头，此太后生平第一次也。太后曰："谁料今天到这样地步？"用三辆平常骡车，带进宫中，车夫亦无官帽，妃嫔等皆于三点半钟齐集，太后先下一谕，此刻一人不令随行。珍妃向与太后反对者，此时亦随众来集，胆敢进言于太后，谓皇帝应该留京。太后不发一言，立即大声谓太监曰，"把他扔在井里去。"皇帝哀痛已极，跪下，恳求。太后怒曰："起来，这不是讲情的时

附录四：笔记、旧刊、词史等有关王鹏运资料辑录

候，让他就死罢，好惩戒那不孝的孩子们，并教那鸱枭，看看他到羽毛丰满的时候，就啄他母的眼睛。"李莲英等遂将珍妃推于宁寿宫外之大井中，皇帝怨愤之极，至于战栗。此段所记，揆情斟理，皆必甚可信。珍妃幽废已久，那拉后易服欲逃际，未必遽记及之。乃妃挺身言帝当留京，则一刹那间，乙未之案，戊戌之案，怨妒惊忿，并凑而燃，阴机动矣。故妃之死，自在发言之不择时，然尔时戎马崩腾，间不容发，妃若不言，又安可得也。所惜者，那拉后神志未昏考景善《日记》亦言，当此危急之时，唯老佛一人，心神不乱，指挥一切。若使稍瞀乱，或从妃言，则西后逃后，帝与珍妃留京，此局必大有可观。景善为载澜之师，曾为内务府大臣，记中之文年，即当时内务府大臣，每日入直，盖可以灼知官中事者，故自可信。其后二十七年十一月，以"随扈不及殉难宫中"八字追赠皇贵妃，则皆以此掩世人耳目。记清末某笔记有云：推妃坠井，乃内监崔某意，西后且云，予向言遭乱莫如死，非必死珍妃，乃予一言，崔遽堕之井，予见崔辄怦怦然，乃黜革之，时宫中见鬼故为此言云云，尤为事后之饰词，或畏鬼之曲说。盖妃之死，全在帝当留京一言，此语含意义至多，故后必死之也。又案故宫于十九年五月，曾于周刊中，特出珍妃专号，其照片洵罕觏，而文字叙述，终恨疏短。其传略，即采《清史稿》原文，既嫌过简，后仅录《百炼庵谈故》一节，于近人歌咏所举者，只朱彊村《声声慢》等三阕，李希圣《湘妃》一首，曾重伯《落叶》十二首，亦嫌太少。以予所知，王病山乃徵《落叶》七律四首，李孟符岳瑞《无题》八首之第二首，王半塘《庚子秋词》乙卷调寄《渔歌子》，范肯堂《庚子秋题娄贤妃所书屏翰二字》七律一首，恽薇孙毓鼎《金井一叶落》

835

五律一首，吴绚斋《清宫词》"赵家姊妹共承恩"一首，其中托词寓讽，率指兹事。即郑叔问《杨柳枝》词"雨洗风梳碧可怜，秋凉犹咽五更蝉。谁家残月沧波苑，夜夜渔灯网碎钿"一首，盖亦庚子秋伤时讽事，有感于此也。至文道希，为珍妃之受业师，挽词虽不敢作，而歌以当哭，必有异于他人者。今考其集中《落花》八诗，皆为兹事作。如，华表鹤归犹仿佛，木门燕啄自逶迤。如，愁绝更无天可寄，恨深才信海能填。铜仙热泪销磨尽，况感西风落叶蝉。如，有情湖畔三生石，无用楼东十斛珠。如，月缺尚应怜顾兔，云深何处觅青鸾。备极沈痛。又《拟古宫词》二十四首，前十二首，均叙景仁宫事，由授读内廷以至被幽堕井种种俱全，可当珍妃一部小传读。后十二首，虽咏颐和园及西苑琐事，而亦有萦忆及者。如云"画省高才四十年，暗将明德起居编。独怜批尽三千牍，一卷研神记不传"等皆是。其词中寄意者如《满江红》之簪素柰、歌黄竹。又如《忆旧游·庚子八月咏秋雁》之"天远无消息，问谁裁尺帛，寄与青冥。遥想横汾箫鼓，兰菊尚芳馨"，《念奴娇》之"闻说太液波翻，旧时驰道，一片青青麦。翠羽明珰飘泊尽，何况落红狼藉"，咸可谓此中有伤心语。甄录均未及。又以半塘及彊村《金明池》咏扇子湖荷花，指为讽此事，细玩词意，却似未尽然。本来文人比兴，论定最难。吾人所举，亦嫌挂漏，但既叙抉此题，阙略过多，毕竟有憾。专号后刊"宫人中语"四则，叙称为"本院得诸旧宫监及白头宫女之口"。计旧宫监唐冠卿言二则，白姓宫女言一则，刘姓宫女言一则。案此等口述材料，须分别观之，太监宫女学识皆中人以下，平日奔走给事，趋奉颜色，伺察隐微，必有见闻独到处。至政治上进退

附录四：笔记、旧刊、词史等有关王鹏运资料辑录

刑赏之繇来，或变起仓皇加膝坠渊之心事，则决非彼辈所知。况世人心目中，佥以为椒房阿监，必深谙内事，例相叩质，彼亦决不肯诿为不知，于是粉饰过甚之词，什必七八。此皆辨别史料者所当知也。大抵所言关于平日者，多可信。如言德宗与隆裕感情日劣，隆裕之妒珍妃，唐白两人言皆同，情理事实，皆历然可见。刘女言：珍妃照片，乃光绪二十一年二十二年之间所照，所着衣服，长袍为洋粉色，背心为月白镶宽边，乃光绪二十一年最时髦装束，系于宫中另做者，珍妃每早于慈禧前请安毕，即回景仁宫，任意装束，并摄取各种姿式，此像则于南海所照云云，皆必可信者。至临难情形，则言各殊。白言："入井前一夕，慈禧尚召妃朝见，谓现今江山已失大半，皆汝所致，吾必令汝死，妃愤曰，随便办好了。"唐监则言："闻珍妃至，请安毕，并祝老祖宗吉祥。后曰，现在还成话么？义和拳捣乱，洋人进京，怎么办呢！继语音渐微，哝哝莫辨，忽闻大声曰，我们娘儿跳井吧！妃哭求恩典，且云，未犯重大的罪名。后曰，不管有无罪名，难道留我们遭洋人毒手么？你先下去，我也下去，妃叩首哀恳，旋闻后呼玉桂，桂谓妃曰，请主儿遵旨吧！妃曰，汝何亦逼迫我耶？桂曰，主儿下去，我还下去呢！妃怒曰，汝不配。忽闻后疾呼曰，把他扔下去吧！遂有挣扭之声，继而砰然一响，想珍妃已坠井矣。"唐此段言，绘声绘影，如目击者，而与白言已相连刺。但故宫附注，白姓宫女，曾侍珍妃，惟于珍妃在南海被责后，即为慈禧逐出，则庚子坠井之变，白何由知之。唐言纵较近似，而既自称仅为属垣之耳，前后终成揣摩，退一步言，事事属实，而殿上哝哝之语，亦莫能辨。以予意度之，所谓请帝留京者，殆尽在此哝哝数语中，其

837

谈话非极中后之怒，极有筋力者，后不致决心了之，故终以景善记中言，为可凭也。妃被禁为钟粹宫后北三所寿药房，窘辱备至。死后，那拉后追封为神，又梦妃搤其喉，尽肿，因设神位祀之，推妃入宁寿宫井者，为崔玉桂，此皆北都旧人所习闻者。

　　大鹤山人所记之吴小城，实在苏州城内孝义坊，考《樵风乐府》卷六《满江红》小序云："乙巳之秋诛茅吴小城东，新营所住，激流植援，旷若江村，岁晚凄寒，流离世故，有感老杜卜居之作，聊复劳者歌其事云。"又《西子妆慢》赋吴小城序云："《越绝书》，城周十二里，高四丈七尺，门三，皆有楼，《吴地记》引《虞览冢记》云，吴小城白门，阖闾所作，秦始皇时，守宫吏烛照燕窟，失火烧宫，而门楼尚存，是知小城，即吴宫之禁门，又谓之旧子城也。历汉唐宋，以为郡治，旧有齐云观风二楼，并在子城上，为郡僚宾燕之所，见之唐贤歌咏独多，明初，惟余南门，颓垣上置官鼓司更，郡志载：今自乘鱼桥至金姆桥而东，高冈迤丽，是其遗址，城四面旧皆水道，即子城濠，所谓锦帆泾也。其东，尚有故迹，号为濠股，今余之所经构，证以图经，此间乃兼有其胜，五亩之居，刻意林谷，既拥小城，聊当一丘，泾之水，又资园挽，可以钓游，不出户庭，而山泽之性以适，岂必登姑苏，望五湖，始足发思古之幽情耶？分题赋此，因并及之。"据此两序，似吴小城风景秀异。今考乙巳为光绪三十一年，叔问以七试部堂不售，癸卯岁，始绝意进取，自镌小印曰：江南退士。其明年，王佑遐来苏州，王之先垅在桂城东半塘尾之麓，因以半塘自号，盖不忘誓墓意也。叔问尝谓之曰，去苏州三四里，有半塘彩云桥，是一胜迹，宜君居之，异日必为高人嘉跂，王因之赋《点绛唇》词。见《蜩知集》中。乃半塘于秋间化去，叔问愈增感喟，遂以又明年，买地孝义坊，凡五亩，筑室榜门曰通德里，秋初落成，迁入。盖自光绪六年庚辰卜居苏州以来，至兹二十有五年，而先生年适五十矣。从邓尉购嘉木名卉，杂莳庭院，颇擅园林之美，其东高冈迤逦，即词中之吴小城，复作亭于冈之高处，颜曰吴东亭，绕以篱，足供凭眺，孙益庵德谦，有贺先生新居文，称"度地新规，洞天别启，近邻萧寺，旁枕清溪"。其后有跋，中云："流寓吴中，爱其水木明瑟，风物清嘉，栖迟者二十余祺，去祀择地孝义坊，经营别墅，迄兹落成，足以栖集胜寄矣。其地则崇冈屹立，曲涧前流。东城，吴之故城也，白香山曾有吴东城桂之咏，今先生将辟其后圃，袭此古芬。"就孙跋观之，所谓吴小城者，山人荜蓝缮创，证以词中之"山送月来，水漂花出，一片吴墟焦土"，可知易荒丘为亭囿，胥赖经营，《杨柳枝》中之梅枝，只是园梅余植，彊村于此，亦有和作，其《西子妆》小序"叔问卜筑竹格桥南，水木明瑟，遂营五亩，证以吴郡图经，跨流而东，陂陀连蜷，为吴小城故墟，怀昔伤高，连情发藻"云云，亦指此。樵风别墅，叔问殁后十年，已易主。所谓吴小城者，所谓锦帆泾者，高冈悉夷，残濠亦壅，别修马路，名锦帆路。比日太炎先生，即卜居是间。朝市沧桑，事理之常，予惧后来考证吴门胜迹者湮没靡征，将以两家词中所指，悉目为蕉鹿之幻，故琐琐考录之。

碧栖丈曩居旧京时，先住南池子，后又迁北池子，僦屋皆曲房连簃，小有花木，瀹茗谈艺，永夕忘倦。记曾示予和又铮数词，又挽涛园、和诗庐数诗，制作绝妙。后七八年，从拔可见《花影吹笙室图》，丈有三绝句，沉痛隽爽，意笔俱化，讽诵不忍释。前

839

年遗集出,始得见其短序,今并录之。题为"题李稚清女士《花影吹笙室填词图》",序云:"予十八九岁,与李君佛客游,自村入城,恒主君家,君盛言词,有作必见示,于是亦试纵笔为之,取径不尽求同,而心实相许。君之女公子稚清,髫龄绝慧,亦喜为词,佛客既没,予过视拔可兄弟,稚清出所作请业,吐秀诣微,深契音中言外之旨,尤以石帚碧山为归,予无以益之也。适孙生翊南,不数载,先后俱殁,一女亦继殒,拔可悲稚清甚,既梓其稿,复属畏庐老人为之图,短世露电中,追念香火前踪,一如梦幻,泚笔记此,不自知涕之何从也。"诗云:然脂执卷记垂鬟,千劫晴窗影未销。坐断秋风来往路,是身争免似芭蕉。 阿兄江雁久离群,一世清愁付左芬。头白还乡无哭处,断坟衰草没斜曛。 并世何由见此才,寸肠回尽便成灰。唯余小淑无言在,生死天涯共一哀。注云:"小淑石门人,年家子林亮奇之妇,曾从予习为倚声者,今亦嫠居久矣,因并及之。"案拔可为其尊人《双辛夷楼词》跋,末节有云:"附《花影吹笙室词》一卷,则为孙氏妹慎溶之遗作,曩者南陵徐积余观察,曾为刻入《小檀栾室闺秀词》中。妹以光绪戊寅生,癸卯卒,年仅二十有六,所填《蝶恋花》一阕,有飒飒墙蕉,恐是秋来路之句,当时传诵,称之为李墙蕉。府君嗜倚声,而宣龚未能承学,妹工此,复不永年,良可追痛,校竟谨志卷末,时距府君之殁已二十有六年,妹之即世,亦十有八年矣,庚申九月二十日宣龚谨记于海上观槿斋。"观此可见稚清女士之家学。其《墙蕉》一词,调寄《蝶恋花》,词云:"一夕凉飚辞旧暑。飒飒墙蕉,恐是秋来路。转眼薰风时节去,不知燕子归何处? 抽纸吟商无意绪。短槛疏窗,难写黄昏句。今夜夜深知更苦。

阶前叶叶枝枝雨。"此词自非夙慧妙诣,不能道,并可知碧栖第一诗之佳处,以适用内典身如芭蕉为双关语也。然"墙蕉"句,虽思致秀颖,而予却爱结二语,沉厚透纸,是真得漱玉神髓者。盖名句妙造自然,信关偶得,而非必作者锤炼见工力处。前者触机而得,后者思之深也。《碧栖词》与佛客先生之《双辛夷楼词》,为(阅)[闽]词晚近之双流两华,但取路颇不同。《碧栖词》其娟洁密致处,与其云学碧山,不如云学玉田,其甲午十月《水龙吟》一阕,不用雕饰,尤疏俊有高致。拔可刊丈遗集,序云:"光绪乙酉,余方十龄,从塾师林葱玉先生游,先生独行士也,性介,貌傲岸,触其微睨,有不谓尔者,则夏楚随其后。余钝读,艰于背诵,又好弄,跳踉不止,师故绳之不稍宽。一日向晚,有客至,黑衣袴褶,挟其田间之容,闯然就高座,席未暖,索饧饴饼饵之属不绝口,急若弗及待者,师虽峻,亦不禁匿笑,而心异乎客之所为。客为谁,则吾王丈又点碧栖先生也。丈籍长乐,世居南江之亭头乡,距省五十里许,是秋掇乙科,意甚得,每入城辄诣其舅氏邱宾秋先生,先生吾戚串,馆于吾家者,故丈与吾暱,引之为小友。逾年闽有文酒之会,曰支社,黄子穆、周辛仲、林怡庵、黄欣园、林畏庐、高愧室、卓巴园、方雨亭、陈石遗诸长者实号召之。月三四集,集必吾家之双辛夷楼,先世父先君子皆与,倡和为乐,丈亦与焉,齿虽末,然周旋坛坫间,与老宿相接,断断不稍下。时会城书院林立,凡课艺丈自为之,强使余任其庄书之劳,往往至夜深忘倦。丈祖讳有树,故夔州太守也,丈席其余荫,倘徉村居,垂三十年矣。厥后累蹶春官,境渐困,悉以其幽忧之疾,发之于倚声,初为王碧山,因自署曰碧栖,嗣复出入白石玉田之

841

间，音响凄惋，直追南宋。潍县张公韵舫，亦能词者，守兴化，耳其名，延为山长，既而选授建瓯教谕，居恒郁郁，复偕雨亭方丈杖策出塞，应奉天将军依克唐阿之招，筹笔之暇始放手为五七言诗，初喜贡父排奡，山谷奥密，积而久之，复肆力于东阿嘉州，故意境高远，不可一世，是真能以少许抵人千百者。当丈入北洋海军幕府时，密迩畿辅，人物辐辏，与王幼遐给谏朱沤尹宗伯辈相过从，接其谈论风采，又目睹戊戌庚子之变，孤愤溢怀抱，故其所著无一非由衷之言。改革后，南北传食，讫无宁岁，迨宰皖之婺源，则管领山水，意稍有所属，能以吏事入诗，而诗境又一变。归休偃蹇，耽悦禅诵，遂不复作。而其毕生悲欢愉戚跌宕慷慨之志之所蕴结，一寄之于诗若词，而所获仅此。殁二年，公子泳深奉遗稿丐弢庵太傅编定付校刊，惜沪乱转徙，为手民错简稍失次，然大体无损。丈年少时洒落不羁，看花长安，雅有杜书记之癖，中岁遭际，颇似刘龙洲之于辛稼轩，晚而折腰，非其志也。"此言碧丈生平颇曲肖。丈负绝俗之才，而能同尘，晚岁放弃文字，居乡间，逐什一之利以自赡，日唯坐南街茶肆，嘲诙孳孳，今所见诗词皆五十余岁所作。丈殁年垂七十矣，殁时遘小病，众谓无恙，而自知解脱，晨作一书，致弢庵先生诀别，盖丈以庚申出都，与弢老情谊敦笃，而疏懒无一字，至是忽庄写累纸，弢老晚年常作词，遂亦以词挽之。题为："碧栖临殁，手书见寄，捧读感痛，为赋《水龙吟》一阕哭之，庚午七月二日。"词云："十年望断来鸿，发函乃出弥留顷。苍凉掩抑，死生之际，一何神定。我欲招魂，海天飞霓，巫阳焉讯。念百回千结，那得情味盈眶，泪如泉迸。　石帚清狂无命。恁荒波，日亲蛙黾。颓唐尔许，不应真个，江郎才尽。丛稿谁收，审音刊字，吾犹能任。却自怜老耄，君还舍我，就何人正。"此词后半阕，前五句皆言碧丈晚年之颓废自放也。拔可言丈似刘龙洲，予则谓似张子野，以其老寿工词喜游冶，又碧栖丈先有宠姬，后遣之，甚似子野之晚遇也。癸酉秋予有《琵琶仙》追和丈韵，有云："叹浑似三影清才，奈桃杏飘零老词客。"即用"不如桃李杏犹须嫁东风"故事。

**案**：以上据《花随人圣庵摭忆》，黄濬著，上海古籍书店1983年影印本。


### 胡思敬《国闻备乘》

梁鼎芬奇气：湖北臬司梁鼎芬，丙午俸满来京，连上四疏，一疏参军机大臣瞿鸿禨，一疏参邮传部，一疏保陈澧，一疏请立曲阜学堂，京僚皆侧目而视。既入见，又面参两广总督周馥，谓馥为李鸿章执虎子，士大夫羞与为伍。又面保黄体芳、宝廷、陈宝琛、张佩纶、邓承修、盛昱、朱一新、屠仁守、王鹏运等十一人，大半皆已物故。及陛辞入见，又面诘太后曰："光绪初年，太后所用督、抚，若胡林翼、沈葆桢、阎敬铭、丁宝桢诸臣为何如人？今日所用督抚，若周馥、端方、杨士骧等又何如人？疑非出自上意，得毋尽为奕劻所卖乎？"太后知其戆直，亦优容之，勿以为忤也。

**案**：以上据《国闻备乘》，胡思敬著，上海书店出版社1997年版。

**叶德辉《书林清话》**
**卷四**
元时书坊刻书之盛：元时书坊所刻之书，较之宋刻尤夥。盖世愈近则传本多，利愈厚则业者众，理固然也。今举其见有传本者列之，如：……叶曾南阜书堂。延祐庚申七年刻《东坡乐府》二卷，见《黄记》《杨录》。按：此本光绪戊子桂林王鹏运四印斋已重刻，前有括苍叶曾序，云"识于南阜书堂"。

**卷七**
明毛晋刻《六十家词》以后继刻者：汇刻词集自毛晋汲古阁刻《六十家词》始，当时拟刻百家。后四十家未刻者，其钞本流传，载彭元瑞《读书跋》。光绪间桂林王鹏运四印斋补刻未全，长沙张祖同续刻，板存思贤书局。然皆后人增损，非毛钞四十家之旧也。国初无锡侯氏新刊十家乐府：南唐二主中主四首，后主三十三首，冯延巳《阳春集》宋嘉祐陈世修序，序谓"二冯远图长策不矜不伐"云云、子野张先、东湖贺铸、信斋葛郯、竹洲吴儆、虚斋赵以夫，有淳祐己酉芝山老人自序、松雪赵孟𫖯、天锡萨都剌、古山张埜，邯郸人，有至治初元临川李长翁序，皆在毛氏《宋词六十家》之外，载王士禛《居易录》十三。此刻世不多见，《汇刻书目》既未胪载，《邵注四库简明目》亦未及见。然其词今皆为王、张二刻所有，亦足为止渴之梅矣。

**卷八**
宋元明印书用公牍纸背及各项旧纸：宋时印书，多用故纸反背印之，而公牍尤多。黄赋注《黄书录》：《北山集》四十卷，程俱致道撰,用故纸刷印。钱少詹有跋云:"验其纸背,皆乾道六年官司簿帐,其印记文可辨者,曰湖州司理院新朱记,曰湖州户部瞻军酒库记,曰湖州监在城酒务朱记,曰湖州司狱朱记,曰乌程县印,曰归安县印,湖州都商税务朱记,意此集板刻于吴兴官廨也。"又聊城杨氏海源阁仿宋刻《花间集》十卷,王鹏运跋云:"系用淳熙十一、十二等年册子纸印行,其纸背官衔略可辨识者,曰儒林郎观察支使措置酒务施,成忠郎监在城酒务贾,成□郎本州指使差监拜斛场吴,江夏县丞兼拜斛场温,□□郎本州指使差监大江渡潘,进□尉差监猪羊柜董,进义副尉本州指使监公使库范,鄂州司户参军戴,成义郎添差本州排岸差监本津关发收税刘,信义郎本州准备差使监公使库朱,除江夏县丞、鄂州司户参军二官,余皆添差官。此书其刻于鄂州乎?"《黄记》宋本《芦川词》二卷云:"宋板书纸背多字迹,盖宋时废纸亦贵也。此册宋刻固不待言,而纸背皆宋时册籍,朱墨之字,古拙可爱,并间有残印记文。惜已装成,莫可辨认。附著之以待藏是书者留意焉。"又宋本《北山小集》四十卷云:"书友胡益谦持《北山小集》示余,欲一决其宋本与否。余开卷指示纸背曰:'此书宋刻宋印。子不知宋本,独不见其纸为宋时册子乎?'胡深谓余为不欺。"《瞿目》宋刊本《洪氏集验方》五卷云:"其书以淳熙七、八两年官册纸背所印,中钤官印,惜不可识。"《莫录》宋绍兴本《集古文韵》五卷云:"纸背大半是开禧元年黄州诸官致黄州教授书状。纸背状中首尾结衔:一曰朝散郎权知黄州军州事王可大,一曰秉义郎新添差黄州兵马监押赵善觊,一曰训武郎黄州兵马都监兼在城巡检徐霭,一曰迪功郎黄冈县尉巡捉私茶盐矾铜钱私铸铁钱兼催纲陆工程，一曰朝奉郎行户部员外郎吴猎，一曰武略郎添差淮南西路将领张□，一曰学谕章准，一曰学生教谕李起北，一曰学生直学徐灏，一曰升大，失其官及姓，凡十人。其本官结衔则云'从事郎黄州州学教授吕吾衍'。"足见尔时交际仪式。《瞿目》吕祖谦《皇朝文鉴》一百五十卷云："纸面俱钤纸铺朱记。卷二十五至二十七纸背有字，审是星命家言。其中有宝庆二年云云，的是宋椠宋印也。"《陆续志》影宋钞本《方言》十三卷，后有无名氏跋曰："余旧藏子云《方言》正是此本，而楮墨尤精好，纸背是南宋枢府诸公交承启札，翰墨灿然。于今思之，更有东京梦华之感。辛丑五月三日书。"《丁志》唐冯贽《云仙散录》一卷云："宋开禧元年临江郭应祥刻，镂板宽大，字画端秀，且用嘉泰及开禧等年官印册纸所印。历六百数十年，古香袭人。有徐渭仁跋。"又宋巾箱本《欧阳先生文粹》五卷，绵纸，背有宋时公牍并钤宋印。然余谓不独宋印如此也，元明印书亦然。《陆志》北宋刊本《尔雅疏》："其纸乃元致和、至顺中公牍，有蒙古文官印。盖金入汴京，尽辇国子监、秘书监书版而北，事载《北盟会编》及《靖康要录》。至顺上距靖康甫二百年，其版尚存，故有元时印本耳。"又《陆跋》宋刻本《欧公本末》四卷，吕祖谦编，嘉定中严陵詹义民刻版，纸背乃延祐四年官册，盖元初印本。《陆志》北宋蜀刻大字本《汉书》残本八卷，纸背皆元时公牍。《张志》元刊本《隋书》八十五卷，纸背系洪武初年行移文册。《黄记》元刊本《幽兰居士东京梦华录》十卷云："印本当在明初。盖就其纸背文字验之，有本班助教廖崇志，堂西二班学正翁深、学正江士鲁考讫，魏克让考讫，正谊堂、诚心堂西二班民生黄刷卷远差易中等论语大诰云云。虽文字不可卒读,而所云皆国子监中事,知废纸为监中册籍也。"又明刻本《侨吴集》十二卷云:"乃弘治中张习重刊本,字迹古雅。与所藏张来仪、徐北郭诸集悉同。惟纸背皆明人笺翰简帖,虽非素纸印本,然古气斑斓,亦自可观。宋元旧本往往如是,又何伤也。"《丁志》明翻宋本《李端诗集》三卷,云用弘治元年至四年苏州府官册纸背所印。《缪续记》宋刊元修明印本《国语》二十一卷,以成化二十余年册纸印行。元西湖书院本《国朝文类》七十卷,明中叶册籍纸印。观此数则,知古时纸料之坚,故可一用再用。而古人爱惜物力之意,亦可于此见之矣。

案:以上据《书林清话》,叶德辉著、李庆西标校,复旦大学出版社 2008 年版。

**继昌《行素斋杂记》**

卷下:内阁厅事,有张诗舲河督祥河官阁学时绘紫薇花一幅,并书楹帖云:丝纶阁下文章贵,钟鼓楼中日月长。近年广西况夔笙周仪、王幼霞鹏运、浙江许鹤巢玉(琢)〔瑑〕、端木子畴埰四君,同官中书。公余吟咏,互相赓和,刻有《薇省联吟词》,亦一时风雅事也。

案:以上据《行素斋杂记》,〔清〕继昌著,上海书店 1984 年影印本。

**狄葆贤《平等阁笔记》**

卷一:先君子生平最宝爱之画有二。一为王叔明《青卞隐居图》立轴,有董香光书"天下第一王叔明画"八大字横列于上方。在华亭当日,已推重如此,诚山樵生平最得意之笔也。一为宋人画《五老图》册,自宋元以来,名人多有题志于后。此二者,先君子皆不肯轻易示人。同治初年,先君子宦游江西时,王□□以道员权赣臬,闻而知之,欲夺《青卞图》不得,而衔之于心。岁戊辰,先君子授都昌宰。邑俗强悍,适两大族械斗案起,不听弹压。王乃藉词委某某道员,先后带兵驻邑境,相持年余,至欲加乡民以叛乱之名,而洗荡其村舍。先君子以死力争。王乃属某道员讽以意,谓若《青卞图》必不可得,则《五老图》亦可。先君子乃叹曰:"因一画而杀身破家,吾所不惜,《清明上河图》之前车,吾固愿蹈之,决不甘以己心爱之物,任人豪夺以去。惟因此一画,而或至多杀戮无辜之愚民,则吾抚衷诚有所未安,不能不权衡轻重于其际也。"于是遂以《五老图》归之,事乃解。向例上官莅境,州县供给一切,谓之办差,而军事为尤甚,其费则邑宰任之。综计此事所费,已不下二万金矣。至光绪癸巳、甲午之间,其子□□侍御以此册售之盛伯希祭酒,后幅又加有胡曾左李诸氏之题志,今尚在祭酒家。惜余游京师时,未得一见,为憾事耳。

**案**:以上据《平等阁笔记》,狄葆贤著,蓝吉富主编《现代佛学大系》本。

**郑逸梅《艺林散叶》**

第九三九条:朱古微有《词坛点将录》,未完成。彼署名觉谛山人,自许为双枪将董平。

第一九三五条:王半塘所作词,分为七稿:……独无甲稿。

盖半塘春闱未第,不得成甲科,引为憾事,故甲稿付置缺如。

第三三七〇条:王半塘谓郑大鹤诗名因词而掩,书名因画而掩。

第三六八五条:况蕙风官内阁中书,王鹏运称之为目空一世之况舍人。况见俗字必易之,如樽字必除去木旁为尊,暮字必除去日字为莫,崇古不苟,冯蒿叟又称之为况古人。

案:以上据《艺林散叶》,郑逸梅著,中华书局2005年版。

# 旧　刊

## 《国粹学报》

### 第五十六期

邓实录《绍介遗书》

旧著新刊类:重校《梦窗四稿》四卷《补遗》一卷附《札记》一卷

右《梦窗四稿》札记一卷。云重校者,踵半塘翁初校而作也。初校五例,皆翁手定。墨版竟工,嗣有创获,稽撰同异,意未尽惬。今故为整齐之,缮本付雕,成翁之遗志也。凡今校一以毛本为主,毛刻舛误,前人校改,审择从之。别出异文,具如疏记。字体小讹,依傍形声,略为是正。其所未晰,则仍存疑。阙文脱简,斟定句律,识以方空。诸本补字,记备参考。意在矜慎去取,庶完真面。旧校附词下者,悉移入记中。时贤按语,称名以别。

词中本事,洎其朋交游迹,流览之顷,随有采获,不忍挥弃,辄复录存,以为笺释张本。伯宛舍人共事铅削,匡益尤多。经始于丁未仲春,越岁戊申五月刊毕。归安朱祖谋记。

## 《学衡》

**第二十七期**

胡先骕《评文芸阁云起轩词钞王幼遐半塘定稿剩稿》

《云起轩词》之胜于时贤者,以其令词逼肖花间,非他人所能企及。而其品格,则反以耽于侧艳,遂落下乘。半塘则无此病也。

半塘词,则与云起轩词异趣,盖其渊源各别也。云起轩词所宗纯为苏辛,小令则步趋花间,于南宋诸大家绝少浸淫,故其艳丽在面而不在骨,其豪词亦磅礴有余,沉著不足,尤无论于研炼澹秀之胜矣。半塘词,自南追北,既得梦窗之研炼,复得稼轩之豪纵,工力才华,互相为用,与云起轩纯恃才华者异趣。虽无以别尹邢,然自操胜算也。其不类处犹在令词,半塘非无风怀者,其为人之不拘小节,亦仿佛似文芸阁。然其所治为两宋,故芸阁所耽侧艳之语,半塘乃不屑为之。

至于慢词,虽腾踔横厉,未能突过云起轩,而悲壮激越,殆不相下。其凄厉处,且非云起轩所能及也。

尝读《云起轩词》,觉奇情壮采,诚一时无两,而凄紧动人心魄者,则殆不多见。以所遭而论,半塘不过一喜言事之侍御史耳;芸阁则居清要,预机密,其一身之利害,与戊戌之成败息息相关。珍妃为其弟子,德宗为其恩主,则窜逐之后,宜有抑塞凄慕之怀形诸笔墨矣。而乃不然。吾人已见其庚子咏秋雁之作，不过仅表遗憾，与致慨于人事变幻之不常而已，一若非局中人而为隔岸观火者。固由于善自排遣，然其眷怀君国之思，恐亦逊人一等也。在半塘则不然。

惟其天性纯笃，故哀乐过人，而历世经验特深。半塘词大致以凄悲为骨，读之固能使人深知世味，然非以供茶余酒后之欣赏者也。

两家之词性质所以异者，固由于性情之不同，而其人之遭遇，亦自有异。文芸阁少年掇巍科，跻高位，居清要，文誉翔于朝野，后虽以政变遭窜逐，综其一生，功名事业，要远在王半塘之上。半塘久任京秩，始得御史，终以言事外简，且不得循例之迁转，历境坎坷，要为特甚。

综而论之，二公皆一时词场屠龙手。以技言，殆难轩轾。然文颇似李白，王则似杜甫，有清词家舍蒋鹿潭外，能与之抗手者殆鲜。然闻云起轩继起者无人，继半塘而起者，则朱古微、郑叔问、况夔笙、赵尧生，皆名世作者，亦犹太白之后裔无人，而昌黎、白傅、义山、荆公、山谷、后山、简斋、放翁、遗山，皆导源于杜陵也。抑李非学所能及，而杜则有轨范可循欤？无亦杜陵之诗，其深厚处，虽以李白之隽才，尚有不逮者欤？读文、王二家之词，正可以此相喻也。

《越风》

### 第十九期

袁爽秋致龙松琴书

五　前委询之梓泉，云已奉复，托幼霞寄矣。弟又面叩筱珊同年,据云:先丈系于儒林中特立一传,并有两人言古韵之学者附入传尾。筱珊举其姓名见告,弟忘之矣。……**按先丈即松琴之父翰臣方伯**

案:《越风》半月刊第十九期(1936年9月15日出版),见沈云龙主编之《近代中国史料丛刊续辑》第660册,台湾文海出版社有限公司1979年版。

## 《词学季刊》

### 创刊号

况周颐《词学讲义》

词于各体文字中,号称末技。但学而至于成,亦至不易。(不成何必学)必须有天分,有学力,有性情,有襟抱,始可与言词。天分稍次,学而能之者也,及其能之,一也。古今词学名辈,非必皆绝顶聪明也。其大要曰雅,曰厚,曰重、拙、大。厚与雅,相因而成者也,薄则俗矣。轻者重之反,巧者拙之反,纤者大之反,当知所戒矣。性情与襟抱,非外铄我,我固有之。则夫词者,君子为己之学也。

填词口诀,曰自然从追琢中出,所谓得来容易却艰辛也。曰事外远致,曰烟水迷(难)[离]之致。此等佳处,神而明之,存乎其人,难以言语形容者也。李太白《惜余春》《愁阳春》二赋余极喜诵之。以云烟水迷离之致,庶乎近焉。

万载龙沐勋辑《近代名贤论词遗札》

金坛冯梦华煦先生与朱彊邨书:古微前辈有道:何日返苏?

道履安稳？煦前序幼遐《和珠玉词》，无副墨，乞属写官于四印轩词刻中，别录一通寄下，俾为敝帚之享。又友人纸一条，乞公正书，以其他三纸皆楷也。迫促能事，罪过罪过。敬颂道绥。年侍煦再拜。壬子中秋。

高密郑叔问**文焯**先生答吴伯宛书；伯宛道兄先生侍者：一昨复奉惠剳，具审海国盍簪之盛，于笙歌丛里，别有云璈。想见天风珠唾之余，时复逮忆。正如枯僧野呗，只宜荒山破刹中，独一凄唳，不足翘和鸾凤声也。昨夜听雨竹醉寮，忽展诵半塘老人《剩稿》，未终卷，泫然久之。迟明始略为点定。以君与沤公拳拳高义，亟待墨版，爰付局寄上。尚其鉴察覆审之。因苏城邮筒，近多隐渝，甚不足恃也。承索观吴刻《明秀》《乐章》二集，俟二月华朝前后，必携之沪上面奉，何如？比连得家兄书，趣赴浔阳甚迫，其受代已有期矣。知念附及。匆匆报讯，不尽百一。敬承道履，临书怀仰。正月廿六日。郑文焯白疏。沤公同此道念。

夏孙桐《朱彊邨先生行状》

**江阴夏孙桐**悔龛《清故光禄大夫前礼部右侍郎朱公行状》：公讳祖谋，原名孝臧，字藿生，一字古微，号沤尹，晚年仍用原名，又号彊村。先世自明初居归安埭溪镇，至公凡十九世，世有隐德。曾祖讳毂，郡庠生；祖讳若烺；考讳光第，国学生，官河南邓州知州。三世并以公贵，赠光禄大夫。妣孙太夫人，生子四，公其长也。邓州初幕游江淮间，吴越方被寇乱，尽室相从。公幼即颖异，耽文学。光绪初，随宦大梁，年甫冠，出交中州贤士，诗歌唱酬，才誉大起。邓州在官多惠政，会有王树汶之狱。树汶者邓人，为镇平盗魁胡体安执爨，镇平令捕体安急，贿役以树汶伪冒

· 853 ·

既定谳,临刑呼冤。重鞫则檄邓州逮其父季福为验。前南阳守某,已擢开归陈许道,驰书阻勿逮季福,且诱怵之。邓州曰:"吾安能惜此官以陷无辜?"竟以季福上。大吏犹袒初谳,而摭他事劾邓州去官。后刑部提鞫,乃得实,释树汶。邓州被诬劾在案外,终不得白。未几,公于壬午、癸未联捷,成二甲一名进士,改庶吉士。侯官张侍郎亨嘉,亦以大挑知县官河南,同鞫是狱,不肯附和,辞官应试,至是与公同入翰林。一时舆论,叹天道报施之不爽也。邓州既亲见公通籍,寻弃养。服阕,散馆,授编修。历充国史馆协修、会典馆总纂总校、戊子科江西副考官、戊戌科会试同考官、教习庶吉士。时輦下风气,崇尚古学,稍负才望者,各以考据辞章相矜诩,继则争谈时务,以变法为名高。公在馆职十余年,盱衡世变,忧时之念甚深,而不自表襮,足迹稀至朝贵之门。交游同志,所深契者,多清望劭闻、贞介不苟之士。纂校会典,勤于其职。理藩院一门,因本署无汉员,档册疏漏,钩稽官书,证以私家纪载,独手成之,最称详审。叙劳以五品坊缺开列在前,擢侍讲,充日讲起居注官。累迁侍读、庶子、侍讲学士。戊戌之后,朝局翻覆,国是未定,纪纲日隳。公屡有所论列。粤绅刘学询,勾结日本上海领事小田切之助,谋包办江浙两省厘捐,由其国代捕旅居之政治犯以为报,而要请皇太后亲签名国书,以学询为专使赍往。事由御史杨崇伊介于庆亲王,迳达宫廷,秘不使枢臣与闻。公疏劾学询妄诞,大伤国体。大学士徐桐、言官张仲炘、高燮曾、余诚格,相继并有疏论,事乃得寝。庚子义和拳起,仇教开衅,亲贵及大臣偏执守旧者主之,群相附和,不敢昌言其害者。公奋然抗疏曰:"近日拳匪蔓延,夷情叵测。昨日复有

附录四：笔记、旧刊、词史等有关王鹏运资料辑录

甘军戕毙日本书记官之事，祸机丛集，不可端倪。措置安危，间不容发。今廷臣持论，或目拳匪为义民，欲倚以为剿除各国联兵。其存心无他，其召乱必速。圣明过听，其祸有不可胜言者，臣敢为我皇太后、皇上，披沥陈之。盖中国自强，原以兵事为要领。然联络邦交，专与一国执言可也。激犯众怒，概与各国搆衅，不可也。一面受敌，合中国而御之可也。八面受敌，分中国之力应之，不能也。且外则军火何自购，内则饷源何自筹。论势则彼众而我寡，论理则彼直而我曲。纵将现在中土之各国官商，以及兵队，区区数千人，一时歼尽，其能使十数国者，詟我兵威，不报复耶？其能使我沿边沿海数万里，固此金汤，不容各国一骑一舰阑入耶？逞血气之忿，取快目前，而未有以善其后，是直以宗社为孤注于一掷。恐不止震惊宫阙，危及乘舆已也！持此说者，亦明知中国兵力未充，不足以敌各国，所恃者拳民忠愤，及其术不畏刀炮耳。不知逆民肇事，恒托于假仁假义，以结人心。此事萌芽，虽由于为教民所激，然邪说煽惑，必有奸猾，为之渠魁。蚩蚩者惑于新奇，焉得人人深明大义？且梅东益于景州，袁世凯、聂士成于山东天津等处，颇有剿杀。是不畏刀炮之说，显为虚诳。即以嘉庆年间，教匪拳术，及真空八字神咒，初颇猖獗，旋即覆亡。今欲以此等邪说，以挽积弱而御外侮，岂不大误？臣维此时救急之策，宜简派威望大臣，赴各国使馆，开诚布公，示以朝廷措置，必能消弭变乱，保全中外臣民，以安各公使之心，止其续调兵队，以防肘腋之患。一面厚集兵力，懔遵查拿首要、解散胁从之谕，认真办理，克日完结。事平之日，商诸各国，妥定教约，以善其后，以弭后患，亦一机会。目前未可卤莽以图也。此中机

· 855 ·

宜，非我皇太后、皇上独断于心，决定大计，则廷议纷纭。稍一谬误，其贻祸有非臣子所忍言者。臣为保持危局起见，谨密折上陈。伏乞圣鉴。"疏上，有禁逐拳民之旨，都市为之顿清。次日大学士刚毅自涿州回京，拳民随至，纵火市廛，延烧正阳门。忽讹传洋兵已至东安县，距京仅六十里。是日召见廷臣，仓皇集议。亲贵诸人袒义和拳、主战，公班次在后，言拳民固不可用，董福祥兵亦不可恃。兵事宜用山东巡抚袁世凯，议和急召大学士李鸿章。太后犹未之识，问高声瞋目者何人。终定议抚用拳民，遂戕杀德国公使，围攻使馆。外兵犯天津，事益急，公又上疏曰："臣闻师直为壮，曲为老。又闻春秋之义，不戮行人。故曰兵交使在其间可也。今我军围攻使馆，连旬不解，聚而歼之，既乖古谊，亦未足以振国威。徒使彼国之师，见而切齿。其致死于我，必十倍于寻常。彼若杀我使臣，以相报复，是朝廷自杀无罪之臣也。若阑入边境，肆其屠戮，是朝廷自杀无罪之民也。设彼置我使臣不杀，入我边境不扰，而专据理以相诘责，则彼辞甚直，而我将何以自解？请饬总理衙门，设法照会各公使，告以今日战事，实由各国兵弁，不守保护常例，枪毙途人，以致我军激而为此，并非朝廷之意。现拟约定时期，彼此停战，一面派兵护送公使出京，其各国军人，亦勒令尽数遣出。彼既自分菹醢，而忽有更生之庆，宜无不感戴皇仁，就我约束。后虽胜负无定，而曲直已分，可以示天朝不杀之仁，可以杜万国责备之口，可以减敌人裂眦之愤，可以留他日转圜之机。近闻各督抚电奏，多有保全公使、尚可挽回之语，而驻英使臣罗丰禄，所述英外部之言，以为保护公使，即不算我国开衅。是公使之保全与否，其关系于大局者甚

附录四：笔记、旧刊、词史等有关王鹏运资料辑录

重。臣所谓筹全局以纾后患者此也。"疏上，即命军机大臣，传询保护公使，应用何法。公援笔立书，请饬总理衙门，查照万国公法战时之例办理。覆奏上，良久，始命退出。是日所奏忤旨，被诘问，几获罪。终以文学侍从之臣，未遽加谴，而为左右主战者所深嫉。其不从许袁诸公之后者幸也。洎两宫西狩，欲追扈从，而车马为溃兵所掠，不得行。和议开后，又有请早定大局之疏。是非既明，忠悃益著。一岁之中，迭迁少詹事、内阁学士。辛丑回銮后，遂擢礼部侍郎。召对称旨，有留心外事之褒。寻兼署吏部侍郎。壬寅考试试差，策问免厘加税事，自以所对未尽，复上疏论之曰："……"是秋，简放广东学政。广东才薮，亦弊薮。公衡鉴精而关防严，士论翕服。而围姓充饷，除弊不能尽绝。乃疏陈其害，请申厉禁，曰："……"时因科举将停，当事仍暂以充饷为便，终搁置之。乙巳以修墓请假，离学政任回籍。次年，乞病解职，卜居吴门。继而江苏创立法政学堂，聘为监督。士林仰公清望，归依甚殷。公亦苦心经营，实事求是，不以寻常祠禄视之。宣统纪元，特诏征召，次年、设弼德院，授顾问大臣。皆以宿疾未痊，乞假未赴。辛亥国变后，不问世事，往来湖淞之间，以遗老终矣。乙卯岁，一至旧京，袁世凯方为总统，优礼旧僚，欲罗致而不得，闻其至，急致书聘为高等顾问，笑却之，未与通一字。乙丑，谒天津行在。谆谆于典学生计两端，忠诚靖献，仅止于此。每言之深恫也。少以诗名，孤怀独往，其蹊径在山谷东野之间。四十始为词，与王半唐给谏最契，同校《梦窗四稿》，词格一变，穷究倚声家正变源流，晚造益深。尝言半唐所以过人者，其生平所学及抱负，尽纳词中，而他不旁及。公亦正与之相

· 857 ·

同,身世所历,忧危沉痛,更甚于半唐。清末词学,视浙西朱厉、毗陵张周诸家,境界又进者,亦时为之也。故公词遂为一代之结局。半唐《四印斋所刻词》,风行一时,公赓续之,积年所得,遍求南北藏书家善本勘校,综宋、金、元、凡一百六十三家,既博且精,足补常熟毛氏、南昌彭氏搜集所未逮,即半唐亦不能不让继事之尽善。又辑《湖州词征》二十四卷,《国朝湖州词征》六卷。年德益劭,郁为江表灵光。海内言词者,奉为斗杓。公亦宏奖为怀,后进就质,靡不餍所欲闻而去。海滨避世,赏析之乐,足慰桑榆。而家道坎坷,门祚单弱。六十后丧子,强作旷达,中实轸结。与诸弟友爱最笃,季弟早世,叔弟里居,仲弟孝威亦寓吴,相依为命,前岁病殁,伤之甚,遂益衰。辛未十一月廿二日,卒于上海寄庐,距生咸丰丁巳七月廿一日,享年七十有五。配严氏,封一品夫人;侧室陆氏。子一,方饴,严夫人出,二品荫生,官山东通判,才隽有父风,壮年殒折。娶夏氏,孙桐第三女也。孙一、贞同,奇慧,先殇,所以继大宗者犹有待。晚乃抚仲弟子方饬为嗣。公易箦前,口占《鹧鸪天》词云:忠孝何曾尽一分。年来姜被减奇温。眼中犀角非耶是,身后牛衣怨亦恩。　泡露事,水云身。枉抛心力作词人。可哀惟有人间世,不结他生未了因。呜呼!斯足尽其生平已。遗稿亲授龙君榆生,所手定者,《彊邨语业》三卷,生前词已屡刻,以此为定本《彊邨弃稿》一卷,手定诗集《词莂》一卷手选清词足本《云谣集》一卷手校足本定本《梦窗词》不分卷第四次校定《沧海遗音集》十二卷手辑友朋词十一家又《集外词》一卷,将总编为《彊邨遗书》。嗣子未冠,从侍未久,以孙桐肺腑之亲,缔交最早,于公志事,知之较深。乞次行状。窃见公志节之忠亮,器识之通敏,一时罕与匹俦。身居侍从,仅以言见。庚子两疏,凤鸣朝阳。奋不顾身之概,可信其能任艰巨。虽跻九列,立朝未久,已隐窥直道难行,洁身早退。屡上封事,焚草不存,身后发箧,仅见三篇。又于旧档得《论免厘加税》一疏,至为深切。并叙入状,见公经世之一斑。俾他日重修清史者,有所采录。后世勿仅以词人目公也。夏孙桐谨状。

张尔田《与榆生论彊邨遗文书》

榆生我兄执事:昨匆匆奉复一书,古丈遗文,不知是何等篇。以弟所知,古丈素不作文,其中大半假手。有弟代作者,有宋澄之代作者,拙篇《玉溪生年谱》序为沈绥成代作,映庵词序为吴伯宛代作,《半塘定稿》序为钟西耘代作,王刻《梦窗词》序为曹某代作。

张尔田《与榆生言彊村遗事书》

古丈学词,王半塘实启之。古丈少长大梁,与半塘本旧识,方从黎蒪园诸老致力于诗,不知词也。半塘官给谏时,言官有一聚会,在嵩云庵,专为刺探风闻而设。半塘亦拉古丈入会,会友多谈词者,古丈见猎心喜,亦试填小令数阕,半塘见之,以为可学。嘱专看宋词,勿看本朝词。庚子大驾西狩,古丈遣弟送眷南归,只身襆被,与刘伯崇同宿半塘寓斋。既不能他往,则相约填词。古丈词学进步,皆在此时。后自岭海解组,侨居吴下,与先君及郑叔问张次珊陈伯弢辈,以词相唱和。曾记一日,宴于古丈所,诸人欲填词,则拾一名刺使书。古丈曰:"此是废红。"众大哗曰:"废红二字,大可入词。真词人吐(嘱)[属]也!"适客有谈及宗教者,次珊曰:"我辈亦信教者。"问何教,曰清真教。相与抚掌。此一则颇可入词苑丛谈,写奉,未知可充刊料否?手颂著

· 859 ·

安。弟尔田顿首。

## 第一卷第二号

龙榆生《忍寒庐零拾》（一）

郑叔问自评所作词（一）

春假，过南浔刘氏嘉业藏书楼，留一日，浏览所藏善本图籍，大有"如行山阴道上，应接不暇"之势。在普通书库内，见郑叔问先生（文焯）手写《樵风乐府》稿本二册，涂乙甚多，与刊本常有出入；惜以时间迫促，不及细勘。仅将叔问自为评语，录出若干条，"得失寸心知"，倘亦足为研习郑词者之资助欤？

《念奴娇》题云："甲辰仲夏，半塘老人过江访旧，重会吴皋，感遇成歌，以致言叹不足之意。"词云："小山丛桂，问淹留何意？空歌《招隐》。自见淮南佳客散，鸡犬都霑仙分。碧海三尘，白云孤抱，不羡灵飞景。仙才谁惜？世间空舐丹鼎。　我亦大鹤天边，数峰危啸，一觉松风枕。三十六鸥盟未远，独立沧江秋影。词赋哀时，湖山送老，吟望吴枫冷。梅根重醉，旧狂清事能领。"（《樵风乐府》六）批云："老友宋芸子颂此解，凄唳低徊，至沧波秋影之句，甚为予感喟不置，至冷字韵，不觉泫然涕之何从也。吾知鹜翁见之，又作何怅触之态，赏音良难，而歌者亦太苦矣。"

《迷神引》云："看月开帘惊飞雨，万叶战秋红苦。霜飙雁落，绕沧波路。一声声、催筘管，替人语。银烛金炉夜，梦何处。到此无聊地，旅魂阻。　眷想神京，缥缈非烟雾。对旧河山，新歌舞。好天良夕，怪轻换，华年柱。塞庭寒，江关暗，断钟鼓。寂寞衰灯侧，空泪注。苕苕云端隔，寄愁去。"（《樵风乐府》七）批云:"结句又极难合拍,盖人人易作是调,却未轻许能到此境。南宋诸词家,赋此解绝少,几成虚谱矣。"

## 第一卷第三号

**万载龙沐勋述《彊邨本事词》**

彊邨先生四十始为词。时值朝政日非,外患日亟,左袒沉陆之惧,忧生念乱之嗟,一于倚声发之,故先生之词,托兴深微,篇中咸有事在。年来旅食沪上,获奉教于先生,三载之间,无旬日不相见,见必从论词学,或共校订。友人夏瞿禅有共笺先生词集之议,属予就近以词中本事,叩诸先生,先生多不肯言。一日执卷请益,先生就其大者有所指示,予因从而笔记之。然欲叩其详,亦坚不肯吐。既而先生下世,予拟为撰年谱,而先生居汴梁及奉使岭南时行事,采访未周,加以人事牵率,因循未就。瞿禅来书督促,因先就所闻于先生,涉及词中本事者,草成《彊邨本事词》若干则,俾世之爱诵先生词者有所考焉。其得诸先生故旧如张孟劬诸先生者,当别为后编,藉资参证。他日旁搜清末野史,博访遗闻,再当别撰长笺,勒为定本。年谱之作,亦将以此为"息壤"焉。先生有圈定《彊邨词》一册,病中举以授予。"得失寸心知",亦足为研读者之一助。各词密圈之处,谨即依之。咸同兵事,天挺蒋鹿潭(春霖),以发抒离乱之忧,世以拟之"杜陵诗史"。若先生所处时世之艰危,视鹿潭犹有过之。读先生之词,又岂仅"黍离""麦秀"之感而已?癸酉重阳前一日,沐勋附记。

《彊邨词前集》

《高阳台》"残雪"云:"飘树烟零,封阶粉退,余寒犹沍苔文。

画意无多,寻常埋没芳尘。斜阳著意相怜惜,是愁心、不耐温存。且销他,一额凉蟾,来伴深尊。　东阑步玉人归否,剩簟香半炧,衾绣孤温。依约檐声,隔帘滴到黄昏。朝来便化春潮去,问何人、省识冰魂。谢东风,不当花看,为划愁根。"先生是时与江阴夏闰枝(孙桐)丈同官京朝,夏公实始诱为倚声之学,此阕其开端也。先生方在会典馆,以考差事有所抑郁,故有"谢东风不当花看"之语。

《丹凤吟》"和半塘四月二十七日雨霁之作依清真韵"云:"断送园林如绣,雨湿朱幡,尘飘芳阁。黄昏独立,依旧好春帘幕。分明俊侣,霎时乖阻,镜凤盟寒,衫鸾妆薄。漫托青禽寄语,细认银钩,珠泪潜透笺角。　此后别肠寸寸,去魂总怯波浪恶。夜暝天寒处,拼铅红都洗,眉翠潜铄。旧情未诉,已是一江潮落。红烛玉钗恩易断,悔圆纨重握。影娥梦里,知甚时念著。"此为翁同龢罢相作。

《念奴娇》"同理臣半塘观荷苇湾,用白石韵"云:"采香梦醒,涉江人、不是年时吟侣。婭队鸳鸯,偷眼下,狼藉花无重数。锦澈风多,珠房凉重,那更连天雨。江南多恨,老仙休唱愁句。

薄暮隔岸争翻,田田新曲,断送箫声去。一镜闹红谁管得,凄入笛船烟浦。罗扇单寒,朱阑憔悴,莫办移家住。残蝉无赖,日斜嘶断归路。"先生于苇湾遇南海康有为,方与人大谈新政,面有得色。词盖有感于斯事而作。

《解连环》"七月十四日坐雨有作"云:"雨凉无极,傍西池渐浥,画屏猩色。怅倦旅、呼酒栏干,数不断唳鸿,远天如墨。乱叶流红,蓦惊散、鸳鸯踪迹。对飘烟暗烛,罨画古帘,悄然乡国。

绿窗已拼怨抑,又天涯树树,哀响搀人。便有约、重梦香丛,怕前地漂花,总凝愁碧。打尽枯荷,几曾减、秋塘波力。但赢得、镜棱泪点,断云共滴。"时正厉行新政,裁汰官员,"打尽枯荷"一句,谓清寒微末,横被裁减,而于国库终无补益也。

《鹧鸪天》"九日丰宜门外过故人别业"云:"野水斜桥又一时。愁心空诉故鸥知。凄迷南郭垂鞭过,清苦西峰侧帽窥。新雪涕,旧弦诗。憎憎门馆蝶来稀。红萸白菊浑无恙,只是风前有所思。"为刘裴邨(光第)被祸后作。刘为戊戌六君子之一。

《寒灰集》

《婆罗门引》云:"斜桥絮起,乱红牵恨点重茵。慵莺尚语残春。闻说凌波新步,遮断绣鹓尘。恣蜡灯罗带,斗取闲身。　长安丽人。算醉醒、总迷津。狼藉东风不管,只避花瞋。波帘翠颦,梦不散、相思堤上云。钗钿约、总是愁根。"为义和拳乱事作。

《菩萨蛮》十三阕,全为庚子拳乱作。其第五阕云:"茱萸锦束胡衫窄。乘肩倦态偎花立。回扇唤风来。春窗朱鸟开。　压愁麟带重。多谢行云送。虬箭水声微。飘灯人不归。"此为义和团中所谓"红灯照"者作。第七阕云:"蜂衙蝶馆参差对。行轩四角流苏缀。一霎谢桥风。蛮花委地红。　玉珰缄翠札。曲折何缘达。商略解连环。人前出手难。""蜂衙"二句谓各国使馆,"蛮花"句谓日本书记官被戕事,"玉珰"以下,先生自谓曾苦谏,不蒙采纳也。第八阕云:"弱杨睥睨秦蘅老。驮金走马长楸道。宝带鹔鹴裘。东方居上头。　背丸珠错落。脱手翻阿鹊。际海发红桑。簸心花箭香。"此谓董福祥兵肆行劫掠也。第十一阕云:"闹红满镜冲单舸。叠澜不定铢衣軃。新语约餐霞。

恨无书报他。　留仙裙裥薄。倾盖鸳鸯觉。锦字太无凭。闲愁携手生。"此为许景澄、袁昶死难作。

《点绛唇》"雁来红"云："抬举西风,醉扶一捻鹃魂小。误花疑草。别样伤秋稿。　窥笑东邻,解妒宫妆好。秋娘觉。茜裙颠倒。收拾红情早。"此为大阿哥作。"东邻"以下,谓未能结好于各国,致事不克谐也。

前调"凤仙"云："丹穴春姿,托根翻恋朱阑好。抱香多少。梦稳秦楼晓。　衾史新翻,瘦损麻姑爪。秋妆了。守宫红小。来伴花房捣。"此为赫德作。赫德为当时办税务之西人,曾令其子入合肥籍,谋应庚子乡试,不成。

《声声慢》"十一月十九日味聃以落叶词见示感和"云："鸣蜇颓城,吹蝶空枝,飘蓬人意相怜。一片离魂,斜阳摇梦成烟。香沟旧题红处,拚禁花、憔悴年年。寒信急,又神宫凄奏,分付哀蝉。　终古巢鸾无分,正飞霜金井,抛断缠绵。起舞回风,才知恩怨无端。天阴洞庭波阔,夜沈沈,流恨湘弦。摇落事,向空山、休问杜鹃。"此为德宗还宫后卹珍妃作。"金井"二句,谓庚子西幸时,那拉后下令推置珍妃于宫井,致有生离死别之悲也。

《杨柳枝》四阕,为当时四军机作。其一云："旧梦吹花著渭桥。新愁封泪问湘皋。永丰坊畔风流极,晚向人前斗舞腰。"为瞿鸿（玑）[禨]作。其二云："无主楼台半夕阳。笛中人去更回肠。东风销尽宫黄点,背定愁鸾理旧妆。"为鹿传霖作。其三云："似水鹃声一夕催。青丝骄马断章台。分明摇落江潭路,依旧傞傞软舞来。"为王文韶作。其四云："通体当风弱不支。年光销尽断肠丝。不辞身作桓宣武,看到金城日坠时。"为荣禄作。

## 附录四：笔记、旧刊、词史等有关王鹏运资料辑录

《怀舟集》

《杨柳枝》四阕，为后四军机作。其一云："故苑腰肢掌上轻。花街踏马旧知名。啼莺莫讶成阴早，栽近津桥眼便青。"为荣庆作。其二云："人道枯梯不作丝。迷离烟雨又龙池。东风吹作流萍去，胜结菖蒲解笑谁。"为庆王作。其三云："横笛吹花出汴州。长条抵死斗风柔。锦帆自解伤离别，无复春波断得愁。"为徐世昌作。其四云："雪絮相和减却春。楼台白日断歌尘。金鞭分道长楸去，莫笑章台旧舞人。"为铁良作。

**案**：《词学季刊》第一卷第四号张尔田《再与榆生论彊邨词事书》有云：尊撰《本事词》，大体甚是，似亦有一二不甚确处。如《杨柳枝》四首第四章："不辞身作桓宣武，看到金城日坠时。"乃指李鸿章结孝钦一朝大事之局，非荣禄也。

灵《词林新语》（一）

临桂王右遐于蕙风为前辈，同直薇垣，研讨词事。右遐每有所作，辄就蕙风订拍；蕙风谨严，屡作为之屡改；半唐或不耐，于稿尾大书："奉旨不改了。"

灵《词林新语》（五）

归安朱彊邨暇则行博，蕙风为赋《竹马子》，以纪其事。或劝之曰："久坐伤骨，久视伤脾。"彊邨曰："不坐伤心。"

蕙风有芙蓉癖，濡染彊邨，微灯双枕，抵掌剧谈，往往中夜。半唐字姜曰抱贤，蕙风就讯其义，唯唯曰："余以贤自况而已。"

番禺叶恭绰遐庵辑录《郑大鹤先生论词手简》

一：自乙酉丙戌之年，余举词社于吴，即专以连句和姜词为

·865·

程课,继以宋六十一家,择其菁英,咸为嗣响。今同社诸子,零落殆尽,《半箧秋词》,但有余泣;此近十年所为伤心之极致,虽长歌不能造哀也。惜曩和姜全词,及鄙人补《白石传》,并未付锲,且遗一叶,箧稿零叠,不省措久已。

四:世士尝谓训故考据之举,有妨词章。余治经小学,及墨家言,二十余年,攻许学则著有《说文引群说故》二十七卷,**今刻有《扬雄说诂》**《六书转注旧艺》四卷,自谓发前人所未发。研经余日,未尝废文,独于词学,深鄙夷之。故本朝诸名家,悉未到眼一字。为词实自丙戌岁始,入手即爱白石骚雅;勤学十年,乃悟清真之高妙;进求花间,据宋刻制令曲,往往似张舍人;其哀艳不数小晏风流也。若夫学文英之秾,患在无气;学龙洲之放,又患在无笔;二者洵后学所厚诫,未可率拟也。复堂谓余"善学清真",吾斯未信。词无学以辅文,则失之黯浅,无文以达意,则失之隐怪,并不足与言词;而猥曰不屑小道,吾不知其所为远大者又何如耶?

案:以上为郑文焯寄张孟劬书摘录。

北海郑文焯叔问撰、万载龙沐勋娱生辑《大鹤山人词集跋尾》

四印斋本《花间集》跋:词者意内而言外,理隐而文贵,其原出于变风小雅,而流滥于汉魏乐府歌谣;皋文所谓"不敢同诗赋而并诵之"者,亦以风雅之馨遗,文章之流别,其体微,其道尊也。词选以《花间》为最古且精。是本为王半塘前辈景宋淳熙鄂州旧椠,间有讹夺,任笔校正。讽诵之余,时复点注,不忍去口。嗟嗟!自实父、芸阁、子复诸贤去后,此事顿废。忆十年前连情发藻,出言哀断;今更世变,其为衰世之音,不其然乎。叔问记。

## 第一卷第四号

### 赵尊岳《蕙风词史》

《玉梅后词》成,文叔问尝窃议之。先生大不悦,其于词跋有云:"为伧父所诃",盖指叔问。叔问在苏,治词亦精,享盛名。时人与王半唐、朱彊邨及先生合之称为清季四大词人。叔问学白石、学清真,雅尚面目,而天分或不及先生。先生充其所至,"胡帝""胡天",外蕃丽而内幽怨,不为叔问所知,故有所议也。

朱彊邨翁自广东学政还,即往来苏沪间,吟啸自适;与先生知好特深,盖同研词学于半唐者也。方彊邨以词抵半唐订拍,先生见之,亟为称许。半唐尝函彊邨曰:"夔笙少所许可,见子词而惊佩,其推挹为可知。"先生在沪,几与彊邨日必相见;而彊邨辄还吴阊小憩,其所居在醋库巷旧吴氏园,先生赋《霜花腴》赠之。

### 词籍介绍

端木子畴手写《宋词赏心录》金陵卢氏藏本　上海四马路开明书店印行　一册　角

江宁端木子畴先生(埰),光绪中,与王半塘先生(鹏运)同官薇省,以词相唱和。半塘自称其词学,得之子畴。子畴所为《碧瀫词》,已刊入《薇省同声集》,行世久矣。此《宋词赏心录》,为子畴手书贻半塘者。所选词十七家,都十九首。吴瞿安先生跋称:"畴老胸中别具炉锤,不随声附和。"卢君冀野,教授汴梁,于故家得此。细字端楷,笔笔精妙,俨似颜鲁公《麻姑仙坛记》,可想见其用心之不苟矣。卢君既付开明书店影印,更题曰《宋词十九首》云。

## 第二卷第二号

**目录后插页照片**

汪曾武题、汪仲武先生摄赠《王半塘（鹏运）文廷式（道希）手书词扇》

《道希南归，赋〈三姝媚〉见寄，依均和之。戊戌至日□》：怀人心正苦。况阑干依然，倦红愁舞。泪滴罗襟，数心期慵续，闲情新句。费尽春工，成就得、半天风絮。碧海沉沉，只有嫦娥，忘情终古。　此际潮生江步。正酒醒扁舟，羡君归路。风雨禁持，料也应念我，独弦歌处。已是啼鹃，休更说、看花如雾。知否成连海上，新声换谱。　□□仁兄大人正　王鹏运书。

《三姝媚·王幼霞御史以春柳词索和未答，又有送行之作，赋此和之》：莺啼春思苦。看湖山纷纷，尚余歌舞。折柳千条，殢酒痕犹沁，锦襟题句。倚遍危阑，淡暮色、飘残香絮。似绣园林，一霎鹃声，便成今古。　当日花骢连步。共游冶春城，踏青归路。夜半承明，听漏声疑在，万花深处。可奈东风，吹不散、浓雾凄雾。记取灵和旧恨，清商自谱。　乙未五月录请仲虎表弟词□正拍。廷式之稿。

离群情味苦。况春归愁看，乱红飞舞。只慰相思，把素纨贻我，遍题名句。洗尽繁华，还细认、墨痕堆絮。谁写闲愁，绝调姜周，自成千古。　回首江亭联步。记选韵花间，探芳村路。续梦迷茫，问雪泥鸿爪，酒醒何处。好挂轻帆，偏怕触、沧江烟雾。且待逢君商略，重寻旧谱。　道希表兄与余同为萍乡刘金门宫保

868

曾外孙。乙未计谐北上，道希适大考翰詹第一，超擢侍读学士。时值中日之役，直省公车上书言事，为余点窜奏稿。旋以遇事直谏见忤西宫，乞假南归，京朝士大夫赋诗祖饯，途次谱《三姝媚》书纨扇寄赠半唐侍御，并写和词促游海上，以续诗盟。依调奉酬，即和原韵，兼寄夔笙、乙庵于京师。时光绪戊戌夏五月也。越二十七年乙丑，检付装潢。故人皆宿草矣。五月下浣。曾武并志。

案：上文廷式词与《味梨集》所附及《云起轩词钞》所收有异文。此唱和为光绪二十一年事。

龙沐勋《今日学词应取之涂径》

周止庵氏尝明示吾人以学词的涂径矣。其言曰："问涂碧山，历梦窗、稼轩，以还清真之浑化。"（《宋四家词选序论》）而其所以拈出此四家以为矩范者，则以："清真，集大成者也。稼轩敛雄心，抗高调，变温婉，成悲凉。碧山餍心切理，言近指远，声容调度，一一可循。梦窗奇思壮采，腾天潜渊，返南宋之清泚，为北宋之秾丽。"由周说以从事于倚声，庶于半塘翁（王鹏运）所标举之"重""拙""大"，可以几及。其路甚正，其影响于清季词坛者亦至深，绵延迄今，余波犹未遽绝。彊邨先生序《半塘定稿》云："君听导源碧山，复历稼轩、梦窗，以还清真之浑化，与周止庵氏说，契若针芥。"清季词家之风骨遒上，一扫枯寂尖纤之病，以接迹宋贤者，未尝非周氏开示法门，以"导夫先路"之力也。

清词自张惠言《词选》出，而作者始致意比兴之义，门庭稍隘，而斯体益尊。止庵从而推广之，疆宇恢宏，而金针暗度，学者由此端其趋向，以共轨于坦途，自半塘翁以至彊邨先生，盖已尽

869

窥突奥,极常州词派之变,而开径独行矣。彊邨先生固亦推挹周选者,故有"截断众流穷正变,一灯乐苑此长明"(《望江南·杂题我朝诸名家词集后》)之语。然先生尝语予:"周氏《宋四家词选》,抑苏而扬辛,未免失当。又取碧山与梦窗、稼轩、清真分庭抗礼,亦微嫌不称。"则知先生固雅不欲以常州词派之说自限也。考止庵所以抑苏而扬辛之故,固谓:"东坡天趣独到处,殆成绝诣,而苦不经意,完璧甚少。稼轩则沉著痛快,有辙可循。"(《宋四家词选序论》)据此,则知止庵之推挹稼轩,盖犹在其技术之精炼,与其所以推碧山为"声容调度,一一可循"之本旨,正复相同。惟其特别注意于声容调度之可循,侧重于技术之修养,其流弊往往使学者以碧山、梦窗自限,而无意上窥清真之浑化,与稼轩之激壮悲凉。于是以涂饰粉泽为工,以清浊四声竞巧,捋搴故实,堆砌字面,形骸虽具,而生意索然。此固王朱诸老辈之所不忍言,而亦止庵始料之所不及也。

**第二卷第三号**

龙沐勋《东坡乐府综论》

殊不知东坡词之高处,正在无辙可循,当于气格境象上求,不当以字句词藻论。周氏知稼轩之沉著痛快,而不理会东坡之蕴藉空灵,此常州词派之所以终不能臻于极诣也。临桂王鹏运亦受常州影响,乃特崇苏氏,其言曰:"苏文忠之清雄,敻乎轶尘绝迹,令人无从步趋。盖霄壤相悬,宁止才华而已。其性情,其学问,其襟抱,举非恒流所能梦见。词家苏辛并称,其实辛犹人境也,苏其殆仙乎!"(半塘老人手稿)并世词流,如郑文焯及朱彊邨先生,并从王说,于苏词特为推重,此又近四十年词学,所以不为常州派所囿之原因也。因论东坡,附识其宗派升沉如此。

### 第三卷第一号

时旸《词坛消息》

影印袖珍本王氏四印斋所刻词出版:自毛氏汲古阁宋六十家词之后,汇刻宋元名家词集,网罗最富,校勘最精者,莫过于临桂王半塘先生(鹏运)之《四印斋所刻词》,与归安朱彊邨先生(孝臧)之《彊邨丛书》。《彊邨丛书》版片尚存,购求较易,本刊亦已屡为介绍矣。至《四印斋词》,自王先生客死吴门,其版片几经易主,往年在天津,曾开印一次,自后闻又转至北平,存东交民巷某银行保险库中,至今不可踪迹。印本流传日少,售价至四五十元,且不易得。兹闻上海西藏路大庆里中国书店得初印足本,取付石印缩为袖珍小册,定价国币八元,业于去岁冬季出售。计有《东坡乐府》二卷,《稼轩长短句》十二卷,《白石道人词集》三卷,《别集》一卷,《山中白云词》二卷,《补录》一卷,《续补》一卷,《词旨》一卷,《花外集》一卷,《漱玉词》一卷,附《易安居士事辑》一卷,《词林正韵》一卷,《发凡》一卷,《阳春集》一卷,《东山寓声乐府》一卷,《东山寓声乐府补钞》一卷,《梅溪词》一卷,《幽栖居士词》一卷,《乐府指迷》一卷,《南宋四名臣词》一卷,《天籁集》二卷,《蚁术词选》四卷,《花间集》十卷,《草堂诗余》二卷,《清真集》二卷,附《集外词》一卷,《明秀集》三卷,《宋元三十一家词》四卷云。惟王氏最后所刻之《梦窗甲乙丙丁稿》及《樵歌》二种,以访得较迟,不及影入,甚望他日更为补足,俾世人得见王书之全也。

### 第三卷第三号
郑大鹤先生寄半塘老人遗札

半塘先生词长：前于四月半临来沪前三日，得手书，并属订雅词。谨如戒沘笔，颇不负诿諈，已携入行箧。早料及有此奇缘良会矣。（若至诚前知）书至距跃三百，已竟夜不寐，正在和清真《兰陵王》，至四解之多，待录稿即索嘉藻耳。少选即飞诣共谋食，此时稍蚤也。此遇信有天合天声，不翅天际真人下凡尘也。狂喜万状，不知所云。公枵腹相待，下走亦不合眼相看。妙哉奇也。此地群仙毕集，焦生老约西湖之游，愈晚愈佳。王字押亦带来，容面呈，以示久要不忘之义。甲辰六月（王孝饴先生自北平录寄）。

词坛消息

半塘老人遗物及遗著之近闻：临桂王半塘先生（鹏运），为近代词学大师。于光绪甲辰，病逝吴下，遗物由邗江觧送回汴，（先生卜居开封，后嗣甚盛）扃钥弗秘，间有散佚。兹得其文孙孝饴先生，自北平寄赠新拓《半塘老人钤印》，取老人旧用印章七十余方，精拓流传，使词林得展玩遗泽，益增景慕。又闻老人未刊遗稿，如《南潜》《虫秋》等集，并存大梁。孝饴先生将录副见寄，并老人五十五岁遗照，赐载本刊云。

本社收到新刊词集致谢：又承桂林王孝饴先生寄赠番禺姚仲鱼先生（诗雅）遗著《景石斋词略》一卷。……陈兰甫先生（澧）序仲鱼先生词，以为其小令似朱竹垞。

## 附录四：笔记、旧刊、词史等有关王鹏运资料辑录

### 《逸史》

**一九三九年第三号**

吴雁魂《王半塘及其词》

半塘词之婉约者，情感率从幽深窈曲中徐徐抒出，义隐而指远，妙在致尽未尽，繁弦促节，余音袅袅，令人为之低徊掩抑不置。［如《扫花游》（弯环十八）、《长亭怨慢》（更休忆）、《玉楼春》（不辞沉醉东风里）］莽苍昂藏之作，率多声情激越，直欲追踪稼轩。［如《满江红》（风帽尘衫）（雷雨空堂）、《西河》（游侠地）］

### 《同声月刊》

**一卷三号**

王半塘（鹏运）先生遗像

**一卷七号**

夏纬明《清季词家述闻》

咸同之间，京师工为词者，以马平王定甫锡振《茂陵秋雨词》、上元许海秋宗衡《玉井山馆词》两家为最善。临桂王半唐给谏，初官内阁，与同僚唱和，有《薇省同声集》之刻，后擢谏垣，其词益昌。每集同台者为文宴，藉以讨论时政，亦以词为号召。其时武昌张次珊仲炘为台中眉目，与半唐论词最契，其自作《瞻园词》，亦蔚然成家。朱彊村侍郎时为讲官，每抗疏言事，引为同调。半唐所居曰四印斋，陆续刻名词十余家，一时奉为楷模。于

是信从者日众。最后从事《梦窗四稿》，手定校例，彊村佐之，用力最勤。及校成，研穷正变，词学遂大进。半唐素喜议论，伉直敢言，为当道所侧目。及庚子和议成，见时事日非，乞假出都，游江南，殁于扬州。而彊村在广东学政任，亦乞病辞官，流寓苏沪间，不问世事，日以校词刻词为自遣之计。遍从藏家搜求善本，积至一百数十种，视半唐更增十倍。盖半唐引其绪，而彊村集其成也。……清季词学，以半唐、彊村为大宗，所举诸人，皆为其羽翼也。

纬明后生末学，自惭谫陋。家大人于诸名流，半为旧识，其轶事皆见而知之。趋庭时每闻绪论，退而私记之，以备谈词坛掌故者刍荛之采焉。

**一卷九号**

觉谛山人遗稿《清词坛点将录》

马军五虎将　关胜——曹贞吉　林冲——毛奇龄　秦明——王鹏运　呼延灼——蒋春霖　董平——朱孝臧

《**建设研究**》

**四卷五期**

黄华表《广西文献概述》

（前略）桂林词派，以谢良琦、朱依真、龙启瑞、苏汝谦、倪鸿、龙继栋、韦业祥、王鹏运、况周颐、刘福姚为代表。谢良琦石臞，有《醉白堂词》；广西词，虽自前明蒋文定公（冕）首倡，而为之不专，存词亦寡，至石臞，则所与友者，为王渔洋、邹祗谟、陈玉瑾,均当代词家,既多诗友之益,石臞天分又高,所为诗文,均有超人之诣,则于词也,固不当在渔洋《衍波词》之下;惜乎,况选《粤西词见》不及多录,今半塘藏书,散失殆尽,先生《醉白堂词》,未知复落谁家也。朱依真小岑《纪年词》,况夔笙求之已不可得,但观先生论词,眼光四射,其于长芦(朱彝尊词)且多不满,虽尊樊榭,亦未尝落樊榭之窠臼,则先生固词家之豪杰也。先生论词,虽尊樊榭,顾于同时诸人,如黄云湄、潘力上,都无影响,至苏栩谷、龙翰臣、王定甫,各有师承,更非闻小岑而后兴者。夔笙之说,殊未尽然。龙启瑞翰臣《汉南春柳词钞》,瓣香北宋,小令取法欧范,慢词得之秦柳。苏汝谦栩谷,则受法于祥符周之琦稚圭,寝馈于心日斋十六家之中,又值咸丰太平天国之变,且晚从军,故《雪坡词》数十阕,大抵均伤时念乱之作,金梁梦月(稚圭词)之外,独成蹊径。谭仲修称为超二元著,非王定甫所能掩。其实并代词人,若玉井(许宗衡)、青耜(何兆瀛),亦庶几无愧。倪鸿耘劬,流宦粤东,与粤东词家陈澧兰甫(忆江南馆词)、叶衍兰兰台(秋梦庵词)、沈世良伯眉(楞花室词)、汪瑔芙生(随山馆词)、陈良玉朗山(梅窝词钞)及吾省宦粤词人周尚文释香,均极友善。当是时,粤东词人,正相尚以朱厉,耘劬《花阴写梦词》,固不能独出范围,耘劬并尝汇刻白石歌曲词集,可以观其用力所在。龙继栋槐庐,翰臣先生之子;韦业祥伯谦,翰臣先生之甥,均工于词,并为觅句堂词客。觅句堂者,为当日京师文友之组织,虽有一二外省人如袁昶爽秋者,实则广西人占最大多数,如唐景崧维卿,及其弟景崇春卿,龙继栋槐庐,韦业祥伯谦,谢子石,及王鹏运半塘,均为觅句堂之重要人物。觅句堂固

· 875 ·

不尽为词学，第以广西词家苏棚谷、龙翰臣、王定甫，均先留宦京师，文酒宴会，多以词学提倡后进。光绪初元，三先生虽先后殂谢，流风余韵，尚有存者。况槐庐伯谦，秉承翰臣先生家学，半唐之尊人质夫，又为定甫先生之犹子，半唐之母夫人，又为定甫先生之甥，固又当饫闻定甫先生词学之绪论；以是觅句堂虽不专于词，而于词则为最专。厥后广西词派，领导晚清词坛，与浙常二派，三分鼎足；考其渊源，固觅句堂有以启之。广西词派，虽托始于觅句堂，实成于王鹏运、况周颐，王鹏运首倡之，况周颐年辈差后，得半唐而后益专益精。王鹏运，号半唐，又自号骛翁，词家多尊称为半唐老人。半唐为词，初从觅句堂得龙王之绪论，后更与当代词家上元端木埰子畴友善，端木子畴曾手写宋词十九首贻之。当是时，浙派末流，虽已就衰，常州词派，流风未沫，半唐之初，主张尚不外周止庵之范围，犹是常州词派，逮交端木子畴，始别立主张，揭橥"重""拙""大"三字，为词家宗旨；又值况周颐抵京，朝夕切磋，相与赏奇析疑，更校刊南北宋各家词集，成《四印斋词》一书，为词学模楷，为词家校勘之学，并将所为《袖墨词》，及端木埰子畴之《碧瀣词》，况周颐夔笙之《新莺词》合刻，为《薇省同声录》。庚子八国联军入京，先生在围城中；又与朱祖谋彊村，及吾省刘福姚伯崇（状元）唱和，为《庚子秋词》《春蛰吟》，和者且遍于（辈）[辇]下词客；嗣后况夔笙复至湖南，与湘社词人程颂万子大、易顺鼎哭庵、易顺豫朩由友善，以其所闻于半唐者，相与切磋；朱彊邨又复广半唐四印斋词所不逮，汇刊宋元明各家词集，为《彊邨丛书》；又复以所闻于半唐者，提倡于东南，选《宋词三百首》以示范；夔笙又撰《蕙风词话》，衡论古今词家，指示学者途径,为词家批评之学,由是全国风从,广西词派,遂悉拔浙常之帜,巍然为海内词宗。王况二家,亦如浙之朱厉,常之张(惠言)周(济),为一代词坛领袖而无异议矣。半塘词,《袖墨词》《庚子秋词》《春蛰吟》外,尚有《味梨集》《校梦龛集》《半唐定稿》。况夔笙词,初选为《蕙风琴趣》,旋广为《蕙风词》,与《蕙风词话》,并刻以行;词及词话之外,并有《(唐)[薇]省词钞》《粤西词见》《粤西词见录》。自蒋冕以下广西词人,凡二十四家,虽非甚全,尝鼎一脔,未始不可以知味也。刘伯崇词,见于《庚子秋词》《春蛰吟》,未知有单行与否。

### 民国《广西日报》

**一九四七年六月十五日**

梁岵庐《粤西风土人物散记》

三　半塘老人及其他:临桂王幼遐给谏鹏运,别署半塘老人,——半塘者,属东乡,给谏先茔所在也(注一)。清光绪季年,给谏客扬州,甲辰夏,谒陶斋尚书于吴门,相见甚欢,给谏欲行,尚书尼之,乃止。会夜宴,溽暑,给谏饮汽水无算,遂病。先君昔与给谏官京师,且同桑梓,故相得。时宦吴中,视之于旅邸(注二),病榻萧然,旁无亲属,然精神尚健旺,谈笑如恒,未几竟卒。先君实经纪其丧。尚书尝语先君,深悔坚留给谏也。给谏少损其鼻,词名满天下,所刻《四印斋词》,精诣无伦。其书虽未足名家,而秀挺有士气,尝为先君写箑头,乃录宋人小令,从所好也。同县刘伯崇殿撰福姚(注三),少颇好事,读书桂林日,与同砚数辈夜步坊巷间,见鬻馄饨者,乃相约能并汤渖画百枚,则醵金夜饮为乐。于是殿撰奋勇自承，已尽九十余矣。再勉进三，觉饱，欲强纳之，偶一张口，似有物直奔喉际，鱼贯而出，其疾如矢，众哗顾，则遍地狼藉者皆馄饨也。殿撰遂负。灌阳唐微卿先辈景崧，少力学，与弟景崇景葑，共据磨石而读，皆入翰苑，时人传为佳话。先辈官京师，性不羁，时与同人为樗蒲之戏。唐夫人尝谓吾母曰："其胜负不问可知也；夕归，苟无言，解衣即鼾，必负；若辗转达旦，则必有得。盖归即鼾睡者，则囊橐已空，心所无冀，吾以是知其必负也；若辗转达旦，吾又知其必有所得，盖既有得，则思所以销除之，故不成寝也。"先辈之洒脱固可喜，而夫人之能知先辈为尤难。在昔京曹，坐历年资，弥清苦。京师贾人善营利，其于京宦，凡日用器服之属，咸可赊贳，约岁节取偿，间有逃债，莫可求索。然十去二三，获利已厚，乃相沿弗改。用是每值佳节，债帅率群集于京宦之门，而京宦亦常以此为惧；苟无法偿债，或走避，或以妻儿奴仆相枝梧。先辈尝负贾人金，会岁除，群贾大集，厅事为满。先辈则执卷，徐出面债帅，自言无力偿金，期以来岁。贾大哄，先辈隅坐展卷若弗闻，良久，则闻答一二语，又复展卷如故。入暮，群贾知无望且急欲之他，遂引去。债帅诚足畏，先辈乃以静默处之，又安用避债之有台也。（注一）见况夔笙《蕙风簃随笔》。（注二）《风雨龙吟室丛稿》云："端方督两江，约于吴门相见，夜宴八旗会馆，单衣不胜风露，翌晨，遂病，旋卒于两广会馆，时光绪三十年六月也，年五十六。"按：端方，字午桥，别署陶斋。（注三）刘福姚，清光绪十八年壬辰一甲第一名进士及第，累官贵州广东河南主考。（据《临桂县志·选举表》）

## 一九四八年十月二十八日
《半塘老人逸事》

民初《小说月报》载睡佛作《王半塘遗事》有云："晚年与归安朱古微侍郎同校梦窗词成,拟作图记之不果,未几见明王綦画轴,秋林茅屋,二人清坐,若有所思,乃携图诣侍郎曰:'是吾二人《校梦龛图》也,图作于万历丁酉,乃能为三百年后人传神写意,笔墨通灵,诚未(以易)[易以]常情测哉!是不可以无词。'现半塘《校梦龛集》中《虞美人》一阕,即记此事者也。"事颇有致,惟面目是否酷肖,则未之详矣。(寒)

## 一九四九年一月三十日
朱荫龙《王半塘先生关于商务之建白》

半塘先生官谏(恒)[垣]时,风骨棱棱,天下想望,其奏疏最为一时传颂者,以谏阻慈禧经营颐和园一折为第一,先生亦几以此罹不测,亮节高风,辉皇清季,(司)[斯]不尽为乡里光已。此为先生四十七岁时对清廷之建议,痛陈时弊,不稍顾忌,凡所筹策,亦足为今日肉食者进一针砭,因钞付《粤雅》布之。卷首按语,盖先生手笔;原件则当时先生以总理衙门议覆原折分送知好之刻本也。

治国之道,农商并重,然一国独立,则务在农,群雄角逐,则务在商,商固与兵相辅者也。中国素为一统之国,不惧利权之外泄,故于商务之道,缺焉不讲,近自与泰西各国通商以来,利源日涸,商务日坏,当事始亟于讲求,思为补牢之计,兹将总署覆奏讲求商务一折，录于左方，藉求喤引：

光绪二十一年十二月二十四日，总理衙门谨奏：为遵旨议奏事：光绪二十一年十一月十七日，军机处交片御史王鹏运奏请讲求商务一折，军机大臣面奉谕旨：著总理各国事务衙门议奏。钦此。臣等查该御史所陈无非欲官商一气，力顾利权，此《周官》保富之法，行之今日，尤为切要。如所称"沿海各省会应各设商务局一所，责令督抚专政，局中派提调一员，驻局办事，将该省各项商业悉令公举董事一人，随时来局，将该省商况利病情形与提调妥商补救整顿之法，秉督抚而行之；事关重大者，督抚即行具奏"一节，查通商为致富之原，必令上下相维，始克推求利弊。泰西各国以富强为首务，或专设商部大臣，其他公司商会随地经营，不遗余力；中国各省商行自为风气，间有公所会馆，章程不一，地方官吏更不关痛痒。公事则派捐，讼事则拖累。商之视官，政猛如虎，其能收上下相维之益乎？自立约互市以来，洋商运货只完正、子两税，华商则逢关纳税，遇卡抽厘，于是不肖华商贿买牌照，假托洋商之名，洋商出售报单，坐收华商之利，流弊遂不可究诘。要之，欧美各洲商民之捐，名目繁多，如田房捐、存款捐、进项捐、印花捐，较中国厘金加重倍蓰。即香港、新嘉坡诸岛，何莫不然？此皆华商习闻习见者也。至于洋商仅完正、子两税，便可畅行无阻，利权校华商为优。然华商食毛践土，当能仰体国家立约通商之故，不应自外生成，何以假冒牌照之风，年来愈炽？良由官商隔阂，官既不恤商艰，商复何知官法？该御史请于各省设立商务局，俾得维护华商，渐收利权，诚为专务之急。惟请设派专员作为提调，以官府之体而亲圜阓之业，终难透辟；

| 附录四：笔记、旧刊、词史等有关王鹏运资料辑录 |

不如官为设局，一切仍听商办，以联其情。拟请饬下各督抚，于省会设立商务局，由各商公举一般实稳练、素有声望之绅商，派充局董，驻局办事。将该省物产行情，综其损益逐细讲求。其与洋商关涉者，丝茶为大宗，近则织布、纺纱、制糖、造纸、自来火、洋胰子诸业，考其利病，何者可以敌洋商，何者可以广销路。如能实有见地，确有把握，准其径禀督抚，为之提倡。再由各府州县于水陆通衢设立通商公所，各举分董，以联指臂。所有各该处物产价值涨落，市面消长盈虚，即由各分董按季具报省局，汇总造册，仿照总税务司贸易总册式样，年终由督抚咨送臣衙门，以备参考。其华商互相贸贩不与洋商相涉之货，亦应按照市价公平交易，不准任意抬高或故为跌价，以累同业。设经局董查确，应即明为告诫，若复怙恶，即由局董禀官，将该行店劣迹榜示通衢，以儆效尤。该局所遇有禀之事，无论大小衙门均不得勒索规费。各局所地方长吏，月或一二至，轻骑减从，实心咨访。盖必有恤商之诚乃能行护商之政，非徒藉势位之尊耳。各直省果能实力奉行，商情可期踊跃，商利可冀扩充。即华商交涉亦可得其要领矣。又如原奏所称"招商局开办多年，并无起色。请特派督办招商局大员一人驻局办事，将招商之务分为闽广、三江、两湖、四川四大股，每股各令公举殷实公正之商董一二人专办该股一切商务，由各商董议定办法，禀督抚而行之。别置提调一员专管局中一切章程"一节，查招商局为南北洋轮船总汇，同治十一年前，北洋大臣李鸿章奏明设局，商为承办，官为维持。自光绪二年买并旗昌船栈后，官帑积付一百九十万八千两，逮今拨还，现已不存官款，尚非并无起色。即就每年完税而论，各省关所收

· 881 ·

招商局船税岁约三百余万；搭载水脚自开局至今几逾万万。若无局船，则此利尽属洋商。是该局收回利权实明效大验。更能力祛中饱，切实经理，则为益较多。该御史请整顿招商局，诚非无见。惟整顿之法实分两端：一在局之弊，一在船之弊。查该局所以能自立者，实赖官为维持，故虽怡和、太古多方排挤，该局犹能支柱，盖岁运苏浙漕米，又带免二成税课，皆该局独擅之利，其于江西、两湖漕米则代买代运，尤操奇赢。若概属之局中，不由一二人专利，则公积愈增，此在局之弊所应整顿者也。各船买办半由（汇）[夤]缘而得。每船货脚，容有舱口簿可查；而搭客则以多报少，影射隐瞒，难为究办。外洋轮船贵在船主，事无巨细，悉听船主指挥，每搭客登船则验票，船至中途则查票，登岸则缴票，此皆大副专责，而船主总其成，不致挤杂蒙混。招商局船主但管驾驶，船中一切买办主之，故长江买办之缺为最肥美，此在船之弊所应整顿者也。凡兹积弊，临以贵而无位之督办，公私未澈，呼应不灵，徒拥虚名，恐无实际。该属向隶南北洋辖理，以局船起卸口岸均有关道可以稽查，而受成于南北洋较为切近。光绪七年，李鸿章议覆王先谦一疏，声明该局缴清官款，不过商本盈亏，与官无涉。并非一缴公帑，官即不应过问，听其浸无钤制，盖豫言之矣。拟请饬下南北洋大臣将招商局历年积弊，认真整顿。该局总办及掣票登帐管理船头司事与夫江海各船买办能否得人，经办之事有无自私自利为商股所指摘，并申明旧章，每年结算，由津沪两关道稽核，该局岁刊告白。设被商股诋驳有据，则津沪两关道亦应任咎。至于每船到岸如何稽查客载，应饬各关道委员经理，无分昼夜与税关船头官公同查验，以杜弊混。其未设关道之地如江南下关、安徽大通、安庆、湖北武穴等处，由南洋大臣檄委地方官办理，按月径禀南北商署存查。能否如该御史所陈，分闽广、两湖、三江、四川为四大股，应由南北洋大臣体察情形酌办。该局船曾驰赴旧金山、檀香山、新嘉坡各岛，道远费煤，（油）[船]小载轻，为利无几，现求扩充之法，宜就中国各口岸，有可为该局增益以敌洋商者，统由南北洋大臣随时规画，请旨遵行。至通商事务，向由臣衙门办理。该御史请在京师设立商务公所，与臣衙门无甚表异，自应毋庸置议，所有臣等遵旨议奏缘由，谨缮折具陈，伏候皇上圣鉴训示。谨奏。奉旨依议。钦此。

## 《艺林丛录》

### 第一编

退翁《诗钟三则》

庚子八国联军入京师时，词人王半塘、朱彊村等在京闭户读书，潜心词律。有以"残星""比干"二事为分咏格者，王之"横秋雁塞两三点，去夏龙逢六百年"，为当时绝唱。盖上联暗点残星，下联影射比干，技巧与气魄均佳，非仅文字对仗工整而已。

### 第六编

夏纬明《王半塘二三事》

半塘奏劾过李鸿章、翁同龢、庆王奕劻、荣禄。这些人都是掌握清廷大政者，操人民生杀之权，半塘之敢捋虎须，不畏强御，可谓果敢强直之士。……南海康有为诗有《赠王幼霞侍御》一首云："修罗龙战几何时,王母重开(喜)［善］见池。金翅食龙四海水,女床栖凤万年枝。焰摩欢乐非非想,博望幽忧故故疑。大醉钧天无一语,王郎拔剑我兴悲。"附注云:"幼霞(鹏运字)临桂人,清直能文章,填词为光绪朝第一,时欲修圆明园,幼霞抗疏争,几被戮,幸翁常熟(即同龢)为请得免。然后为荣禄所卖,误劾常熟。常熟以救幼霞语我,吾告幼霞。幼霞卒劾荣禄引去。"……文道希的《琴风余谭》中有一段记载:"临桂王幼霞御史争割地一疏有云:李鸿章奏调随员有伊子李经方及道员马建忠、罗丰禄诸人,乱臣贼子狼狈为奸,其可寒心,不啻兵临城下,自谓警句,为余诵之,时论亦颇为然。幼霞由内阁侍读迁御史,近颇能言,劾庆王一折,尤为得要。及庚子之乱,幼霞又劾大学士荣禄,折入留中,幼霞遂乞假南归。"……在《琴风余谭》里还有一节说:"殷如璋劾王鹏运云,面目既有缺陷,声名又复平常,则措辞尖刻,纯学明人流派。"……曾经与半塘见过面的老辈叶遐翁谈到,半塘鼻准中凹,确属面目上有缺陷,不过这够不上参劾条件。殷如璋之措辞,只不过是无理取闹而已。……四印斋是在北京宣武门外校场头条胡同北口路西,为一所老式的三进庭院的房屋,至今还保存着大概的原来面貌。它原是万青藜后人的房产,半塘只是租住,有名的"庚子秋词"就是与朱古微、刘伯崇(福姚)三人在这里写成的。以后朱古微亦在这里住过,再以后我的先父(夏孙桐)继续租住,直至光绪三十三年始迁走,此后,罗瘿公亦曾赁居于此,梁鼎芬曾为集瘗鹤铭的字题额曰"王朱前后词仙之家"。

夏纬明《王鹏运奏稿之发见》

临桂王鹏运字幼遐号半塘,为清光绪时代的名御史,亦是晚清之词坛领袖。惟王氏的奏议多年来未发见,就是他的挚友朱彊村,在生前亦以未获其奏稿为憾事。因为王氏殁于江苏后,其遗书丛稿悉由家属携回河南开封,老屋败簏,蛛网尘封,积年未得董理。其后由半塘之嗣孙孝(贻)[饴]于零缣残楮之中寻出"半塘言事"一册,乃其生前所留之谏草,册首有王氏以半僧署名之简短自序。此稿向未刻印,外间亦绝无流传。我最近始得向孝(贻)[饴]假阅,全册共计奏稿二十七封,连同附片共五十二件。(在同一奏稿内,而另奏其他事项,谓之附片)其中大多是《东华录》及军机处档案里不见的,而是"留中"之件。凡是封奏在当时皇太后或皇帝阅览之后,不准备发表的,就不发交到军机处,把它留在宫内,就称为"留中"。半塘奏稿不少是关系到国家大政的,其最突出的如光绪二十一年二月十四日"力争和议奏"、同年三月二十二日"再争和议奏"、同年四月初七日"详陈倭寇情形奏"、同年四月十七日"三争和议奏",这几件都是为甲午中日之战,割地讲和之事,力争不可,万不允签订辱国条约,主张坚持抗战,以图收复失地。又如光绪二十年十月二十二日"请罢奸邪以坚战局奏"、同年十一月三十日"请罢李鸿章奏"、二十一年四月二十四日"再请罢李鸿章奏",乃是反对投降派,请将主和的李鸿章罢斥,同时并请将李经方(鸿章之子)革职治罪。他这种不畏权要、直言极谏的精神,在当时是难能可贵的。光绪二十一年五月初八日"劾盛宣怀附片",是时盛任津海关道,贪污营私,承办电信、轮船,勾结外商,损公肥己,因此奏请查办。同年十二月初二日"劾谭钟麟奏",以谭任两广总督,昏聩无用,措置乖方,奏请罢斥。其他如"请设渔团奏""请兴商务奏""请广矿务铸银元奏"等，都是有关国家经济实业的建议。至光绪二十二年三月十三日"请暂缓园居奏"，大忤慈禧那拉氏之意，几乎要治以重罪。从以上这些奏稿中，可以看到半塘的政治思想和经济才略，在当时是力图强国富民，反对侵略，具有爱国进步思想的。而并非仅仅一个专以词名的文学之士，其抱负概可想见。至于创设京师大学堂（北京大学前身）是半塘首先建议的，见于《东华录》。胡思敬所撰《戊戌履霜录》中亦说："光绪二十四年戊戌正月，命军机大臣会同总署筹办京师大学堂，从御史王鹏运之言也。"他的这个奏议未列入"半塘言事"内。因为其家藏抄本是从光绪十九年十一月起至二十二年三月止（公元一八九三至一八九六年），只有四年，其后六年的奏稿未有。半塘是光绪二十八年壬寅始出京的，后六年的奏稿全部未见，或者是在他死后散佚，亦或许是半塘在请暂缓园居一事之后，不愿再将谏草留存，但这都是揣想的情形，尚有待今后的蒐集发见。半塘四十岁时曾倩姜（颖）[颖]生（筠）图绘肖像，见于所著词中，同时不少友朋诗词集里亦有题咏。此图像后归番禺叶遐翁，题有象赞，近由遐翁移赠广西博物馆，并书长跋云："余少学词于文道希先生，于其家得读王幼遐先生之《味梨集》，沉潜讽习，深好之。嗣至京师识罗瘿公，所居校场头条胡同，为四印斋故屋，余每至辄为徘徊慨慕者久之。中年游吴门，于结草庵及两广会馆寻先生遗迹，渺不可得。后识朱古微先生，始详先生行谊，且言平生为词多受半塘启发。及余编《词学季刊》，遂得先生遗像，以冠编首，即此幅也，置箧中数十年，冒险蒙难，幸皆未失。今岁吕君集义北来见访，言及桂省群钦先生言行，方广求其事迹著作,乃以之归广西博物馆永存焉。余耄矣,学问事业一无所成,独于词研之六十余年,习学不怠,且自少私淑乃在于公,以为言之有物,与襟怀志节融会发挥,乃东坡稼轩之伦,非夫缔章棘句徒事形貌者可企百一,信为清词冠冕。方今文艺发展,方兴未艾,吾徒方将贯通古今,致其深穷,其变为文苑别开境域,词之一道亦自莫能外,吾徒之应努力者何限。此象之归桂,适逢其会,乃离明焕启之征兆及其开端,非仅为保存文献计也。愿桂人士兴起奋发,光前启后,蔚为国华,则不止区区为词坛致其欣幸也。一九六二年十二月番禺叶恭绰记,时年八十有二。"

《词学》

**第三辑**

赵尊岳《填词丛话》

卷二:词与文章,历代各有其风格。唐人蕃艳,十国沿而袭之。北宋以骨干清遒词藻流美为尚,南宋又少事丽密。元词较疏朗。明人最芜。清初则绮靡,既则犷鄙,至道光常州派出,始复于雅正。光绪间,广西词派,远绍常州,力主冲淡沈著,而词境遂高,差复于古。若再断代言之,同时竞爽,自各极其胜场。十国蕃艳之中,南唐二主独以至情见著。北宋柳缛贺疏,周雅秦秀。南宋吴密姜苍,张俊周丽。元则遗山天颖,惟以雄胜。明仅二陆沈著可诵。清初饮水华贵,清末彊村、蕙风并师半唐,而一尚学力,一兼天分,此则不可以断代持分野之论矣。

钱仲联《光宣词坛点将录》

词坛都头领二员　　天罡星玉麒麟卢俊义　　王鹏运　　彊村

《望江南》词云:"香一瓣,长为半塘翁。得像每兼花外永,起屠差胜茗柯雄。岭表此宗风。"幼遐崛起天南,转移风会,彊村自云瓣香所在,谅非谦词。《四印斋所刻词》之精审,亦《彊村丛书》之先导焉。

### 第六辑
戴正诚辑、黄墨谷录《大鹤先生手札汇钞》

致朱古微书十七函:五、今晨玩弄石涛和尚贝子鼻烟壶,以为《茶烟体物集》中宜补吟此物,构思略成半阕,虽愧良工,却未敢示人以朴,来日当奉正索同作何如。忆公前夕有云,使鹜翁见之,当攫去。近每展旧词,辄回肠荡气,且为奈何。(丙午元旦)

六、昨宴甚欢,说词益承教匪浅。恨鹜翁仙去,不少待校梦堪补梦也。恨恨如何。其《思佳客》癸卯除夜一解结句:"无限妆楼尽毕华"句,确有可疑。十年前即三索不得其解。昨夕闻公言,当时与鹜翁校订,遍检六麻韵,竟无以易之,奈何。昨归静坐,隐心独念,仍就本字声形近者着想,忽发奥悟。审是二字元作"醉哗",并以声形致讹无疑。得之顿为神王,若有觉翁觉之者,亟走白同志,以竢裁决,所谓"思误更是一适"也。……(丙午孟月三日)

昔致书半塘老人论校词与校经异,既使此心到实劈劈地,却又须从活泼泼地发想。非参西人灵学不辨。一笑。惜半塘不及见吾两人,连情发藻,又可悲已。**又及**。

## 第七辑

**黄墨谷辑录《〈词林翰藻〉残璧遗珠》**

（一）郑文焯致朱祖谋书

昨又得《蝶恋花》二解，《御街行》一阕，亦思文俳语以自摅幽忧。昔半塘老人尝谓下走《绝妙好词校录》后语，有启予盖寡之叹，以为郦生自谓之狂今值老斫轮运于散木，既雕既琢，复归于朴，敢弗贡其曲辕以待神椎乎！

居常诵《庚子秋词》及《春蛰吟》二册，极服高致。以洒放之旨，流愀恻之音，骨气沉雄，弁冕群雅，几于思不周赏，惊绝一时，岂亦忠爱离忧之感，缘情附物，唯以造哀，词之体固然耶。

半塘翁据《词谱》考正，何独于起结绝大关键，转多犹豫，未之折中，抑矜眷之过已。下走謏见侰得，何敢谬托声家，然宣尼说礼，于杞宋既不足亡征，则志在从周。

（二）王鹏运致郑文焯书

拓本已装成小幅，悬之书室，以祓不祥，而迓嘉福。……在焦山有一词，自谓不恶，另纸写上，以我公之和否，断此词之优劣。……朱古微学丈来书，尝拳拳于执事，前亦致书以通殷勤否？吟讽有暇，盍作一缄，古微公当信是我辈，且于公甚倾倒。《冷红》《南音》，盖不时出入怀中者，亦一知己也。

兼以酷热不可耐，闭户裸陈，几不知我为何物。蚊蚋攒肤，爬搔不已，始知此身尚有血肉，犹知痛痒，奈何！……端节狂窘，无可奈何，只得借词出气，两日所得，竟有六七阕。然不佳知矣。古微时来谭艺，稍慰寂寥，此外所闻，深恨不聋耳。

叔问先生吟席。重九后一日,同乡陈小敬转到惠书。困处危城中已余两月,如在万丈深阱中。望天末故人,不啻白鹤朱霞,翱翔云表。又尝与古微言,当此时变,我叔问必有数十阕佳词,若杜老天宝至德间哀时感事之作,开倚声家从来未有之境,但悠悠此生,不识尚能快睹否？不意名章清问,意外飞来,非性命至契,生死不遗,何以得此？与古微且诵且泣下。徘徊展读,纸欲生毛。古微于七月中旬兵事棘时,移榻来四印斋。里人刘伯崇亦同时来下榻。两月来尚未遽作芙蓉城下之游,两公之力也。古微于五六月间,封事再三上,皆与朝论不合;而造膝之言,则尤为侃侃,同人无不为之危,而古微处之泰然。七月三日之役,不得谓非幸免。人生有命,于此益可深信,人特苦见理不真耳。鄙人尝论天下断无生自入棺之人,亦断无入棺不盖之理。若今年五月以后之事,非生自入棺耶？七月以后之我,非入棺未盖耶？以横今振古未有之奇变,极人生不忍见、不忍闻、不忍言之事,皆于我躬丁之,亦何不幸置耳目于此时此地而不聋不盲也。八月以来,日盼傅相到京,庶几稍有生机。乃到京已将一月,而所谓生机者,仍在五里雾中。京外臣工屡请銮舆回,銮舆乃日去日远,且日促各官赴行在。论天下大势,与近日都门残破满眼,即西迁亦未为非策,特外人日以此为要挟,和议恐目前之大梗。况此次倡谋首祸诸罪臣,即以国法人心论,亦万不可活。亦屡请,亦迄未报。七月诸公归元之易,而此辈绝颈之难也。是非不定,赏罚未明,在承平不能为国,况今日耶！郁郁居此,不能奋飞,相见之期有无,尚未可必。弟是死过来人,恐未易一再逃死。生生之气,自五月以来,消磨净尽。不唯无以对良友,且无以质神明。晚节颓唐，但有百愧，尚何言哉。中秋以后，与古微、伯崇每夕拈短调，各赋词一两阕，以自陶写，闻闻冗冗，充积郁塞，不略为发泄，将膨胀以死，累君作挽词，而不得死之所以然，故至今未尝辍笔。近稿用遁（法）〔渚〕唱酬例，合编一集，已过二百阕，芸子检讨属和，亦将五十阕。天公不绝填词种子，但得乱定后始死，此集必流传，我公必得见其全帙。兹先（挥）〔择〕录十余阕呈政。词下未注明谁某，想我公暗中摩索，必然得其主名。伯崇词于公为初交，然鄙人与古微之作，公所素识。

案：上信字句辨认多有未恰处。又见《郑叔问先生年谱》《花随人圣庵摭忆》。

朱祖谋致郑文焯书（摘录）

昨陪清宴，遂至深更。惜未能重集高斋，感歉无似。……旧作《安公子》词，前半辱承绳削，过片后太不相称。妄为貂续，弥用皇汗，敢复写上，千求痛为涂改，俾后之读彊村词者，许为压卷之作。甚为荣施，曷可纪极。

昨归诵赐辞，依黯无已。图为嗣音，以为岁寒之盟。起联平侧小误，乙转便协。午间奉书，发我墨守，玉田论词，邃于律拍，疏于体骨，往往有迷误后人处，不独谓梦窗七宝楼台未为定评也。

## 第十辑

郑骞《成府谈词·王鹏运》

半塘为近代词坛功臣，其所自作亦不乏佳作；然全集中能超越古今卓然自树之作，似仅有《咏烛》及《读史偶得》等三首《鹧鸪天》。咏烛即"百五韶光雨雪频"云云,读史即"(廿)[卅]载龙门世共倾""群彦英英祖国门"两首。皆收入拙编《续词选》。(新附)

## 词　史

**刘毓盘《词史》**

第十章　论清人词至嘉道而复盛

《书录解题》曰:长沙书坊刻南唐二主以下号百家词。光绪中,王鹏运刻宋金元人词,一时仿之者甚众,零星孤本,萃于一编,尤非列入丛书者所及焉。宜乎半唐词之工也。

倚竹愁生珠未卖。算天寒同耐。当时悔嫁王昌,空怨吟谁会。　密意传罗带。望飞鸿天外。等闲便、唤得春醒,应泪痕长在。

右王鹏运《忆闷令》词。按沈曾植《彊村校词图序》曰:"鹜翁给谏,以直言名天下,顾其暇好为词,词多且工,复校刻其所得善本于京师,以诏后进焉。"

拳匪之乱,联军入都,王氏以不及扈跸,乃与朱祖谋、刘福姚等约为词。其庚子作者曰《庚子秋词》,辛丑作者曰《春蛰吟》,此宣南词社之终局也。又十年而清帝退位矣。

案:以上据《词史》,刘毓盘著,上海书店出版社1985年版。

**陈子展《中国近代文学之变迁》**

这个时期著名的词家有王鹏运、朱祖谋、况周颐、程颂万、文廷式、冯煦、赵熙诸人。其中以早以词名的王鹏运,及晚年才努力作词的赵熙,可算是这个时期的代表作者。朱祖谋叙王氏《半塘定稿》云:"君天性和易而多忧戚,若别有不堪者。既任京秩,久而得御史,抗疏言事,直声震内外,然卒以不得志去位,其遇厄穷,其才未竟厥施,故郁伊不聊之概,一于词陶写之。"王氏的性格、境遇及其所以为词,诚如朱氏所说。现在试举王氏的几首词为例。(举例略)王氏一生坎坷,饱尝世味,又值晚清秕政,觏闵既多,受侮不少;故发而为词,苍凉慷慨,颇有才士不平、壮夫扼腕之意。他的词,虽然有时也好用替代字,也好掉书袋,像同时旁的词家一样,但他的魄力究竟大些,很能运用他的天才,故仍然很有个性,很有时代性。无怪近三十年来词人奉他为"泰山北斗"了。(后文谈及对朱、况的影响)

案:以上据《中国近代文学之变迁》,陈子展撰,上海古籍出版社2000年版。

**吴梅《词学通论》**

幼霞之与小坡,南北不相谋也。而幼霞之严,小坡之精,各抒称心之言,咸负出尘之誉。风尘澒洞,家国飘摇,读其词者,即可知其身世焉。一代才彦,迥出朱明之上。

幼遐早岁官中书,与上元端木埰、吴县许玉瑑、临桂况周颐,更叠唱和,有《薇省同声集》之刻。其时子畴、鹤巢,年齿已高,夔笙最年少。继而子畴、鹤巢相继徂谢。幼遐又以直谏去官,客死吴下。独夔笙屑涕新亭,栖迟海澨,而身亦垂垂老矣。广西词境之高,实王、况二公之力也。《四印斋词刻》尚在京师,时仅有

《东坡乐府》至戈顺卿《词林正韵》耳。其后日益增刊，遂成巨制。晚年又自订《半塘定稿》，体备众制，无一不工。近三十年中，南则小坡，北则佑遐，当时作者，未能或之先也。

案：以上据《词学通论》，吴梅著，复旦大学出版社 2005 年版。

**胡云翼《中国词史略》**

（认为王鹏运等人对词的贡献，只在校刻词集和批评古词两方面。）至于创作，则他们只知道，不厌其烦地去讲究"词法"和"词律"，以竞模古人为能事。故结果，他们的词除了表现一点文字的技巧外，全不能表现一点创造精神，全不能表现作者的个性和情感，只造成一些词匠。

案：以上据《中国词史略》，胡云翼著，岳麓书社 2011 年版。

**龙榆生《中国韵文史》**

下篇　词曲　第二十七章　清词之结局

鹏运官内阁时，与端木埰（字子畴，江宁人）论词至契；埰固笃嗜碧山者（《碧瀣词自序》）；鹏运浸润至深，不觉与之同化。孝臧为《半塘定稿序》，称："君词导源碧山，复历稼轩、梦窗，以还清真之浑化；与周止庵氏说，契若针芥。"据此，知鹏运实承常州派之系统，特其才力雄富，足以发扬光大之耳。鹏运论词，别标三大宗旨：一曰"重"，二曰"拙"，三曰"大"。其自作亦确能秉此标的而力赴之。庚子联军入京，鹏运陷危城中不得出，因与孝臧诸人，集四印斋，日夕填词以自遣，合刻《庚子秋词》；大抵皆感时抚事之作也。鹏运生平抑塞,恒自悼伤;既汇刻《四印斋词》,流布宋、元词籍;复"当沉顿幽忧之际,不得已而托之倚声"(《味梨集后序》),故其词多沉郁悲壮之音,自成其为"重"且"大";同时作者如文焯、周颐辈,无此魄力也。

案:以上据《中国韵文史》,龙榆生撰,上海古籍出版社2002年版。

**张振镛《中国文学史分论》**

**第三册**

临桂王鹏运者,与献同时而亦工词。鹏运字佑遐,一作幼霞,自号半塘僧鹜,著有《半塘定稿》《半塘剩稿》。其词幻眇而沉郁,义隐而指远。盖导源碧山,复历稼轩、梦窗,以还清真之浑化,与周济之说,契若针芥,故其词与常州为近,亦凤尚体格者也。半塘词如《齐天乐》咏海棠云……意境柔厚,音律谐美。盖鹏运之于词,取谊于周济而取律于万树。尝谓万氏持律太严,弊失之拘。然使来者之有人,综群言于至当,俾倚声一道,不致流为句读不葺之诗,则筚路开基,万氏实为初祖。鹏运尝官礼科掌印给事中,号强直敢言事,既而去官之江南,以光绪三十年,客死苏州,年五十六。谭王二人之词,于清季推为大家。

案:以上据《中国文学史分论》第三册,张振镛著,商务印书馆1934年版。

**钱基博《现代中国文学史》**

上编　古文学　三、词

（郑文焯）又谓："东坡词气韵格律，并到空灵妙境。"则受临桂王鹏运之熏染也。鹏运，字佑遐，一作幼霞，自号半塘僧鹜，于光绪朝官礼科掌印给事中，号强直敢言事；而慈禧太后及德宗常驻颐和园，鹏运争之尤力。卒以不见容去位，之江南，寻客死。郁伊无聊之概，一于词陶写之。所著词刊为《半塘定稿》。其词幻眇而沉郁，义隐而指远，盖导源碧山，复历稼轩、梦窗以上追东坡之清雄，还清真之浑化，与周济之说，固契若针芥也。由是常州词派流衍于广西矣。鹏运死，推归安朱祖谋、临桂况周颐为词宗，二人之学，盖一出于王鹏运云。

（朱祖谋）少时随宦河南，遇王鹏运，交相得也。鹏运之治词也，盖取谊于周济，而取律于万树。

鹏运常语人曰："万氏持律太严，弊失之拘。然使来者之有人，综群言于至当，俾倚声一道，不致流为句读不缉之诗，则筚路开基，万氏实为初狙。"而祖谋强识分铢，宗万氏而益加博究，上去阴阳，矢口平亭，不假检本；鹏运惮焉，谓之律博士。然祖谋之词学，实受之鹏运者为多。祖谋以光绪癸未进士，殿试二甲第一人，授编修。二十二年赴官京师。鹏运方官御史，举词社，邀之入。顾鹏运性喜宏奖，于祖谋则绳检不少贷，微叩之，则曰："君于两宋途径，固未深涉；亦幸不睹明以后词耳。"因贻所刊《四印斋词》十许家，四印斋者，鹏运所以自署其室者也。又约校《梦窗词》四稿，谓："以空灵奇幻之笔，运沉博绝丽之才，几如韩文杜诗，无一字无来历。"时时语以源流正变之故，旁皇求索，从南宋入手；明以后词，绝不寓目。如是者三年，则曰："可以视今人词矣。"示以顾贞观、厉鹗、蒋春霖等所作。二十六年，拳匪入京师，汹汹将作乱。祖谋以侍读学士，与太常袁昶侍郎许景澄上疏力谏，格于端王不得达。慈禧太后召王大臣议攻使馆。昶侃侃力争。德宗持景澄而泣。祖谋抗声曰："拳匪不可恃；袁昶言是也！"太后勃然变色，询"言者为谁？"祖谋徐徐白姓名，语杂浙音。太后不辨，幸不及于难。联军入京，都人士骇而走，祖谋则偕修撰刘福姚就鹏运以居。三人者，痛世运之凌夷，(知)患气之非一日致，则发愤叫呼，相对太息。既困守穷城，乃约为词课，拈题刻烛，喁于唱酬，日为之无间。一阕成，赏奇攻瑕，诙谐间作，若忘其在颠沛阢陧中，而自以为友朋文字之至乐。即世所传《庚子秋词》也。鹏运投劾，之上海，讲学于南洋公学，而祖谋以太后回銮，得前疏，读之流涕，遂擢礼部侍郎，视学广东，奉诏南下，遇于上海，鹏运则出示所为词九集，将都为《半塘定稿》，约曰：'吾两人作，交相校订。"祖谋携其稿之粤，以《彊村词》邮致，索删定，鹏运复以书曰：

大集琳琅，日来料量课事讫，即焚香展卷，细意披吟，宛与故人酬对。昨况夔笙渡江见访，出大集共读之，以目空一世之况舍人，读至《梅州送春》《人境庐话旧》诸作，亦复降心低首曰："吾不能不畏之矣。"夔笙素不满某某，尝与吾两人异趣，至公作则直以"独步江东"相推，非过誉也。若编集之例，则弟日来一再推求，有与公意见不同之处，请一陈之。公词庚辛之际是一大界限。自辛丑夏与公别后，词境日趋于浑，气息亦益静，而格调之高简，风度之矜庄，不惟他人不能及，即视彊村己亥以前词，亦颇有天机人事之别。鄙意欲以已见《庚子秋词》《春蛰吟》者编为别集,己亥以前词为前集,而以庚子《三姝媚》以次以泛来者为正集,各制嘉名,各不相杂;则后之读者,亦易分别。叔问词刻,集胜一集,亦此意也。自世人之知学梦窗,知尊梦窗,皆所谓"但学《兰亭》面"者。六百年来,真得髓者,非公更有谁耶?夔笙喜自诧,读大集竟,浩然曰:"此道作者固难,知之者能有几人?"可想见其倾倒矣。拙集既用《味黎集》体例,则《春明花事》诸词,其题目拟《金明池》下书"扇子湖荷花"题,序则另行低一格,删去其"第一""第二"等字,似较大方。公集去之良是,体例决请如此改缮。暑假不远,拟之若耶上冢,便游西湖。江干暑湿,不可久留;南方名胜当亟游,以便北首。

时光绪三十年夏五月也。祖谋得书之浃月,而鹏运客死苏州矣。祖谋恸之甚,遂以书弁《彊村词》之首,而哭之以词,即《彊村词》卷二、卷三载《木兰花慢》《哨遍》《八声甘州》诸阕也。而《木兰花慢》《八声甘州》两阕尤凄绝。

**木兰花慢·程使君书报半塘翁亡,翁将之若耶上冢,且为西湖猿鹤之问,遽逝吴中,赋此寄哀。时方为翁校刊〈半塘定稿〉,故章末及之**

马塍花事了,但持泪,问西泠。信有美湖山,无聊瓶钵,倦眼难青。飘零。水楼赋笔,要扁舟一系暮年情。才近要离冢侧,故人真个骑鲸。(自注:"昔年和翁生圹词有云:'傍要离穿冢尔何心,长安市。'翁笑曰:'息壤在彼。'岂谶耶?") 瑶京。何路问元亭。九辨总无灵。算浮生销与,功名抗疏,心事传经。冥冥。夜台碎语,咽飘风、邻笛不成声。恨墨盈笺未理,暗虫凉堕愁灯。

**八声甘州·暮登灵岩绝顶,叔问为述半塘翁昔年联棹之游,歌以抒怀,用梦窗韵**

倚苍岩半暝拂春裾,千鬟乱明星。信闲僧指点,愁香黏径,荒翠通城。故国鸱夷去远,断网越丝腥。销尽兴亡感,一塔玲声。　招得秋魂来否,对冷漪空酹,渴梦难醒。问琴弦何许,飘泪古台青。好湖山、孤游翻懒,又咽风哀笛起前汀。把筇去,小斜廊路,双屦苔平。

然周颐之词学,实得助于祖谋者不鲜,尝语人曰:"余之为词,二十八岁以后,格调一变,得力于半塘。比岁守律綦严,得力于沤尹。人不可无良师友也。"周颐为词崇性灵,而或伤尖艳,既与王鹏运同官中书,鹏运词夙尚体格,于周颐异趣,多所规诫。又以所刻宋、元人词属为校雠,自是周颐得窥词学之深,所谓"重、拙、大",所谓"自然从追琢中出",积心领神会之,而体格为之一变。盖声律与体格并重也。周颐之词,仅能平侧无误;或某调某句有一定之四声,昔人名作皆然,则亦仅守勿失而已。未能与鹏运之一声一字,剖析无遗也。鹏运刻词至三十余家,周颐任校勘者多。当其时,海宇澄清,人物丰穰,厂肆购书之乐,苇湾清游之胜,裙屐毕集,似可终古。鹏运笑傲烟霞,一灯斗室。周顾以词学相砥励,传授心法;而亦并传鹏运之半榻一灯;其烟具,皆鹏运所馈遗也。如是者二十年。既鹏运卒,乃与祖谋相切劚。祖谋于词不轻作,恒以一字之工,一声之合,痛自刻绳;而因以绳周颐。周颐亦恍然向者之失,断断不敢自放,乃悉根据宋、元旧谱,四声相依,一字不易,其得力于祖谋,与得力于鹏运者同。

案:以上据《现代中国文学史》,钱基博著,岳麓书社1986年版。

刘大杰《中国文学发展史》
第三十二章　清代的词曲　四　晚清词人

庄、谭而后，近于常州派者，有王鹏运。王字幼遐，号半塘，广西临桂（今桂林）人，有《半塘定稿》。又有文廷式字芸阁，号道希，江西萍乡人，有《云起轩词》。其词学苏、辛，风格豪放。《贺新郎》《木兰花慢》《永遇乐》诸词，抚时感事，感慨苍凉。抒情小令，如《蝶恋花》诸词，写得婉转动人。他是清末词人中成就较高的作家。另有郑文焯字俊臣，号小坡，奉天铁岭人，隶汉军正白旗，有《樵风乐府》。朱孝臧原名祖谋，字古微，号彊村，浙江归安人，有《彊村语业》。一奉白石，一奉梦窗，又近于浙派。他们都用全力作词，留下一些成绩。但比起创作来，他们较大的功绩，还在词籍的校勘和刊行。他们都是笃学之士，在罢官退隐的岁月中，集合同好，以校勘经史的方法，努力于词籍的整理，如王鹏运辑的《四印斋所刻词》，朱孝臧辑的《彊村丛书》，江标辑的《宋元名家词》，吴昌绶、陶湘所辑的《双照楼影刊宋金元明本词》等集，各有特点，为词林所重。因为他们对于词学的热心研究与提倡，使得晚清词坛，颇不寂寞。但在创作上，一般偏重形式和旧的风格，很少作品，反映出这一时代变革的精神面貌，比起这一时期的诗歌内容和革新精神来，那就差得多了。

案：以上据《中国文学发展史》，刘大杰著，上海古籍出版社1982年版。

# 论　文

**龙榆生《与吴则虞论碧山词书》**

周止庵氏《宋四家词选》，则径取碧山与清真、稼轩、梦窗并列，而又为之说云："清真，集大成者也。稼轩敛雄心，抗高调，变温婉，成悲凉。碧山餍心切理，言近旨远，声容调度，一一可循。梦窗奇思壮采，腾天潜渊，返南宋之清泚，为北宋之秾挚。是为四家，领袖一代。"又云："问涂碧山，历稼轩、梦窗以还清真之浑化。余所望于世之为词人者，盖如此。"自《周选》一出，碧山乃大为世重，《花外》一集，既于沉霾数百年后，由鲍氏知不足斋、王氏四印斋次第刊行，一时作者如端木子畴、王佑霞、况夔笙辈，几无不染指于碧山，有如《薇省同声集》《庚子秋词》《春蛰吟》等，更唱叠和之作，亦骎骎乎《乐府补题》之嗣响。盖自甲午以来，外侮频仍，国几不国，有心之士，故不能漠然无动于中，一事一物，引而申之，以写其幽忧愤悱之情，以结一代词坛之局，碧山词所以特盛于清季，殆不仅因其隶事处以意贯串，浑化无痕，为有矩度可循也。彊邨先生序《半塘定稿》，且赞其与止庵周氏之说，契若针芥，至其晚岁，始稍稍欲脱常州羁绊，以东坡之清雄，运梦窗之绵密，卓然有以自树。弟曾以《周选》叩诸先生，先生谓以碧山侪诸周、辛、吴之列，微嫌未称，盖由其格局较小耳。

**龙榆生《近三百年名家词选》后记**

终清之世，两派迭兴，而常州一派，乃由江、浙而远被岭南，晚近词家如王、朱、况、郑之辈，固皆沿张、周之涂辙，而发挥光大，以自抒其身世之悲者也。

**龙榆生《晚近词风之转变》**

曷言乎晚近词坛之悉为常州所笼罩也？晚近词坛之中心人物，世共推王半塘（鹏运）、朱彊邨两先生，而风气之造成，则《薇省同声集》，实推首唱，而《庚子秋词》之作，影响亦深。当光绪中叶，有江宁端木子畴（埰）、吴县许鹤巢（玉瑑）、临桂王幼遐（鹏运）、况夔笙（周颐）等，同官内阁，以填词相酬和，而端木最为老辈，其于词笃嗜碧山，至以"碧瀣"自题其集，则其取径，固自止庵之说来也。是时王氏方致力于《花间》《草堂》，及宋、元诸家词集之校勘，而清真、稼轩、梦窗、碧山四家之作，即在其中，且所据多善本，而对《梦窗四稿》，致力尤勤，胪举五例，一以清儒校勘经籍之法为之，濡染既深，词笔遂亦随之俱化。彊邨先生序其《半塘定稿》云："君天性和易，而多忧戚，若别有不堪者。既任京秩，久而得御史，抗疏言事，直声震内外，然卒以不得志去位，其遇厄穷，其才未竟厥施，故郁伊不聊之概，一于词陶写之。君词导源碧山，复历稼轩、梦窗，以还清真之浑化，与周止庵氏说，契若针芥。"据此，则半塘词学，盖能实践周氏之言者，而又"于回肠荡气中，仍不掩其独往独来之概"（彊邨先生说），则由其性情抱负，有异于恒人故耳。彊邨先生少居汴梁，时半塘以省其兄之为河南粮道者至汴，遂相遇纳交，已而从学为词，且相约同校梦窗四稿。光绪庚子，八国联军入京，居人惊散。先生与刘伯崇（福姚）就半塘四印斋以居，既不得他往，乃约为词课，拈题刻烛,于喁唱酬,日为之无间,以成其所谓《庚子秋词》。虽中多小令,未必规摹止庵标举四家者之所为,而言外别有事在,与周氏之尚寄托不谋而合。……是时彊邨先生方僦居吴下听枫园,周旋于郑、况诸子间,折衷至当,又以半塘翁有取东坡之清雄,对止庵退苏进辛之说,稍致不满,且以碧山与于四家领袖之列,亦觉轻重不伦,乃益致力于东坡,辅以方回(贺铸)、白石(姜夔),别选《宋词三百首》,示学者以轨范,虽隐然以周(清真)、吴(梦窗)为主,而不偏不倚,视周氏之《四家词选》,尤为博大精深,用能于常州之外,别树一帜焉。

**龙榆生《论常州词派》**

常州派继浙派而兴,倡导于武进张皋文(惠言)、翰风(琦)兄弟,发扬于荆溪周止庵(济,字保绪)氏,而极其致于清季王半塘(鹏运,字幼霞)、归安朱彊邨(孝臧,原名祖谋,字古微)诸先生,流风余沫,今尚未全衰歇。

**龙榆生《清季四大词人》**

且人恒贵远而贱近。晚近号称研究词学者流,又往往专注于两宋词人轶事之考索;苟叩以最近词人之性行,亦瞠目不知所对。及今不图,而令百千年后,竭诸才士之精力,穿凿附会,以厚诬古人,斯又非学者之大惑乎? 以此因缘,余乃有《清季四大词人》之作。特考今之难,不亚考古。即此四家之生卒,亦几经刺探而后定。……五十年来,常派风流,未遽消歇。一时作者遍于东南,而造诣之深,断推王(鹏运)、文(廷式)、郑(文焯)、况(周颐)四子。此亦承张(惠言)、周(济)之遗绪,而益务恢宏;又其致力,或兼校勘,或主批评。意者天挺此才,为词坛作一最光荣之结局欤?辄次所闻,就正博雅。生存硕彦,不具于编。……其官内阁时,与端木埰往还尤密。埰固笃嗜碧山者(《碧瀣词·自序》),于周氏《宋四家词选》之说,浸润最深。鹏运声气之求,不觉与之俱化。……然则鹏运平生之蕲向,固沿常派之余波,初未能别辟户庭,独树一帜也。惟其"天性和易,而多忧戚,故郁伊不聊之概,一于词陶写之"(《定稿·朱序》),至情从肺腑中流露出来,所谓"文学为苦闷的象征"(厨川白村说);苟"斯人胸中别有事在"(《定稿·钟德祥序》),谓之创而非因,亦何不可。……(《浪淘沙·自题庚子秋词后》《尉迟杯·次沤尹寄弟韵》《鹧鸪天·登玄墓还元阁,用叔问重泊光福里韵》)固已冶众制于一炉,运悲壮于沉郁。要之鹏运于词,欲由碧山、白石、稼轩、梦窗,蕲以上追东坡之清雄,还清真之浑化。虽模拟之迹未尽化除,而用力之精勤、情感之浓厚,推为清季词坛大师,自可当之无愧色也。……然其始刻《双白》(辛巳三月)亦率意锓板,藉广流传,初未应用清代校勘家法以从事于此也。进而搜求善本,如《花间》《东坡》《清真》《稼轩》诸集,始用影刻。迨后与彊村先生约校《梦窗》,乃明定义例,取清儒治经治史之法,转而治词。《梦窗》一集,校勘亘五年之久(1899—1904)。凡三易板(况周颐《梦窗词·跋》),至死而后定,其矜慎有如此者! 其述例:(1)正误(2)校异(3)补脱(4)删复 其论毛(汲古阁《宋六十家词》本)、杜(文澜曼陀罗阁本)二本之失,以为"毛刻失在不校,舛误致不可胜乙;杜刻失在妄校,每并毛刻之不误者而亦改之"(《述例》)。前此传刻之词,并有此病,又非独毛、杜二家之于梦窗而已。自鹏运以大词人,从事于此,而后词家有校勘之学,而后词集有可读之本。至彊村先生,益务恢宏,以成此词学史上最伟大之《彊村丛书》。"鹜翁造其端,彊村竟其事"(沈曾植《彊村校词图·序》)。伟哉盛业!匪鹏运孰能开风气之先欤?

**龙榆生《词籍题跋》**

跋彊邨先生旧藏王鹏运《味梨》《鹜翁》《蜩知》三集原刊初印本、《校梦龛集》原钞本:右临桂王鹏运幼遐《味梨集》一册,光绪乙未原刊初印本;又《鹜翁集》《蜩知集》合一册,原刊初印本;并经彊邨先生标识,选入《半塘定稿》中。又《校梦龛集》一卷,清秘阁朱丝栏纸旧钞本,亦彊邨先生所藏。册中别录灵川苏汝谦栩谷《雪坡词》一卷,尾有半塘老人手书跋语。三十年前,北流陈柱尊柱曾从予假录,雕版行世。 彊邨先生尝语予:"五十后始学填词,实出半塘翁诱导。"又称:"翁以不获登甲科,颇引为憾,因之自定词集,独缺甲乙两编。"今观《味梨集》题"半塘填词丙稿",《鹜翁集》题"半塘丁稿",《蜩知集》题"半塘戊稿",《校梦龛集》题"半塘己稿",则彊翁之说为不虚矣。 清季词家,以愚所见,当推半塘老人及萍乡文道希先生廷式最为杰出。半塘直逼稼轩而道希迳入东坡之室,其系心宗国,怵目外侮,一以抑塞磊落不平之气发之,故自使人读之神王。兹检敝箧,得此诸本,寄赠广西图书馆,庶永保之。一九六四年五月十日,万载龙元亮榆生书于上海南昌路寓庐之葵倾室。时刚满六十二岁。

案:以上论文等均据《龙榆生词学论文集》,龙榆生著,上海古籍出版社1997年版。广西壮族自治区图书馆藏《校梦龛集》稿本卷末龙榆生《彊邨先生旧藏半塘老人丙丁戊己稿跋》略同。又其页眉尚有一段："检予卅岁时所草《清季四大词人》一文,半塘翁词集乙稿曰《袖墨》薇省同声集本、《虫秋》家刻本,丙稿曰《味梨》家刻本,丁稿曰《鹜翁》家刻本,戊稿曰《蜩知》家刻本,己稿曰《校梦龛》原钞本,庚稿曰《庚子秋词》家刻本、《春蛰吟》家刻本,辛稿曰《南潜》未刊,尝闻之彊邨先生言如此。《虫秋》《南潜》二集,予亦未见,不知人间尚有传本否？六月二日再记。"

跋《槐庐词学》:《槐庐词学》一卷,临桂龙继栋松琴撰,刘弘度教授永济四益堂精钞本。存词三十八首,补遗二首,未刊。槐庐为翰臣先生启瑞子,举人,官户部主事。因事革职遣戍,赖李鸿章力得放还。两江总督刘坤一属撰《图书集成考证》,将用以进呈,为开复之计。书成,曾用石版印百部,浙江图书馆藏有一部。中华书局缩印《图书集成》,即据以附载,亦不详作者名氏也。弘度姑母归槐庐,因得钞本二部。抗战军兴,弘度由武汉大学转徙湘、桂间,崎岖入蜀。曾以一部寄存汉口大陆银行保险库。及美空军轰炸日寇,银行中弹被毁,书亦化为灰烬。其一赠与广西教育厅,并《经德堂集》版片,藏桂林石洞中,乱后不知存否？其他遗稿,亦由槐庐子付弘度,有《十三经地名今释》,分经、史两部份,经部业经写定,史部则仅成《史记》《前后汉书》《三国志》,至唐代遂辍。弘度来书,为予言之如是。

此册为廿数年前,弘度寄予,备载《词学季刊》。会日寇犯淞沪，开明书店印刷所毁于炮火，不果刊出。槐庐与半塘老人生同里闬，又于光绪初同往北京，应礼部试不售，留京任职，每以填词相唱和。弘度藏有二氏唱和词稿一册，即作于光绪六年庚辰前后，而二家集似皆未载。检王氏《鹜翁集》仅《南乡子》一阕，题有"槐庐书来"等语，岂以东西萍泊，尔后踪迹遂疏耶？闻粤西有人方谋汇刊半塘全稿，因并以此本及王、龙唱和词册寄献南宁图书馆，倘得附刊，亦不朽之盛业也。一九六四年夏历甲辰端午前一日，万载龙元亮榆生谨跋。曩岁北流陈柱尊曾借录副，旋传与苏汝谦《雪坡词》同时雕版行世。柱尊殁已十八九年，予未获见所刊本也。甲辰处暑后一日记。

王龙唱和词册跋：《王龙唱和词》六叶，临桂王幼遐鹏运龙松琴继栋手稿。计有半塘词九首，槐庐词二首。惟《大江东去》一首，确定作于光绪六年庚辰。二氏同在北京，此当一时遣兴之笔。病中以刊本半塘诸集略勘一过，似皆未存稿，岂悔少作耶？武汉大学刘弘度教授永济曩岁举以见寄，不及载入《词学季刊》。迭遭乱离，幸未散佚。兹征得弘度同意，并以寄献南宁图书馆以永其传焉。中华人民共和国建国十五年甲辰端午，万载龙元亮榆生谨识。

案：以上题跋见龙榆生所赠广西壮族自治区图书馆藏《槐庐词学》《王龙唱和词》。

《忆江南》题王鹏运象：行吟意，结草怆荒庵。留取骚怀空冀北，可堪沉魄滞江南。星宿待重探。

案：上词见龙榆生所赠广西壮族自治区图书馆藏《王龙唱和词》卷首，当为龙榆生作，附录于此。

907

# 诗 文

## 朱琦《杉湖别墅记》

杉湖别墅者,王氏新拓小园也。吾粤山水幽邃,省治居万山中,湖水绕之,傍城处处可庐;然城西杉湖为胜。环湖而园者数家,湖以东为李氏故宅,宅后有临水看山楼,其西则湖西庄。负郭面湖,缭以短垣,亦李氏故圃,旧有老松十余株,春湖侍郎所手植也。稍折而南,为画师罗星桥芙蓉池馆,曩尝爱而葺之。然其地小偏,亭榭半颓,李氏园近亦废,故余喜游杉湖别墅,又其子弟多余门下士,主人正先筑楼三楹,吟啸其间。尤酷爱古碑名画,及寺观遗迹,百方罗致,自是人知有王氏园矣。楼前累石作小山,循山径而下,为半舫,后改为横楼,意弗惬,爰于楼西拓地数弓,为小阁。窗户虚敞,花竹翳然,中凿一池,莲叶新茁如盎,游鱼跳水面。每登眺则城西诸峰隐见烟树间,其左榕楼遥峙,独秀峰适相直。每天气晴霁,云雾敛净,空翠欲落几席。一日余往游,侵晨微阴,已而风雨忽作,汹涛崩豁,小屋蒙蒙如舟,仿佛在江上,意以天下之奇无有过是者。主人喜,命酒,酣,要余作草。余既爱兹园之胜,倚醉奋笔书十数纸,主人益喜,洗杯更酌。为书杉湖别墅四大字,悬之楼上。咸丰三年四月朱琦记。

**案**:上文据《涵通楼师友文钞》,清唐岳辑,临桂唐氏涵通楼咸丰四年初版。

## 左宗棠《睢阳五老图跋后》

观察王君霞轩以所藏《睢阳五老图》贶我。展玩十数过。

仪表清奇，衣冠甚伟。神游其间，不复作千载后想也。五老当时同仕于朝，致仕归里，优游以终其余年。流风余韵，照耀无极。异世快睹者且谓至幸，况当时瞻其丰采、接其绪论者哉？周秦以还，世风近古者，汉为文帝、宋为仁宗，太和翔洽，士大夫以名德耆耇著闻其时，亦称极盛。五老跌宕睢阳，盖值仁宗享国，众正盈朝，其遭际固不同也。兹当西戎即叙，海宇澄清，而此乐不可复得。尽瘁以仕，纵赋归来，访旧亦多陈人矣。可胜慨叹！意数十年后，其必有望古遥及、续为画图、托之咏歌者。青眼高歌，是在各少年人矣。书此以还霞轩。如遇五老后裔，仍举此畀之，于谊尤协耳。

案：以上据《左文襄公文集》卷二，光绪十八年刻本。

### 龙继栋《韦业祥小传》

韦伯谦，余姑之长子，与余同道光乙巳生。咸丰己未庚申同侨长沙，始共研席。时皆攻制举业，未尝及杂艺。逮同治乙丑君成进士，余报罢。在都时，余居僧院。烛影含秋，君数相过，始唱酬为乐。各以舒写客怀，未尝留稿。未几，余就甥馆于保定，君来竟夕话别，出《水调歌头》赠行，有今日送君归去，它日更谁送我，对此黯魂销之语。仓卒置襟袖，出彰仪，失之，不得其全章矣。

案：以上据况周颐《粤西词见》卷二，光绪二十三年扬州刻本。

### 崔瑛《喜迁莺》

拈将春碧，对十幅琳琅，满斟浮白。袖墨思王，锦钱忆况，数遍故园词客。**君乡王幼霞先生有袖墨词,况夔笙旧好有锦钱词**。结契寸心庸许,旧约遥天相隔。真无赖,是梅边花外,**幼遐有梅边花外小印何时能得**。　欢极。天意教,镂玉雕琼,点我冥顽石。**余亦以词稿求为点黵**。奔走姜张,指麾刘史,应让春风坛席。自笑书生结习,同感浮生游迹。可能够,向旗亭画壁,惺惺相惜。

　　**案**:崔瑛字瑶斋,广西桂平人。道咸间诸生。有《琼笙吟馆诗余》二卷。上词为题邓鸿荃词卷之作。

**康有为《为徐计甫编修写扇,兼呈高理臣给谏燮曾、王佑遐侍御鹏运甫名受廉,清洁好学,惜早死,不竟其才学》**

　　万生本天地,一家同越秦。奏刀伤小指,痛楚彻全身。绕线通微电,万里语相亲。大地为一体,万物同一轮。大雪压城闉,重裘冻不温。气脉本相连,鸿沟苦难分。四海虽汗漫,先由方寸春。民生多忧患,志士多苦辛。登高望燕树,饮水识河源。高楼隔杨柳,流莺闹比邻。愿为明月光,照遍穷檐人。

　　**案**:以上据《康有为全集》第十二集,康有为撰,姜义华、张荣华编校,中国人民大学出版社2007年版。

**吴昌绶《人月圆·临桂王侍御四印斋刻宋元词最富。近又得二种,各纪以词》**

　　伤心千古才人泪,都在倚声中。隔浦风荷,拂堤烟柳,历历旧游踪。　吴门家住,长安久旅,憔悴应同。且共尊前,莫思身外,一晌疏慵。**右仿元巾箱本《清真集》**

　　马卿谏猎书成未,霄汉寸心悬。是处斜阳,何年明月,秋思

正苍然。　长安回望,少年裘马,台阁鹓鸾。鬓影琴声,不如归去,老我文园。右自作《味梨集》

案:以上据吴昌绶《松邻遗集》卷九,民国刻红印本。

## 序跋批注

### 国家图书馆藏《四印斋词卷》抄本题跋

乙未九月,李髯先生馆予家,为手录拙制《虫秋》《味梨》二集,即用先生定本付之手民。先生复欲索观少作之在《薇省同声集》外者,因举此册奉赠,并请删汰为《半塘甲稿》。嗟乎！岁月几何,回首旧游,如梦如影,而卷中师友所尝共琴尊者,死丧离别,已落落如辰星。予亦发秃眼昏,颓然老矣。即此文章至小之技,亦作辍一再,迄用无成。质之先生,不知何以教我。半塘老人鹏运记。

右《四印斋词卷》,临桂王鹏运幼遐撰。民国二十四年于开封南书店街王姓书籍铺得其稿本。是用况氏写书蓝格纸所钞,版框外刻第一生修梅花馆钞校九字,书衣有半塘手题十行。因行笈无《半塘定稿》,寄请王君驾吾检盦山书库藏本勘之,得覆书云已见刻本者才十四阕。明年携来成都,欲为刻传,会军兴不果。今命书手写此副本,校竟记于册尾。民国三十三年五月十一日南通冯雄书于三台县观音渡寓舍。时新得敦煌石室唐人写《药师经》半卷未浃旬也。民国三十四年五月借南通冯翰飞藏副本重钞。国立北平图书馆馆员张亚贞识。

### 国家图书馆藏《半唐填词定稿》二卷《剩稿》一卷梁启超原藏本

封面题记:戊申三月,归安朱侍郎祖谋赠。

封二梁启超题记:沤尹刻鹜翁词成,以初印本赠蜕庵,蜕庵携赴日本,与余同客须磨之双涛园。蜕庵归,此本遂杂置我箧中十七年,蜕庵墓木亦拱矣。摩挲签题,凄感无已。乙丑五月。启超记。

象上方梁氏《浣溪沙》题词一首:《浣溪沙·题蜕庵旧藏半塘词》:廿九年前识此翁。校场抹角小胡同。几回问字费邮筒。

一卷杀青谁并读,两行题墨态犹浓。双涛情话又朦胧。乙丑五月八日  启超

### 半塘丁戊稿宣统元年铅印本

罗惇曧叙:海内倚声,推鹜翁、沤尹、叔问三家。沤尹侍郎学词最晚,用力最专,低首鹜翁,卒至并轸;叔问久称尊宿,潦倒江湖,词境逾深窈矣。然沤尹力摹梦窗而阑入清真,叔问则纯乎白石,并臻绝诣而皆有蹊径之可寻。鹜翁如璞玉纯金,其平实处不特无能指其瑕,直无从状其美,信精能之至哉!沤尹谓词有令人叫好处,非词之至者也;鹜翁词致令人无从叫好,此其所以不可及也。今海内推沤尹词第一,曾蛰公直谓三百年无此作;然犹倾倒鹜翁至此,则鹜翁之词为何如矣。鹜翁庚子后弃官课士,客死维扬。词人沦落,只益叹惋然。鹜翁有声谏垣,岁丙申以谏阻圆明园工,几罹重典,赖恭忠亲王力救而免,园工亦缘之而罢,则传鹜翁者又岂藉词哉。宣统元年闰二月罗惇曧。

### 《和珠玉词》赵尊岳刻本

况周颐跋：在昔光绪中叶，鲰生薄游春明，与汉州张子苾庶常、同邑王半唐给谏相约联句尽和《珠玉词》，仅五夕而脱稿。无求工，竞胜之见存而神来之笔辄复奇隽，往往相视而笑，得意自鸣。宜若为乐，可以终古。盖后此之不堪回首，诚非当日意料所及也。人事变迁，垂三十稔，子苾半唐墓木已拱，海滨謦欬块然寡俦，大雅不作，吾衰何望？武进赵尗雍精研声律家言，出其近著《和小山词》属为审定。拙撰《词话》有云："填词要天资，要学力，平日之阅历，目前之境界，亦与有关系。"词学如尗雍，庶几天人具足，而其阅历与境界以谓今之晏小山可也。全和《小山》为《珠玉》续，吾侪昔者志焉未逮。不图后来之秀，有此沉酣之合。张王有灵，在海山兜率间，或者素云黄鹤，翩然而来下，当亦引为同调也。《和珠玉词》曩开雕于厂肆，印行仅数十本。敝簏所有，乃比岁得自坊间者。以示尗雍，为之循环雒诵，爱不忍释。辄任覆锲，俾广其传，意甚盛也。昔晏小山自名其词曰《补亡》，其托旨若有甚不得已者。夫今日而言风雅，所谓绝续存亡之会非欤？尗雍和小山之作，即亦亟宜付梓，缃属以行，为提倡风雅计，勿庸谦逊未遑也。癸亥五月既望临桂况周颐跋于天春楼。

### 朱荫龙七稿八卷《校梦龛集》卷末题

《校梦龛集》，半唐翁未及刊行而殁，原稿存彊邨先生处。龙榆生据以录传，外间始稍有知者，民国二十三年陈柱得龙钞本,引入《变风变雅楼丛书》,与《雪波词》灵川苏虚谷汝谦《彭子穆词集》平南彭昱尧《槐庐词学》临桂龙松琴继栋合刊,名曰《粤西词四种》。此卷即从陈刻移录。陈柱言行妄谬,品学俱劣,生平惟务大言,一无所长。此集刻本才廿七页,错文误简多至数十条,诚足为王氏诬矣。初校既竟,为之慨然。民国三十一年三月廿二日朱荫龙记于甘寂寞室灯下。

### 广西壮族自治区图书馆藏有正书局本《庚子秋词》题词

辛卯春节,游厂甸,见书摊上有残本《庚子秋词》二册。词为同邑王半唐、刘伯崇及江西朱古微三公于清庚子八国联军入京时在四印斋倡和之作。王朱在清末以词称大家,一时海内宗之。二公所刻词学丛书,丰富精核,古今罕有。伯崇不以词名,而雅声叠奏,追随步履,宗匠之侧,固无凡响也。伯崇以字取状元,此书为伯崇亲笔书写,达五万字,自始至终,无一懈笔,即此已足以传矣。写作均不易得,惜以洋纸上石,不能久置,允宜裱而存之。乡人君子,可不宝诸。公元一九五一年二月桂林易熙吾识。

### 王煜《清十一家词钞》

自叙:迄同光衰微,词人萧瑟,辛壬鼎革,遗士凄怆。叔问咽清宕之音,彊村写沉郁之致,圣与君特,重出人间,戚戚黄昏,双悬日月,殆所谓一代殿军、万家景仰者也。其在朱郑之间,则有四印,切磋奖掖,关系至宏。而朱密王疏,先无惭于后;王严郑重,北不让于南,拓土广西,佑遐开国矣。若夫莲生哀怨,踵美纳兰,芸阁清刚,并芳临桂王。扬秦七之芬馨,漱坡公之神髓,周旋众彦,把臂入林。虽非流派之宗,固亦时代之选也。凡此诸家,共启清盛,复兴词学,可貌云台,用特选而刊之,以诏来叶。夫文章之工,每在穷苦,词人慧性,骚怨尤多。对此危苦之音,弥深覆亡之感。而缅怀清室,瞻顾辽榆,益不知悲哽之何从也。民国二十五年冬至日王煜叙。

《半塘词钞》卷首:千辟万灌,独往独来,盖沉浸辛稼轩王碧山,而沆瀣张惠言周止庵者也。

案:以上据王煜编注《清十一家词钞》。

### 《半塘老人钤印》

胡先骕叙:有清季世,倚声之学大昌。咸同以还,蒋鹿潭、谭复堂、勒少仲、郑伯康诸家外,以词鸣于岭表者,当推马平王拯为魁。率而光大粤西词派,承先启后,为万流所宗仰者,则半塘老人王幼遐侍御也。闲尝评论同光词人,虽著者如林,而最胜者不过王半塘、朱彊邨、文芸阁、赵尧生四家。芸阁天骨开张,惊才绝艳,取径苏辛,要非词家本色;香宋取法白石而出之以生新巉绝,亦为词中别调,且其为词在入民国后,以严格绳之,尚须列之于异代。至兼南北宋之长,宗梦窗白石而祖美成,益之以欹奇历落之怀,悲天悯人之志,遂尔卓绝一世,非侪辈所能望项背者,亦推王朱二家。而半塘之于彊邨则又东坡之于山谷,此半塘之所以冠群魁能也。半塘侍御恫于甲午败后,上下酣嬉,危亡无日,曾上疏极谏颐和园驻跸,几获严谴。此外疏凡数十上,皆关政要。而金轮秉国,罔或能从,终于挂冠神武,客死吴门,为有识者所悼叹。是纵不为词宗，亦必以直谏标名史策矣。召伯甘棠，勿剪勿伐；名贤遗泽，百世同珍。半塘往矣，其《定稿》与《四印斋所刻词》已价重鸡林，独其手迹则在吴中颇有散佚，流传殊寡。今其孙孝饴奉严命裒集侍御旧用钤印拓以传世。吾知艺林中如景慕侍御之生平及习诵其词者，必珍视兹编，摩挲展玩，不能自已，一若可接其声音笑貌于冥漠中也。民国乙亥秋十月新建胡先骕。

《半塘老人传》（即况传。略）

《半塘僧鹜自序》（即《彊邨词》卷二《哨遍》词注引。有异文。略）

谨按：先王父传记为同里况夔笙太世丈撰述，曾刊载《学衡》杂志。自序则光绪癸卯作于维扬，由遗稿中检得者。前贤矩矱，先世典型，谨并录印册首，用志追仰。序梅敬志。

王序梅跋：今春，家君以先王父旧用印章七十余方寄自大梁，命加拓印，爰倩山阴潘叔威君相助从事。君擅长刻竹治印，蜚声艺苑。此次多承赞助，盛谊至足感也。谨按：先王父印章除册内拓存者外，就藏书中曾加钤用、可资考证者，尚有朱文王幼霞图书记长方印、校梦龛腰圆印、书窝小腰圆印、酣睡轩长方印、似僧有发方印、黑（酣）［甜］乡人方印、四印斋方印、钟鼎文且食蛤利方印，暨白文半塘僧鹜方印、王氏书窝方印、词客有灵应识我方印、四印斋方印共十有二方，悉已无存。原光绪甲辰岁，先王父病逝苏州，遗物由邗江觧送回汴时，扃钥弗秘，间有散佚，各印殆即彼时所失去。眷怀先泽，弥增怆痛。又客岁在书肆见有金陵卢氏饮虹簃影印之《宋词十九首》，其原本即为吾家旧遗之物,展转由余堂侄婿许颐俦售之于卢者。此卷得其广为传布,深可欣幸;惟跋中所谓先王父身后遗物散佚略尽云云,殊多失实。意者卢君殆系因从许手购得是书,而致有此语。甚矣!人言之不足尽信,且见谨言之难也。拓成并志于此。时民国二十有四年乙亥秋孙序梅恭识。

### 《半塘定稿》京华印书馆本

蔡济舒跋:有清嘉道以后,词人蔚兴,溯源两宋,体格始尊。鹜翁晚出,益昌厥绪,寄幽眇于沉郁,融情景于比兴,奇音振响,卓尔名家。并时彊村先生联镳词苑,同称劬嗜,尝共唱喁,犹曰从学。五十年来,风流未沫,倚声之士,颂为宗匠。顾所遗作,流播未广,初在京师,仅梓数集。迨谢缨绂,闲居芜城,始自裒选惬意之作,题曰《半塘定稿》。尚赖彊村锓板,身后屡经丧乱,刻本已稀。予与翁家夙附交旧,其从孙序宁世兄好学能文,克缵先业,曩与违难渝州,乐数晨夕,谈及翁词,予辄怂恿重刊。顷既东归,铅椠便易,乃据粤本复校付印。讵矜一家之名作,实存千载之文献。欣观竣工,爱跋册尾。若其气体之高,声文之美,与夫导源所自,造诣所经,朱钟二序备示针度。末学谫陋,匪敢妄赞焉。中华民国三十七年七月后学蔡济舒敬识。

### 《彊邨词》序(据《彊邨词剩稿》)

王鹏运致朱祖谋信:沤尹大兄阁下:前上书之次日,邮局即将《东塾读书记》《无邪堂答问》各书交来。大集琳琅,读之尤欣快无量。日来料量课事讫,即焚香展卷,细意披吟,宛与故人酬对。昨况夔笙渡江见访。出大集共读之，以目空一世之况舍人，读至《梅州送春》《人境庐话旧》诸作，亦复降心低首曰："吾不能不畏之矣。"夔笙素不满某某，尝与吾两人异趣，至公作则直以"独步江东"相推，非过誉也。若编集之例，则弟日来一再推求，有与公意见不同之处，请一陈之：公词庚辛之际是一大界限。自辛丑夏与公别后，词境日趋于浑，气息亦益静，而格调之高简，风度之矜庄，不惟他人不能及，即视彊邨己亥以前词，亦颇有天机人事之别。鄙意欲以已见《庚子秋词》《春蛰吟》者编为别集，己亥以前词为前集，而以庚子《三姝媚》以次以汔来者为正集，各制嘉名，各不相杂；则后之读者，亦易分别。叔问词刻，集胜一集，亦此意也。至于去取，则公自为沙汰之严，已毫无尘杂。俟放暑假后再为吹求，续行奉告。自世之人知学梦窗，知尊梦窗，皆所谓"但学《兰亭》面"者。六百年来，真得髓者，非公更有谁耶？夔笙喜自诧，读大集竟，浩然曰："此道作者固难，知之者并世能有几人？"可想见其倾倒矣。拙集既用《味梨集》体例，则《春明花事》诸词，其题目拟"金明池"下书"扇子湖荷花"题，序则另行低一格，而去其"第一""第二"等字，似较大方。公集去之良是，体例决请如此改缮。暑假不远，拟之若耶上冢，便游西湖。江干暑湿，不可久留；南方名胜当亟游，以便北首。此颂起居。弟王鹏运再拜上言。五月廿六日。

朱祖谋自记：予素不解倚声。岁丙申，重至京师；半塘翁时举词社，强邀同作。翁喜奖借后进，于予则绳检不少贷。微叩之，则曰："君于两宋涂径，固未深涉；亦幸不睹明以后词耳。"贻予《四印斋所刻词》十许家，复约校《梦窗四稿》，时时语以源流正变之故。旁皇求索，为之且三寒暑。则又曰："可以视今人词矣。"示梁汾、珂雪、樊榭、稚圭、忆云、鹿潭诸作。会庚子之变，依翁以居者弥岁，相对咄咄，倚兹事度日，意似稍稍有所领受；而翁则翩然投劾去。明年秋，遇翁于沪上。出示所为词九集，将都为《半塘定稿》，且坚以互相订正为约。予强作解事，于翁之闳指高韵，无能举似万一。翁则敦促录副去，许任删削。复书至，未浃月而翁已归道山矣。自维劣下，靡所成就；即此趑趄小言，度不能复有进益。而人琴俱逝，赏音阒然，感叹畴昔，惟有腹痛。既刊翁《半塘定稿》，复用翁恉，薙存拙词若干首，姑付剞氏，即以翁书弁之首，以永予哀云。乙巳夏五月上彊邨人记。

**《彊村语业》序跋**

张尔田序：《语业》二卷，彊村先生晚年所定也。曩者半塘翁固尝目先生词似梦窗。夫词家之有梦窗，亦犹诗家之有玉溪。玉溪以瑰迈高材，崎岖于钩党门户，所为篇什，幽忆怨断。世或小之为闺襜之言。顾其他诗："如何匡国分，不与素心期。"又曰："夕阳无限好，只是近黄昏。"岂与夫丰艳曼睩竞丽者。窃以为感物之情，古今不易，第读之者弗之知尔。先生早侍承明，壮跻懋列。庚子先拨之始，折槛一疏，直声震天下。既不得当，一抒之于词。解佩纕以结言，欲自适而不可。灵均怀服之思，昊天不平。我王不宁，嘉父究讻之忾。其哀感顽艳，子夜吴趋。其芬芳悱恻，哀蝉落叶。玉溪官不挂朝籍，先生显矣。触绪造端，湛冥过之。信乎所忧者广，发乎一人之本身。抑声之所被者，有藉之者耶。复堂老人评《水云词》曰："咸同兵事，天挺此才为声家老杜。"余亦谓当崇陵末叶,庙堂厝薪,玄黄水火,天生先生,将使之为曲中玉溪耶。迨至王风委草,小雅寝声,江滨飞遁,卧龙无首,长图大念,隐心已矣。懂留此未断樵风,与神皋寒吹,响答终古。向之瘏口哓音,沈泣饮章,腐心白马者,且随艰难天步以俱去。玉溪未遭之境,先生亲遭之矣。我乐也,其无知乎。我瘵也,其无吡乎。是又讽先生词者,微吟焉,低徊独抱焉,而不能自已也。甲子嘉平月,遁堪居士张尔田引。

龙榆生跋:右《彊村语业》三卷。前二卷为先生所自刻,而卷三则先生卒后据手稿写定补刊者也。先生始以光绪乙巳,从半塘翁悎,删存所自为词三卷,而以己亥以前作为前集,曾见《庚子秋词》《春蛰吟》者为别集附焉。后又增刻一卷而汰去前集别集。即世传《彊村词》四卷本是也。晚年复并各集,厘订为《语业》二卷,嗣是不复多作。尝戏语沐勋,身丁末季,理屈词穷。使天假之年,庶几足成一卷,而竟不及待矣。伤哉!先生临卒之前二日,呼沐勋至榻前,执手呜咽,以遗稿见授曰:"使吾疾有闲,犹思细定。"其矜慎不苟如此。兹所编次,一以《定稿》为准。其散见别本,或出传钞者,不敢妄有增益,虑乖遗志也。壬申初夏龙沐勋谨跋。

### 《彊邨词剩稿》跋

龙榆生跋:《彊邨词剩》二卷,归安朱先生《语业》删余稿也。先生既于光绪乙巳薙存丁酉以来所为词,刻《彊邨词》三卷,前集、别集各一卷,而三卷末有丁未岁作。是此集虽开雕于乙巳,亦续有增益。以汔于宣统辛亥,足成四卷,而汰其前集、别集不复附印。世几不获见先生词集之全矣。戊午岁,先生复取旧刊各集,益以辛亥后作,删存一百一阕,为《彊邨乐府》,与临桂况氏《蕙风琴趣》以活字版合印为《鹜音集》。后五年癸亥,续加订补,刻《语业》二卷。先生词盖以是为定本焉。其癸亥以后有手稿题《语业》卷三者,已为写定续刊矣。先生临卒之前数月,曾举手圈《彊邨词》四卷本及前集别集见付,其词为定本所删者过半,在先生固不欲其流传,然先生所不自喜者,往往为世人所乐道。且于当时朝政以及变乱衰亡之由,可资考镜者甚多,乌可任其散佚？爰商之夏闰枝、张孟劬两丈,仿先生刻半塘翁词例,取诸集中词为《语业》所未收者,次为《剩稿》二卷,而以辛亥后存有手稿不入《语业》卷三者别为集外词以附《遗书》之末,俾世之爱诵先生词者,不复以缺失为憾云。壬申冬十二月,龙沐勋谨跋于真如寓居。

**案**：以上据《彊邨语业》三卷《彊邨词剩稿》二卷,清朱祖谋撰,上海古籍出版社1989年影印民国刻本《彊村遗书》。

### 张尔田《词莂》序

倚声之学,导源晚唐,播而为五季,衍而为北宋,流波竞响,南渡极矣。元杂以俗乐,历明而益夸淫哇嘌唱,转折怪异,不祥之音作。有清兴,一振之于雅,大音复完。综而揅之,其年竹垞,梁汾容若,皆以渊奥之才,辟境孤行；西河珂雪,幺弦自操,如律之应,复思顽藻,此其独也。其后樊榭起于浙,皋文倡于常,抑流竞之靡,而轨诸六义,虽挈瓶庸受,逐宕失返,若夫越世扶衰,有足美焉。稚圭莲生,因物骋辞,力追雅始;就其独至,亦称迥秀。咸同戎马,鹿潭以卑官声于江湖间。并世作者,半塘之大,大鹤之精,彊邨之沉,与蕙风之穆,骎骎乎拊南宋而上矣。夫词于道,艺也,潜学洞古,镂心铄肝,以薪鸣一家者代有之,或不尽传,即传矣,于世何埤?然犹威凤一采,昆玉片珍,盖其难也。尔田少侍先子,言尝从鹿潭学为词,鹿潭自诩其词曰:"白石俦也。"及壮,获与半塘大鹤彊邨游,三君者,于学无不窥,而益用以资为词,故所诣沉思婐进而奇无穷。晚交蕙风,读其词,逌然优然,又若有异于余子者。遭世乱离,半塘大鹤既坎懔前卒,彊邨亦摧光韬采,独蕙风憔悴,行吟于海涯荒滨。每举词故,审音阒然。意者艺之至者,其流变与光岳相终始欤?爰因退迹,览众贤之瑰制,采摘孔翠,裒而集之。非乎迈往逸驾、自开户牖者屏不录。冠曰《词莂》。莂者,内典记莂之取也。大凡十五家,为词都一百三十七阕,以嗣鲷阳《复雅》。辛酉季夏遁堪居士张尔田。

**案**:以上据《词莂》,清朱孝臧编、张尔田补录,上海古籍出版社1989年影印民国刻本《彊村遗书》。

### 钟德祥《词学丛书选》自序

吾广右近有两词人焉,曰王鹏运幼霞、况周仪夔生。两君者其专研沉酣于词,举天下至美之物若无以易其好,顾独好仆之为诗,则往往沉观侧哦而然之,以出也不啻自其口。颇望仆不肯填词,尝交口镌讽相诱劝,久之则甚恨。前日径出词示仆,刻日时迫索共和之,仆于是乃始学填词矣。而行年已长大,束躬蹇修内疚,滋蔓则惧文胜,文胜则情益流,词之流情,荡又甚焉。况乎南音古风，夐绝旷远，骚辨而下，乐歌协律，仅延于盛汉，易曹、马、刘、萧、宇文、高、扬之杀伐鄙秽，荡灭天则，而雅乐遂为之衰微零落无存焉。是以吴歈朔吟，淫侧嘌厉，不合大雅。余尝玩心乎风雅之遗文，唱叹之纤旨，以求中声于人之心，而后恍然于李白、温庭筠之徒之变诗而为词，而错落句读，以温柔约深其言，率一世闳俊奇岸、博辨沉丽之才，皆遵奉以为之宗。其体遂绵延单行，以逮炎宋而称极盛。其间南唐君臣，风情实至高，而如峰出，如云起，如波澜赓续，洞壑变而江河回，嶔岩灏漾，突兀窈窕咸备，至不可程状。则宋诸君子之体益具，律益严，词滋益精。宋之自北而南也，国固日以衰，而词之人乃日以盛不衰。乐盖亡，而声未尝亡也，故谈词家以宋为断。仆于音律固无所解晓，又古指拍已不传。今既习为词，意以惟声之是依，而追踪乎两宋之诸作者，以考其家法，而通其刌度节簇，以求协于律，则其声则感及心，而犁然以和平，庶几可以风而已，仆则何敢此云也。

尝日从幼霞、夔生遍假古今词博观之，有《词学丛书》者，其中曾慥、赵闻礼所编次皆宋词，词不多，词之人亦未全，然往往奇妙错见，又不恒传诵，可互征异同之作，矩矱固存焉。于是览一代之正变，抉众制之尤雅，登若干首，并附选元诸人词，著录为一编。将由兹沉潜反复，开解秘奥，几欲绝如带，古先之风流，寄托乎中声以存，以蕲无甚戾于兴、观、群、怨之正，不则釽离纤侧而淫流。仆誓心则然也，而茫然长怀客情，撞撞理欲之战，时为阴阳。言者心之声，心不能退藏，苟出其嚣音凡思，强预天地间此事，为承当绝续、而不知内省惭惧者，妄人也。

仆今纂述竟此集，幼霞居连墙则专以问，幼霞脱可，夔生必无不可也,即不可,仆于是乃决知所可矣。

　　案:上文据《钟德祥集》,雷达辑校,广西人民出版社 2010 年版。字迹辨认及句读时有误处,惜无钟氏原稿校对。

### 赵熙《秋雁词》叙

　　余交休庵不易岁,知休庵审。休庵自好,有正操,重休庵者仅以休庵词,外休庵也。然休庵故工词,词之名曰《秋雁》,盖可见休庵身世。质休庵,曰:物之南北无家者雁也,其鸣听之尤哀者秋也。今之秋非古之秋也。悲哉,秋之为气也!雁不知也。如休庵词,雁声邪,秋声邪?休庵曰:是犹不知休庵。姑录为《秋雁词》叙。休庵,临桂人,清观察蜀中,姓邓,名鸿荃,字雨人,词人王半塘妹婿。其所历又半塘所未历者,故颜其居曰休庵,人称休庵先生。荣县赵熙撰。

　　案:以上据《秋雁词》,清邓鸿荃撰,民国七年成都刻本。

### 《郑文焯手批梦窗词》

　　卷前题云:"光绪壬寅九月廿八日,半塘前辈来自大梁,以是刻整装本见贻。"

　　朱祖谋序后记云:"壬寅十月初二日,与鹜翁租得吴阿宝画船,议日膳精馔,酬值六饼银。载酒出盘门西行,朝发夕抵光福里。尽三日之长,遍游邓尉诸山。归经木渎,更上灵岩,步陟绝顶,踞琴台,高诵君特'秋与云平'之句,乘余勇又登天平,品白云泉,夕阳在山,相与裴回而不能去。追造舟次,已将夜半。鹜翁谓生平游兴,无今兹豪者,不可无词。得《古香慢》《法曲献仙音》《八声甘州》《湘月》共四解。余旋以事赴沪,鹜翁亦一棹白门。爰记岁月,以识胜引云尔。老芝。"

郑题词后记云:"余尝以宋人用均严于入声之律语半塘老人,极为赏击。"

述例页眉记云:"……恨不起半塘老人一析此疑义,相与高枕大谭也。辛亥五月记。"

述例后记云:"尝考梦窗词中毛本甲稿《西子妆慢》下注自度腔,半塘老人谓统下九调言之。谅哉。……"

《丁香结·秋日铁网珊瑚作小春海棠》词题下批云:"半塘老人不据《霜花腴》写本订毛刻之误,非是。《初学记》:十月为小春。"

《思佳客·癸卯除夜》词上眉批:"(结句翠华)疑作醉哗,一以音讹,一以形误。待与半塘商榷之。后数年,丙午岁除,偶与沤尹翁述及此词,则云昔校订时,百思不得其误处,因与半塘遍检均部,共欲以意补之,竟不可得。……"

《忆旧游·别黄澹翁》词上眉批:"末句(残阳草色归思赊)第四字例用入声,片玉、白石及文英并守是律,其他则出入不免。予尝以此举似半塘翁,以为自来论词者得未曾有。"

《金缕歌·陪履斋先生沧浪看梅》词上眉批:"半塘先生云,初读此词,不得其解。后见说部中有谓'沧浪'为韩蕲王故墅,始知君特意之所在。词中多感咏当时遗事,藉看梅以发思古幽情,良有以也。壬寅九月晦日记。"词末有案语云:"案宋人龚明之《中吴纪闻》:'沧浪亭在郡学东,吴军节度使孙承祐之池馆,其后苏子美得之。'又云:'予家旧与章庄敏俱有其半,今尽为韩王所得矣。'半塘所称说部者盖谓此也。"

后附刘毓崧序页眉上题:"……即如毛氏所称或云者,已设三疑,莫衷一是。顾杜刻因之,已属孟浪,半塘翁素精审,乃亦率尔相沿,付之剞劂,且承汲古之误,反以朱存理所摹梦窗写本之确当列诸异证,……至集中校订诸语句字律,皆余十年来所究心细意不苟为异同者,亦可附之篇末,资一旁证,似校四印斋覆刻益称完善。以视前修,未皇多让焉。嗟嗟!曩当半塘翁初议校刊之际,邮示大尺,雅意谆属,命举新旧斠正各条,壹意相贶。会余有期功之丧,戚戚烦襟,未及尽以所得为报知己,而翁之冲怀虚抱,连函敦趣,清问沓延,切切满口。且谓若有它刻后出,视此精当,一首将答余。其信善之诚如是。迨翁南游,壬寅冬孟犹访余吴下,连船载酒,纵览湖山。时复道及铅椠苦心,间为裁决一二疑义,相与称快盛口不置。今翁下世,匆匆四年,辍杵之悲,乌能已已?沤尹侍郎方补刊翁之遗稿,索叙颠末,徒以哀迫,不能成章。闲愁未报,侍郎近复议重刻吴词,不揆狂简,悉以比年校定去取注之简眉,尽情举似,俾合昔得失,颇若画一。惜翁不少待,预斯壮役。九原可作,得毋念前言而督过之乎?袖灯隐几,吮墨泫然。时光绪丁未中冬之时叔问题记于吴小城东威喜旧寓。"

校勘劄记首页页眉上题云:"后半塘老人之没越七年,从孝臧得明太原王氏旧钞本斠定,多取是正,亦一大快。孝臧复据以刊布,恨半塘之未见也。每一披诵,辄为凄绝如何。"

案:以上据《郑文焯手批梦窗词》,(台北)中央研究院中国文哲研究所筹备处编印。

### 宋育仁《庚子秋词》题辞自记

二十六年八月在京师，与王佑遐给事、朱古微学士朝夕过从，相慰劳苦。先是，古微前辈与刘伯崇修撰皆移寓半塘舍，相与拈诗牌限字填小令，已得若干阕。余别居往还，道路有戒，乃取三君词卷，每调就所倚之阕内，拈字倚声为一阕，以嗣其音。不知其为渐离之筑，雍门之琴，《麦秀》之歌也。写本存半塘书阿（？）。余濒行，贻书索稿云："毛虫填词，乐不可支，然而我将去之，如何勿思。三君行迟迟，不如以稿见遗，携往大江南北，付之灾梨，留此泪墨，代君彤贻。七十二大夫牟坛大吹之虫，喔嘎咿，妃呼豨。"初诗筒往复，余署款"之虫"，注其下云："易名之典，取庄生所云又何知之义。"三君遂署款作一"毳"字。贻问云："易名三毛，何所取义？岂九牛之一耶？抑拔一而利天下耶？"三君更题曰"七十二牛"。余答曰："三九二十七者，大夫之数，其亡国之大夫欤！"相与嗟笑，取一蚊两蝇之谚，每署"之虫哼哼"。来签遂署曰"哼坛"，以牛鸣曰"牟"，因转题曰"牟坛"矣。索全稿不得，遂行。出都小憩鄂渚，搜箧得残稿数纸，仅二十余阕，因录附记。遂寄一诗与三君云："大笑苍蝇蚓窍闻，联吟石鼎调翻新。欲言不敢思公子，私泣何嫌近妇人。"后四句不复省记，聊自比于牌官云尔。

案：以上据《近代蜀四家词》，戴安常选编，四川人民出版社1987年版。

### 叶恭绰《广箧中词》

夏敬观序："临桂王给谏鹏运在中书日，振衰扶雅，况舍人周仪辈翕然从之,同时文学士廷式、郑舍人文焯、朱侍郎古微、陈大令锐,蔚起为词宗,海内益风趋正轨。故评清词者,愈晚出愈胜于前,此不易之论也。"

案:以上据《广箧中词》,叶恭绰编,浙江古籍出版社1998年影印本。

**蔡嵩云笺释《乐府指迷笺释》**

吴梅序:(前略)近半塘彊村辈,揭橥正鹄,历梦窗以达清真,实胎原于沈氏。

洪瑑跋:词莫盛于两宋,而词学则兴于清,而大昌于今日。宋人言词学之书,其流传于今者,王氏《碧鸡漫志》、张氏《词源》、沈氏《乐府指迷》,数种而已。清自万红友氏而后,治词学者日众,阳湖崛起,斯道益崇。晚近六十年中,若王半塘氏、郑叔问氏、朱彊村氏、况蕙笙氏,皆推斯学巨擘。

案:以上据《词源注 乐府指迷笺释》,〔南宋〕张炎,〔南宋〕沈义父著;夏承焘校注;蔡嵩云笺释,人民文学出版社2018年版。

**《续修四库全书总目》有关王鹏运书目提要**

《半塘老人钤印》一卷 桂林王氏家藏钤印本

清王鹏运藏,其孙序梅编。鹏运号幼遐,自号半塘老人,晚号鹜翁,临桂人。同治九年举人,官至江西道监察御史。与朱彊村、文芸阁、赵尧生并为同光时有名词人,有《半塘定稿》、《袖墨》、《虫秋》、《味梨》、《蜩知》等集。性嗜金石书画,尤喜印章,同时海内篆刻名家,识与不识,无不辗转求治,是以收藏极富。惜殁后多已散失。民国乙亥,其孙序梅字孝饴择尚存者拓成是编。共印七十余方,皆极精绝。据序梅跋称,除册内拓存者外,就藏书中曾加钤用可资考证者,尚有朱文王幼霞图书记长方印、校梦龛腰圆印、书窝小腰圆印、酣睡轩长方印、似僧有发方印、黑甜乡人方印、四印斋方印、钟鼎文且食蛤利方印,暨白文半塘僧鹜方印、王氏书窝方印、词客有灵应识我方印、四印斋方印,共十有二方,悉已无存云云。按此为失而有考者,其无考尚多也。然就编中所存,已足见其时治印醇厚法古之风,非时下以野狐禅所可比拟也。

**《阳春集》校本一卷四印斋本**

清王鹏运校。鹏[运]有《味梨词》,已著录。是编据鹏运自跋曰:《阳春集》刻本久佚,从彭文勤传钞汲古阁未刻词录出,校勘授梓,并补遗若干卷云云。《阳春集》,本有旧校之语,鹏运校本,混合莫辨矣。今所见者,舍侯文灿刻本外,有明钞本及星凤阁钞本,盖与汲古所抄同出一源。以校此本,如《鹊踏枝》第二阕,明钞本注云:《兰畹集》作欧阳永叔者非。此本调下注云:别作欧阳修。《应天长》第一阕调下,二钞本注云:此首与南唐词首阕小异。词末注云:《兰畹集》误作欧阳永叔。此本调下但云:别作李后主,其实中主有此首,非后主也。似此之类,不胜枚举。盖为鹏运所改校矣。异文注于句下,未详出处,但云别作某又作某而已。今细核之,盖据《花间》《尊前》《花草粹编》诸书及其别家词集。然如《抛球乐》第八阕,只赤人千里,殊不可通;只赤当作咫尺,明见《花草粹编》,而不著校语,失检点矣。盖此本便于诵读,若欲校勘考订,当推证其校语之元本也。

**《四印斋所刻词》十七种四十卷 清光绪间临桂王氏刻本**

清王鹏运编。鹏运字佑遐，号半塘，临桂人。光绪间进士，擅长倚声，收藏两宋词集至为繁富。抉择善本名钞，辑刻《四印斋所刻词》。四印斋者，其家塾之名也。按倚声之学，盛于两宋，元明两代杂剧散曲兴，而词学转微。清初朱彝尊、陈维崧诸家，提倡风雅，长短之句始称道于世。然时亦不过推崇南宋草窗、梦窗诸家，堆砌□锦之句，无由窥其性灵也。若出自天成之词，仅有纳兰《饮水》《侧帽》之词也。自阳湖张惠言以北宋为主，大梁周济以《中原音韵》为宗，于是刻徵吟商，动合乎节，词法于是乎谨严，合乎法度。洎及金坛冯煦，乃以唐五代为法，推本求源，所引而弥长矣。若刻词之家，首推毛氏汲古阁《六十家词》、江都秦氏《词学丛书》，实为清代刻词之权舆。然若侯灿所刻《十家词》，校刻未精；长塘鲍氏、盐官蒋氏，所刻之词取材未富。若以校勘之学，运用于刊刻词集，则首推王鹏运氏。是书所刻者，以佳椠名钞为主，如《东坡乐府》则用元延祐本，《稼轩长短句》则用大德广信本。然选辑之旨，则以家弦户诵、堪为世法者为主，故首刊苏、辛，继刻尧章、玉田、花外等集，启人以词学之正鹄也。次刻罕见之本，如天籁、蚁术诸作，彰幽发潜之旨也。若《词林正韵》，则更与人以作词之范矣。鹏运舟车所至，风雨篷窗，无不沉潜于斯道之中，见有善本，亟行刊刻，以公同好。故是书凡十七种，每书前后间附序跋，未几又增刻《梦窗甲乙丙丁稿》、朱（长）[敦]儒《樵歌》，又复增刻《花间集》《明秀集注》《草堂诗余》《周清真集》等书。况周仪《蕙风簃随笔》曾列其目，最足为足本。非渐次搜辑，无由得其全书也。近有石印本，较为完足。

四印斋所刻词目：

苏文忠《东坡乐府》二卷**元延祐云间本**；辛忠敏《稼轩长短句》十二卷**元大德广信本**；姜尧章《白石道人词集》三卷《别集》一卷；张叔夏《山中白云词》二卷《补录》二卷《续补》一卷、陆辅之《词旨》一卷；王圣与《花外集》**一名《碧山乐府》**一卷；李易安《漱玉词》一卷附《事辑》一卷；戈顺卿《词林正韵》三卷《发凡》一卷。右词六家二十五卷、附刻六卷，最十八万七千一百二十五言。临桂王氏四印斋刻梓家塾。

冯正中《阳春集》一卷；贺方回《东山寓声乐府》一卷；史邦卿《梅溪词》一卷；朱淑真《断肠词》一卷**第一生修梅花馆校刊本**；沈义父《乐府指迷》一卷。右词别集南唐一家一卷、宋三家三卷、词话一卷，最四万四千七百二十九言。祝犁汭汉刻于京师。

贺方回《东山寓声乐府补钞》一卷；《南宋四名臣词集》一卷**赵忠简《得全居士词》 《李庄简词》 李忠定《梁溪词》 胡忠简《澹庵长短句》**；白兰谷《天籁集》二卷；邵复孺《蚁术词选》四卷。右宋元词别集三家七卷、总集一卷，最五万七千三百九十有四言。横艾执徐刻于京师。

《四印斋汇刻宋元三十一家词》三十一卷**清光绪临桂王氏刻本**清王鹏运编。鹏运刻有《四印斋所刻词》，复以宋元词人精神所寄，吉光片羽、难以成集者，采辑群书，及有所见，或每家数十首，或数首，汇为一集，各自成篇。自宋潘阆《逍遥词》、李弥逊《筠谿词》等别集二十四家,元刘秉忠《藏春乐府》、张弘范《淮阳乐府》,凡七家。缪荃孙序其书云:君以天水一朝,人谙令慢,续骚抗雅,如日中天;降及金元,余风未泯,尺缣寸锦,易没于烟埃;(碎壁零矶)[碎璧零玑],终归于尘墉。遂乃名山剔宝,海舶征奇,螺损千丸,羊秃万颖。求书故府,逢宛委之佚编;散步冷摊,获羽陵之秘牒。传钞遍于吴越,校雠忘夫昏旦。宋自潘阆以下得二十四家,元自刘秉忠以下得七家。或丽若金膏,或清如水碧,或冷若礀雪,或奇若岩云。万户千门,五光十色,出机杼于众制,融情景于一家。复为之搜采逸篇,校订讹字。栖尘宝瑟,重调殆绝之弦;沉水古香,复扇未灰之焰。洵足使汲古逊其精,(亨)[享]帚输其富者矣。荃孙好古之士,精于版本之学者,文虽都丽,实亦足以副之也。

四印斋汇刻宋元三十一家词目:

　　第一册:逍遥词　筠谿词　栟榈词　樵歌拾遗　梅词　绮川词　东溪词　文定公词

　　第二册:燕喜词　梅山词　拙庵词　宣卿词　晦庵词　养拙堂词

　　第三册:双溪诗余　龙川词补　龟峰词　梅屋诗余　秋崖词　碎锦词　潜斋词

　　第四册:覆瓿词　抚掌词　章华词　藏春乐府　淮阳乐府　樵庵词　墙东诗余　天游词　草庐词　五峰词

　　右宋词别集二十四家,元七家,家为一卷,共三十一卷。

案：以上据《续修四库全书总目提要(稿本)》，中国科学院图书馆整理，齐鲁书社1996年版。

**桂林图书馆《王半塘史料辑录》**

《蓉影词》跋　赵叔雍　(前略)光绪中叶，半塘老人藻耀广右，所著《袖墨》《味梨》等集，吐弃凡近，力追宋贤，得花间草堂宋本，并较定《阳春集》以下迄金元名人词数十家付之绣梓。其自为词冲澹沉著，未尝墨守常州宗派，然不能以其他宗派衡论半唐词也。光宣两朝一二名流、与半唐琴筑同声者，亦于常州词派为近。其能遗世独立，性情襟抱，本自轶伦，又深之以学问，故能入庤常州派中，出庤常州派外，盖斯竟非易臻矣。词学荢甲于唐，滋长于五季，甹华于宋，繁实于南宋，远扬于金，荫樾于元，歇芳于明，重荣于有清。自两先生名论出，而根柢为之深厚，枝干易其纤柔，无浮花浪蕊之讥，增文囿艺林之重，功诚伟哉！

《蓉影词》(赵叔雍)一九二二(民十一年)全一册

太仓汪曾武鹈凫自序：(前略)故人如道希幼遐小坡屺怀君直诸君子，时以近作见示，或绮密如八宝流苏，或豪宕类铜琶激响，间有幽窈空凉，逼近清真白石；分刌合度，各尽其能。或偶尔学步诸君，辄相期许。　《味莼词》自序第一页

新建胡先骕《蜀雅》序：(前略)尝考风诗雅乐本出一原，后世莫能兼擅。乐府与诗，遂歧而为二。隋唐嬗衍，倚声代兴，宋贤从而发扬光大之，体洁韵美，陵铄百代，元明以降，此道寖衰，有清初叶，重振坠绪，而斠律铸辞，则光宣作家乃称最胜，半塘彊村，久为盟主；樵风蕙风，赓相鼓吹。(略)　《蜀雅》周岸登(一

九三九)(民国二十年)二页

龙沐勋《唐宋金元词钩沉》序：自临桂王氏与彊村先生合校《梦窗四稿》，明定义例，始取清儒治经之法，转而治词，纠谬正讹，词籍乃渐为世人所重视。厥后《彊邨丛书》出，网罗益富，勘校益精，海内之言倚声者，莫不奉为圭臬。晚近词风之盛，虽缘时尚所趋，而二氏理董之功为不可没也。惟是唐宋人词，类多不自珍惜，或任其散落，或别本单行，长沙坊刻百家，今已无从踪迹。在王朱诸刻未出之前，吾人所恃以窥探宋词宝藏者，第恃有毛氏汲古阁宋六十家词已耳，但其所采录，已其本非原书，而从选本中汇集而成者。如黄升《散花庵词》之全出《中兴以来绝妙词选》，辑佚之举，盖自毛氏已发其端矣。胜清末造，治斯学者，既取校勘经史之法，以从事词籍之校勘，更进而网罗放佚，一如诸家采集汉人说经之作者然。于是词坛有校勘之学，有辑佚之学，而先贤遗制，几于万象毕罗，有如四印斋之《漱玉词》，《彊村丛书》之《宋徽宗词》《范文正公诗余》，皆辑本也。晚近之专精于此者，则有江山刘子庚氏之《唐五代辽金元名家词辑》，辑录失传已久之唐宋金元人词集近六十家，采摭之勤，有足多者，而真赝杂糅，抉择未精，识者憾焉。海宁赵斐云君，继兹有作，遂成《校辑宋金元人词》七十三卷，谨严缜密，远胜刘书。词林辑佚之功，于是灿然大备矣。（后略） 《唐宋金元词钩沉》上[周泳先校编一九三七年(民二六年)]

又例言：一，词集丛刻，自明末虞山毛晋《宋六十家词》以后，清侯文灿、秦恩复两家各有增补，至清季以来，王鹏运、江标、吴昌绶、朱祖谋、陶湘诸氏，搜茸罕传，竞刊珍本，网罗放佚，几无

遗憾(下略)。 《唐宋金元词钩沉》上[周泳先校编一九三七年(民二十六年)]

桂林图书馆藏王半塘、况蕙风两家词选附录：

集评：邵瑞彭曰：词学复古之机，始于康雍老辈，至半塘而成功。(《宋词赏心录》跋)

陈匪石曰：近数十年，词风大振，半塘老人，遍历两宋大家门户，以成拙重大之诣，实为之宗，论者谓为清之片玉。(《宋词赏心录》跋)

谭献曰：献投老以来，同声斯应，岭表贤达，天涯素心。东有汪芙生、沈伯眉，望风怀思。西有王幼霞、况夔笙，抚尘结契。池波共皱，井水能歌，出门有必合之车，异曲有同工之奏。(《秋梦庵词》序)

案：以上据《王半塘史料辑录》，桂林图书馆（原广西第一图书馆）1963年辑录。

**朱荫龙《词学零札》**

邓鸿荃，原名鸿仪，避清废帝讳，改今名，字雨人，号休庵。广西临桂人。咸丰六年丙辰（一八五六）生。据《秋雁词·临江仙·己亥自题小影》"卅三年事太零星"，己亥为光绪二十五年（1899）。光绪元年乙酉恩科举人。据《广西乡试题名录》丙子乙未间，公车数上，皆不获售据《秋雁词·摸鱼儿·和棠荪》"悔风尘陆离飞剑，上书几回谐计"及《临江仙》自叙"乙未端午…余将出都"遂宦游蜀中，历官至观察使据赵熙《秋雁词序》"清，观察蜀中"，入民国卒，享年盖在六十三以上。据《花行小集》赵熙序:"己未春,余游成都,城南花事方盛,文酒之会,或以词记之,休庵遂录成册……因题其耑曰《花行小集》。"又集中载先生《夜飞鹊》自序云:"《花行小集》克成,鬻豼尖袿刻之。"己未为民国八年(一九一九),时已六十三矣。　先生少俊逸,有清才,室人王氏,半唐之女弟也据《秋雁词》赵熙序"词人王半塘妹婿"以故得窥倚声之门。及游京师,半唐方校刻宋元人词,尝引以共其事,[页眉批云:民国十四年乙丑(一九二五)卒,年六十九岁。(据邓雪澄口述)　光绪间,以教习知县分发陕西,未到省,四川制军席子研调署梁山中江县事。岑云阶督川时保升知府,署忠州直隶州。光绪二十九年,丁外艰,奔丧返桂,寻复回蜀。　妻为王必铭女,半唐堂妹。必铭后人,现寓长沙,家境尚优裕]按谱寻声,穷月竭日,而平居交酬,又尽皆半唐之俦侣、当世号为词人者,往来辩难,互扇宗风,于是学乃大进。及游蜀中,风尘颎洞,亲旧凋零,身世家国之感,一寓于词,所作沉郁哀婉,浏亮清灵。盖导源苏辛而以屯田为归者。取径与半塘微异,然于半塘重拙大之旨,固严守而勿失也。辛壬而后,息影锦城,暮年萧瑟,词不轻作,偶与彼都贤士大夫小集征题间及倚声,无非汐社谷音之泪矣。著有《秋雁词》《休庵集句》各一卷。其《花行小集》盖合荣县赵尧生熙富顺宋芸子育仁诸人己亥社集之作并刊之云。

案:以上据《词学零札》,朱荫龙撰,桂林图书馆藏手稿本。

### 《天风阁学词日记(一)》

一九二八年(八月四日)况氏论词,时有腐论,如言守律有至乐之境(《词话》卷一第八页),初学词宜联句和韵(《词话》卷一第九页),作咏物词咏事词须先选韵等是(致胡适之论词书)。

一九二九年(二月十六日)阅况蕙笙《玉梅后词》附《阮庵笔记》后,皆怀妓作,好处可解甚少。不知由予学力未到耶,抑况翁此编本非甚至耶?此编王鹏运曾劝其勿刻,而况不听。序中且极诋郑叔问,所谓某名士老于苏州者也。

(八月十一日)阅《阮庵笔记》,札数则入《词人年谱》。据《兰云菱梦楼笔记》载,王半唐得宋词四巨册,杭州丁氏嘉惠堂精钞本,共刘辰翁《须溪词》等十七家,……

(十月廿一日)得厦门大学周癸叔(周岸登)复书,论梦窗词,附《瑞鹤仙》重九词一首,癸叔三十年前,曾得王半塘绪论,治梦窗词,于半塘五例之外,自出手眼,为论世知人之事。

一九三二年(三月廿四日)《望江南》古微丈曾作《望江南》十余阕,以评陟清代词家。而丈词实为有清一代词流之大殿,阙焉不述,何以示后,因僭续两章,丈笑曰:"姑待身后可乎?"今丈已下世,则此词不可不存也 霜腴好,曾忆鹜翁评。天外凤凰谁得髓,人间韶濩此中声。七宝自然成。　衡门意,投老若为家。半箧伤心留谏草,一春垂泪对江花。应有匪风嗟。(按:钞张尔田旧作。曾刊于《大公报》。)

一九三六年(三月二十日)张尔田论彊村、蕙风词绝句:矜严高简鹜翁评。此事湖州有正声。临老自删新乐府,绝怜低首况餐樱。　少年侧艳有微辞。老见弹丸脱手时。欲把金针频度与,莫教唐突道潜师。

《天风阁学词日记(二)》
一九三九年(三月二十二日)姚鸾素先生过访,云欲印古微、半塘、刘伯崇之《春蛰吟》,谓其中皆保皇党语。彊翁《蓟门秋柳图》为光绪作。《春明感旧图》亦有寓意。

(三月二十三日)午后访姚宣素翁于哈同路慈厚南里,谈至四时方归。姚翁为半塘翁侄女婿,少年馆其北京寓,与彊村翁同从半塘学词,谈两翁遗事甚详:半塘尊人名必达,字霞轩,道光举人,江西按察使。著《养拙斋诗》四册,半塘少居江西数十年。半塘同治庚午举人,光绪乙亥,以内阁中书到阁。旋补内阁中书,升内阁侍读。考取御史,转礼科给事中,得京察记名以简缺道员用。愤而投劾出京劾慈禧。客苏州二三年。殁于光绪甲辰七月。五十三岁。归葬广西。端午桥经纪其丧。广西杉湖有半塘,其先人葬地也。彊村《哨遍》序记其名半塘僧骛之故甚详。半塘词有《味梨集》,谓中酸外甜也。　　半塘行五。其仲兄名维翰,字仲培,同治甲戌进士,户部主事,官河南粮道,宦囊甚裕。半塘寓京,自奉极丰。车马居室,无不华丽。以云南乌金为烟具,值数百金。其挥霍刻词所费,皆取之仲兄,年需万金。半塘为学淹博,词亦不专一家。四校梦窗,而不学梦窗。其《蜩知集》,有改稿在姚翁处。　　寓京校场头条胡同万青藜宅旁。

弟辛峰行八,亦工文字。兄鹏海行三。惟仲培不好为学。

半塘无子,以仲培子以南郞为继。官河南河工同知十九年,今六十以外人矣。四印斋板已卖与外人,不甚重先泽也。

半塘官给事中时,好参人,军机嫉之,以简缺道员用。知无望于仕途,乃愤而劾慈禧,投劾出京。　　古微翁尊人官邓州知州,与半塘兄仲培观察同寅,故于半塘称世叔,执弟子礼。光绪壬午举人,癸未传胪,礼部侍郎。癸未入京,见半塘。后十三年丙申,始从之学词，时半塘已官御史。庚子寓半塘家，为《庚子秋词》。辛丑、戊寅间，作《春蛰吟》。　　古微以族人祖谋名应举。民国后始用原名孝臧。阎敬铭有子某字笔似古微，主试者取为传胪。论者谓古微以尊人平反冤狱之德得之。　　古微官粤，以与岑春（萱）［煊］不合，归隐苏州逾十年。尝一为法政学堂监督。　　古微家上彊村之竹墩。无著庵《梦窗四稿》，刊于光绪戊申九月。

一九四四年（五月四日）夕，心叔、声越来看予词稿。心叔谓予治白石甚久，无一语相似。声越谓予大似王半塘。此甚惬余意。惟谓王伯沆评半塘北宋，彊村南宋，蕙风清人；声越亦谓半塘骨重神寒，此非下劣所能望耳。声越又谓予近作，渐似随园，所谓老笔颓唐，才人胆大。不免为名之累。心叔亦谓予近词过多有关系之作，亦是习气。又谓功力胜于意境。此语则恰与予近所祈望者相反。

一九四七年（二月十三日）读况蕙风词，多酬应率意之作，不如彊村之精严。彊村有过晦处，蕙风有过滑处。蕙风自谓：自交半塘，得知体格，交彊村乃严声律。

一九四七年（十月八日）夕，见周雁石所抄王半塘词一本，分《袖墨集》《梁苑词》《中年听雨集》三种，见于《半塘定稿》者仅数首。雁石过录于友人处，云得于开封者。

一九六五年（八月九日）阅《春游杂志》第二期第七页记王半塘遗事条，半塘在京居宣［武］门校场头条，今故居尚在，彊村依其居，作《庚子秋词》即在其处。半塘离京，彊村即僦居焉，后为罗瘿公寓。梁鼎芬为集《瘗鹤铭》，题横额曰"王朱先后二词

· 939 ·

仙之居"云云。予二十岁入京,寓校场头条温州会馆(北口路西四合院三进之瓦房),应即与此屋望衡对宇,当时癭公或居其处。当时曾读王朱词而瞢然不知,解放后屡入京亦未再到,他时当一往凭吊。半塘为御史时,弹李鸿章、荣禄、奕劻,不畏强御,(真)[直]声振一时,且以谏西后修圆明园,忤西后意。彊村在义和团时上书批西后逆鳞,当受王影响。又半塘上书请开京师大学堂,次年即开办,亦此词老一大事。当为一词表之。

**案**:以上据《夏承焘集》第五册、第六册,夏承焘著,浙江古籍出版社、浙江教育出版社1997年版。

# 附录五：王鹏运诗辑录

## 己卯口占

亭皋木叶下纷纷，七见秋光老蓟门。多少天涯沦落意，未应秋士独消魂。

**案**：上诗据鹏运《四印斋词卷·袖墨词》中《长亭怨慢》词序。诗题后加。

## 《梁苑集》卷首题词

玉宇秋澄婺宿明，山城介酒共称觥。分来萱荫添棠荫，弹出琴声谱鹤声。北阙恩纶承诰敕，南洲瑞霭接蓬瀛。欣看舞彩承欢处，绶绾斑斓昼锦荣。

慈训清芬凤受裁，显扬长喜咏循陔。学成邻自三迁择，禄养筵当七秩开。已信闾阎登富庶，更叨桃李遍栽培。剡中如画认取境,恍向瑶池境界来。

　　宛是舟居绝点尘,只宜着我最闲身。拥书客唤村夫子,望岁星占农丈人。远树入帘秋似水,凉云映几白于银。日长无事清吟罢,静看凫儿唼白苹。

### 吴养云《归舟载石图》

　　延陵公子旧风流,随分携琴载鹤游。赢得清名邕管外,不教廉石占千秋。

　　万里归装一叶轻,江流合让使君清。锦囊认取当时句,多少甘棠蔽芾情。

### 题抱仙《携琴访友图》

　　苏门北望滞征骓,典午风流怅落晖。忽漫披图发幽赏,辽天鸾凤想依稀。

　　槜李清风天籁阁,墨林佳话艳前贤。锦囊珍重传先泽,辉映江乡五百年。

　　叹君吟啸镇从容,法物摩挲古意浓。足媲愔愔琴德否,宝彝新载郜侯封。**抱仙刺史时官浙川得周郜侯鼎**

### 吴抱仙属题尊人《归舟载石图》

　　延陵公子最风流,随分携琴载鹤游。赢得清名邕管外,不教廉石独千秋。

万里归装一叶轻，江流合让使君清。锦囊认取当时句，多少甘棠蔽芾情。**卷中多为粤乡先生题咏**

## 洪省劬《师古图》

浪蕊浮花莫弄姿，傲霜欺雪便能奇。棱棱骨像看图画，始信先生自得师。

赋得新诗笔有神，为花写照自传真。东篱高士巢居叟，知否千秋有替人。

## 十月九日黎献臣招同杨子经、傅莲舟、裴赐秋、管敬伯、李文石集张孟则借园，为展重阳之会。献臣诗先成，依均奉和

倦客厌嚣尘，出门畏扬堁。壶觞集裙屐，愁颜为君破。短发帽频簪，秋残风力大。霜螯美共持，雨芽新入磨。临流一舒啸，涤尽烦襟涴。谁书奇石奇，群惊饿隶饿。骄阳忆悲游，病归百日卧。忽睹寒花妍，始讶新霜过。微生药裹余，复厕诗人座。瘦骨尚支离，豪情久摧挫。笙璈发异响，闻歌嗫莫和。催诗雨忽来，短辕愁坎坷。犹胜似乘船，骑马知章贺。**时有冒雨策蹇归者，故调之**

## 癸未消寒第一集咏毡帘风灯泥炉火砚各五律一首

一桁湘波锁,重门静拥肩。时生虚室白,分与座中青。云暖梅花梦,烟留柏子馨。穹庐天万里,朔雪怀边庭。

试说青烟味,寒宵制最工。空明如对月,潦倒不从风。焰冷花长好,膏凝锦欲笼。凭谁参佛法,妙契不言中。

不借貂貐暖,消寒自掩门。还丹应有悟,玷雪更无痕。应梦飞鸿印,新醅绿蚁温。故人能过否,围坐试开尊。

砚铁穿非易,寒窗奚冻频。□谁思弃尔,热自不因人。暖挹蓝田玉,阳回墨沼春。冬烘君莫笑,岁晚石交亲。

## 张密令有《归耕课读图》

麦畦雨过摇新绿,日日秧歌听不足。疏篱一桁逐溪斜,临流徙倚凝远瞩。儿札稿来孙执经,森然兰玉当阶庭。老农叱犊有余均,书声应节尤琤琤。人生得此亦大好,此乐计君今尚早。即看墨绶缩银章,悬知忧乐关怀抱。愿君视民如儿孙,殷勤教养推仁恩。它日政成图五瑞,还拟为君颂石门。

## 长至日消寒第二集即事

阳回初奏云门鼓,朔风中人思墐户。主人不耐青毡寒,笑拆梅花荐尊俎。觥筹交错杂裙屐,诗酒连翩战龙虎。梁园自昔号才薮,李杜邹枚各凤举。后来何李复登坛,汉家赤帜森然树。我行访古向平台,文献凋零嗟踽踽。英英群彦一尊同,且复形骸忘尔汝。清吟何与外人事,不信巫咸真诅楚。由来为政尚弦歌,岂必鸣琴皆汪谱。放将诗胆大于天,好振新声叶韶護。鲰生顾影自栖皇,岁晚天涯称倦旅。不堪愁病更侵寻,对食万钱悭下箸。枯肠未借酒杯浇,魂磊填胸诗窍阻。十年回首长安道,酒国诗城纷旁午。死丧□难几人存,落落晨星吁可数。偶从海内结新知,未免临风伤旧雨。即今文宴暂追逐,累日云龙那足据。我言狂怪幸勿嗤,火速催诗如急羽。诗成摊卷向寥阔,定有返心契千古。

## 移　居

山深林密不容入,一枝闲托鹪鹩躅。廿年尘海几安栖,鲍寄漫从詹尹卜。脚跟蓬转未能系,手底竿持苦相触。残书零落不满车,那有文字牛腰束。无心去住常随缘,桑下絷情颇嫌俗。杜陵老子工佼侩,雨横风狂吟破屋。被人妄侈千万间,广厦撑肠空突兀。平生梦不到华堂,蚊睫孤容诧奇福。人世奔忙果何为,我恨朝眠鹣久熟。霜花磊磊绽新黄,庭树垂垂舞寒绿。南荣日暖好摊饭,莫讶孝先书懒读。且从尘里暂息肩,休问何时真憩足。伊谁干策亦复佳,东家饱食西家宿。

## 借园亭石歌

秋风惨淡吟怀孤,寻诗胜友相招呼。为言借园有奇景,三峰天外来蓬壶。一峰玉立青珊瑚,嵌空玲珑百态俱。两峰差小各有致,俯仰不啻花承柎。平泉未用慨千一,皱云题字良非诬。**平泉千一,献臣题石语;皱云,文石题语**尝闻宣和事艮岳,花石纲运劳千夫。封侯枉自号盘固,云烟变灭唯榛芜。我笑长房无乃愚,鞭驱顽石东海隅。彼哉何足御蛟蜃,向人袖底供嬉娱。便凭神力得速化,柔毛被体真区区。吁嗟此石岂不好,昂昂千里云中驹。反令风尘久埋没,粗沙巨浪相揶揄。即今拔识诧奇绝,吟赏大抵皆酸儒。抱材所遇乃如此,天生尤物胡为乎。借画主人慎勿疏,世人所宝皆碔砆。此物峥嵘足光怪,包韫精气无时无。古苔荒藓休剔除,恐腾异采惊天衢。临风倘变朵云去,护持切嘱平头奴。

## 繁台春眺

节物清明转,郊原淑气归。楼台仍壮虓,罗绮自芳菲。沙净河声远,春寒草甲微。邹枚嗟已矣,寂寞几斜晖。

## 出郭口号

小红长白未全吐,冉冉余寒花事稀。省识当前生意否,泥融春雪麦苗肥。

故国湘南地偏暖,腊残芳树袅青枝。争信东风二三月,大堤垂柳不成丝。

## 次均献臣、孟则和刘南卿廉访感怀韵

倦客春怀淡似秋,残寒犹有敝羊裘。梁园歌管空陈迹,故国云山几梦游。差幸有年占瑞雪,好凭尊酒赋离忧。相期莫负看花约,吊古平台最上头。

## 叠均柬赐秋,即效其体

江左诗人属赐秋,家声久重五云裘。眼中块垒皆儿戏,物外逍遥赋远游。余事丹青任挥洒,中年丝竹写烦忧。春风自艳闲桃李,争解萦青到白头。

岂非天乎?背嵬诇用女真法,拐马撼岳终何如。克敌要能制敌命,未闻随敌为步趋。爱钱惜死那解此,咄哉鼠辈真顽愚。似闻先生拜经庚子日,王灵侑飨偕三闾。事见集中填膺热血洒何处,行间字里泪华交模糊。前年我出大梁道,梦魂惊拜王庭除。皇灵剡剡宛在望,至今毛发森肌肤。南枝柏已萎榛莽,此篇光价足并金陀无。

案:此首失题,前当有佚文。

《昆仑关长林策骑图》者,故南宁太守平湖吴养云先生罢归后属赵君次闲所作画也。关当南宁孔道。先生官南宁时,有事会垣,屡出关下,故作是图以纪宦辙。邕管以南,僻在□前,山川形胜,为从来学士大夫歌咏之所不及。是关独以狄武襄功,名显于南。时国朝道光间,仪征阮相国开府两粤,尝迁种松千本,有诗纪事,载《研经室集》中。一时传为佳话。先生以相国馆甥,升平典郡;又于行役之暇,周览川原。既去而犹不能忘如此。题图之作,固不可作寻常之登临怀古观也。独是先生不顾,后粤西大凶连作,凭关度险者几及廿年。近则边城告警,为檄军符,仓皇关下。以当日五马,踟蹰长林,于仰其气象为何如耶?抱仙刺史弱年随侍先生住所,以余岭外人也,每言其山川之异,并出是卷属题。眷怀今昔,谅抱仙亦必有抚卷彷徨不能自已者。其触余故山云树之思,犹之浅也。

案:此段题图文字非诗,姑附于此。

## 东甫以康氏纳果砚见赠,作此谢之

丈人峰顶割云腴,正好留裁博议书。欲遣萧斋伴闲客,石交似此定谁如。

## 题献臣《太行观雪图》

绮岁酣歌行路难,冻云如絮拥征鞍。无端群玉夆头立,沁得诗心尔许寒。

兔园授简等俳谐,独踏琼瑶笑口开。指点晋云巘绝处,亲骑白凤觅诗来。

廿年游迹未模糊，约略吟声出画图。我亦天涯走风雪，了无奇句付云奴。

## 叠韵答献臣兼柬文石

劳生缚尘网，潏迹杂堀堁。朵云忽飞来，疾雷惊柱破。平生遇敌怯，未尝分小大。矧君健笔力，扛鼎如旋磨。珠玑粲盈握，触处常愁涴。欲赓白雪高，自惜寒蝉饿。李子词坛雄，老貔当道卧。说士反辄生，嗜痂得毋过。愿于双树间，说法侧高座。冥心契沉潏，矜情自拆挫。尝鼎得一脔，名香薰百和。驽骞逐荒黄，十行九坎坷。安得赋游仙，常亲水部贺。贺沅事见《眉山集》

## 题阮霞青《繁台感旧图》。图为故河帅乔公作

阮家书记擅风流，图画凄深忆昔游。不用习池寻旧恨，巨卿高义自千秋。

功名已上凌烟阁，余事犹传萝藦亭。不省柱谭身后在，几人珍重护遗经。霞青方拟重刊乔公《萝藦亭诗集》

渺渺山河首漫回，十年人换客重来。梁王台下风吹雨，可似山阳笛均哀。

爨下桐焦孰赏音，邹枚往事费沉吟。披图顿触苍茫感，怪得人琴恸许深。

案：此二首无题。以上自《〈梁苑集〉卷首题词》以下均据鹏

运《梁苑集》手稿。

## 词成意未尽惬，复题三绝，附书于此

长城饮马几经春，未遣金鸡放逐臣。一语似君应莞尔，譬如元是此州人。

云山牢落休耽酒，风雨沉冥好著书。犹有文章足千古，须知吾道未全孤。

富贵回头春梦婆，负瓢有客日行歌。讲堂岑寂边笳里，瘴海风烟较若何。

案：上三首附见于鹏运《金缕曲·题槐庐〈饮马长城图〉》词后。

龙蛇之岁，与畴丈结邻。庭柳依依，尝倩旸谷山人绘图征咏。自予南归，屋主惑形家言，刈兰当户，竟摧为薪。去冬抵都，畴丈赠词，自注："南邻柳色，每以怀人。今夏特遭剪伐，心甚恶之。"余题二绝句云

扳条旧日共题诗，小别常牵梦里思。多谢故人珍重意，天涯传遍柳枝词。

门巷依稀旧境谙，重来惊失柳毵毵。无端却笑桓宣武，摇落

何心怨汉南。

案：上二首据鹏运《齐天乐·和畴丈四韵》词其三后附注。

## 校刊《稼轩词》成，率题三绝于后

晓风残月可人怜，婀娜新词竞管弦。何似三郎催羯鼓，夙醒余眇一时捐。

层楼风雨黯伤春，烟柳斜阳独怆神。多少江湖忧乐意，漫呼青咒作词人。

信州足本销沉久，汲古丛编亥豕多。今日雕镌拨云雾，庐山真面问如何。

案：上三首据鹏运校刻《稼轩长短句》后题词，见《四印斋所刻词》，上海古籍出版社1989年影印本。

## 题查恩绥所藏《绿天草盦瀹茗图》

奇绝江南老画师，个中解着陆天随。春阴漠漠凉如水，漫向东风感鬓丝。

任城突兀酒楼高，万丈晴虹吸海涛。**刘藏春句**却怪隔墙吟望久，不将饮兴付春醪。**庵在太白酒楼侧**

巾车邻巷过从密，心事萧寥共短檠。昨夜月明君忆否，荒斋风雨沸瓶笙。

951

案：诗后题云："荫阶老前辈大人属题，即请教正。癸巳五日半塘老人王鹏运初稿。"

## 辛未礼闱后，张孝达制军与潘文勤公大会名士于龙树院，治觞选客手札七通，夏闰枝编修装册征题

槐龙突兀老秋霜，犹护当时选佛场。二十七年谈旧事，依稀墨渖姓名香。

月旦偏从下第新，尚书冰鉴重人伦。牛心未啖周郎炙，惭负平生毵毵身。

材用由来为世储，诸贤遭际定何如。可怜憔悴风尘底，付与荆州数鲫鱼。

益都清宴徒佳话，吴县风流剩断笺。极目烟尘坛坫冷，朱门槐柳自森然。

案：以上据《晚晴簃诗汇》，徐世昌辑，《续修四库全书》影印民国十八年退耕堂刻本。

## 半塘老人遗稿

不求官职不求名，赢得孤吟字字清。世有东坡闲瞪目，定应呼我野狐精。

老良索句似烧铅，烧得黄金便是仙。一夕凡铅都扫尽，自然

功行十分圆。

迁仙诗焰似禅灯，已证光明最上乘。不是禅心真入定，尚愁破戒有摩登。

果有仙才定有缘，丹经妙处要师传。蓬莱风引船难到，何不飞空学羽仙。

虚闻博望探河源，只见黄流出禹门。九至湾环行不尽，几人真个到昆仑。

百遍推敲一字安，天然好句得来难。好诗不是穷方好，埋没才情半为官。

如果诗文寿独长，只应四库不胜藏。糊窗覆瓿寻常见，到底难瞒是眼光。

竹肉功夫日渐深，赏音难得况知音。饶他世好时时变，只学吹竽不学琴。

**案**：以上见《庠声》一九三三年第二十期。末有按语云："半塘老人为余曾岳叔祖，工乐章，为有清词坛大家，诗则向无刊本。此系老人旧稿之存于世者，庄诵再三，不禁兴仰止之叹。癸酉春许敬武谨识。"

大鹏在北海，亦与凡鸟俦。健翮凌天风，气寒倾斗牛。俯仰身世间，所重惟自修。行藏随所遇，于我将焉求。不见古之人，伊吕而巢由。

拔剑击庭柱，悲歌空自伤。何如饮美酒，解忧求杜康。西风天际来，习习生微凉。暑徂才几时，秋月生辉光。感兹递嬗理，令我心彷徨。胡为不行乐，一日倾千觞。

故人辞河梁,携手共呜咽。莫道天涯远,瞻顾愁颠蹶。人心隔肺腑,有如秦与越。行路匪所难,世情堪震咄。悠悠江水长,嶬嶬云山岘。浩浩四方志,行行慎兹别。

西山北郭横,青光照我屋。昔有葛仙翁,幽栖在空谷。成仙岂不愿,飞升苦无术。既鼓渊明琴,亦击渐离筑。聊复啸且歌,差胜驰与逐。

滔滔江上水,滚滚无穷期。生我愿百年,安能当似兹。所怀没世名,没世复何知。人生贵适意,富贵将奚为。试味古人意,旨哉不我欺。

樗栎散成林,良材纵斤斧。鶄鹣安旧巢,文禽离网罟。于世果何尤,自炫因自苦。视彼凡庸姿,怡然安朽腐。弃置养天和,安非天所祜。

出门将何适,彳亍城东路。烟埋孺子斋,草没澹台墓。昔贤虽云遥,遗泽堪追慕。我身独庸庸,焉能金石固。采苹荐馨香,流连不忍去。

梁燕渐如客,征鸿欲来宾。岂有成见参,聊与时相因。人生亦有命,强求非所钦。营营胡为者,徒尔劳形神。遗言传在昔,抱朴含吾真。**昨读吾兄大作,慷慨悲凉,欲和而未敢也。夜灯寂坐,秋心渺然,寒虫绕阶,落月移幌,悲愉叹诧。拉杂无端,偶成五言八章,颠倒零乱,殊不成诗,聊以述不懰心迹云耳。祈大雅正之。吟皋愚弟王鹏运诗定草。**

案:以上据王氏后辈藏鹏运遗墨。

## 无　题

　　天气阴沉露早春,小窗独倚盼天晴。雨余风定枝头雀,时唤清音一两声。

## 雨中黄昏过

　　连朝阴霭障层峦,遍地官民行路难。雾里黄昏增寂寞,雨中秋意倍阑珊。牛羊归去茅檐晚,松柏犹存三径残。客至扣门无犬吠,满庭橘柚不胜寒。

## 送巨赞之西山

　　西山最好是茶香,此去何妨多品尝。他日山中相对饮,倚阑松顶看浔江。

　　**案**:以上三首据《王鹏运研究资料》,疑为朱荫龙辑《半塘七稿八卷·味梨集》末题词,或为朱荫龙作。

# 附录六:王鹏运等联句和宋词辑录

## 西河·和梦窗

花雨霁。城阴柳色融泄。银湾几曲送斜晖,绿樽酹水。试凭新燕问江南,楼台何处佳丽子苾。 揽香絮,按恨蕊。一春梦也零碎。东风万一度琼箫,玉容尺咫。绿阴满院又黄昏,啼鹃来话身世葵生。 落英力弱自委地,春华凄断纨绮。惆怅留春无计。尽清歌妙舞,泥人欲醉。谁惜芳林花如洗幼遐。

## 定风波·和稼轩

燕市狂奴兴不浓。短衣衰帽态龙钟。细数光阴须纵酒。谁有。为呼歌管出帘栊苾。 愁似絮花飘不定。空恨。曲屏难障夜来风半。惆怅暮云人不见。归燕。画楼西畔梦魂中夔。 鶗鴂催春带雨归。落英芳草欲生泥。中酒情怀忪醉醒。为问。人间何许武陵溪半。 枉记梦中来去路。无处。天涯应在夕阳西苾。蠹箧红吟愁更看。尘遍。绮窗清课负梅妻夔。

自掩流苏爇篆香。雨余摊饭据匡床。狼藉落英犹未甚。休病。眼前风月待平章半。　欲借疏狂图小醉。偏自。关心花事一春忙。休恋长安名汗漫。无伴。独弹长铗意苍凉苾。

## 破阵子·珠玉

满院落花无主,啼鹃唤遍东风张祥龄子苾。等是天涯惆怅客,莫忆芳时锦绣丛。词笺惨淡红况周仪夔笙。　醉墨犹沾吟袖,怨歌空写孤桐王鹏运半唐。都说仙源无处觅,也在风沙漠漠中。但遮花一重子苾。

## 浣溪沙

百丈空牵上水船。梦中山翠远浮天半唐。一身恩宠抵三千。　水殿管弦方罢奏子苾,玉关书檄莫频传。思量何似醉花前夔笙。

## 八声甘州·乐章

凭芳菲乍换绿阴时,荒凉似残秋夔。怅歌纨零乱,清樽罢饮,风雨西楼苾。谁识长怀抑塞,拔剑意还休半。凭吊金台晚,多少英流夔。　几日南园无主,问落英满地,珠玉谁收苾。记挈芳前度,裙屐尽勾留半。底(于)[干]卿、愁心万里,笑茂陵、屋小不如舟甏。更谁念、玉阶人老,泪掩星眸苎。

## 西江月·东坡

谁把沈阴手抉,素蛾光彻重霄半。几番风雨夜寒娇。欹枕乱愁如草甏。 一自采芝人老,十年枉抱琼瑶苎。杨花如雪谢娘桥。梦里鹃声催晓半。

## 水调歌头·和山谷

携手为君语,家在浣花溪。风暖春衫团扇,隔叶听黄鹂。唤我花间休去,醉卧绿阴芳草,酒气吐雄霓。起舞狂歌罢,松翠滴罗衣苎。 写乡心,消旅思,托琴徽。软红十丈,幛愁惟藉掌中杯。拂袖星辰错杂,极目关河㴉洞,身世岂人为。浩荡愧飞鸟,倦羽尚知归半。

## 千秋岁·淮海

芙蓉塘外。脉脉轻阴退。新月漾,帘波碎。歌声回舞扇,题句拈裙带。欢乍见,惊鸿顾影翩无对半唐。 郁郁京华会。九陌驰冠盖。尘乍起,人何在。梦回关塞远,泪洒山河改。天纵老,冤禽此恨难填海苎。

## 南乡子·小山

鶗鴂替春悲。为惜花飞不上枝。知否春归人亦老,如期。白发催人那肯迟半唐。 何用更筹思。死去还应胜别离。自此登山临水去,良时。不悔妆台误画眉苾。

## 南歌子·东堂

月小山窥牖,灯孤影伴人。花残莫漫惜余春。长夏新阴帘幕、绝纤尘半。 粉腻歌弦涩,香怜舞袖轻。玉钗金爵枕边横。生怕梦中相见、看分明子苾。

## 月上海[棠]·放翁

司勋不患伤春病。奈无端、春梦少人醒。枉费啼鹃,唤春归、总无归信。东园里,太息空阶绣锦苾。 云窗月淡高梧冷。隔栏杆、寂寞秋千影。梦里余欢,尽流连、翠屏山枕。愁生处,泥他画梁藻井半。

## 摸鱼儿·稼轩

正江南、画帘烟雨。空阶良夜人去。问他攀折长堤柳,应记别离回数。留不住。漫嘱付、桃花休隔仙缘路。绿莺漫语。试拾取香萍,与伊重认,尽是绕街絮蕊。　年时约,休道春期易误。好花风雨曾妒。赋情便遣深于海,别恨向谁深诉。狂欲舞。算有酒、浇愁可到刘伶土。清吟自苦。问斜日栏杆,啼鹃门巷,何许散愁处半。

## 早梅芳近·清真

宿雨收,园林好。载酒频番到。画桥烟外,一抹残阳正留照。绽花红蕊嫩,结子青梅小。尽联吟尽醉,相与忘昏晓半唐。　酒杯停,唤去了。鸟啭吹笙道。栏杆一霎,没似孤鸿在云表。钯香随手散,粉泪盈襟抱。数残更,枕边寻梦杳子蕊。

## 阳春曲·梅溪

雾笼花,云笼月。无定雨晴天色。凄咽玉箫声,天涯路、竹实稀少凤何食。十年萍迹。愁怅望、雁鸿南北夔。何意系马红楼,更追寻、旧游路(北)[陌]。　欲轻解同心,鸾绦空结。花落尽、高楼玉笛。闲庭苔衣未扫,掩菱花、黯淡谁拭蕊。番风次第渐息。叹此恨、悒悒谁识。便丝鬓、绾得春住,愁消旧碧半。

## 侧犯·白石

碧天雁去,挽将燕子花间住。听雨。试伴我樽前诵诗句半。栏杆倚四面,莫觅香留处。低语。枉赚得、倾城几回顾。　千条折尽,何意临风舞苁。怜弱絮。忒多情半、著意入芳俎。绣幕珠帘,更无重数。怨曲清商,谩移箫谱夔。

## 虞美人·石林

杨丝媚晓花娇晚。离恨和烟远夔。伤心早愿化飞红。泪尽何须持酒、祝东风苁。　眼中历历关山道。郎马何时到半。拚将海水泻樽前。醉倒扶桑日烂、不知年湘。

## 水龙吟·酒边

杜鹃声里关山,倚栏愁对春归路半。单衣试酒,相逢自笑,看花如雾湘。路隔渔郎,梦稀仙女,几株桃树苁。忆笛声依约,暮云缥缈,空神往、横江步半。　东望蓬瀛甚处。剪腥风、老鱼吹雨湘。欃枪未归,羽书频至,劝君休去苁。匣里锋棱,酒边芒角,槎枒欲露半。叹无情霜月,一眉依旧,上垂杨缕湘。

## 瑞鹤仙·樵隐

嫩凉消得晚绤。猩红绽,四月荆桃初熟。清吟兴难足。尽舞回、彩扇声留瑟玉半。年芳转烛。怕夕阳、催客纵目。生憎旅燕,又辛苦啄泥,穿过阶竹湘。　惆怅湔裙人去,絮冷廊腰,藓荒栏曲。相思调促。弹幽怨,奈弦独夔。叹杨枝攀尽,留伊三叠,阳关谁为再续。况天涯、老去王孙,大堤草绿苁。

· 961 ·

案:上词次毛开词韵。原词首句作"柳风清昼溽"。《瑞鹤仙》一调首句均为五字句,押韵。疑上词首句衍"得"字,"缛"字是韵,疑当作"溽"。

### 阮郎归·竹山

西山眉黛背人低。苹香风猎池湘。芬游还记早春时。掠波新燕儿半。　楼外路,壁间诗。画帘三面垂。梅花笛里莫轻吹。关山春未知苍。

### 南浦·书舟

吟袖又重携,试新声依依,暗换愁绪。窗外鸟声闲,争知我、肠断接天风絮半。回廊小立,峭风吹送邻笛语。帘栊薄暮怅一抹,红墙碧云难度葵。　天涯倦客依然,负吴苎裁衫,楚帆欹浦。醉眼看斜阳,秋千外,燕翦漫冲花雨湘。残香剩粉,玉栏长记分携处。甚时一舸真载得,云英乘潮归去苍。

### 永遇乐·坦庵

挨过春残,倚栏依旧,落花风劲。雁过无书,莺啼有泪,愁外天涯近湘。兰成哀怨,杜郎伤别,抛却满怀诗兴。正高楼、关山万里,渺渺去帆烟暝苍。　荒城画角,玉门羌笛,换了酒边丝鬓。

古堞垂杨,暮云芳树,莫弄春前影葵。有谁知我,无言伫空,望断落红成阵。纷长街、榆钱自落,不因舞困半。

## 烛影摇红·惜香

风燕窥帘,藤阴一帧移清昼湘。天涯春去甚时还,愁赋津亭柳半。去国光阴易久。正才人、沈沦失偶苾。水天闲话,幡影收才,棋声残候湘。　　新绿扶疏,篆烟自在飘香兽半。杨枝禁得几回攀,况为东风瘦苾。老去心情异旧。漫赢得、江湖载酒湘。裙屐流连,剑歌悲壮,恁时才又半。

## 蝶恋花·西樵

苇岸风来声带雨。海燕留人,一晌僧房住半。尘海无端成散聚。乱鸦又逐残阳去苾。　　坏壁残题还独觑。醉问西山,来岁人何处湘。斫地无聊休浪舞。天涯抑塞伤离绪半。

## 点绛唇·西樵

烂醉关河,长安尚有荆卿酒。吴钩冷透。闲煞英雄手湘。满目山川,花底携红袖半。歌酒后。莫怜花瘦。海上横来否苾。

## 南乡子·放翁

哀角起风樯。横海鲲身万里长湘。记得承平前日事,歧阳。彩凤还应报圣昌半。　空自鬓成霜。清夜何人奏帝香。费尽新亭多少泪,悲凉。不为封侯到此乡苾。

## 虞美人·东坡韵

冰夐静掩青鸾舞。帘外荼蘼雨葵。游丝著意胃飞红。不道春风归去、总成空湘。　长星天外频招手。劝尔杯中酒半。语君休再恋歌眉。纵到扬州也是、梦醒时苾。

## 醉落魄·竹屋

新亭泪湿。危楼上放歌声急苾。羿弓漫射尧时日。剑气成虹,斫断暮霞碧湘。　一樽遥酹虬髯客。暮云南望天无极半。干戈岂为和戎息。笑取单于,不许返轮只苾。

## 霜叶飞·梦窗

远天芳绪。怀人梦,相思萦遍江树半。一枝清笛破茶烟,凄入吴篷雨。甚十载、栖尘倦羽。侧身天地仍怀古湘。漫屈指归期,玉户挂、银河宝扇,莫涴纨素。　花下换了鹃声,红消翠减,宋玉愁极须赋芷。小鬟刻意唤愁醒,夜静鸥弦语。便吐尽、吴蚕怨缕。情丝入骨挥难去半。待隔年湘筠,长认回栏,泪斑匀处湘。

## 醉落魄·益公

词场俊杰。红牙更按宫商节。消愁何只金杯阔夔。红到榴裙,纨扇渐亲切。　珠帘一霎人惊别。西楼无用团圞月芷。欢情回首冰消彻。因甚攀花,偏忍带枝折半。

## 木兰花慢·竹斋

问千丝万缕,垂杨树、是谁栽。更休倚暮阑,远山向我,著意青排。天涯,玉骢嘶倦,念琴尊漂泊十年来夔。那得故人长健,相从尽日衔杯。　旧游,灯舫忆秦淮。夜夜管弦催。问花外雕阑,歌边玉树,谁与低徊半。慷慨,目无凡马,叹燕昭枉用筑金台。嘱咐帘钩莫下,堂前小燕须回芷。

## 望江南·金谷

残醉醒,记梦碧云湾。疏树长于新种日,短亭犹在旧居山。啼鸟落花间半。　狂兴减,无处觅开颜。酒国应能供啸傲,仙源未必得消闲。坐待白云还芷。

## 酹江月·散花

绿阴如幕,看江榴红绽,渐催新暑。击剑长歌谁与和,听取角声悲处。云曳遥空,尘生大漠,愁思还多许。故人来未,竹风敲遍窗户半。　休说屈子吟骚,江郎伤别,辞赋标千古。醉唱山邱华屋句,霸业已成朝露。月冷庭蟾,风凄檐鹊,惨淡星河曙。十年游倦,荆台梦怯云雨荗。

## 数花风·玉田

与君沈醉,弹剑悲歌动色。沧洲憔悴钓鳌客夔。甚日归舟如叶。长吟渐瑟。抑塞恨、伊谁见得半。　眼前芳草事,无限长红小白。红楼惆怅暮云隔夔。鸳枕梦痕何处,相思千驿。又数尽、归鸦一一荗。

案:张炎原词下片首句为四字句。疑上词"眼前芳草事"当作"眼前芳事",衍"草"字。

## 六丑镜·片玉

换明妆向晚,卸鬓影、鸾钗轻掣。玉蟾替圆,罗云纤翳灭。耀彩清节。绰约红菱小,乍冰奁唤取,玉奴低揭。花光悄熨颇黎热夔。黛映眉痕,青分眼缬。　雏鸾信音阙。似清秋夜朗,雾雾吹彻。云阑雨歇。倚银屏弄发。暗省檀心,旧容怃别。花事似催鹍鸠半。自销沈古井,暗尘生袜。　深宫听、羊车声绝。恋恩宠、悔识团圞,枉抱旧时明月。烟榛里、重展冰雪。忍泪痕,拾得妆台粉,柔肠寸结苾。

　　案:上词词牌名应为"六丑",无"镜"字。又上词次吴文英《六丑·壬寅岁吴门元夕风雨》词韵。

## 沁园春·拟后村

　　满目山河,何处黄金,燕昭旧台。叹浩荡谁知,有鸥似我,忧愁空赋,令鸠为媒。铜斗高歌,玉山自倒,寂寞花前酒一杯(半塘)。登高泪,恨剑埋虎气,马乏龙材。　不闻耳畔惊雷。齐物论、何须分跖回。笑神仙被劫,甘随朔死,王侯薄命,谁唤横来(子苾)。发欲冲冠,歌还斫地,国士桥今安在哉。天涯路,剩英雄心事,管急弦哀(夔生)。

## 水龙吟·蒲江

　　骚魂已是难怡,依然令节长安路(次湘)。华堂日丽,鲛绡新试,猊烟未吐(子苾)。翠艾犹悬,彩丝频续,奇徵荆楚(半塘)。把栏杆猛拍,向天长问,人间世、无今古(次湘)。　酒罢花前醉舞。唤湘灵、更操弦鼓(子苾)。江榴又放,樱桃几见,依然凄旅(半塘)。归话乡关,黍盘分饷,老蛟休据(次湘)。唤长沙伴侣，苍苔石上，访投诗处（子苾）。

案：光绪二十年六月，鹏运与况周颐、张祥龄于四印斋连句《和珠玉词》一百三十八阕，有刻本。以上为鹏运与况周颐、张祥龄、蒋文鸿（字次湘）等和宋诸名家词，据《国学荟编》一九一四年第五、八、十二期所载张祥龄《子苾词钞》，或与《和珠玉词》同时作。后二首据张祥龄《受经堂词》补，见戴安常选编《近代蜀四家词》，四川人民出版社1987年版。

# 人物小传

## 一、与王鹏运以词唱酬诸人

与鹏运以词唱酬诸人包括同鹏运一起参加社集进行唱酬者以及平时与半塘单独以词相互唱酬者。如有与鹏运集会作词而鹏运词作未体现者暂不列入。兹大体按唱和时间先后排列如下。

### 龙继栋（1845—1900）

原名维栋，字松岑，一字松琴，号槐庐，龙启瑞子。广西临桂（今桂林）人。高雅好学，工篆籀诗词。同治元年（1862）举人，官户部候补主事，任江南官书局图书集成总校，江南尊经书院山长。有《槐庐诗学》《槐庐词学》各一卷。

### 王汝纯

字邃村，或称邃父，号粹甫，别号蒋谷山农，山西太谷人。活动于咸、同、光间，官户部主事。有《翠柏山房诗草》三卷、《醉芙诗余》一卷。

**韦业祥**(1845—1882)

字伯谦,号北轩,广西永宁人。同治四年(1865)进士,官直隶河间府知府。有《醉筠居士词》一卷。

**彭　銮**(1832—1891 后)

字瑟轩,江西宁都人。拔贡生,同治五年(1866)入京任内阁中书,后官会典馆提调、广西南宁知府。有《朱弦词》,并刻《薇省同声集》。

**端木埰**(1816—1892)

字子畴,号碧瀣,江苏江宁县(今南京市)人。道光二十九年(1849)优贡,以荐除内阁中书,充会典馆总纂,升内阁侍读,工书,善诗词,性甘冷僻,布衣蔬食,恶权贵人,意所不惬,必面斥之,著有《碧瀣词》二卷、《宋词赏心录》一卷。

**许玉瑑**(1827—1894)

原名赓扬,字虞臣,一字起上,号鹤巢,一号绩之,又号巢隐,江苏吴县(今苏州市)人。同治三年(1864)举人,官内阁中书、刑部郎中,著有《诗契斋词钞》六卷、《独弦词》一卷。

**李葆恂**(1859—1915)

字宝卿,一字文石,号猛庵,别署红螺山人,晚更名理,字寒石,号凫翁,别署孤笑老人,奉天义州人。为河督李鹤年之子。曾任湘鄂两岸淮盐督销员、直隶候补道。博雅能文,嗜书画,精鉴赏。有《红螺山馆诗钞》《旧学盫笔记》《海王村所见书画录》等。

### 管　晏
字敬伯,江苏武进人。官河南知县,署运河厅同知,历参左宗棠、阎敬铭戎幕。所著诗文多散佚,存者有《山东军兴纪略》。

### 李锡彤
字芋亭,河南夏邑人。光绪元年(1875)由优贡生任内阁中书。有《芋亭词》。

### 况周颐(1859—1926)
原名周仪,字夔笙,又作夔生、葵生,号玉梅词人,一字葵孙,又号蕙风、蕙风词隐等,广西临桂(今桂林市)人。光绪五年(1879)举人,官内阁中书,曾入张之洞、端方幕。辛亥革命后,以遗老自居,寄寓沪上。工填词,受王鹏运和朱祖谋影响尤深。与王鹏运、朱祖谋、郑文焯并称清末四大家。撰有《蕙风词话》,有词集九种,后删定为《蕙风词》,并辑有《薇省词钞》十卷,《粤西词见》二卷。

### 何维朴(1842—1922)
字诗孙,晚号盘叟,湖南道州(今道县)人,何绍基之孙。同治六年(1867)副贡,官内阁中书、江苏候补知府,久寓沪上。工书画,有《何诗孙词稿》一卷。

**沈　桐**(1855—?)

字敬甫,号凤楼,广东番禺人,原籍浙江德清。光绪十四年(1888)由举人任内阁中书,光绪二十一年(1895)成进士,官至奉天东边道。有《凤楼词》。

**文廷式**(1856—1904)

字道希,号芸阁,一作云阁,又号罗霄山人,晚号纯常子。江西萍乡人。光绪十六年(1890)进士,官翰林院侍读学士。甲午之战中一力主战,劾李鸿章;戊戌变法时倾向于改良主义,曾助康有为进行活动。有《云起轩词钞》。

**傅　漕**(1845—?)

字答洤,亦作答泉,山东聊城人。同治十二年(1873)举人,官内阁中书、浙江严州府同知。有《石云词》。

**刘福姚**(1864—?)

字伯崇,号守勤,一号忍庵,广西桂林人。光绪十八年(1892)殿试一甲第一名。历官翰林院修撰,贵州、广东、浙江、河南等省乡试正、副考官,翰林院秘书郎,兼学部图书局总务科总校。秉性耿介,不阿权贵。晚年穷愁潦倒,郁郁以终。有《忍庵词》。

### 魏 铖(1860—1927)

字铁三,一作铁衫,或作铁厂、铁珊,晚号匏公,别号龙藏居士,浙江山阴(今绍兴)人。光绪十一年(1885)举人,候选知府。精拳术,有神勇。又博通史籍、诗词、书法、音乐等。有《寄榆词》一卷。

### 勒深之(1853—1898)

字公遂,一字省旂,一作字符侠,号象公,江西新建人。河帅勒方锜之子。光绪十一年(1885)拔贡。性豪放,博学,尤长于诗,并工书画。有《蕉鹿吟》一卷、《梦余草》一卷。

### 宗 韶(1844—1899)

或作宗绍,字子美,号石君,别号漱霞庵主、梦石道人,哲尔德氏,满洲正白旗人。官兵部员外郎。有《四松草堂诗略》四卷、《斜月杏花屋词稿》。

### 邓鸿荃(1856—1925)

原名鸿仪,后改鸿荃,字雨人,一字逵臣,号休庵,广西临桂(今桂林市)人。半塘妹婿。光绪元年(1875)举人,官四川候补道。有《秋雁词》一卷。

### 孙 楫(1831—1902)

字济川,号驾航,山东济宁人。咸丰二年(1852)进士,官礼部郎中、福建道监察御史、广东雷州知府、广西左江道、顺天府尹。有《郘亭诗稿》《郘亭词集》。

**盛　昱**（1850—1900）

字伯希、伯熙，号意园，满洲镶白旗人。光绪二年（1876）进士，授编修，官至国子监祭酒。有《意园文略》二卷、《郁华阁遗集》四卷。

**李树屏**

字觲，蓟州（一作苏州）人。有词集名《燕燕集》，中多艳情之作。半塘家塾师。

**钟德祥**（1835—1905）

字西耘，一字伯慈，号愚翁，一号园公，晚号耘翁，广西宣化（今南宁市邕宁区）人。光绪二年（1876）进士，官江南道监察御史，先后劾罢川督刘秉璋等，直声震于时，又尝弹大学士李鸿章，时论方诸文廷式、安维峻。后被陷远戍。有《蛰窠全集》《宣南集》《集古联句》等，又有《睡足斋词钞》一卷。

**关榕祚**（1853—？）

字六生，广西临桂（今桂林市）人。光绪十六年（1890）进士，官吏部郎中，山东道监察御史，云南曲靖、江西广信知府。

**张祥龄**（1853—1903）

字子苾，一字子蒂，号芝馥、子馥，四川汉州（今广汉市）人。

光绪二十年（1894）进士，官陕西怀远县、大荔县知县。著有《受经堂集》《前后蜀杂事诗》《哀逝诗》《吴波鸥语》《双伽陀词》《半箧秋词》《子苾词钞》等，与王鹏运、况周颐联句成《和珠玉词》一卷。

**王以敏**（1855—1921）

原名以慜，字子捷，一字梦湘，号幼阶，一号檗坞，辛亥后字古伤，湖南武陵（今常德市）人。光绪十六年（1890）进士，改庶吉士，授翰林院编修，官江西瑞州知府。有《檗坞诗存初集》十二卷别集五卷、《檗坞词存》十二卷别集五卷。

**沈曾植**（1850—1922）

字子培，号巽斋、寐叟，又号乙庵等。浙江嘉兴人。光绪六年（1880）进士，用刑部主事，官至安徽布政使。民国后寓居上海，民国六年（1917）曾赴京参与张勋复辟，授学部尚书。学识渊博，工书法，诗词皆受江西派影响。有《海日楼诗文集》《曼陀罗寱词》等。

**丁立钧**（1854—1902）

字叔衡，号云樵，又号衡斋，一作恒斋，丹徒（今属江苏）人。光绪六年（1880）进士，曾任山东沂州知府，擢兵备道。工山水，后因风疾，右手偏瘫，以左手作书画，为世所珍。有词见《全清词钞》卷二十八。

**郑文焯**（1856—1918）

字俊臣，一字叔问，号小坡，晚号大鹤山人，又署冷红词客。奉天铁岭人，属内务府正白旗汉军。光绪元年（1875）举人，官内阁中书。旅食苏州，为巡抚幕客三十余年。辛亥革命后以遗老自居，卒葬邓尉山。精通音律，雅慕姜夔之为人。工诗古文辞，又喜考证金石，善倚声，兼通医理，善书画。著作甚富，有《大鹤山人诗稿》七卷稿本，有《瘦碧》《冷红》《比竹余音》《苕雅》等集，后删存为《樵风乐府》九卷，又有《词源斠律》《绝妙好词校释》等。

**陈　璚**（1827—1906）

字鹿笙，一字六笙、鹿生，号澹园，晚称老鹿，广西贵县（今贵港市）人。咸丰十一年（1861）廪贡，同治四年（1865）以军功简任浙江杭嘉湖道，累官至湖南、山西、四川等省按察使，旋升四川布政使，护理总督兼巡抚。工书善画。有《随所遇斋诗集》。今存《澹园吟草》一卷，有词见《清词综补续编》卷三。

**刘湘煃**（1839—？）

字东生，号星岑，一号征梅，直隶盐山县（今属河北）人。咸丰五年（1855）举人，同治二年（1863）任内阁中书，转内阁侍读。有《康瓠词》一卷。

**王铁珊**（1860—1900）

原名乐洋，字海门，一字伯唐，安徽英山人，光绪十五年

(1889)进士,官兵部主事。诗文与字皆奇倔雄特,不堕时趋。庚子之变,从容自经死。《清史稿》有传。有《王戎部遗墨》。

**成　昌**(1859—?)

字子蕃,一字湟生,号子和、南禅,萨克达氏,满洲镶黄旗人。光绪十四年(1888)举人,官四川夔州知府。有《退来堂诗词钞》。

**杨　锐**(1857—1898)

字叔峤,又字钝叔,四川绵竹人。光绪十一年(1885)举人,官内阁中书。后特授四品卿衔,充军机章京,参新政。戊戌"六君子"之一。有《杨叔峤先生诗集》二卷、《杨叔峤先生文集》一卷,存词见《历代蜀词全辑》。

**桂念祖**(1869—1915)

一名赤,字伯华,江西德化人。光绪二十三年(1897)举人,深于佛学。从康、梁变法,后留学日本,客死东京。有《桂伯华先生遗诗》一卷,存词见《艺蘅馆词选》戊卷。

**张仲炘**(1854—1919)

字慕京,号稚山、次珊、瞻园,江夏(今湖北武昌)人。光绪三年(1877)进士,曾任江南道监察御史,官至通政司参议,敢言有声。有《瞻园词》三卷。

**高燮曾**（1841—1917）

一名楠忠，字理臣，湖北孝感人。同治十三年（1874）进士，授翰林院编修。历任山西学政、河南道监察御史、掌广西道监察御史、吏科给事中、兵科掌印给事中、顺天府府丞。光绪二十六年（1900）去职。后受山西巡抚岑春煊聘主持中西学堂。

**朱祖谋**（1857—1931）

原名孝臧，字古微，改名祖谋，字藿生，号古微，一作古薇，又号沤尹、彊村（一作彊邨），晚年仍用原名。浙江归安（今湖州市）人，光绪九年（1883）进士，官至礼部右侍郎。辛亥革命后寓居上海，以遗老自居。有《彊邨语业》三卷、《彊邨弃稿》一卷、《彊邨词剩稿》二卷、《彊邨集外词》一卷，并校辑唐宋金元人词为《彊邨丛书》。

**贾璜**（1848—？）

字渭生，号小芸、筱芸，又号冷香，山西夏县人，光绪二年（1876）进士，官工部郎中。

**黄思衍**（1867—1910）

字仲渊，号渊父、少陔。湖南善化人。有《湘蘅馆遗稿》。曾与鹏运同官御史。

**裴维侒**（1856—1925）

字君复，号韵珊，一号云杉，一作韫山，河南祥符人。光绪六年(1880)进士。官福建道监察御史、顺天府尹。有《香草亭诗草》《香草亭词草》。

**华　辉**(1860—?)

字佳龢,号再云,江西崇仁县人。光绪九年(1883)进士,二十二年(1896)官河南道监察御史。

**黄桂清**

字伯香,号养吾。光绪九年(1883)进士,散馆授编修,历任云南乡试副考官、福建道监察御史、北京巡防五城街御史、广西思恩知府、湖南衡州知府、四川保宁知府。

**张丙炎**(1826—1905)

字竹山,号午桥、药农,一号榕园,江苏仪征人,咸丰三年(1853)由举人任内阁中书,咸丰九年(1859)成进士,官广东廉州知府、候选道。有《冰瓯馆词》。

**易顺豫**(1865—1920)

字由甫,号叔由,一号伏庵,湖南龙阳人。光绪二十九年(1903)进士,官江西临川县知县。有《琴思楼词》一卷。

**文　悌**(1847—约1900)

字仲恭,号仰白,别号绿杉居士,瓜尔佳氏,满洲正黄旗人。以笔帖式任户部郎中,出为河南知府,改御史。光绪二十四年

(1898），康有为等在北京成立"保国会"。文悌患其"集聚匪徒，招诱党羽，因而犯上作乱"，乃伪与康有为相往还，暗中窥探维新派言行，后严劾康有为在京城"任意妄为，遍结言官，把持国是"。光绪帝斥其受人唆使结党攻讦，不胜任御史之责，下令免职。戊戌政变后，起授河南知府，擢贵西道。

**左绍佐**（1846—1927）

字季云，号笏卿，亦号悔孙，别号竹勿生，湖北应山人。光绪六年（1880）进士，曾官刑部主事、福建道监察御史、兵科给事中，后官至广东南韶连道。辛亥后隐居沪上，迫于生计复至旧京。早擅才华，有文名，善医术。著有《竹勿斋词钞》一卷。

**章　华**（1872—1930）

字曼仙，号啸苏，湖南长沙人。光绪二十一年（1895）进士，官工部主事、军机章京、邮传部郎中。有《倚山阁诗》二卷、《淡月平芳馆词》一卷。

**缪荃孙**（1844—1919）

字炎之，号筱珊。晚榜所居堂曰艺风，世称艺风先生，江苏江阴人。光绪二年（1876）进士，官至国史馆总纂、学部候补参议。有《艺风堂文集》七卷、《艺风堂文续集》八卷、《艺风堂诗存》六卷附《碧香词》一卷。另辑《常州词录》三十卷、《云自在龛刻名家词》十七种二十四卷。

**夏孙桐**（1857—1941）

字闰枝，又字悔生、无悔，晚号闰庵，江苏江阴人，光绪十八年（1892）进士，改庶吉士，授翰林院编修，官浙江湖州府知府，民国初入清史馆。著有《观所尚斋文存》七卷《诗存》二卷《补遗》一卷及《悔龛词》二卷。

**宋育仁**（1858—1931）

字芸子，一字子晟，号芸岩，晚号复庵、道复，四川富顺（今属四川省自贡市）人，光绪十二年（1886）进士，官邮传部候补丞参。十五年（1889）任翰林院检讨，十七年（1891）任广西乡试副考官，二十年（1894）任出使英、法、意、比四国公使参赞。官至湖北补用道。民国五年（1916）返川，任四川国学院主讲，后任院长并兼四川通志局总纂，主修《四川通志》。学问渊深，工诗善书，著有《哀怨集》一卷、《问琴阁诗录》一卷、《问琴阁文录》二卷、《城南词》一卷、《问琴阁词》一卷。

**曾习经**（1867—1926）

字刚主，一字刚甫，号蛰庵，广东揭阳人，光绪十八年（1892）刘福姚榜进士，官户部主事、度支部右丞。有诗集《蛰庵诗存》，有《蛰庵词》一卷。

**刘恩黻**（1861—1905）

字星甫，号麐樾，江苏仪征人。光绪十八年（1892）进士，以主事分部学习。一生坎坷,所作词多呜咽危苦之音。有《麐楰词》一卷。

### 于齐庆(1856—1919)

字安甫,号穗平,又号海帆,江都(今江苏扬州市)人。光绪十二年(1886)进士,官至广东布政使。有《小寻畅楼文钞》四卷、《小寻畅楼诗余》一卷。

### 吴鸿藻

字琴舫,福建永定人。

### 恩　溥

字似园,满洲人。曾官陕西道监察御史。有《归耕草堂工部集》。

### 杨福璋(1856—1924)

字霞生,山阴(今浙江绍兴市)人。由举人保举分省补用知府奉调云南差遣,历署云南巡警道、云南按察使。民国初任云南腾越道尹兼滇西司令。

### 刘世珩(1875—1926)

字聚卿,又字葱石,号继庵,别号楚园。安徽贵池人。光绪二十年(1894)举人,官度支部参议、江苏候补道等。喜文学,尤工词曲。家藏图书极多。辛亥革命后移居上海,以遗老自居。

有《梦凤词》《素玉词》《洗文词》等。

**徐乃昌**(1868—1943)

字积余,号随庵,安徽南陵人。光绪十九年(1893)举人,官江南盐巡道兼金陵关监督。有《冰弦词》,并辑有《小檀栾室汇刻闺秀词》等。为文廷式门人。

**陈　锐**(1859—1922)

字纯方,一字伯弢,号袌碧,湖南武陵(今常德)人。光绪十九年(1893)举人,官江苏试用知县。工诗词,有《袌碧斋集》。

**周　铖**

字左麾,江苏上元人,曾官河南知府。鹏运南游后居开封时与其有文字往来。鹏运有《帝台春·廨园补种新竹,适竹醉日也。纪之以词。左麾同作》词,可证二人曾以词相唱和。

**姚肇菘**(1872—1963)

原名肇菘,字景之,又字亶素,晚号东木老人,室名天醉楼,浙江吴兴人。曾官抚州知府、南昌知府,解放后任江苏省文史馆馆员。有《枳园词》《枳园剩稿》《散莲宧集外词》《心月宧词》《咫园词》等。为鹏运侄女婿,少从鹏运游,鹏运授以作词之法。

## 二、未见唱和而有词学方面往来诸人

未见唱和而有词学方面往来者,是指通过鹏运词作及《四印斋所刻词》考察,虽然没有发现与鹏运以词相唱和,但曾帮助鹏运校勘词集,为鹏运本人词集或校刊词集作有序跋、题签,与鹏运以书信探讨词学,或曾将宋元人词集借与鹏运者。大致依时间顺序考辨如下。

**冯永年**

字恩江,广东番禺人,官江西南康县知县,有《看山楼诗钞》二卷、《看山楼词》二卷。为鹏运亲戚。

**万本端**

号荚生,江西德化县(今九江市)人,万青藜子。光绪二十一年(1895)进士,官工部司官、翰林院编修、归德知府。有《万有喜斋杂记》。

**杨保彝**(1852—1910)

字凤阿,号瓭庵,山东聊城人,官内阁中书,有《遁阿诗钞》四卷、《囊云词》一卷、《归瓭斋诗词钞》一卷。杨氏海源阁藏书甚富。

**冯 煦**(1843—1927)

字梦华,号蒿庵,晚称蒿隐,江苏金坛人,光绪十二年(1886)进士及第,授翰林院编修,官安徽凤阳府知府、山西河东道、四川按察使、安徽巡抚。有《蒿庵类稿》三十二卷、《蒿庵续稿》三卷、《蒿庵奏稿》四卷、《蒙香室赋录》二卷、《蒿庵词》一卷,《宋六十一家词选》十二卷,《蒿庵论词》一卷。

**陆树藩**(1868—1926)

字纯伯,号毅轩,陆心源长子。官内阁中书、户部郎中、江苏候补道。为中国红十字运动先驱。有《救济日记》。

**李慈铭**(1829—1894)

初名模,字式侯,更名后字爱伯,号莼客,晚号越缦,浙江会稽人,光绪六年(1880)进士,官至山西道监察御史,数上封事,不避权要。生平手不释卷,俱见于日记,精思闳览,尤致力于史,诗文负重名,有《越缦堂文集》十二卷,《白华绛柎阁诗集》十卷,《霞川花隐词》一卷,《桃花圣解庵乐府》一卷,《越缦堂日记》五十一册。

**黄绍箕**(1854—1908)

字仲弢,一字穆琴,号鲜庵,浙江瑞安人。光绪六年(1880)进士,改庶吉士,授翰林院编修,官湖北提学使,二十四年(1898)授翰林院侍读学士。有《鲜庵遗文》一卷,诗集《鲜庵遗稿》一卷,另有《潞舸词》一卷。

**陆心源**(1834—1894)

字刚父,号存斋,晚号潜园老人,浙江归安(今湖州)人,官至福建盐运使。为皕宋楼主人、著名藏书家。著有《皕宋楼藏书志》。

**顾印愚**(1856—1913)

字印伯,号所持,别号塞向翁,四川华阳人,光绪五年(1879)举人,官湖北汉阳令、武昌通判。为张之洞弟子。有《成都顾先生诗集》十卷补遗一卷。

**康有为**(1858—1927)

又名祖诒,字广厦,号长素,又号更甡,广东南海人,光绪二十一年(1895)进士,授工部主事。有《新学伪经考》《孔子改制考》等著作,为清末维新变法运动领袖。另有《南海先生诗集》十三卷,《康南海文集》十二册。

**查恩绥**(1839—1906)

字承先,号荫阶。同治六年(1867)举人,历官内阁中书、内阁典籍、四品内阁待读,记名道府,署南昌府知府,历充协办侍读、实录馆详校官、方略馆详校官、会典馆协修官、会典馆撰修官,诰授迎奉大夫。

**汪　洵**(1844—1915)

字子渊,号渊若,原名学瀚,字渊若,阳湖(今江苏常州)人。光绪十八年(1892)进士,授编修。工书画,暮年鬻书沪上二十年。

### 三、其他交游

其他交游是指与鹏运没有以词相唱酬,也没有词学方面交往,但鹏运词作及《四印斋所刻词》序跋等中曾述及其交游或者鹏运曾赠以词而未见回赠者。略依时间顺序排列如下。

**唐景崧**(1841—1903)

字仲申,号薇卿,一号维卿,广西灌阳县人,同治四年(1865)进士,改庶吉士,授吏部主事,郁郁郎署二十年。法越事起,请缨出关。累官至台湾布政使,署巡抚。中日战后,台湾割与日,台民推为总统,宣告独立。后解职归隐桂林,办体用学堂,开广西新学之始。著有《请缨日记》《寄闲云馆诗存》等。

**戴　昹**

字旸谷,清代江苏吴县(今属苏州)人。善画山水。见《读画辑略》。

**谢元麒**(1836—1887?)

字子石,广西临桂(今桂林市)人。光绪十二年(1886)进士,官刑部郎中,军机章京。善画山水及花竹禽虫。

**黎承忠**

字献臣,号喟园,长汀人,曾入河督许振祎幕。有《葵园诗草》四卷。朱祖谋曾从其学诗。

**万本敦**

字子厚,号薇生,江西德化县(今九江市)人,荫生。万青藜子,万本敩、万本端兄。官户部员外郎、江南道监察御史、泉州知府。又万本敩,号葵生,曾官刑部。

### 祁世长(1825—1892)

字子禾、念慈,一字子和,号敏斋,祁寯藻子。山西寿阳人。咸丰十年(1860)进士,官至工部尚书兼顺天府尹。卒谥文恪。有《思复堂集》。

### 姚诗雅(1822—1875后)

字仲鱼,号致堂,番禺人。官河南孟县知县、怀庆府知府。有《景石斋词略》《醒花轩词稿》各一卷。陈澧序姚诗雅词,以为其小令似朱竹垞。

### 王仁东(1854—1918)

字刚侯、旭庄,别署完巢,福建闽县(今福州市鼓楼区)人。光绪二年(1876)举人,初任内阁中书,后历官南通知州、江安督粮道、苏州粮道兼苏州关监督等职。工诗文,有《完巢剩稿》一卷。

### 曹钟英

原名毓英,字子千,一字紫荃,江苏吴县人。光绪二年(1876)由举人任内阁中书。后官浙江同知。有《锄梅馆词》。

### 张鸣珂(1829—1908后)

字玉珊,一字公束,晚号窳翁,浙江嘉兴人,咸丰十一年

(1861)拔贡,官江西义宁州知州,有《寒松阁诗》八卷、《寒松阁词》四卷、《国朝词续选》一卷、《寒松阁谈艺琐录》六卷。

**志　锐**(1852—1912)

字公颖,号伯愚,别号穷塞主,他塔拉氏,隶满洲镶红旗。光绪六年(1880)进士,累迁詹事,擢礼部右侍郎。志锐属帝党主战派人物。后以其妹瑾、珍两妃贬贵人,降授副都统、乌里雅苏台参赞大臣,时在光绪二十年(1894)冬。后官至伊犁将军,谥文贞,有《穷塞微吟词》一卷。

**安维峻**(1854—1925)

字晓峰,号小陆,又号渭襟,甘肃秦安人。光绪六年(1880)进士,改庶吉士,授编修。十九年(1893)转福建道监察御史。未一年,先后上六十余疏。日韩衅起,时光绪帝虽亲政,遇事必请太后懿旨,和战不能独决,及战屡败,世皆归咎李鸿章主款。于是维峻上言,竟有皇太后"遇事牵制"之语,命革职发军台(地在今河北张家口),时光绪二十年(1894)十二月。维峻以言获罪,直声震中外。二十五年(1899)放还。有《望雪山房诗集》三卷。

**岑春煊**(1861—1933)

字云阶,自号炯堂老人,广西西林人,岑毓英子。光绪十一年(1885)举人,十八年(1892)补授光禄寺少卿,旋迁太仆寺少卿,署大理寺正卿。戊戌变法期间岑春煊赶赴京都,与维新派人士多有往还。二十四年（1898）以力主变法维新而得光绪帝青睐，提任广东布政使，转甘肃布政使，任陕西、山西、广东巡抚，四川、两广、云贵总督，邮传部尚书。广西游勇乱，尝合数省之兵绥靖之。入民国，历任川汉铁路总办，两广抚军副长，两广都司令，广东军政府主席总裁兼内务部长。有《岑西林先生遗集》。

**丁立诚**（1850—1911）

字修甫，号慕清，晚号辛老，浙江钱塘（今杭州市）人。著名藏书家丁丙之侄、丁申之长子，光绪元年（1875）举人，官内阁中书。有《小槐簃吟稿》八卷、《武林杂事诗》一卷。丁申、丁丙，时人称为"双丁"，八千卷楼主人。丁申（1829—1887），以抄补文澜阁《四库全书》有功，得赏四品顶戴。丁丙（1832—1899），字嘉鱼，别字松生，晚称松存。终身未仕，著录所藏善本书为《善本书室藏书志》。

**朱益藩**（1861—1937）

字艾卿，号定园，江西莲花（今萍乡市莲花县）人。光绪十六年（1890）进士，官翰林院编修、洗马、湖北乡试副考官、湖南乡试正考官、翰林院侍读学士、山东提学使、京师大学堂总监督、南书房行走、宗人府府丞。著名书法家。

**姜　筠**（1847—1919）

字颖生，号宜轩，一号大雄山民。安徽怀宁人。光绪十七年（1891）举人，官礼部主事。工书画。

**程颂万**(1865—1932)

字子大,一字鹿川,号十发居士。湖南宁乡人。少有文才,善应对,擅诗词书法。屡试未第,对时局新学甚为热心,后毕生致力于教育和实业。有《鹿川文集》十二卷、《楚望阁诗集》十卷、《石巢诗集》十二卷、《鹿川诗集》十六卷、《美人长寿庵词集》六卷、《定巢词集》十卷、《鹿川词》三卷等,辑有《十发庵丛书九种》。

**吴谷祥**(1848—1905?)

字秋农,号秋圃,浙江嘉兴人,工山水,亦能画松,并擅人物、花卉。与吴昌硕、任伯年并誉为"晚清三大家"。游京师,声誉鹊起,晚客上海卖画。

**管廷献**(1846—1914)

字士修,号梅园,山东莒县(今属五莲县)人。光绪九年(1883)进士。历任翰林院编修、国史馆协修、江南道监察御史、永平府知府、直隶候补道等职。为官清廉,勤政爱民。素负文望,著有《莒州志稿》《梅园奏议》《梅园诗文集》等。

**王允晳**(1867—1929)

字又点,号碧栖,福建长乐人。光绪十一年(1885)举人。官安徽婺源县知县。有《碧栖诗词》二卷。

**恽毓鼎**(1863—1918)

字薇孙,一作薇生,号澄斋,河北大兴人,祖籍江苏常州。光绪十五年(1889)进士,历任日讲起居注官、翰林院侍讲、侍读学士、国史馆总纂、宪政研究所总办等职。有《澄斋集》。

# 参考书目

《清史稿》,赵尔巽等撰,中华书局1977年版。
《同治朝实录》,中华书局影印本。
《光绪朝实录》,中华书局影印本。
《刘忠诚公奏疏》,〔清〕刘坤一撰,宣统元年新宁刘氏刻本。
《王鹏运奏折》,〔清〕王鹏运著,广西师范大学图书馆藏抄录中国第一历史档案馆藏本。
《昭代名人尺牍续集小传》,陶湘编,台湾明文书局《清代传记丛刊》本。
《续碑传集》,〔清〕缪荃孙编,台湾明文书局《清代传记丛刊》本。
《碑传集补》,闵尔昌编,台湾明文书局《清代传记丛刊》本。
《碑传集三编》,汪兆镛编,台湾明文书局《清代传记丛刊》本。
《清代朱卷集成》,顾廷龙主编,台湾成文出版社1992年版。
《王耀文、王必名会试朱卷》,美国犹他州家谱博物馆藏。
《近代名人小传》,沃丘仲子著,台湾文海出版社《近代中国史料丛刊》第八辑。
《左文襄公年谱》,(清)罗正钧撰,《北京图书馆藏珍本年谱丛刊》影印光绪二十三年湘阴左氏长沙刻本。

《张文襄公年谱》，许同莘编，《北京图书馆藏珍本年谱丛刊》影印民国二十八年南皮张氏舍利函斋武汉铅印本。

《文云阁先生年谱》，钱仲联撰，《北京图书馆藏珍本年谱丛刊》影印馆藏抄本。

《郑叔问先生年谱》，戴正诚编，《北京图书馆藏珍本年谱丛刊》影印民国三十年铅印本。

《艺风老人年谱》，〔清〕缪荃孙编，《北京图书馆藏珍本年谱丛刊》影印民国二十五年北平文禄堂刻本。

《康南海自编年谱》，康有为撰，《续修四库全书》影印中国人民大学图书馆藏抄本。

《临桂县志》，桂林市档案馆1963年据光绪三十一年重刊本翻印本。

《皇朝谥法考》，〔清〕鲍康撰、〔清〕王鹏运续撰，《续修四库全书》影印同治三年增修本。

《半塘老人钤印》，民国二十四年王序梅拓印本。


《香东漫笔》，〔清〕况周颐著，上海中国书店民国十四年版。

《兰云菱梦楼笔记》《蕙风簃随笔》，〔清〕况周颐著，上海中国书店民国十四年版。

《餐樱庑随笔》，〔清〕况周颐著、张继红点校，山西古籍出版社1995年版。

《眉庐丛话》，〔清〕况周颐著、郭长保点校，山西古籍出版社1995年版。

《花随人圣庵摭忆》，黄濬著，上海古籍书店1983年版。

《春冰室野乘》,李梦符著、张继红点校,山西古籍出版社1995年版。

《曾国藩全集》,〔清〕曾国藩著,岳麓书社1985—1994年出版。

《左文襄公全集》,〔清〕左宗棠撰,光绪十四年刻本。

《经德堂文集》,〔清〕龙启瑞撰,《续修四库全书》影印光绪四年龙继栋京师刻本。

《龙壁山房文集》,〔清〕王拯撰,《续修四库全书》影印光绪七年陈宝箴刻本。

《龙壁山房诗草》,〔清〕王拯撰,《续修四库全书》影印同治桂林杨博文堂刻本。

《得一山房诗集》,〔清〕唐懋功著,光绪十九年刻本。

《有不为斋集》,〔清〕端木埰撰,宣统元年刻本。

《养拙斋诗》,〔清〕王必达著,光绪十九年王氏家塾刻本。

《城南拜石词》,〔清〕许玉瑑著,中国科学院图书馆藏稿本。

《白华绛柎阁诗集》,(清)李慈铭撰,《续修四库全书》影印光绪十六年刻越缦堂集本。

《越缦堂日记》,〔清〕李慈铭著,广陵书社2004年版。

《翁同龢日记》,〔清〕翁同龢著、陈义杰整理,中华书局1989—1998年出版。

《邟亭诗稿》,〔清〕孙楫撰,光绪十七年羊城刻本。

《复堂日记》,〔清〕谭献著,范旭仑、牟晓朋整理,河北教育出版社2000年版。

《湘绮楼全集》,〔清〕王闿运著,《续修四库全书》影印光绪三十三年墨庄刘氏长沙刻本。

《湘绮楼日记》,〔清〕王闿运著,岳麓书社1997年版。

《钟德祥集》,雷达辑校,广西人民出版社2010年版。

《请缨日记》,〔清〕唐景崧著,光绪十九年台湾布政使署刻本。

《醉芙诗余》,〔清〕王汝纯著,光绪十九年京师刻本。

《艺风堂诗存》四卷附《碧香词》一卷,〔清〕缪荃孙撰,民国江阴缪氏刻二十八年燕京大学图书馆印本。

《艺风堂友朋书札》,顾廷龙校阅,上海古籍出版社1980年版。

《艺风老人日记》,〔清〕缪荃孙撰,北京大学出版社1984年影印本。

《四松草堂诗略》,〔清〕宗韶撰,光绪三十年上海新昌书局校印本。

《渐西村人初集》,〔清〕袁昶撰,《续修四库全书》影印清光绪刻本。

《安般簃诗续钞》,〔清〕袁昶撰,《续修四库全书》影印光绪袁氏小沤巢刻本。

《王龙唱和词》,〔清〕龙继栋、〔清〕王鹏运著,广西壮族自治区图书馆藏稿本。

《袖墨词》,〔清〕王鹏运著,上海图书馆藏稿本。

《梁苑集》,〔清〕王鹏运著,上海图书馆藏稿本。

《四印斋词卷》,〔清〕王鹏运著,国家图书馆藏抄本。

《袖墨集》《虫秋集》,〔清〕王鹏运著,上海图书馆藏郑文焯改订稿本。

《味梨集》,〔清〕王鹏运著,光绪二十一年家刻本。

《鹜翁集　蜩知集》,〔清〕王鹏运著,家刻本。

《校梦龛集》,〔清〕王鹏运著,上海图书馆藏稿本。

《校梦龛集》,〔清〕王鹏运著,广西壮族自治区图书馆藏稿本。

《校梦龛词》,〔清〕王鹏运著,民国二十三年陈柱刻《粤西词四种》本。

《庚子秋词》,〔清〕王鹏运等著,光绪二十六年刻本。

《庚子秋词》,〔清〕王鹏运等著,上海有正书局民国十二年石印本。

《春蛰吟》,〔清〕王鹏运等著,光绪二十七年刻本。

《和珠玉词》,〔清〕张祥龄、〔清〕王鹏运、〔清〕况周颐连句,光绪二十年京城刻本,又民国赵尊岳重刊本。

《半塘定稿》,〔清〕王鹏运著,光绪三十一年朱孝臧广州刻本。

《半塘填词定稿二卷剩稿一卷》,〔清〕王鹏运著,光绪三十二年朱孝臧刻本。

《海日楼诗注》,〔清〕沈曾植著、钱仲联校注,《学海月刊》第一卷第一至六册(民国三十三年),第二卷第一、二、三册(民国三十四年)。

《曼陀罗寱词》,〔清〕沈曾植著,朱祖谋辑、龙榆生刻《沧海遗音集》本。

《曼陀罗寱词》,〔清〕沈曾植著,民国十三年上海商务印书馆排印本。

《瞻园词》,〔清〕张仲炘著,光绪三十一年刻本。

《檗坞词存》,〔清〕王以敏著,光绪末刻本。

《退耕堂集》,徐世昌著,天津徐氏民国刻本。

《文廷式集》,汪叔子编,中华书局1993年版。

《云起轩词钞》,〔清〕文廷式著,光绪三十二年南陵徐氏刻本。

《瘦碧词》,〔清〕郑文焯著,民国六年重刻光绪十四年本。

· 997 ·

《冷红词》四卷《比竹余音》四卷《樵风乐府》九卷《苕雅余集》一卷,〔清〕郑文焯著,光绪二十二年至民国四年刻苏州交通图书馆汇印大鹤山房全书本。

《香草亭词》,〔清〕裴维侒著,朱祖谋辑、龙榆生刻《沧海遗音集》本。

《香草亭诗词》,〔清〕裴维侒著,黄山书社2014年版。

《秋雁词》,〔清〕邓鸿荃撰,民国七年成都刻本。

《彊邨语业》三卷《彊邨弃稿》一卷《彊邨词剩稿》二卷《彊邨集外词》一卷,〔清〕朱祖谋撰,上海古籍出版社1989年影印民国刻《彊邨遗书》本。

《悔龛词》,〔清〕夏孙桐著,朱祖谋辑、龙榆生刻《沧海遗音集》本。

《悔龛词笺注》,夏志兰、夏武康笺,内蒙古大学出版社2001年版。

《花近楼诗存六编》,〔清〕陈夔龙著,民国上海刻本。

《康南海先生诗集》,康有为著,民国二十六年上海商务印书馆铅印本。

《康有为全集》,康有为撰,姜义华、张荣华编校,中国人民大学出版社2007年版。

《袌碧斋诗》五卷《袌碧斋词》一卷,〔清〕陈锐著,光绪三十一年扬州刻本。

《蕙风词》,〔清〕况周颐著,民国刻惜阴堂丛书本。

《况周颐词集校注》,〔清〕况周颐著、秦玮鸿校注,上海古籍出版社2013年版。

《郑孝胥日记》,〔清〕郑孝胥著、劳祖德整理,中华书局1993年版。

《海藏楼诗集》,〔清〕郑孝胥著,黄坤、杨晓波校点,上海古籍出版社2013年版。

《麇楥词》,〔清〕刘恩黻撰,光绪三十四年吴昌绶双照楼刻本。

《楚望阁诗集》,〔清〕程颂万撰,光绪二十七年刻本。

《美人长寿庵词集》,〔清〕程颂万撰,光绪二十六年刻本。

《琴思楼词》,〔清〕易顺豫撰,民国三年印本。

《蛰庵词》,〔清〕曾习经著,朱祖谋辑、龙榆生刻《沧海遗音集》本。

《倚山阁诗》附《淡月平芳馆词》,〔清〕章华撰,民国刻本。

《姚亶素词集》,姚肇菘著,中国社会科学出版社2015年版。

《映盦词》,〔清〕夏敬观著,朱祖谋辑、龙榆生刻《沧海遗音集》本。

《灵芝仙馆诗钞》,〔清〕胡念修撰,光绪二十七年刻壶盦类稿本。

《晚晴簃诗汇》,徐世昌辑,《续修四库全书》影印民国十八年退耕堂刻本。

《涵通楼师友文钞》,〔清〕唐岳辑,临桂唐氏涵通楼咸丰四年初版。

《皇朝经世文新编》,麦仲华辑,光绪二十七年麦氏刻本。

《词学丛书》,〔清〕秦恩复编,广西壮族自治区图书馆藏王鹏运、钟德祥批点本。

《箧中词》,〔清〕谭献编,浙江古籍出版社1998年影印光绪八年刻本。

《四印斋所刻词》,〔清〕王鹏运辑,上海古籍出版社1989年影印本。

《薇省同声集》，〔清〕王鹏运等著，光绪十六年彭銮刻本。

《词蒻》，〔清〕朱孝臧编、张尔田补录，上海古籍出版社1989年影印民国刻《彊村遗书》本。

《粤西词见》，〔清〕况周颐编，光绪二十三年扬州刻本。

《薇省词钞》，〔清〕况周颐辑，光绪二十五年增补重刊本。

《湘社集》，〔清〕易顺鼎、〔清〕程颂万编，光绪十七年长沙刻本。

《小檀栾室汇刻闺秀词》，〔清〕徐乃昌编，光绪间徐乃昌校刊本。

《郑文焯手批梦窗词》，(台北)中央研究院中国文哲研究所筹备处编印。

《晚清词选》，〔清〕徐乃昌编，复旦大学图书馆藏稿本。

《清词玉屑》，郭则沄著，民国二十五年刻本。

《半塘七稿八卷》，朱荫龙撰，桂林图书馆藏稿本。

《王半塘先生年谱》，朱荫龙著，桂林图书馆藏稿本。

《词学零札》，朱荫龙撰，桂林图书馆藏稿本。

《王鹏运词选注》，刘映华注，广西民族出版社1984年版。

《王鹏运词集校笺》，沈家庄、朱存红校笺，上海古籍出版社2017年版。

《王鹏运及其词》，谭志峰著，漓江出版社1991年版。

《王鹏运研究资料》，张正吾等编，漓江出版社1996年版。

《清代临桂词派研究》，巨传友著，上海古籍出版社2008年版。

《全清词钞》，叶恭绰编，中华书局1982年版。

《清名家词》，陈乃乾辑，上海书店1982年版。

《广箧中词》，叶恭绰编，浙江古籍出版社1998年影印本。

《近三百年名家词选》，龙榆生编选，上海古籍出版社1979年版。

《近代蜀四家词》，戴安常选编，四川人民出版社1987年版。

《全宋词》，唐圭璋编纂、王仲闻参订、孔凡礼补辑，中华书局1999年版。

《蕙风词话　广蕙风词话》，〔清〕况周颐原著、孙克强辑考，中州古籍出版社2003年版。

《词话丛编》，唐圭璋编，中华书局1986年版。

《分春馆词话》，朱庸斋著，广东人民出版社1989年版。

《龙榆生词学论文集》，龙榆生著，上海古籍出版社1997年版。

《近代词人考录》，朱德慈著，中国社会科学出版社2004年版。

《艺林丛录》第六编，商务印书馆香港分馆1966年版。

《词学季刊》上、下册，龙沐勋编，上海书店1985年影印合刊本。

《词学》第三辑，华东师范大学出版社1985年2月。

《词学》第五辑，华东师范大学出版社1986年10月。

《词学》第七辑，华东师范大学出版社1989年2月。


《戊戌变法》，中国史学会主编，上海人民出版社1957年版。

《戊戌变法人物传稿》，汤志钧编著，中华书局1961年版。

《近代中国史事日志》，郭廷以编著，中华书局1987年版。

《清代官员履历档案全编》，秦国经主编，华东师范大学出版社1997年版。

《古今广西、旅桂人名鉴》，未署撰人，民国二十三年三月编。

《广西通志稿》，民国三十八年六月广西省通志馆印。

《广西省昭平县志》，台湾成文出版社1975年台一版。

《广西省阳朔县志》，台湾成文出版社1975年台一版。

《近世中西史日对照表》，郑鹤声编，中华书局1981年版。

《中国史历日和中西历日对照表》，方诗铭、方小芬编著，上海辞书出版社1987年版。

《朱荫龙诗文选》（桂林文史资料第二十七辑），漓江出版社1995年版。

《夏承焘集》，夏承焘著，浙江古籍出版社、浙江教育出版社1997年版。

《梁启超年谱长编》，丁文江、赵丰田编，上海人民出版社1983年版。

《桂林往事》，赵平著，大众文艺出版社2007年版。

《沈曾植年谱长编》，许全胜撰，中华书局2007年版。

《康有为变法奏章辑考》，孔祥吉编著，北京图书馆出版社2008年版。

《现代中国文学史》，钱基博著，岳麓书社1986年版。

《礼科掌印给事中王鹏运传》，况周颐，《亚洲学术杂志》1922年8月第四期。

《王鹏运传》，况周颐，《学衡》1924年3月27期。

《评文芸阁云起轩词钞王幼遐半塘定稿剩稿》，胡先骕，《学衡》1924年3月第27期。

《王半塘老人传略》，王序梅（字孝怡），《北平图书馆馆刊》1934年第8卷第6号。

《便佳簃杂钞》，沈宗畸，《青鹤》3卷23期（1935年10月）。

《广西文献概述》,黄华表,《建设研究》1941年四卷五期。

《王鹏运手校四印斋精抄本〈清真集〉》,刘乾,《文物》,1983年第1期。

《〈半塘言事〉选录》,李学通整理,《近代史资料》总第65号(1987年)。

《半塘老人遗稿》,许敬武整理,《庠声》1993年第20期。

《王鹏运年谱》,刘映华,《广西文史》2004年1—4期。

《王鹏运年谱》,马兴荣,《词学》第十六、十八辑(2005年、2007年)。

《词人王鹏运归葬之谜》,赵平,《广西文史》2007年第4期。

《词人王鹏运、况周颐墨痕》,刘汉忠,《收藏·拍卖》2010年第5期。

《粤西风土人物散记·半塘老人及其它》,梁岵庐,《广西日报》民国三十六年六月十五日。

《王半塘先生世德记》,朱荫龙,《广西日报》民国卅七年九月九日。

《王半塘先生关于商务之建白》,朱荫龙,《广西日报》民国三十八年一月三十日。

# 后 记

  半塘老人王鹏运为清季词坛大家,在政坛亦属一时风云人物。十余年来,笔者致力于半塘及其词之研究,有《王鹏运研究》《王鹏运词集校笺》之撰著。然在研究过程中,常有憾于半塘生平事迹之不确,相关资料之缺失,而觉已成诸谱未尽善,故勤于搜集考证,欲成一新谱。数年前因俗务缠身,加之身罹恶疾,谱事一度中辍。去年来得以重为冯妇,至今日勉成此编,家人实助我良多。本编征引先哲时贤成果,未能一一注明,谨此一并致谢!非常感谢铜仁学院高质量发展专项经费资助,感谢铜仁学院人文学院孙向阳院长对本书出版的关心和大力帮助,同时感谢贵州人民出版社编审刘泽海兄对本书出版的大力支持,对责任编辑黄伟兄尽善尽美的工作要求深表赞赏!

  笔者偏处一隅,见闻不广,资料查找不易,加之学力有限,舛误难免,敬祈专家学者不吝赐教!

  是为记。

朱存红<br>庚子正月于锦江之滨